守规程 保安全

——中国船舶重工集团公司安全生产标准化实践

哈尔滨工程大学出版社

图书在版编目（CIP）数据

守规程　保安全：中国船舶重工集团公司安全生产
标准化实践／张英香，王吉武主编. -- 哈尔滨：哈尔
滨工程大学出版社，2017.7
　　ISBN 978 - 7 - 5661 - 1449 - 5

　　Ⅰ.①守…　Ⅱ.①张…②王…　Ⅲ.①造船工业 - 工
业企业 - 安全生产 - 概况 - 中国　Ⅳ.①F426.474

中国版本图书馆 CIP 数据核字（2017）第 320018 号

选题策划　马佳佳
责任编辑　马佳佳
封面设计　博鑫设计

出版发行　哈尔滨工程大学出版社
社　　址　哈尔滨市南岗区东大直街 124 号
邮政编码　150001
发行电话　0451 - 82519328
传　　真　0451 - 82519699
经　　销　新华书店
印　　刷　哈尔滨市石桥印务有限公司
开　　本　787mm×1 092mm　1/16
印　　张　40.75
字　　数　1 185 千字
版　　次　2017 年 7 月第 1 版
印　　次　2017 年 7 月第 1 次印刷
定　　价　288.00 元
http://www.hrbeupress.com
E-mail：heupress@ hrbeu.edu.cn

人命关天,发展决不能以牺牲安全为代价。这必须作为一条不可逾越的红线。

——习近平

编 委 会

编 者 按

安全生产事关人民群众福祉,事关经济社会发展大局。以习近平同志为核心的党中央高度重视安全生产工作,多次做出重要指示批示,强调要坚守"发展决不能以牺牲安全为代价"的红线意识,坚持标本兼治、综合治理、系统建设,不断提高全社会安全生产水平,更好地维护人民群众生命财产安全。

中国船舶重工集团公司(以下简称"集团公司")作为我国海洋防务装备研制的主要力量和船舶工业的国家队、主力军,时刻牢记着党的嘱托与期望,以强烈的看齐意识以及坚决贯彻落实党的理论和路线方针政策、决策部署的行动自觉,深入贯彻以人为本、安全发展的理念,聚焦集团公司安全生产管理工作重点,开拓创新、真抓实干,使安全生产工作取得了积极成效。

在实现建设以军为本、军民融合、技术领先、产融一体的创新型领军企业战略目标的实践过程中,集团公司将安全生产标准化建设作为夯实安全管理基础、提升本质安全管理水平、构建安全管理体系的重要抓手,督促成员单位全面落实主体责任。总结第一轮安全生产标准化建设工作实践经验,我们发现唯有"严守规程",才能真正做到安全管理、操作行为、设备设施和作业环境的标准化,真正实现本质安全。

为进一步巩固标准化创建成效,建立安全生产长效机制,现将集团公司组织开展安全生产标准化达标创建过程中的实践探索予以梳理、分享,以期有所启迪借鉴。本书以《中国船舶重工集团公司安全生产标准化考核评分细则——舰船设备研制单位(2016版)》为依托,围绕安全生产过程中的综合管理、设备设施、作业环境、职业健康以及火工用品等方面各个管理要素的工作要求,系统梳理了当前国家安全生产法律法规和标准要求,明确了各管理要素对标、贯标的具体操作建议和注意事项,并以图文并茂的形式系统阐述了各管理要素存在的典型事故隐患及整改建议。

本书可满足企事业单位各级安全管理人员、设备管理人员、班组长日常安全管理及安全生产标准化达标创建参考所需,也可作为高校、企事业单位安全管理培训的教材。

本书在编写过程中得到了中国船舶重工集团公司领导和部分成员单位,以及相关专家的大力支持和协助,在此一并表示衷心的感谢。编辑过程中如有疏漏或不妥之处,恳切并欢迎各使用单位和个人提出宝贵意见和建议。

编 者

2017 年 5 月

目　　录

第一章　总　　则

一、安全生产形势依然严峻

近年来,我国安全生产总体平稳向好,但形势依然严峻。虽然生产安全事故年死亡人数和亿元 GDP 死亡人数逐年下降,但降速逐年递减,且基数依然较大,年死亡人数高达近七万人,每十亿元 GDP 死亡人数近 1 人(图 1.1)。一系列事故表明,目前我国传统高危行业重特大事故尚未得到有效遏制,非传统高危行业事故又趋向多发,给人民群众生命财产带来重大损失,造成了严重的社会影响。

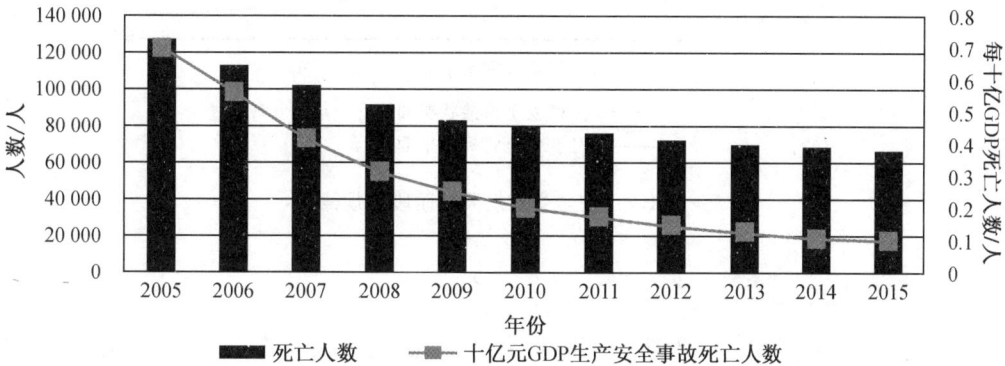

图 1.1　2005—2015 年间全国生产安全死亡事故人数及十亿元 GDP 死亡人数

从国际上关于安全生产规律的研究来看,安全生产管理一般有着自然本能期、法制监督期、自我管理期和团队文化期四个阶段(图 1.2)。

(一)自然本能期

社会生产初期,生产者依靠本能进行自我保护,但由于生产规模较小,事故率相对较低。

(二)法制监督期

随着生产规模的快速扩张,事故率快速上升,同时随着经济水平的快速提高,根据马斯洛"五个需求层次"理论,人们对安全的需求越来越高,国家必然不断出台相应的安全生产法律法规来规范安全管理,安全生产进入法治监督期。这个阶段虽然事故率有所控制,但事故量依然较大,重特大事故高发频发。

(三)自我管理期

随着法治监督的不断推进及国民素质的不断提高,生产者从"要我安全"逐渐升级为

"我要安全",安全生产逐渐进入自我管理期,这一时期的典型特征就是事故起数和事故死亡人数显著下降。

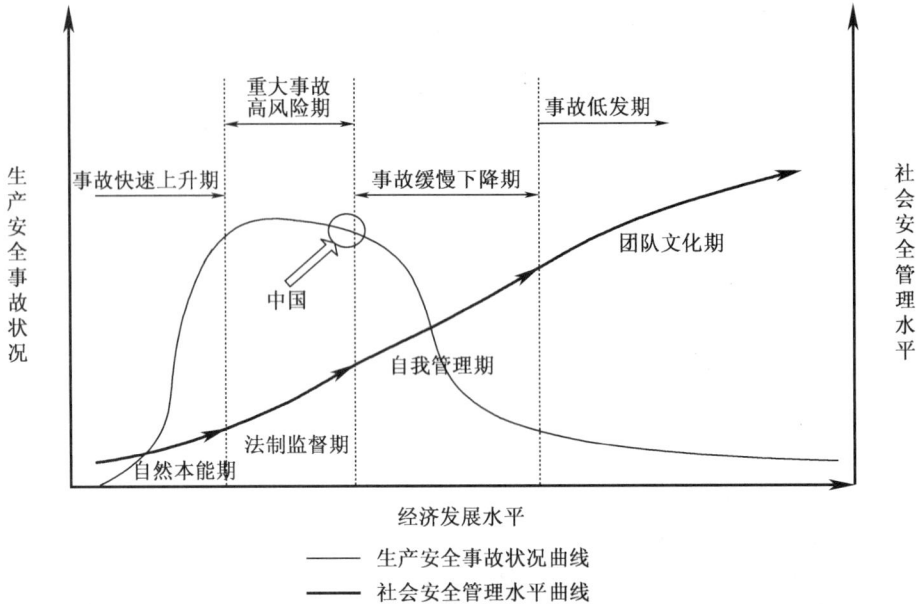

图 1.2 安全生产发展的阶段性规律

(四)团队文化期

随着经济的发展和国民素质的不断提高,安全文化深入人心,安全生产真正成为科研生产试验的首要考虑因素,安全生产进入"人人都要安全"的团队互助期,这个阶段的特征是生产安全事故率控制在一个相对较低的水平。

总体来看,目前我国仍处于并将长期处于第二阶段"法制监督期",直接表现就是安全管理依然必须依靠法规制度约束和过程监管,稍有疏忽就会事故频发、高发。安全生产的阶段性特征决定了我国安全生产工作仍将任重道远。

二、安全管理重在严守规程

1931 年,美国安全工程师海因里希(W. H. Heeinrich)在《工业事故预防》一书中,第一次提出了事故因果连锁理论,将事故的发生发展过程描述为具有一定因果关系的事件的连锁(图 1.3)。指出事故发生的原因是人的不安全行为或物的不安全状态,人的不安全行为或物的不安全状态是由于人的缺点造成的,而人的缺点是由于不良环境诱发或者先天的遗传因素造成的。

海因里希用多米诺骨牌来形象地描述这种事故因果连锁关系。在多米诺骨牌系列中,一颗骨牌被碰倒了,则将发生连锁反应,其余的几颗骨牌相继被碰倒。如果移去中间的一颗骨牌,则连锁被破坏,事故过程被中止。

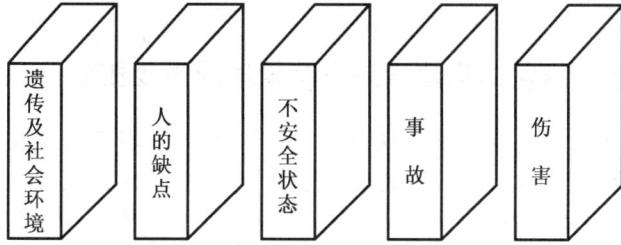

图 1.3 海因里希事故因果连锁示意图

因此,安全生产工作的重心,就是防止人的不安全行为,消除物的不安全状态。其中,"人的不安全行为"主要取决于人的素养和整个组织的安全文化氛围;"物的不安全状态"主要取决于设备设施和作业环境的源头安全设计以及过程管理。

安全生产关键要素如图 1.4 所示。

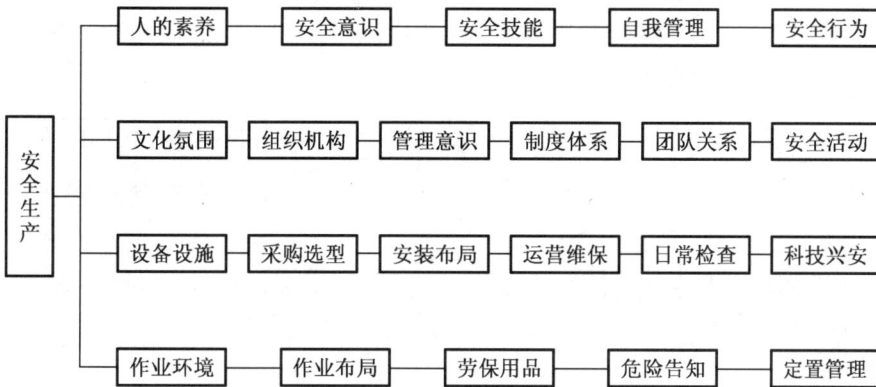

图 1.4 安全生产关键要素分析

同时,任何事故的发生,都是因为存在事故隐患,国家也多次强调要牢牢树立"隐患就是事故"的理念。根据《安全生产事故隐患排查治理暂行规定》(安监总局第 16 号令)第三条规定:"事故隐患,是指生产经营单位违反安全生产法律、法规、规章、标准、规程和安全生产管理制度的规定,或者因其他因素在生产经营活动中存在可能导致事故发生的物的危险状态、人的不安全行为和管理上的缺陷。"这也就从另外一个方面提出安全生产管理的核心就是依法依规生产,消除人的不安全行为、物的危险状态和管理上的缺陷。

消除人的不安全行为,主要是通过教育培训,提高员工的安全意识、规范员工的安全操作技能,这些又取决于人的素养;同时,营造"人人重视安全、人人关心安全、人人践行安全"的文化氛围是提高人的素养、规范员工行为的重要方式。

消除物的不安全状态,主要是按照相关法律法规和标准规范,在设备设施的采购、安装、调试,以及作业环境的设计、施工、布局等源头上提高设备设施及作业环境的本质安全水平,以及加强运行过程中的安全监管,确保各种安全防护装置齐全有效、各种警示标识醒目清晰。

因此,消除人的不安全行为和物的不安全状态,关键是遵纪守法、依法依规,简化说,就是严守规程。

三、安全生产标准化达标建设是安全管理的重要抓手

根据《企业安全生产标准化基本规范》(GB/T 33000—2016),企业安全生产标准化:企业通过落实安全生产主体责任,全员全过程参与,建立并保持安全生产管理体系,全面管控生产经营活动各环节的安全生产与职业卫生工作,实现安全健康管理系统化、岗位操作行为规范化、设备设施本质安全化、作业环境器具定置化,并持续改进。

安全生产标准化的审查,一般分成综合管理、机械设备、热工燃爆、电气、作业环境、职业健康等专业进行,审查其安全管理架构合理性、安全管理责任体系和制度体系的健全性、安全管理体系运行的有效性、现场设备设施的本质安全及安全防护装置的完好性、作业布局及作业环境的安全性等方面。因此,可以看出,安全生产标准化关注的重点,就是要求建章立制、严守规程,确保人、机、物、环处于良好的生产状态;既有对作业人员、设备设施及作业环境安全管理的全面要求,也有对单位安全管理运行机制的全面要求,以及对保障单位安全生产的综合解决方案,如图1.5所示。所以说,安全生产标准化达标建设是安全管理的重要抓手。

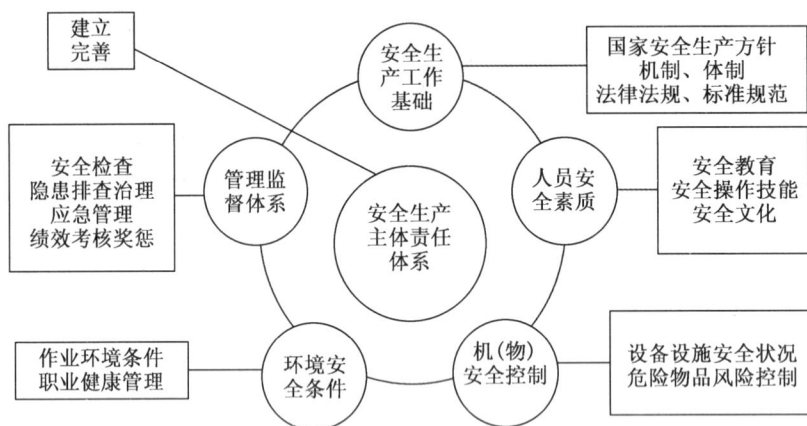

图1.5 安全生产标准化管理体系

国家高度重视安全生产标准化达标建设工作。《国务院关于进一步加强企业安全生产工作的通知》(国发〔2010〕23号)要求,凡在规定时间内未实现达标的企业要依法暂扣生产许可证和安全生产许可证,责令停产整顿;对整改逾期未达标的,地方政府要予以关闭。《国务院关于坚持科学发展安全发展 促进安全生产形势持续稳定好转的意见》(国发〔2011〕40号)要求,在工矿商贸和交通运输行业领域普遍开展岗位达标、专业达标和企业达标建设,对在规定期限内未实现达标的企业,要依据有关规定暂扣其生产许可证、安全生产许可证,责令其停产整顿。对整改逾期仍未达标的,要依法予以关闭。《中华人民共和国安全生产法》第四条明确规定:"生产经营单位必须遵守本法和其他有关安全生产的法律、法规,加强安全生产管理,建立、健全安全生产责任制和安全生产规章制度,改善安全生产条件,推进安全生产标准化建设,提高安全生产水平,确保安全生产。"

四、军工系统安全生产标准化考评的一般要求

根据《国家国防科工局 国家安全生产监督管理总局关于印发军工系统安全生产标准化建设实施方案的通知》（科工安密〔2012〕269号）等文件要求，所有军工单位均应通过安全生产标准化达标建设，并将安全生产达标结果作为武器装备科研生产许可证发放的重要条件之一。为此，国防科工局印发了《军工系统安全生产标准化考核评级办法（试行）》（科工安密〔2012〕1097号），其中要求："拥有或拟取得武器装备科研生产许可的集团公司所属成员单位、集团公司或（和）成员单位出资设立的独资、控股法人单位及不控股但承担主要管理责任的单位，均应纳入军工系统安全生产标准化达标建设过程中，且申请应以法人单位为主体，对军民品业务及设备设施实施整体评审。安全生产标准化等级证书和牌匾有效期为3年。期满前3个月，单位应申请复评。"

在国防科工局印发的《国防科工局关于军工系统安全生产标准化评审机构和考评标准审查结果的通知》（科工安密〔2013〕591号）文件中，明确了中国船舶重工集团公司第七一四研究所等16家评审机构具备一级及以下级别的安全生产标准化咨询评审资质，并对各军工集团公司申报的10套军工考评标准予以备案公告。中国船舶重工集团公司（以下简称集团公司）经过3年的安全生产标准化实践，在充分总结前期经验的基础上，结合国家最新的法律法规要求和集团公司的安全生产现状及发展要求，完成了《中国船舶重工集团公司安全生产标准化考核评分细则——舰船设备研制单位（2016版）》（以下简称《考核评分细则》）的修订工作，并通过了国防科工局的备案审查。

2016版《考核评分细则》作为集团公司安全生产标准化考评工作的主要标准，规定了单位安全生产标准化达标评审的一般要求，并明确了综合管理、设备设施、作业环境等考评要素的评审标准及打分方法。《考核评分细则》的主体部分涉及74个考评项，总分1 000分；附则部分8个考评项，总分200分。其中，综合管理部分18个考评项，240分；设备设施部分42个考评项，540分；作业环境部分7个考评项，120分；职业健康部分6个考评项，100分；涉及火工业务的单位，火工专业部分有8个考评项，200分。每部分具体分值分布如表1.1所示。

表1.1　评审项目及分值

序号	评审项目	评审项目分值
一	基础管理	230
1	目标管理	10
2	机构与人员	8
3	安全生产责任制	15
4	安全生产规章制度或企业标准	15
5	安全生产教育培训	30

表 1.1（续 1）

序号	评审项目	评审项目分值
6	危险源（点）管理	15
7	劳动防护用品管理	8
8	安全技术操作规程	8
9	应急管理	15
10	隐患排查治理与预防控制体系建设	15
11	建设项目"三同时"管理	15
12	相关方安全管理	18
13	班组安全管理	15
14	作业安全管理	10
15	试验安全管理	12
16	安全生产信息化建设	15
17	事故管理	6
二	设备设施	540
18	金属切削机床	25
19	冲、剪、压机械	25
20	起重机械	30
21	电梯	12
22	厂内机动车辆	12
23	木工机械	8
24	注塑机	5
25	工业机器人（含机械手）	5
26	装配线（含部件分装线、焊装线）	10
27	风动工具	5
28	砂轮机	10
29	射线探伤设备	8
30	炊事机械	5
31	自有专用设备	20
32	锻压机械	12
33	铸造机械	18
34	铸造熔炼炉	12
35	工业炉窑	12
36	酸、碱、油槽及电镀槽	8
37	中央空调系统	8

表 1.1(续2)

序号	评审项目	评审项目分值
38	输送机械	10
39	工业梯台	8
40	移动平台	5
41	锅炉与辅机	24
42	压力容器	16
43	工业气瓶	16
44	空压机(站、水冷却系统)	15
45	工业管道	10
46	油库及加油站	15
47	助燃、可燃气体汇流排	8
48	制气转供站	15
49	涂装作业	18
50	变配电系统	30
51	固定电气线路	8
52	临时低压电气线路	5
53	动力(照明)配电箱(柜、板)	25
54	电网接地系统	15
55	雷电防护系统	12
56	焊接和切割设备	12
57	手持电动工具	10
58	移动电气设备	8
59	电气试验站(台、室)	5
三	作业环境	120
60	厂区环境	10
61	建筑物	10
62	消防安全管理	25
63	车间环境	25
64	仓库	10
65	有限空间作业	15
66	危险化学品安全管理	25
四	职业健康	100
67	职业健康综合管理	10
68	工作场所职业病危害因素管理	30

表 1.1（续 3）

序号	评审项目	评审项目分值
69	劳动者职业健康保护	30
70	职业病防护设施	10
71	群众监督和告知	10
72	职业健康应急管理	10
五	绩效评定	10
73	绩效评定	5
74	持续改进	5
六	火工专业（涉及火工业务的单位选用）	200
75	综合管理	30
76	总体安全条件	40
77	采购	10
78	运输	10
79	储存	30
80	使用	50
81	作业环境	20
82	清退与销毁	10

在现场考评过程中，单位安全生产标准化自评和外部评审项目、总分、评分和分级标准相同。

本书将以 2016 版《考核评分细则》为线索，对各要素的具体工作要求、注意事项、可能存在的典型事故隐患及整改建议等进行详细阐述。

第二章　安全生产综合管理工作要求

一、综合管理概述

(一)要素分布

安全生产综合管理内容包括目标管理、机构与人员、安全生产责任制、安全生产规章制度或企业标准、安全生产教育培训、危险源(点)管理、劳动防护用品管理、安全技术操作规程、应急管理、隐患排查治理与预防控制体系、建设项目"三同时"管理、相关方安全管理、班组安全管理、作业安全管理、试验安全管理、安全生产信息化建设、事故管理、绩效评定与持续改进等18个项目。

(二)工作原则

1."分级管理,分线负责"的原则

"分级管理,分线负责"是单位安全管理体系的组织原则,是贯彻安全生产责任制、落实责任指标的保证。在安全管理体系中,单位主要负责人是安全生产第一责任者;各分厂厂长、车间主任、班组长等各级负责人拥有一定指挥权,也须对管理范围内安全生产负直接领导责任。各职能部门在单位组织机构中是为实现某种功能而设立的,职能部门负责人也须对其职责范围内的安全生产负责。安全管理部门是单位安全管理的专职机构,负责对安全生产工作进行监督、检查、协调、指导和服务。

2. 系统管理的原则

综合管理应立足于系统管理,即应用系统工程的方法,分析、评价并控制人－机－环境系统可能发生的事故,调整各种因素,使系统发生的事故减少到最低限度,达到最佳安全状态。因此,综合管理考评须将各考评项目有机地联系在一起,形成一个相对独立、相互依赖、相互作用的有机整体,从而综合考评单位的安全管理水平。

系统管理的核心是根据管理学的原理,建立一个"计划(PLAN)—行动(DO)—检查(CHECK)—改进(ACT)"的动态循环管理过程框架,以持续改进的思想使单位实现其既定目标。

3. 协作配合的原则

安全生产工作在责任制明确的基础上,各职能部门、分厂(车间)须相互配合,分工协作,才能充分发挥安全管理体系的作用。为了保证横向、纵向协调,应使安全生产各项业务标准化、规范化,明确横向纵向流程。

4. 有效性的原则

（1）计划的有效性

长远规划、年度计划等，不但要有安全生产的目标、指标以及相关的措施等内容，而且要着重于执行效果。

（2）组织的有效性

为了保证安全生产管理体系的有效运作，须设置专职安全机构，并充分发挥安全管理网络的作用，制订内容齐全的职业安全健康规章制度，而且要求规章制度有效地贯彻落实于职能部门的日常管理业务之中和生产经营活动之中。

（3）控制的有效性

应用科学的管理方法，通过安全资金的合理投入，使人－机－环境系统各因素达到最佳安全匹配，达到对工伤事故和职业危害的有效控制。

（三）考核要求

综合管理专业总分分值共计240分，以现场查证、资料核对和检查考核的方法进行，具体考核时按照各要素"考评内容及考评办法"实施。

二、目标管理

（一）适用范围

单位安全生产方针、目标、规划、年度计划及安全投入等。

（二）资料备查清单

（1）单位安全生产方针或安全承诺；

（2）单位安全生产发展规划；

（3）单位安全生产发展规划的年度执行计划；

（4）单位安全生产工作计划；

（5）单位安全生产工作总结；

（6）单位安全投入保障管理制度；

（7）单位安全生产投入计划；

（8）单位安全措施计划；

（9）单位安全月工作方案及工作总结；

（10）单位安全文化建设思路、方案等资料；

（11）单位安全文化理念或核心价值观。

（三）考评内容及考评办法

目标管理考评内容及考评办法见表2.1。

表 2.1 目标管理考评内容及考评办法

序号	考评内容	标准分值	考评办法
1	单位应依据法律、法规和其他要求,结合单位发展的实际,制订明确的、公开的、文件化的安全生产方针或安全承诺,其内容应包含: (1)防止人身伤害与职业病、持续改进职业安全健康管理与绩效的要求; (2)遵守有关的法律、法规、标准和要求。 单位安全生产方针或安全承诺应: (1)由单位主要负责人签发; (2)传达到所有从业人员,并得到有效的贯彻和实施; (3)定期进行评审	1分	①查文本,无安全生产方针或安全承诺扣1分,无主要负责人签发扣1分;安全生产方针不符合基本内容要求的扣1分。 ②现场核查,一人不熟悉安全生产方针或安全承诺内容的扣0.2分。 ③查记录,未定期对安全生产方针或安全承诺进行评审(至少一年一次)或评审后无对策的扣1分
2	单位应根据安全生产方针或安全承诺,制订职业安全健康的中长期发展规划,并制订年度执行计划及考核计划	2分	①查文本,无规划扣2分;规划内容未结合实际或内容空洞扣0.5分。 ②查文本,规划与安全生产方针或安全承诺一处不符扣0.5分。 ③查记录,机构变化或业务发生较大变化的,未评审扣2分。 ④应对年度计划的执行情况进行总结,未总结或评审后无对策的扣1分
3	单位应建立文件化的年度安全生产目标,目标应可测量、可操作,并应考虑: (1)与安全生产方针或安全承诺、职业安全健康的中长期发展规划一致; (2)危险源(点)和风险; (3)财务、运行和经营要求,以及相关方(含从业人员)的意见; (4)可选择的技术方案。 安全生产目标应逐级分解,落实到单位内基层科研生产经营单位	2分	①查文本,无年度目标的扣2分,未以文件形式下发或无主要负责人签发的扣2分。 ②查文本,年度目标与安全方针、规划一处不相符的扣0.5分,可测量的目标未定量或不可操作扣1分。 ③查分解指标,一个基层单位未分解扣0.5分,任一基层单位的目标未与主体职责相联系或未与风险控制相联系的,扣0.5分。 ④查目标完成情况的考核资料,一项目标指标未完成,且无分析和改进措施的扣1分

表2.1(续)

序号	考评内容	标准分值	考评办法
4	单位应依据安全生产目标,制定可行的安全技术措施计划确保目标的完成,并定期对目标和安全技术措施计划的实施情况进行检查、考核和修订。 单位应按照《企业安全费用提取和使用管理办法》(财企〔2012〕16号)等有关法规和文件要求,足额提取安全费用,确保实现安全技术措施计划和具备安全生产条件的资金投入,并列入单位资金使用计划	4分	①无安全投入保障管理制度(含措施计划)扣10分。 ②未制定安全生产投入计划的、未将安全生产投入预算纳入单位财务预算统筹考虑,无主要负责人签发的扣4分。 ③安全费用使用不符合财企〔2012〕16号文要求的,一处不符合扣0.5分。 ④安全措施计划无实施进度、条件评估、责任单位等内容,或无验收资料的,一项扣1分。 ⑤每年至少应对安全费用使用情况、计划完成情况进行一次检查和统计,并保持记录,一次未进行扣0.5分
5	单位应采取多种形式,逐步形成全体从业人员所认同、共同遵守、带有本单位特点的企业安全文化	1分	①查安全文化建设是否纳入单位企业文化建设活动中去,是否有相应工作方案或工作思路、活动记录、工作总结、可视化的安全宣传标识、扎实开展安全月活动等内容,一项不符合扣0.5分。 ②查单位安全文化建设相关文件,无安全理念或安全核心价值观的,扣1分。 ③询问员工,一人次不理解或不认同单位安全理念或安全核心价值观的,扣0.5分

(四)考评要点

1. 安全生产方针或安全承诺

单位应制定明确的、公开的、文件化的安全生产方针或安全承诺,并由主要负责人签发。安全生产方针或安全承诺应简洁、易记。

安全生产方针或安全承诺内容应包含:

①防止人身伤害与职业病、持续改进职业安全健康管理与绩效的要求;

②遵守有关的法律、法规、标准和要求。

单位应加强安全生产方针或安全承诺的宣贯,确保安全生产方针深入人心,在日常安全生产工作中能得到有效的贯彻和实施。

安全生产方针或安全承诺应定期进行评审,确保安全生产方针或承诺能符合法律法规和持续改进等相关要求,确保能引领单位安全生产工作持续健康发展。

需要注意的是,此处的安全生产方针或安全承诺,应是单位安全管理最顶层的战略方向,它不同于部分单位开展的逐级承诺制。

2. 安全生产发展规划和年度滚动执行计划

单位应将安全生产发展规划纳入单位中长期发展规划中统筹考虑,或单独编制安全生产中长期发展规划。编制的安全生产发展规划应紧扣安全生产方针或安全承诺的管理方向,并结合单位实际,具有一定的可操作性和指导性。建议编制的安全生产发展规划应包括现状与形势、指导思想、目标、主要任务、保障措施等相关内容,规划内容的重点是"主要任务"部分,应结合安全生产重点领域技术改造项目及单位拟开展的安全生产重点工作来展开,切忌内容空洞。

安全生产发展规划应以正式文件下发,并定期进行评审。当单位业务或风险因素发生重大变化时,应及时修订发展规划。

为更好地推进落实规划,单位应编制安全生产发展规划的年度滚动执行计划,明确每年需要开展的重点工作、工作目标、考核指标、完成时间、责任部门及责任人等内容。单位应严格推进规划或年度计划的落地执行,对每年的年度计划执行情况进行总结,对未完成的计划需及时进行调整并报相关领导审批。

3. 安全生产工作计划及目标

单位每年年初,应根据《中国船舶重工集团公司安全生产工作要点》,编制本单位安全生产工作计划或工作要点,明确全年安全生产目标和重点工作。建议工作计划或工作要点的附件为表格形式,明确每项工作的工作内容、工作目标、完成时间、牵头部门及责任人、配合部门、考核要求等内容。制订的年度安全生产工作计划及目标应与单位安全生产方针、规划保持协调一致。

年度安全生产目标应可测量、可操作,并应考虑:

(1)与安全生产方针或安全承诺、职业安全健康的中长期发展规划一致;

(2)危险源(点)和风险;

(3)财务、运行和经营要求,以及相关方(含从业人员)的意见;

(4)可选择的技术方案。

单位制定的工作目标应逐级分解到各个部门。安全生产目标的分解可在单位安全生产总体目标中一并分解完成,也可通过安全生产责任书的形式予以分解。部门、分厂、车间应根据本单位安全生产工作目标和工作计划,分解制定本部门、本车间的安全生产工作计划(或在本部门工作计划中予以体现)。

单位应采取多种措施,保障安全生产目标的顺利完成。当安全生产目标无法实现时,应有原因分析和改进措施;目标调整应有相关领导审批。

4. 安全生产投入

根据《企业安全生产费用提取和使用管理办法》(财企〔2012〕16 号)要求,单位应当建立健全内部安全生产投入管理制度,明确安全费用计划编制、安全费用提取和使用的程序、职责及权限,按规定提取和使用安全费用。单位建立的安全生产投入管理制度应由主要负责人签发。

单位应编制年度安全费用提取和使用计划,并纳入单位财务预算。单位安全费用使用计划应按照由下到上的原则进行编制,各个部门报送安全费用使用计划后,由安全管理部门进行综合汇总和平衡,经领导批复同意后由财务部门纳入单位财务预算统筹实施。其中,关于安全措施项目,计划中明确实施进度、条件评估、责任单位等内容。同时,加强安全费用计划执行情况的跟进总结。

安全生产费用的提取,应以上年度实际营业收入为计提依据,采取超额累退方式按照以下标准平均逐月提取,严禁按照营业收入实行一刀切的比例。提取的安全费用应当专户核算,在规定范围内安排使用。年度结余资金结转下年度使用,当年计提安全费用不足的,超出部分按正常成本费用渠道列支。中小微型企业和大型企业上年末安全费用结余分别达到本企业上年度营业收入的5%和1.5%时,经当地县级以上安全生产监督管理部门和财政部门同意,本年度可以缓提或者少提安全费用。

安全生产费用的使用范围,主要包括以下几个方面:

(1)完善、改造和维护安全防护设施设备支出(不含"三同时"要求初期投入的安全设施),包括生产作业场所的防火、防爆、防坠落、防毒、防静电、防腐、防尘、防噪声与振动、防辐射或者隔离操作等设施设备支出,大型起重机械安装安全监控管理系统支出;

(2)配备、维护、保养应急救援器材、设备支出和应急演练支出;

(3)开展重大危险源和事故隐患评估、监控和整改支出;

(4)安全生产检查、评价(不包括新建、改建、扩建项目安全评价)、咨询和标准化建设支出;

(5)安全生产宣传、教育、培训支出;

(6)配备和更新现场作业人员安全防护用品支出;

(7)安全生产适用的新技术、新标准、新工艺、新装备的推广应用;

(8)安全设施及特种设备检测检验支出;

(9)其他与安全生产直接相关的支出。

需要特别说明的是,为职工提供的职业病防治、工伤保险、医疗保险所需费用,不在安全费用中列支。

根据《安全技术措施计划的项目总名称表》要求,安全投入中关于安全技术措施费用,应满足以下规定:

(1)安全技术的措施与改进生产的措施应根据措施的目的和效果加以划分。凡符合本名称表规定的项目,但从改进生产的观点来看,又是直接需要的措施(即为了合理安排生产而需要的措施),不得作为本名称表范围,而应列入生产技术财务计划中的其他有关计划。

(2)单位在新建、改建时,应将安全技术措施列入工程项目内,在投入生产前加以解决,由基本建设的经费开支,不列入本名称表范围。

（3）制造新机器设备时，必须包括该项机器设备的安全装置，由制造单位负责，不属于本名称表范围。

（4）单位采取新的技术措施或采用新设备时，其相应必须解决的安全技术措施，应视为该项技术组织措施不可缺少的组成部分同时解决，不属于本名称表范围。

（5）本名称表第三部分"辅助房屋及设施"所规定的项目，应严格区别于集体福利事项，如公共食堂、公共浴室、托儿所、休养所等均不属于本名称表范围。

（6）个人防护用品及专用肥皂、药品、饮料等属于劳动保护的日常开支，按单位所定制度编入经费预算，不属于本名称表范围。安全技术各项设备的一般维护检修和燃料、电力消耗，应与单位中其他设备同样处理，亦不属于本名称表范围。

5. 安全文化建设

单位应将安全文化建设纳入单位企业文化建设中统筹考虑，或单独编制安全文化建设工作方案或工作思路，采取多种形式，逐步形成全体从业人员所认同、共同遵守、带有本单位特点的安全文化理念或安全核心价值观。安全文化建设可参照《企业安全文化建设导则》（AQ/T 9004—2008）进行。

短期内，单位应将扎实开展"安全生产月"工作作为推进安全文化建设的重要抓手，应按照集团公司要求，做好"集团公司安全生产月"和"全国安全生产月"的方案策划和组织实施工作，并将工作方案、工作总结及时报送集团公司和留档备查。同时，通过警示牌、宣传标语等形式，在全单位营造一种"人人要安全"的良好氛围。

此要素的考评要点如表2.2所示。

表2.2 目标管理考评项考评要求

序号	考评项目	考评要点
1	安全生产方针或安全承诺	此考评项，主要是考核有无问题，以及制定的安全生产方针或安全承诺是否有一定的引领作用： ①查是否制定了安全生产方针或安全承诺； ②查安全生产方针或安全承诺是否由主要负责人签发，并向各级人员进行了传达； ③查相关人员是否熟悉安全生产方针或安全承诺中的相关内容及管理思想； ④查是否定期对安全生产方针或安全承诺进行了评审
2	安全生产发展规划和年度滚动计划	①查是否制定了安全生产发展规划（或是否融入了单位整体发展规划中）； ②查是否制订了规划的年度执行计划； ③查安全生产规划是否为有效版本，是否定期进行了评审； ④查单位业务或风险因素发生重大变化时，是否及时修订了发展规划； ⑤查年度计划是否得到了有效执行，记录是否完整

表 2.2（续）

序号	考评项目	考评要点
3	安全生产工作计划和目标	①查是否制订了安全生产工作目标和工作计划(或要点); ②查安全生产目标是否具有可测量性和可操作性; ③查安全生产目标是否逐级进行了分解; ④查年度目标是否悉数完成,对未完成的目标是否有原因分析及改进措施
4	安全投入	①查是否制定了安全投入管理制度; ②查是否编制了安全费用计划,是否有主要负责人签发,安全措施项目是否有实施进度、条件评估、责任部门等内容; ③查安全费用提取和使用范围是否满足标准规定; ④查安全费用计划执行情况,是否有执行总结,对未执行内容是否有调整对策
5	安全文化建设	①查是否将安全文化纳入了单位企业文化建设中统筹考虑实施; ②查是否扎实开展了安全月活动,是否有安全月工作方案和工作总结; ③现场核查单位是否开展了可视化的安全宣传工作; ④查单位是否积淀形成了普遍被员工认可的安全文化理念或安全核心价值观

（五）常见问题

（1）单位未建立安全生产方针或安全承诺,或将安全承诺与部分单位开展的安全生产逐级承诺混为一谈;

（2）安全生产方针或安全承诺未经主要负责人签发,或未定期进行评审;

（3）未制定安全生产发展规划或年度滚动执行计划,或内容过于空洞,或未经主要负责人签发;

（4）年度滚动执行计划没有得到有效执行;

（5）制定的安全生产目标与发展规划、安全方针不相符合;

（6）安全生产目标没有逐级进行分解;

（7）安全生产目标没有有效执行,对未完成的目标没有原因分析,也没有改进措施;

（8）未制定年度安全费用计划,或安全费用计划未经主要负责人审批,或安全费用计划中的安全措施项目无实施进度、条件评估、责任部门等内容;

（9）安全费用提取未按照差额累退方式进行;

（10）安全费用的使用范围超出了标准规定的 9 个方面;

（11）未对安全费用执行情况进行总结;

（12）未扎实开展安全生产月活动,活动记录不完整;

（13）未形成被广大员工认可、熟知的安全文化理念或安全核心价值观。

三、机构与人员

（一）适用范围

企事业单位安全生产三级管理网络、安全管理机构及安全管理人员。

（二）资料备查清单

（1）安全生产委员会（以下简称安委会）/安全生产领导小组成立文件；

（2）安全生产三级管理网络图；

（3）安全员任命文件；

（4）单位"三定"文件；

（5）安全管理人员培训资质证书；

（6）单位工会劳动保护监督检查委员会（小组）成立文件；

（7）安委会会议记录；

（8）工会劳动保护监督检查委员会工作记录；

（9）安全管理部门定期召开的安全会议记录。

（三）考评内容及考评办法

机构与人员考评内容及考评办法如表 2.3 所示。

表 2.3　机构与人员考评内容及考评办法

序号	考评内容	标准分值	考评办法
1	单位应建立公司（厂、所）、车间（职能部门）及班组三级安全生产管理网。 单位应成立以主要负责人为主任的安全生产委员会，至少每季度召开一次安全生产专题会议，分析安全生产的现状，研究决策单位安全生产的重大问题，并形成记录； 各车间（职能部门、作业部）和班组的负责人为本领域安全生产第一责任人，并严格履行其安全职责	2分	①查组织机构图，未建立安全生产管理网扣2分，三级安全管理主要负责人或专（兼）职安全员无公司或安全管理部门备案确认资料扣1分。 ②未建立以主要负责人为主任的安全生产委员会的，扣8分。 ③查会议记录等文本，无安全生产委员会会议记录的，扣8分；未定期召开安委会会议的，缺一次扣1分；会议纪要内容未闭环执行，一次扣0.5分。 ④现场核查和与员工交流，一个车间无主管安全的领导或专（兼）职安全员扣1分，未履行职责扣0.5分

表2.3(续)

序号	考评内容	标准分值	考评办法
2	单位应按照法律法规的相关要求,并结合其生产特点设置安全生产管理机构,确保安全生产管理机构独立履行安全生产的监督管理职责	2分	①查机构编制和职能划分,安全生产管理机构不能独立履行安全生产的监督管理职责的,扣8分。 ②安全生产管理机构未定期召开有关会议布置安全生产工作,未建立会议纪要的扣2分
3	单位应按照国家法律法规、行业规定或地方法规要求配备专(兼)职安全管理人员。专职安全管理人员应接受相关的培训,具备与本单位生产经营活动相适应的知识和能力,并取得培训合格证	2分	①查人员名单,从业人员100人以上的单位未配备专职安全生产管理人员的,扣8分;从业人员100人以下的单位未配备专职或者兼职安全生产管理人员的,扣8分。 ②查安全管理人员培训情况,未经培训或未取得资格证书,缺一人扣2分
4	单位工会应设立工会劳动保护监督检查委员会(或工会劳动保护监督检查小组),依法履行安全生产监督职责,收集、解决及反馈从业人员关注的职业安全健康事项,维护员工合法权益	2分	①查机构设置和人员名单,无劳动保护监督检查委员会(或小组)或劳动保护监督检查组织体系不健全的扣2分。 ②现场核查,一个单位劳动保护监督检查委员会(或小组)未发挥作用或无检查记录或对发现的问题没有实现闭环管理的扣1分

(四)考评要点

1. 安全生产委员会

单位应建立以主要负责人为主任、各个职能部门负责人为成员的安全生产委员会。安委会成立文件应以正式文件印发,内容应包含成员名单、职责与权限等内容。安委会应是单位安全生产的最高决策组织,因此,其职责应侧重在研究、协调、决策、解决单位安全生产的重大问题上。

安委会主任应定期组织召开安委会会议(原则上每季度一次)。安委会会议议题应包括国家安全生产重要法律法规的宣贯、上次安委会会议决议执行情况的报告、安全生产重大问题的决议情况、上季度安全生产重点工作完成情况和下季度工作安排、其他重大安全生产事项等内容。

安委会会议记录应保存完整,内容应包括会议签到、会议方案、会议记录、会议决议、会议决议的执行计划和闭环记录等。

2. 安全生产三级网络

单位应建立安全生产三级网络图,第一级为安委会及安委会办公室,第二级为各工厂、车间及部门,第三级为班组,要求每级机构应明确第一责任人及具体负责人,如有变动,需及时更新。

各职能部门、各车间(分厂)和班组的负责人为本领域安全生产第一责任人,并严格履行其安全职责。

各职能部门、各车间(分厂)应设置专(兼)职安全员,并规定其职责、具体工作内容和程序。各部门专兼职安全员应有单位的正式任命文件,或安全管理部门的备案确认资料。

3. 安全生产管理机构及人员

单位应设置具有独立履行安全管理职能的安全生产管理机构,能够直接与单位主要负责人或主管安全的负责人对话。安全管理机构设置及人员编制应有文件化的证明材料(如"三定"文件:定部门职责、定内设机构、定人员编制)。

单位应按照国家法律法规、行业规定或地方法规要求配备专(兼)职安全管理人员。根据《安全生产法》第二十一条规定,矿山、金属冶炼、建筑施工、道路运输单位和危险物品的生产、经营、储存单位,应当设置安全生产管理机构或者配备专职安全生产管理人员。上述以外的其他生产经营单位,从业人员超过100人的,应当设置安全生产管理机构或者配备专职安全生产管理人员;从业人员在100人以下的,应当配备专职或者兼职的安全生产管理人员。

专职安全管理人员应接受相关的培训,具备与本单位生产经营活动相适应的知识和能力,并取得培训合格证。

安全生产管理机构应定期召开有关会议,布置安全生产工作。安全生产工作会议可结合单位生产任务布置会议同时举行。安全生产会议应有会议纪要,并督促执行。

4. 工会劳动保护监督检查委员会

单位工会应设立工会劳动保护监督检查委员会(或工会劳动保护监督检查小组),应有正式成立的文件,应明确成员名单及工作职责。工会劳动保护监督检查组织体系应侧重对单位安全生产工作的落实情况进行监督,侧重于员工的合法权益是否得到了保障,因此,原则上其成员组成应与安全员组织有所区别。

工会劳动保护监督检查委员会应定期开展安全生产制度审议、安全检查、安全生产合理化意见征集、技能比武等工作,各项工作应有记录。

其中,安全生产合理化建议应体现闭环管理思维,意见征集人提出建议后,工会应批复给相关部门进行承办,承办部门承办后应反馈给工会,工会现场确认后再将处理结果反馈给提案人,确认提案人对处理结果的满意情况;如果不满意,则重复以上环节,直至得到双方认可的解决结果。

合理化意见征集表参考格式如表 2.4 所示。

表 2.4 合理化意见表

提案部门		提案人	
提案建议	提案人签字：　　　　　时间：		
工会批复意见	工会部门签字：　　　　　时间：		
责任部门 处理意见	处理部门签字：　　　　　时间：		
工会对提案处理意 见落实的验证签字	工会部门签字：　　　　　时间：		
提案人对处理 措施的反馈意见	提案人签字：　　　　　时间：		

机构与人员要素的考评要点如表 2.5 所示。

表 2.5 机构与人员的考评要点

序号	考评项目	考评要点
1	安委会	①查有无正式设立文件； ②查是否由一把手牵头； ③查安委会是否及时进行了更新； ④查职责是否体现重大问题的研究、决策、部署； ⑤查是否定期召开了安委会会议，是否有主要负责人参加； ⑥查安委会会议议题是否全面； ⑦查安委会会议决议有无闭环管理； ⑧查安委会会议记录是否完整

表 2.5（续）

序号	考评项目	考评要点
2	安全生产三级网络	①查是否建立了安全生产三级网络图； ②查三级网路图是否规范； ③查各级网络，各部门安全生产主要负责人及安全员是否清晰明了； ④查各部门专兼职安全员是否有公司正式文件任命或安全部门的备案确认资料
3	安全生产管理机构及人员	①查单位"三定"文件是否有安全生产管理部门的设定； ②查安全生产管理机构是否能独立履行职责； ③查安全管理人员是否持证上岗； ④查是否定期召开安全生产会议
4	工会劳动保护监督检查委员会	①查是否有工会劳动保护监督检查委员会正式设立文件； ②查工会劳动保护监督检查委员会是否有履职记录

（五）常见问题

（1）单位领导调整后，安委会成员未及时进行更新调整；

（2）单位未定期召开安委会，或安委会会议内容单一，与安全生产工作布置会无异；

（3）单位安委会会议未见闭环执行记录；

（4）单位专兼职安全员无正式任命文件或备案材料；

（5）工会劳动保护监督检查委员会组成成员身份不利于其开展监督工作。

四、安全生产责任制

（一）适用范围

各层、各级人员的安全生产责任制，以及签署的安全生产责任状。

（二）资料备查清单

（1）单位安全生产责任制文本；

（2）单位安全生产责任制评审记录；

（3）签署的安全生产责任状；

（4）单位安全生产履职考核制度文件；

（5）单位安全生产责任履职考核记录。

（三）考评内容及考评办法

安全生产责任制考评内容及考评办法如表 2.6 所示。

表 2.6　安全生产责任制考评内容及考评办法

序号	考评内容	标准分值	考评办法
1	单位主要负责人对本单位的安全生产工作全面负责,其主要职责如下: ——建立、健全本单位安全生产责任制; ——组织制定本单位安全生产规章制度和操作规程; ——组织制订并实施本单位安全生产教育和培训计划; ——确保本单位安全生产投入的有效实施; ——督促、检查本单位的安全生产工作,及时消除生产安全事故隐患; ——组织制定并实施本单位的生产安全事故应急救援预案; ——及时、如实报告生产安全事故	4分	①查主要负责人安全职责,缺一条扣0.5分。 ②查履职的相关记录,一处不合格扣1分。 ③查会议记录和现场核查,一项安全生产的重大问题未及时处理扣2分
2	单位应按照"党政同责""一岗双责""失职追责""谁主管、谁负责"的原则逐级分层建立、健全各级人员的安全生产职责;安全生产责任制应当明确各岗位的责任人员、责任范围和考核标准等内容;各级人员应对安全生产责任制予以贯彻落实	6分	①查组织机构图、职能分解表和岗位安全职责文本,无安全生产责任制文本的扣15分,责任制文本未经主要负责人审批发布的,扣6分。 ②责任制未具体到部门各岗位的,缺少一个扣1分。 ③查职责文本,一处不符合"分级管理、分线负责"的原则扣1分。 ④现场核查,一个部门或岗位职责界定不清晰、与对应的行政管理职能不符扣0.5分
3	单位应建立相应的机制,加强对安全生产责任落实情况的监督考核,保证安全生产责任制的落实	4分	①单位未建立安全生产考核机制,未将安全生产考核纳入单位整体绩效考核的,扣15分。 ②查安全生产责任制履职考核记录,无考核记录的,扣15分。 ③一个部门或岗位未进行安全生产责任制履职考核的,扣1分。 ④一个部门或岗位不熟悉其安全生产职责的,扣0.5分

表2.6(续)

序号	考评内容	标准分值	考评办法
4	单位的安全生产责任制应定期评审,并根据实际变化情况予以更新	1分	①现场核查,一个部门或岗位职责发生变化的,单位未及时调整其安全职责扣1分。②查评审记录,未定期评审的(至少每年一次)扣1分

(四)考评要点

1.建立健全安全生产责任制

单位应建立健全各层、各级人员安全生产责任制,并对责任制文本组织评审,由主要负责人签发。

单位应将安全生产责任制作为单位安全教育培训的重点内容予以实施,确保相关人员应知应会,切实做到"凡事有人负责"。

所有人员应能便利地获取到本岗位的安全生产责任制。

(1)特点

单位制定的安全生产责任制应体现如下特点:

①安全生产责任制的制定应体现"党政同责""一岗双责""业务谁主管、安全谁负责""分级管理、分线负责"的原则。

②安全生产责任制应逐级分层建立,确保横向到边、纵向到底。

③安全生产责任制应细化到部门的具体各个岗位,如部门职责下应细分部门正职、部门各副职、各具体岗位的安全生产职责。

④安全生产职责应界定清晰,并与岗位行政职责相对应。

⑤原则上要求推进建立每个人的责任制清单。

根据《安全生产法》第十九条要求,单位制定的安全生产责任制应当明确各岗位的责任人员、责任范围和考核标准等内容。

(2)要求

典型人员及部门安全生产责任制的内容,应满足如下要求。

①主要负责人

单位主要负责人是指在本单位的日常生产经营活动中具有直接指挥权的领导人。主要负责人对本单位的安全生产工作全面负责。根据《安全生产法》第十八条要求,生产经营单位主要负责人对本单位安全生产工作负有下列七条职责:

a.建立健全本单位安全生产责任制;

b.组织制定本单位安全生产规章制度和操作规程;

c.组织制定并实施本单位安全生产教育和培训计划;

d.保证本单位安全生产投入的有效实施;

e. 督促、检查本单位的安全生产工作,及时消除生产安全事故隐患;

f. 组织制定并实施本单位的生产安全事故应急救援预案;

g. 及时、如实报告生产安全事故。

②安全生产管理机构及安全生产管理人员

根据《安全生产法》第二十二条要求,生产经营单位的安全生产管理机构以及安全生产管理人员履行下列职责:

a. 组织或者参与拟订本单位安全生产规章制度、操作规程和生产安全事故应急救援预案;

b. 组织或者参与本单位安全生产教育和培训,如实记录安全生产教育和培训情况;

c. 督促落实本单位重大危险源的安全管理措施;

d. 组织或者参与本单位应急救援演练;

e. 检查本单位的安全生产状况,及时排查生产安全事故隐患,提出改进安全生产管理的建议;

f. 制止和纠正违章指挥、强令冒险作业、违反操作规程的行为;

g. 督促落实本单位安全生产整改措施。

③工会

根据《安全生产法》第七条、第五十七条要求,工会依法对安全生产工作进行监督,履行下列职责:

a. 依法组织职工参加本单位安全生产工作的民主管理和民主监督,维护职工在安全生产方面的合法权益;

b. 对单位制定或者修改的有关安全生产规章制度进行审议;

c. 对建设项目的"三同时"工作落实进行监督;

d. 对生产经营单位违反安全生产法律、法规,侵犯从业人员合法权益的行为,有权要求纠正;发现生产经营单位违章指挥、强令冒险作业或者发现事故隐患时,有权提出解决的建议。

④个别部门容易疏忽的典型职责

a. 采购部门:设备采购时应考虑安全因素、采购前要进行资质审查、采购危险化学品时应索要 MSDS 等资料。

b. 工艺设计部门:产品研发设计时应考虑安全因素,注重本质安全度,做好技术交底。

c. 试验组织部门:应编制试验方案并组织评审,做好技术交底教育培训及安全管理工作。

d. 人事部门:牵头组织安全教育培训、与接害人员签订合同时的安全告知、工伤保险、绩效考核时考虑安全因素等。

2. 安全生产责任制监督考核

根据《安全生产法》第十九条要求,生产经营单位应当建立相应的机制,加强对安全生产责任制落实情况的监督考核,保证安全生产责任制的落实。

单位应建立单独的安全生产考核办法,或将安全考核相应要求纳入单位整体业绩考核办法中予以体现。安全考核应体现"失职追责"的原则,严格执行"一票否决"制。

单位应定期组织开展安全生产履职考核,考核应覆盖单位所有部门。考核结果应记录翔实,并在业绩考核中有所体现。

3. 安全生产责任状

单位应每年组织全员逐级签订安全生产责任状。安全生产责任状一式两份,签署双方各存一份。

安全生产责任状的内容应界定清晰,与行政岗位职责相对应。同一岗位的安全生产责任状,可集中予以签订。

针对新入职员工、转岗员工,应及时补签安全生产责任状。

4. 安全生产责任制的评审与修订

单位机构或个人岗位职责发生调整后,应及时修订其安全生产责任制。

单位每年至少开展一次安全生产责任制的评审工作,保存评审记录。

此要素的考评要点如表2.7所示。

表2.7　安全生产责任制考评要点

序号	考评项目	考评要点
1	建立健全安全生产责任制	①查是否有责任制文本,是否为受控版本; ②查责任制签发前是否有评审记录; ③查责任制内容是否覆盖了所有部门、所有层级、所有岗位人员; ④查责任制内容是否体现了"分级管理、分线负责"的原则,是否与行政岗位职责相一致; ⑤查是否对责任制文本进行了下发和培训
2	安全生产责任制监督考核	①查是否建立了责任制的考核机制; ②查是否定期开展了责任制的履职考核; ③查是否严格执行了"失职追责"的安全生产履职考核原则
3	安全生产责任状	①查是否全员逐级签署了安全生产责任状; ②查责任状中的职责内容是否与行政岗位职责对应; ③查新入职员工、转岗员工是否及时签署了安全生产责任状
4	安全生产责任制的评审与修订	①查是否定期开展了责任制的评审; ②查单位部门及人员职责变化后,是否及时修订了责任制

(五)常见问题

(1)责任制文本未正式签发,为非受控版本;

(2)部分人员、岗位未纳入责任制体系,有遗漏,如责任制仅制订部门层面,未对各部

门内不同岗位的安全职责进行细分;

（3）责任制内容与岗位行政职责不一致,或过于笼统,针对性不强,或有遗漏;

（4）单位机构和人员职责变化后,未及时修订责任制;

（5）未建立安全生产责任制履职考核记录;

（6）责任制考核时仅对生产车间进行了考核,对职能部门未进行考核;

（7）未定期组织开展责任制的评审工作,未见评审记录;

（8）部分人员未签署安全生产责任状（含新员工、转岗人员）;

（9）部分人员对本岗位所肩负的安全生产职责不熟悉。

五、安全生产规章制度或企业标准

（一）适用范围

单位制定的安全生产规章制度、体系文件,以及识别获取的国家安全生产法律法规及标准。

（二）资料备查清单

（1）单位安全生产规章制度文本;

（2）单位安全生产规章制度评审记录;

（3）单位识别获取的安全生产法律法规及标准;

（4）各个部门/车间/分厂识别获取的安全生产法律法规及标准;

（5）单位安全生产规章制度的执行记录。

（三）考评内容及考评办法

安全生产规章制度或企业标准考评内容及考评办法如表2.8所示。

表 2.8　安全生产规章制度或企业标准考评内容及考评办法

序号	考评内容	标准分值	考评办法
1	单位应建立有效途径,及时获取适用于其科研生产经营活动的职业安全健康法律法规与其他要求,建立适用的安全生产法律法规标准数据库,并传达到相关从业人员中严格执行	2分	①单位未建立法律法规识别、获取的相关制度和途径,扣1分。②查法规标准清单,未建立适用的安全生产法律法规标准数据库扣15分,缺少一种重要法规标准扣0.2分,一种重要法规标准未及时更新扣0.2分。③现场核查,一个部门未及时获得其必需熟悉的相关法规标准(部门未建立本部门识别的清单)扣0.5分

表 2.8（续1）

序号	考评内容	标准分值	考评办法
2	单位应建立、健全安全生产规章制度或企业标准。涉及相关业务的安全生产规章制度或企业标准宜包括： ——安全生产责任制管理制度； ——安全生产教育培训制度； ——安全检查与事故隐患排查治理制度； ——伤亡事故管理制度； ——班组安全管理制度； ——建设项目"三同时"管理制度； ——安全投入保障管理制度； ——"四新"安全管理制度； ——变更安全管理制度； ——易燃易爆危险点安全管理制度； ——相关方安全管理制度； ——消防安全管理制度； ——有限空间安全管理制度； ——危险化学品安全管理制度； ——厂内交通安全管理制度； ——职业健康管理制度； ——设备设施安全管理制度（含特种设备、职业病防护设施及设备设施的保养和检修等）； ——特种作业人员安全管理制度； ——劳动防护用品管理制度； ——女工和未成年人保护制度； ——危险源和应急管理制度； ——危险作业安全管理制度； ——临时用电安全管理制度； ——安全生产奖惩制度； ——生产现场安全管理制度； ——安全生产档案管理制度	7分	①查制度文本，除易燃易爆危险点安全管理制度、消防安全管理制度、有限空间安全管理制度等在相关考评项另有规定外，结合单位业务实际，本应制定的安全生产管理制度但未制定的，每缺少一项扣1分。 ②查规章制度文本，一处不符合单位实际扣0.5分。 ③查制度执行情况，一项制度未执行的扣0.5分
3	安全生产规章制度或企业标准的内容应符合法律、法规、规章和国家（行业）相关标准的要求，且层次清晰，控制有效	4分	查规章制度文本，一处不符合国家法规标准要求扣0.5分

表2.8（续2）

序号	考评内容	标准分值	考评办法
4	安全生产规章制度或企业标准发布前应经授权人批准，作出适当标识，确保其充分性和适宜性	1分	①查规章制度文本，未审批发布的，一项扣0.5分。②现场核查，一种岗位未及时获得必需的规章制度扣0.5分
5	单位应定期对安全生产规章制度或企业标准进行评审，必要时予以修订或更新，并保存评审记录	1分	①查评审记录，未定期对规章制度进行评审（至少一年一次）扣1分。②现场核查，单位业务发生显著变化而未对规章制度进行修订，一种扣0.5分

（四）考评要点

1. 法律法规识别获取

单位应建立安全生产法律法规识别获取的管理制度，明确法律法规识别获取的途径、方法和管理要求。

单位应根据法律法规识别获取制度的相关要求，及时获取适用于其科研生产经营活动的职业安全健康法律法规与其他要求，建立适用的安全生产法律法规标准数据库。法律法规标准数据库的建立应遵循由下到上再到下的工作流程。各个部门根据制度要求，定期开展法律法规标准的识别获取，经内部评审后报送给归口管理部门，由归口管理部门汇总后再次组织公司/所级评审，评审通过后以正式文件发布实施。

法律法规标准数据库应包括序号、类别、名称、编号、颁发单位、发布日期、实施日期、适用部门、适用条款等相关信息，如表2.9所示。

表2.9 法律法规标准数据库

序号	类别	法律法规标准编号	法律法规标准名称	颁布单位	发布日期	实施日期	适用部门	适用条款

单位应收录识别出的相关法律法规及标准的正文，并将相关要求贯彻落实到本单位、本部门的安全生产管理规章制度及日常工作中。

2. 安全生产规章制度

考评标准规定单位应建立安全生产教育培训制度等 26 个管理制度（表 2.10），涵盖了单位全方位的安全生产的管理所需，适应于一般生产经营单位安全管理需要；有特殊管理要求的，可根据本单位业务实际进行补充和删减。

安全生产管理制度制定后应组织评审，并由主要负责人颁布实施。安全生产管理制度应符合国家及地方政府安全生产法律法规及标准的要求，不得出现原则错误和较大遗漏，且层次清晰、控制有效，切实做到"凡事有章可循"。

表 2.10　安全生产规章制度名称及主要内容

序号	规章制度名称	主要内容
1	安全生产责任制管理制度	明确安全生产责任制的编制原则和组织方式、评审、修订、考核等相关要求
2	安全生产教育培训制度	明确安全生产教育培训职责、年度培训计划编制、新员工等九类人员安全教育培训的组织方式、培训内容、培训时长、培训频次、培训率以及档案管理等相关要求，制度内容应满足安监总局 3 号令、44 号令、30 号令、质检总局 140 号令等相关要求
3	安全检查与事故隐患排查治理制度	明确隐患排查治理责任，以及综合检查、定期检查、专业检查、日常检查等各类检查的组织方式、检查频次、检查内容、检查范围，以及发现隐患后的整改要求及公示要求等内容，制度内容应满足安监总局 16 号令等相关要求
4	伤亡事故管理制度	明确生产安全事故管理职责、事故等级分类、事故报告时限及内容、事故应急、事故调查权限、事故调查内容、事故处罚等相关内容，制度内容应满足国务院 493 号令、工信部 18 号令等相关要求
5	班组安全管理制度	明确班组安全管理职责、班组归口管理部门、班组安全责任制、班组危险源、班组操作规程、班组应急管理、班组安全教育、班组活动、班组安全检查以及班组安全生产达标标准、班组安全生产达标考核等相关要求
6	建设项目"三同时"管理制度	明确建设项目"三同时"管理职责，以及建设项目预评价、初步设计、验收等环节的安全设施和职业卫生"三同时"，以及单位自筹建设项目的安全管理要求；制度内容应满足安监总局 36 号令、90 号令及科工安密〔2015〕242 号文等相关要求
7	安全投入保障管理制度	明确安全投入保障管理职责，以及安全生产费用计划制定、费用提取、费用使用范围、费用使用、监督考核等方面的要求，制度内容应满足财企〔2012〕16 号等相关要求

表 2.10（续 1）

序号	规章制度名称	主要内容
8	"四新"安全管理制度	明确"四新"范畴、"四新"安全管理职责、安全操作规程和应急措施编制、技术交底及安全教育培训、监督检查等方面的要求
9	变更安全管理制度	明确变更安全管理职责，以及涉及人员、机构、工艺、技术、设施、作业过程及环境永久性或暂行性变更时的安全管理要求
10	易燃易爆危险点安全管理制度	明确易燃易爆危险点分级概念、确定方式、登记档案、危险点的视频监控、标志牌、应急管理，以及不同人员各级危险点的安全检查等职责要求，制度内容应满足 GJB 6219 等相关要求
11	相关方安全管理制度	明确相关方安全管理职责（含归口管理）、各类相关方的资质审查、安全协议签署、安全教育培训和技术交底、监督检查等方面要求
12	消防安全管理制度	明确消防安全管理职责、消防组织机构、消防培训、消防检查、消防重点部位确定标准、消防设施、消防队伍、消防警示标识、消防应急与演练等方面的要求，制度内容应满足主席令第六号等相关要求
13	有限空间安全管理制度	明确有限空间作业安全管理职责、审批、通风、测氧测爆、监护等方面的要求，制度内容应满足安监总局 59 号令等相关要求
14	危险化学品安全管理制度	明确危险化学品安全管理职责，以及危险化学品建设项目安全条件审查、危化品采购及运输管理、一书一签、存储安全、使用安全、应急演练、监督检查及危险废物管理等全过程管控安全要求，制度内容应满足国务院 591 号令、科工安密〔2017〕177 号令等相关要求
15	厂内交通安全管理制度	明确厂内交通安全管理职责、厂内道路安全标识与车速、车道安全管理要求以及驾驶员安全驾驶等相关要求
16	职业健康管理制度	明确职业健康管理职责，以及职业健康教育、警示告知、申报、防护设施检维修、防护用品、评价与检测、"三同时"、职业健康监护及档案管理、应急管理等相关要求，制度内容应满足《职业病防治法》、安监总局 47 号令等相关要求
17	设备设施安全管理制度	明确设备设施安全管理职责，以及设备设施选型、采购、安装、投入使用、维护保养、定期检测、检维修、报废拆除、档案管理等方面的要求
18	特种作业人员安全管理制度	明确特种作业人员安全管理职责、特种作业人员概念范畴、从业条件、持证上岗要求、复审要求及监督管理要求，制度内容应满足安监总局 30 号令、质检总局 140 号令等相关要求
19	劳动防护用品管理制度	明确劳动防护用品管理职责、劳动防护用品类别、采购、保管、领用、现场佩戴、监督管理等要求，制度内容应满足安监总厅安健〔2015〕124 号文等相关要求

表 2.10（续 2）

序号	规章制度名称	主要内容
20	女工和未成年人保护制度	明确女工和未成年人保护管理职责、内容、女职工禁忌从事的劳动范围等，制度内容应满足国务院 619 号令等相关要求
21	危险源和应急管理制度	明确危险源和应急管理职责、危险源辨识方法、范围、组织程序、评价分级、分级管理、应急预案及应急管理等相关要求，制度内容应满足安监总局 88 号令、GJB 6219，以及 GB/T 28001 等相关要求
22	危险作业安全管理制度	明确危险作业定义范围、各级安全管理职责、审批、安全作业、现场监督等安全管理要求，制度内容可参照 GB 30871 等相关要求
23	临时用电安全管理制度	明确临时用电安全管理职责、审批要求、铺设安全要求、定期检查及拆除验证等相关要求
24	安全生产奖惩制度	明确安全生产奖惩职责、安全奖励条件、违章惩罚、事故惩罚、安全生产履职惩罚的内容条目及实施方式等
25	生产现场安全管理制度	明确生产现场安全管理职责，以及作业现场文明生产的相关要求
26	安全生产档案管理制度	明确安全生产档案管理职责，以及各类安全生产档案的内容、保存期限等管理要求

单位应加强对安全管理制度的培训，确保员工应知应会。在日常管理过程中，严格执行安全生产管理规章制度，并保存执行记录，切实做到"凡事有据可查"。

3. 安全生产规章制度的评审与修订

单位应定期对安全生产规章制度或企业标准进行评审，必要时予以修订或更新，并保存评审记录。

此要素的考评要点如表 2.11 所示。

表 2.11　安全生产规章制度考评要点

序号	考评项目	考评要点
1	法律法规识别获取	①查是否建立了法律法规识别获取的规章制度； ②查是否建立了公司/院/所级的法律法规识别获取数据库，数据库的格式是否满足要求，是否签发为受控版本； ③查各部门是否建立了适用于本部门的法律法规识别获取数据库； ④查法律法规标准数据库是否有重大遗漏或者过期作废等现象

表 2.11（续）

序号	考评项目	考评要点
2	安全生产规章制度	①查单位制定的安全生产规章制度是否能覆盖单位业务安全管理要求,是否有重大遗漏; ②查安全管理规章制度文本是否由主要负责人签发,是否为受控版本; ③查安全管理规章制度内容,是否与法律法规标准相关要求相冲突或有遗漏; ④查安全管理制度内容是否符合单位实际、是否具有可操作性; ⑤查消防安全管理、危险作业审批、临时用电审批、设备设施维护保养等管理制度的日常执行记录,是否存在规章制度未有效执行或记录不完整现象(其他制度的执行记录可结合相应考评项同时查看)
3	安全生产规章制度的评审与修订	①查是否定期开展了安全生产规章制度的评审; ②查新业务或新的安全管理要求出现后,是否及时修订了安全生产规章制度

（五）常见问题

（1）未建立安全生产法律法规标准识别获取的管理制度;

（2）识别获取的安全生产法律法规标准数据库存在较多遗漏,或有过期作废现象,或未明确适用部门和适用条款;

（3）制定的安全生产规章制度文本未正式签发,为非受控版本;

（4）制定的安全生产规章制度有遗漏,存在单位业务安全管理控制需要针对性补充制定但没有制定的现象;

（5）制定的安全生产规章制度内容与法律法规标准要求相冲突;

（6）制定的安全生产管理制度内容较为空洞、或较为复杂,不符合单位实际,操作性不强;

（7）部分制度的执行记录不完整;

（8）部分员工对制度相关内容不熟悉;

（9）未定期对安全生产规章制度进行评审、修订。

六、安全生产教育培训

（一）适用范围

公司全体员工。

（二）资料备查清单

（1）年度教育培训计划(或安全生产教育培训计划);

（2）年度安全教育培训计划的需求证明材料;

（3）近三年新员工台账及"三级教育"证明材料；

（4）主要负责人、安全主管领导及安全管理人员培训证书；

（5）特种作业人员（含特种设备操作人员）台账及相应培训证书；

（6）班组长台账及培训证明材料；

（7）"四新"台账及相应培训证明材料；

（8）转岗复岗人员台账及相应培训证明材料；

（9）新入职部门领导的安全培训材料；

（10）接害人员台账及相应职业健康培训证明材料；

（11）全员安全教育培训证明材料；

（12）年度安全培训计划的执行总结。

（三）考评内容及考评办法

安全生产教育培训考评内容及考评办法如表 2.12 所示。

表 2.12　安全生产教育培训考评内容及考评办法

序号	考评内容	标准分值	考评办法
1	单位应识别、分析安全生产教育培训需求，制订年度安全生产教育培训计划。安全生产教育培训计划应充分考虑： 　　——安全生产法律、法规和其他要求； 　　——危险源辨识及其风险评价的结果； 　　——技术发展和工艺、设备变更的需要； 　　——从业人员的意见和建议； 　　——相关方的要求	3 分	①查安全培训计划是否纳入单位年度培训计划，未纳入或无培训计划的扣 3 分；一个计划项目与实际需求不相符的扣 0.5 分。 　　②查汇总的基层部门申报的培训需求及需求资料分析，无培训需求的扣 1 分；未对培训需求进行分析的，扣 1 分。 　　③一个培训计划未按期实施且无说明、无补救措施的扣 1 分
2	单位应按培训计划实施有效的培训，单位的安全生产教育培训应包括： 　　（1）新从业人员进入单位"三级"安全培训：新从业人员应进行公司（厂、所）、车间（职能部门）、班组三级安全生产培训，培训时间不得少于 24 学时； 　　（2）特种作业人员（或特种设备作业人员）培训、复训：特种作业人员（或特种设备作业人员）应满足其岗位要求的基本条件，应经有资质的培训机构的安全培训，具备本工种相适应的安全知识和技能，取得相应资质证书，方可上岗作业，并按期进行复训和复审；	25 分	查培训记录和台账，结合现场进行考评： 　　①新从业人员进厂"三级"安全培训，少一人扣 6 分；受训人未经考核或考核不合格上岗扣 6 分；受训人未在培训记录签署姓名的少一人次扣 1 分。 　　②特种作业人员（或特种设备作业人员）一人未持证上岗或证书过期的扣 6 分。

表 2.12（续）

序号	考评内容	标准分值	考评办法
	（3）单位负责人、安全主管领导及安全管理人员培训：单位主要负责人、安全主管领导及安全管理人员应参加集团公司或所在地安全生产主管部门组织的安全培训，考试合格并取得与单位科研生产经营业务相适应的资格证书或培训证书，并按期进行再培训；发生造成人员死亡的生产安全事故的单位主要负责人、安全主管领导及安全管理人员应当重新参加培训； （4）班组长培训：班组长每年应接受安全培训，具备班组安全管理知识和本班组相适应的安全操作技能，培训时间不得少于24学时； （5）车间（职能部门）主要负责人应接受安全培训，培训时间不得少于24学时； （6）转岗和复工培训应满足下列要求： ①从业人员在本单位内调整工作岗位时，应当重新接受车间（职能部门）级和班组级的二级转岗安全培训； ②从业人员因病假、产假、待岗等原因离岗一年以上重新上岗时，应当重新接受车间（职能部门）级和班组级的二级复工安全培训； （7）"四新"培训：单位实施新工艺、新技术或者使用新设备、新材料时，应当对相关从业人员进行有针对性的安全培训； （8）职业健康培训：凡接触职业病危害因素的作业人员、管理人员和有关技术人员均应接受相应的职业健康知识培训，具备相应的职业健康知识和管理能力； （9）全员教育培训：单位每年应对所有从业人员（含被派遣劳动者）进行安全教育培训，保证其具备本岗位安全操作、应急处置等知识和技能。未经安全生产教育和培训合格的从业人员，不得上岗作业		③单位负责人、安全主管领导及安全管理人员培训，少一人次扣6分；一人未达到培训要求的扣0.5分；主要负责人未达到培训要求的扣2分。 ④班组长安全生产教育培训，少1%扣1分；一人未达到培训要求的扣0.3分。 ⑤车间（职能部门）主要负责人未接受安全生产教育培训，少1%扣1分；一人未达到培训要求的扣0.3分。 ⑥转岗和复工安全生产教育培训，少1%扣1分；一人未达到培训要求的扣0.3分。 ⑦"四新"安全生产教育培训，少1%扣0.5分；一人未达到培训要求的扣0.2分。 ⑧职业健康培训，少1%扣0.5分；一人未达到培训要求的扣0.2分。 ⑨全员安全生产教育培训，培训率至少达到80%，少1%扣0.3分；安全生产知识抽查考试，80分及格，合格率为90%，每低一个百分点扣0.5分
3	单位的安全生产教育培训内容应满足相关法规和能力的需求，应对培训效果进行考试考核评估，要保存所有培训记录，并建立培训档案	2分	①未对培训效果进行评估扣2分；效果评估应统计达标率，一种未统计扣0.5分。 ②培训效果评估不合格，一处扣1分。 ③培训档案一处不合格扣0.2分

（四）考评要点

1. 安全生产教育培训计划

单位应编制安全生产年度教育培训计划,将安全教育培训计划纳入单位年度教育培训计划统筹实施,报主要负责人签发。

安全生产教育培训计划的编制,应遵循从下到上再到下的原则,各部门根据业务发展需要,提交年度安全教育需求计划,安全管理部门统筹汇总后,报人事管理部门会签,最后由主要负责人签发实施。

安全生产教育培训计划的编制,应充分考虑以下因素:

（1）安全生产法律、法规和其他要求;

（2）危险源辨识及其风险评价的结果;

（3）技术发展和工艺、设备变更的需要;

（4）从业人员的意见和建议;

（5）相关方的要求。

单位应严格按计划执行安全培训计划,定期审查安全培训执行情况,如果安全培训因故未能按期实施,应报主管领导同意后制定调整计划。

2. 主要负责人、安全主管领导及安全员培训

根据《生产经营单位安全培训规定》（安监总局 3 号令）（安监总局 80 号令修订）第六条、第九条要求,生产经营单位主要负责人和安全生产管理人员应当接受安全培训,具备与所从事的生产经营活动相适应的安全生产知识和管理能力;初次安全培训时间不得少于 32 学时。每年再培训时间不得少于 12 学时。

根据《安全生产培训管理办法》（安监总局 44 号令）（安监总局 80 号令修订）第十二条要求,中央企业的分公司、子公司及其所属单位和其他生产经营单位,发生造成人员死亡的生产安全事故的,其主要负责人和安全生产管理人员应当重新参加安全培训。

主要负责人、安全主管领导及安全员培训目标值为100%。

3. 新员工培训

根据《生产经营单位安全培训规定》（安监总局 3 号令）（安监总局 80 号令修订）第十二条、十三条、十四条、十五条、十六条要求,加工、制造业等生产单位的其他从业人员,在上岗前必须经过厂（矿）、车间（工段、区、队）、班组三级安全培训教育。生产经营单位应当根据工作性质对其他从业人员进行安全培训,保证其具备本岗位安全操作、应急处置等知识和技能。生产经营单位新上岗的从业人员,岗前安全培训时间不得少于 24 学时。

（1）厂级岗前安全培训

①本单位安全生产情况及安全生产基本知识;

②本单位安全生产规章制度和劳动纪律；

③从业人员安全生产权利和义务；

④有关事故案例等。

（2）车间（工段、区、队）级岗前安全培训

①工作环境及危险因素；

②所从事工种可能遭受的职业伤害和伤亡事故；

③所从事工种的安全职责、操作技能及强制性标准；

④自救、互救、急救方法，疏散和现场紧急情况的处理；

⑤安全设备设施、个人防护用品的使用和维护；

⑥本车间（工段、区、队）安全生产状况及规章制度；

⑦预防事故和职业危害的措施及应注意的安全事项；

⑧有关事故案例；

⑨其他需要培训的内容。

（3）班组级岗前安全培训

①岗位安全操作规程；

②岗位之间工作衔接配合的安全与职业卫生事项；

③有关事故案例；

④其他需要培训的内容。

新员工接受"三级安全教育"后，应填写"三级教育卡片"，各级教育应有教育人和受教育人的签字。

根据《生产经营单位安全培训规定》（安监总局 3 号令）（安监总局 80 号令修订）第四条要求，生产经营单位使用被派遣劳动者的，应当将被派遣劳动者纳入本单位从业人员统一管理，对被派遣劳动者进行岗位安全操作规程和安全操作技能的教育和培训。劳务派遣单位应当对被派遣劳动者进行必要的安全生产教育和培训。

新员工安全培训目标值为 100%。

4.特种作业人员培训

本考评项所述特种作业人员，包括特种作业人员及特种设备作业人员，分属安监总局和质检总局两个主管部门管辖。单位应建立特种作业人员管理台账。台账格式参考表 2.13。

表 2.13 特种作业人员管理台账

序号	姓名	身份证号	作业种类	证号	作业项目	取证时间	复审记录	备注

（1）特种作业人员培训

根据《特种作业人员安全技术培训考核管理规定》（安监总局 30 号令）（安监总局 80 号令修订）第四条、第五条、第十九条、第二十一条、第三十二条要求，特种作业人员应当符合下列条件：

①年满 18 周岁，且不超过国家法定退休年龄；

②经社区或者县级以上医疗机构体检健康合格，并无妨碍从事相应特种作业的器质性心脏病、癫痫病、美尼尔氏症、眩晕症、癔症、震颤麻痹症、精神病、痴呆症以及其他疾病和生理缺陷；

③具有初中及以上文化程度；

④具备必要的安全技术知识与技能；

⑤相应特种作业规定的其他条件。

特种作业人员必须经专门的安全技术培训并考核合格，取得《特种作业操作证》后，方可上岗作业。特种作业操作证有效期为 6 年，每 3 年复审 1 次。当特种作业人员在特种作业操作证有效期内，连续从事本工种 10 年以上，经原考核发证机关或者从业所在地考核发证机关同意，特种作业操作证的复审时间可以延长至每 6 年 1 次。

离开特种作业岗位 6 个月以上的特种作业人员，应当重新进行实际操作考试，经确认合格后方可上岗作业。

根据《安全生产培训管理办法》（安监总局 44 号令）（安监总局 80 号令修订）第十二条要求，特种作业人员对造成人员死亡的生产安全事故负有直接责任的，应当按照《特种作业人员安全技术培训考核管理规定》重新参加安全培训。

特种作业目录如表 2.14 所示。

表 2.14　特种作业目录

序号	一级目录	二级目录
1	电工作业	高压电工作业
		低压电工作业
		防爆电气作业
2	焊接与热切割作业	熔化焊接与热切割作业
		压力焊作业
		钎焊作业
3	高处作业	登高架设作业
		高处安装、维护、拆除作业
4	制冷与空调作业	制冷与空调设备运行操作作业
		制冷与空调设备安装修理作业

表 2.14（续）

序号	一级目录	二级目录
5	煤矿安全作业	
6	金属非金属矿山安全作业	
7	石油天然气安全作业	
8	冶金（有色）生产安全作业	
9	危险化学品安全作业	
10	烟花爆竹安全作业	
11	安全监管总局认定的其他作业	

需要特别注意的是，存在 1 kV 及以上产电、变电、配电、输电、用电设备的，单位应配备高压电工。在现场考评时，应关注电工作业操作证中的准操项目。同时，除电工特种作业操作证外，电工领域还有电工职业资格证和电工进网许可证。其中电工职业资格证由人力资源和社会保障厅（简称人社厅）发证，共分为初级、中级、高级、技师和高级技师五个等级，代表持证者的技术水平，一般和职称、工资挂钩。国家电工进网许可证由国家能源局（原国家电监会）颁发，是在用户的受电装置或者送电装置上从事电气安装、试验、检修、运行等作业的许可凭证，分为低压、高压、特种三个类别。根据《电工进网作业许可证管理办法》（电监会 15 号令）要求，低压进网许可证可从事电压等级为 0.4 kV 以下电工作业，持高压进网许可证的，可从事所有电压等级的电工作业；持特种进网许可证的，可从事高压和低压线路试验等特种作业。进网作业许可证每 3 年审核一次。

（2）特种设备作业人员培训

根据《特种设备作业人员监督管理办法》（质检总局第 140 号令）第二条、第二十二条要求，锅炉、压力容器（含气瓶）、压力管道、电梯、起重机械、客运索道、大型游乐设施、场（厂）内专用机动车辆等特种设备的作业人员及其相关管理人员统称特种设备作业人员。从事特种设备作业的人员应经考核合格取得特种设备作业人员证，方可从事相应的作业或者管理工作。特种设备作业人员证每 4 年复审一次。

特种设备目录参见《质检总局关于修订 <特种设备目录> 的公告》（2014 年第 114 号）。

根据《质检总局关于印发 <起重机械安全管理人员和作业人员考核大纲> 的通知》（国质检特〔2013〕680 号）规定，起重机械司索作业人员、起重机械地面操作人员和遥控操作人员，不需要取得特种设备作业人员证，由使用单位进行培训和管理。

特种作业人员安全培训目标值为 100%。

5. 班组长安全培训

根据《国务院安委会办公室关于贯彻落实国务院〈通知〉精神加强企业班组长安全培训工作的指导意见》（安委办〔2010〕27 号）要求，班组长每年轮训一次，已在岗的班组长每年接受安全培训的时间不得少于 24 学时，班组其他员工每年接受安全培训的时间不得少于16学时。

班组长安全培训的主要内容包括:本企业安全生产状况及安全生产规章制度;岗位危险有害因素及安全操作规程;作业设备安全使用与管理;作业条件与环境改善;个人劳动防护用品的使用和维护;作业现场安全标准化;现场安全检查与隐患排查治理;现场应急处置和自救互救;本企业、本行业典型事故案例;班组长的职责和作用;员工的权利与义务;与员工沟通的方式和技巧;班组安全生产的组织管理及"白国周班组管理法"等先进的班组安全管理经验等。

班组长安全培训目标值为100%。

6. 转岗复工培训

根据《生产经营单位安全培训规定》(安监总局3号令)(安监总局80号令修订)第十七条要求,从业人员在本生产经营单位内调整工作岗位或离岗一年以上重新上岗时,应当重新接受车间(工段、区、队)和班组级的安全培训。

转岗复工人员安全教育培训目标值为100%。

7. "四新"安全教育培训

《安全生产法》第二十六条规定,生产经营单位采用新工艺、新技术、新材料或者使用新设备,必须了解、掌握其安全技术特性,采取有效的安全防护措施,并对从业人员进行专门的安全生产教育和培训。

"四新"是相对于本单位而言的。包括两种概念,一种是以前没有,完全是第一次使用;第二种是本单位以前有,但这次的量级(能级)发生变化导致危险因素发生明显变化的新工艺、新技术、新材料、新设备。

"四新"的岗位从业人员及其管理人员,应接受"四新"安全教育培训。"四新"安全教育培训内容主要包括新工艺、新技术、新材料、新设备的危险因素、安全技术操作规程、应急措施、典型事故案例等。

"四新"安全教育培训目标值为100%。

8. 职业健康教育培训

从事职业病危害作业的人员及其管理人员,应当接受职业健康教育培训。职业健康教育培训应分工种、分岗位、分层次、分类别进行,使劳动者了解岗位职业危害情况,掌握操作规程,正确使用防护设施、设备和个体防护用品,增强自我保护意识和防范能力。

从事职业病危害作业的人员应掌握其职业病危害因素的性质、危害机理、预防方法以及自救、互救的常识。

领导干部和工程技术人员要重点了解国家和行业的有关法律、法规、标准,掌握本单位职业病危害因素的分布情况和危害程度;工程技术人员还应掌握预防职业危害的工程技术措施,以及采用"四新"时应具备的职业健康相关知识。

职业健康培训目标值为100%。

9. 车间(职能部门)主要负责人安全教育培训

车间或职能部门主要负责人上岗前应接受安全教育培训,了解本岗位的安全职责、本单位安全生产管理规章制度、本部门主要危险因素、控制措施及事故应急措施、典型案例等。每年应接受再培训,培训时间不少于24学时。

10. 全员安全教育培训

全员安全教育培训的主要内容包括安全生产新知识、新技术,安全生产法律法规,本单位安全生产规章制度要求,作业场所和工作岗位存在的危险因素、防范措施及事故应急措施,事故案例等。

全员安全教育培训形式可以有自学、集中培训、购买书籍、考试等多种形式,也可结合安全生产标准化达标评审时的知识考试学习合并进行。

全员安全教育培训目标值为80%。

11. 安全教育培训档案

单位安全培训档案应记录完整,有条件的单位力争做到"一人一档"。

不能做到一人一档的单位,应分年度、分类别进行整理归档。目录、签到、培训课件(讲义)、考试成绩、效果评估等过程记录应翔实完整。

因此,此要素的考评要点如表2.15所示。

表2.15　安全教育培训档案考评要点

序号	考评项目	考评要点
1	安全教育培训计划	①查是否制订了年度安全生产培训计划,是否进行了正式签发; ②查是否有各个部门的培训计划需求调研材料; ③查是否有培训计划的执行总结; ④查培训计划因故没有执行需要调整的,是否有主管领导审批,并制定了调整方案或其他说明
2	主要负责人、安全主管领导及安全员培训	①查是否均持证上岗; ②查单位发生死亡责任事故后是否重新进行了取证
3	特种作业人员培训	①查是否建立了特种作业人员台账; ②查特种作业人员证书是否都在有效期内; ③现场核查特种作业人员是否持有培训证书
4	班组长培训	①查是否建立了班组长台账; ②查所有班组长是否都进行轮训
5	新员工"三级"教育培训	①查所有新员工是否都开展了"三级"安全教育培训; ②查新员工"三级"安全教育卡片上培训学时、签字等是否满足要求

表 2.15（续）

序号	考评项目	考评要点
6	职业健康培训	查是否对从事职业病危害岗位的员工及其管理人员分工种、分岗位、分层次、分类别进行职业健康培训
7	"四新"安全教育培训	查是否对"四新"项目进行了安全教育培训
8	转岗复工培训	查是否对转岗、复岗人员进行了车间级、班组级的安全教育培训
9	车间主要负责人培训	查车间主要负责人（特别是上岗前）是否接受了安全教育培训
10	全员培训	查是否有 80% 以上的员工接受了年度安全教育培训
11	培训档案	查每种教育培训的档案是否按类按年进行了归档，每份培训档案中是否有培训签到、培训课件、考试成绩、效果评估等内容

（五）常见问题

（1）制订的年度安全教育培训计划不能覆盖标准规定的培训对象要求，或年度计划的学时不够，或年度计划未经领导审批；

（2）制订的年度安全教育培训计划没有按计划执行，也无相应的调整说明和领导审批记录；

（3）制订年度安全教育培训计划时未开展需求调查；

（4）三级教育卡片上学时不足 24 小时，或受教育人没有签字；

（5）主要负责人、安全主管领导、安全员等存在培训证书过期现象，或单位发生责任事故后未重新进行培训；

（6）特种作业人员培训证书过期，或现场部分从事特种作业的人员未持证上岗；

（7）班组长未全部轮训；

（8）"四新"安全教育培训未严格执行；

（9）职业健康教育培训集中进行，没有分岗位、分类别针对性进行；

（10）职业健康档案管理不完整、不规范。

七、危险源（点）管理

（一）适用范围

单位生产经营活动所涉及的现场、设备设施、人员及其相关方。

（二）资料备查清单

（1）危险源辨识、评价及分级管理制度；

（2）单位危险源辨识清单；

（3）各个部门的危险源辨识清单；

（4）单位重点监控的危险源清单；

（5）单位Ⅰ级、Ⅱ级、Ⅲ级易燃易爆危险点、重大危险源及10人以上危险作业场所清单；

（6）单位是否存在重大危险源的评估记录；

（7）单位Ⅰ级、Ⅱ级、Ⅲ级易燃易爆危险点登记表；

（8）单位重大危险源备案登记表；

（9）单位危险源评审记录。

（三）考评内容及考评办法

危险源（点）管理考评内容及考评办法如表2.16所示。

表2.16　危险源（点）管理考评内容及考评办法

序号	考评内容	标准分值	考评办法
1	单位应制定危险源辨识、风险评价及其控制的安全管理制度；针对易燃易爆危险作业场所，单位应根据《易燃易爆危险点分级管理要求》（GJB 6219）等标准要求制定易燃易爆危险点安全管理制度	2分	①无危险源辨识、评价、管理制度，扣1分。②查管理制度，一处与单位实际不符扣0.5分。③涉及易燃易爆危险作业场所，未制定易燃易爆危险点安全管理制度的扣2分
2	单位应组织全体从业人员开展系统性的危险源辨识，危险源辨识应涵盖单位科研生产经营全过程及涉及的所有设备设施、作业场所、人员和原辅材料。单位应依据风险评价结果，建立危险源辨识清单，并进行分级管理	5分	①查危险源、重要危险源/点、易燃易爆危险点及10人以上危险作业场所清单，无清单扣15分；清单未审核发布的扣5分。②危险源、重要危险源/点、易燃易爆危险点及10人以上危险作业场所清单中辨识有重要遗漏或与实际不符的，一处扣0.5分。③各个部门或班组未建立危险源清单，或危险源清单与实际不符的，一处扣0.5分。④未开展危险源评价分级的，扣5分；评价分级存在明显错误的，一处扣0.5分
3	凡依据GB 18218和相关法规确定的重大危险源，应按照国家法定程序进行管理、评估和备案	1分	①未开展重大危险源评估的、未建立评估记录的，扣1分。②经评估有重大危险源的，未建立重大危险源清单的，扣1分。③经评估有重大危险源的，未按规定向相关部门备案的，未制定或未落实重大危险源管控措施的，扣15分。④实际存在重大危险源，但未辨识出来的，扣15分

表 2.16（续）

序号	考评内容	标准分值	考评办法
4	单位应根据危险源辨识与风险评价结果,制定相应的控制措施。危险源控制措施的确定,应遵循下列原则: ——消除; ——替代; ——工程控制措施; ——标识、警告和(或)管理控制措施; ——个体防护	2分	①查危险源控制清单,一处危险源无控制措施扣0.5分;控制措施不合理扣0.2分。 ②现场核查,一处危险源控制措施未落实的,扣0.5分;控制措施不合理扣0.2分
5	单位应定期对危险源辨识与风险评价以确定的控制措施进行评审和更新,保存记录,并建立易燃易爆危险源(点)、重大危险源及10人以上危险作业场所档案。 单位应将各类危险源及其控制措施告知相关人员(包括受其影响的相关方)	3分	①查评审资料,未定期(至少一年一次)对危险源清单进行评审的,扣2分。 ②新发事故后或业务发生变化或有"四新"项目后未对危险源进行评审的,扣3分。 ③未建立易燃易爆危险源(点)、重大危险源及10人以上危险作业场所档案的,扣3分。 ④现场核查,一处未告知相关人员扣0.3分
6	单位应根据GJB 6219等相关要求,做好易燃易爆危险点及10人以上危险作业场所的审批登记、视频监控、应急预案、各级安全检查以及定岗、定员、定量的安全管理工作	1分	易燃易爆危险点及10人以上危险作业场所安全管理和控制措施不规范的,扣1分
7	危险化学品重大危险源应按照AQ 3035的要求设置远程监控系统	1分	危险化学品重大危险源未设置远程监控系统的,扣1分

(四)考评要点

1. 危险源安全管理制度

单位应根据《职业健康安全管理体系规范》(GB/T 28001)等相关要求,建立危险源辨识、评价和分级管控的安全管理制度,明确危险源辨识、评价分级的流程、方法,明确分级管控的控制要求。

存在易燃易爆危险作业场所的,单位应根据《易燃易爆危险点分级管理要求》(GJB 6219)等标准要求制定易燃易爆危险点安全管理制度,明确易燃易爆危险点的判断依据、确定流程及相关管理要求。

2. 危险源辨识

单位应按照《职业健康安全管理体系规范》(GB/T 28001)、《生产过程危险有害因素分类与代码》(GB/T 13861)等相关要求,组织开展危险源辨识工作。危险源辨识应涵盖设备设施、作业场所、作业活动各个方面;危险源辨识应全员参与,遵从从下到上的工作原则,各个部门、车间、分厂负责组织开展本部门的危险源辨识,经内部审核后报安全管理部门,安全管理部门汇总后组织评审,评审通过后报主要负责人签发。危险源辨识清单中应明确每种危险源的控制措施,控制措施应具有针对性。

单位应对危险源实行分级管控,明确公司级、部门级、班组级重点监控的分级管控标准,针对危险源评价分级的结果,编制各级单位需要重点监控的危险源清单。

3. 重大危险源管理

单位应参照《重大危险源辨识》(GB 18218)等标准,对本单位存储的危险化学品是否构成重大危险源进行计算评审,评审应保存相关记录。

涉及重大危险源的,单位应建立重大危险源清单(表 2.17),并根据《危险化学品重大危险源监督管理暂行规定》(安监总局 40 号令)(经 2015 年 7 月安监总局 77 号令修订)、《中国船舶重工集团公司危险化学品重大危险源安全管理暂行办法》(船重生〔2013〕1090 号)等相关要求,做好重大危险源的评估、登记建档、备案、核销及其监督管理工作。

表 2.17 重大危险源登记表

序号	风险级别	危险品名称及数量	定岗人数或实际作业人员	场所名称	作业风险描述	其他相关说明

同时,单位应根据《危险化学品重大危险源安全监控通用技术规范》(AQ 3035)的相关要求,设置重大危险源的远程监控系统。

特别需要注意的是,2016 年 2 月 4 日,国家安监总局办公厅印发了《关于宣布失效一批安全生产文件的通知》(安监总办〔2016〕12 号),通知中废止了《关于开展重大危险源监督管理工作的指导意见》(安监管协调字〔2014〕56 号)。因此,安监总局已经明确锅炉、压力管道、压力容器等特种设备已不纳入重大危险源范畴进行管理。但是根据《易燃易爆危险点分级管理要求》(GJB 6219)中附录 A 的要求,将符合条件的压力管道、锅炉、压力容器,直接认定为重大危险源(也是 I 级危险点),所以,各单位应根据所在地区省级国防科技工业管理部门关于重大危险源备案要求,明确相关管理要求。

4.危险源的控制

单位应根据危险源辨识与风险评价结果,制定相应的控制措施。每条危险源的控制措施应具有针对性。危险源控制措施的确定,应遵循下列原则:

(1)消除;

(2)替代;

(3)工程控制措施;

(4)标识、警告和(或)管理控制措施;

(5)个体防护。

5.易燃易爆危险点及 10 人以上危险作业场所安全管控

涉及 10 人以上危险作业场所的,单位应科学辨识,制定 10 人以上危险作业场所清单。根据《国防科工局关于开展十人以上危险作业场所综合治理专项行动的通知》(科工安密〔2016〕626 号)的相关要求,将 10 人以上危险作业场所定义为"在武器装备科研、试验、生产、储存、装卸、销毁等活动中,存在燃烧、爆炸、中毒、窒息等安全风险,发生一次事故可能导致 10 人以上(含 10 人)人员伤亡的长期固定作业场所",要求按照"摸排建档、精准施策、分工定责、跟踪督办"的原则,力争在"十三五"末,消除 30 人以上危险作业场所,大幅消减 10～29 人危险作业场所,坚决遏制重特大事故发生。

涉及易燃易爆危险作业场所的,应按照《易燃易爆危险点分级管理要求》(GJB 6219)的相关要求,组织开展易燃易爆危险点辨识工作,编制易燃易爆危险点清单。易燃易爆危险点的确定,应由各部门填写"易燃易爆危险点登记表"(表 2.18),报安全管理部门审核确定。

表 2.18　易燃易爆危险点登记表

申报单位					编号：
危险点名称 a				建筑面积	
危险性类别 b		危险点等级		建点日期	
建筑物结构				耐火等级	
定员				定量	
危险情况	品名			数量	
	特性及安全要求				
安全防护装置情况					
消防设施情况					
评审意见				评审组长（签字）：	
审批意见				签字：	
制表人：			年　　月　　日		

a. 填写具体名称，如：××工房、××库房、××设施等，不可用代号替代。
b. 按 GB 13690 中附录 A 相关规定填写，如：易燃、易燃易爆。

　　单位对各部门报送的"易燃易爆危险点登记表"组织汇总评审后，制定本单位易燃易爆危险点台账。易燃易爆危险点台账格式参考表 2.19。

表 2.19　易燃易爆危险点台账

序号	危险点名称	存在地点	危险性类别	定员/人	定量/(t/kg)	危险点等级			备注
						I	II	III	

　　易燃易爆危险作业场所应严格执行定岗、定员管理，安装视频监控系统，监控记录保存时间应不少于三个月；设置明显的安全警示标识牌和危险点标识牌。易燃易爆危险点标识牌应标明危险点名称、危险点级别、建筑物危险等级、危险性类别、定员、定量、责任

人和编号,式样如图2.1所示。

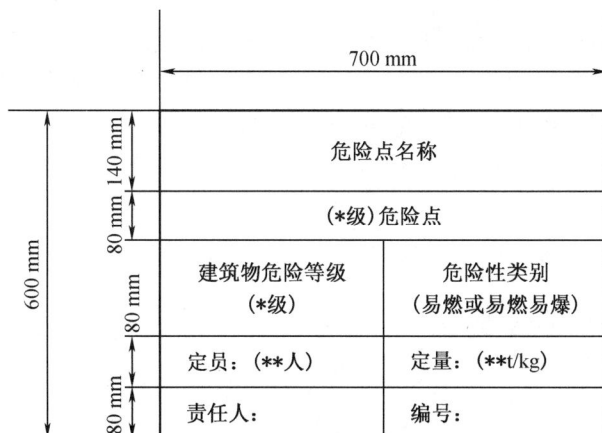

图 2.1 易燃易爆危险点标识牌

此要素的考评要点如表2.20所示。

表 2.20 危险源(点)管理考评要点

序号	考评项目	考评要点
1	危险源安全管理制度	①查是否建立了危险源安全管理制度,制度内容是否符合法律法规标准相关要求; ②查涉及易燃易爆作业场所的是否编制了易燃易爆危险点安全管理制度,制度内容是否符合法律法规标准相关要求
2	危险源辨识	①查是否建立了危险源辨识、评价分级清单; ②查各部门是否建立本部门危险源辨识、评价分级清单; ③查是否建立了单位重点监控的危险源清单; ④查危险源辨识清单中的控制措施是否有针对性
3	重大危险源	①查单位是否对重大危险源进行了判定; ②查涉及重大危险源的单位是否建立了重大危险源清单; ③查涉及重大危险源的单位是否按要求进行了备案和过程监控; ④查涉及重大危险源的单位是否按照 AQ 3035 的要求设置远程监控系统
4	危险源控制	现场核查危险源控制措施是否得到有效落实
5	易燃易爆危险及 10 人以上危险作业场所	①查是否建立了 10 人以上危险作业场所清单、易燃易爆危险点清单; ②查易燃易爆危险点的确定流程是否由各个部门报送"易燃易爆危险点登记表"后综合评审确定的; ③查易燃易爆危险点及 10 人以上危险作业场所的安全管控要求是否满足国家法律法规标准要求

5. 常见问题

（1）涉及易燃易爆危险作业场所，未建立易燃易爆危险点安全管理制度；

（2）易燃易爆危险点的分级管理与危险源的分级管理存在混淆现象；

（3）危险源辨识清单中的控制措施没有针对性；

（4）危险源辨识清单存在遗漏，没有覆盖单位所有作业活动、设备设施及作业场所；

（5）未建立易燃易爆危险点及 10 人以上危险作业场所清单；

（6）各部门未建立本部门的"易燃易爆危险点登记表"。

八、劳动防护用品管理

（一）适用范围

单位所有人员及其佩戴的劳动防护用品。

（二）资料备查清单

（1）劳动防护用品管理制度；

（2）劳动防护用品配备标准；

（3）劳动防护用品供应商的资质证明材料；

（4）劳动防护用品发放记录。

（三）考评内容及考评办法

劳动防护用品管理考评内容及考评办法如表 2.21 所示。

表 2.21　劳动防护用品管理考评内容及考评办法

序号	考评内容	标准分值	考评办法
1	单位应根据工作场所中存在的危险、有害因素种类及危害程度、劳动环境条件、劳动防护用品有效使用时间等，制定劳动防护用品配备标准，配备标准应满足法规、标准和岗位风险控制要求	8 分	①未建立劳动防护用品配备标准的，扣 8 分。②劳动防护用品配备标准不满足岗位风险控制要求或法规、标准要求，一处扣 1 分。③劳动防护用品的采购未收录相应资质证明材料的，扣 1 分。④采购不符合国家法律法规标准的，扣 2 分。⑤超期使用劳动防护用品的，发现一例，扣 1 分。
2	单位在采购劳动防护用品时，应查验并保存劳动防护用品检验报告等质量证明文件的原件或复印件，为从业人员提供符合国家标准或行业标准的劳动防护用品		
3	单位应确保已采购劳动防护用品的存储条件，并保证劳动防护用品在有效期内		

表 2.21（续）

序号	考评内容	标准分值	考评办法
4	单位应按照制定的配备标准发放劳动防护用品,并做好登记。工作过程中损坏的,应及时更换。对安全性能要求高、易损耗的劳动防护用品,应按照有效防护功能最低指标和有效使用期使用;劳动防护用品达到使用年限或报废标准的,单位应统一回收报废		⑥未建立劳动防护用品发放记录的,未有领用人签字的,扣2分。 ⑦现场核查,发现员工(包括外来人员)未正确穿戴劳动防护用品的,发现一例,扣1分。 ⑧在可能发生急性职业损伤的有毒、有害工作场所未配备应急劳动防护用品的,存放位置无醒目标识的,扣2分
5	单位应督促、检查从业人员劳动防护用品使用情况,确保从业人员正确使用劳动防护用品		
6	对处于作业地点的其他人员(包括外来人员),应按照与进行作业的劳动者相同的标准,正确佩戴和使用劳动防护用品		
7	在可能发生急性职业损伤的有毒、有害工作场所应配备应急劳动防护用品,放置于现场附近合理位置并配有醒目标识		

(四)考评要点

1. 劳动防护用品管理制度

单位应按照《用人单位劳动防护用品管理规范》(安监总厅安健〔2015〕124号)相关要求,建立、健全本单位劳动防护用品管理制度,明确劳动防护用品的采购、保管、配备标准、发放、更换报废、现场监督等要求。

2. 劳动防护用品配备标准

单位应根据工作场所中存在的危险、有害因素种类及危害程度、劳动环境条件、劳动防护用品有效使用时间等,制定劳动防护用品配备标准,配备标准应满足《个体防护装备选用规范》(GB/T 11651)、《个体防护装备配备基本要求》(GB/T 29510)以及相关专业标准和岗位风险控制要求。

劳动防护用品配备标准应明确每个工种的配备种类、型号/级别、更换周期等。劳动防护用品配备标准格式可参考表2.22。

表 2.22　用人单位劳动防护用品配备标准

岗位/工种	作业者数量/人	危险、有害因素类别	危险、有害因素浓度/强度	配备的防护用品种类	防护用品型号/级别	防护用品发放周期	呼吸器过滤元件更换周期

3. 劳动防护用品采购与存储

单位应根据劳动防护用品的发放周期,制订劳动防护用品采购计划,及时采购符合条件的劳动防护用品。单位在采购劳动防护用品时,应查验并保存劳动防护用品检验报告等质量证明文件的原件或复印件。

劳动防护用品的储存场所应做好防潮防雨、通风和消防工作。库房管理人员应做好劳动防护用品的库存台账管理工作,保证其在有效期内。

4. 劳动防护用品的发放和佩戴管理

单位应当按照配备标准发放劳动防护用品,并作好登记(表 2.23),保存发放记录。劳动防护用品的发放应有领用人的签字。工作过程中损坏的,应及时更换。对安全帽、呼吸器、绝缘手套等安全性能要求高、易损耗的劳动防护用品,应按照有效防护功能最低指标和有效使用期使用;劳动防护用品达到使用年限或报废标准的,单位应统一回收报废。

表 2.23　劳动防护用品发放登记表

单位/车间:

序号	岗位/工种	员工姓名	防护用品名称	型号	数量	领用人签字	备注

在可能发生急性职业损伤的有毒、有害工作场所,单位应配备应急劳动防护用品,放置于现场附近合理位置并配有醒目标识,并定期对应急劳动防护用品进行经常性的维护、检修,定期检测劳动防护用品的性能和效果,保证其完好有效。

单位应加强对劳动防护用品的使用情况进行检查,确保劳动者正确使用。对处于作业地点的其他人员(包括外来人员),应按照与进行作业的劳动者相同的标准,督促其正确佩戴和使用劳动防护用品。

因此,此要素的考评要点如表 2.24 所示。

表 2.24　劳动防护用品管理考评要点

序号	考评项目	考评要点
1	劳动防护用品管理制度	①查是否建立了劳动防护用品管理制度； ②查劳动防护用品管理制度是否是有效版本； ③查劳动防护用品管理制度相关内容是否与法律法规标准相冲突
2	劳动防护用品配备标准	①查是否制定了劳动防护用品配备标准； ②查劳动防护用品配备标准是否能结合各个岗位危险源辨识结果有针对性地进行配备； ③查劳动防护用品配备标准中的更换周期是否满足标准要求
3	劳动防护用品采购与储存	查劳动防护用品采购时是否对供应商的相关资质及产品质量证明文件进行了审查，并进行了收录
4	劳动防护用品发放和佩戴管理	①查是否建立了劳动防护用品的发放记录，是否有领用人的签字； ②现场核查是否存在员工未正确佩戴劳动防护用品现象； ③现场核查员工佩戴的劳动防护用品是否有过期现象； ④现场核查可能发生急性职业损伤的有毒、有害工作场所是否配备了应急劳动防护用品

（五）常见问题

（1）单位未建立劳动防护用品管理制度；

（2）单位未建立劳动防护用品配备标准，或制定的配备标准未结合危险源辨识结果，或不满足标准要求；

（3）单位采购劳动防护用品时未及时收录劳动防护供应商资质及产品质量相关证明文件；

（4）单位未建立劳动防护用品发放记录，未见最终使用者签字；

（5）现场核查，存在未正确佩戴劳动防护用品的现象，或存在劳动防护用品过期现象。

九、安全技术操作规程

（一）适用范围

单位生产和辅助生产现场的作业岗位（含被派遣劳动者的作业岗位、相关方人员在本单位内的现场作业岗位）。

（二）资料备查清单

（1）单位岗位设置清单；

（2）安全技术操作规程文本；

（3）安全技术操作规程培训证明材料。

（三）考评内容及考评办法

安全技术操作规程考评内容及考评办法如表 2.25 所示。

表 2.25　安全技术操作规程考评内容及考评办法

序号	考评内容	标准分值	考评办法
1	单位应依据国家和行业的法律、法规、规章、规程和标准，以及岗位识别的危险源，制定岗位安全技术操作规程或工艺安全作业指导书	8 分	①单位未建立操作规程的，扣 8 分；每缺少一个岗位的操作规程的，扣 1 分。 ②操作规程未审批发布的，扣 4 分。 ③操作规程内容不全或与实际内容不符的，一项扣 0.5 分。 ④现场核查，操作人员不能及时便利获取本岗位操作规程有效版本的，一处扣 1 分；操作人员对内容不熟的，每一人次扣 0.2 分。 ⑤查评审或修订资料，无定期评审（至少一年一次）扣 1 分；评审后应修订而未修订一处扣 0.2 分
2	岗位安全技术操作规程或工艺安全作业指导书至少应包括：岗位主要危险源、作业程序和方法、紧急情况的应急措施等内容		
3	单位的从业人员应能得到有效的岗位安全技术操作规程或工艺安全作业指导书文本，熟悉其内容，并严格执行		
4	岗位安全技术操作规程或工艺安全作业指导书应经授权人批准，并定期进行评审或修订		

（四）考评要点

1. 建立健全安全技术操作规程

岗位活动的规范化、标准化是实现单位安全运行的基础，制定和实施安全技术操作规程，是规范岗位安全作业行为、开展岗位隐患排查治理、建立岗位安全隐患清单的有效途径。

（1）基本要求

安全操作规程的编制，应覆盖设备作业、手工作业、检维修岗位、试验检测岗位、仓储物流岗位以及其他有相应安全风险的作业岗位。安全操作规程的编制，一般应以作业工序、作业岗位为基本单元，部分危险性较大的设备设施（如冲剪压设备、木工机械、起重机械、锻造机械、砂轮机、熔炼炉等），应单独编制安全操作规程，相同设备设施且作业方式相同的可以合并，否则应单独编制安全操作规程。安全操作规程应符合相关的安全技术标准。

企业采用新技术、新工艺、新材料、新设备在投入使用前，应先制定安全操作规程或安全操作注意事项。

岗位安全操作规程应随工艺或设备的变更情况，及时进行更新，且是有效版本。

（2）内容和形式要求

安全操作规程的编制，应符合基本结构六要素相关要求，其中，第三、第五、第六要素为考核重点。

①适用范围

设置本要素的目的，是明确岗位安全操作规程的适用岗位范围，避免其他岗位人员误用；应具体规定本安全操作规程适用于哪些岗位，如"××规程适用于本公司各部门维修电工岗位"。

②岗位安全作业职责

设置本要素的目的，是确定本作业岗位的安全职责并进行具体描述；通常包括本岗位日常事故隐患自我排查治理、按岗位安全操作规程安全作业、设备保养过程按规定安全作业、本岗位事故和紧急情况的报告和现场处置等；特殊的岗位还应包括其巡视检查等职责。

③岗位主要危险有害因素

设置本要素的目的，是通过岗位安全操作规程，提示岗位存在的风险，以确保岗位人员熟悉本岗位风险，树立风险意识，从而自觉执行岗位安全操作规程。所谓涉及的岗位主要危险危害因素，应归纳为岗位最常见的且风险相对较大的事故风险和职业危害风险，数量不限，通常在 3～10 个为宜，其他风险可提示岗位人员见本单位或本部门的危险源风险辨识清单。

主要危险有害因素应按本岗位相关作业活动分别描述，描述时应简洁地说明风险发生的原因过程和结果，如，某维修岗位使用台钻砂轮机和电动工具，应分别描述使用这些设备工具的风险；某岗位操作高速机械灌装生产设备，应分别描述其机械伤害风险和接触噪声的风险；某打磨岗位涉及在一般场所打磨和易燃易爆场所打磨，则应在描述一般场所打磨的风险的基础上，增加在易燃易爆场所打磨的风险。

危险有害因素的描述通常使用列表的方法，推荐的列表格式如表 2.26 所示。

表 2.26　危险有害因素列表

作业活动	主要危险危害因素	可能造成的事故/伤害风险	可能伤害的对象

④岗位劳动防护用品佩戴要求

设置本要素的目的，是明确规定岗位作业过程需佩戴的劳动防护用品，如，岗位作业人员进入作业区域应穿戴工作服、工作帽，长发应盘在工作帽内，袖口及衣服角应系扣；进入变配电设施现场进行检修倒闸及维修作业应穿戴绝缘靴；带电检修和倒闸时应戴绝缘手套；某设备操作岗位作业时需佩戴防噪声耳塞，班后清扫设备时需戴防尘口罩等。

⑤岗位作业安全要求

设置本要素的目的,是规范作业全过程的安全要求,是岗位安全操作规程的核心内容,应具体规定作业前、作业过程和作业后的岗位安全作业要求,包括隐患自查自改各类活动的安全要求和禁止性要求等;编写的具体内容较多,可根据岗位实际,选择文字描述或列表的方法。通常的编写内容包括:

a.作业前的安全要求,通常包括开机作业前对交接班记录、设备设施和工具安全、周边作业环境等进行隐患自查的要求,以及消除隐患或上报的要求和方法,开机前准备和开机的安全作业步骤和安全注意事项等;

b.作业过程的安全要求,通常包括正常作业的安全操作注意事项、排除故障时应注意的安全事项、其他作业过程应注意的安全事项等,作业过程检查或巡查发现隐患的处置或上报要求等,作业过程禁止性事项等;

c.作业后的安全要求,通常包括设备清扫保养过程应注意的安全事项、关闭电源和气源前应注意的安全事项、工作结束离开现场应进行的现场相关隐患检查和处置交接班记录和标识的要求等。

⑥岗位应急要求

设置本要素的目的,是将岗位涉及的现场应急要求列出,即使本岗位不需编制现场处置方案时,也能确保岗位人员熟悉和执行应急处置措施;应提示岗位可能发生的紧急情况、事故征兆、事件事故,并简要规定岗位第一时间进行处置的方法。通常需规定的内容包括:

a.作业区域发生火险时的处置和疏散方法,如,立即停机断电;立即使用周边的灭火器进行灭火并同时报告带班人员;处置无效时立即撤离现场,按现场疏散指示标识到某某集合地集合等;

b.设备发生紧急情况或事件事故时的处置方法,如,设备发生某某故障,应使用某某工具进行排除;设备发生某某故障,需人工排除时应关机或关闭生产线电源;人员的肢体、衣服、头发等被机械运转部位夹住或卷入时,应立即按下设备的紧急停止开关等;

c.发生事故后报告的方法,通常要求首先报告带班人员,紧急情况下可直接报告单位安全管理人员或值班室监控室等,并列出报告电话。

2. 严格执行安全技术操作规程

单位应对安全技术操作规程进行评审,并由主要负责人审批发布,保存发放记录。

单位应加强对安全技术操作规程的教育培训,保存培训记录,确保相关人员应知应会。

凡现场作业人员,应严格遵守本岗位安全操作规程。

此要素的考评要点如表2.27所示。

表 2.27 安全技术操作规程考评要点

序号	考评项目	考评要点
1	建立健全安全技术操作规程	①查所有岗位、典型设备设施是否都编制了操作规程； ②查操作规程的格式及内容是否符合标准要求； ③查单位是否及时针对"四新"项目编制了操作规程； ④查单位工艺和技术发生变化后是否及时更新了操作规程
2	严格执行安全技术操作规程	①查编制的安全技术操作规程是否有签发、是否为有效版本； ②查是否对员工进行了安全操作规程的培训； ③查现场员工对操作规程的熟悉掌握情况

（五）常见问题

（1）编制的安全技术操作规程有遗漏，不能覆盖单位所有岗位和典型设备设施作业安全操作需求；

（2）安全技术操作规程中的危险源辨识有较大遗漏；

（3）安全技术操作规程中全是禁止项，缺少正确操作的内容要求；

（4）安全技术操作规程的格式或主要内容不满足标准要求；

（5）"四新"项目，未及时编制操作规程；

（6）现场设备及工艺发生变化了，但操作规程没有及时进行更新；

（7）现场抽查部分员工不熟悉本单位安全技术操作规程。

十、应急管理

（一）适用范围

单位三级应急预案体系、应急演练及应急响应。

（二）资料备查清单

（1）单位应急管理制度；

（2）单位综合应急预案、专项应急预案、现场处置方案；

（3）单位应急处置卡；

（4）单位应急培训记录；

（5）单位应急演练计划；

（6）单位应急演练记录；

（7）单位应急预案评审记录；

（8）单位应急预案备案证明材料；

（9）单位应急物资清单。

（三）考评内容及考评办法

应急管理考评内容及考评办法如表 2.28 所示。

表 2.28　应急管理考评内容及考评办法

序号	考评内容	标准分值	考评办法
1	单位应根据危险源辨识和风险评价结果，并考虑法律、法规与其他要求，确定潜在紧急情况和应急响应目标	15 分	①未建立应急预案体系的扣 15 分。 ②应急预案未经评审论证的，扣 3 分；未审批发布的，扣 2 分；未及时向上级主管部门备案的，扣 1 分。 ③查应急预案，编制不符合 GB/T 29639 要求的，一处扣 0.5 分。 ④综合应急预案未明确响应目标或与单位实际不符的，扣 1 分。 ⑤重点岗位或危险作业场所应编制专项应急预案或现场处置方案而未编制的，一处扣 1 分。 ⑥现场核查，未开展应急预案教育培训的，扣 3 分；相关人员不熟悉应急预案的相关内容，一人次扣 0.3 分。 ⑦查文本和现场核查，单位应确立应急救援的管理体系，有组织机构、职责、管理程序和管理要点等内容，一处与实际不相符扣 0.5 分。 ⑧现场核查，无应急物资配备清单的，扣 3 分；一处应急物资配备不合理的，扣 0.5 分；一处应急物资失效，扣 0.5 分。 ⑨未制定年度应急演练计划的，扣 1 分；一年内无演练的，扣 5 分；每缺少一次演练，扣 1 分；未建立演练记录的，每缺少一次扣 1 分；对演练结果未进行评估，缺一次扣 0.5 分；评估结果要求对预案进行修订而未及时修订的，缺一次扣 0.5 分。 ⑩查评审或修订资料，无定期评审（至少一年一次）扣 1 分，评审后应修订而未修订一处扣 0.5 分；超过三年未进行修订的，扣 2 分。 ⑪发生紧急情况，未启动应急预案的，扣 15 分
2	单位应根据 GB/T 29639 等有关法律、法规的规定，结合危险源状况、危险性分析情况和可能发生的事故特点，制定相应的综合应急预案、专项应急预案和现场处置方案。应急预案应通过评审或论证后进行备案，并通报有关应急协作单位； 单位应当在编制应急预案的基础上，针对重点岗位编制有效的应急处置卡，明确相应的应急处置程序、措施以及相关联络人员和联系方式。应急处置卡应便于从业人员携带		
3	单位应按照应急预案的要求配备相应的应急物资及装备，对应急物资及装备进行定期检查、维护、保养，形成记录，并确保应急物资及装备的完好、有效；配备应急装备时，应考虑外部可以支援的应急能力		
4	单位应对实际的紧急情况作出响应，确保能及时启动应急预案，组织有关力量进行救援，并按照规定将事故信息及应急预案启动情况及时进行报告		
5	单位应组织开展应急预案的宣传教育和培训，确保从业人员掌握相应的应急知识和技能		
6	单位应按照《生产安全事故应急演练指南》等相关要求，制定年度应急演练计划，每年至少组织一次综合应急预案演练或专项应急预案演练，每半年至少组织一次现场处置方案演练，并对应急预案演练进行评估。单位制定的应急预案应至少每三年修订一次，并保存记录		

（四）考评要点

1. 应急管理制度及应急预案

单位应制定应急管理制度，构建应急救援的管理体系，明确应急救援的组织机构和职责，确定潜在紧急情况、应急响应目标及其管理程序和管理要点。

单位应根据《生产安全事故应急预案管理办法》（安监总局88号令）及《生产经营单位安全生产事故应急预案编制导则》（GB/T 29639）等有关法律、法规的规定，结合危险源状况、危险性分析情况和可能发生的事故特点，制定相应的综合应急预案、专项应急预案和现场处置方案。各级应急预案应以应急处置为核心，明确应急职责、规范应急程序、细化保障措施。

根据《生产安全事故应急预案管理办法》（安监总局88号令）第十三条、十四条、十五条、十六条等相关要求，生产经营单位风险种类多、可能发生多种类型事故的，应当组织编制综合应急预案；综合应急预案应当规定应急组织机构及其职责、应急预案体系、事故风险描述、预警及信息报告、应急响应、保障措施、应急预案管理等内容。对于某一种或者多种类型的事故风险，生产经营单位可以编制相应的专项应急预案，或将专项应急预案并入综合应急预案；专项应急预案应当规定应急指挥机构与职责、处置程序和措施等内容。对于危险性较大的场所、装置或者设施，生产经营单位应当编制现场处置方案；现场处置方案应当规定应急工作职责、应急处置措施和注意事项等内容；事故风险单一、危险性小的生产经营单位，可以只编制现场处置方案。

单位编制的应急预案应当包括向上级应急管理机构报告的内容、应急组织机构和人员的联系方式、应急物资储备清单等附件信息。附件信息发生变化时，应当及时更新，确保准确有效。

单位应当在编制应急预案的基础上，针对重点岗位编制有效的应急处置卡，明确相应的应急处置程序、措施以及相关联络人员和联系方式。应急处置卡应便于从业人员携带。

2. 应急预案的评审论证、发布、备案及修订

单位应当对本单位编制的应急预案组织评审或论证。应急预案的评审或者论证应当注重基本要素的完整性、组织体系的合理性、应急处置程序和措施的针对性、应急保障措施的可行性、应急预案的衔接性等内容。评审论证可参考《生产经营单位生产安全事故应急预案评审指南》（安监总厅应急〔2009〕73号）进行。

应急预案经评审或者论证后，由本单位主要负责人签署公布，并及时发放到本单位有关部门、岗位和相关应急救援队伍。事故风险可能影响周边其他单位、人员的，单位应当将有关事故风险的性质、影响范围和应急防范措施告知周边的其他单位和人员。

应急预案通过评审或论证后应进行备案。集团公司成员单位应急预案应报所在地的省、自治区、直辖市或者设区的市级人民政府主管的负有安全生产监督管理职责的部门备案，并抄送同级安全生产监督管理部门和集团公司。

单位应定期组织对应急预案进行评审，对预案内容的针对性和实用性进行分析，并对应急预案是否需要修订作出结论。单位每三年应对应急预案进行一次修订。有下列

情形之一的,应急预案应当及时修订并归档:

①依据的法律、法规、规章、标准及上位预案中的有关规定发生重大变化的;

②应急指挥机构及其职责发生调整的;

③面临的事故风险发生重大变化的;

④重要应急资源发生重大变化的;

⑤预案中的其他重要信息发生变化的;

⑥在应急演练和事故应急救援中发现问题需要修订的;

⑦编制单位认为应当修订的其他情况。

3. 应急物资

单位应按照应急预案的要求配备相应的应急物资及装备(主要有消防器材、呼吸防护器、冲洗器、主体检测仪、防护服、应急防护灯等),建立应急物资名录,明确各种应急物资的种类、数量、存放地点及保管责任人。单位应对应急物资及装备定期进行检查、维护、保养,并形成记录,确保应急物资及装备完好、有效。

4. 应急预案的培训、演练及应急响应

单位应当组织开展本单位的应急预案、应急知识、自救互救和避险逃生技能的培训活动,使有关人员了解应急预案内容,熟悉应急职责、应急处置程序和措施。

单位应当制定本单位的应急预案演练计划,根据本单位的事故风险特点,每年至少组织一次综合应急预案演练或者专项应急预案演练,每半年至少组织一次现场处置方案演练。应急预案的演练应按照《生产安全事故应急演练指南》(AQ/T 9007)等相关要求进行,应急预案演练结束后,应急预案演练组织单位应当对应急预案演练效果进行评估,撰写应急预案演练评估报告,分析存在的问题,需要修订的应急预案应及时进行修订。因此,每次应急演练的档案资料应包括应急预案、演练方案、人员签到、演练过程记录和演练效果评估。

现场考核过程中,原则上要求对每一项应急预案都应该进行演练,或者现场询问时,相关人员能够应知应会。

单位应对实际的紧急情况作出响应,确保能及时启动应急预案,组织有关力量进行救援,并按照规定将事故信息及应急预案启动情况及时进行报告。

此要素的考评要点如表2.29所示。

表 2.29 应急管理考评要点

序号	考评内容	考评要点
1	应急管理制度及应急预案	①查是否制定了应急管理制度,明确应急响应目标、等级及管理上的相关要求; ②查是否针对单位危险源辨识结果,编制了综合应急预案、专项应急预案和现场处置方案; ③查应急预案文本是否以应急处置为主; ④查重点岗位是否编制了应急处置卡

表 2.29（续）

序号	考评内容	考评要点
2	应急预案的评审论证、发布、备案及修订	①查是否对应急预案进行了评审； ②查应急预案是否经主要负责人签发； ③查应急预案是否到相应主管部门备案； ④查三年内是否对应急预案进行了修订； ⑤查单位业务及风险发生显著变化时是否及时对预案进行了修订
3	应急物资	①查是否建立了应急物资清单； ②查是否对应急物资定期进行了检查
4	应急预案的培训、演练及应急响应	①查是否对应急预案进行了培训； ②查是否制订了应急演练计划； ③查是否对每个应急预案开展了应急演练； ④查是否有演练记录和演练效果评估； ⑤查是否对演练评估中的问题进行了闭环整改

（五）常见问题

（1）应急预案没有以应急处置为核心；

（2）重点岗位没有编制应急处置卡；

（3）应急预案没有以正式文件签发；

（4）应急预案没有向上级主管部门备案；

（5）未建立应急物质清单，或未对应急物资定期检查其状态完好性；

（6）单位业务及危险性发生变化时未及时对应急预案进行修订；

（7）未制订年度应急演练计划；

（8）应急演练记录不完整，或未按规范开展应急演练；

（9）未对应急演练评估中的问题进行闭环管理。

十一、隐患排查治理与预防控制体系建设

（一）适用范围

单位开展的综合性、定期、专业和日常安全检查与隐患排查，以及对单位安全生产的预测预警。

（二）资料备查清单

（1）安全检查与隐患排查管理制度；

（2）与承租方、承包方签署的合同或安全协议；

（3）对承租方、承包方开展的安全检查记录；

（4）综合性、专业、定期、日常安全检查记录；

（5）隐患登记台账；

（6）隐患整改通知单及其整改回执单。

（三）考评内容及考评办法

隐患排查治理与预防控制体系建设考评内容及考评办法如表2.30所示。

表2.30 隐患排查治理与预防控制体系建设考评内容及考评评办法

序号	考评内容	标准分值	考评办法
1	隐患排查治理体系 （1）单位应建立隐患排查治理管理制度，明确隐患排查治理责任、排查频次、排查范围、闭环整改、隐患排查治理台账、考核等要求。 单位将生产经营项目、场所、设备发包、出租的，应与承包、承租单位签订安全生产管理协议，并在协议中明确各方对事故隐患排查、治理和防控的管理职责，并确保安全检查覆盖其所有的作业场所、设备设施、人员和相关的生产经营活动。 （2）隐患排查治理的分类及管理要求： ——日常检查：设备操作者、班组长、车间安全员及其他人员每天应对作业环境和设备设施的安全状况、从业人员的作业行为等进行日常检查； ——定期检查：公司(厂)安全管理人员、车间（分厂）负责人及其他人员应定期对作业环境和设备设施的安全状况、从业人员的作业行为、危险源的控制情况等进行检查； ——专业检查：公司(厂)安全管理人员、职能部门专业管理人员及其他人员应定期对特种设备、消防、危险化学品、易燃易爆场所、职业病防护设施、相关方等安全状况进专业检查； ——综合检查：单位负责人、安全主管领导、安全管理人员、职能部门负责人及其他人员应定期对所属单位规章制度的执行情况、隐患整改情况，以及安全和职业健康管理等进行综合检查。 单位应根据GJB 6219的要求，对易燃易爆危险点进行检查。 各类安全检查应制定安全检查表，并根据变化情况，及时更新检查内容和方法。所有安全检查均应保存记录。 （3）单位应督促各级人员按照隐患排查治理职责及频次等要求实施隐患排查，建立隐患排查治理台账。	10分	①未建立隐患排查治理管理制度的，扣10分；制度与单位实际情况不符的，扣3分；与承包、承租单位签订的安全生产管理协议中未明确各方对事故隐患排查、治理和防控的管理职责的，扣2分。 ②各类安全生产检查应制定检查表，每缺少一类检查表扣1分；检查表内容不全或针对性不强的，一处扣0.5分；安全检查和隐患排查未与风险评价结果相衔接的，一处扣0.5分。 ③查检查记录，一个单位一次未按规定进行日常检查的，扣0.3分；一次未按规定进行定期检查的，扣0.5分；一次未按规定进行专业检查的，扣1分；一次未按规定进行综合检查的，扣2分。 ④易燃易爆危险点的检查不符合GJB 6219的相关要求的，一个危险点扣1分。

表 2.30（续）

序号	考评内容	标准分值	考评办法
	（4）单位应对安全检查和排查事故隐患中所发现的问题和事故隐患，按照"五定"（定措施、定责任、定资金、定时间、定预案）的原则及时进行闭环整改，并跟踪验证纠正措施和预防措施的实际效果；对于重大事故隐患应制定治理方案，并报上级主管部门备案。 单位在事故隐患治理过程中，应采取相应的安全防范措施，防止意外事故发生		⑤未建立隐患排查治理台账的，扣3分。 ⑥一项隐患未在规定时间内整改或无预防措施扣1分，一个隐患整改未闭环复查的扣0.5分
2	预防控制体系 （1）单位应建立适应于自身安全生产状况的预警指标体系。预警指标至少应包括：事故隐患、安全生产教育培训、应急演练及生产安全事故等4项预警指标。 （2）单位应运用定性、定量的安全生产预测预警技术，建立体现单位安全生产状况及发展趋势的预警系统。 （3）单位应定期生成安全生产预警报告。预警报告至少应包括：安全生产预警各指标数据组成、各指标数据分析、本期预警指标分析结果、存在的问题及改进措施。 （4）单位应采取多种方式将预警信息发送到管理层、安全预警机构及各相关部门人员。 （5）单位应根据预警系统反映的问题，及时制定针对性的预防措施并组织实施，并对实施效果进行验证、评价	5分	①未建立安全生产预警指标的，扣5分；缺少一项预警指标的，扣0.5分；预警指标体系不符合单位实际的，扣1分。 ②未定期运用定性、定量预警技术方法，编制安全生产预警报告的，扣5分；报告内容不全的或缺少指导性的，扣1分。 ③安全生产预警信息未及时向单位相关部门公示的，扣1分。 ④预警系统反映的问题未及时进行闭环管理的，每一项扣0.5分

（四）考评要点

1. 隐患排查管理制度

单位应建立隐患排查治理管理制度，明确隐患排查治理责任，以及综合检查、定期检查、专业检查、日常检查等各类检查的组织方式、检查频次、检查内容、检查范围，以及发现隐患的整改要求、公示要求等内容。

根据《安全生产事故隐患排查治理暂行规定》（安监总局16号令）等相关要求，单位应当每季、每年对本单位事故隐患排查治理情况进行统计分析,并分别于下一季度 15 日前和下一年 1 月 31 日前向安全监管监察部门和有关部门报送书面统计分析表。统计分析表应当由生产经营单位主要负责人签字。针对重大事故隐患,单位应及时向安全监管监察部门和有关部门报告。重大事故隐患报告内容应当包括隐患的现状及其产生原因、隐患的危害程度和整改难易程度分析、隐患的治理方案等内容。

2. 承包、承租单位的安全管理

根据《安全生产事故隐患排查治理暂行规定》(安监总局 16 号令)第十二条要求,单位将生产经营项目、场所、设备发包、出租的,应当与承包、承租单位签订安全生产管理协议,并在协议中明确各方对事故隐患排查、治理和防控的管理职责。生产经营单位对承包、承租单位的事故隐患排查治理负有统一协调和监督管理的职责。

根据《安全生产法》第四十六条规定,生产经营项目、场所发包或者出租给其他单位的,单位应当与承包单位、承租单位签订专门的安全生产管理协议,或者在承包合同、租赁合同中约定各自的安全生产管理职责;单位对承包单位、承租单位的安全生产工作统一协调、管理,定期进行安全检查,发现安全问题的,应当及时督促整改。

3. 隐患排查分类管理

从检查频次和性质上讲,单位的隐患排查可分为综合检查、定期检查、专业检查和日常检查(表 2.31)。各类安全检查应制定安全检查表,并根据变化情况,及时更新检查内容和方法。所有安全检查均应保存记录。

表 2.31　隐患排查记录

序号	类别	参加人员	周期	检查内容
1	日常检查	设备操作者、班组长、车间安全员及其他人员	每天	对作业环境和设备设施的安全状况、从业人员的作业行为等进行日常检查
2	定期检查	公司(厂)安全管理人员、车间(分厂)负责人、班组长及其他人员	定期(不同人员的检查频次可以不同)	对作业环境和设备设施的安全状况、从业人员的作业行为、危险源的控制情况等进行检查
3	专业检查	公司(厂)安全管理人员、职能部门专业管理人员及其他人员	定期(但应考虑季节性,如应在雷雨季节前开展雷电方面的专业检查)	特种设备、防雷、消防、危险化学品、易燃易爆场所、职业病防护设施、用电、相关方等安全状况进专业检查

表 2.31（续）

序号	类别	参加人员	周期	检查内容
4	综合检查	单位负责人、安全主管领导、安全管理人员、职能部门负责人及其他人员	定期(如年初、年中、年终,或可结合重大节假日检查进行)	对所属单位规章制度的执行情况、隐患整改情况,以及安全和职业健康管理等进行综合检查

根据《易燃易爆危险点分级管理要求》(GJB 6219)等要求,针对易燃易爆危险作业点,单位应编制危险点检查表,检查表主要内容应有:检查内容和要求、记录存在问题、检查结论、检查责任人和处置措施。同时,各级领导对不同危险点承担着不同的检查职责,如表 2.32 所示。

表 2.32　各级负责人检查职责

类别	检查要求
主要负责人	应熟悉本单位危险点分布情况,对Ⅰ级危险点每年应至少检查一次,并应有检查记录
主管负责人	应对Ⅰ级和Ⅱ级危险点,每季度应至少检查一次,并应有检查记录
部门、车间负责人	对本部门、车间危险点,每月应至少检查一次,并应有检查记录
危险点作业场所负责人	对本作业场所的危险点,每周应至少检查一次,并应有检查记录
危险点作业人员	对危险点应做好当班的检查工作,并应有检查记录

4. 隐患的闭环整改

针对能立查立改且性质较轻的事故隐患,被检查者应现场完成闭环整改,并追溯管理上的问题,避免隐患重复发生。

针对不能立查立改或性质较为严重的事故隐患,安全管理部门应向被检查方下整改通知单,整改通知单中应明确隐患描述、整改建议及时限要求。隐患整改责任单位、部门应对安全检查和排查事故隐患中所发现的问题和事故隐患,按照"五定"(定措施、定责任、定资金、定时间、定预案)的原则及时进行闭环整改,并跟踪验证纠正措施和预防措施的实际效果。在事故隐患治理过程中,应采取相应的安全防范措施,防止意外事故发生。

针对部门、车间自行组织安全检查中发现的隐患,且超过本部门、车间整改能力和权限的,相关部门应立即报送安全管理部门,由安全管理部门组织协调相关部门予以闭环整改。

针对重大事故隐患,单位应制定治理方案,并报上级主管部门备案。

单位应建立隐患排查治理台账,并定期进行分析,追根溯源,持续改进单位安全管理水平。

5. 建立健全预防控制体系

单位应按照《冶金等工贸行业单位安全生产预警系统技术标准(试行)》(安监总厅

管四〔2014〕63号)等相关要求,建立并运行单位安全生产预警系统。安全生产预警系统应包括:预警指标选择、预警指标量化、预警指标权重确定、预警模型建立、预警指数图生成、预警报告发布、预警信息系统建立等内容。

预警指标的选取应符合本单位安全生产管理特点,从人、物、环境、管理、事故等5个因素进行预警指标初筛;选取的预警指标应至少包含:事故隐患、安全教育培训、应急演练及生产安全事故等4项预警指标;预警指标数据应进行指标数据量化。

通过预警指标量化值及其指标权重,采用指数预警法、统计预警法、模型预警法等适当的数学方法,通过对历史安全生产预警指数值的运算,建立预测数学模型,计算出未来时间点生产安全数值,对未来生产安全状态进行预测。

单位至少应每个月生成一次安全生产预警报告,预警报告可分为单位级和车间(分厂)级。预警报告内容至少应包括:安全生产预警指数各指标数据组成、各指标数据分析、预警指数与上周期预警指数值比较分析、本期预警指数分析结果、存在的问题及改进的措施。

单位应采取多种方式将预警信息发送到管理层、安全预警机构及各相关部门人员。单位各部门应在收到预警指数图和预警报告后,及时制定、落实整改措施,完成问题整改,并在系统中及时上报,保证预警系统的闭环管理。

单位每年至少应对预警系统的运行情况总结一次,对预警指标的选取以及预警指数模型进行优化,使之更加符合单位的生产安全状态;当单位预警系统与安全生产实际运行情况出现偏差时,应及时调整预警系统相关指标,并重新调整预警指数模型。

此要素的考评要点如表2.33所示。

表2.33 隐患排查治理与预防控制体系建设考评要点

序号	考评项目	考评要点
1	隐患排查管理制度	①查是否建立了安全检查与隐患排查管理制度; ②查制度内容是否满足标准要求
2	承包、承租单位的安全管理	①查与承包、承租方签署的合同或安全协议中,是否明确了各自的事故隐患排查治理和防控职责; ②查是否定期对承包方、承租方进行了安全检查,是否有安全检查记录
3	隐患排查分类管理	①查是否按规范开展了综合检查、专业检查、定期检查和日常检查,是否有检查记录; ②查各类检查是否流于形式; ③查各类事故隐患是否重复发生
4	隐患的闭环整改	①查是否建立了隐患登记台账; ②查所有隐患是否按照限定时间进行了闭环整改; ③查是否对整改结果进行了验证

表 2.33(续)

序号	考评项目	考评要点
5	建立健全预防控制体系	①查是否建立了安全生产预警指标,并对历史情况进行了量化处理; ②查是否建立了定性、定量预警技术方法,能否形成可以表征当前安全生产状态的数值; ③查是否定期输出安全生产预警报告,报告内容是否全面,是否能对单位安全生产情况作出建议; ④查安全生产预警信息是否及时向单位相关部门公示; ⑤查预警系统反映的问题是否及时进行了闭环管理

(五)常见问题

(1)安全检查与隐患排查管理制度中没有对各级人员职责、各类检查的检查范围、检查内容等进行清晰界定;

(2)对承包、承租方以包代管,没有明确各自的隐患排查职责,没有定期对其进行安全检查;

(3)没有严格执行安全检查与隐患排查制度,检查记录不完整;

(4)同类事故隐患重复发生;

(5)部分隐患未完成闭环整改,或未见整改验证记录;

(6)未建立预测预警指标体系;

(7)未使用定性、定量的预测预警技术,形成能表征当前安全生产状态的数值;

(8)未定期输出预警报告;

(9)安全生产预测预警报告未进行公示;

(10)未对预警报告中反映的问题进行闭环整改。

十二、建设项目"三同时"管理

(一)适用范围

单位新建、改建、扩建的建设项目及技术改造项目。

(二)资料备查清单

(1)单位建设项目"三同时"执行情况清单;

(2)建设项目安全设施和职业卫生"三同时"管理制度;

(3)每个项目的安全设施"三同时"资料(包括预评价报告或综合分析报告及其备案或审查资料,设计专篇或安全设施设计报告及其备案或审查资料,安全验收评价报告或综合分析报告及其备案或审查资料);

(4)每个项目的职业卫生"三同时"资料(包括不产生职业病危害因素申报表、预评价报告、职业病防护设施设计专篇、控制效果评价报告及各个阶段的备案审查材料)。

(三)考评内容及考评办法

建设项目"三同时"管理考评内容及考评办法如表2.34所示。

表 2.34　建设项目"三同时"管理考评内容及考评办法

序号	考评内容	标准分值	考评办法
1	单位新建、改建、扩建工程项目（建设项目）的安全设施和职业卫生防护设施，必须与主体工程同时设计、同时施工、同时投入生产和使用。 （1）建设项目安全预评价 法律法规定的建设项目，单位应当按相关规定委托具有相应资质的安全评价机构对建设项目进行安全预评价，并编制安全预评价报告；其他建设项目，单位应当对其安全生产条件和设施进行综合分析，形成书面报告备查。 （2）建设项目安全设施设计审查 单位在建设项目初步设计时，应当委托有相应资质的初步设计单位对建设项目安全设施同时进行设计，编制安全设施设计。法律法规定的建设项目，单位应按相关规定报主管部门审查备案；对不需要报主管部门审查备案的项目，单位应组织审查，形成书面报告备查。 （3）建设项目安全设施施工和竣工验收 建设项目安全设施的施工应当由取得相应资质的施工单位承担，并与建设项目主体工程同时施工。 法律法规定的建设项目安全设施竣工或者试运行完成后，单位应按相关规定委托有相应资质的安全评价机构对安全设施进行验收评价，并编制建设项目安全验收评价报告。 对于不需要安全评价机构对安全设施进行验收的建设项目，单位应当在竣工投入生产或者使用前，组织对安全设施进行竣工验收，并形成书面报告备查。安全设施竣工验收合格后，方可投入生产和使用。 （4）建设项目职业病危害预评价 单位在可行性论证阶段，应按相关规定委托有相应资质的职业卫生技术服务机构对建设项目进行职业病危害预评价，编制《预评价报告》，组织内审后报上级主管部门备案。 （5）建设项目职业病防护设施设计审查 单位在建设项目初步设计时，应按相关规定委托有相应资质的初步设计单位编制《职业病防护设施设计专篇》，并组织内审；职业病危害严重的建设项目应报上级主管部门备案。 （6）建设项目职业病防护设施竣工验收 建设项目竣工投入生产或者使用前，单位应按相关规定委托有相应资质的职业卫生技术服务机构编制《职业病危害控制效果评价报告》，内审和自验收合格后按有关规定进行验收备案	15 分	①单位未建立建设项目"三同时"执行情况清单的，扣1分。 ②查建设项目安全设施和职业卫生预评价、初步设计和竣工验收阶段的"三同时"执行情况，任一项目、任一环节与法规标准不符的，扣1分。 ③查建设项目安全设施和职业卫生预评价、初步设计和竣工验收阶段的评价报告/专篇或综合分析报告，报告内容与单位建设项目实际不符合的，一处扣0.5分。 ④单位安全管理部门应参与建设项目安全设施和职业卫生"三同时"各环节的审查，未提供过程记录或记录内容不全的，一处扣0.5分。 ⑤查建设项目概算清单，无安全卫生设施概算的一个项目，扣1分；一处使用不当扣1分。 ⑥查单位自筹资金建设项目，一个项目未参照上述要求进行内部控制扣1分
2	安全设施和职业病防护设施的投资应纳入建设项目概算		
3	单位自筹资金建设项目，应参照上述规定要求，加强内部控制管理		
4	单位应当按照档案管理的规定，建立建设项目"三同时"文件资料档案，并妥善保存		

（四）考评要点

单位新建、改建、扩建工程项目（建设项目）的安全设施和职业卫生防护设施，必须与主体工程同时设计、同时施工、同时投入生产和使用。

1. 建设项目清单

单位应对所有未完成竣工验收的新、改、扩建建设项目建立"三同时"执行情况清单，及时掌握各个项目安全设施和职业卫生"三同时"工作进展情况。

建设项目清单格式可参考表 2.35。

表 2.35　建设项目"三同时"执行情况清单

序号	项目名称	项目所处阶段	职业卫生"三同时"					安全设施"三同时"				备注
			项目属性	职业危害类别	预评价	防护设施设计	竣工验收	项目属性	预评价/综合分析	安全设施设计	验收评价	
1												
2												
3												
4												
5												
6												
7												
8												
9												
10												
11												
12												

注：1. "项目所处阶段"填"可行性研究阶段""初步设计阶段""竣工或试运行阶段"3 种情况。

2. 在"职业卫生'三同时'"中，"项目属性"填"军工建设项目"或"其他项目"；"职业危害类别"填"无""一般""较重""严重"；"预评价"填"备案文号""内审时间"或"正在进行报告编制"（按最新进展选填其一，下同）；"防护设施设计"与"竣工验收"填写同上。

3. 在"安全设施'三同时'"中，"项目属性"填"高危项目"或"其他项目"；"高危项目"在"预评价/综合分析"中填"备案文号""审查时间"或"正在进行报告编制"；"其他项目"在"预评价/综合分析"中填"审查时间"或"正在进行报告编制"；"安全设施设计"与"验收评价"的填写同上。

2. 建设项目安全设施"三同时"工作

根据《建设项目安全设施"三同时"监督管理办法》（国家安监总局第 36 号令）（2015

年5月国家安监总局77号令修订)要求,国家安监总局对建设项目安全设施"三同时"的要求如表2.36所示。

表2.36　国家安监总局对建设项目安全设施"三同时"的要求

序号	项目类别	预评价 (可行性研究阶段)	设计审查 (初步设计阶段)	竣工验收
1	非煤矿矿山建设项目	委托有资质的安全评价机构,编制安全预评价报告	委托有资质的初步设计单位编制安全设施设计; 向相关主管部门提交审查备案	委托有资质的安全评价机构编制安全验收评价报告; 组织竣工验收,并形成书面报告备查; 竣工验收接受主管部门抽查或审查
2	生产、储存危险化学品(包括使用长输管道输送危险化学品)的建设项目			
3	生产、储存烟花爆竹的建设项目			
4	金属冶炼建设项目			
5	使用危险化学品从事生产并且使用量达到规定数量的化工建设项目(属于危险化学品生产的除外)		委托有资质的初步设计单位编制安全设施设计	
6	法律、行政法规和国务院规定的其他建设项目			
7	其他项目	对其安全生产条件和设施进行综合分析,形成书面报告备查		组织竣工验收,并形成书面报告备查

由表2.36可知,关于安全设施"三同时",国家简政放权,进一步凸显了建设单位的主体责任,除高危建设项目外,其他建设项目均由建设单位自行编制综合分析报告,内部组织审核备查。由于国家暂未明确预评价、安全设施设计、验收等各个阶段的综合分析报告模板和主要内容,建议在现阶段安全生产标准化咨询、评审过程中参考预评价报告、安全专篇、验收评价报告的模板予以要求。

3. 建设项目职业卫生"三同时"工作

军工建设项目职业卫生"三同时"工作按照《国防科工局关于加强军工建设项目职业卫生"三同时"工作的通知》(科工安密〔2014〕242号)有关规定执行,各阶段要求如表2.37所示。

表2.37 建设项目职业卫生"三同时"工作各项目阶段要求

危害类别	职业病危害预评价 （可行性论证阶段）	职业病防护设施设计 （项目初步设计阶段）	职业病防护设施竣工验收 （完工后或试运行阶段）
严重类	①委托有资质的服务机构编制《预评价报告》； ②《预评价报告》内审（安全评审中心可进行抽审）； ③提交《预评价报告》备案申请； ④备案通知书及相关材料存档； ⑤《预评价报告》交设计单位	①委托有资质的设计单位编制《职业病防护设施设计专篇》； ②《职业病防护设施设计专篇》内审（安全评审中心可进行抽审）； ③提交职业病防护设施设计备案申请； ④相关材料存档	①委托有资质的服务机构编制《控评报告》； ②《控评报告》内审及防护设施竣工自验收； ③提交竣工验收申请； ④接受集团公司验收； ⑤按要求完成整改； ⑥备案通知书及相关材料存档
较重类	①委托有资质的服务机构编制《预评价报告》； ②《预评价报告》内审（安全评审中心可进行抽审）； ③提交《预评价报告》备案申请； ④备案通知书及相关材料存档； ⑤《预评价报告》交设计单位	①委托有资质的设计单位编制《职业病防护设施设计专篇》； ②《职业病防护设施设计专篇》内审（安全评审中心可进行抽审）； ③相关材料存档	①委托有资质的服务机构编制《控评报告》； ②《控评报告》内审及防护设施竣工自验收； ③提交竣工验收申请； ④接受集团公司验收； ⑤按要求完成整改； ⑥备案通知书及相关材料存档
一般类	①委托有资质的服务机构编制《预评价报告》； ②《预评价报告》内审（安全评审中心可进行抽审）； ③提交《预评价报告》备案申请； ④备案通知书及相关材料存档； ⑤《预评价报告》交设计单位	①委托有资质的设计单位编制《职业病防护设施设计专篇》； ②《职业病防护设施设计专篇》内审（安全评审中心可进行抽审）； ③相关材料存档	①委托有资质的服务机构编制《控评报告》； ②《控评报告》内审及防护设施竣工自验收； ③提交职业病防护设施竣工验收备案申请； ④备案通知书及相关材料存档
不产生职业危害	①委托有资质的服务机构出具《证明书》； ②提交《不产生职业病危害项目登记表》申请备案； ③备案通知书及相关材料存档		

此要素的考评要点如表2.38所示。

表 2.38 建设项目"三同时"管理考评要点

序号	考评项目	考评要点
1	建设项目清单	查单位是否按要求建立了建设项目"三同时"执行情况清单,是否做到"三同时"执行情况一目了然
2	安全设施"三同时"管理要求	对照建设项目清单,查各个项目是否按规定开展了安全设施"三同时"工作
3	职业卫生"三同时"管理要求	对照建设项目清单,查各个项目是否按规定开展了职业卫生"三同时"工作

（五）常见问题

（1）未建立建设项目"三同时"执行情况清单;

（2）单位委托的中介机构业务资质及级别不满足国家法律法规要求;

（3）建设项目未严格按照相关要求开展"三同时"工作;

（4）建设项目未经验收就投入生产。

十三、相关方安全管理

（一）适用范围

单位正在进行的施工、承包或者租赁等经营活动,以及合同工、临时工、实习生和外来人员。

（二）资料备查清单

（1）相关方名录（或台账）;

（2）各个在册相关方过程记录（资质审查、安全协议、教育培训、过程监督等）。

（三）考评内容及考评办法

相关方安全管理考评内容及考评办法如表 2.39 所示。

表 2.39 相关方安全管理考评内容及考评办法

序号	考评内容	标准分值	考评办法
1	单位应确定具有资质的供应商和承包商,在其商务活动中签订并保存安全协议,明确双方安全责任和安全管理要求。供应商和承包商在单位现场从事各种活动时,应遵守单位的安全生产要求,制定可靠的安全防范措施。单位应对供应商和承包商在其现场的活动进行监督管理	18 分	①查相关方台账,未建立相关方台账的,扣 5 分;台账未及时更新的,扣 2 分;每遗漏一个重要相关方扣 1 分。②查供应商、承包商的相关资质,资质不符或记录不完整的,一个相关方扣 1 分。

表 2.39（续）

序号	考评内容	标准分值	考评办法
2	单位使用被派遣劳动者的,应当将被派遣劳动者纳入本单位从业人员统一管理,对被派遣劳动者进行岗位安全操作规程和安全操作技能的教育和培训。劳务派遣单位应当对被派遣劳动者进行必要的安全生产教育和培训		③查与供应商、承包商、发包方和承租方签署的安全协议,一个相关方未签署安全协议,扣 2 分;一份安全协议未明确双方安全职责、权利和义务,以及管理要求的,扣 0.5 分。
3	单位接收中等职业学校、高等学校学生实习的,应当对实习学生进行相应的安全生产教育和培训,提供必要的劳动防护用品。学校应当协助生产经营单位对实习学生进行安全生产教育和培训		④单位未对相关方或进厂的被派遣劳动者、实习生进行安全教育培训的,一个相关方扣 2 分;培训内容针对性不强或记录不完整的,一个相关方扣 1 分。
4	单位将生产经营项目、场所发包或者出租给其他单位的,应与承包单位、承租单位签订专门的安全生产管理协议,或者在承包合同、租赁合同中约定各自的安全生产管理职责;单位应对承包单位、承租单位的安全生产工作统一协调、管理,定期进行安全检查,发现安全问题的,应当及时督促整改		⑤单位未对相关方的安全生产情况进行过程监督管理、无过程监督检查记录的,一个相关方扣 1 分;发现隐患未督促整改的,一个相关方扣 1 分。
5	单位应建立合格相关方台账,定期更新台账及其档案资料		⑥单位未将相关方的资质审查、安全协议、进厂作业时间及作业任务等资料及时报安全管理部门备案的,一个相关方扣 2 分

（四）考评要点

1. 相关方台账

单位应建立各类相关方管理台账,各责任部门应按照"一个相关方一档"的方式,保存相关方档案备查。

2. 建筑施工方、供应商、服务提供商等安全管理

单位与相关方单位签订合同（或协议）前,应对相关方单位的合法性、安全技术条件及相应资质进行审查确认,审查内容包括:是否具备法人资格,是否具有承担安全生产风险的经济能力,是否具有安全生产管理机构或者安全生产管理人员,是否有成熟的安全生产制度和管理经验,企业主要负责人和安全管理人员是否具备与租赁经营活动相应的安全生产知识和管理能力。从事建筑施工和危险物品的生产、经营、储存业务的,是否具备相应的资质（生产许可证）和条件。特种作业人员是否持有有效的特种作业操作证等。

安全保证条件确认合格后,双方应签订合同书。合同书中应有安全相关保护条款,明确双方的安全工作责任及违反规定的处罚条款;或同时签订《相关方安全生产管理协议》或《施工安全生产管理协议》。

资质审查材料及安全协议,应及时报安全管理部门备案。

在相关方人员进入作业现场前,单位应负责对其进行职业健康安全培训和告知,并形成记录,双方签字、存档。告知承包场所存在的危险因素及有关安全管理生产制度和标准,要求其必须遵守安全用火、用水、用电等各项安全管理要求、审批制度及环境保护要求,并接受安全监督和检查。现场发现不符合安全着装和佩戴防护用品要求、违章作业或妨碍企业安全生产的作业时,责任单位有权令其纠正或停止作业。

单位应为相关方单位提供符合国家法律、法规规定的生产场所、设备设施,并对承包单位的安全生产工作统一协调管理。必要时,对外来人员的作业现场进行明显的范围标志。所用的施工工具、材料、设备均不得占道,保持道路、通道的畅通整洁。因施工形成的坑、壕、绊脚物等,必须采取可靠的安全措施以防止事故发生。

3. 发包、承租方的安全管理

单位将生产经营项目、场所发包或者出租给其他单位的,应与承包单位、承租单位签订专门的安全生产管理协议,或者在承包合同、租赁合同中约定各自的安全生产管理职责;单位应对承包单位、承租单位的安全生产工作统一协调、管理,定期进行安全检查,发现安全问题的,应当及时督促整改。

4. 被派遣劳动者的安全管理

单位使用被派遣劳动者的,应当将被派遣劳动者纳入本单位从业人员统一管理,对被派遣劳动者进行岗位安全操作规程和安全操作技能的教育和培训,保存相关培训技术。

劳务派遣单位应当对被派遣劳动者进行必要的安全生产教育和培训。

5. 实习人员的安全管理

单位接收中等职业学校、高等学校学生实习的,应当对实习学生进行相应的安全生产教育和培训,提供必要的劳动防护用品。

学校应当协助生产经营单位对实习学生进行安全生产教育和培训。

6. 参观人员及其他外来人员的安全管理

针对临时搬运工、实习人员、参观人员等临时外来人员,可由用工单位或接待部门分工负责管理,应对参观及其他外来人员进行安全告知,告知所在区域的危险因素及其应急措施。

此要素的考评要点如表2.40所示。

表 2.40 相关方安全管理考评要点

序号	考评项目	考评要点
1	相关方台账	查单位是否建立了相关方管理台账
2	建筑施工方、供应商、服务提供商等安全管理	①查是否进行了资质审查; ②查是否签署了安全协议,是否对双方职责及责任界定进行了清晰说明; ③查资质审查材料及安全协议,是否报安全管理部门备案; ④查是否对相关方入厂人员进行了安全教育培训或技术交底; ⑤查是否定期对相关方作业现场进行了安全生产监督检查
3	发包、承租方的安全管理	①查是否与发包、承租方签署了安全协议,明确了双方安全检查与隐患排查的职责; ②查是否定期对发包、承租方进行了安全生产监督检查
4	被派遣劳动者的安全管理	查是否对被派遣劳动者进行了安全教育培训
5	实习人员的安全管理	查是否对实习人员进行了安全教育培训
6	参观人员及其他外来人员的安全管理	查是否对参观人员及其他外来人员进行了安全教育培训

（五）常见问题

（1）未建立相关方安全管理总台账;

（2）相关责任部门未及时将相关方的资质审查材料及安全协议报安全管理部门备案,导致安全管理部门对厂内拥有相关方的数量、作业任务不掌握,安全监管存在失控现象;

（3）安全协议未明确双方职责,或是单方面的职责要求,存在不对等协议现象;

（4）缺少对相关方的过程监管,违规现象较为普遍。

十四、班组安全管理

（一）适用范围

单位因需要设置的生产和生产辅助型班组。

（二）资料备查清单

（1）班组安全管理制度（含班组安全生产达标标准）;

（2）班组长台账;

（3）班组安全生产的各种记录（含人员名册、设备设施台账、职业病危害作业点台账、责任制、操作规程、危险源辨识清单、应急预案、培训记录、班组活动记录、班组安全检查记录等）；

（4）班组安全生产达标考核记录。

（三）考评内容及考评办法

班组安全管理考评内容及考评办法如表2.41所示。

表2.41 班组安全管理考评内容及考评办法

序号	考评内容	标准分值	考评办法
1	单位应建立班组安全管理制度，并明确班组安全管理的归口部门		①单位未建立班组安全管理制度的，扣15分；制度与单位实际不符的，一处扣1分；未明确班组安全管理归口管理部门的，扣2分。 ②查班组安全生产记录台账，未定期召开班组安全会议、未定期开展班组安全检查和班组安全教育培训的，一项不符扣1分。 ③单位未建立班组安全生产达标考核标准的，扣5分；班组安全生产达标标准不满足本考评项要求的，一处不符合扣1分。 ④单位未定期对班组安全生产标准化达标考核验收的，扣3分，验收考核记录不全的，扣3分
2	单位应明确班组召开安全会议、安全检查和安全教育培训的要求和内容，建立班组安全生产记录台账		
3	班组安全生产达标的基本条件 （1）已建立健全各类人员的安全生产职责，并严格执行。 （2）从业人员应熟悉本岗位相关的危险源及其控制措施，严格执行安全技术操作规程或工艺安全作业指导书。 （3）开展了定期的安全检查，排查事故隐患，并对查出的隐患实施了有效的纠正和预防措施，或进行了逐级报告。 （4）每月至少开展两次安全活动。 （5）对新进厂从业人员、转岗和复工员工、班组全员等均按照规定进行了安全教育培训。 （6）班组岗位人员应熟练掌握本岗位安全职责、安全操作规程、危险和有害因素及其预防控制措施、自救互救及应急处置措施。 （7）应按规定开展班组安全学习、安全检查等安全工作，并做好工作记录	15分	
4	单位应建立班组安全生产达标标准，定期对班组进行验收和考核，并保存验收和考核记录		

（四）考评要点

1. 班组安全管理制度及班组长台账

单位应建立班组安全管理制度，明确班组安全生产归口管理部门、班组安全管理要求及班组安全生产达标考核的方式等内容。

单位应建立班组长台账，班组长的确定应在人力资源管理部门及安全管理部门备案。

2. 班组安全生产达标标准

单位应建立班组安全生产达标标准（在管理制度中一并明确），班组安全生产达标标准应满足以下要求。

（1）建立健全基础台账

班组基础台账应包括班组人员台账、设备设施台账、特种设备及其安全附件台账、特种作业人员台账、手持电动工具和移动电气台账、有毒有害作业岗位台账等。

（2）岗位安全生产责任制

每个班组必须明确班组长、安全员，并确定班组长、安全员及班组成员的安全生产职责文本，安全生产职责应结合本岗位工作职责针对性确定。加强安全生产责任制培训，确保组内员工应知应会。

（3）岗位危险源、安全技术操作规程和应急管理

班组长应组织开展本班组的危险源辨识，确保班组成员熟知本岗位的危险源和控制方法。涉及易燃易爆危险点及 10 人以上危险作业场所，班组应建立易燃易爆危险点清单和 10 人以上危险作业场所清单，并作为班组安全管理重点予以重点监管。

班组应有与本班组作业岗位相对应的安全技术操作规程或岗位作业指导书。班组成员能够能做到熟知和照章作业。

班组应结合本班组岗位特点及危险源辨识情况，需要编制专项应急预案或现场处置方案的应按标准规范进行编制，并做好员工应急培训，定期开展应急演练；不需要编制专项应急预案或现场处置方案的，应确保班组成员了解、熟悉本岗位的应急措施和注意事项。应急培训、演练应做好相关记录。

（4）班组安全教育

班组长应对本班组新入厂员工、变换工种、复岗工作人员进行岗位班组级安全教育培训，班组级安全教育培训应做到100%。

（5）班组安全检查与隐患排查

班组长每天应对设备设施、作业环境的安全状态以及班组成员的精神面貌、安全作业规程执行情况进行巡查，每周组织开展一次全面安全检查与隐患排查，对发现的隐患及时组织闭环整改，对超出本部门整改能力范围之外的，应及时向单位安全管理部门报告，并做好临时管控措施。各种检查及隐患闭环整改情况应保存相关记录，建立班组隐患登记台账。

（6）班组安全活动

班组长每月至少开展两次班组活动，保存活动记录。班组活动应丰富多样，如教育培训、学习研讨、技能比武、应急演练等。

3. 班组安全生产达标创建和考核

单位应明确班组安全生产达标的目标及考核流程、考核方法。

班组归口管理部门应明确本单位所有班组均通过安全生产达标考核的创建周期及年度目标，并加强过程的监督考核。班组安全生产达标考核，可结合单位实际采取多种形式，班组数相对较大的单位，可实行班组每月自检、车间季度考核、公司半年一次考核或一年一次考核的方式；班组数相对较小的单位，归口管理部门可直接定期进行考核。

班组安全生产达标考核结果应与单位安全生产考核直接挂钩。

此要素的考评要点如表 2.42 所示。

表 2.42 班组安全管理考评要点

序号	考评项目	考评要点
1	班组安全管理制度及班组长台账	①查是否建立了班组安全管理制度； ②查是否建立了班组长台账
2	班组安全生产达标标准	①查班组安全生产达标标准是否涵盖标准规定的相关要求； ②抽查各个班组是否按照标准规范履行了安全生产职责
3	班组安全生产达标创建和考核	①查是否明确了考核周期和考核方法； ②查是否定期开展了班组安全生产达标考核活动； ③查是否按计划实现了班组安全生产达标

（五）常见问题

（1）未建立班组安全管理制度，或未明确班组归口管理部门；

（2）未建立班组长台账；

（3）制定的班组安全生产达标标准未涵盖标准规定的相关要求；

（4）班组安全管理相关记录流于形式；

（5）未严格执行班组安全生产达标考核。

十五、作业安全管理

（一）适用范围

单位危险作业安全管理、反"三违"管理、变更安全管理等。

（二）资料备查清单

（1）单位安全生产典型制度；

（2）单位危险作业审批记录；

（3）变更安全管理制度；

（4）变更审批流程及控制记录。

（三）考评内容及考评办法

作业安全管理考评内容及考评办法如表2.43所示。

表 2.43　作业安全管理考评内容及考评办法

序号	考评内容	标准分值	考评办法
1	生产现场管理和生产过程控制 　　单位应加强生产现场安全管理和生产过程的控制,对生产过程及物料、设备设施、器材、通道、作业环境等存在的风险,应进行分析和控制,并形成相应的控制记录; 　　单位应当对动火作业、有限空间作业、临时用电作业、高处作业、爆破、吊装等危险性较高的作业活动实施作业许可管理,严格履行审批手续,安排专人进行现场安全管理,确保安全规程的遵守和安全措施的落实。作业许可证应包含危险和有害因素分析、安全措施等内容	10分	①单位未对生产过程及物料、设备设施、器材、通道、作业环境等存在的风险进行辨识的,扣5分;辨识有重大遗漏的,每遗漏一项扣0.5分。 ②现场核查,每一项风险和隐患控制措施未落实的,扣1分。 ③单位未对违反安全规章的行为进行检查,未形成检查记录的,扣2分。 ④现场核查,发现一人次违反安全规章行为的,扣0.5分。 ⑤资料核查和现场核查相结合,发现一次未按规定办理作业许可审批手续的,扣2分;发现一处作业许可审批内容不全的,扣1分。 ⑥单位未制定变更安全管理制度的,扣2分;制度内容与单位业务实际不符的,每处扣0.5分。 ⑦查单位变更安全管理记录,有变更行为但未履行变更审批和验收管理要求的,或变更安全管理记录不全的,每一变更行为扣1分。 ⑧现场报废、停用、大修、检修和待处理设备未挂牌的,每项扣1分
2	作业行为管理 　　单位应加强生产作业行为的安全管理,及时纠正违反安全规章行为,并形成记录。违章及作业行为主要包括: 　　——违章指挥; 　　——违章操作; 　　——违反劳动纪律; 　　——使用不安全的设备设施; 　　——其他违反安全生产规章制度和操作规程的行为		
3	变更安全管理 　　单位应执行变更安全管理制度,对机构、人员、工艺、技术、设备设施、作业过程及环境等永久性或暂时性的变化进行安全管理。变更的实施应履行审批及验收程序,并对变更过程及变更所产生的风险进行分析和控制		

（四）考评要点

在生产过程中，无论是人的操作行为、设备设施的本质安全程度或作业环境的状态，都经常处于动态变化之中。因此，强化现场安全管理，加强现场监督检查是消除人的不安全行为和物的不安全状态、控制事故发生的有效措施。

1. 生产现场管理和生产过程控制

（1）生产现场的危险辨识与控制

单位应加强生产现场安全管理和生产过程的控制，对生产现场和生产过程、环境存在的风险和隐患进行辨识、评估分级，并制定相应的控制措施。对生产过程及物料、设备设施、器材、通道、作业环境等存在风险的分析控制记录中，涉及以下相关内容的，至少应在相关制度中予以明确：

①严禁架空电线跨越爆炸和火灾危险场所。

②非经允许，禁止与生产无关人员进入生产操作现场。应画出非岗位操作人员行走的安全路线。

③行灯电压不应大于 36 V，在金属容器内或潮湿场所，则电压不应大于 12 V。

④设应急照明，正常照明中断时，应急照明应能自动启动。

⑤易燃、可燃或有毒介质导管不应直接进入仪表操作室或有人值守、休息的房间，应通过变送器把信号引进仪表操作室。

⑥在易燃易爆区不宜动火，设备需要动火检修时，应尽量移到动火区进行。

⑦在有毒物质的设备、管道和容器内检修时，应可靠地切断物料进出口，有毒物质的浓度应小于允许值，同时含氧量应在 18% ~ 22%（体积百分浓度）范围内；监护人不应少于 2 人，应备好防毒面具和防护用品，检修人员应熟悉防毒面具的性能和使用方法。

⑧对易燃、易爆或易中毒物质的设备动火或进入内部工作时，监护人不应少于 2 人。安全分析取样时间不应早于工作前半小时，工作中应每两小时重新分析一次，工作中断半小时以上也应重新分析。

⑨在全部停电或部分停电的电气设备上作业，应拉闸断电，并采取开关箱加锁等措施；各相短路接地；悬挂"禁止合闸，有人工作"的标示牌和装设遮栏。

（2）危险作业管理

单位常见的危险作业有动火作业、有限空间作业、临时用电作业、高处作业、爆破、大型吊装、动土、断路等。

单位应建立健全危险作业安全管理制度，明确危险作业安全审批许可及过程监管的相关要求。针对临时用电、有限空间作业、高处作业等危险作业，还应单独编制相应的安全管理规定或规程。

涉及危险作业时应严格履行审批手续，安排专人进行现场安全管理，确保安全规程的遵守和安全措施的落实。严禁未经审批组织开展危险作业。危险作业许可证应包含危险和有害因素分析、安全措施等内容。

《化学品生产单位特殊作业安全规范》(GB 30871—2014)详细规定了化学品生产单位设备检修中动火、进入受限空间、盲板抽堵、高处作业、吊装、临时用电、动土、断路等危险作业的相关安全管理要求,并提出了相应的危险作业审批许可表单。各单位可在实际工作中参考使用。

2. 作业行为管理

作业行为安全管理重点是反"三违"(违章指挥、违章操作、违反劳动纪律)。常见的"三违"现象有:

(1)生产现场穿高跟鞋、凉鞋或拖鞋;高处作业穿硬底鞋,电气作业未穿绝缘鞋;

(2)生产现场穿背心、短裤、裙裤、裙子、宽松衫、戴头巾、围巾或敞开衣襟、打赤膊、打赤脚等,以及其他不安全装束;

(3)超过颈根的长发、披发或发辫,而未戴工作帽或不将头发置于帽内进入生产现场;

(4)戴手套或未扣袖口操作旋转机床;

(5)工作时有颗粒物飞溅时,未戴护目镜或面罩;

(6)在易燃易爆、明火、高温等作业场所穿化纤服装操作;

(7)高处作业或在有坠落物体下方交叉作业时未戴硬质安全帽;

(8)高处作业时未按规定使用安全带或采取可靠安全措施;

(9)有毒有害作业未按规定佩戴防护面具或耳塞;

(10)带电拉高压跌落保险开关或隔离刀闸时未使用合格绝缘工具;

(11)未经三级安全教育上岗作业;

(12)非特种作业人员从事特种作业;

(13)特种设备未经法定单位定期检验;

(14)新安装设备(施),未经安全验收就进行生产作业;

(15)未按规定放置、堆垛材料、制品及工具;

(16)工作前未检查设备(施)安全状态,安全装置不齐全便进行操作;

(17)在消防器材、动力配电箱、板、柜周围堆放物体且违反堆放间距规定;

(18)危险作业时,监护措施未落实及未设置警戒区域或未挂警示牌;

(19)在禁火区域内吸烟或违章明火作业;

(20)在有毒、粉尘等作业场所进餐、饮水、吸烟;未按规定使用通风除尘设备;

(21)危险作业未经审批或虽经审批,但安全措施未落实;

(22)任意拆除设备(施)的安全装置、仪器、仪表、警示装置的;

(23)设备运转时,跨越、触摸或擦拭运动部位;

(24)调整、检修、清扫设备时未切断电源,测量工件时未停车;

(25)用手替代工具操作(手拉、吹排铁屑);

(26)冲压作业时,手进入危险区域;

(27)攀登吊运中的物件,以及在吊物、吊臂下行走或逗留;

（28）厂内机动车辆未按规定载人、载物；

（29）检修电气设备（施）时未停电、验电、接地及挂牌操作；

（30）安全电压灯具与使用电压及要求不符等。

3. 变更安全管理

单位应建立健全变更安全管理制度,明确有关人员、机构、工艺、技术、设施、作业过程及环境永久性或暂行性的安全管理要求。

涉及变更时,应严格履行审批和验收管理,对变更过程及变更后所产生的风险和隐患进行辨识和评估,并针对性的制定控制措施。

需要特别说明的,建设项目变更安全设施时,在建设阶段应经设计单位书面同意,在投用后应经安全管理部门书面同意。当设备设施出现报废、停用、大修、检修以及待处理变更时,除履行相应的审批外,还应在现场实施挂牌处理。

此要素的考评要点如表 2.44 所示。

表 2.44　作业安全管理考评要点

序号	考评项目	考评要点
1	生产现场管理和生产过程控制	①查相关管理制度或操作规程中是否对相关"禁止项"作出了强调； ②查是否建立了危险作业安全管理制度； ③查危险作业过程记录,是否履行了审批手续,或审批许可表中未明确危险有害因素及控制措施
2	作业行为管理	现场核查是否存在反"三违"现象
3	变更安全管理	①查是否建立了变更安全管理制度； ②查变更安全管理制度是否明确了变更审批和验收的相关要求,是否对设备检维修等提出了挂牌管理等相关要求； ③查变更安全管理记录,是否有未严格执行相关制度要求的,或记录不完整的

（五）常见问题

（1）危险作业审批许可单存在漏项；

（2）未严格履行危险作业审批许可,审批记录不完整、不规范；

（3）现场"三违"现象时有发生；

（4）未建立变更安全管理制度；

（5）未严格执行变更审批及验收相关要求,变更过程记录不完整。

十六、试验安全管理

(一)适用范围

单位涉及基础研究、预先研究、演示验证、型号研制、重大工程等研制过程的系统综合试验、总体试验以及分系统和部件试验等。

常规性的产品例行试验,单位可通过制定安全操作规程等方式进行安全管控,可不纳入试验安全管控范畴。

(二)资料备查清单

(1)试验清单;

(2)每次试验的档案资料(包含试验大纲、试验安全方案、安全评审记录、教育培训记录、安全生产责任状、安全培训和技术交底证明材料、试验前安全状态检查记录、与外包单位签署的安全技术协议、试验撤收方案、试验安全总结等)。

(三)考评内容及考评办法

试验安全管理考评内容及考评办法如表2.45所示。

表2.45　试验安全管理考评内容及考评办法

序号	考评内容	标准分值	考评办法
1	单位应建立科研试验安全管理相关制度,确保涵盖内部常规试验、探索性试验、新产品试验、外出试验、多单位联合试验等所有试验活动的安全管理要求	12分	①单位未建立试验安全管理制度的,扣12分;制度与单位实际不符的,一处扣1分。②查试验记录,未按本考评项进行安全管控的,每发现一项不符合扣1分。③试验组织部门未及时将试验安全保障方案、试验应急预案等资料报安全管理部门备案的,每发现一项扣1分
2	科研试验前准备 (1)试验单位在开展相关试验前,应对试验作业内容、工艺、技术、设备和作业环境中涉及的可能存在的危险有害因素作出评估,编制科研试验安全工作方案或试验大纲,确定本次科研试验适用的安全规章制度、作业流程和标准,合理确定试验场地或航行路线。 (2)试验单位在开展相关试验前,应建立健全各级人员试验安全责任制,指定安全生产主要负责人和专(兼)职安全管理人员,明确管理、处置、监督权限。 (3)试验单位在开展相关试验前,应针对辨识出的危险源及控制措施开展安全教育培训和安全技术交底,并制定应急预案;保持现场整洁和通道畅通,严格现场定员定量定置管理。 (4)对涉及多单位联合试验时,应按照相关方管理要求明确各方在安全生产方面承担的职责和义务,签署安全生产协议		

表 2.45 试验安全管理考评内容及考评办法

序号	考评内容	标准分值	考评办法
3	科研试验期间安全管理 (1)每次作业前,试验单位应对备试产品、试验安全条件和试验设备的安全状态进行书面确认;危险作业应严格履行审批制度,确保可控。 (2)对作业环境险恶、采用新工艺、新技术等高风险项目,试验单位应组织进行现场勘查或组织安全技术特性验证,并制定相应的试验规程和应对措施		
4	试验作业完成后,试验单位应及时清理试验现场,消除安全隐患,有序撤收设备和撤离人员,并对本次科研试验中涉及的安全生产工作进行总结评估		

(四)考评要点

1. 试验安全管理制度

单位应根据《武器装备科研试验安全管理暂行办法》(科工安密〔2010〕497 号)、《武器装备科研试验安全管理九条规定》(科工安密〔2015〕1250 号)、《武器装备科研试验安全管理九条规定释义》等要求,建立本单位科研试验安全管理相关制度,明确"试验谁组织、安全谁负责"的管理原则,以及试验安全责任分解、试验大纲和试验安全保障方案编制与评审、安全教育培训和安全技术交底、试验前安全状态确认、试验后撤收等全过程的安全管理要。

> **武器装备科研试验安全管理规定**
>
> 一、必须严格按照"管业务必须管安全"的原则,逐层逐级落实试验全过程安全生产责任制。
>
> 二、必须编制试验大纲和安全保障方案并组织评审,分析预判可能发生的事故,合理确定试验场地或航线路线。
>
> 三、必须规范指挥流程和口令,明确工作接口,服从统一指挥。
>
> 四、必须确认备试产品、试验安全条件和试验设备安全状态,做好人员隔离防护。
>
> 五、必须辨识试验区域内的各类危险源(点)和危险作业场所,严格现场定员定量定置管理。
>
> 六、必须辨识试验各阶段的危险作业,严格危险作业审批和现场监护,特种设备操作须持证上岗。
>
> 七、必须编制专项应急预案和现场应急处置方案,组织开展预案演练,保持现场整洁和通道畅通。
>
> 八、必须对参试人员进行安全教育培训和安全技术交底,强调试验纪律。
>
> 九、必须及时清理试验现场,消除安全隐患,有序撤收设备和撤离人员。

2. 试验前安全管理

针对每次试验,试验组织部门应编制试验大纲,明确试验安全管理的相关要求,或单独编制试验安全保障方案。试验大纲或试验安全保障方案中应包含本次试验的主要危险因素、危险作业清单、安全技术操作规程、应急预案等相关内容,以及明确本次试验的现场安全负责人及安全员。试验大纲或试验方案应组织评审。

涉及相关方的,试验组织单位应与相关方签署安全协议,明确双方的安全职责。

试验组织部门应针对辨识出的危险源及其控制措施、应急预案,针对性地开展安全教育培训和技术交底。

试验前,试验组织部门应对备试产品、试验安全条件和试验设备的安全状态进行书面确认,保存相关记录;涉及危险作业的,做好危险作业的安全审批。

试验组织部门应将试验大纲、安全保障方案、与相关方签署的安全协议等报安全管理部门备案。

3. 试验中安全管理

试验期间,试验组织单位应加强试验现场的安全监督检查,保持现场整洁和通道畅通,严格现场定员、定量和定置管理;涉及易燃易爆危险作业场所,严格遵从"三少三隔离"原则,确保作业现场定员少、定量少、危险作业工序少,危险工序与非危险工序隔离分开、危险操作与非危险操作隔离分开、危险生产线与非危险生产线隔离分开。同时,研制和批产不能同时混线生产。

4. 试验后安全管理

试验结束后,单位应按照试验撤收方案相关要求,及时清理试验现场,消除安全隐患,有序撤收设备和撤离人员;并对本次科研试验中涉及的安全生产工作进行总结评估。试验安全总结评估可单独进行,也可融入试验整体总结中一并进行。

此要素的考评要点如表2.46所示。

表2.46 试验安全管理考评要点

序号	考评项目	考评要点
1	试验安全管理制度	①查是否建立了试验安全管理制度,是否为有效版本; ②查试验安全管理制度是否满足《武器装备科研试验安全管理九条规定》等相关要求
2	试验前安全管理	①查是否编制了试验大纲或试验安全保障方案; ②查试验大纲或试验安全保障方案是否进行了评审; ③查危险源辨识是否全面、有针对性; ④查应急预案事是否职责明晰、应急程序规范有效; ⑤查涉及相关方时是否与相关方签署了安全协议,安全协议中关于双方责任与义务是否界定清晰; ⑥查是否明确了本次试验的现场安全负责人和安全员; ⑦查是否开展了安全教育培训和安全技术交底; ⑧查是否进行了安全状态确认

表 2.46（续）

序号	考评项目	考评要点
3	试验中安全管理	①查是否做到了定员、定量、定置管理； ②查是否定期开展了试验过程中的安全检查与隐患排查
4	试验后安全管理	①查是否制定了试验撤收方案； ②查是否对本次试验安全保障工作进行了总结评估

（五）常见问题

（1）未建立试验安全管理制度；

（2）未严格执行试验安全管理制度，每次试验后的档案收集不完整；

（3）试验大纲或试验安全保障方案未经过安全评审；

（4）试验过程中的危险源辨识没有针对性；

（5）试验应急预案没有针对性和实效性；

（6）安全教育培训和安全技术交底没有针对性；

（7）试验前的安全状态确认和试验期间的安全检查记录不完整；

（8）与相关方没有签署安全协议。

十七、安全生产信息化建设

（一）适用范围

单位安全生产管理信息系统或平台。

（二）资料备查清单

（1）单位安全生产信息化建设年度计划；

（2）单位安全生产信息化建设整体技术方案。

（三）考评内容及考评办法

安全生产信息化建设考评内容及考评办法如表 2.47 所示。

表 2.47　安全生产信息化建设考评内容及考评办法

序号	考评内容	标准分值	考评办法
1	单位应制定安全生产信息化建设年度执行计划，分期推进本单位安全生产信息系统建设，不断提高安全生产信息化水平	5 分	①单位未建立安全生产信息化建设年度执行计划的，扣 2 分。
2	单位建设的安全生产信息系统，应满足本单位科研生产经营安全管理需要，具有安全检查与隐患排查、危险化学品管理、职业健康管理、危险作业管理、安全教育培训等安全管理功能		

表2.47（续）

序号	考评内容	标准分值	考评办法
3	单位应推进安全生产大数据建设，至少应建立隐患排查治理数据库、职业危害数据库、危险源数据库和应急管理联络图（"三库一图"）等数据资源		②单位未按安全生产信息化建设计划推进实施的，且无说明、无补救措施的，扣5分。 ③单位安全生产信息系统不能满足本考评项相关要求的，一处扣1分。 ④单位未有效运行安全生产信息系统的，未建立相应运行记录的，扣2分
4	针对易燃易爆、有毒有害等危险作业、重点作业场所，单位应根据现场条件推进建立具有数据采集、模拟及预警功能的远程视频监控系统建设		
5	"三库一图一监控"应连接到单位主要负责人、主管领导、安全管理等部门办公系统		
6	单位安全生产信息系统输入输出应与集团公司年度安全生产考核及定期材料报送保持一致		
7	单位应确保安全生产信息系统运行良好，并做好定期维护工作，所有工作流程日志至少保留一年		

（四）考评要点

1. 安全生产信息化建设计划

安全生产信息化建设是落实国家关于安全生产隐患排查治理体系和安全预防控制体系建设的重要手段。在2016年《中华人民共和国国民经济和社会发展第十三个五年规划纲要》和《国务院安全生产委员会安全生产工作要点》中相继提出了"启动安全生产信息化建设，运用信息化技术手段提高管理效率和水平""加强安全生产监管信息化等能力的建设"等安全管理信息化的建设目标和要求。为此，国家安监总局专门召开安全生产信息化工作会议，明确提出"1年有起步、2年见成效、3年成体系"，深化信息化与安全生产业务融合，为提升预防预警和应急处置能力、强化企业落实安全生产主体责任、提升安全生产综合治理能力提供信息技术支撑和保障。

单位应将安全生产信息化建设纳入单位信息化建设中统筹考虑实施，并制定安全生产信息化建设整体技术方案和年度执行计划，分期推动安全生产信息系统建设，不断提高安全管理的标准化和智能化水平。

2. 安全生产信息系统

单位建设的安全生产信息系统应能有效运行，并满足以下要求：

（1）功能上应能满足单位全过程、全方位、全天候安全管理需要；

（2）安全生产信息系统的使用，能提高单位安全安全管理效率，而不能增加工作量；

（3）输入输出应与集团公司年度安全生产考核和定期材料报送保持一致，具有便捷的输出功能；

（4）信息系统中的隐患排查治理数据库、职业危害数据库、危险源数据库和应急管理

联络图("三库一图")等数据资源,应能定期保持更新和历史累积,并能为单位的预测预警提供智能支撑;

(5)易燃易爆、重点作业、有毒有害等作业场所,应逐步实现远程视频监控模拟及预测预警等功能;

(6)"三库一图一监控"应连接到单位主要负责人、主管领导、安全管理等部门办公系统;

(7)信息系统的工作流程日志至少保留一年。

此要素的考评要点如表2.48所示。

表2.48 安全生产信息化建设考评要点

序号	考评项目	考评要点
1	安全生产信息化建设计划	①查单位是否将安全生产信息化建设列入了单位信息化建设的整体规划中; ②查是否制订了安全生产信息化建设整体技术方案; ③查是否制订了安全生产信息化建设年度执行计划
2	安全生产管理信息系统	①查单位是否按照安全生产信息化建设年度执行计划分期推动信息化建设; ②查单位建设的信息系统能否有效运行; ③查单位建设的信息系统能够满足单位安全管理需要; ④查单位建设的信息系统能否满足标准要求的相关功能

(五)常见问题

(1)未制订安全生产信息化建设的整体技术方案和年度执行计划;

(2)未按照年度执行计划推动落实安全生产信息化建设;

(3)建设的安全生产信息系统不能有效运行;

(4)建设的安全生产信息系统功能不能满足单位安全管理要求。

十八、事故管理

(一)适用范围

单位生产安全事故目标控制情况及近年来事故档案。

(二)资料备查清单

(1)单位工伤保险缴费证明材料;

(2)近三年事故档案资料(包括现场图、调查记录、事故分析会记录、事故调查报告、处理决定、防范措施和落实情况的验证记录等)。

(三)考评内容及考评办法

事故管理考评内容及考评办法如表2.49所示。

表2.49　事故管理考评内容及考评办法

序号	考评内容	标准分值	考评办法
1	单位应依法参加工伤保险,并为从业人员缴纳工伤保险费	6分	①查工伤保险缴费记录,未全员缴纳的,扣6分。 ②查单位当年事故发生情况,超过事故控制指标的,扣6分。 ③未按规定通报相关单位和人员的,每少一个单位和人员的,扣2分。 ④查事故调查报告,事故发生后的报告时间不符合要求的,每起事故扣1分。 ⑤查由单位组织开展的事故调查报告,一起事故原因分析不清、责任人界定不清扣1分。 ⑥结合事故调查报告现场核查,一处预防措施未落实的,扣1分;一人次未受到教育的,扣0.5分;一个事故责任人未受到相应处理扣0.5分。 ⑦查单位事故档案资料,缺少现场图、调查记录、分析会记录、报告书、诊断书、处理决定、防范措施和落实情况的验证记录等内容的,一项不符合扣0.5分。 ⑧查单位事故统计资料,未定期(至少一年一次)对事故发生规律、趋势进行分析的,扣0.5分
2	单位应采取有效措施,确保生产安全事故的实际发生数量低于年度计划中的控制指标		
3	发生生产安全事故的(含子公司及在本单位管理范围内的相关方事故),单位应按规定及时向上级主管部门报告(最迟不超过一小时)		
4	发生事故后,单位应依据相关规定,按照"四不放过"的原则进行调查和处理		
5	单位应定期对事故、事件的发生情况进行统计分析,寻找事故、事件发生的规律和趋势,采取相应的对策和预防措施		
6	单位应对所有相关文件和资料进行整理,并归档保存		

（四）考评要点

1. 工伤保险

根据《工伤保险条例》（国务院586号令）第二条、第十条、第十四条、第十五条要求,中华人民共和国境内的企业、事业单位、社会团体、民办非企业单位、基金会、律师事务所、会计师事务所等组织和有雇工的个体工商户（以下称用人单位）应当依照本条例规定参加工伤保险,为本单位全部职工或者雇工缴纳工伤保险费。单位应当按时缴纳工伤保险费,职工个人不缴纳工伤保险费。

现场考评时,单位应准备好工伤保险的缴费记录。

职工有下列情形之一的,应当认定为工伤:

（1）在工作时间和工作场所内,因工作原因受到事故伤害的;

（2）工作时间前后在工作场所内,从事与工作有关的预备性或者收尾性工作受到事故伤害的;

（3）在工作时间和工作场所内,因履行工作职责受到暴力等意外伤害的;

（4）患职业病的；

（5）因工外出期间，由于工作原因受到伤害或者发生事故下落不明的；

（6）在上下班途中，受到非本人主要责任的交通事故或者城市轨道交通、客运轮渡、火车事故伤害的；

（7）法律、行政法规规定应当认定为工伤的其他情形。

职工有下列情形之一的，视同工伤：

（1）在工作时间和工作岗位，突发疾病死亡或者在 48 小时之内经抢救无效死亡的；

（2）在抢险救灾等维护国家利益、公共利益活动中受到伤害的；

（3）职工原在军队服役，因战、因公负伤致残，已取得革命伤残军人证，到用人单位后旧伤复发的。

2. 事故管理

单位应采取多种有效措施，严格防范，力争实现"零死亡"目标，其他各类生产安全事故实际发生数量应低于年度计划中的控制指标。

一旦发生生产安全事故（含子公司及其在本单位管理范围内的相关方事故），事故现场有关人员应当立即向本单位负责人报告；单位负责人应在一小时内向上级相关主管部门报告，并按照事故级别，组织开展或配合开展事故调查。自事故发生之日起 30 日内，事故造成的伤亡人数发生变化的，应当及时补报。道路交通事故、火灾事故自发生之日起 7 日内，事故造成的伤亡人数发生变化的，应当及时补报。

根据《生产安全事故报告和调查处理条例》（国务院 493 号令）、《国防科研生产安全事故报告和调查处理办法》（工信部第 18 号令）等相关要求，发生民品生产安全事故时，重大事故、较大事故、一般事故分别由事故发生地省级人民政府、设区的市级人民政府、县级人民政府负责调查；发生武器装备科研生产安全事故时，较大事故、一般事故由省级国防科技工业管理部门组织调查。未发生死亡的一般事故，可接受县级人民政府或国防科技工业管理部门委托，单位自行组织事故调查。

事故调查应形成事故调查报告，事故调查报告应当附有相关证据材料。事故调查组成员应当在事故调查报告上签名。事故调查报告应当包括下列内容：

（1）事故发生单位概况；

（2）事故发生经过和事故救援情况；

（3）事故造成的人员伤亡和直接经济损失；

（4）事故发生的原因和事故性质；

（5）事故责任的认定以及对事故责任者的处理建议；

（6）事故防范和整改措施。

单位应将事故调查报告及闭环整改落实情况报送集团公司。

事故处理应遵循"四不放过"原则，即事故原因未查清不放过、事故责任人未受到处理不放过、事故责任人和相关人员没有受到教育不放过、事故发生原因未闭环整改或未采取防范措施不放过。

单位发生事故时,应将现场图、调查记录、事故分析会记录、事故调查报告、诊断书、处理决定、防范措施和落实情况的验证记录等事故档案资料,按照"一个事故一档"的原则,永久保存。

未遂事故应参照上述要求进行。

单位应定期对事故、事件的发生情况进行统计分析,研究事故、事件发生的规律和趋势,采取相应的对策和预防措施。

此要素的考评要点如表 2.50 所示。

表 2.50　事故管理考评要点

序号	考评项目	考评要点
1	工伤保险	①查典型月度(如连续几个月度及新员工入职期间)工伤保险缴费记录,是否及时对全体职工缴纳了工伤保险; ②查针对已发事故,是否进行了工伤保险申报和赔付
2	事故管理	①查事故指标是否超过了年初的计划目标; ②查发生事故后是否在一小时内向主管领导进行事故报告; ③查事故处理是否遵循"四不放过"的原则,是否有相关见证记录; ④查事故档案资料是否齐全规范; ⑤查是否对历史事故进行了汇总分析

（五）常见问题

（1）事故档案资料不完整;

（2）事故原因分析不透彻;

（3）事故未进行举一反三。

十九、绩效评定与持续改进

（一）适用范围

单位安全生产标准化绩效评定(或自评)。

（二）资料备查清单

（1）单位安全生产标准化绩效评定制度;

（2）单位安全生产标准化绩效评定报告;

（3）单位安全生产标准化绩效评定报告公示证明材料;

（4）单位安全生产标准化绩效评定后闭环整改证明材料。

（三）考评内容及考评办法

绩效评定与持续改进考评内容及考评办法如表 2.51 所示。

中国船舶重工集团公司安全生产标准化实践

表 2.51　绩效评定与持续改进考评内容及考评办法

序号	考评内容	标准分值	考评办法
1	绩效评定 （1）单位应建立并完善安全生产标准化绩效评定制度，明确责任部门、组织方式、参与人员、评审时间、评定内容及方法、评定报告和持续改进等相关要求。 （2）单位应每年至少组织一次安全生产标准化实施情况的绩效评审，验证基础管理、设备设施、作业环境、职业健康等各项工作的符合性和有效性，检查安全生产工作目标、指标的完成情况。 单位发生死亡事故、有新场所投入生产运营的，应对涉及的相关内容重新进行评定，全面查找安全生产管理系统中存在的缺陷。 （3）绩效评定结果应形成报告。报告应包含下列事项： ——安全生产工作目标、指标的完成情况； ——安全生产标准化实施过程中出现的问题、缺陷和改进措施； ——安全生产标准化实施过程中各种资源的使用效果； ——安全生产标准化系统运行的适宜性、充分性和有效性； ——其他相关内容。 （4）安全生产标准化绩效评定应由单位主要负责人全面负责，评定结果应向所有部门、所属单位和从业人员通报，并作为年度安全生产考核的重要依据	5分	①查规章制度及相关资料，未制定绩效评定制度的扣5分；内容不全的，每缺少一项内容扣1分。 ②未开展年度安全生产标准化绩效评定或未能提供年度自评报告的，扣5分；绩效评定报告内容不符合要求的，扣2分。 ③发生死亡事故、有新场所投入生产运营的，未对涉及的相关内容重新进行评定，扣5分。 ④绩效评定未按要求向有关部门和人员通报的，扣2分
2	持续改进 单位应根据安全生产标准化的评定结果所反映的问题和趋势，提出纠正、预防措施方案，制定相关的工作措施和计划，并经单位安全生产委员会研究讨论后，纳入后续的安全生产工作实施计划中，持续改进，不断提高安全绩效	5分	查单位绩效评定报告及相关资料，无持续改进的相关资料的，扣5分，未制订完善安全生产标准化工作计划和措施的扣2分；有改进计划未闭环管理的扣2分

（四）考评要点

1. 安全生产标准化绩效评定制度

单位应建立安全生产标准化绩效评定制度，明确绩效评定的责任部门、组织方式、参与人员、评审时间、评定内容及方法、评定报告和持续改进等相关要求。安全生产标准化绩效评定制度应由主要负责人签发，为受控文件。

2. 安全生产标准化绩效评定

安全生产标准化绩效评定每年应至少组织一次，验证基础管理、设备设施、作业环境、职业健康等各项工作的符合性和有效性，检查安全生产工作目标、指标的完成情况。单位发生死亡事故、有新场所投入生产运营的，应对涉及的相关内容重新进行评定，全面查找安全生产管理系统中存在的缺陷。

安全生产标准化绩效评定应由单位主要负责人负责组织进行，形成绩效评定报告。绩效评定报告应包含下列事项：

(1)安全生产工作目标、指标的完成情况；

(2)安全生产标准化实施过程中出现的问题、缺陷和改进措施；

(3)安全生产标准化实施过程中各种资源的使用效果；

(4)安全生产标准化系统运行的适宜性、充分性和有效性；

(5)其他相关内容。

安全生产标准化绩效评定报告应由主要负责人签发，并向全体员工进行公示。

3. 安全生产标准化绩效评定

针对安全生产标准化绩效评定报告中反映的问题和趋势，单位应提出持续改进计划，并将此计划作为安委会重要议题进行研讨审议，协调推进持续整改过程中出现的相关问题。

此要素的考评要点如表2.52所示。

表2.52　绩效评定与持续改进考评要点

序号	考评项目	考评要点
1	安全生产标准化绩效评定制度	①查是否建立了安全生产标准化绩效评定制度； ②查安全生产标准化绩效评定制度是否为受控版本； ③查安全生产标准化绩效评定制度内容是否符合标准要求和单位实际，是否具有可操作性
2	安全生产标准化绩效评定	①查是否定期开展了安全生产标准化绩效评定； ②查安全生产标准化绩效评定范围及对象是否满足标准要求； ③查安全生产标准化绩效评定报告是否有主要负责人签发； ④查安全生产标准化绩效评定报告是否向全体员工进行了公示； ⑤查发生生产安全事故或新的场所、业务投入使用后，是否重新开展了安全生产标准化绩效评定工作

表 2.52(续)

序号	考评项目	考评要点
3	安全生产标准化绩效持续改进	①查是否针对安全生产标准化绩效评定报告中反映的问题制定持续改进计划； ②查是否严格按照持续改进计划落实闭环整改

（五）常见问题

（1）未建立安全生产标准化绩效评定管理制度；

（2）未定期开展安全生产标准化绩效评定工作；

（3）安全生产标准化绩效评定报告未经主要负责人签发，未向全体员工进行了公示；

（4）发生生产安全事故或新场所、新业务投入使用后，未重新开展安全生产标准化绩效评定工作；

（5）未对绩效评定报告中反映的问题进行闭环整改，或未制定整改计划，未严格执行闭环整改计划。

第三章 设备设施安全管理工作要求

一、设备设施安全管理概述

(一)要素分布

设备设施安全管理是保障单位的生产及辅助设备、设施、工具、物质等的安全状态，共包括机械设备设施、热工燃爆设备设施、电气等领域42个要素。

(二)工作原则

1. 系统整体性原则

从对单位系统整体性的认识出发，理顺系统中各子系统的管理关系，掌握各类危险单元存在的状况，作出对单位整个系统硬件部分的科学性考评，即为系统整体性原则。

(1)理顺关系，明确职责

单位拥有的各类设备设施与工具、物质从采购、入库、安装、验收、使用、维护、检测、修理到报废处置等全生命周期各个环节，均应明确业务主管部门、具体执行部门以及各自工作内容；并应在单位有关制度中予以明确规定。

(2)账物相符，动态调整

单位各类设备设施、工具与物质的业务主管部门和具体使用(操作)部门，均应对分管的每一设备设施及工具的型号、规格、总数量、分布状况，建立完善的台账(特种设备应建立档案)，随时掌握在用、封存、大修、调拨、报废等现状，做到账与物相符，总账与分账相符。

2. 系统安全性原则

系统安全性是指单位拥有的设备设施、工具与物质均应达到本质安全状态。本质安全是指各类硬件依靠自身的安全设计和完善有效的防护装置和设施，在发生机电故障或人为轻微的失误时，仍能保证操作者和设备设施系统的安全。

(1)考核设备设施、工具与物质是否达到系统的本质安全要求，除现场查验外，还须通过单位的各项设备设施管理制度、档案资料来反映硬件系统实际的安全技术状态和基建、技改、"四新"项目的"三同时"执行情况，使设备设施的缺陷或隐患均能按国家和行业有关标准进行整改，才能得出系统是否安全的结论。

(2)硬件系统控制风险的十项原则。即：消除、预防、减弱、隔离、联锁、设置薄弱环节、加强、减少接触时间、合理布局、用自动代替手工等。

3. 系统可靠性原则

对单位的设备设施、工具与物质进行系统可靠性考核时，应做到可知、可信、可靠，动态试验与静态查核相结合。

(1)可知、可信与可靠

考评中所涉及的设备设施等项目的有关资料及其存在状态和运转情况，应通过查阅资料、现场查证之后,才能给出各子系统运转是否可靠的结论。

（2）动态与静态相结合

多数设备设施与工具除进行静态考核外,主要是在运转状态下进行考评;这样才能正确判断风险是否得到控制,设备设施是否处于安全状态。

（三）考核要求

1. 设备设施安全管理应具备的资料

（1）各类设备设施、工具与物质的台账

包括总数量、分布单位的数量、型号与规格,注明在用与完好、大修、封存、调拨、报废等现状。

（2）各类设备设施的图纸资料

包括各类动力管道、变配电系统、配电线路、接地与防雷系统、厂房建筑等图纸资料。近年（期）有增减的部分应予以补充或注明,必要时重新描绘,图纸资料与实际情况必须相符。

（3）各类测试与记录

凡是要求定期检测、试验的设备设施与工具,检测试验报告或记录应真实齐全。

2. 有关问题的处理

（1）设备附件未单独建账的,随主机同时考评;

（2）已办理封存、调拨、大修、报废手续的设备,现场发现在用时,均应进行考评;

（3）独立经营的单位,其设备设施与工具资产属于总厂（公司）,以及单位将生产任务发包、分配给相关方且生产场所处于单位管辖区域的相关方所属的设备设施、工具、物料及作业行为,应作为本单位设备设施进行全覆盖管理。

3. 计分方法

设备设施安全管理总分分值共计 540 分,以现场查证、资料核对和检查考核的方法进行,具体考核时按照各要素"考评内容及考评办法"实施。

二、金属切削机床

（一）适用范围

本项目适用于所有的以车、切、磨、插、钻、刨削等为加工方式的普通金属切削机床、全自动或半自动加工机床、齿轮和螺纹加工机床、电火花加工机床、锯床、加工中心、数控机床、专用切削机床等。

（二）资料备查清单

本考评项需准备的资料有:
（1）设备设施台账;
（2）设备设施安全管理制度和安全技术操作规程;
（3）设备大修、停用、封存和报废的相关审批资料。

（三）考评内容及考核办法

金属切削机床考评内容及考核办法如表 3.1 所示。

表 3.1 金属切削机床考评内容及考核办法

序号	考评内容	标准分值	考评办法
1	金属切削机床应符合 GB 12266 的相关规定;防护罩、盖、栏应完备可靠,其安全距离、刚度、强度及稳定性均应符合 GB/T 8196 和 GB 23821 的相关规定		①查设备台账,依据设备台账确定抽查数量和具体的被评设备。
2	各种防止夹具、卡具和刀具松动或脱落的装置应完好、有效		②考评内容符合《考核评分细则》第 2.1.9 条,根据设备类型不同进行考评。
3	各类行程限位装置、过载保护装置、电气与机械联锁装置、紧急制动装置、声光报警装置、自动保护装置应完好、可靠;操作手柄、显示屏和指示仪表应有效、灵敏、准确;操作按钮标识应准确;附属装置应齐全		
4	PE 线应连接可靠,线径截面及安装方式应符合本《考核评分原则》2.37 的相关规定		
5	局部照明或移动照明必须采用安全电压,线路无老化,绝缘无破损、灯杆无松动、脱落		③现场核查,凡不符合考评内容任一条款要求时,该台设备为不合格设备。
6	设备上未加防护罩的旋转部位的楔、销、键不应突出表面 3 mm,且无毛刺或棱角		
7	每台设备应配备清除切屑的专用工具		
8	钻床、磨床、车床、插床、电火花加工机床、锯床、加工中心等还应符合相关规定。 ——钻床:钻头部位应有可靠的防护罩,周边应设置操作者能触及的急停按钮; ——磨床:砂轮选用、安装、防护、调试等应符合 GB 4674 的相关规定,旋转时无明显跳动; ——车床:加工棒料、圆管,且长度超过机床尾部时应设置防护罩(栏),当超过部分的长度大于或等于 300 mm 时,应设置有效的支撑架等防弯装置,并应加防护栏或挡板,且有明显的警示标识; ——插床:限位开关应确保滑块在上、下极限位置准确停止,配重装置应合理牢固,且防护有效; ——电火花加工机床:可燃性工作液的闪点应在 70 ℃ 以上,且应采用浸入式加工方法,液位应与工作电流相匹配; ——锯床:锯条外露部分应设置防护罩或采取安全距离进行隔离; ——铣床:外露的旋转部位及运动滑枕的端部应设置可靠的防护罩;不准在机床运行状态下对刀、调整或测量零件;工作台上不准摆放未固定的物品; ——加工中心:加工区域周边应设置固定或可调式防护装置,换刀区域、工件进出的连锁装置或紧固装置应牢固、可靠;任何安全装置动作,均切断所有动力回路; ——数控机床:加工区域应设置可靠的防护罩,其活动门应与运动轴驱动电机连锁;调整刀具或零件时应采用手动;访问程序数据或可编程功能应由授权人执行,这些功能应闭锁,可采用密码或钥匙开关	25 分	④根据不合格设备,计算实得分为 实得分 = 25 − $\frac{不合格设备台数}{抽查总台数} \times 25$ ⑤结合现场抽查情况,发现没建立管理台账、台账不清、账物不符情况或报废/停用手续不全、标识不正确或未明确责任人的,扣 2 分

（四）考评要点

对金属切屑机床的考评首先要清楚设备的台账、种类、拥有数量，然后根据其设备的种类、数量来确定所要评审的设备。

（1）设备 2 m 以下外露旋转部位应有防护罩或防护栏杆，防护罩、防护栏应符合 GB 5083《生产设备安全卫生设计总则》"6.1.2 对操作人员的操作位置所在平面为基准，凡高度在 2 m 以内的所有传动带、转轴、传动链、联轴节、带轮、齿轮、链轮、电锯等外露危险零部件及危险部位，都必须设置安全防护装置"的要求。

（2）普通卧车、立车、铣床、刨床、钻床等应有防止切屑飞溅的防护挡板，防止切屑飞溅的防护挡板应符合 GB 15760《金属切屑机床 安全防护通用技术条件》中 5.11.5 的要求；牛头刨滑枕后端的防护罩、钻床和台钻的钻头防护罩、磨床砂轮防护罩和工作台防护挡板、锯床外露锯条（除了切削部分外）的防护罩应完好，插床配重系统应被封闭。

（3）设备操作系统，如操作手柄、操作按钮应符合 GB 15760《金属切屑机床 安全防护通用技术条件》中 5.12.3 和 5.12.3.1.1 的要求。

（4）设备的 PE 线连接可靠，与接地体或者 PE 线接线排端子的连接采用弹簧垫圈压紧或者防松螺帽压紧或者采用焊接方式连接。应是不小于 4 mm² 的铜芯线，不得是铝芯线；PE 线暗设时（随穿线管接入设备本体）应是不小于 2.5 mm² 的铜芯线或者不小于 4 mm² 的铝芯线。PE 线不得串接或者搭接。

（5）机床上的局部照明、移动照明应为 24 V 或 36 V 安全电压；整机照明为 220 V 时，其高度不低于 1.8 m，灯具上有灯罩；局部照明的灯架完好，可调整；照明线路不得老化、绝缘良好，不得有接头。

（6）设备的布局及周围电器箱、柜周边 0.8 m 范围内不得放置物件，通向电器箱、柜的道路上不得有阻碍物；机床的各种管线布置排列应合理、无障碍，防止产生绊倒等危险应符合 GB 15760《金属切屑机床 安全防护通用技术条件》中 5.2.2.2 的要求。

（7）设备的安全防护和安全保护装置（各类行程限位装置、过载保护装置、电气与机械联锁装置、紧急制动装置、声光报警装置、自动保护装置等）应齐全、完好、有效。如磨床、刨床、插床、镗床等行程限位和紧急制动装置；数控机床设置的门联锁装置和声光报警装置；钻床、锯床防护罩或防护挡板等。

（五）常见问题

金属切削机床常见问题如表 3.2 所示。

表 3.2　金属切削机床常见问题图示及描述

金属切削机床图示	常见问题描述
	钻头部位没有防护罩,不符合《考核评分细则》"2.1.9 钻床 钻头部位应有可靠的防护罩,周边应设置操作者能触及的急停按钮"的标准要求
	摇臂钻床没有防护罩(挡板),没有急停按钮,不符合《考核评分细则》"2.1.9 钻床 钻头部位应有可靠的防护罩,周边应设置操作者能触及的急停按钮"的标准要求
	车床没有防止切屑飞溅的防护挡网或挡板,不符合 GB 15760《金属切削机床 安全防护通用技术条件》"5.11.5 应避免冷却液、切屑飞溅造成的滑倒、伤人等危险。如加工区的防护不足以防止溅向操作者,则应设置附加的防护挡板,或提示用户按其加工工件的形状和尺寸特征设附加的防护挡板"的要求
	车床没有防止切屑飞溅的防护挡网或挡板,不符合 GB 15760《金属切削机床 安全防护通用技术条件》"5.11.5 应避免冷却液、切屑飞溅造成的滑倒、伤人等危险。如加工区的防护不足以防止溅向操作者,则应设置附加的防护挡板,或提示用户按其加工工件的形状和尺寸特征设附加的防护挡板"的要求

表 3.2(续 1)

金属切削机床图示	常见问题描述
	大型机床用于维护、检修超出 3 m 的直梯没有护笼,不符合 GB 5083《生产设备安全卫生设计总则》"5.7.4(b):若操作人员进行操作、维护、调节的工作位置在坠落基准面 2 m 以上时,则必须在生产设备上配置供站立的平台和防坠落的护栏、护板或安全圈等"的要求
	磨床砂轮没有防护罩,不符合 GB 4674《磨削机械安全规程》"3.10 磨削机械上所有砂轮、电机、皮带轮和工件头架等回转件,应设防护罩。防护罩应牢固地固定,其连接强度不得低于防护罩的强度"的要求
	磨床皮带轮没有防护罩,不符合 GB 4674《磨削机械安全规程》"3.10 磨削机械上所有砂轮、电机、皮带轮和工件头架等回转件,应设防护罩"的要求
	机床维护保养不到位

表3.2(续2)

金属切削机床图示	常见问题描述
	钻床钻头部位没有防护罩并缺少操作手柄,不符合《考核评分细则》"2.1.3 操作手柄、显示屏和指示仪表应灵敏、准确;附属装置应齐全"和"2.1.9条、钻床 钻头部位应有可靠的防护罩,周边应设置操作者能触及的急停按钮"的标准要求
	钻床皮带轮没有防护罩,不符合 GB 5083《生产设备安全卫生设计总则》"6.1.2 对操作人员的操作位置所在平面为基准,凡高度在 2 m 以内的所有传动带、转轴、传动链、联轴节、带轮、齿轮、链轮、电锯等外露危险零部件及危险部位,都必须设置安全防护装置"的要求
	锯床锯条外露部分没有防护罩或没有采取隔板隔离,不符合《考核评分细则》"2.1.9 锯床 锯条外露部分应设置防护罩或采取安全距离进行隔离"的要求
	机床尾部超长部位没有防护挡网或挡板,不符合 JB 7741《金属切削加工安全要求》"5.2.2 在卧式车床上装夹长棒料或管料时,为防止露出床头箱的部分旋转时甩动造成危险,必须采取相应的防护措施"的要求

表 3.2(续 3)

金属切削机床图示	常见问题描述
	机床接地线,不符合《考核评分细则》"2.37 PE 线应连接可靠,线径截面及安装方式应符合标准"的相关规定
	机床操作按钮识别色和急停按钮,不符合 GB 16754《机械安全　急停设计原则》"4.4.5 急停装置的操作机构应为红色"的要求
	机床周围敷设的管道,不符合 GB 15760《金属切削机床　安全防护通用技术条件》"5.2.2.2 机床的各种管线布置排列应合理、无障碍,防止产生绊倒等危险"的要求
	坡口机卡盘突出部位没有防护罩,不符合 GB 5083《生产设备安全卫生设计总则》"6.1.2 对操作人员的操作位置所在平面为基准,凡高度在 2 m 以内的所有传动带、转轴、传动链、联轴节、带轮、齿轮、链轮、电锯等外露危险零部件及危险部位,都必须设置安全防护装置"的要求

表 3.2（续 4）

金属切削机床图示	常见问题描述
	快速移动的铣床工作台放有未固定的工具,不符合 GB 7741《金属切削加工安全要求》"5.4.1……机床导轨和运动部分上面不得放有任何物品"的要求

（六）适用的法规标准

金属切削机床适用的法规标准如表 3.3 所示。

表 3.3　金属切削机床适用的法规标准

序号	法规标准
1	GB/T 16856.2　机械安全 风险评价 第 2 部分:实施指南和方法举例
2	GB 17888.2　机械安全 进入机械的固定设施 第 2 部分:工作平台和通道
3	GB 17888.3　机械安全 进入机械的固定设施 第 3 部分:楼梯、阶梯和护栏
4	GB 15760　金属切削机床 安全防护通用技术条件
5	GB 9061　金属切削机床 通用技术条件
6	GB 18568　加工中心 安全防护技术条件
7	JB 10081　卧式铣镗床 安全防护技术要求
8	JB 10226.2　龙门铣刨床 第 2 部分:技术条件
9	GB 24385　卧轴矩台平面磨床 安全防护技术条件
10	GB 24384　外圆磨床 安全防护技术条件
11	GB 4674　磨削机械安全规程
12	GB 13567　电火花加工机床 安全防护技术要求
13	GB 16454　金属锯床 安全防护技术条件
14	GB 5083　生产设备安全卫生设计总则
15	GB 5226.1　机械电气安全 机械电气设备 第 1 部分:通用技术条件
16	JB 7741　金属切削加工安全要求

（七）典型做法与经验

金属切削机床在实际操作过程中的典型做法及相关经验如表 3.4 所示。

表 3.4　金属切削机床在实际操作过程中的典型做法及相关经验

金属切削机床图示	典型做法及相关经验
	钻床钻头部位防护罩,符合《考核评分细则》"2.1.9 钻床 钻头部位应有可靠的防护罩,周边应设置操作者能触及的急停按钮"的要求
	钻床钻头部位防护罩,符合《考核评分细则》"2.1.9 钻床 钻头部位应有可靠的防护罩,周边应设置操作者能触及的急停按钮"和 AQ/T 7009《机械制造企业安全生产标准化规范》"4.2.1(一)钻床钻头部位应有可靠的防护罩,周边应设置操作者能触及的急停按钮"的要求
	机床尾部超长部位防护挡网,符合 JB 7741《金属切削加工安全要求》"5.2.2 在卧式车床上装夹长棒料或管料时,为防止露出床头箱的部分旋转时甩动造成危险,必须采取相应的防护措施。如可加移动支架等"和《考核评分细则》"2.1.9 车床 加工棒料、圆管,且长度超过机床尾部时应设置防护罩(栏),当超过部分的长度大于或等于 300 mm 时,应设置有效的支撑架等防弯装置,并应加防护栏或挡板,且有明显的警示标识"的要求
	车床防护挡板,符合 GB 15760《金属切削机床 安全防护通用技术条件》"5.11.5 应避免冷却液、切屑飞溅造成的滑倒、伤人等危险。如加工区的防护不足以防止溅向操作者,则应设置附加的防护挡板,或提示用户按其加工工件的形状和尺寸特征设附加的防护挡板"的要求

表 3.4(续 1)

金属切削机床图示	典型做法及相关经验
	摇臂钻床设置急停按钮,符合《考核评分细则》"2.1.9 钻床 钻头部位应有可靠的防护罩,周边应设置操作者能触及的急停按钮"的要求
	车床防护挡板,符合 GB 15760《金属切削机床 安全防护通用技术条件》"5.1.5 应避免冷却液、切屑飞溅造成的滑倒、伤人等危险。如加工区的防护不足以防止溅向操作者,则应设置附加的防护挡板"的要求
	大型设备检修梯台,符合 GB 5083《生产设备安全卫生设计总则》"5.7.4(b)若操作人员进行操作、维护、调节的工作位置在坠落基准面 2 m 以上时,则必须在生产设备上配置供站立的平台和防坠落的护栏、护板或安全圈等。设计梯子、钢平台和防护栏,按 GB 4053.1,GB 4053.2,GB 4053.3,GB 4053.4 执行"的要求
	机床周围地坑,符合 GB 17888.3《机械安全 进入机械的固定设施 第 3 部分:楼梯、阶梯和护栏》"7.1.2 当可能坠落的高度超过 500 mm 时,应安装护栏"的要求

表 3.4(续 2)

金属切削机床图示	典型做法及相关经验
	卧式铣床防护挡板,符合 GB 15760《金属切削机床 安全防护通用技术条件》"5.1.5 应避免冷却液、切屑飞溅造成的滑倒、伤人等危险。如加工区的防护不足以防止溅向操作者,则应设置附加的防护挡板"的要求
	磨床砂轮防护罩,符合 GB 4674《磨削机械安全规程》"3.5.1 砂轮防护罩一般由圆周构件及两侧构件组成,应将砂轮和砂轮主轴端部罩住。当砂轮在工作中因故破坏时,能有效地罩住砂轮碎片,保障人员的安全"的要求
	锯床防护罩,符合《考核评分细则》"2.1.9 锯床锯条外露部分应设置防护罩或采取安全距离进行隔离"的要求
	车床防护挡板,符合 GB 15760《金属切削机床 安全防护通用技术条件》"5.1.5 应避免冷却液、切屑飞溅造成的滑倒、伤人等危险。如加工区的防护不足以防止溅向操作者,则应设置附加的防护挡板"的要求

表 3.4(续 3)

金属切削机床图示	典型做法及相关经验
	加工中心门联锁装置,符合《考核评分细则》"2.1.9 加工中心 加工区域周边应设置固定或可调式防护装置,换刀区域、工件进出的联锁装置或紧固装置应牢固、可靠,任何安全装置动作,均切断所有动力回路"的要求
	数控机床门联锁装置,符合《考核评分细则》"2.1.9 数控机床 加工区域应设置可靠的防护罩,其活动门应与运动轴驱动电机联锁;调整刀具或零件时应采用手动;访问程序数据或可编程功能应由授权人执行,这些功能应闭锁,可采用密码或钥匙开关"的要求
	摇臂钻床防护挡板,符合《考核评分细则》"2.1.9 钻床 钻头部位应有可靠的防护罩,周边应设置操作者能触及的急停按钮"的要求
	搅丝机卡盘旋转部位防护罩,符合 GB 5083《生产设备安全卫生设计总则》"6.1.2 对操作人员的操作位置所在平面为基准,凡高度在 2 m 以内的所有传动带、转轴、传动链、联轴节、带轮、齿轮、链轮、电锯等外露危险零部件及危险部位,都必须设置安全防护装置"的要求

表3.4(续4)

金属切削机床图示	典型做法及相关经验
	坡口机卡盘旋转部位防护罩,符合 GB 5083《生产设备安全卫生设计总则》"6.1.2 对操作人员的操作位置所在平面为基准,凡高度在 2 m 以内的所有传动带、转轴、传动链、联轴节、带轮、齿轮、链轮、电锯等外露危险零部件及危险部位,都必须设置安全防护装置"的要求
	机床尾部超长部位设置支撑架,符合 JB 7741《金属切削加工安全要求》"2.2 在卧式车床上装夹长棒料或管料时,为防止露出床头箱的部分旋转时甩动造成危险,必须采取相应的防护措施。如可加移动支架等和"《考核评分细则》"2.1.9 车床 加工棒料、圆管,且长度超过机床尾部时应设置防护罩(栏),当超过部分的长度大于或等于 300 mm 时,应设置有效的支撑架等防弯装置,并应加防护栏或挡板,且有明显的警示标识"的要求
	机床尾部超长部位设置支撑架,符合 JB 7741《金属切削加工安全要求》"5.2.2 在卧式车床上装夹长棒料或管料时,为防止露出床头箱的部分旋转时甩动造成危险,必须采取相应的防护措施。如可加移动支架等"的要求
	作业区设备布局,符合 GB/T 12801《生产过程安全卫生要求总则》"5.7.5 a)作业区的布置应保证人员有足够的安全活动空间。设备、工机具、辅助设施的布置、生产物料、产品和剩余物料的堆放、人行道、车行道的布置和间距距离,都不应妨碍人员工作和造成危害"的要求

表3.4(续5)

金属切削机床图示	典型做法及相关经验
	卧式镗床直线运行工作台设置行程限位装置,符合 JB 10081《卧式铣镗床 安全防护技术要求》"2. 各直线运动部件的极限位置应设置限位装置"的要求
	龙门铣床滑枕设置行程限位装置,符合 JB/T 10226.2《龙门铣刨床 第2部分:技术条件》"5.3 机床的安全防护除应符合 GB 15760 的规定外,还应符合下列要求:a)工作台往复运动、横梁升降运动、垂直刀架水平运动、侧刀架沿立柱上下运动,均应有限位或防止碰撞的保险装置"的要求

三、冲、剪、压机械

(一)适用范围

本项目适用于通过对材料施加压力,使之产生塑性变形或分离,以获得需要的形状与性能的加工机械。主要包括开式或闭式压力机、多功位自动压力机、冲模回转压力机、高速压力机、精密冲裁压力机、剪板机、剪切冲型机、各种液压机、刨边机、校平机、卷弯机等。

(二)资料备查清单

本考评项查阅的资料包括:

(1)设备设施台账;

(2)设备设施安全管理制度和安全技术操作规程;

(3)设备大修、停用、封存和报废的相关审批资料。

(三)考核内容及考评办法

冲、剪、压机械考核内容及考评办法如表3.5所示。

表 3.5 冲、剪、压机械考核内容及考评办法

序号	考评内容	分值	考评办法
1	离合器动作应灵敏、可靠,且无连冲;刚性离合器的转键、键柄和直键无裂纹或无松动;牵引电磁铁触头无粘连,中间继电器触点应接触可靠,无连车现象	25 分	①查设备台账,依据设备台账确定抽查数量和具体的被评设备。②现场核查,凡不符合考评内容第 2.2.1 条～第 2.2.10 条任一条款要求时,该台设备为不合格设备。③根据不合格设备,计算实得分为 实得分 = 25 - $\dfrac{\text{不合格设备台数}}{\text{抽查总台数}} \times 75$ ④结合现场抽查情况,发现没建立管理台账、台账不清、账物不符情况或报废/停用手续不全、标识不正确或未明确责任人的,扣 2 分
2	制动器性能可靠,且与离合器联锁,并能确保制动器和离合器动作协调、准确		
3	急停按钮应醒目、可靠,急停装置应符合 GB 16754 的相关规定,大型冲压机械一般应设置在人手可迅速触及且不会产生误动作的部位		
4	凡距操作者站立面 2 m 以下的设备外露旋转部件均应设置齐全、可靠的防护罩,其安全距离应符合 GB 23821 的相关规定		
5	外露在工作台外部的脚踏开关、脚踏杆均应设置合理、可靠的防护罩		
6	电气设备的绝缘、屏护、防护间距应符合 GB 5226.1 的相关规定;PE 线应连接可靠,线径截面及安装方式应符合本《考核评分细则》2.37 的相关规定		
7	压力机、封闭式冲压线及折弯机均应配置一种以上的安全保护装置,且可靠、有效。多人操作的压力机应为每位操作者配备双手操作装置,其安装、使用的基本要求应符合 GB/T 19671 的相关规定		
8	压力机应配置模具调整或维修时使用的安全防护装置(如安全栓等),该装置应与主传动电机或滑块行程的控制系统联锁		
9	工业梯台应符合 GB 4053 相关的规定,平台开口处应与设备联锁		
10	剪板机等压料脚应平整,危险部位应设置可靠的防护装置。出料区应封闭,栅栏应牢固、可靠,栅栏门应与主机联锁		
11	冲、剪、压车间应符合 GB 8176 的相关要求		

(四)考评要点

1. 设备的急停按钮装置

(1)冲床、液压机、剪板机、联合冲剪机、折弯机、卷板机、弯管机,均应装设急停开关。急停开关动作,设备立即停车或者危险部位的致动机构立即停止动作;

(2)急停开关为红色蘑菇形按钮,其背景色为黄色,突出于其他开关。急停开关应安装在操作者作业时便于触及而无危险的给料点、控制点(包括液压机后面工作);

(3)剪板长度大于等于 2 m 的剪板机、工作台宽度大于等于 2 m 的折弯机,均应在每个立柱上装设急停开关。

2. 冲、剪、压设备的安全防护和安全保护装置

（1）压力机工作中需要从多个侧面接触危险区，则各侧面应安装相同等级的安全装置。

（2）冲床：装设防止手进入上模与下模之间危险区域的安全控制装置。安全控制装置动作，设备立即停车或者危险区域的致动机构不能动作。

（3）液压机：可选用任何一种安全控制装置，但优先选用双手式安全装置。从侧面进入危险区操作时，该侧面应有相同水平的安全保护。

（4）剪板机：①压料器前面装有防护隔栏或者光电保护装置，防止手进入压料器和运动刀片形成的危险区。②对于剪切厚度小于 6.3 mm 的剪板机，防护隔栏应能调整高度并整体随压料器上、下运动，即：压料器落下压住被剪钢板，同时防护隔栏落下，防护隔栏底面与被剪钢板的距离小于等于 8 mm；压料器抬起，防护隔栏一并抬起；剪板机后部安装防护围栏，围栏上的门应安装门机联锁装置或者光电保护装置，当门打开或者人员进入光栅区时剪板机的任何危险运动立即停止。

（5）联合冲剪机：各剪切部位在使用时装有防护罩，能可靠地防止肢体进入危险部位。一个剪切部位工作，其他剪切部位应被防护罩封闭。

（6）折弯机：托料架前装有光电保护装置，人员进入光电保护装置检测区时设备立即停车或者危险区域的致动机构不能动作。

（7）大型压力机：必须有安全栓并同控制线路联锁。当取出安全栓后，压力机应不能驱动。工作台面小于 1 500 mm × 1 500 mm 的压力机，应采用适当的限位装置或支承垫等元件，并必须上调压力机行程上止点。

3. 防护罩

距操作者站立面高度小于等于 2 m 的设备外露传动部位和危险部位均应装设齐全、可靠的防护罩。

4. 外露在工作台外部的脚踏开关、脚踏杠均应设置合理、可靠的防护罩

（1）防护罩固定，用高强度钢板制作；在脚伸入一端，防护罩的两侧应有防护挡板；

（2）脚踏杠的整个长度上装有防护罩以防止重物掉落在脚踏杠上启动刀片，或者在脚踏杠的一端装设保险装置以防止脚踏杠被误踏下或重物掉落在脚踏杠上启动刀片。

5. 大型设备附属的工业梯台

（1）直梯：第一级踏棍距基准面距离应不大于 450 mm；护笼的最低笼箍距基准面为 2 200 ~ 3 000 mm。

（2）通道、平台：通道的最小净宽为 600 mm，最佳净宽为 800 mm，栏杆不应低于 1 050 mm，扶手栏杆底部应有踢脚板，踢脚板高度应为 100 mm。

（五）常见问题

冲、剪、压机械常见问题图示及描述如表 3.6 所示。

表 3.6 冲、剪、压机械常见问题图示及描述

冲、剪、压机械图示	常见问题描述
	冲压机 2 m 以下外露旋转部位内侧没有采取防护措施，不符合 GB 13887《冷冲压安全规程》"5.1.1.1 下列运动部件可能对人造成伤害，必须采用防护罩防护，防止人体误入： a)飞轮、齿轮、皮带轮和靠近人身的轴端等旋转部件； b)啮合的齿轮、皮带轮和传动链的夹紧点……"的要求
	冲压机 2 m 以下外露旋转部位内侧没有防护措施，不符合 GB 13887《冷冲压安全规程》"5.1.1.1 下列运动部件可能对人造成伤害，必须采用防护罩防护，防止人体误入： a)飞轮、齿轮、皮带轮和靠近人身的轴端等旋转部件； b)啮合的齿轮、皮带轮和传动链的夹紧点……"的要求
	剪板机没有急停按钮装置，不符合 GB 6077《剪切机械安全规程》"3.1.6 剪切机必须有足够数量的紧急事故开关，安装在所有的控制点或给料点。对于在控制点看不见全貌的自动生产线或联合机组，应配置开车预备音响报警装置等信号。"GB 8176《冲压车间安全生产通则》"7.2.3 剪切长度为 2 000 mm 以上（含 2 000 mm）的剪板机和工作台宽度为 2 000 mm 以上（含 2 000 mm）的板料折弯压力机，在每个立柱上应装设紧急开关装置。"GB 28240《剪板机 安全技术要求》"5.4.5.2 急停应满足 GB 16754 规定的 0 类停机功能，停止所有危险动作（例如：刀架、后挡料、托料、夹持装置）。装备了自动送料和/或下料装置宜符合 GB 5226.1 中规定的 I 类停机功能"的要求

表 3.6(续 1)

冲、剪、压机械图示	常见问题描述
	剪板机切口部位没有防护装置,没有急停按钮装置,不符合 GB 8176《冲压车间安全生产通则》"7.2.4 剪板机应在下料口前面装设防护隔栏。防护隔栏应符合 6077 的规定"和《评分细则》"2.2.3 急停按钮应醒目、可靠,应符合 GB 16754 的相关规定,应设置在人手可迅速触及且不会产生误动作的部位"的要求
	剪板机后部出料区没有封闭,不能防止人员在机床工作时进入出料区,不符合 GB 28240《剪板机 安全技术要求》"5.3.6.2 剪板机后部的固定式防护装置用于防止剪板机后部接触刀架和电动后挡料,并且允许剪切后的板料移动到安全位置"和《评分细则》"2.2.10 剪板机等压料脚应平整,危险部位应设置可靠的防护装置。出料区应封闭,栅栏应牢固、可靠,栅栏门应与主机联锁"的要求
	作业人员进入油压机危险区检修设备或调整、修理模具时,无防止滑块意外落下的安全保护装置,不符合 GB 28241《液压机 安全技术要求》"5.2.1.2 在维修过程中或者其他需要人体进入滑块与工作台之间时,应设置防止滑块(重力超过 150 N)意外下落的支撑装置或滑块紧锁装置,其他与液压机的控制系统联锁"和《评分细则》"2.2.8 压力机应配置模具调整或维修时使用的安全防护装置(如安全栓等),该装置应与主传动电机或滑块行程的控制系统联锁"的要求
	折弯机没有安全防护装置,不符合 GB 28243《液压板料折弯机 安全要求》"5.3.4.1 手动上料/或手动下料的折弯机,其安全防护系统不应只使用封闭式模具和固定式防护装置,应配有一个或多个安全防护系统。如带或不带防护锁的联锁防护装置、光电保护装置(包括激光保护装置)、止一动控制装置、扫描系统等可靠地安全保护装置"和《考核评分细则》"2.2.7 压力机、封闭式冲压线及折弯机均应配置一种以上的安全保护装置,且可靠、有效"的要求

表3.6(续2)

冲、剪、压机械图示	常见问题描述
	剪板机踏杆开关上方没有防护罩,不符合《考核评分细则》"2.2.5 外露在工作台外部的脚踏开关、脚踏杆均应设置合理、可靠的防护罩" 和 GB 28240《剪板机 安全技术要求》"5.4.5.1 按钮、脚踏开关等启动控制装置应防止意外启动。脚踏开关仅允许从一个方向接近和用一只脚操作。不得使用开式踏板或踏杆(即没有护壳)"的要求
	剪板机脚踏开关没有防护罩,不符合 GB 28240《剪板机 安全技术要求》"5.4.5.1 按钮、脚踏开关等启动控制装置应防止意外启动。脚踏开关仅允许从一个方向接近和用一只脚操作。不得使用开式踏板或踏杆(即没有护壳)"的要求
	压力机危险部位没有防护装置,不符合 GB 27607《机械压力机 安全技术要求》"5.3.2 安全防护措施的选择 a)闭合模具(安全模具); b)固定式封闭防护装置; c)带防护锁定的联锁防护装置; d)带防护锁定的可控防护装置; e)超前开启的联锁防护装置; f)光电保护装置; g)双手操纵装置; h)止—动控制装置; i)安全辅助装置"的要求
	卷板机外露危险部位,不符合 GB 30458《卷板机 安全技术要求》"6.15 卷板机外露的可运动部件(工作辊除外)应涂安全色,并符合 GB 2893 的规定"的要求

表 3.6（续 3）

冲、剪、压机械图示	常见问题描述
	联合冲剪机危险部位，不符合 GB 27608《联合冲剪机 安全要求》"6.1.2 工作危险区内的工作部件上应涂上警告颜色或警告标识"的要求
	钢板处理设备转动联轴节部位没有防护罩，不符合 GB 5083《生产设备安全卫生设计总则》"6.1.2 对操作人员的操作位置所在平面为基准，凡高度在 2 m 以内的所有传动带、转轴、传动链、联轴节、带轮、齿轮、链轮、电锯等外露危险零部件及危险部位，都必须设置安全防护装置"的要求

（六）适用的法规标准

冲、剪、压机械适用的法规标准和表 3.7 所示。

表 3.7　冲、剪、压机械适用的法规标准

序号	法规标准
1	GB 5083　生产设备安全卫生设计总则
2	GB 5226.1　机械电气安全 机械电气设备 第 1 部分：通用技术条件
3	GB 17888.2　机械安全 进入机械的固定设施 第 2 部分：工作平台和通道
4	GB 17888.3　机械安全 进入机械的固定设施 第 3 部分：楼梯、阶梯和护栏
5	GB 17888.4　机械安全 进入机械的固定设施 第 4 部分：固定式直梯
6	GB 8176　冲压车间安全生产通则
7	GB 13887　冷冲压安全规程
8	GB 6077　剪切机械安全规程
9	GB 27607　机械压力机 安全技术要求
10	AQ 7001　机械压力机安全要求

表 3.7（续）

序号	法规标准
11	GB 28241 液压机 安全技术要求
12	GB 28240 剪板机 安全技术要求
13	GB 27608 联合冲剪机 安全要求
14	JB 10148 板料折弯机 安全技术要求
15	GB 28243 液压板料折弯机 安全技术要求
16	GB 30458 卷板机 安全技术要求
17	GB 28760 弯管机 安全技术要求

（七）典型做法与经验

冲、剪、压机械在实际操作过程中的典型做法及相关经验如表 3.8 所示。

表 3.8　冲、剪、压机械在实际操作过程中的典型做法及相关经验

冲、剪、压机械图示	典型做法及经验
	冲压设备 2 m 以下外露旋转部位防护罩，符合 GB 13887《冷冲压安全规程》"5.1.1.1 下列运动部件可能对人造成伤害，必须采用防护罩防护，防止人体误入： a）飞轮、齿轮、皮带轮和靠近人身的轴端等旋转部件； b）啮合的齿轮、皮带轮和传动链的夹紧点……"的要求
	冲压设备 2 m 以下外露旋转部位防护罩，符合 GB 13887《冷冲压安全规程》"5.1.1.1 下列运动部件可能对人造成伤害，必须采用防护罩防护，防止人体误入： a）飞轮、齿轮、皮带轮和靠近人身的轴端等旋转部件； b）啮合的齿轮、皮带轮和传动链的夹紧点……"的要求

表 3.8(续 1)

冲、剪、压机械图示	典型做法及经验
	液压设备设置安全栓,符合 GB 28241《液压机 安全技术要求》"5.2.2.1 在维修过程中或其他需要人体进入滑块与工作台之间时,应设置防止滑块(重力超过 150 N)意外下落的支撑装置或滑块锁紧装置,其应与液压机的控制系统联锁"。GB 8176《冲压车间安全生产通则》"8.11 冲模安装调整、设备维修,以及需要停机排除各种故障时,应使用安全栓,并在设备启动开关旁挂示警告牌……"的要求
	剪板机出料区域封闭管理,符合 GB 28240《剪板机 安全技术要求》"5.3.6.1 应采用下述方法之一防止从后部接触运动的刀口和电动后挡料以及辅助装置:a)固定式防护装置;b)联锁防护装置或联锁防护装置与固定式防护装置的组合"和《考核评分细则》"2.2.10 剪板机等压料脚应平整,危险部位应设置可靠的防护装置。出料区应封闭,栅栏应牢固、可靠,栅栏门应与主机联锁"的要求
	冲压设备危险部位的安全防护装置,符合 GB 8176《冲压车间安全生产通则》"7.5.1 工厂应在压力机危险区域内,位操作者选择,提供并强制使用安全装置,安全装置应包括安全保护装置(如各种防护罩、防护隔栏等)与安全控制装置(如双手控制装置、光控保护装置等)两大类"的要求
	折弯机危险部位防护装置,符合 GB 28243《液压板料折弯机 安全技术要求》"5.3.4.1 手动上料和/或手动下料的折弯机,其安全防护系统不应只使用封闭式模具和固定式防护装置,应配有一个或多个安全防护系统,如带或不带防护锁的联锁防护装置、光电保护装置(包括激光保护装置)、止一动控制装置、扫描系统等可靠的安全防护装置,在安全系统未连接的情况下,折弯机不应以超过 10 mm/s 的速度运行。5.3.21 折弯机应提供防护装置,防止从折弯机侧面到达危险区域……"的要求

表 3.8（续 2）

冲、剪、压机械图示	典型做法及经验
	剪板机踏杆开关防护罩，符合 GB 28240《剪板机安全技术要求》"5.4.5.1 按钮、脚踏开关等启动控制装置应防止意外启动。脚踏开关仅允许从一个方向接近和用一只脚操作。不得使用开式踏板或踏杆（即没有护壳）"和 GB 13887《冷冲压 安全规程》"5.4.4.3 脚踏操纵装置的上部及两侧，必须设有防护罩，其全长应大于操纵装置…… a）脚踏开关为脚踏杆的在整个长度上均应安装防护罩"的要求
	冲压设备危险部位安全防护装置，符合 GB 8176《冲压车间安全生产通则》"7.5.1 工厂应在压力机危险区域内，位操作者选择，提供并强制使用安全装置，安全装置应包括安全保护装置（如各种防护罩、防护隔栏等）与安全控制装置（如双手控制装置、光控保护装置等）两大类"的要求
	脚踏开关防护罩，符合 GB 13887《冷冲压 安全规程》"5.4.4.3 脚踏操纵装置的上部及两侧，必须设有防护罩，其全长应大于操纵装置"，以及《考核评分细则》"2.2.5 外露在工作台外部的脚踏开关、脚踏杆均应设置合理、可靠的防护罩"的要求
	压力机、封闭式冲压线及折弯机防护装置，符合《考核评分细则》"2.2.7 压力机、封闭式冲压线及折弯机均应配置一种以上的安全保护装置，且可靠、有效。多人操作的压力机应为每位操作者配备双手操作装置，其安装、使用的基本要求应符合 GB/T 19671 的相关规定"的要求

表 3.8（续 3）

冲、剪、压机械图示	典型做法及经验
	剪板机出料区域封闭管理,符合 GB 28240《剪板机 安全技术要求》"5.3.6.1 应采用下述方法之一防止从后部接触运动的刀口和电动后挡料以及辅助装置:a)固定式防护装置;b)联锁防护装置或联锁防护装置与固定式防护装置的组合",以及《考核评分细则》"2.2.10 剪板机等压料脚应平整,危险部位应设置可靠的防护装置。出料区应封闭,栅栏应牢固、可靠,栅栏门应与主机联锁"的要求
	冲压设备危险部位防护罩,符合 GB 27607《机械压力机 安全技术要求》"5.3.2 安全防护措施的选择:a)闭合模具(安全模具);b)固定式封闭防护装置;c)带防护锁定的联锁防护装置;d)带防护锁定的可控防护装置;e)超前开启的联锁防护装置;f)光电保护装置;g)双手操纵装置;h)止—动控制装置;i)安全辅助装置"的要求
	卷板机外露危险部位涂安全色,符合 GB 30458《卷板机 安全技术要求》"6.15 卷板机外露的可运动部件(工作辊除外)应涂安全色,并符合 GB 2893 的规定"的要求
	压力机危险部位光感装置,符合《考核评分细则》"2.2.7 压力机、封闭式冲压线及折弯机均应配置一种以上的安全保护装置,且可靠、有效。多人操作的压力机应为每位操作者配备双手操作装置,其安装、使用的基本要求应符合 GB/T 19671 的相关规定"的要求

四、起重机械

(一)适用范围

本项目适用于起重机械中的桥式起重机、门式起重机、汽车起重机、轮胎起重机、履带起重机、铁路起重机、塔式起重机、门座式起重机、冶金专用起重机,以及装卸桥、电动葫芦、简易起重设备和吊索具等辅具。

(二)资料备查清单

本考评项查阅的资料包括:

(1)起重设备管理台账,台账应分类如桥吊、单双梁电动葫芦吊、门吊、卷扬机等;

(2)起重设备制造、安装、改造、维修应有具备资质的单位承担,维保单位的资质和维保合同;

(3)产品合格证书、自检报告、安装等资料;

(4)注册登记和周期检验报告;

(5)起重设备日常点检、定期自检和日常维护保养等记录;

(6)吊运熔融起重机吊钩无损探伤报告;

(7)对于未纳入《特种设备目录》、未列入强检范围内的起重机械,单位应按周期进行自检,并保存检验记录。

(三)考核内容及考评办法

机重机械考核内容及考评办法如表3.9所示。

表3.9 机重机械考核内容及考评办法

序号	考评内容	分值	考评办法
1	安全管理和资料应满足相应要求,制造、安装、改造、维修应由具备资质的单位承担,应签有维保合同;选用的产品应与工况、环境相适应;产品合格证书、自检报告等资料齐全;应注册登记,并按周期进行检验;日常点检、定期自检和日常维护保养等记录齐全;未纳入《特种设备目录》、未列入强检范围内的起重机械,单位应按周期自检,并保存记录	30分	①查设备台账,依据设备台账确定抽查数量和具体的被评设备。②按本《考核评分细则》2.3.1查起重机械的档案资料(要求一机一档,且包括维保及零配件更换记录等)。③现场核查,除吊钩无损探伤要求外,凡不符合考评内容任一条款要求时,该台设备为不合格设备。
2	金属结构件和轨道中,主要受力构件(如主梁、主支撑腿、主副吊臂、标准节、吊具横梁等)无明显变形;金属结构件的连接焊缝无明显焊接缺陷,螺栓和销轴等连接处不松动,并无缺件、损坏等;大车、小车轨道无松动		

表 3.9（续 1）

序号	考评内容	分值	考评办法
3	钢丝绳的断丝数、腐蚀（磨损）量、变形量、使用长度和固定状态应符合 GB/T 5972 的规定。钢丝绳夹连接应符合 GB 6067.1 的规定，钢丝绳吊索的插编索扣应符合标准 GB 16271		④根据不合格设备，计算实得分为 $$实得分 = 30 - \frac{不合格设备台数}{抽查总台数} \times 90$$ ⑤吊钩未按要求进行无损探伤的，扣 1 分。 ⑥结合现场抽查情况，发现没建立管理台账、台账不清、账物不符情况或报废/停用手续不全、标识不正确或未明确责任人的，扣 2 分
4	滑轮应转动灵活，其防护罩应完好；滑轮直径与钢丝绳的直径应匹配，其轮槽不均匀磨损不得大于 3 mm，轮槽壁厚磨损不得大于原壁厚的 20%，轮槽底部直径磨损不得大于钢丝绳直径的 50%，且不得有裂纹		
5	吊钩等取物装置应无裂纹；危险断面磨损量不得大于原尺寸的 10%；开口度不得超过原尺寸的 15%；扭转变形不得超过 10°；危险断面或吊钩颈部不得产生塑性变形；应设置防脱钩装置，且有效；液态金属吊钩横梁的吊耳和板钩心轴、盛钢（铁）液体的吊包耳轴（含焊缝）、集装箱吊具转轴及搭钩等应定期进行无损探伤，探伤检查周期一般为 6~12 个月		
6	制动器应运行可靠，制动力矩调整合适；液压制动器不得漏油；吊运炽热金属液体、易燃易爆危险品或发生溜钩可造成重大损失的起重机械，起升（下降）机构应装设两套制动器		
7	各类行程限位、重量限制器开关、联锁保护装置及其他保护装置应完好、可靠		
8	急停装置、缓冲器和终端止挡器等停车保护装置完好、可靠		
9	便携式（含地面操作、遥控）按钮盘的控制电源应采用安全电压，且功能齐全、有效。无线遥控装置应由专人保管，非操作人员不得启动按钮。便携式地面操作按钮盘的按钮自动复位（急停开关除外），控制电缆支承绳应完整有效		
10	各种信号装置与照明设施应完好有效		
11	PE 线应连接可靠，线径截面及安装方式应符合本《考核评分细则》2.37 的相关规定。电气装置应配备完好；防爆起重机上的安全保护装置、电气元件、照明器材等应符合防爆要求		
12	各类防护罩、盖完整可靠；工业梯台应符合本《考核评分细则》2.22 的相关规定；导电滑触线应符合 GB 6067.1 的规定		

表 3.9（续 2）

序号	考评内容	分值	考评办法
13	露天作业的起重机械电气设备应有防雨措施、夹轨器或锚定装置应安全可靠;应与运行机构联锁;室外作业高大的起重机械应安装风速仪		
14	起重机械的明显部位应标注额定起重量、检验合格证和设备编号等标识;危险部位标识应齐全、清晰,并符合 GB 2894 的规定;运动部件与建筑物、设施、输电线的安全距离符合相关标准,室外高于 30 m 的起重机械顶端或者两臂端应设置红色障碍灯;司机室应确保视野清晰,并配有灭火器和绝缘地板,各操作装置标识完好、醒目;司机室的固定连接应牢固可靠;露天作业的司机室应设置防风、防雨、防冻、防高温等装置,高温、铸造作业的司机室应密封并加装空调。主梁上应配置消防器材		
15	吊索具方面,自制吊索具的设计、制作、检验等技术资料均应符合相关标准要求,且有质量保证措施,并报本单位主管部门审批;购置吊具与索具应有厂家的合格证;使用单位应对吊具与索具进行日常保养、维修、检查和检验,吊具与索具应定置摆放,且有明显的载荷标识;所有资料应存档		
16	铁路起重机、高空作业车、升降机、卷扬机等专项安全保护和防护装置齐全、有效。有轨巷道堆垛起重机的限速防坠、过载保护、松绳保护、货叉伸缩行程限位器等专项安全保护和防护装置应符合 JB 5319.2 的相关规定		

（四）考评要点

1. 起重机械管理资料和档案

（1）起重机档案做到一机一档,档案内容符合《特种设备安全管理条例》的要求;

（2）起重机台账,以及属特种设备范围的起重机注册登记、周期检验报告等资料;

（3）起重机安装与验收报告;

（4）起重机日常运行记录、交接班记录、定期检查记录等;

（5）起重机维保单位的资质和与维保单位签订的维保合同;

（6）吊运熔融金属起重机和炽热物品的起重机吊钩无损探伤报告资料;

（7）对于不属于特种设备的起重机自检管理资料;

（8）自制吊索具设计、验收等相关资料。

2. 主要的金属构件、关键部位、大车及小车轨道

主要的金属构件有无变形,关键部位的连接螺栓是否松动。大车、小车轨道有无松动和啃轨现象。

3. 起重机钢丝绳和吊钩及其附件

(1)钢丝绳的断丝数、腐蚀(磨损)量、变形量、使用长度和固定状态应符合 GB/T 5972 的规定;

(2)吊钩不得有裂纹;危险断面磨损量不得大于原尺寸的 10%;开口度不得超过原尺寸的 15%;扭转变形不得超过 10°;危险断面或吊钩颈部不得产生塑性变形;应设置防脱钩装置,且有效。

4. 司机室内的操纵系统

(1)操纵手轮应有指示方向标志,操作按钮盒应有急停开关;

(2)配有灭火器并在有效的期限内,应敷设绝缘地板,不得有破损;

(3)司机室内有检验合格证和操作规程;

(4)露天作业司机室应设置防风、防雨、防晒装置,铸造作业的司机室应密封并加装空调。

5. 各类安全防护装置和安全保护装置

(1)外露旋转部位应设置防护罩,如大车行程联轴节旋转部位;

(2)各类行程限位、缓冲、止挡装置应完好,如大车与末端立柱之间、与同一轨道运行的起重设备之间的行程限位装置,小车的运行缓冲装置;吊钩起升、下降限位装置;驾驶室一侧电源线防护挡板;

(3)重量限制器应齐全并完好,1 t 以上(含 1 t)的起重机械设备应配备重量限制器;

(4)电气联锁装置应完好,桥吊驾驶室门、驾驶室和通道及外栏杆门、驾驶室与桥架的窗口及桥架的栏杆门、桥架两侧栏杆门、滑线检修栏杆门等部位;室外作业起重设备防风仪及设置的夹轨器和锚定装置的电气联锁装置等;

(5)急停装置,急停装置不得自动复位,且装设在司机操作方便的部位。

6. 安全标识与消防器材

明显部位应标注额定起重量、检验合格证和设备编号等标识;危险部位标识应齐全、清晰;消防器材配置应合理,并在有效期内。

7. 吊索具

自制吊索具的设计、制作、检验等技术资料;吊具与索具进行日常保养、维修、检查和检验,吊具与索具应定置摆放,且有明显的载荷标识。

(五)常见问题

起重机械常见问题图示及描述如表 3.10 所示。

表 3.10　起重机械常见问题图示及描述

起重机械图示	常见问题描述
	操作手轮没有明显的指示标志,不符合 GB 6067.1《起重机械安全规程 第 1 部分:总则》"7.4 控制和操作装置应用文字或代码清晰地标明其功能(如用途、机构的运动方向等)"的要求
	地面遥控操作按钮盒没有急停按钮装置,不符合 JB/T 1306《电动单梁起重机》"4.4.1.4 起重机应设急停开关、短路保护⋯⋯"的要求
	桥式起重机桥架上栏杆门没有电气联锁装置,不符合 GB 6067.1《起重机械安全规程 第 1 部分:总则》"9.5.1 进入桥式起重机和门式起重机的门,和从司机室登上桥架的舱口门,应能联锁保护;当门打开时,应断开由于机构动作可能会对人员造成危险的机构的电源"的要求
	桥式起重机登车栏杆门没有电气联锁装置,不符合 GB 6067.1《起重机械安全规程 第 1 部分:总则》"9.5.1 进入桥式起重机和门式起重机的门,和从司机室登上桥架的舱口门,应能联锁保护;当门打开时,应断开由于机构动作可能会对人员造成危险的机构的电源"的要求

表 3.10（续 1）

起重机械图示	常见问题描述
	桥式起重机电源滑触线部位没有防护挡板，不符合 GB 6067.1《起重机械安全规程 第 1 部分：总则》"9.6.5.2 桥式起重机大车滑触线侧应设置防护装置，以防止小车在端部极限位置时因吊具或钢丝绳摇摆与滑触线意外接触"的要求
	大车行程限位装置失效，不符合 TSG Q0002《起重机械安全技术监察规程——桥式起重机》"第七十三条 大车行走机构应当设置限位器（柔性组合式悬挂起重机除外）和缓冲器以及止挡装置。在同一轨道的起重机，还应当设置防止碰撞的限位器和缓冲器"的要求
	大车运行机构联轴节旋转部位没有防护罩，不符合 TSG Q0002《起重机械安全技术监察规程——桥式起重机》"第七十四条 起重机上外露的有伤人可能的运动零部件，如开式齿轮、联轴器、传动轴等，均应当设置防护罩（栏），在露天工作的起重机上的电气设备应当采取防雨措施"的要求
	桥式起重机小车没有扫轨板，不符合 GB/T 14405《通用桥式起重机》"5.4.3.1 起重机和小车的运行机构均应装设行程开关、止挡、扫轨板和缓冲器"和 GB 6067.1《起重机械安全规程 第 1 部分：总则》"9.6.2 在轨道行驶的起重机械和起重小车，在台车架（或端梁）下面和小车下面应装设轨道清扫器，其扫轨底板面与轨道顶面之间的间隙一般为 5～10 mm"的要求

表 3.10（续 2）

起重机械图示	常见问题描述
	防脱落装置失效，不符合 GB 6067.1《起重机械安全规程 第 1 部分：总则》"4.2.2.3 当使用条件或操作方法会导致重物意外脱钩时，应采用防脱绳带闭锁装置的吊钩"的要求
	电动单梁起重机没有重量限制器，没有导绳器，不符合 TSG Q0002《起重机械安全技术监察规程——桥式起重机》"第六十九条 起重机构需设置起重量限制器"、JB/T 1306《电动单梁起重机》"4.4.1.3 起重机应按 GB 6067 要求设置超载限制器" 和 JB/T 9008《钢丝绳电动葫芦 第一部分：型式与基本参数、技术条件》"5.1.1.2 采用单层缠绕的电动葫芦应设置导绳器，其功能应满足 5.1.2.2 的要求，对采用多层缠绕的电动葫芦应采用措施防止乱绳"的要求
	吊索具没有坚持日常检查、维护保养制度，不符合《起重机械安全监察规定》（质检总局令第 92 号）"第二十条（六）配备符合安全要求的索具、吊具，加强日常安全检查和维护保养，保证索具、吊具安全使用"的要求
	半门吊直梯没用护笼，不符合 GB 6067.1《起重机械安全规程 第 1 部分：总则》"3.7.2.3 高度 2 m 以上的直梯应有护圈，护圈从 2.0 m 高度起安装"，以及 GB 4053.1《固定式钢梯及平台安全要求 第 1 部分：钢直梯》"5.3.2 梯段高度大于 3 m 时宜设置安全护笼"的要求

表 3.10(续3)

起重机械图示	常见问题描述
	同一轨道上运行的两台起重机没有防碰撞装置,不符合 GB 6067.1《起重机械安全规程 第1部分:总则》"9.2.9 当两台或两台以上的起重机械或起重小车运行在同一轨道时,应设置防碰撞装置"的要求
	电源滑线检修栏杆门没有电气联锁装置不符合,不符合 GB 6067.1《起重机械安全规程 第1部分:总则》"9.5.1 进入桥式起重机和门式起重机的门,和从司机室登上桥架的舱口门,应能联锁保护;当门打开时,应断开由于机构动作可能会对人员造成危险的机构的电源"的要求
	驾驶室通往桥架的舱口没有电气联锁装置,不符合 GB 6067.1《起重机械安全规程 第1部分:总则》"9.5.1 进入桥式起重机和门式起重机的门,和从司机室登上桥架的舱口门,应能联锁保护;当门打开时,应断开由于机构动作可能会对人员造成危险的机构的电源"的要求
	驾驶室通往桥架的舱口没有电气联锁装置,不符合 GB 6067.1《起重机械安全规程 第1部分:总则》"9.5.1 进入桥式起重机和门式起重机的门,和从司机室登上桥架的舱口门,应能联锁保护;当门打开时,应断开由于机构动作可能会对人员造成危险的机构的电源"的要求

表 3.10(续4)

起重机械图示	常见问题描述
	大车行程限位装置失效,不符合 GB 6067.1《起重机械安全规程 第1部分:总则》"9.2.2 起重机和起重小车(悬挂型电动葫芦运行小车除外),应在每个运行方向装设运行行程限位器,在达到设计规定的极限位置时自动切断前进方向的动力源……"的要求
	起重吊具没有载荷标识,不符合《考核评分细则》"2.3.15.3 使用单位应对吊具与索具进行日常保养、维修、检查和检验,吊具与索具应定置摆放,且有明显的载荷标识"的要求
	吊钩磨损严重,防脱钩装置失效,不符合 TSG Q0002《起重机械安全技术监察规程——桥式起重机》"第四十一条 吊钩出现以下情况之一时,应当予以报废:(二)危险断面磨损达到原尺寸的10%",以及 GB 6067.1《起重机械安全规程 第一部分:总则》"4.2.2.3 当使用条件或操作方法会导致重物意外脱钩时,应采用防脱绳带闭锁装置的吊钩"的要求
	悬挂按钮盘控制电缆支撑绳不符合《考核评分细则》"3.39 控制电缆支承绳应完整有效"和 GB 3811《起重机设计规范》"7.5.1.2 悬挂控制装置应采取有效的承重措施,以防止电缆在悬挂状态时受拉伸"的要求

表 3.10(续 5)

起重机械图示	常见问题描述
	夹轨器没有与大车运行机构联锁,不符合 GB 6067.1《起重机械安全规程 第 1 部分:总则》"9.5.5 夹轨器等制动装置和锚定装置应能与运行机构联锁"的要求
	夹轨器没有与大车运行机构联锁,不符合 GB 6067.1《起重机械安全规程 第 1 部分:总则》"9.5.5 夹轨器等制动装置和锚定装置应能与运行机构联锁"的要求
	汽车吊起升高度限制器失效,不符合 JB 8717《汽车起重机和轮胎起重机 安全规程》"7.3 起重机应装有高度限制器,起升高度限制器应能可靠报警并停止吊钩起升,只能做下降操作"的要求
	汽车吊吊钩卷扬滑轮破损

(六)适用的法规标准

机重机械适用的法规标准如表 3.11 所示。

表 3.11 起重机械适用的法规标准

序号	标准
1	GB 17888.2 机械安全 进入机械的固定设施 第 2 部份:工作平台和通道
2	GB 17888.3 机械安全 进入机械的固定设施 第 3 部分:楼梯、阶梯和护栏
3	GB 17888.4 机械安全 进入机械的固定设施 第 4 部分:固定式直梯
4	GB 6067.1 起重机械安全规程 第 1 部分:总则
5	GB 6067.5 起重机械安全规程 第 5 部分:桥式和门式起重机
6	GB 50278 起重设备安装工程施工及验收规范
7	GB/T 14405 通用桥式起重机
8	GB/T 14406 通用门式起重机
9	GB/T 5972 起重机钢丝绳保养、维护、安装、检验和报废
10	JB/T 1306 电动单梁起重机
11	JB/T 5663 电动葫芦门式起重机
12	JB/T 8906 旋臂起重机
13	JB/T 9008.1 钢丝绳电动葫芦 第 1 部分:型式与基本参数、技术条件
14	国务院令第 373 号 特种设备安全监察条例

(七)典型做法与经验

机重机械在实际操作中的典型做法及相关经验如表 3.12 所示。

表 3.12 起重机械在实际操作中的典型做法及相关经验

起重机械图示	典型做法及经验
	起重机操作手轮运动方向标示,符合 GB 6067.1《起重机械安全规程 第 1 部分:总则》"7.4 控制和操作装置应用文字或代码清晰地标明其功能(如用途、机构的运动方向等)"的要求

表 3.12(续 1)

起重机械图示	典型做法及经验
	地面有线控制装置的急停按钮,符合 GB 6067.1《起重机械安全规程 第 1 部分:总则》"6.2.4 每台起重机械应备有一个或多个可从操作控制站操作的紧急停止开关,当有紧急情况时,应能够停止所有运动的驱动机构。紧急开关动作时不应切断可能造成物品坠落的动力回路(如电磁盘、气动吸持装置)。紧急开关应为红色,并且不能自动复位……"的要求
	桥式起重机桥架栏杆门联锁保护,符合 GB 6067.1《起重机械安全规程 第 1 部分:总则》"9.5.1 进入桥式起重机和门式起重机的门,和从司机室登上桥架的舱口门,应能联锁保护;当门打开时,应断开由于机构动作可能会对人员造成危险的机构的电源"的要求
	桥式起重机蹬车栏杆门联锁保护,符合 GB 6067.1《起重机械安全规程 第 1 部分:总则》"9.5.1 进入桥式起重机和门式起重机的门,和从司机室登上桥架的舱口门,应能联锁保护;当门打开时,应断开由于机构动作可能会对人员造成危险的机构的电源"的要求
	桥式起重机滑触线一侧防护挡板,符合 GB 6067.1《起重机械安全规程 第 1 部分:总则》"9.6.5.2 桥式起重机大车滑触线侧应设置防护装置,以防止小车在端部极限位置时因吊具或钢丝绳摇摆与滑触线意外接触"的要求

表 3.12（续 2）

起重机械图示	典型做法及经验
	起重机外露旋转部位防护罩,符合 TSG Q0002《起重机械安全技术监察规程——桥式起重机》"第七十四条 起重机上外露的有伤人可能的运动零部件,如开式齿轮、联轴器、传动轴等,均应当设置防护罩(栏),在露天工作的起重机上的电气设备应当采取防雨措施"的要求
	桥式起重机小车扫轨板,符合 GB/T 14405《通用桥式起重机》"5.4.3.1 起重机和小车的运行机构均应装设行程开关、止挡、扫轨板和缓冲器"的要求
	起重设备设置的夹轨器与运行机构联锁,符合 GB 6067.1《起重机械安全规程 第 1 部分:总则》"9.5.5 夹轨器等制动装置和锚定装置应能与运行机构联锁"的要求
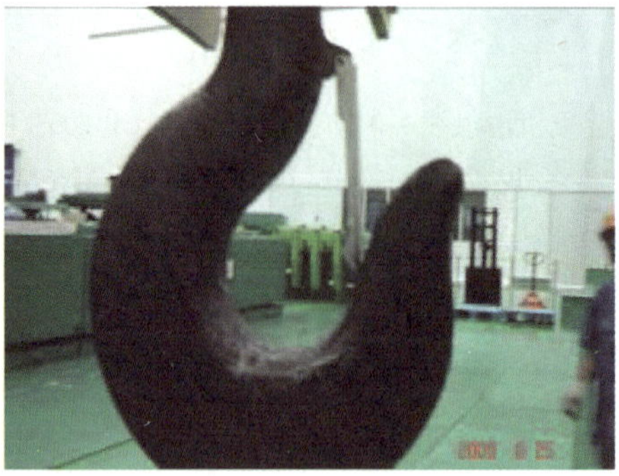	吊钩防脱钩装置,符合 GB 6067.1《起重机械安全规程 第 1 部分:总则》"4.2.2.3 当使用条件或操作方法会导致重物意外脱钩时,应采用防脱绳带闭锁装置的吊钩"的要求

表 3.12(续 3)

起重机械图示	典型做法及经验
	电动单梁起重机重量限制器,符合 JB/T 1306《电动单梁起重机》"4.4.1.3 起重机应按 GB 6067 要求设置超载限制器"的要求
	钢丝绳载荷标签,符合《起重机械安全监察规定》(质检总局令第 92 号)"第二十条（六）配备符合安全要求的索具、吊具,加强日常安全检查和维护保养,保证索具、吊具安全使用"的要求
	吊索具上架管理,符合《起重机械安全监察规定》(质检总局令第 92 号)"第二十条（六）配备符合安全要求的索具、吊具,加强日常安全检查和维护保养,保证索具、吊具安全使用"的要求
	同一轨道上运行的两台起重机防碰撞装置,符合 GB 6067.1《起重机械安全规程 第 1 部分:总则》"9.2.9 当两台或两台以上的起重机械或起重小车运行在同一轨道时,应设置防碰撞装置"的要求

表 3.12(续 4)

起重机械图示	典型做法及经验
	电动单梁起重机载荷标识等,符合《考核评分细则》"2.3.14.1 明显部位应标注额定起重量、检验合格证和设备编号等标识"的要求
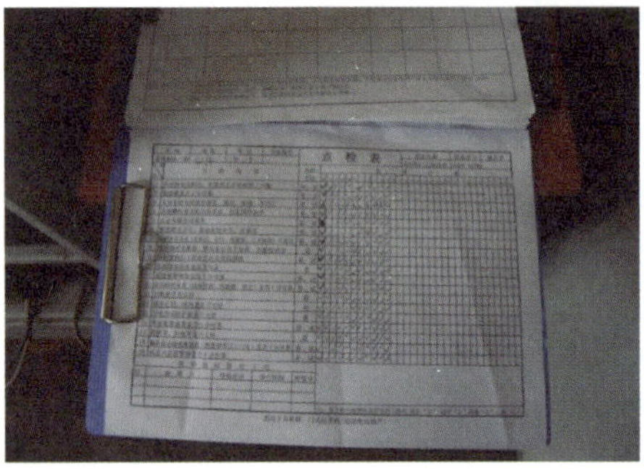	起重机械设备运行记录,符合《起重机械安全监察规定》(质检总局令第 92 号)"第二十一条 (三)定期检验报告和定期自行检查记录;(四)日常使用状况记录;(五)日常维护保养记录;(六)运行故障和事故记录"的要求
	桥式起重机电源线检修栏杆门联锁保护,符合 GB 6067.1《起重机械安全规程 第 1 部分:总则》"9.5.1 进入桥式起重机和门式起重机的门,和从司机室登上桥架的舱口门,应能联锁保护;当门打开时,应断开由于机构动作可能会对人员造成危险的机构的电源"的要求
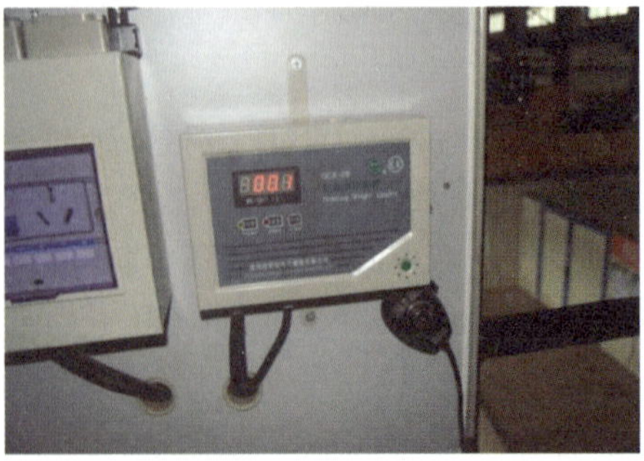	起重机械设置起重量限制器,符合 TSG Q0002《起重机械安全技术监察规程——桥式起重机》"第六十九条 起重机构需设置起重量限制器"的要求

表 3.12(续5)

起重机械图示	典型做法及经验
	室外作业的起重机械风速仪,符合 GB 6067.1《起重机械安全规程 第1部分:总则》"9.6.1.2 对室外作业的高大起重机应装有显示瞬时显示风速的风速报警器,且当风力大于工作状态的计算风速设计定值时,应能发出报警信号"的要求
	起重设备锚固装置联锁保护,符合 GB 6067.1《起重机械安全规程 第1部分:总则》"9.5.5 夹轨器等制动装置和锚定装置应能与运行机构联锁"的要求
	起重机大车大车运行机构限位装置,符合大车行程限位装置失效,不符合 TSG Q0002《起重机械安全技术监察规程——桥式起重机》"第七十三条 大车行走机构应当设置限位器(柔性组合式悬挂起重机除外)和缓冲器以及止挡装置。在同一轨道的起重机,还应当设置防止碰撞的限位器和缓冲器"的要求
	起重机电源指示灯,符合 GB 6067.1《起重机械安全规程 第1部分:总则》"8.10.3 起重机应有指示总电源分合状况的信号,必要时还应设置故障信号或报警信号。信号指示应设置在司机或有关人员视力、听力可及的地点"的要求

表 3.12（续 6）

起重机械图示	典型做法及经验
	吊索具日常检查管理，符合《起重机械安全监察规定》（质检总局令第 92 号）"第二十条（六）配备符合安全要求的索具、吊具，加强日常安全检查和维护保养，保证索具、吊具安全使用"的要求
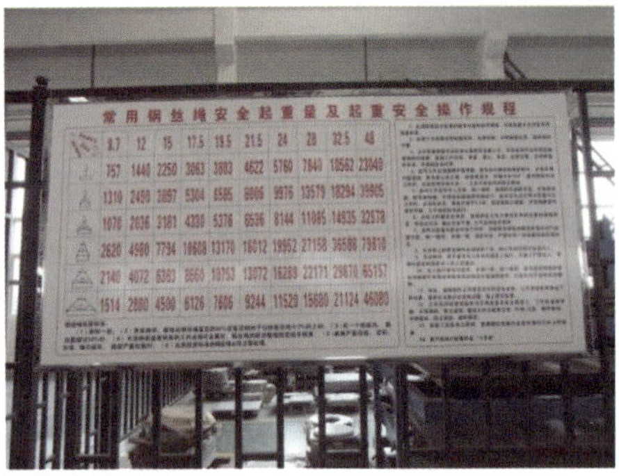	吊索具作业指导板，符合《起重机械安全监察规定》（质检总局令第 92 号）"第二十条（六）配备符合安全要求的索具、吊具，加强日常安全检查和维护保养，保证索具、吊具安全使用"的要求
	门式起重机地面设置的急停按钮，符合 GB 6061.5《起重机械安全规程　第 5 部分：桥式和门式起重机》"6.2.8.2 对门式起重机，利用其靠近地面所设置的紧急停止开关，在地面上操作停止起重机大车运行即可"和"6.2.8.3 造船门式起重机联合控制台、电气室、上小车房、下小车房及起重机刚、柔支腿的易于操作位置均应设置紧急停止开关"的要求
	起重设备夹轨器联锁保护，符合 GB 6067.1《起重机械安全规程　第 1 部分：总则》"9.5.5 夹轨器等制动装置和锚定装置应能与运行机构联锁"的要求

表 3.12(续 7)

起重机械图示	典型做法及经验
	电动单梁起重机检验合格证和设备编号贴在现场(操作盒处),符合《考核评分细则》"2.3.14.1 明显部位应标注额定起重量、检验合格证和设备编号等标识"的要求
	起重设备锚固装置联锁保护,符合 GB 6067.1《起重机械安全规程 第 1 部分:总则》"9.5.5 夹轨器等制动装置和锚定装置应能与运行机构联锁"的要求
	起重设备锚固装置联锁保护,符合 GB 6067.1《起重机械安全规程 第 1 部分:总则》"9.5.5 夹轨器等制动装置和锚定装置应能与运行机构联锁"的要求
	起重机卷筒钢丝绳固定端压板应牢固,固定式压板不少于 2 个,符合 TSG Q7015《起重机械定期检验规则》"C 4.3.2.(1)钢丝绳绳端固定、可靠;固定式压板不少于 2 个(电动葫芦不少于 3 个)……卷筒上至少保留 2 圈钢丝绳作为安全圈"的要求

表 3.12（续 8）

起重机械图示	典型做法及经验
	吊运炽热金属液体的起重机,起升机构有两套制动器,符合 GB 6061.5《起重机械安全规程 第 5 部分:桥式和门式起重机》"4.2.3 a)吊运熔融金属和炽热物品的起重机主起升机构设置两套驱动装置,并在输出轴刚性连接"的要求

五、电梯

(一)适用范围

本项目适用于企业生产、办公过程使用的各类客用电梯、货梯和升降机等。

(二)资料备查清单

本考评项查阅的资料包括:

(1)设备管理台账,电梯分类如货梯、客梯、货人两用电梯、有机房或无机房电梯;

(2)电梯制造、安装、验收资料,注册登记,检验合格证等档案和资料;电梯应建立一机一档管理档案;

(3)电梯维保单位的资质和与维保单位签订的维保合同;

(4)电梯日常维修、检查记录资料。

(三)考评内容及考评办法

电梯设备考评内容及考评办法如表 3.13 所示。

表 3.13　电梯设备考评内容及考评办法

序号	考评内容	分值	考评办法
1	安全管理和资料应满足相应要求 　　制造、安装、改造、维修、日常保养应由具有资质的单位承担,应签有维保合同;产品合格证书、自检报告、安装资料应齐全;应注册登记,并按周期进行检验,轿厢内粘贴管理制度和检验合格证	12 分	①查设备台账,依据设备台账确定抽查数量和具体的被评设备。

表 3.13(续)

序号	考评内容	分值	考评办法
2	限速器、安全钳、缓冲器、限位器、报警装置以及门的联锁装置、安全保护装置应完整,且灵敏可靠		②按本《考核评分细则》2.4.1查电梯的档案资料(要求一机一档,且包括维保及零配件更换记录等)。
3	曳引机应工作正常,油量适当,曳引绳与补偿绳断丝数、腐蚀磨损量、变形量、使用长度和固定状态应符合 GB 7588 的相关规定,制动器应运行可靠。曳引机、盘车手轮和限速器轮等旋转部件的外侧应涂成黄色,手动释放制动器的操作部件应涂成红色		③现场核查,凡不符合考评内容任一条款要求时,该台设备为不合格设备。
4	轿厢结构牢固可靠、运行平稳,轿门关闭时无撞击,轿厢内应有紧急报警装置和应急照明设施,轿厢门开启灵敏,防夹人的安全装置完好有效,间隙符合要求		④根据不合格设备,计算实得分为
5	PE 线应连接可靠,线径截面及安装方式应符合本《考核评分细则》12.37 的相关规定。电气部分的绝缘电阻值应符合 GB 7588 的相关规定		实得分 $= 12 - \dfrac{\text{不合格设备台数}}{\text{抽查总台数}} \times 36$
6	机房内应通风、屏护良好,且清洁、无杂物;并应配置合适的消防设施,固定照明和电源插座。机房应当设有清晰的应急救援程序;房门应向外开并上锁,通向机房、滑轮间和底坑的通道应畅通,且应有永久性照明,门外应有警示标识,门口应设置防鼠挡板。 　　控制柜(屏)的前面和需要检查、修理等人员操作的部件前面应留有不小于 0.6 m×0.5 m 的空间;曳引机、限速器等旋转部位应安装防护罩。 　　对额定速度不大于 2.5 m/s 的电梯,机房内钢丝绳与楼板孔洞每边间隙均应为 20～40 mm。对额定速度大于 2.5 m/s的电梯,运行中的钢丝绳与楼板不应有摩擦的可能。通向井道的孔洞四周应筑有高 50 mm 以上的台阶。 　　机房中每台电梯应单独装设主电源开关,并有易于识别(应与曳引机和控制柜相对应)的标识。该开关位置应能从机房入口处迅速开启或关闭		⑤结合现场抽查情况,发现没建立管理台账、台账不清、账物不符情况或报废/停用手续不全、标识不正确或未明确责任人的,扣 2 分
7	升降机出入门及井巷口的防护栏应与动力回路联锁,且完好、可靠		

（四）考评要点

1. 管理资料和档案

（1）电梯要做到一机一档，档案应符合《特种设备安全管理条例》的要求；

（2）电梯台账、注册登记、周期检验报告等资料；

（3）电梯安装与验收报告；

（4）电梯维保单位的资质和与维保单位签订的维保合同。

2. 轿厢

轿厢内应张贴电梯周期检验合格证和乘电梯注意事项，轿厢应设有与外界联系的通信设施和应急照明设施，轿厢门开启灵敏，防夹人的安全装置完好有效，间隙符合要求。

3. 机房

机房内应通风良好，地面清洁、无杂物；应配置灭火器，灭火器在有效期内使用；应有应急照明和电源插座；机房门朝外开启，门应上锁，门前应有醒目的警示标识。

4. 曳引机、限速器、旋转轮

曳引机、限速器应有可靠的防护罩，旋转轮应有旋转指示标志。

5. 控制柜

电梯控制柜门前不得有障碍物，控制柜门不得敞开。

（五）常见问题

电梯设备常见问题图示及描述如表 3.14 所示。

表 3.14　电梯设备常见问题图示及描述

电梯设备图示	常见问题描述
	电梯机房曳引机没有防护罩，不符合 TSG T7001《电梯监督检验和定期检验规则——曳引与强制驱动电梯》"5.5C 在机房（机器设备间）内的曳引机、滑轮、链轮、限速器——均应设置防护装置，以避免人身伤害，钢丝绳或链条因松弛而脱离绳槽或链轮，异物进入绳与绳槽或链与链轮之间"的要求

表 3.14(续 1)

电梯设备图示	常见问题描述
	电梯机房曳引机没有防护罩,不符合 TSG T7001《电梯监督检验和定期检验规则——曳引与强制驱动电梯》"5.5C 在机房(机器设备间)内的曳引机、滑轮、链轮、限速器——均应设置防护装置,以避免人身伤害,钢丝绳或链条因松弛而脱离绳槽或链轮,异物进入绳与绳槽或链与链轮之间"的要求
	电梯机房限速器没有防护罩,不符合 TSG T7001《电梯监督检验和定期检验规则——曳引与强制驱动电梯》"5.5C 在机房(机器设备间)内的曳引机、滑轮、链轮、限速器——均应设置防护装置,以避免人身伤害,钢丝绳或链条因松弛而脱离绳槽或链轮,异物进入绳与绳槽或链与链轮之间"的要求
	电梯轿厢没有应急照明和与对外紧急报警装置,不符合 TSG T7001《电梯监督检验和定期检验规则——曳引与强制驱动电梯》"4.8B 轿厢内应当装设符合下述要求的紧急报警装置和应急照明:(1)正常照明中断时,能够自动接通紧急照明电源;(2)紧急报警装置采用对讲系统以便于救援服务持续联系,当电梯行程大于 30 m 时,在轿厢和机房(或者紧急操作地点)之间也设置对讲系统"的要求
	电梯机房曳引机防护罩安装不规范,不符合 TSG T7001《电梯监督检验和定期检验规则——曳引与强制驱动电梯》"5.5C 在机房(机器设备间)内的曳引机、滑轮、链轮、限速器——均应设置防护装置,以避免人身伤害,钢丝绳或链条因松弛而脱离绳槽或链轮,异物进入绳与绳槽或链与链轮之间"的要求

表 3.14（续 2）

电梯设备图示	常见问题描述
	电梯电气控制柜门板被拆（敞开），不符合《考核评分细则》"2.36.1.4 配电箱（柜、板）的设置应通风、防尘、防飞溅、防雨水、防油污、防小动物"的要求
	电梯机房通道没有应急照明，机房门朝内开，门没有上锁，不符合 TSG T7001《电梯监督检验和定期检验规则——曳引与强制驱动电梯》"2.1 通道与通道门：(2)通道应设置永久性电气照明；(3)机房通道门宽度不小于 0.6 m，高不小于 1.8 m，门不得向房内开，门应装带钥匙的锁，门外侧应当标明'机房重地，闲人免进'或其他类似警示标识"的要求
	电梯机房脏乱差，不符合《考核评分细则》"2.4.6.1 机房内应通风、屏护良好，且清洁、无杂物"的要求

（六）适用的法规标准

电梯设备适用的法规标准如表 3.15 所示。

表 3.15　电梯设备适用的法规标准

序号	法规标准
1	GB 7588　电梯制造与安装安全规范
2	TSG T5001　电梯使用管理与维护保养规则
3	TSG T7001　电梯监督检验及定期检验规则——曳引与强制驱动电梯
4	国务院令第 373 号　特种设备安全监察条例

（七）典型做法与经验

电梯设备在实际操作中的典型做法及相关经验如表 3.16 所示。

表 3.16　电梯设备在实际操作中的典型做法及相关经验

电梯设备图示	典型做法及经验
	电梯轿厢检验合格证、应急照明,符合 TSG T7001《电梯监督检验和定期检验规则——曳引与强制驱动电梯》" 4.8B 轿厢内应当装设符合下述要求的紧急报警装置和应急照明:(1)正常照明中断时,能够自动接通紧急照明电源;(2)紧急报警装置采用对讲系统以便于救援服务持续联系,当电梯行程大于 30 m 时,在轿厢和机房(或者紧急操作地点)之间也设置对讲系统"的要求
	电梯机房曳引机防护罩,符合 TSG T7001《电梯监督检验和定期检验规则——曳引与强制驱动电梯》"5.5C 在机房(机器设备间)内的曳引机、滑轮、链轮、限速器——均应设置防护装置,以避免人身伤害,钢丝绳或链条因松弛而脱离绳槽或链轮,异物进入绳与绳槽或链与链轮之间"的要求

表 3.16(续)

电梯设备图示	典型做法及经验
	电梯轿厢管理制度,符合 TSG T5001《电梯使用管理与维护保养规则》"(三)将电梯使用的安全注意事项和警示标识置于乘客容易注意的显著位置"的要求
	电梯轿厢应急照明,符合 TSG T7001《电梯监督检验和定期检验规则——曳引与强制驱动电梯》"4.8B 轿厢内应当装设符合下述要求的紧急报警装置和应急照明:(1)正常照明中断时,能够自动接通紧急照明电源;(2)紧急报警装置采用对讲系统以便于救援服务持续联系,当电梯行程大于 30 m 时,在轿厢和机房(或者紧急操作地点)之间也设置对讲系统"的要求
	电梯机房标识明显,符合《考核评分细则》"2.4.6.2 门外应有警示标识,门口应设置防鼠挡板"的要求

六、厂内机动车辆

(一)适用范围

本项目适用于各种厂内机动车辆(如电动及燃油叉车、挂斗车、观光车等)。

(二)资料备查清单

本考评项查阅的资料包括:

(1)设备管理台账,厂内机动车分类,如叉车、电瓶车、铲车、货车、平板车等;

(2)厂内机动车辆注册登记、检验合格证等档案和资料;厂内机动车辆应建立一机一档管理档案;

(3)未纳入《特种设备目录》中的厂内机动车辆应有周期自检资料;

(4)日常维修、检查、保养记录资料。

(三)考评内容和考评办法

厂内机动车辆考评内容和考评办法如表3.17所示。

表 3.17　厂内机动车辆考评内容和考核办法

序号	考评内容	分值	考评办法
1	安全管理和资料应满足相应要求,产品合格证书、自检报告等资料齐全;应注册登记,并按周期进行检验,未纳入《特种设备目录》中的厂内机动车应按周期自检;日常点检、定期自检和日常维护保养等记录齐全	12分	①查设备台账,依据设备台账确定抽查数量和具体的被评设备。 ②按本《考核评分细则》2.5.1查厂内机动车辆的档案资料(要求一车一档,且包括维保及零配件更换记录等)。 ③现场核查,凡不符合考评内容任一条款要求时,该台设备为不合格设备;未按特种设备注册、报检、备案管理的,该台设备为不合格设备。 ④根据不合格设备,计算实得分为 实得分 = $12 - \dfrac{不合格设备台数}{抽查总台数} \times 36$ ⑤结合现场抽查情况,发现没建立管理台账、台账不清、账物不符情况或报废/停用手续不全、标识不正确或未明确责任人的,扣2分
2	车身、驾驶室内应干净应干净整洁,所有部件(雨刷子、后视镜)及防护装置应齐全、完整		
3	动力系统应运转平稳,无异常声音;点火、燃料、润滑、冷却系统性能应良好;连接管道应无漏水、漏油		
4	电气系统应完好;大灯、转向、制动灯应完好并有牢固可靠的保护罩;电器仪表应配置齐全,性能可靠;喇叭应灵敏,音量适中;连接电气线路应无漏电		
5	传动系统应运转平稳,离合器分离彻底,接合平稳,不打滑、无异响;变速器的自锁、互锁应可靠,且不跳挡、不乱挡		
6	行驶系统应连接紧固,车架和前后桥不应变形或产生裂纹;轮胎磨损不应超过标准规定的磨损量,且胎面无损伤		
7	转向机构应轻便灵活可靠,行驶中不应摆振、抖动、阻滞及跑偏等		
8	制动系统应安全可靠,无跑偏现象,制动距离满足安全行驶的要求;电瓶车的制动联锁装置应齐全、可靠,制动时联锁开关应切断行车电源		
9	工业车辆(自行式工业车辆、自行式伸缩臂式叉车、步行式车辆等)还应符合 GB 10827 的相关规定		

（四）考评要点

1. 管理资料和档案

（1）厂内机动车辆应做到一机一档，档案应符合《特种设备安全管理条例》的要求；

（2）厂内机动车辆管理台账、注册登记、周期检验报告等资料；

（3）日常检查、维护、保养记录；

（4）对于不属于特种设备的厂内机动车辆自检管理资料。

2. 车身

车身应整洁，所有部件及防护装置应齐全、完整。

3. 灯、仪表、雨刷器

车辆大灯、转向、制动灯应完好，灯罩不缺失和损坏；仪表应配置齐全，喇叭应灵敏，音量适中；雨刷器齐全有效。

4. 后视镜

后视镜位置应在车体两侧，观望有效距离不小于 50 m。

5. 刹车

刹车可靠并在有效的距离内，轮胎磨损在标准范围内，车辆不跑偏、不摆动。

6. 其他

危险化学品运输车辆应有危险化学品标志，导除静电接地装置有效。

（五）常见问题

厂内机动车辆常见问题图示及描述如表 3.18 所示。

表 3.18　厂内机动车辆常见问题图示及描述

电梯设备图示	常见问题描述
	车况破损严重，零部件缺失，车厢没有挡板，不符合 GB 16178《场（厂）内机动车辆安全检验技术要求》"5.1.1.1 车辆应车容整洁，各零部件完好，连接牢固，无缺陷"和《考核评分细则》"2.5.4 电气系统应完好；大灯、转向、制动灯应完好并有牢固可靠的保护罩"的要求

表 3.18（续 1）

电梯设备图示	常见问题描述
	车况破损严重,零部件缺失,信号装置失效,不符合 GB 16178《场(厂)内机动车辆安全检验技术要求》"5.1.1.1 车辆应车容整洁,各零部件完好,连接牢固,无缺陷"和《考核评分细则》"2.5.4 电气系统应完好;大灯、转向、制动灯应完好并有牢固可靠的保护罩"的要求
	货车零部件缺失,信号装置失效,不符合 GB 16178《场(厂)内机动车辆安全检验技术要求》"5.1.1.1 车辆应车容整洁,各零部件完好,连接牢固,无缺陷"和《考核评分细则》"2.5.4 电气系统应完好;大灯、转向、制动灯应完好并有牢固可靠的保护罩"的要求
	车体两侧没有后视镜,不符合 GB 16718《场(厂)内机动车辆安全检验技术要求》"5.1.2 配置有后视镜的车辆,其后视镜的性能和安装要求符合 GB 15084 的规定,应保证驾驶员能看清车身左右外侧,车后 50 m 以内的交通情况"的要求
	轮胎磨损严重,不符合 GB 16718《场(厂)内机动车辆安全检验技术要求》"5.4.7 充气轮胎的磨损,其胎冠花纹深度不应小于 3.2 mm,胎面和胎壁不应有长度超过 26 mm 深度足以暴露出轮胎帘布层的破裂和割伤"的要求

表 3.18(续 2)

电梯设备图示	常见问题描述
	观光车没有车牌,没有检验合格证,不符合《考核评分细则》"2.5.1 安全管理和资料应满足以下要求: ——产品合格证书、自检报告等资料齐全; ——应注册登记,并按周期进行检验"的要求
	货车车体两侧没有后视镜,不符合 GB 16178《场(厂)内机动车辆安全检验技术要求》"5.1.2 配置有后视镜的车辆,其后视镜的性能和安装要求符合 GB 15084 的规定,应保证驾驶员能看清车身左右外侧,车后 50 m 以内的交通情况"的要求
	叉车车体两侧没有后视镜,不符合 GB 16178《场(厂)内机动车辆安全检验技术要求》"5.1.2 配置有后视镜的车辆,其后视镜的性能和安装要求符合 GB 15084 的规定,应保证驾驶员能看清车身左右外侧,车后 50 m 以内的交通情况"的要求

(六)适用的法规标准

厂内机动车辆适用的法规标准如表 3.19 所示。

表 3.19 厂内机动车辆适用的法规标准

序号	法规标准
1	GB 4387 工业企业厂内铁路、道路运输安全规程
2	GB 1589 道路车辆外廓尺寸、轴荷及质量限值
3	GB/T 16178 场(厂)内机动车辆安全检验技术要求
4	GB/T 18849 机动工业车辆 制动器性能和零件强度
5	国务院令第 373 号 特种设备安全监察条例

（七）典型做法与经验

厂内机动车辆在实际操作中的典型做法及相关经验如表 3.20 所示。

表 3.20　厂内机动车辆在实际操作中的典型做法及相关经验

厂内机动车辆图示	经典做法及经验
	厂内机动车辆车况整洁完好,符合 GB 16178《场（厂）内机动车辆安全检验技术要求》"5.1.1.1 车辆应车容整洁,各零部件完好,连接牢固,无缺陷"的要求
	厂内机动车后视镜,符合 GB 16178《场（厂）内机动车辆安全检验技术要求》"5.1.2 配置有后视镜的车辆,其后视镜的性能和安装要求符合 GB 15084 的规定,应保证驾驶员能看清车身左右外侧,车后 50 m 以内的交通情况"的要求
	厂内机动车辆车况整洁完好,符合 GB 16178《场（厂）内机动车辆安全检验技术要求》"5.1.1.1 车辆应车容整洁,各零部件完好,连接牢固,无缺陷"的要求

表 3.20（续）

厂内机动车辆图示	经典做法及经验
	观光车注册登记,符合《考核评分细则》"2.5.1安全管理和资料应满足以下要求: ——产品合格证书、自检报告等资料齐全; ——应注册登记,并按周期进行检验"的要求
	厂内机动车辆车况整洁完好,符合 GB 16178《场(厂)内机动车辆安全检验技术要求》"5.1.1.1 车辆应车容整洁,各零部件完好,连接牢固,无缺陷"的要求
	叉车驾驶室安装了限速仪
	叉车驾驶室安装了监控装置

七、木工机械

(一)适用范围

本项目适用于木工锯床、木工刨床、木工铣床、木工钻床、榫孔机、木工车床、园棒机、木工研磨机以及木工多用机床等。

(二)资料备查清单

本考评项查阅的资料包括:

(1)木工机械设备管理台账,台账应分类,如木工锯床、木工刨床、木工车床等。

(2)木工机械管理制度和安全技术操作规程。

(三)考评内容和考评办法

木工机械考评内容和考评办法如表 3.21 所示。

表 3.21 木工机械考评内容和考评办法

序号	考评内容	分值	考评办法
1	危险性大、行程较长或行程有特定要求的设备应设置限位装置或联锁开关,并确保其完好、灵敏、可靠	8分	①查设备台账,依据设备台账确定抽查数量和具体的被评设备。②考评内容 2.6.7 是根据设备类型不同进行考评。③现场核查,凡不符合考评内容任一条款要求时,该台设备为不合格设备。④根据不合格设备,计算实得分为 实得分 = 8 - $\frac{\text{不合格设备台数}}{\text{抽查总台数}} \times 24$ ⑤结合现场抽查情况,发现没建立管理台账、台账不清、账物不符情况或报废/停用手续不全、标识不正确或未明确责任人的,扣 2 分
2	外露的旋转部位应安装防护罩或盖,并确保其完好、有效,其安全距离应符合 GB 23821 的相关规定		
3	紧固件、连接件和锁紧装置应完整、可靠		
4	锯条接头不应多于 3 个,且无裂纹;砂轮应符合本《考核评分细则》2.11 的相关规定。木工带锯应有良好的手动制动系统		
5	电气设备的绝缘、屏护、防护间距应符合 GB 5226.1 的相关规定;PE 线应连接可靠,线径截面及安装方式应符合本《考核评分细则》2.37 的相关规定。控制电器应设置防止木尘进入的密闭措施。加工可发性聚苯乙烯泡沫材料时,设备应有防静电装置		
6	安全防护装置应配置齐全,且安全、可靠		
7	除符合上述通用规定外,平刨床、跑车及铣床等还应符合下列规定 (1)平刨床的工作台应符合如下要求: ①后工作台的垂直调整限制到刀轴切削圆直径以下 1.1 mm; ②设置有前工作台垂直调整装置的设备,应在整个调整范围上保持与后工作台台面的平行,其深度不超过 8 mm; ③无论工作台调整到任何高度,工作台唇板与切削圆之间的径向距离为 3 mm ± 2 mm; ④工作台或工作台唇板有开槽的,槽宽度不得超过 6 mm,长度不得超过 15 mm,齿的宽度至少为 6 mm。在顶部齿的厚度最小值为 1.5 mm,在槽的根部至少为 5 mm。 (2)跑车带锯机应设置有效的护栏,圆木锁定卡跑车制动、终端限位完好有效。 (3)立刨(铣床)应有防止手进入危险区的送料装置		

（四）考评要点

（1）外露旋转部位应有可靠的防护罩（挡板），防护罩应根据加工的物料随时进行调整。手推工件进给的机器应设置防止与切削刀具接触的装置。

（2）锯条接头不应多于3个，且无裂纹。

（3）控制电器应设置防止木尘进入的密闭措施。

（4）应配置收集粉尘和木屑的单机吸尘设备和连接集中吸尘设备，吸尘设备的除尘和吸尘装置应有防止粉尘爆炸和木屑燃烧的安全措施。

（五）常见问题

木工机械常见问题图示及描述如表3.22所示。

表3.22　木工机械常见问题图示及描述

木工机械图示	常见问题描述
	木工平面刨床没有防护罩，不符合 AQ 7005《木工机械　安全使用条件》"4.5.2 手推工件进给的机器设置防止与切削刀具接触预装置"和"5.3.1.2 手动进给木工刨床的刀具在导向板前面，应设置固定的机器上可调式或自调试的防护装置来防护。防护装置的类型可选择桥式防护装置或扇形板或防护装置"的要求
	木工圆盘锯床没有防护罩或挡板，不符合 GB 20179《木工机床安全　手动进给圆锯机和带移动工作台锯板机》"5.2.7.1 应提供可调的锯片防护装置，对在工作台上方的锯片部位进行防护……"的要求
	木工带锯床外露部分防护罩没有及时调整，不符合 AQ 7005《木工机械　安全使用条件》"5.2 木工带锯及锯条：5.2.1 木工带锯机的锯轮和锯条应设置防护罩，机器上的锯轮处于最高位置时，其上端与防护罩内衬表之间的间隙应不小于 100 mm。链条的防护罩要能同锯卡一起升降，除锯卡与工作台（或横船）之间的锯条部分外，锯条的其余部分都应封闭"的要求

表 3.22（续）

木工机械图示	常见问题描述
	木工带锯条外露部分没有防护罩,不符合 AQ 7005《木工机械　安全使用条件》"5.2 木工带锯及锯条:5.2.1 木工带锯机的锯轮和锯条应设置防护罩,机器上的锯轮处于最高位置时,其上端与防护罩内衬表之间的间隙应不小于 100 mm。链条的防护罩要能同锯卡一起升降,除锯卡与工作台(或横船)之间的锯条部分外,锯条的其余部分都应封闭"的要求
	木工圆盘锯床防护罩没有及时调整,不符合 AQ 7005《木工机械　安全使用条件》"5.1.1 木工圆锯机上的旋转圆锯片应设置防护罩。5.1.2 因特殊原因,锯片不能设置防护罩时,应在锯片前上方设置安全挡板(或挡帘),或者采取保证操作者安全的其他防护施"的要求
	木工圆盘锯防护罩被拆,不符合 AQ 7005《木工机械　安全使用条件》"5.1.1 木工圆锯机上的旋转圆锯片应设置防护罩"的要求

(六)适用的法规标准

木工机械适用的法规标准如表 3.23 所示。

表 3.23　木工机械适用的法规标准

序号	法规标准
1	GB 15606　木工(材)车间安全生产通则
2	GB 12557　木工机床安全通则
3	GB 20179　木工机床安全手动进给圆锯机和带移动工作台锯板机
4	GB 30459　木工机床安全平刨床

表 3. 23（续）

序号	法规标准
5	GB 30460 木工机床安全单面压刨床
6	GB 30461 木工机床安全带锯机
7	GB/T 17919 粉尘爆炸场所用收集器防爆导则
8	AQ 7005 木工机械安全使用要求

（七）典型做法与经验

木工机械在实际操作中的典型做法及相关经验如表 3. 24 所示。

表 3. 24 木工机械在实际操作中的典型做法及相关经验

木工机械图示	典型做法及经验
	木工平面刨床防护罩,符合 GB 30459《木工机床安全 平刨床》"5. 3. 1. 2 手动进给木工刨床的刀具在导向板前面,应设置固定的机器上可调式或自调试的防护装置来防护。防护装置的类型可选择桥式防护装置或扇形板防护装置"的要求
	木工平面刨床防护罩,符合 GB 30459《木工机床安全 平刨床》"5. 3. 1. 2 手动进给木工刨床的刀具在导向板前面,应设置固定的机器上可调式或自调试的防护装置来防护。防护装置的类型可选择桥式防护装置或扇形板防护装置"的要求
	木工平面刨床防护罩,符合 GB 30459《木工机床安全 平刨床》"5. 3. 1. 2 手动进给木工刨床的刀具在导向板前面,应设置固定的机器上可调式或自调试的防护装置来防护。防护装置的类型可选择桥式防护装置或扇形板防护装置"的要求

表 3.24（续 1）

木工机械图示	典型做法及经验
	木工带锯床防护挡板，符合 AQ 7005《木工机械　安全使用条件》"5.2.1 木工带锯机的锯轮和锯条应设置防护罩，机器上的锯轮处于最高位置时，其上端与防护罩内衬表之间的间隙应不小于 100 mm。链条的防护罩要能同锯卡一起升降，除锯卡与工作台（或横船）之间的锯条部分外，锯条的其余部分都应封闭"的要求
	木工平面刨床防护罩，符合 GB 30459《木工机床安全　平刨床》"5.3.1.2 手动进给木工刨床的刀具在导向板前面，应设置固定的机器上可调式或自调试的防护装置来防护。防护装置的类型可选择桥式防护装置或扇形板防护装置"的要求
	木工平面刨床扇形防护罩，符合 GB 30459《木工机床安全　平刨床》"5.3.1.2 手动进给木工刨床的刀具在导向板前面，应设置固定的机器上可调式或自调试的防护装置来防护。防护装置的类型可选择桥式防护装置或扇形板防护装置"的要求
	木工圆锯机设置的防护罩，符合 AQ 7005《木工机械　安全使用条件》"5.1.1 木工圆锯机上的旋转圆锯片应设置防护罩"的要求

表 3.24(续 2)

木工机械图示	典型做法及经验
	木工平面刨床防护罩,符合 GB 30459《木工机床安全　平刨床》"5.3.1.2 手动进给木工刨床的刀具在导向板前面,应设置固定的机器上可调式或自调试的防护装置来防护。防护装置的类型可选择桥式防护装置或扇形板防护装置"的要求
	木工机械除尘设备,符合 AQ 7005《木工机械　安全使用条件》"4.6.1 加工木材的木工机械应配置收集粉尘和木屑的单机吸尘设备和连接集中吸尘设备"和"4.6.3 吸尘设备的除尘和吸尘装置应有防止粉尘爆炸和木屑燃烧的安全措施"的要求
	木工平面刨床防护罩,符合 GB 30459《木工机床安全　平刨床》"5.3.1.2 手动进给木工刨床的刀具在导向板前面,应设置固定的机器上可调式或自调试的防护装置来防护。防护装置的类型可选择桥式防护装置或扇形板防护装置"的要求
	木工锯床防护装置,符合 AQ 7005《木工机械　安全使用条件》"4.5.2 手推工件进给的机器应设置防止与切削刀具接触预装置"的要求

表 3.24（续 3）

木工机械图示	典型做法及经验
	木工机械除尘设施，符合 AQ 7005《木工机械 安全使用条件》"4.6.1 加工木材的木工机械应配置收集粉尘和木屑的单机吸尘设备和连接集中吸尘设备"和" 4.6.3 吸尘设备的除尘和吸尘装置应有防止粉尘爆炸和木屑燃烧的安全措施"的要求

八、注塑机（含机械手）

（一）适用范围

本项目适用于各种形式的注塑机械。

（二）资料备查清单

本考评项查阅的资料包括：

（1）设备管理台账；

（2）安全技术操作规程。

（三）考评内容及考评办法

注塑机考评内容及考评办法如表 3.25 所示。

表 3.25　注塑机考评内容及考评办法

序号	考评内容	分值	考评办法
1	防护罩、盖、栏的安装应牢固，无明显的锈蚀或变形，且与动力回路联锁		①查设备台账，依据设备台账确定抽查数量和具体的被评设备。 ②现场核查，凡不符合考评内容任一条款要求时，该台设备为不合格设备。
2	操作平台结构合理，应无严重脱焊、变形、腐蚀和断开、裂纹等缺陷，并符合本《考核评分细则》2.22 的有关规定	5 分	
3	电气设备的绝缘、屏护、防护间距应符合 GB 5226.1 的相关规定；电控箱、柜与线路应符合本《考核评分细则》2.36 的相关规定；控制台各参数显示功能应完好；急停装置、联锁装置、操作按钮应标示清晰、灵敏可靠，并有故障报警装置，任何急停装置动作均应切断所有动力回路；PE 线应连接可靠，线径截面及安装方式应符合本《考核评分细则》2.37 的相关规定		

表 3.25（续）

序号	考评内容	分值	考评办法
4	液压及冷却管路应连接可靠,油(水)箱及管路无漏油、漏水,控制系统开关应齐全,动作可靠		③根据不合格设备,计算实得分为
5	模具及其紧固螺栓应齐全,无松动、无裂纹、无变形,且编号清晰。		实得分 = 5 - $\dfrac{\text{不合格设备台数}}{\text{抽查总台数}} \times 15$
6	自动取料、落料装置应标识清楚、动作灵敏可靠,机械手活动区域应设置防护栏、屏护,并与动力回路联锁		④结合现场抽查情况,发现没建立管理台账、台账不清、账物不符情况或报废/停用手续不全、标识不正确或未明确责任人的,扣
7	作业区应有良好的通风,防止有害物质聚集		2分

（四）考评要点

（1）设备外露旋转部位应有可靠地防护罩;如有机械手活动区域应有防护围栏,防护围栏应已动力联锁,周围应设置安全警示标示;

（2）电气联锁装置应齐全、有效,如门联锁装置;

（3）合模冲压区域、滑板往复\转盘区域应有防止手伸入的安全防护装置,对于高压软管应有防脱落措施;

（4）电气连接部位应有防触电绝缘措施,如加热器电源端部位的防触电绝缘措施。

（五）常见问题

注塑机常见问题图示及描述如表 3.26 所示。

表 3.26　注塑机常见问题图示及描述

注塑机图示	常见问题描述
	注塑机没有防护装置,不符合 GB 22530《橡胶塑料注射成型机 安全要求》"5.2 一般危险的安全要求及措施　5.2.1.1 冲击、挤压或剪切危险:如果自动防护装置的运动会导致人体伤害,那么应该安装灵敏保护装置或有源光电保护装置(GB/T 15706.1 中 3.26.5,3.26.6)"的要求

表 3.26(续)

注塑机图示	常见问题描述
	注塑机防护装置(光感)失效,不符合 GB 22530《胶塑料注射成型机 安全要求》"5.2 一般危险的安全要求及措施　5.2.1.1 冲击、挤压或剪切危险:如果自动防护装置的运动会导致人体伤害,那么应该安装灵敏保护装置或有源光电保护装置(GB/T 15706.1 中 3.26.5,3.26.6)"的要求
	注塑机没有防护装置,不符合 GB 22530《胶塑料注射成型机 安全要求》"5.2 一般危险的安全要求及措施　5.2.1.1 冲击、挤压或剪切危险:如果自动防护装置的运动会导致人体伤害,那么应该安装灵敏保护装置或有源光电保护装置(GB/T 15706.1 中 3.26.5,3.26.6)"的要求
	注塑机加热电源端没有防护罩,不符合《考核评分细则》"2.7.3 电气设备的绝缘、屏护、防护间距应符合 GB 5226.1 的相关规定"的要求
	注塑机电源端没有防护罩,不符合《考核评分细则》"2.7.3 电气设备的绝缘、屏护、防护间距应符合 GB 5226.1 的相关规定"的要求

（六）适用的法规标准

注塑机适用的法规标准如表3.27所示。

表3.27　注塑机适用的法规标准

序号	法规标准
1	GB 5083　生产设备安全卫生设计总则
2	GB 22530　橡胶塑料成型机安全要求
3	GB/T 25156　橡胶塑料注射成型机 通用技术条件
4	GB 5226.1　机械电气安全 机械电气设备 第1部分:通用技术条件

（七）典型做法与经验

注塑机在实际操作中的典型做法及相关经验如表3.28所示。

表3.28　注塑机在实际操作中的典型做法及相关经验

注塑机图示	典型做法及经验
	注塑机活动门保护装置,符合GB 22530《橡胶塑料注射成型机 安全要求》"5.1.3.1 I型保护装置;互锁活动防护装置上的位置开关通过控制电路作用于动力回路的主切断装置上(例如阀、接触器等)"的要求
	注塑机操作系统联锁装置,符合GB 22530《橡胶塑料注射成型机 安全要求》"5.1.3.1 I型保护装置;互锁活动防护装置上的位置开关通过控制电路作用于动力回路的主切断装置上(例如阀、接触器等)"的要求

表 3.28（续）

注塑机图示	典型做法及经验
	注塑机冲压防护装置,符合 GB 22530《橡胶塑料注射成型机 安全要求》"5.2.1.1 冲击、挤压或剪切危险:如果自动防护装置的运动会导致人体伤害,那么应该安装灵敏保护装置或有源光电保护装置"的要求
	注塑机冲压防护装置,符合 GB 22530《橡胶塑料注射成型机 安全要求》"5.2.1.1 冲击、挤压或剪切危险:如果自动防护装置的运动会导致人体伤害,那么应该安装灵敏保护装置或有源光电保护装置"的要求

九、工业机器人(含机械手)

(一)适用范围

本项目适用于生产过程中使用的各种工业机器人、机械手或某些设备上单独安装的自动取物装置。

(二)资料备查清单

本考评项查阅的资料包括:

(1)机器人管理台账,台账应分类,如焊接机器人、涂装机器人、装配机器人、打磨机器人等;

(2)设备本体、辅助设施及安全防护装置等资料;

(3)管理制度和安全技术操作规程;

(4)操作人员培训的相关资料。

(三)考评内容及考评办法

工业机器人(含机械手)考评内容及考评办法如表 3.29 所示。

表 3.29　工业机器人(含机械手)考评内容及考评办法

序号	考评内容	分值	考评办法
1	安全管理和资料应满足相应要求,设备本体、辅助设施及安全防护装置等资料齐全;应确保其编程、操作、维修人员均参加有效的安全培训,并具备相应的工作能力	5分	①查设备台账,依据设备台账确定抽查数量和具体的被评设备。②查设备档案,以及操作人员的培训记录。③现场核查,凡不符合考评内容任一条款要求时,该台设备为不合格设备。④根据不合格设备,按照下式计算实得分为 实得分 = 5 - $\dfrac{不合格设备台数}{抽查总台数} \times 15$ ⑤结合现场抽查情况,发现没建立管理台账、台账不清、账物不符情况或报废/停用手续不全、标识不正确或未明确责任人的,扣2分
2	作业区域应设置警示标识和封闭的防护栏,必备的检修门和开口部位应设置安全销、安全锁和光电保护等安全防护装置		
3	各种行程限位、联锁装置、抗干扰屏蔽及急停装置应灵敏、可靠,任何安全装置动作均切断动力回路;急停装置应符合 GB 16754 的相关规定,并不得自动复位		
4	液压管路或气压管路应连接可靠,无老化或泄漏;控制按钮配置齐全、动作准确		
5	执行机构应定位准确、抓取牢固;自动锁紧装置应灵敏、可靠		
6	PE 线应连接可靠,线径截面及安装方式应符合本《考核评分细则》2.37 的相关规定。电气线路标识清晰;保护回路应齐全、可靠,且能防止意外或偶然的误操作		
7	当调整、检查、维修进入危险区域时,设备应具备防止意外启动的功能		

(四)考评要点

(1)作业区域应设置警示标识和封闭的防护栏,检修门和开口部位应设置安全销、安全锁和光电保护等安全防护装置,应符合 GB/T 20867《工业机器人 安全实施规范》第6.2.3 条和第6.3.2 条的规定。

(2)外露的旋转部位应有防护装置,如电机联轴节、传动齿轮、传动带或链均装设有固定式或联锁式防护装置。防护装置应符合 GB/T 20867《工业机器人 安全实施规范》6.1.2 的规定。

(3)设备应安装急停按钮装置,急停按钮应符合 GB/T 20867《工业机器人 安全实施规范》第6.1.5 条:"①每台机器人的操纵站和其他控制运动的场合都应设有易于迅速接近的急停装置;②机器人系统的急停装置如机器人控制装置一样,其按钮开关应是掌揿式或蘑菇头式,衬底为黄色的红色按钮,且要求有人工复位"的要求。

(4)控制按钮及仪表、指示应清晰、完好,其电气线路应符合标准,如控制台、操作工位、悬吊式操作盒、示教盒上的各种开关、仪表和指示应完好并有清晰的标识。应有开机、操作方式、故障检测等致动控制状态指示灯。

(五)常见问题

工业机器人(含机械手)常见问题图示及描述如表3.30所示。

表3.30　工业机器人(含机械手)常见问题图示及描述

工业机器人(含机械手)图示	常见问题描述
	机器人作业区域没有醒目的安全警示标识,GB/T 20867不符合《工业机器人 安全实施规范》"6.3.2警示信号:为了给接近或处于危险的人员提供可识别的视听信号,应设置和安装信号警示装置"的要求
	机器人作业区域没有醒目的安全警示标识,不符合GB/T 20867《工业机器人 安全实施规范》"6.3.2警示信号:为了给接近或处于危险的人员提供可识别的视听信号,应设置和安装信号警示装置"的要求

(六)适用的法规标准

工业机器人(含机械手)适用的法规标准如表3.31所示。

表3.31　工业机器人(含机械手)适用的法规标准

序号	法规标准
1	GB 5083　生产设备安全卫生设计总则
2	GB 5226.1　机械电气安全 机械电气设备 第1部分:通用技术条件
3	GB 11291.1　工业环境用机器人 安全要求 第1部分:机器人
4	GB/T 20867　工业机器人 安全实施规范

表 3.31（续）

序号	法规标准
5	GB/T 26154 装配机器人 通用技术条件
6	GB/T 14283 点焊机器人 通用技术条件
7	GB/T 20173 弧焊机器人 通用技术条件
8	GB/T 31555 铸造用机械手
9	JB/T 9182 喷漆机器人 通用技术条件

（七）典型做法与经验

工业机器人（含机械手）在实际操作中的典型做法及相关经验如表 3.32 所示。

表 3.32 工业机器人（含机械手）在实际操作中的典型做法及相关经验

工业机器人（含机械手）图示	典型做法及经验
	工业机器人安全警示标识,符合 GB/T 20867《工业机器人 安全实施规范》"6.3 在机器人系统中,为了引起人们注意潜在危险存在,应采取警示措施。6.3.1 为防止人员意外进入机器人限定空间,应设置警示栅栏。 6.3.2 警示信号;为了给接近或处于危险的人员提供可识别的视听信号,应设置和安装信号警示装置"的要求
	工业机器人工作区域封闭管理,符合 GB/T 20867《工业机器人 安全实施规范》" 6.1.2 安全防护空间是由机器人外围的安全防护装置（如栅栏等）所组成的空间"的要求

十、装配线（含部件分装线、焊装线）

（一）适用范围

本项目适用于企业生产过程中的由工件传送系统和控制系统,将一组自动机床和辅助设备按照工艺顺序联结起来,自动完成产品全部或部分制造过程的生产系统。如机械制造业中的铸造、锻造、冲压、热处理、焊接、切削加工和机械装配、产品组装等自动生产线。

(二)资料备查清单

本考评项查阅的资料包括：

(1)设备管理台账,台账应分类,如焊接线、装配线、机械加工装配线、产品装配线等;

(2)装配线附属设备设施,如起重设备、压力容器、焊接设备、机械手等;

(3)装配线安全技术操作规程。

(三)考评内容及考核要点

装配线考评内容及考评办法如表3.33所示。

表 3.33　装配线考评内容及考评办法

序号	考评内容	分值	考评办法
1	输送机械的防护罩(网)应完好,无变形和破损;人行通道上方应装设护网(板)	0.5分	①查装配线及其所属设备台账,确定抽查装配线数量,考评时,以整条装配线为考评单元,即被抽查的装配线及其所属设备均应检查。②现场核查,条款中所列内容一处不合格扣该条款应得分值。③结合现场抽查情况,发现没建立管理台账、台账不清、账物不符情况或报废/停用手续不全、标识不正确或未明确责任人的,扣2分
2	大型部件翻转机构的锁紧、限位装置应牢固可靠;回转区域应有醒目的安全标识和报警装置,周围1.5 m处应设置防护栏	0.5分	
3	起重机械的联锁、限位,以及行程限制器、缓冲器等防护装置应齐全、有效;制动器应平稳、可靠;急停按钮应配置齐全、可靠	1分	
4	吊索具应符合GB/T 16271和GB/T 16762的相关规定	1分	
5	控制台、操作工位以及装配线适当距离(不宜超过20 m)间应设置急停装置,且不得自动复位;开线、停线或急停时应有明显的声光报警信号	1分	
6	风动工具应定置摆放,且符合本《考核评分细则》2.10的相关规定	0.5分	
7	一、二类电动工具应配置剩余电流动作保护装置。其本体应符合本《考核评分细则》2.40的相关规定	1分	
8	运转小车应定位准确、夹持牢固;料架(箱、斗)应结构合理、牢固,放置应平稳	0.5分	
9	人员需要跨越输送线的地段应设置通行过桥,通行过桥的平台、踏板应防滑,其结构应符合本《考核评分细则》2.22的相关规定	0.5分	
10	地沟入口处应设置盖板或防护栏,且完好、无变形;沟内应无障碍物,并应配置应急照明灯,且不允许积水、积油	0.5分	
11	各种焊接机械防护罩、防火花飞溅设施应齐全、可靠;仪表及按钮应清晰、完好;电气线路应符合本《考核评分细则》2.34的相关规定;电焊设备应符合本《考核评分细则》2.39的相关规定,且定期检测	1分	
12	焊装作业场所应设置可靠的烟尘防治设施	1分	
13	机械手作业区应为全封闭作业环境,周围设置防护栏,并配置可靠的联锁装置	1分	

（四）考评要点

（1）外露旋转部位应有防护罩或防护挡网,装配线周围应设置防护围栏或设置醒目的安全警示标示,防护罩应符合 GB 23821《机械安全 防止上下肢触及危险区的安全距离》和 GB/T 8196《机械安全 防护装置 固定式和活动式防护装置设计与制造一般要求》;人员需要跨越装配线的地段应设置有通行过桥,过桥应符合 GB 17888.3《机械安全 进入机械的固定设施 第 3 部分:楼梯、阶梯和护栏》的要求。

（2）急停按钮装置,控制台、操作工位以及装配线适当距离（不宜超过 20 m）间应设置急停装置;开线、停线或急停时应有明显的声光报警信号。

（3）大型部件翻转机构应有锁紧、限位装置,并应牢固可靠;回转区域应有醒目的安全标识和报警装置,周围 1.5 m 处应设置防护栏。

（4）附属工具,如气动工具、手持电动工具、吊索具、电焊机等应符合相应的标准要求。

（5）机械手作业区应为全封闭作业环境,周围设置防护栏,并配置可靠的联锁装置。

（五）常见问题

装配线常见问题图示及描述如表 3.34 所示。

表 3.34　装配线常见问题图示及描述

装配线图示	常见问题描述
	装配线作业区域没有设置防护栅栏,不符合《考核评分细则》"2.9.2 回转区域应有醒目的安全标识和报警装置,周围 1.5 m 处应设置防护栏"的要求
	装配线作业区域没有设置防护栅栏,不符合《考核评分细则》"2.9.2 回转区域应有醒目的安全标识和报警装置,周围 1.5 m 处应设置防护栏"的要求

表 3.34（续）

装配线图示	常见问题描述
	装配线作业区域没有设置防护栅栏,不符合《考核评分细则》"2.9.2 回转区域应有醒目的安全标识和报警装置,周围 1.5 m 处应设置防护栏"的要求

（六）适用的法规标准

装配线适用的法规标准如表 3.35 所示。

表 3.35　装配线适用的法规标准

序号	法规标准
1	GB 5083　生产设备安全卫生设计总则
2	GB 5226.1　机械电气安全 机械电气设备 第 1 部分:通用技术条件
3	GB/T 23580　连续搬运设备 安全规范 专用规则
4	GB 14784　带式输送机 安全规范

（七）典型做法与经验

装配线在实际操作中的典型做法及相关经验如表 3.36 所示。

表 3.36　装配线在实际操作中的典型做法及相关经验

装配线图示	典型做法及经验
	装配线急停装置应符合《考核评分细则》"2.9.5 控制台、操作工位以及装配线适当距离(不宜超过 20 m)间应设置急停装置,且不得自动复位;开线、停线或急停时应有明显的声光报警信号"的要求

表 3.36(续 1)

装配线图示	典型做法及经验
	装配线急停装置,符合《考核评分细则》"2.9.5 控制台、操作工位以及装配线适当距离(不宜超过 20 m)间应设置急停装置,且不得自动复位;开线、停线或急停时应有明显的声光报警信号"的要求
	装配线急停装置,符合《考核评分细则》"2.9.5 控制台、操作工位以及装配线适当距离(不宜超过 20 m)间应设置急停装置,且不得自动复位;开线、停线或急停时应有明显的声光报警信号"的要求
	装配线声光报警信号装置,符合《考核评分细则》"2.9.5 控制台、操作工位以及装配线适当距离(不宜超过 20 m)间应设置急停装置,且不得自动复位;开线、停线或急停时应有明显的声光报警信号"的要求
	装配线设置了声光警示信号装置,符合《考核评分细则》"2.9.5 控制台、操作工位以及装配线适当距离(不宜超过 20 m)间应设置急停装置,且不得自动复位;开线、停线或急停时应有明显的声光报警信号"的要求

表 3.36（续 2）

装配线图示	典型做法及经验
	装配线运行部位防护罩完好,符合《考核评分细则》"2.9.1 输送机械的防护罩(网)应完好,无变形和破损"的要求

十一、风动工具

(一)适用范围

本项目适用于铸造、建筑、检修、产品装配、喷涂等生产过程中使用的各类以压缩空气作为动力的工具。

(二)资料备查清单

本考评项查阅的资料包括:

(1)风动工具管理台账,台账应分类,如手持风动砂轮、手持风动铣刀、手持风铲、手持风钻等;

(2)风动工具安全管理制度和安全技术操作规程。

(三)考评内容及考评办法

风动工具考评内容及考评办法如表 3.37 所示。

表 3.37　风动工具考评内容及考评办法

序号	考评内容	分值	考评办法
1	砂轮的装夹应牢靠,无松动;卡盘与砂轮的接触面应平整、均匀,压紧螺母或螺栓无滑扣,且有防松措施	5 分	①查设备台账,依据设备台账确定抽查数量和具体的被评设备。②现场核查,凡不符合考评内容任一条款要求时,该台设备为不合格设备。
2	使用风动工具应配备完好无损的风罩和防护罩,并严禁拆卸。砂轮直径 100 mm 以上(含 100 mm)的气动砂轮机应有限制最高转速的装置。		

表3.37（续）

序号	考评内容	分值	考评办法
3	开关和进气阀应灵活可靠,密封良好,并能准确控制正反转和停止,关闭后不允许漏气		③根据不合格设备,计算实得分为 $$实得分 = 5 - \frac{不合格设备台数}{抽查总台数} \times 15$$ ④结合现场抽查情况,发现没建立管理台账、台账不清、账物不符情况或报废/停用手续不全、标识不正确或未明确责任人的,扣2分
4	各种形式的防松脱装置应完好,可靠		
5	输气管道及软管不应泄漏、老化或腐蚀		

（四）考评要点

（1）砂轮装夹应牢固,砂轮与卡盘接触面应平整,压紧螺母或螺栓无滑扣,无松动。

（2）砂轮防护罩应无损、可靠,砂轮与防护罩配备合理,防护罩不得拆卸,应符合GB 17957《凿岩机械与气动工具 安全要求》6.2.2.2的要求。

（3）开关、进气阀灵活可靠,密封良好。

（4）防松脱装置完好,管接头,包括工具本身的进气接头和螺纹连接处应采用可靠的防松脱和防漏气结构应符合GB 17957《凿岩机械与气动工具 安全要求》4.7.3的要求。

（5）输气管道及软管无泄漏,应符合《考核评分细则》2.10.5的要求。

（6）砂轮直径100 mm以上（含100 mm）的气动砂轮机应有限制最高转速的装置。如离心式自动调速器等,应符合GB 17957《凿岩机械与气动工具 安全要求》4.7的要求。

（五）常见问题

风动工具常见问题图示及描述如表3.38所示。

表3.38 风动工具常见问题图示及描述

风动工具图示	常见问题描述
	气管接头与软带连接处用铁丝捆绑,不符合GB 17957《凿岩机械与气动工具 安全要求》"4.7.2 软管应具有耐压、耐油、耐磨性和柔软性,并应无破损、老化等现象。应尽量采用短而整根的软管,并应使用符合规定的管接头和管夹将软管连接起来"的要求

表 3.38（续）

风动工具图示	常见问题描述
	气管接头与软带连接处用铁丝捆绑，不符合 GB 17957《凿岩机械与气动工具 安全要求》"4.7.2 软管应具有耐压、耐油、耐磨性和柔软性，并应无破损、老化等现象。应尽量采用短而整根的软管，并应使用符合规定的管接头和管夹将软管连接起来"的要求
	气管接头与软带连接处用铁丝捆绑，不符合 GB 17957《凿岩机械与气动工具 安全要求》"6.2.2.2 机器在额定压力下运转达到最高转速时，如砂轮发生破裂，则砂轮罩的设计结构应满足下列条件：a）碎片应散落在砂轮罩内；b）砂轮罩应保持在原位不脱离。砂轮罩的设计结构还应做到装卸砂轮时无须将其从机器上拆下。另外，直柄式气砂轮的砂轮罩应保证能罩住砂轮旋转面的一半，而端面和角式气砂轮的砂轮罩应保证能罩住操作者一侧砂轮旋转面的一半；或者在砂轮罩上装配可调式侧护挡板，但侧护挡板距砂轮磨削面的距离不应超过 3 mm"的要求

（六）适用的法规标准

风动工具适用的法规标准如表 3.39 所示。

表 3.39　风动工具适用的法规标准

序号	法规标准
1	AQ/T 7009　机械制造企业安全生产标准化规范
2	GB 4674　磨削机械安全规程
3	GB 17957　凿岩机械与气动工具 安全要求

（七）典型做法与经验

风动工具在实际操作中的典型做法及相关经验如表 3.40 所示。

表 3.40　风动工具在实际操作中的典型做法及相关经验

风动工具图示	典型做法及经验
	气动工具软带连接处，符合 GB 17957《凿岩机械与气动工具 安全要求》"4.7.2 软管应具有耐压、耐油、耐磨性和柔软性，并应无破损、老化等现象。应尽量采用短而整根的软管，并应使用符合规定的管接头和管夹将软管连接起来。4.7.3 各种管接头，包括机器本身的进气（油、水）接头和螺纹连接处应采用可靠的防松脱和防漏气结构，并应保证有良好的强度。用于连接冲击式机器的接头还应保证其具有耐冲击、耐振动的特性"的要求
	气动工具气阀完好，符合 GB 17957《凿岩机械与气动工具 安全要求》"4.7.4 阀门应密封良好，开启灵活，关闭后不应有泄漏等现象……"的要求
	风动铣刀软带连接处，符合 GB 17957《凿岩机械与气动工具 安全要求》"4.7.2 软管应具有耐压、耐油、耐磨性和柔软性，并应无破损、老化等现象。应尽量采用短而整根的软管，并应使用符合规定的管接头和管夹将软管连接起来。4.7.3 各种管接头，包括机器本身的进气（油、水）接头和螺纹连接处应采用可靠的防松脱和防漏气结构，并应保证有良好的强度。用于连接冲击式机器的接头还应保证其具有耐冲击、耐振动的特性"的要求

表 3.40（续）

风动工具图示	典型做法及经验
	气动工具软带连接处，符合 GB 17957《凿岩机械与气动工具 安全要求》"4.7.2 软管应具有耐压、耐油、耐磨性和柔软性，并应无破损、老化等现象。应尽量采用短而整根的软管，并应使用符合规定的管接头和管夹将软管连接起来。4.7.3 各种管接头，包括机器本身的进气（油、水）接头和螺纹连接处应采用可靠的防松脱和防漏气结构，并应保证有良好的强度。用于连接冲击式机器的接头还应保证其具有耐冲击、耐振动的特性"的要求
	风动砂轮夹紧装置完好，符合 GB 17957《凿岩机械与气动工具 安全要求》"6.2.2 安装在主轴上的砂轮防锈轮或钢丝刷应有可靠的防松措施，以确保在任何情况下都不松动……"的要求

十二、砂轮机

（一）适用范围

本项目适用于电动机带动砂轮进行手动加工的磨削机械，包括台式、落地式、悬挂式、切割式等砂轮机（不含型材切割机）。

（二）资料备查清单

本考评项查询的资料包括：

（1）砂轮机管理台账，台账应分类，如台式砂轮机、落地式砂轮机等；

（2）砂轮机安全管理制度和安全技术操作规程。

（三）考评内容及考评办法

砂轮机考评内容及考评办法如表 3.41 所示。

表 3.41　砂轮机考评内容及考评办法

序号	考评内容	分值	考评办法
1	安装地点应符合相应要求,操作规程应上墙	1分	①查设备台账,依据设备台账确定抽查数量和具体的被评设备。 ②现场核查,使用破损、裂纹、受潮或超过使用期的砂轮的,该设备为不合格设备。 ③现场核查,其他考评内容一处不合格扣该条款的应得分值,剩余分值为该设备的实得分。 ④凡实得分等于或小于8分则该设备为不合格设备。 ⑤根据不合格设备,计算实得分为 $$实得分 = 10 - \frac{不合格设备台数}{抽查总台数} \times 30$$ ⑥结合现场抽查情况,发现没建立管理台账、台账不清、账物不符情况或报废/停用手续不全、标识不正确或未明确责任人的,扣2分
2	砂轮机防护罩的强度、开口角度及与砂轮之间的间隙应符合 GB 4674 的相关规定	1分	
3	挡屑板应有足够的强度且可调,与砂轮圆周表面的间隙应小于或等于 6 mm	1分	
4	砂轮应无裂纹、无破损;禁止使用受潮、受冻、超过使用期的砂轮;备用砂轮储存应在干燥、通风良好的环境中,并上架竖放	2分	
5	托架应有足够的面积和强度,并安装牢固,托架应根据砂轮磨损及时调整,其与砂轮的间隙应小于或等于 3 mm	1分	
6	法兰盘的直径大小、强度以及砂轮与法兰盘之间的软垫应符合 GB 4674 的相关要求	1分	
7	砂轮机运行应平稳可靠,砂轮磨损量不应超过 GB 4674 的相关规定	2分	
8	PE 线应连接可靠,线径截面积及安装方法符合本《考核评分细则》2.37 的相关规定;工作面照度应大于或等于 300 lx	1分	

(四)考评要点

1. 砂轮机安装地点

(1)砂轮两侧应有足够的作业空间,应符合《考核评分细则》2.11.1.3 的要求。

(2)不得在有腐蚀性气体、易燃易爆场所和精密机床的上风侧装设砂轮机。砂轮机 10 m 范围内不得放置易燃易爆物品。

(3)砂轮机不得正对着附近设备、操作人员或经常有人员过往的地方,否则应装设高度大于等于 1.8 m 的防护挡板。

(4)一个生产场所有多台砂轮机时,应专门设置砂轮机房,墙上悬挂砂轮机安全技术操作规程和安全警示标识,应符合《考核评分细则》2.11.1.1 的要求。

2. 砂轮的防护罩应符合标准

砂轮防护罩应符合 GB 4674《磨削机械安全规程》的有关规定 JB 8799《砂轮机 安全防护技术条件》"4.2.1 b)防护罩的圆周防护部分应能调节,或配有可调护板。当砂轮磨损时,砂轮的圆周表面与防护罩可调板之间的距离”的要求。

3. 挡属板

挡屑板应有足够的强度且可调,与砂轮圆周表面的间隙应小于或等于 6 mm,应符合《考核评分细则》2.11.3 的要求。

4. 托架

托架应有足够的面积和强度,并安装牢固,托架应根据砂轮磨损及时调整,其与砂轮的间隙应小于或等于 3 mm,应符合 JB 8799《砂轮机 安全防护技术条件》4.2.2 的要求。

5. 衬垫

砂轮与卡盘之间应衬以柔性材料(如石棉橡胶板等)制成的衬垫,其厚度为 1～1.5 mm;衬垫应将砂轮卡盘接触面全部覆盖,其直径应大于卡盘直径 2 mm,应符合 JB 8799《砂轮机 安全防护技术条件》4.2.3 e) 的要求。

6. 其他

(1)砂轮应无裂纹、无破损;禁止使用受潮、受冻、超过使用期的砂轮;

(2)砂轮机应有除尘器装置,除尘器应完好、除尘效果有效。

(五)常见问题

砂轮机常见问题图示及描述如表 3.42 所示。

表 3.42　砂轮机常见问题图示及描述

风动工具图示	常见问题描述
	砂轮机没有档削板,不符合 GB 4674《磨削机械安全规程》“3.5.11 砂轮防护罩开口的上端部应设有可以调整的护板,可随砂轮的磨损来调节护板与砂轮圆周表面的间隙。护板应固定在砂轮防护罩上,联结强度应不低于砂轮防护罩构件的强度,护板的宽度应大于砂轮防护罩外圆部分的宽度。砂轮防护罩在砂轮主轴中心线水平面以上的开口角度小于 300 时,可不设护板。3.5.12 砂轮圆周表面与可调护板边缘之间的间隙应小于 6 mm”的要求

表 3.42（续 1）

风动工具图示	常见问题描述
	砂轮机托架与砂轮表面间隙过大，不符合 GB 4674《磨削机械安全规程》"3.7 手持磨削的磨削机械上应设有工件托架，其位置应能随砂轮磨损独立进行调整，工件托架台面高度应与砂轮主轴中心线等高，并有足够的面积能保证被工件的稳定。工件托架靠近砂轮一侧的边棱应无凹陷、缺角等缺陷。4.8 砂轮与工件托架之间的距离应小于被磨工件最小外形尺寸的二分之一，最大不准超过 3 mm。调整后应紧固"的要求
	砂轮机没有档屑板，不符合 GB 4674《磨削机械安全规程》"3.5.11 砂轮防护罩开口的上端部应设有可以调整的护板，可随砂轮的磨损来调节护板与砂轮圆周表面的间隙。护板应固定在砂轮防护罩上，联结强度应不低于砂轮防护罩构件的强度，护板的宽度应大于砂轮防护罩外圆部分的宽度。砂轮防护罩在砂轮主轴中心线水平面以上的开口角度小于 300° 时，可不设护板。3.5.12 砂轮圆周表面与可调护板边缘之间的间隙应小于 6 mm"的要求
	砂轮机档屑板安装不规范，不能随时调整，不符合 GB 4674《磨削机械安全规程》"3.5.11 砂轮防护罩开口的上端部应设有可以调整的护板，可随砂轮的磨损来调节护板与砂轮圆周表面的间隙。护板应固定在砂轮防护罩上，联结强度应不低于砂轮防护罩构件的强度，护板的宽度应大于砂轮防护罩外圆部分的宽度。砂轮防护罩在砂轮主轴中心线水平面以上的开口角度小于 300° 时，可不设护板。3.5.12 砂轮圆周表面与可调护板边缘之间的间隙应小于 6 mm"的要求
	砂轮机没有托架，不符合 GB 4674《磨削机械安全规程》"3.7 手持磨削的磨削机械上应设有工件托架，其位置应能随砂轮磨损独立进行调整，工件托架台面高度应与砂轮主轴中心线等高，并有足够的面积能保证被磨工件的稳定。工件托架靠近砂轮一侧的边棱应无凹陷、缺角等缺陷。4.8 砂轮与工件托架之间的距离应小于被磨工件最小外形尺寸的二分之一，最大不准超过 3 mm。调整后应紧固"的要求

表 3.42（续 2）

风动工具图示	常见问题描述
	砂轮机周围没有防护挡网不符合 GB 4674《磨削机械安全规程》"5.11 砂轮机一般应设置专用的砂轮机房,不得安装在正对着附近设备、操作人员或经常有人过往的地方。如果因条件限制不能设置专用的砂轮机房,则应在砂轮机正面装设不低于1.8 m 高度的防护挡板"
	砂轮机安装的位置不合理不符合 GB 4674《磨削机械安全规程》"5.11 砂轮机一般应设置专用的砂轮机房,不得安装在正对着附近设备、操作人员或经常有人过往的地方。如果因条件限制不能设置专用的砂轮机房,则应在砂轮机正面装设不低于1.8 m 高度的防护挡板"
	砂轮机与法兰盘之间没有软垫不符合 JB 8799《砂轮机 安全防护技术条件》"4.2.3 e)砂轮与卡盘之间应衬以柔性材料(如石棉橡胶板等)制成的衬垫……其厚度为 1～1.5 mm;衬垫应将砂轮卡盘接触面全部覆盖,其直径应大于卡盘直径 2 mm"的要求
	砂轮机除尘装置损坏,不符合 GB 4674《磨削机械安全规程》"3.12 干磨用磨削机械应有吸尘器"的要求

(六)适用的法规标准

砂轮机适用的法规标准如表3.43所示。

表3.43 砂轮机适用的法规标准

序号	法规标准
1	GB 2494 固结模具 安全要求
2	GB 4674 磨削机械安全规程
3	AQ/T 7009 机械制造企业安全生产标准化规范
4	JB 8799 砂轮机 安全防护技术条件
5	JB 13960.5 可移式电动工具的安全 第二部分:台式砂轮机的专用要求
6	JB/T 6092 轻型台式砂轮机
7	JB/T 4143 台式砂轮机
8	JB 3770 落地砂轮机

(七)典型做法与经验

砂轮机在实际操作中的典型做法及相关经验如表3.44所示。

表3.44 砂轮机在实际操作中的典型做法及相关经验

砂轮机图示	典型做法及经验
	砂轮机周围设置防护挡网,符合《考核评分细则》"2.11.1.1 单台设备可安装在人员较少的地方,且在靠近人员方向设置防护网"和GB 4674《磨削机械安全规程》"5.11 砂轮机一般应设置专用砂轮房,不得安装在正对着附近设备、操作人员或经常有人过往的地方,如果因条件限制不能设置在专用的砂轮房内,应在砂轮机正面装设不低于1.8 m高度的防护挡板"的要求

表 3.44(续 1)

砂轮机图示	典型做法及经验
	砂轮机周围设置防护挡网,符合《考核评分细则》"2.11.1.1 单台设备可安装在人员较少的地方,且在靠近人员方向设置防护网"和 GB 4674《磨削机械安全规程》"5.11 砂轮机一般应设置专用砂轮房,不得安装在正对着附近设备、操作人员或经常有人过往的地方,如果因条件限制不能设置在专用的砂轮房内,应在砂轮机正面装设不低于 1.8 m 高度的防护挡板"的要求
	砂轮机托架与砂轮表面的间隙,符合 GB 4674《磨削机械安全规程》"3.7 手持磨削的磨削机械上应设有工件托架,其位置应能随砂轮磨损独立进行调整,工件托架台面高度应与砂轮主轴中心线等高,并有足够的面积能保证被工件的稳定。工件托架靠近砂轮一侧的边棱应无凹陷、缺角等缺陷。4.8 砂轮与工件托架之间的距离应小于被磨工件最小外形尺寸的二分之一,最大不准超过 3 mm。调整后应紧固"的要求
间隙≤6mm	砂轮机挡屑板与砂轮表面的间隙,符合 GB 4674《磨削机械安全规程》"3.5.11 砂轮防护罩开口的上端部应设有可以调整的护板,可随砂轮的磨损来调节护板与砂轮圆周表面的间隙。护板应固定在砂轮防护罩上,联结强度应不低于砂轮防护罩构件的强度,护板的宽度应大于砂轮防护罩外圆部分的宽度。砂轮防护罩在砂轮主轴中心线水平面以上的开口角度小于 300°时,可不设护板。3.5.12 砂轮圆周表面与可调护板边缘之间的间隙应小于 6 mm"的要求
	砂轮机挡屑版和托架与砂轮表面的距离,符合《考核评分细则》2.11.3 和 2.11.5 的要求

表3.44(续2)

砂轮机图示	典型做法及经验
	砂轮机使用标准示意图
	砂轮机周围设置防护挡网,符合《考核评分细则》"2.11.1.1 单台设备可安装在人员较少的地方,且在靠近人员方向设置防护网"和 GB 4674《磨削机械安全规程》"5.11 砂轮机一般应设置专用砂轮房,不得安装在正对着附近设备、操作人员或经常有人过往的地方,如果因条件限制不能设置在专用的砂轮房内,应在砂轮机正面装设不低于1.8 m高度的防护挡板"的要求

十三、射线探伤设备

(一)适用范围

本项目适用于生产场所或服务过程中使用的各种射线探伤设备和其他类探伤设备(如磁粉、着色探伤)。

(二)资料备查清单

本考评项查阅的资料包括:

(1)设备管理台账,台账应分类,如固定式探伤设备、便携式探伤设备等;

(2)工作许可登记证、定期检测报告、个人辐射量监测检验报告、个人健康档案等资料;

(3)相关工作人员应持有"放射工作人员证";

(4)从事放射工作人员(操作人员、检修人员、试验人员)进入工业探伤辐射工作场所佩戴的报警式剂量计;

(5)安全防护管理规章制度、事故应急措施和安全操作规程。

（三）考评内容及考评办法

射线探伤设备考评内容及考评办法如表3.45所示。

表3.45 射线探伤设备考评内容及考评办法

序号	考评内容	分值	考评办法
1	安全管理应符合相关规定,工作许可登记证、定期检测报告、个人辐射量监测检验报告、个人健康档案等资料、记录应齐全、有效;相关工作人员应持有《放射工作人员证》;从事放射工作的人员(操作人员、检修人员、试验人员)进入工业探伤辐射工作场所时,应佩戴报警式剂量计;建立完善有效的安全防护管理规章制度、事故应急措施和安全操作规程	1.6分	①查设备台账,依据设备台账确定抽查数量和具体的被评设备。②查射线探伤设备的管理资料和档案;作业人员的持证、个人辐射量监测检验报告、个人健康档案等资料。③现场核查,一处不合格扣该条款的应得分值,剩余分值为该设备的实得分。④凡实得分等于或小于7分则该设备为不合格设备。⑤根据不合格设备的台数,计算实得分为 实得分 = 8 − $\frac{不合格设备台数}{抽查总台数} \times 24$ ⑥其他类探伤设备(如磁粉、着色探伤),参照此标准进行考评
2	探伤室的门、窗、电缆沟、铅板等防辐射措施完好,X射线探伤室屏蔽墙外30cm处空气比释动能率应小于2.5 μGy/h。控制室应配置监视屏。工业X射线探伤装置应定期有资质的卫生技术服务机构进行检测	1.6分	
3	各种报警、信号、通讯及警示标识应完好、灵敏、准确、及时;照射室的闭锁或门机联锁装置应可靠	0.8分	
4	PE线应连接可靠,线径截面积及安装方法符合本《考核评分细则》2.37的相关规定	1.6分	
5	被检测物应放置牢固,且不影响探伤设备的运行、操作	0.8分	
6	移动式或携带式X射线装置,控制器与X射线管头或高压发生器的连接电缆不得短于20m;并应将作业时被检物体周围的空气比释动能率大于15 μGy/h的范围内划定为控制区,工作人员应在控制区边界外作业,所有人员严禁进入控制区内	1.6分	

（四）考评要点

1. 相关的管理资料

（1）"工作许可登记证"、定期检测报告、个人辐射量监测检验报告、个人健康档案等资料、记录应齐全、有效;

（2）"放射工作人员证"、报警式剂量计;

（3）应制定安全防护管理规章制度、事故应急措施和安全操作规程。

2. 探伤室的门、窗、沟的防辐射措施

探伤室的门、窗、沟的防辐射措施应完好。应安装门—机联锁安全装置和照射信号指示器,并保证在门关闭后 X 射线装置才能进行透照检查,应符合 GBZ 117《工业 X 射线探伤放射卫生防护标准》4.1.3 的要求。

3. 警示标识

各种报警、信号、通讯及警示标识应完好、灵敏、准确。探伤作业时,应划定作业场所工作区域并在相应的边界设置警示标识,应符合《考核评分细则》2.12.3 的要求。

4. 移动式或携带式射线装置及其使用

移动式或携带式射线装置及其使用,应符合 GBZ 117《工业 X 射线探伤放射卫生防护标准》"3.1.3 对于移动式 X 射线装置,控制器与 X 射线管或高压发生器的连接电缆不得短于 20 m"的要求。控制器上应有一个黄色标识灯和急停开关。

5. 工业 X 射线探伤设备

工业 X 探伤设备应一年检验一次,应符合 GBZ 117《工业 X 射线探伤放射卫生防护标准》5.3.1.3 c)的要求。

6. 现场作业

现场作业时工作人员应划定作业场所工作区域并在相应的边界设置警示标识。作业人员应在控制区边界外作业,所有人员严禁进入控制区内。

(五)常见问题

射线探伤设备常见问题图示及描述如表 3.46 所示。

表 3.46　射线探伤设备常见问题及描述

射线探伤设备图示	常见问题描述
	便携式探伤设备,没有存放在专用的库房内,而存放在换衣室

表 3.46（续）

射线探伤设备图示	常见问题描述
	便携式探伤设备,没有集中存放在在用的库房内

（六）适用的法规标准

射线探伤设备适用的法规标准如表 3.47 所示。

表 3.47　射线探伤设备适用的法规标准

序号	法规标准
1	GB 22448　500 kV 以下工业 X 射线探伤机防护规则
2	GB/T 14058　γ 射线探伤机
3	GBZ 117　工业 X 射线探伤放射防护要求
4	GBZ 132　工业 γ 射线探伤放射防护标准

（七）典型做法与经验

射线探伤设备在实际操作中的典型做法及相关经验如表 3.48 所示。

表 3.48　射线探伤设备在实际操作中的典型做法及相关经验

射线探伤设备图示	典型做法及经验
	X 射线探伤作业区域安全警示标识,符合 GBZ 117《工业 X 射线探伤放射卫生防护标准》"4.1.3 应安装门—机联锁安全装置和照射信号指示器,并保证在门关闭后 X 射线装置才能进行透照检查"的要求

表 3.48（续）

射线探伤设备图示	典型做法及经验
	X 射线探伤作业区域安全警示信号装置，符合 GBZ 117《工业 X 射线探伤放射卫生防护标准》"4.1.3 应安装门 机联锁安全装置和照射信号指示器，并保证在门关闭后 X 射线装置才能进行透照检查"的要求
	X 射线探伤设备检验管理，符合 GBZ 117《工业 X 射线探伤放射卫生防护标准》"5.3.1.3 c) 工业 X 射线探伤装置至少应每年检测 1 次，由有资质的卫生技术服务机构检测"的要求
	X 射线探伤作业区域安全警示标识，符合 GBZ 117《工业 X 射线探伤放射卫生防护标准》"4.1.3 应安装门－机联锁安全装置和照射信号指示器，并保证在门关闭后 X 射线装置才能进行透照检查"的要求
	现场探伤所用的安全警戒绳和安全警示标识，符合《考核评分细则》"2.12.3 各种报警、信号、通信及警示标识应完好、灵敏、准确、及时"的要求

十四、炊事机械

(一)适用范围

本项目适用于以机械运转来加工食品的炊事机械设备,主要有和面机、绞肉机、压面机、馒头机、切菜机、打蛋机、饺子机、食品搅拌机等。

(二)资料备查清单

本考评项查阅的资料包括:

(1)设备管理台账,台账应分类,如和面机、搅拌机、压面机、绞肉机、切菜机等;

(2)管理制度和操作规程。

(三)考评内容及考评办法

炊事机械考评内容及考评办法如表3.49所示。

表3.49　炊事机械考评内容及考评办法

序号	考评内容	分值	考评办法
1	传动部位:传动部位的皮带轮、齿轮、链轮与链条、联轴器等均应设置可靠的防护罩、防护盖或防护栏;防护罩、盖、栏的安全距离应符合 GB 23821 的相关规定	5分	①查设备台账,依据设备台账确定抽查数量和具体的被评设备。②现场核查,凡不符合《考核评分细则》2.13.1～2.13.5 任一条款要求时,该台设备为不合格设备。③根据不合格设备的台数,计算实得分为实得分 = 5 - $\dfrac{\text{不合格设备台数}}{\text{抽查总台数}} \times 15$④未按规定设置可燃气体报警或自动切断装置的,扣2分。
2	带有搅拌操作的容器:容器盖的材料应具有一定的强度,且符合食品安全的材质要求;容器盖应设计合理,便于开启,宜采用翻转式;容器盖与容器应封闭良好,如不能自行盖严的应设锁卡装置;容器盖与容器应配备盖机联锁装置,联锁开关应固定在容器本体上,并确保启盖后即能切断动力回路		
3	带有碾、绞、压、挤、切伤的部位:绞肉机应配备送料的辅助工具,严禁用手推料;绞肉机的加料口或托盘所使用的材料应具有足够的强度,并与加料口固定连接;压面机轧辊应便于装拆,调整灵活,定位可靠;压面机加料处应配备专用刮面板,严禁用手推、刮面粉		
4	设备的电源控制开关应单机设置,严禁多台设备共用一个控制开关,设置的位置应方便作业人员操作;对于受烟尘、水等因素影响较大的控制开关应有防护装置,并配置剩余电流动作保护装置		

表 3.49（续）

序号	考评内容	分值	考评办法
5	电源引线应穿管敷设,受条件限制时,应敷设在无泡浸、无高温和无压砸的沿墙壁面,线路不应有接头;PE 线应连接可靠,线径截面积及安装方法符合《考核评分细则》2.37 的相关规定	5 分	⑤结合现场抽查情况,发现没建立管理台账、台账不清、账物不符情况或报废/停用手续不全、标识不正确或未明确责任人的,扣 2 分
6	使用天然气的场所,应设置可燃气体报警装置和自动切断装置		

（四）考评要点

（1）外露旋转（传动）部位应有可靠的防护罩,如皮带轮、齿轮、链轮与链条、联轴器等部位的防护罩,应符合 GB 16798《食品机械安全》5.7 的要求。

（2）带有搅拌的容器应有防护罩或盖板,防护罩或盖板应有电气联锁装置,并灵敏可靠,应符合 GB 16798《食品机械安全》5.11 的要求。

（3）带有碾、绞、压、挤、切伤的部位,应配置送料工具,如绞肉机送料口、压面机上料处应符合《考核评分细则》2.13.3.1,2.13.3.2 的要求。

（4）设备的电源控制开关应单机设置,严禁多台设备共用一个控制开关,设置的位置应方便作业人员操作,并配置剩余电流动作保护装置,应符合《考核评分细则》2.13.4 的要求。

（5）电源引线应穿管敷设,沿墙敷设的电源线路不应有接头;设备 PE 线应连接可靠,线径截面积及安装方法应符合《考核评分细则》2.13.5 的相关规定。

（6）使用燃气的场所,应设置可燃气体报警装置和自动切断装置。

（五）常见问题

炊事机械常见问题图示及描述如表 3.50 所示。

表 3.50　炊事机械常见问题图示及描述

炊事机械图示	常见问题描述
	和面机没有盖机联锁装置,不符合 GB 16798《食品机械安全》"5.11 设备上具有潜在危险因素,对人体和设备安全可能构成威胁的人孔盖、贮罐上的罐盖,可能经常开启的转动部分的防护罩,应具有联锁装置"和《考核评分细则》"2.13.2.4 容器盖与容器应配备盖机联锁装置,联锁开关应固定在容器本体上,并确保启盖后即能切断动力回路"的要求

表 3.50（续 1）

炊事机械图示	常见问题描述
	搅拌机没有安全防护装置,不符合 GB 16798《食品机械安全》"5.11 设备上具有潜在危险因素,对人体和设备安全可能构成威胁的人孔盖、贮罐上的罐盖,可能经常开启的转动部分的防护罩,应具有联锁装置"和《考核评分细则》"2.13.2.4 容器盖与容器应配备盖机联锁装置,联锁开关应固定在容器本体上,并确保启盖后即能切断动力回路"的要求
	和面机没有盖机联锁装置,不符合 GB 16798《食品机械安全》"5.11 设备上具有潜在危险因素,对人体和设备安全可能构成威胁的人孔盖、贮罐上的罐盖,可能经常开启的转动部分的防护罩,应具有联锁装置"和《考核评分细则》"2.13.2.4 容器盖与容器应配备盖机联锁装置,联锁开关应固定在容器本体上,并确保启盖后即能切断动力回路"的要求
	搅拌机没有安全防护装置,不符合 GB 16798《食品机械安全》"5.11 设备上具有潜在危险因素,对人体和设备安全可能构成威胁的人孔盖、贮罐上的罐盖,可能经常开启的转动部分的防护罩,应具有联锁装置"和《考核评分细则》"2.13.2.4 容器盖与容器应配备盖机联锁装置,联锁开关应固定在容器本体上,并确保启盖后即能切断动力回路"的要求
	压面机送料口部位没有安全防护装置,不符合 GB 22748《食品加工机械 立式和面机 安全和卫生要求》"5.1.6 应防止任何夹卡危险,可以通过固定防护罩来实现"和《考核评分细则》"2.13.3.4 压面机加料处应配备专用刮面板,严禁用手推、刮面粉"的要求

表 3.50（续 2）

炊事机械图示	常见问题描述
	馒头机送料口部位没有采取防手被绞碾措施，不符合 GB 22748《食品加工机械 立式和面机 安全和卫生要求》"5.1.1.1 防止从上部进入，可通过使用装在具有控制联锁装置的料筒顶部的活动联锁保护罩来实现，当料筒自身处在适当位置时阻止其他方向进入"的要求
	绞肉机送料口部位没有采取防止手被绞碾措施，不符合 GB 22748《食品加工机械 立式和面机 安全和卫生要求》"5.1.1.1 防止从上部进入，可通过使用装在具有控制联锁装置的料筒顶部的活动联锁保护罩来实现，当料筒自身处在适当位置时阻止其他方向进入"和《考核评分细则》"2.13.3.1 绞肉机应配备送料的辅助工具，严禁用手推料"的要求
	菜馅机没有盖机联锁装置，不符合 GB 16798《食品机械安全》"5.11 设备上具有潜在危险因素，对人体和设备安全可能构成威胁的人孔盖、贮罐上的罐盖，可能经常开启的转动部分的防护罩，应具有联锁装置"和《考核评分细则》"2.13.2.4 容器盖与容器应配备盖机联锁装置，联锁开关应固定在容器本体上，并确保启盖后即能切断动力回路"的要求

（六）适用的法规标准

炊事机械适用的法规标准如表 3.51 所示。

表 3.51　炊事机械适用的法规标准

序号	法规标准
1	GB 16798　食品机械安全
2	GB 22748　食品加工机械 立式和面机 安全和卫生要求
3	GB 23242　食品加工机械 食物切碎挤和搅拌机 安全和卫生要求
4	GB 23821　机械安全防止上下肢触及危险区的安全距离

（七）典型做法与经验

炊事机械在实际操作中的典型做法及相关经验如表 3.52 所示。

表 3.52 炊事机械在实际操作中的典型做法及相关经验

炊事机械图示	典型做法及经验
	搅拌机防护罩，符合 GB 16798《食品机械安全》"5.11 设备上具有潜在危险因素，对人体和设备安全可能构成威胁的人孔盖、贮罐上的罐盖，可能经常开启的转动部分的防护罩，应具有联锁装置"和《考核评分细则》"2.13.2.4 容器盖与容器应配备盖机联锁装置，联锁开关应固定在容器本体上，并确保启盖后即能切断动力回路"的要求
	搅拌机防护罩，符合 GB 16798《食品机械安全》"5.11 设备上具有潜在危险因素，对人体和设备安全可能构成威胁的人孔盖、贮罐上的罐盖，可能经常开启的转动部分的防护罩，应具有联锁装置"和《考核评分细则》"2.13.2.4 容器盖与容器应配备盖机联锁装置，联锁开关应固定在容器本体上，并确保启盖后即能切断动力回路"的要求
	和面机防护罩盖机联锁装置，符合 GB 16798《食品机械安全》"5.11 设备上具有潜在危险因素，对人体和设备安全可能构成威胁的人孔盖、贮罐上的罐盖，可能经常开启的转动部分的防护罩，应具有联锁装置"和《考核评分细则》"2.13.2.4 容器盖与容器应配备盖机联锁装置，联锁开关应固定在容器本体上，并确保启盖后即能切断动力回路"的要求

表 3.52（续）

炊事机械图示	典型做法及经验
	和面机防护罩盖机联锁装置，符合 GB 16798《食品机械安全》"5.11 设备上具有潜在危险因素，对人体和设备安全可能构成威胁的人孔盖、贮罐上的罐盖，可能经常开启的转动部分的防护罩，应具有联锁装置"和《考核评分细则》"2.13.2.4 容器盖与容器应配备盖机联锁装置，联锁开关应固定在容器本体上，并确保启盖后即能切断动力回路"的要求
	和面机防护罩盖机联锁装置，符合 GB 16798《食品机械安全》"5.11 设备上具有潜在危险因素，对人体和设备安全可能构成威胁的人孔盖、贮罐上的罐盖，可能经常开启的转动部分的防护罩，应具有联锁装置"和《考核评分细则》"2.13.2.4 容器盖与容器应配备盖机联锁装置，联锁开关应固定在容器本体上，并确保启盖后即能切断动力回路"的要求
	食堂使用燃气的场所设置可燃气体检测报警器，符合《考核评分细则》"2.13.6 使用燃气的场所，应设置可燃气体报警装置和自动切断装置"的要求

十五、自有专用设备

（一）适用范围

本项目适用于不属于通用机械设备（如金切、起重运输、冲剪压设备等）外的其他专用、非标、自制等机械、电气设备设施，试验性设备设施。

（二）资料备查清单

本考评项查阅的资料包括：

（1）设备管理台账，台账应分类，如实验设备、自制设备、非标设备、外购设备等；

（2）自制设备、试验设备完整的设计、审批的相关资料；外购设备出厂技术资料、安装使用说明书和验收资料以及相应的检测、试验报告；

（3）其他相关的技术资料。

（三）考评内容及考评办法

自有专用设备考评内容及考评办法如表3.53所示。

表3.53 自有专用设备考评内容及考评办法

序号	考评内容	分值	考评办法
1	单位应建立自有专用设备台账，并保存相关内容的档案资料，包括完整的设计、审批的相关资料；出厂技术资料、安装使用说明书；验收资料和相应的检测、试验报告；其他技术资料	20分	①单位内不属于通用设备设施（如金属切削机床、起重运输、冲剪压设备等）的其他设备设施（如专用、非标、自制等），按此考评项考评。②查设备台账，依据设备台账确定抽查数量和具体的被评设备。③结合现场抽查情况，发现没建立管理台账、台账不清、账物不符情况或报废/停用手续不全、标识不正确或未明确责任人的，扣2分。属于国家规定应报备但未报备的，一台（套）扣2分。无自有专用设备单机档案或档案资料不全的，一台（套）扣0.5分。④查设备操作规程或作业指导书，缺一种扣1分；一处不合格扣0.5分。⑤查安全标准化检查表，每缺一台设备扣1分；一处不合规扣0.3分。⑥现场检查自有专用设备的安全装置不符合相关要求或与标准化考评表自查结果不符合，一处扣1分
2	单位应编制每种自有专用设备的安全技术操作规程或工艺安全技术作业指导书		
3	单位应对自有专用设备进行风险分析和评价，并制定了安全标准化考评表		
4	单位制定的自有专用设备安全标准化考评内容应满足行业安全生产法规、标准的要求		
5	单位应按照自有专用设备安全标准化考评表进行了自评，并保存自评记录		

（四）考评要点

1. 管理资料和档案

（1）设备的设计、审批、制造、安装、试验、验收等方面的资料；

（2）外购设备的出厂、安装、验收等方面的资料；

（3）单位编制的每种自有专用设备的安全技术操作规程或工艺安全技术作业指导书；

（4）单位对自有专用设备进行风险分析和评价，并制定的安全标准化考评表。

2. 自有专用设备

自有专用设备安全防护和安全保护装置，凡距操作者站立面 2 m 以下设备的外露旋转部位应有可靠的防护罩或防护网，应符合 GB 5083《生产设备安全卫生设计总则》"6.1.2 对操作人员的操作位置所在平面为基准，凡高度在 2 m 以内的所有传动带、转轴、传动链、联轴节、带轮、齿轮、链轮、电锯等外露危险零部件及危险部位，都必须设置安全防护装置"的要求。

3. 运动部位

各运动部位设置的限位装置应灵敏、可靠，并与动力机构联锁。设置的各种信号警示装置应可靠，应符合 GB 5083《生产设备安全卫生设计总则》"5.5.2 信号和显示器 d）生产设备上易发生故障或危险性较大的区域，应设置声、光或声、光组合的报警装置"的要求。

4. 电气设备

电气设备的绝缘、屏护、间距，以及 PE 线应符合的相关规定。

5. 特种设备

属《特种设备目录》范围内的如压力容器、压力管道、起重机械应按照规定进行注册登记，并应定期检验，且符合相关规定。

6. 职业病危害作业

如存在职业病危害作业，产生有毒有害气体的设备设施，应设置通风吸尘设施，应符合 GB 15760《金属切屑机床 安全防护通用技术条件》"5.11.2.2 工作时产生有害气体或大量的烟雾、油雾的机床，应采取有效的封闭措施和/或设置有效的排气、吸雾装置"，以及"5.11.2.3 工作时产生大量的粉尘的机床，应采取有效的封闭措施和/或设置有效的吸尘装置"的要求。

7. 防爆

如存在易燃易爆作业场所，其电气设备应符合相应等级的防爆要求。

8. 登高作业

如存在登高作业，其设置的梯台应符合 GB 5083《生产设备安全卫生设计总则》"5.7.1　c）在设备、设施、管线上需要人员操作、检查和维修，并有发生高处坠落危险部位应配置扶梯、平台、围栏和系挂装置等辅助设施"的要求。

9. 工业管道

实验设备配置的工业管道应符合 GB 7231《工业管道的基本识别色、识别符号和安全标识》的要求。

(五)常见问题

自有专用设备常见问题图示及描述如表 3.54 所示。

表 3.54 自有专用设备常见问题图示及描述

自有专用设备图示	常见问题描述
	冲击试验机没有防护罩,不符合 GB 5083《生产设备安全卫生设计总则》"6.1.2 对操作人员的操作位置所在平面为基准,凡高度在 2 m 以内的所有传动带、转轴、传动链、联轴节、带轮、齿轮、链轮、电锯等外露危险零部件及危险部位,都必须设置安全防护装置"的要求
	冲击试验机防护罩不完善,不符合 GB 5083《生产设备安全卫生设计总则》"6.1.2 对操作人员的操作位置所在平面为基准,凡高度在 2 m 以内的所有传动带、转轴、传动链、联轴节、带轮、齿轮、链轮、电锯等外露危险零部件及危险部位,都必须设置安全防护装置"的要求
	没有对抛光机进行风险分析和评价,不符合《考核评分细则》"2.14.3 单位应对自有专用设备进行风险分析和评价,并制定安全标准化考评表"的要求

（六）适用的法规标准

自有专用设备适用的法规标准如表 3.55 所示。

表 3.55　自有专用设备适用的法规标准

序号	法规标准
1	GB 5083　生产设备安全卫生设计总则
2	GB 5226.1　机械电气安全 机械电气设备 第 1 部分：通用技术条件
3	GB 15760　金属切屑机床 安全防护通用技术条件
4	GB 7231　工业管道的基本识别色、识别符号和安全标识

（七）典型做法与经验

自有专用设备在实际操作中的典型做法及相关经验如表 3.56 所示。

表 3.56　自有专用设备在实际操作中的典型做法及相关经验

自有专用设备图示	典型做法及经验
	自有专用设备制定安全生产标准化考评表，符合《考核评分细则》"2.14.3 单位应对自有专用设备进行风险分析和评价，并制定安全标准化考评表"的要求
	冲击试验机防护罩，符合 GB 5083《生产设备安全卫生设计总则》"6.1.2 对操作人员的操作位置所在平面为基准，凡高度在 2 m 以内的所有传动带、转轴、传动链、联轴节、带轮、齿轮、链轮、电锯等外露危险零部件及危险部位，都必须设置安全防护装置"的要求

表 3.56(续)

自有专用设备图示	典型做法及经验
	蚀刻生产线安全防护装置齐全有效,符合《考核评分细则》
	高温反馈试验系统编制了安全技术操作规程,符合《考核评分细则》"2.14.2 单位应编制每种自有专用设备的安全技术操作规程或工艺安全技术作业指导书"的要求
	定型剪切机安全装置齐全,符合《考核评分细则》"2.2.10 剪板机等压料脚应平整,危险部位应设置可靠的防护装置"和"2.14.3 各运动部位的限位装置应灵敏、可靠,并与动力机构联锁"的要求

十六、锻压机械

(一)适用范围

本项目适用于以气体、液体、机械电气传动的锻锤,油、水压力机,螺杆式摩擦压力机及锻造操作机。

(二)资料备查清单

本考评项查阅的资料包括:

（1）设备管理台账,台账应分类,如气体锻压、液体锻压、螺杆锻压等锻压设备;

（2）管理制度和操作规程。

（三）考评内容及考评办法

锻压机械考评内容及考评办法如表3.57所示。

表3.57 锻压机械考评内容及考评办法

序号	考评内容	分值	考评办法
1	锤头部件:锤头安装应坚固,无松动,凡使用销、楔处不得设有垫片;固定用的销、楔应无松动,且突出部分应小于15 mm;锤缸的顶部应设有可靠的锤杆缓冲装置;锤头应无裂纹、无破损;螺旋传动机应设置可靠的缓冲装置。锤头工作缸连接固定螺栓齐全、紧固。锤臂地脚螺栓防松良好,各管系无泄漏,管架锁定功能良好	36分	①查设备台账,依据设备台账确定抽查数量和具体的被评设备。②现场核查,凡不符合考评内容任一条款要求时,该台设备为不合格设备。③根据不合格设备,计算实得分为实得分 = 12 - $\dfrac{\text{不合格设备台数}}{\text{抽查总台数}} \times 36$ ④结合现场抽查情况,发现没建立管理台账、台账不清、账物不符情况或报废/停用手续不全、标识不正确或未明确责任人的,扣2分
2	砧座应位于基础的中心,上、下砧应对正;偏心锻造时偏心距离禁止超过200 mm。3 t及其以下锻锤紧固用楔铁和垫片伸出长度不应超过锤头或锻模前边缘50 mm;3 t以上的锻锤不应超过80 mm,后边缘不应超过150 mm,垫片数量不超过3片或其厚度不超过10 mm。其平行度应小于1/300;使用销、楔处不得设有垫片		
3	操纵机构:操纵手柄、踏杆、按钮、制动器手(脚)柄(杆)应灵活、完好;制动器应可靠;应设有防止设备意外误动作的装置;踏杆上应设有防护罩;按钮应标识清晰、动作准确。操作台应设置防飞溅、满足强度要求的隔离屏障		
4	运动部件:电动机的连接部位不得松动;摩擦盘、飞轮、导轨压条等部位的紧固件不得松动,且设有防止运动件脱落或误操作的装置;运动部件应标明其运动方向,单向旋转的零部件应有转向的指示标识		
5	安全防护装置:限位器、紧急制动器、溢流阀、安全阀、保险杠等安全装置应齐全、有效;凡距操作者站立面2 m以下设备外露的旋转部件均应设置齐全、可靠的防护罩或防护网,其安全距离应符合GB 23821的相关规定;锤工操作正面及另一侧应有防护挡板装置;检修平台应符合GB 4053的相关规定;在设备维修或模具进行调整时,应设置防止工作部件意外移动的保险装置或能量锁定装置,且必须与动力回路联锁		
6	附属的气瓶、储气罐等储能装置应符合《考核评分细则》2.25,2.26的相关规定		

表 3.57（续）

序号	考评内容	分值	考评办法
7	操作机、夹钳、剁刀等设备或工具，受力部位应无裂纹，受打击部位的硬度不应高于 HRC30。作业用的钳子等工具禁止放在工作台上		
8	设备基础应牢固、可靠，其结合面应紧密，且应采取减震措施；周边留足够的操作空间		
9	电气设备的绝缘、屏护、防护间距应符合 GB 5226.1 的相关规定；PE 线应连接可靠，线径截面积及安装方法符合本《考核评分细则》2.37 的相关规定		
10	锻造作业场所应符合 GB 13318 的相关规定		

（四）考评要点

1. 锤头部位

（1）锤头应牢固，不得有裂纹和破损；使用销、楔处不得设有垫片；固定用的销、楔应无松动，且突出部分应小于 15 mm，应符合 CB 3771《铸锻作业安全规程》"7.2.6 锻锤受冲击部位、锤头、锤杆应无裂纹，下模与砧座的连接，楔子等部位的紧固螺钉应无松动，锻锤应无异常声响，油、气管系无渗漏"的要求。

（2）锤缸的顶部应设有可靠的锤杆缓冲装置。

2. 砧座部位

（1）应位于基础的中心，上、下砧应对正；偏心锻造时偏心距离禁止超过 200 mm 应符合 CB 3771《铸锻作业安全规程》7.3.10 的要求。

（2）3 t 及其以下锻锤紧固用楔铁和垫片伸出长度不应超过锤头或锻模前边缘 50 mm；3 t 以上的锻锤不应超过 80 mm，后边缘不应超过 150 mm，垫片数量不超过 3 片或其厚度不超过 10 mm。其平行度应小于 1/300，应符合 CB 3771《铸锻作业安全规程》7.2.5 的要求。

（3）使用销、楔处不得设有垫片，应符合《考核评分细则》2.15.2 的要求。

3. 操纵机构

（1）操纵手柄、踏杆、按钮、制动器手（脚）柄（杆）应灵活、完好。

（2）踏杆上应设有防护罩；按钮应标识清晰、动作准确，应符合 GB 17120《铸锻机械安全技术条件》10.6.1 及 10.6.2 的要求。

4. 运动部件

摩擦盘、飞轮、导轨压条等部位的紧固件不得松动，且设有防止运动件脱落或误操作的装置；运动部件应标明其运动方向，单向旋转的零部件应有转向的指示标识，应符合

GB 17120《铸锻机械 安全技术条件》5.3 的要求。

5. 安全防护装置

（1）限位器、紧急制动器、溢流阀、安全阀、保险杠等安全装置应齐全、有效。

（2）凡距操作者站立面 2 m 以下设备外露的旋转部件均应设置齐全、可靠的防护罩或防护网；操作者站立面部位应设置防护挡板，应符合 CB 3771《铸锻作业安全规程》7.2.4 的要求。

6. 其他

（1）操作机、夹钳、剁刀等设备或工具，受力部位应无裂纹。

（1）基础应牢固、可靠，应采用减震措施。

（五）常见问题

锻压机械常见问题图示及描述如表 3.58 所示。

表 3.58　锻压机械常见问题图示及描述

锻压机械图示	常见问题描述
	锻造设备脚踏杆开关上方没有防护罩，不符合 GB 17120《锻压机械 安全技术条件》" 10.6.2 脚踏操纵装置的脚踏部分的上部及两侧应有防护罩"的要求
	锻造设备踏杆开关上方没有防护罩，不符合 GB 17120《锻压机械 安全技术条件》" 10.6.2 脚踏操纵装置的脚踏部分的上部及两侧应有防护罩"的要求

表 3.58（续 1）

锻压机械图示	常见问题描述
	砧座有垫片并超长,不符合 CB 3771《铸锻作业安全规程》"7.2.5 紧固用的楔铁和垫片厚度及其数量要求如下:3 t 及其以下的锻锤伸出长度不应超过锤头或锻模前边缘 50 mm;3 t 以上锻锤不应超过 80 mm,后边缘不应超过 150 mm,垫片的数量应不超过 3 片或其厚度不超过 10 mm"的要求
	人员操作部位没有采取防护措施,不符合 GB 17120《锻压机械 安全技术条件》"7.2.4 为防止锻件、飞边、氧化皮、高温润滑剂或模具碎块飞溅伤人,在锻锤司锤工正面(不影响其视线)及另一侧应设有防护挡板装置"。《评分细则》"2.15.2 锤工操作正面及另一侧应有防护挡板装置"的要求
	锻造设备脚踏开关上方没有防护罩,不符合 GB 17120《锻压机械 安全技术条件》"10.6.2 脚踏操纵装置的脚踏部分的上部及两侧应有防护罩"的要求
	锻造设备脚踏开关上方没有防护罩,不符合 GB 17120《锻压机械 安全技术条件》"10.6.2 脚踏操纵装置的脚踏部分的上部及两侧应有防护罩"的要求

表 3.58(续 2)

锻压机械图示	常见问题描述
	砧座有垫片并超长,不符合 CB 3771《铸锻作业安全规程》"7.2.5 紧固用的楔铁和垫片厚度及其数量要求如下:3 t 及其以下的锻锤伸出长度不应超过锤头或锻模前边缘 50 mm;3 t 以上锻锤不应超过 80 mm,后边缘不应超过 150 mm,垫片的数量应不超过 3 片或其厚度不超过 10 mm"的要求
	砧座有垫片并超长,不符合 CB 3771《铸锻作业安全规程》"7.2.5 紧固用的楔铁和垫片厚度及其数量要求如下:3 t 及其以下的锻锤伸出长度不应超过锤头或锻模前边缘 50 mm;3 t 以上锻锤不应超过 80 mm,后边缘不应超过 150 mm,垫片的数量应不超过 3 片或其厚度不超过 10 mm"的要求

(六)适用的法规标准

锻压机械适用的法规标准如表 3.59 所示。

表 3.59　锻压机械适用的法规标准

序号	法规标准
1	GB 17120　锻压机械 安全技术条件
2	GB 20905　铸造机械 安全要求
3	GB 5083　生产设备安全卫生设计总则
4	CB 3771　铸锻作业 安全规程
5	考核评分细则

(七)典型做法与经验

锻压机械在实际操作中的典型做法及相关经验如表 3.60 所示。

表 3.60 锻压机械在实际操作中的典型做法及相关经验

锻压机械图示	典型做法及经验
	操作人员部位设置防护挡板,符合 CB 3771《铸锻作业安全规程》"7.2.4 为防止锻件、飞边、氧化皮、高温润滑剂或模具碎块飞溅伤人,在锻锤司锤工正面(不影响其视线)及另一侧应设有防护挡板装置",以及《考核评分细则》"2.15.5.2 锤工操作正面及另一侧应有防护挡板装置"的要求
	人员操作部位设置防护挡板,符合 CB 3771《铸锻作业安全规程》"7.2.4 为防止锻件、飞边、氧化皮、高温润滑剂或模具碎块飞溅伤人,在锻锤司锤工正面(不影响其视线)及另一侧应设有防护挡板装置",以及《考核评分细则》"2.15.5.2 锤工操作正面及另一侧应有防护挡板装置"的要求

十七、铸造机械

(一)适用范围

本项目适用于铸造生产过程的制砂芯机、砂芯机、落砂机、混砂机、造型机、压铸机、离心浇铸机、破碎机、喷砂机、抛丸机、筛砂机、滚筒清理机等设备。

(二)资料备查清单

本考评项查阅的资料包括:

(1)设备管理台账,台账应分类,如混砂机、落砂机、压铸机、抛丸机、制芯机等;

(2)管理制度和操作规程。

(三)考评内容及考评办法

表 3.61　铸造机械考评内容及考评办法

序号	考评内容	分值	考评办法
1	设备结构应有足够的强度、刚度及稳定性,基础应坚实;工业梯台应符合《考核评分细则》2.22 的相关规定	2分	①查设备台账,依据设备台账确定抽查数量和具体的被评设备。②现场核查,一处不合格扣该条款的应得分值,剩余分值为该设备的实得分。③《考核评分细则》2.16.7 是根据设备类型不同进行考评,一处不合格扣3分。④凡实得分等于或小于15 分则该设备为不合格设备。⑤根据不合格设备的台数,计算实得分为 $$实得分 = 18 - \dfrac{不合格设备台数}{抽查总台数} \times 54$$ ⑥结合现场抽查情况,发现没建立管理台账、台账不清、账物不符情况或报废/停用手续不全、标识不正确或未明确责任人的,扣2分
2	管路:管路应有良好的密封性能,无漏油、漏气、漏水;连接软管应耐油,无老化;并不得靠近热源,且能避免重物挤压;气动系统中的废气排放不得将灰尘、沙粒等吹向操作者和工作台面	1分	
3	安全防护装置:设备外露旋转、冲压部件的防护罩除应具备防护功能外,还应具有防止粉尘或有害气体扩散的功能;可拆卸的安全防护装置应与动力回路联锁,且应灵敏、可靠;设备检修时,应设置明显的安全标识或能量锁定装置	2分	
4	控制系统:控制系统的设置应便于操作和维修;仪表、指示灯、操作按钮应标识准确、清晰,动作灵敏可靠;控制和操作的转换开关应安装在闭锁的柜(箱)中;生产线的控制台、操作岗位和适当间距位置(一般不宜超过 20 m)应设置急停装置,且手动复位;停线或急停时应有明显的声光报警信号;多人协同操作的设备,应对每个操作者配置双手控制装置,其安装、使用应符合 GB/T 19671 的相关规定;有多人协同操作的机器,每个操作点都应设置紧急停止机构;夹紧装置的泄压联锁装置应灵敏、可靠	2分	
5	凡产生尘毒危害的设备应配置防尘、防毒设施,并确保其完好、有效;防尘、防毒设施应与动力回路联锁;所有破碎、筛分、混碾、清理等设备均应采取密封或半密封措施	4分	
6	电气设备的绝缘、屏护、防护间距应符合 GB 5226.1 的相关规定;PE 线应连接可靠,线径截面积及安装方法符合《考核评分细则》2.37 的相关规定	2分	

表 3.61(续)

序号	考评内容	分值	考评办法
7	压铸机应符合相应规定:模具区域应采用可移动保护装置,以避免运动引起的伤害;合型机构应配置移动式保护装置,该装置应通过两个机械限位开关与控制系统相耦合;防护装置应与控制系统联锁,在防护装置未进入正确位置时,压铸机不能启动合型动作;附属的气瓶、储气罐等储能装置应符合本《考核评分细则》2.25,2.26 的相关规定	5分	
8	制芯机应符合相应规定:芯盒加热棒应长短适中,线头连接整洁,且安全可靠;夹紧或合模闭锁装置应设有能保证被夹工装完全关闭密合后才能执行下一操作程序的联锁装置或控制装置		
9	混砂机应符合相应规定:防护罩应有足够的强度,检修门应与动力回路联锁,且灵敏、可靠;应设置专用取样门,其开口大小能确保手不得伸入混砂机内		
10	抛(喷)丸机:凡可能发生钢丸外喷的危险工作区应设置安全隔离区或保护屏,门应与动力回路联锁;高速旋转的零部件应进行静平衡或动平衡检验,并符合产品安全的规定;喷丸控制开关应牢固地安装在操作者操作的喷丸软管或喷枪上,其电压为安全电压		

(四)考评要点

1. 管路

管路应无漏油、漏气、漏水,油管无老化现象,不得靠近热源,不得被重物挤压;气动系统中的废气排放不得将灰尘、沙粒等吹向操作者和工作台面。

2. 安全防护装置

安全防护装置,应符合 GB 5083《生产设备安全卫生设计总则》"6.1.2 对操作人员的操作位置所在平面为基准,凡高度在 2 m 以内的所有传动带、转轴、传动链、联轴节、带轮、齿轮、链轮、电锯等外露危险零部件及危险部位,都必须设置安全防护装置"的要求。

3. 控制系统

(1)仪表、指示灯、操作按钮均应标识准确、清晰,动作灵敏可靠,应符合 GB/T 12801《生产过程安全卫生要求总则》"5.3.2 b)各种仪器、仪表、监测记录装置等,应选用合理、灵敏可靠、易于识别"的要求。控制和操作的转换开关应安装在闭锁的柜(箱)中。

（2）生产线的控制台、操作岗位和适当间距位置（一般不宜超过 20 m）应设置急停装置，且手动复位；停线或急停时应有明显的声光报警信号，报警系统应符合 GB/T 12801《生产过程安全卫生要求总则》"6.8.2 在易发生事故和人员不易观察到的地方、场所和装置，应设置声、光或声光结合的事故报警信号"的要求。

（3）两个或两个以上操作者共同操作的设备，应对每个操作者配置双手控制装置，其安装、使用应符合 GB/T 19671 的相关规定；夹紧装置的泄压联锁装置应灵敏、可靠。

4. 产生尘毒危害的设备

该种应配置防尘、防毒设施，并确保其完好、有效。

5. 电气设备

电气设备的绝缘、屏护、防护间距应符合 GB 5226.1 的相关规定；PE 线应连接可靠，线径截面积及安装方法符合本《考核评分细则》2.37 的相关规定。

6. 压铸机

（1）模具区域，合型机构应采用可移动保护装置，该装置应通过两个机械限位开关与控制系统相耦合。

（2）防护装置应与控制系统联锁，在防护装置未进入正确位置时，压铸机不能启动合型动作。

（3）压铸机附属的气瓶、储气罐等储能装置应符合相关规定。

7. 制芯机

（1）芯盒加热棒应长短适中，线头连接整洁，且安全可靠。

（2）夹紧或合模闭锁装置应设有能保证被夹工装完全关闭密合后才能执行下一操作程序的联锁装置或控制装置。

8. 混砂机

（1）混砂机防护罩应有足够的强度，检修门应与动力回路联锁；混砂机应设置专用取样门，其开口大小能确保手不得伸入混砂机内。

（2）同一轨道运行的多台混砂机之间应设置防碰撞装置；为混砂机配置的移动式空压机的安全阀、压力表应在检验周期内使用。

9. 落砂机

落砂机（筛砂机、振砂机）应有除尘系统，除尘系统应符合 GB 8959《铸造防尘技术规程》"10.2.1 平地振动筛上部宜密闭排风，排风量可按罩子开口风速不小于1.0 m/s，上部不能密闭时，则可按筛子上方设置排风罩，四周用橡皮帘封闭，此时排风量应增大一倍"的要求。

10. 抛（喷）丸机

（1）喷丸机壳体和大门不得有钢丸外喷现象，对于可能发生钢丸外喷的危险工作区应设置安全隔离区或保护屏,喷丸机门应设置电气联锁装置,并设动力回路。

(2)喷丸机外侧皮带轮转动处应有防护罩。

(3)喷丸控制开关应牢固地安装在喷丸软管或喷枪上,其电压为安全电压。

(五)常见问题

铸造机械常见问题图示及描述如表 3.62 所示。

表 3.62　铸造机械常见问题图示及描述

铸造机械图示	常见问题描述
	混砂机防护罩强度不够、破损严重,不符合《考核评分细则》"2.16.1 设备结构应有足够的强度、刚度及稳定性,基础应坚实"的要求
	混砂机操作盘标识不清晰,传动系统漏砂,不符合《考核评分细则》"2.16.4.1 控制系统的设置应便于操作和维修;仪表、指示灯、操作按钮均应标识准确、清晰,动作灵敏可靠"的要求
	混砂机操作盘操作按钮标识不清晰,不符合《考核评分细则》"2.16.4.1 控制系统的设置应便于操作和维修;仪表、指示灯、操作按钮均应标识准确、清晰,动作灵敏可靠"和 GB/T 12801《生产过程安全卫生要求总则》"5.3.2　b)各种仪器、仪表、监测记录装置等,应选用合理、灵敏可靠、易于识别"的要求

表 3.62(续 1)

铸造机械图示	常见问题描述
	混砂机防护罩强度不够、破损严重,不符合《考核评分细则》"2.16.1 设备结构应有足够的强度、刚度及稳定性,基础应坚实"的要求
	喷丸机大门没有电气联锁装置,不符合 GB 24390《抛(喷)丸设备 安全要求》"5.2.1 设备上的门应与抛丸和/或喷丸控制装置联锁,只有门都处于关闭状态,抛丸和喷丸才能启动。设备的门应有固定良好的警示标识"的要求
	喷丸机皮带轮没有防护罩,不符合 GB 5083《生产设备安全卫生设计总则》"6.1.2 对操作人员的操作位置所在平面为基准,凡高度在 2 m 以内的所有传动带、转轴、传动链、联轴节、带轮、齿轮、链轮、电锯等外露危险零部件及危险部位,都必须设置安全防护装置"的要求
	抛丸机门没有电气联锁装置,不符合 GB 24390《抛(喷)丸设备 安全要求》"5.2.1 设备上的门应与抛丸和/或喷丸控制装置联锁,只有门都处于关闭状态,抛丸和喷丸才能启动。设备的门应有固定良好的警示标识"的要求

表 3.62(续 2)

铸造机械图示	常见问题描述
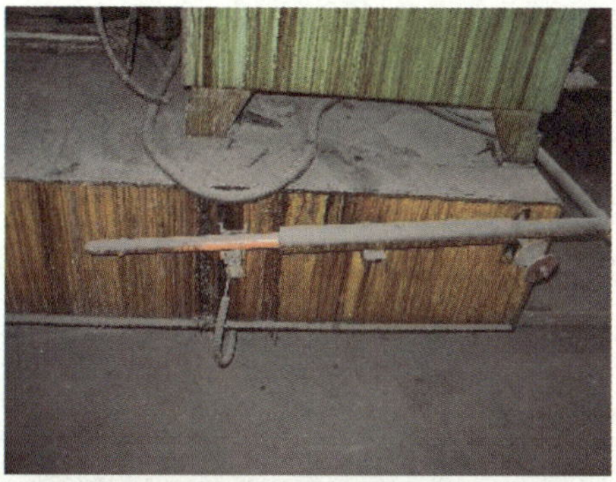	同一轨道上多台混砂机之间防碰撞限位装置失效
	抛丸间小门没有电气联锁装置,不符合 GB 24390《抛(喷)丸设备 安全要求》"5.2.1 设备上的门应与抛丸和/或喷丸控制装置联锁,只有门都处于关闭状态,抛丸和喷丸才能启动。设备的门应有固定良好的警示标识"的要求
	抛丸机有喷砂飞溅,不符合 GB 24390《抛(喷)丸设备 安全要求》"5.2.2 设备的封闭应良好,所有密封件应能抵挡住弹丸的冲击和磨损。设备上的门以及观察窗关闭后不应有弹丸飞出"的要求
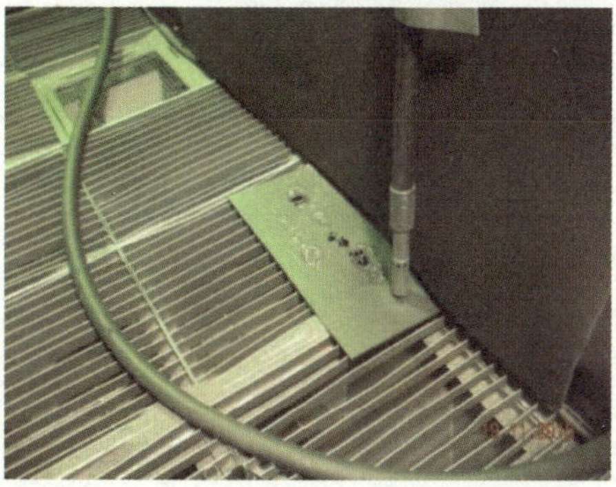	喷丸机喷枪没有控制开关,不符合 GB 24390《抛(喷)丸设备 安全要求》"5.2.6 手持喷枪或喷丸设备除满足 5.2 规定的其他有关要求外,还应满足以下要求:a)喷丸起始应在操作者唯一控制之下,终结应在操作者可控制之下进行;b)喷丸控制开关应牢固地安装在喷丸设备的喷丸软管或喷枪上,并便于操作者使用",以及" 5.5.2 喷丸软管及喷枪上应装有从喷嘴上消除静电的装置,或者采用抗静电型喷丸软管"的要求

表3.62(续3)

铸造机械图示	常见问题描述
	混砂机皮带输送一侧没有防护栏杆,不符合 CB 3771《铸锻作业安全规程》"8.4.1.6 皮带输送机靠近行人一侧应安装防护栏杆"的要求
	破碎、筛分机没有防护罩(挡帘),不符合 GB 8959《铸造防尘技术规程》"7.1.1 所有破碎、筛分、混碾、清理等设备均应采取密闭或半密闭措施。7.1.2 根据不同的粉尘污染情况,分别采取局部密闭罩或密闭室等不同的密闭方式"的要求
	破碎、筛分机防护门被拆,不符合 GB 8959《铸造防尘技术规程》"7.1.1 所有破碎、筛分、混碾、清理等设备均应采取密闭或半密闭措施。7.1.2 根据不同的粉尘污染情况,分别采取局部密闭罩或密闭室等不同的密闭方式"的要求

(六)适用的法规标准

铸造机械适用的法规标准如表3.63所示。

表3.63 铸造机械适用的法规标准

序号	法规标准
1	GB 20905 铸造机械 安全要求
2	GB 24390 抛(喷)丸设备 安全要求
3	GB 8959 铸造防尘技术规程
4	GB 5083 生产设备安全卫生设计总则
5	CB 3771 铸锻作业 安全规程
6	考核评分细则

(七)典型做法与经验

铸造机械在实际操作中的典型做法及相关经验如表3.64所示。

表3.64 铸造机械在实际操作中的典型做法及相关经验

铸造机械图示	典型做法及经验
	电磁阀控制系统控制喷丸机喷枪开关
	混砂机壳体,符合《考核评分细则》"2.16.1 设备结构应有足够的强度、刚度及稳定性,基础应坚实"的要求

表 3.64（续 1）

铸造机械图示	典型做法及经验
	同一轨道上的运行的多台混砂机之间设置了防碰撞限位装置,并且灵敏可靠
	混砂机旋转危险部位限位装置,符合 GB 20905《铸造机械 安全要求》"4.1 机器应根据自身结构特点和操作方式,对工作危险区至少配置一种合适的安全防护装置。（下例 3 种情况除外）4.2.1 防护装置分成固定式防护装置、活动式防护装置、空调式防护装置、联锁式防护装置、带防护锁定的联锁式防护装置、可控式防护装置"的要求
	混砂机操作盘操作按钮标识清晰,符合《考核评分细则》"2.16.4.1 控制系统的设置应便于操作和维修;仪表、指示灯、操作按钮均应标识准确、清晰,动作灵敏可靠"的要求
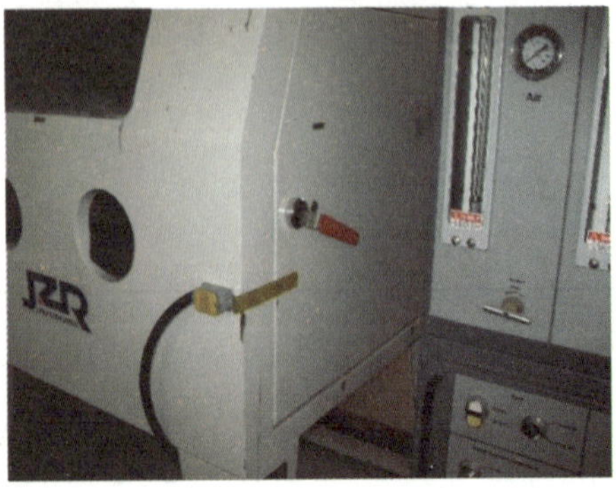	喷丸机大门联锁装置,符合 GB 24390《抛（喷）丸设备 安全要求》"5.2.1 设备上的门都应与抛丸和/或喷丸控制装置联锁,只有门都处于关闭状态,抛丸和喷丸才能启动。设备的门应有固定良好的警示标识"的要求

表 3.64（续 2）

铸造机械图示	典型做法及经验
	喷丸机大门联锁装置，符合 GB 24390《抛（喷）丸设备 安全要求》"5.2.1 设备上的门应与抛丸和/或喷丸控制装置联锁，只有门都处于关闭状态，抛丸和/或喷丸才能启动。设备的门应有固定良好的警示标识"的要求
	喷丸机大门联锁装置，符合 GB 24390《抛（喷）丸设备 安全要求》"5.2.1 设备上的门应与抛丸和/或喷丸控制装置联锁，只有门都处于关闭状态，抛丸和喷丸才能启动。设备的门应有固定良好的警示标识"的要求

十八、铸造熔炼炉

（一）适用范围

本项目适用于企业铸造使用的冲天炉、电弧炉、中频炉、坩埚保温炉等熔炼设备，及其所用的辅助设施，如浇包及浇铸机、炉坑和安全防护装置。

（二）资料备查清单

本考评项查阅的资料包括：

（1）设备台账，台账应分类，如中频炉、电弧炉、冲天炉、坩埚炉、浇包等；

（2）管理制度和操作规程。

（三）考评内容及考评办法

铸造熔炼炉考评内容及考评办法如表 3.65 所示。

表 3.65　铸造熔炼炉考评内容及考评办法

序号	考评内容	分值	考评办法
1	熔炼炉 （1）电弧炉应符合：炉壳、炉盖、炉衬、出钢槽、炉门等应完好、牢固；炉体、热绝缘炉衬应完整，且无破损；炉盖提升、旋转机构和电极升降机构应灵活可靠，限位装置灵敏、可靠；倾炉限制器、炉顶限制器、炉体的桥架限位开关应灵敏可靠；水质、水压满足工作要求，水冷系统应保持畅通，无泄漏、无堵塞。 （2）冲天炉应符合：炉底及其支撑装置应牢固可靠；炉体、热绝缘炉衬应完整，且无破损；修炉时应配置防物料坠落的装置；加料平台要比加料口低 1.5 m，平台结构应符合本《考核评分细则》2.22 的相关规定，并能耐高温腐蚀，且防滑，平台不得存放杂物；送风系统应完整、有效。 （3）感应炉应符合：炉盖、感应器、坩埚、炉架等部件应齐全完整；敞开的上料口低于操作面 700 mm 以下时，周围应设置防护栏；传动装置应灵敏可靠；水质、水压满足工作要求，水冷系统应保持畅通，无堵塞、无泄漏	2分	①查设备台账，依据设备台账确定抽查数量和具体的被评设备。 ②现场核查，一处不合格扣该条款的应得分值，剩余分值为该设备的实得分。 ③凡实得分等于或小于 10 分则该设备为不合格设备。 ④根据不合格设备的台数，计算实得分为 实得分 = 12 − $\dfrac{\text{不合格设备台数}}{\text{抽查总台数}} \times 36$ ⑤结合现场抽查情况，发现没建立管理台账（含浇包）、台账不清、账物不符情况或未明确责任人的，扣 2 分
2	升降及起吊装置：金属结构件应牢固，并能承受高温作业环境；应设置可靠的限位装置，且与动力回路联锁。钢丝绳应符合《考核评分细则》2.3.3 条的规定，并能承受高温作业环境。升降卷扬机周围应设置防护栏杆	1分	
3	浇包及浇注机：金属结构件应牢固可靠，无锈蚀，连结部位应转动灵活，浇包止锁挡板应齐全、有效；机械式浇包和浇注机的行走机构和升降器应确保浇包灵活移动或升降，并配有两套可靠的制动装置。轨道终端设置的限位装置应灵敏、可靠；安全保险装置应齐全、可靠，并能满足强度和刚性的要求	2分	
4	炉坑：炉底、炉坑及周边严禁积油、积水；炉坑周边应设置护栏或防护盖板，护栏及防护盖板必须满足强度和刚性的要求，且防滑	2分	
5	安全防护装置：安全防护罩、网或栏杆、保险装置、信号装置、安全标识应齐全、完好；凡距操作者站立面 2 m 以下的设备外露旋转部件均应设置齐全、可靠的防护罩，安全距离应符合 GB 23821 的相关规定	2分	
6	各种仪器仪表、指示信号、操作开关等应配置齐全，并清晰、灵敏、可靠	1分	
7	凡产生尘毒危害的设备应配置防尘、防毒设施，并确保其完好、有效；防尘、防毒设备设施应与动力回路联锁；且无二次污染	1分	
8	PE 线应连接可靠，线径截面积及安装方法符合《考核评分细则》2.37 的相关规定	1分	

（四）考评要点

1. 电弧炉

（1）炉壳、炉盖、炉衬、出钢槽、炉门等应完好、牢固；炉体、热绝缘炉衬应完整，且无破损。

（2）炉盖提升、旋转机构和电极升降机构，倾炉限制器、炉顶限制器、炉体的桥架限位开关应灵敏、可靠；工作台操纵按钮标识应清晰、准确。

（3）水冷系统应保持畅通，无泄漏；水泵电机联轴节外露旋转处应有防护罩。

2. 冲天炉

（1）炉底及其支撑装置应牢固可靠；炉体、热绝缘炉衬应完整。

（2）加料平台要比加料口低 1.5 m，平台结构应符合标准，平台不得存放杂物。

（3）修炉时应配置防物料、人员坠落的装置，如梯台、栏杆应符合标准要求。

（4）上料卷扬机周围应有防护围栏。

3. 感应炉

（1）炉盖、感应器、坩埚、炉架等部件应齐全完整；敞开的上料口低于操作面 700 mm 以下时，炉台与地坑一侧应设置防护栏；炉体热感应圈周围应设置防护装置。

（2）传动装置应灵敏可靠；水冷系统应畅通、无泄漏；水泵电机联抽节外露旋转处应有防护罩。

4. 升降及起吊装置

（1）金属结构件应牢固，并能承受高温作业环境；升降装置应设置可靠的限位装置，且与动力回路联锁。

（2）钢丝绳应符合标准规定，并能承受高温作业环境。

5. 浇包及浇注机

（1）金属结构件应牢固可靠，无锈蚀，联结部位应转动灵活；浇包止锁挡板应齐全、有效；机械式浇包和浇注机的行走机构和升降器应确保浇包灵活移动或升降，并配有两套可靠的制动装置。轨道终端设置的限位装置应灵敏、可靠。

（2）安全保险装置应齐全、可靠，并能满足强度和刚性的要求。

6. 炉坑

（1）炉底、炉坑及周边严禁积油、积水。

（2）炉坑周边应设置护栏或防护盖板，护栏及防护盖板必须满足强度和刚性的要求，且防滑。

7. 安全防护装置

（1）安全防护罩或网、保险装置、信号装置、安全标识应齐全、完好。

（2）凡距操作者站立面 2 m 以下的设备外露旋转部件均应设置齐全、可靠的防护罩，安全距离应符合 GB 23821 的相关规定。

8. 防尘、防毒

凡产生尘毒危害的设备应配置防尘、防毒设施,并确保其完好、有效;防尘、防毒设备设施应与动力回路联锁,其通风除尘设施,应符合 GB 8959《铸造防尘技术规程》"9.3.2 有色金属熔炼炉的排风按炉型,工艺操作及排烟要求采用固定式或回转升降式排风罩、对开式排风罩、炉口侧吸罩、炉口环形罩和整体密封罩等"的要求。

9. 配电室、电气操作间

工频炉、中频炉的配电室、电气操作间和炉前融化场地应隔离;无关人员不得进入配电室与电气操作间,应符合 CB 3771《铸锻作业安全规程》"7.6.4 工频炉、中频炉的配电室、电气操作间和炉前融化场地应隔离"和"7.6.11 无关人员不得进入配电室与电气操作间"的要求。

10. 其他

各种仪器仪表、指示信号、操作开关等应配置齐全,并清晰、灵敏、可靠。

(五)常见问题

铸造熔炼炉常见问题图示及描述如表 3.66 所示。

表 3.66 铸造熔炼炉常见问题图示及描述

铸造熔炼炉图示	常见问题描述
	电弧炉炉壳破损、并有裂纹,不符合《考核评分细则》"2.17.1.1 炉壳、炉盖、炉衬、出钢槽、炉门应完好、牢固;炉体、热绝缘炉衬应完整,且无破损"的标准要求
	电弧炉炉壳破损、并有裂纹,不符合《考核评分细则》"2.17.1.1 炉壳、炉盖、炉衬、出钢槽、炉门应完好、牢固;炉体、热绝缘炉衬应完整,且无破损"的标准要求

表 3.66（续1）

铸造熔炼炉图示	常见问题描述
	电弧炉炉壳破损、并有裂纹，不符合《考核评分细则》"2.17.1.1 炉壳、炉盖、炉衬、出钢槽、炉门应完好、牢固；炉体、热绝缘炉衬应完整、且无破损"的要求
	熔炼炉炉前浇注地坑周围没有防护栏杆和盖板，不符合《考核评分细则》"2.17.4.2 炉坑周边应设置护栏或防护盖板，护栏及防护盖板应满足强度和刚性的要求，且防滑"的要求
	冷却水泵电机联轴节外露旋转部位没有防护罩，不符合 GB 5083《生产设备安全卫生设计总则》"6.1.2 对操作人员的操作位置所在平面为基准，凡高度在 2 m 以内的所有传动带、转轴、传动链、联轴节、带轮、齿轮、链轮、电锯等外露危险零部件及危险部位，都必须设置安全防护装置"的要求
	浇包没有止挡板或止挡板失效，不符合《考核评分细则》"2.17.3.2 浇包止锁挡板应齐全、有效"和"2.17.3.3 安全保险装置应齐全、可靠，并能满足强度和刚性要求"的要求

表 3.66（续 2）

铸造熔炼炉图示	常见问题描述
	中频感应炉感应圈周围没有防护挡网，不符合 CB 3771《铸锻作业安全规程》"7.6.4 工频炉、中频炉的配电室、电气操作间和炉前融化场地应隔离"的要求
	中频感应炉感应圈周围没有防护挡网，不符合 CB 3771《铸锻作业安全规程》"7.6.4 工频炉、中频炉的配电室、电气操作间和炉前融化场地应隔离"的要求
	中频炉电控室门敞开，门前没有醒目的安全警示标识，不符合 CB 3771《铸锻作业安全规程》"7.6.11 无关人员不得进入配电室与电气操作间"的要求
	浇包没有止档板或止挡板失效，不符合《考核评分细则》"2.17.3.2 浇包止锁挡板应齐全、有效"和"2.17.3.3 安全保险装置应齐全、可靠，并能满足强度和刚性要求"的要求

表3.66（续3）

铸造熔炼炉图示	常见问题描述
	中频感应炉电器控制室,成为换衣室,不符合 CB 3771《铸锻作业安全规程》"7.6.11 无关人员不得进入配电室与电气操作间"的要求
	中频感应炉电气设备警示信号损坏,不符合 GB/T 12801《生产过程安全卫生要求总则》"6.8.2 在易发生事故和人员不易观察到的地方、场所和装置,应设置声、光或声光结合的事故报警信号"的要求
	中频感应炉炉台周围(高于 2 m)没有防护栏杆,不符合《考核评分细则》"2.17.1.3 敞开的上料口低于操作面 700 mm 以下时,周围应设置防护栏"的要求
	浇注机行走轨道没有止档装置,不符合《考核评分细则》"2.17.3.2 机械式浇包和浇注机的行走机构和升降器应确保浇包灵活移动或升降,并配有两套可靠的制动装置。轨道终端设置的限位装置应灵敏、可靠"的要求

表 3.66（续 4）

铸造熔炼炉图示	常见问题描述
	冲天炉送料卷扬机周围没有防护栏杆，不符合《生产设备安全卫生设计总则》"6.1.2 对操作人员的操作位置所在平面为基准，凡高度在 2 m 以内的所有传动带、转轴、传动链、联轴节、带轮、齿轮、链轮、电锯等外露危险零部件及危险部位，都必须设置安全防护装置"的要求
	中频感应炉操作盘，操作按钮标识不清晰，不符合 GB/T 12801《生产过程安全卫生要求总则》"5.3.2 b）各种仪器、仪表、监测记录装置等，应选用合理、灵敏可靠、易于识别"的要求

（六）适用的法规标准

铸造熔炼炉适用的法规标准如图 3.67 所示。

表 3.67　铸造熔炼炉适用的法规标准

序号	法规标准
1	CB 3771　铸锻作业安全规程
2	GB 8959　铸造防尘技术规程
3	GB 5083　生产设备安全卫生设计总则
4	考核评分细则

（七）典型做法与经验

铸造熔炼炉在实际操作中的典型做法及相关经验如表 3.68 所示。

表 3.68　铸造熔炼炉在实际操作中的典型做法及相关经验

铸造熔炼炉图示	典型做法及经验
	电弧炉炉壳完好,符合《考核评分细则》"2.17.1.1 炉壳、炉盖、炉衬、出钢槽、炉门应完好、牢固;炉体、热绝缘炉衬应完整且无破损"的要求
	电弧炉炉壳完好,符合《考核评分细则》"2.17.1.1 炉壳、炉盖、炉衬、出钢槽、炉门应完好、牢固;炉体、热绝缘炉衬应完整且无破损"的要求
	电弧炉炉坑周围防护围栏,符合《考核评分细则》"2.17.4.2 炉坑周边应设置护栏或防护盖板护栏及防护盖板应满足强度和刚性的要求且防滑"的要求
	浇包止挡板,符合《考核评分细则》"2.17.3.2 浇包止锁挡板应齐全、有效"和"2.17.3.3 安全保险装置应齐全、可靠,并能满足强度和刚性要求"的要求

表 3.68（续）

铸造熔炼炉图示	典型做法及经验
	浇包止挡板,符合《考核评分细则》"2.17.3.2 浇包止锁挡板应齐全、有效"和"2.17.3.3 安全保险装置应齐全、可靠,并能满足强度和刚性要求"的要求
	冲天炉升降机周围防护围栏,符合 GB 5083《生产设备安全卫生设计总则》"6.1.2 对操作人员的操作位置所在平面为基准,凡高度在 2 m 以内的所有传动带、转轴、传动链、联轴节、带轮、齿轮、链轮、电锯等外露危险零部件及危险部位,都必须设置安全防护装置"的要求
	中频感应炉水泵电机联轴节外露旋转部位防护罩,符合 GB 5083《生产设备安全卫生设计总则》"6.1.2对操作人员的操作位置所在平面为基准,凡高度在 2 m 以内的所有传动带、转轴、传动链、联轴节、带轮、齿轮、链轮、电锯等外露危险零部件及危险部位,都必须设置安全防护装置"的要求
	中频感应炉防尘设施,符合《考核评分细则》"2.17.7 凡产生尘毒危害的设备应配置防尘、防毒设施,并确保其完好、有效"的要求

十九、工业炉窑

(一)适用范围

本项目适用于除铸造熔炼炉及锅炉之外的加热炉、窑、烘箱及其高低温试验箱等设备。

(二)资料备查清单

本考评项查阅的资料包括:

(1)设备台账,台账应分类,如加热炉、退火炉、燃气炉、箱式电阻炉、井式渗碳炉、井式氮化炉等。

(2)管理制度和操作规程。

(三)考评内容及考评办法

工业炉窑考评内容及考评办法如表 3.69 所示。

表 3.69　工业炉窑考评内容及考评办法

序号	考评内容	分值	考评办法
1	炉门及其附属设施:炉门升降机构必须完好,外露升降、传动部分应设置防护罩;水冷却炉门的管道应保持畅通,不泄漏;并设有防冻措施;出水管路上严禁安装阀门;炉门应设置上下限位装置,并确保进出炉时切断电源;凡距操作者站立面 2 m 以下设备外露的旋转部件均应设置齐全、叮靠的防护罩或防护网,安全距离应符合 GB 23821 的相关规定;炉门、移动的炉底、加热电源均应设置联锁装置,且运行可靠	2分	①查设备台账,依据设备台账确定抽查数量和具体的被评设备。②现场核查,一处不合格扣该条款的应得分值,剩余分值为该设备的实得分。③考评内容 2.18.5 是根据设备类型不同进行考评,一处不合格扣 2 分。④凡实得分等于或小于 10 分则该设备为不合格设备。⑤根据不合格设备的台数,计算实得分为 $$实得分 = 12 - \frac{不合格设备台数}{抽查总台数} \times 36$$
2	炉窑上使用的钢丝绳、滑轮应完好,并符合《考核评分细则》2.3.3,2.3.4 的规定	2分	
3	炉体金属结构件应完整、牢固,无腐蚀或破损;耐火材料应能承受高温、腐蚀、摩擦和化学侵蚀,砌体的墙面、窑顶和底部应保持完整,无破损	2分	
4	电气设备的绝缘、屏护、防护间距应符合 GB 5226.1 的相关规定;PE 线应连接可靠,线径截面积及安装方法符合《考核评分细则》2.37 的相关规定	2分	
5	燃气炉气阀应完好,无松动、无泄漏,燃烧器运行正常。在火焰熄灭时能迅速切断燃料供给并报警,烟道应安装防爆门	4分	

表 3.69（续）

序号	考评内容	分值	考评办法
	燃油炉油管、风管及加热器应无裂纹、无泄漏，并确保油压(量)以及风压(量)相匹配。 盐浴炉测温仪表、仪器应灵敏可靠、指示正确，并在检验周期内使用；高温盐浴炉应设置排风装置。 箱式电阻炉测温仪表、仪器应灵敏可靠、指示正确，并在检验周期内使用；电阻丝应完好、无断裂。 气体渗碳炉炉盖升降机构应灵敏，风扇转动平稳；冷却水管、输油管道应畅通、无渗漏；排气管、漏油器应畅通；氨气瓶严禁靠近热源、电源或在强日光下曝晒。现场应配置防止意外事故的氧气呼吸器		⑥结合现场抽查情况，发现没建立管理台账、台账不清、账物不符情况或报废/停用手续不全、标识不正确或未明确责任人的，扣2分

（四）考评要点

1. 炉门及其附属设施

（1）炉门升降机构应完好，外露传动、升降部分应设置防护罩，防护罩应固定、有效，应符合 GB 5083《生产设备安全卫生设计总则》6.1.2 的要求。

（2）炉门应设置上下限位装置，炉门、移动的炉底、加热电源均应设置联锁装置，并确保进出炉时切断电源，且运行可靠；炉门联锁装置，应符合 GB 15735《金属热处理生产过程安全、卫生要求》7.2.3 的要求。

（3）对于距操作者站立面 2 m 以下设备外露的旋转部件均应设置齐全、可靠的防护罩或防护网，安全距离应符合 GB 23821 的相关规定。

（4）水冷却炉门的管道应畅通，不泄漏，应有防冻措施；出水管路上严禁安装阀门。

2. 炉体

炉体金属构件应完整、牢固，无腐蚀或破损；耐火材料应能承受高温、腐蚀、摩擦和化学侵蚀；砌体的墙面、窑顶和底部应保持完整，无破损。

3. 电气设备

电气设备，如箱式电阻炉电源端的绝缘、屏护、防护间距应符合 GB 5226.1 的相关规定，PE 线应连接可靠，线径截面积及安装方法应符合标准的相关规定。

4. 燃气炉

燃气炉气阀应完好，无松动、无泄漏，燃烧器运行正常，在火焰熄灭时能迅速切断燃料供给并报警，烟道应安装防爆门；严禁将煤气放泄管(油水)通到下水井内。燃油炉油管、风管及加热器应无裂纹、无泄漏，并确保油压(量)以及风压(量)相匹配。

5. 盐浴炉

盐浴炉测温仪表、仪器应灵敏可靠、指示正确，并在检验周期内使用；高温盐浴炉应设置排风装置,排风装置有效、可靠。

6. 箱式电阻炉

箱式电阻炉测温仪表、仪器应灵敏可靠、指示正确,并在检验周期内使用;电阻丝应完好、无断裂。

7. 气体渗碳、氮化炉

气体渗碳、氮化炉炉盖升降机构应灵敏,风扇转动平稳,排风装置应可靠;炉内排出的废气应燃烧处理达标排放,应符合 GB 15735《金属热处理生产过程安全、卫生要求》8.2.2.2 的要求;冷却水管、输气管、输油管道应畅通、无渗漏;排气管、漏油器应畅通。

8. 氨气瓶

氨气瓶应放在专用的库房内,存放处应符合相应的标准,严禁靠近热源、电源或在强日光下曝晒。现场应配置防止意外事故的氧气呼吸器和耐酸手套等。

(五)常见问题

工业炉窑常见问题图示及描述如表 3.70 所示。

表 3.70　工业炉窑常见问题图示及描述

工业炉窑图示	常见问题描述
	炉门升降重锤防护罩松动,不符合《考核评分细则》"2.18.1.1 炉门升降机构应完好,外露升降、传动部分应设置防护罩"的要求
	炉门升降重锤没有防护罩(笼),不符合《考核评分细则》"2.18.1.1 炉门升降机构应完好,外露升降、传动部分应设置防护罩"的要求

表 3.70（续 1）

工业炉窑图示	常见问题描述
	炉门升降限位装置失效,不符合《考核评分细则》"1.3 炉门应设置上下限位装置,并确保进出炉时切断电源"及"1.5 炉门、移动的炉底、加热电源均应设置联锁装置,且运行可靠"的要求
	炉门升降限位装置失效,不符合《考核评分细则》"1.3 炉门应设置上下限位装置,并确保进出炉时切断电源"及"1.5 炉门、移动的炉底、加热电源均应设置联锁装置,且运行可靠"的要求
	氨气瓶在现场存放,没有采取安全保护措施,不符合《考核评分细则》"2.18.5 氨气瓶应单独存放在专用的库房内,库房应符合安全要求,氨气瓶严禁靠近热源、电源或在强日光下曝晒"的要求
	氨气瓶在现场存放与电气设施距离,不符合《考核评分细则》"2.18.5 氨气瓶应单独存放在专用的库房内,库房应符合安全要求,氨气瓶严禁靠近热源、电源或在强日光下曝晒"的要求

表 3.70(续 2)

工业炉窑图示	常见问题描述
	井式炉炉门升降限位装置失效,不符合《考核评分细则》"1.3 炉门应设置上下限位装置,并确保进出炉时切断电源"及"1.5 炉门、移动的炉底、加热电源均应设置联锁装置,且运行可靠"的要求
	箱式电阻炉电源端没有防护罩,不符合《考核评分细则》"2.18.4 电气设备的绝缘、屏护、防护间距应符合 GB 5226.1 的相关规定"
	炉车运行限位失效,不符合《评分细则》"1.5 炉门、移动的炉底、加热电源均应设置联锁装置,且运行可靠"的要求
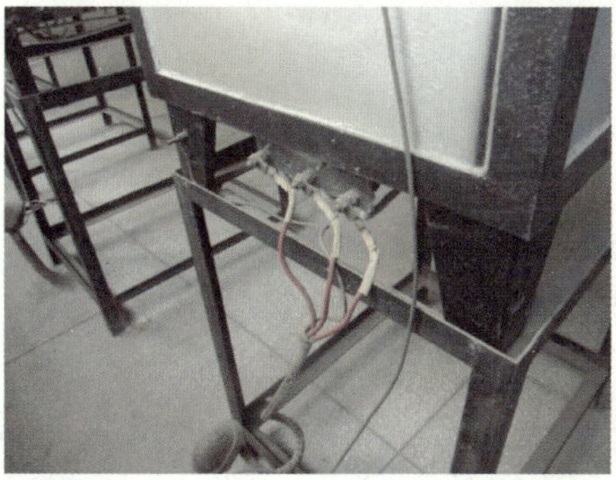	烘箱电源端没有防护罩,不符合《评分细则》"2.18.4电气设备的绝缘、屏护、防护间距应符合 GB 5226.1 的相关规定"的要求

表 3.70（续 3）

工业炉窑图示	常见问题描述
	炉门升降重锤防护罩没有将重锤完全罩住，不符合《考核评分细则》"2.18.1.1 炉门升降机构应完好，外露升降、传动部分应设置防护罩"的要求
	炉门升降重锤没有防护罩（笼），不符合《考核评分细则》"2.18.1.1 炉门升降机构应完好，外露升降、传动部分应设置防护罩"的要求
	燃气加热炉管道漏油严重，不符合《考核评分细则》"2.18.5 燃油炉油管、风管及加热器应无裂纹、无泄漏，并确保油压（量）以及风压（量）相匹配"的要求
	燃气管道产生的焦油，通过支管放泄到下水井内，如果出现煤气泄漏到下水井管道内，遇明火易发生火灾爆炸事故

表 3.70(续 4)

工业炉窑图示	常见问题描述
	烘箱加热装置裸露,门没有电气联锁装置,不符合 CB 3771《铸锻作业安全规程》"7.5.4.1 炉门应安装安全联锁装置"和"7.5.4.3 电感应装置中危及人身安全的部位应有防触电的特别保护装置"的要求
	炉车行程限位安装的位置不合理,不符合《考核评分细则》"2.18.1.5 炉门、移动的炉底、加热电源均应设置联锁装置,且运行可靠"的要求
	箱式烘干炉侧电源端没有防护罩,不符合 AQ 5214《烘干设备安全性能检测方法》"4.1.4 烘干设备内部电气导线应有耐高温绝缘层,烘干设备外部电气接线端应有防护罩"的要求
	炉门升降卷扬绳被挤压,不符合《考核评分细则》"2.18.2 炉窑上使用的钢丝绳、滑轮应完好"的要求

（六）适用的法规标准

工业炉窑适用的法规标准如表 3.71 所示。

表 3.71　工业炉窑适用的法规标准

序号	法规标准
1	GB 15735　金属热处理生产过程安全、卫生要求
2	AQ 5214　烘干设备安全性能检测方法
3	JB 10146　冲天炉与冲天炉加料机 安全要求
4	考核评分细则

（七）典型做法与经验

工业炉窑在实际操作中的典型做法及相关经验如表 3.72 所示。

表 3.72　工业炉窑在实际操作中的典型做法及相关经验

工业炉窑图示	典型做法及经验
	井式炉炉门升降限位装置，符合《金属热处理生产过程安全、卫生要求》"7.2.3 对于人工进出料操作的电阻炉应具备炉门（或炉盖）打开时自动切断电热体和风扇电源的功能"和"7.2.5 可控气氛多用淬火炉应设安全防爆装置，炉门应设置防护装置"的要求
	箱式电阻炉电源端防护罩，符合《考核评分细则》"2.18.4 电气设备的绝缘、屏护、防护间距应符合 GB 5226.1 的相关规定"的要求

表 3.72（续 1）

工业炉窑图示	典型做法及经验
	移动式炉底限位装置,符合《考核评分细则》"2.18.1.5 炉门、移动的炉底、加热电源均应设置联锁装置,且运行可靠"的要求
	氨气瓶存放在专用的库房,符合《考核评分细则》"2.18.5 中氨气瓶应单独存放在专用的库房内,库房应符合安全要求,氨气瓶严禁靠近热源、电源或在强日光下曝晒"的要求
	氨气由管道输送到作业现场,符合《考核评分细则》"2.18.5 中氨气瓶严禁靠近热源、电源或在强日光下曝晒"的要求
	箱式电阻炉炉门重锤防护罩,符合《考核评分细则》"2.18.1.1 炉门升降机构应完好,外露升降、传动部分应设置防护罩"的要求

工业炉窑图示	典型做法及经验
	炉门设置升降限位装置,符合《考核评分细则》"1.3 炉门应设置上下限位装置,并确保进出炉时切断电源"及"1.5 炉门、移动的炉底、加热电源均应设置联锁装置,且运行可靠"的要求
	箱式电阻炉炉门重锤防护罩,符合《考核评分细则》"2.18.1.1 炉门升降机构应完好,外露升降、传动部分应设置防护罩"的要求
	移动式炉底限位装置,符合《考核评分细则》"2.18.1.5 炉门、移动的炉底、加热电源均应设置联锁装置,且运行可靠"的要求
	炉门设置电气联锁装置,符合《考核评分细则》"2.18.1.3 炉门应设置上下限位装置,并确保进出炉时切断电源"的要求

二十、酸、碱、油槽及电镀槽

(一)适用范围

本项目适用于企业表面处理工艺中的酸、碱、油槽、镀槽、浸漆槽等设备。

(二)资料备查清单

本考评项查阅的资料包括:

(1)设备台账,台账应分类,如酸槽、碱槽、镀槽、浸漆槽、油槽等;

(2)排风设备的型号、数量、排风量计算数据等;

(3)管理制度和操作规程及应急预案。

(三)考评内容及考评办法

酸、碱、油槽及电镀槽考评内容及考评办法如表3.73所示。

表3.73　酸、碱、油槽及电镀槽考评内容及考评办法

序号	考评内容	分值	考评办法
1	槽体应有足够的强度和刚度;槽体应无裂纹、变形、渗漏;电镀槽及其衬里的材料应耐腐蚀、耐高温;带衬里的钢槽应设置检漏装置,防止衬里损坏后导致槽液腐蚀槽体	8分	①查设备台账,依据设备台账确定抽查数量和具体的被评设备。②现场核查,凡不符合考评内容任一条款要求时,该台设备为不合格设备。③根据不合格设备的台数,计算实得分为 实得分 = $8 - \dfrac{\text{不合格设备台数}}{\text{抽查总台数}} \times 24$ ④结合现场抽查情况,发现没建立管理台账、台账不清、账物不符情况或报废/停用手续不全、标识不正确或未明确责任人的,扣2分
2	导电杆应能满足电镀所需的电流和承受的重量,且便于清洗铜排;导电座与槽体之间、槽体与地面之间都应设有可靠的绝缘层		
3	槽体应高于操作者站立面700 mm以上,当低于700 mm时,应设置防护栏,防护栏应符合《考核评分细则》2.22的相关规定		
4	产生有毒有害气体的槽体周边应设置通风装置,并确保吸风口处的风速为7~10 m/s		
5	排水管道应根据排放液体的化学性质和温度选择合适的材质,且不得腐蚀、变形		
6	电气设备的绝缘、屏护、防护间距应符合GB 5226.1的相关规定;PE线应连接可靠,线径截面积及安装方法符合《考核评分细则》2.37的相关规定;用石英玻璃管加热时应有保护措施		
7	作业现场应配置可清洗面部的应急处理装置,该装置应定期维护、检修,确保灵敏、可靠		

(四)考评要点

1. 槽体

(1)槽体应有足够的强度和刚度;槽体应无锈蚀、无裂纹、变形、渗漏;槽体应有醒目的介质标识。

（2）电镀槽及其衬里的材料应耐腐蚀、耐高温；带衬里的钢槽应设置检漏装置，防止衬里损坏后导致槽液腐蚀槽体。

2. 导电杆及绝缘层

导电杆应能满足电镀所需的电流和承受的质量，且便于清洗铜排；导电座与槽体之间、槽体与地面之间都应设有可靠的绝缘层。

3. 槽体高度

槽体应高于操作者站立面 700 mm 以上，当低于 700 mm 时，应设置防护栏。

4. 通风装置

产生有毒有害气体的槽体周边应设置通风装置，通风装置应完好、有效。

5. 排水管道

排水管道应根据排放液体的化学性质和温度选择合适的材质，且不得腐蚀、变形。

6. 电气设备

电气设备的绝缘、屏护、防护间距应符合 GB 5226.1 的相关规定；PE 线应连接可靠，线径截面积及安装方法符本标准的相关规定；用石英玻璃管加热时应有保护措施。

7. 作业现场

作业现场应配置可清洗面部的应急处理装置（洗眼器），该装置应完好、可靠；作业现场应通风良好，地面应干净、整洁，所用的具有腐蚀性的酸、碱等危险化学品不得存放在现场。

（五）常见问题

酸、碱、油槽及电镀槽常见问题图示及描述如表 3.74 所示。

表 3.74 酸、碱、油槽及电镀槽常见问题图示及描述

酸、碱、油槽及电镀槽图示	常见问题及描述
	酸、碱、油槽体周围没有防护栏杆，不符合《考核评分细则》"2.19.3 槽体应高于操作者站立面700 mm以上，当低于700 mm时，应设置防护栏杆，防护栏杆应符合《考核评分细则》5.2.23 的相关规定"的要求

表 3.74(续 1)

酸、碱、油槽及电镀槽图示	常见问题及描述
	电镀槽电源端部位没有采取防触电绝缘措施,不符合《考核评分细则》"5.2.19.6 电气设备的绝缘、屏护、防护间距应符合 GB 5226.1 的相关规定"的要求
	电镀槽导电部位没有采取防触电绝缘措施,不符合《考核评分细则》"2.19.6 电气设备的绝缘、屏护、防护间距应符合 GB 5226.1 的相关规定"的要求
	酸、碱槽体周围没有机械通风装置,不符合《考核评分细则》"2.19.4 产生有毒有害气体的槽体周边应设置通风装置"的要求
	酸、碱槽体锈蚀严重,不符合《考核评分细则》"2.19.1.2 应无裂纹、变形、渗漏"的要求

表 3.74（续 2）

酸、碱、油槽及电镀槽图示	常见问题及描述
	酸、碱槽体锈蚀严重，不符合《考核评分细则》"2.19.1.2 应无裂纹、变形、渗漏"的要求
	酸、碱、油槽体周围没有机械通风设备，不符合《考核评分细则》"2.19.4 产生有毒有害气体的槽体周边应设置通风装置"的要求
	酸、碱槽体锈蚀严重，不符合《考核评分细则》"2.19.1.2 应无裂纹、变形、渗漏"的要求
	作业现场存放酸、碱等腐蚀性的危险化学品，不符合 GB/T 12801《生产过程安全卫生要求总则》"5.8.1.2 b) 危险化学品应储存在专门仓库中，并有符合规定的包装，包装上附有危险化学品安全标签；e) 应根据危险化学品的性质，采取隔离、隔开、分离的储存方式"的要求

表 3.74（续 3）

酸、碱、油槽及电镀槽图示	常见问题及描述
	作业现场存放酸、碱等腐蚀性的危险化学品，不符合 GB/T 12801《生产过程安全卫生要求总则》"5.8.1.2 b）危险化学品应储存在专门仓库中，并有符合规定的包装，包装上附有危险化学品安全标签；e）应根据危险化学品的性质，采取隔离、隔开、分离的储存方式"的要求

（六）适用的法规标准

酸、碱、油槽及电镀槽适用的法规标准如表 3.75 所示。

表 3.75　酸、碱、油槽及电镀槽适用的法规标准

序号	法规标准
1	GB 5083　生产设备安全卫生设计总则
2	GB/T 12801　生产过程安全卫生要求总则
3	考核评分细则

（七）典型做法与经验

酸、碱、油槽及电镀槽在实际操作中的典型做法及相关经验如表 3.76 所示。

表 3.76　酸、碱、油槽及电镀槽在实际操作中的典型做法及相关经验

酸、碱、油槽及电镀槽图示	典型做法及经验
	低于 700 mm 的酸、碱、油槽周围设置防护栏杆，符合《考核评分细则》"2.19.3 槽体应高于操作者站立面 700 mm 以上，当低于 700 mm 时，应设置防护栏杆，防护栏杆应符合《考核评分细则》2.23 的相关规定"的要求

表 3.76（续 1）

酸、碱、油槽及电镀槽图示	典型做法及经验
	酸、碱、油槽周围设置通风装置，符合《考核评分细则》"2.19.4 产生有毒有害气体的槽体周边应设置通风装置"的要求
	酸、碱、油槽槽体强度符合《考核评分细则》"2.19.1.1 槽体应有足够的强度和刚度"和"2.19.1.2 应无裂纹、变形、渗漏"的要求
	酸、碱、油槽槽体强度，符合《考核评分细则》"2.19.1.1 槽体应有足够的强度和刚度和"2.19.1.2 应无裂纹、变形、渗漏"的要求
	从事酸、碱作业现场设置洗眼器，符合《考核评分细则》"2.19.7 作业现场应配置可清洗面部的应急处置装置，该装置应定期维护、检修、确保灵敏可靠"的要求

表 **3.76**（续 2）

酸、碱、油槽及电镀槽图示	典型做法及经验
	酸、碱、油槽周围设置通风装置,符合《考核评分细则》"2.19.4 产生有毒有害气体的槽体周边应设置通风装置"的要求
	酸、碱、油槽周围设置通风装置,符合《考核评分细则》"2.19.4 产生有毒有害气体的槽体周边应设置通风装置"的要求

二十一、中央空调系统

(一)适用范围

本项目适用于企业具有制冷或制热机组、媒介输送管道、室内交换机的工业空调系统(不含家用空调、一拖二家用空调、组合式空调机组和多联式空调机组)。

(二)资料备查清单

本考评项查阅的资料包括:

(1)设备台账,台账应分类;

(2)管理制度和操作规程。

(三)考评内容及考核办法

中央空调系统考评内容及考评办法如表 3.77 所示。

表 3.77　中央空调系统考评内容及考评办法

序号	考评内容	分值	考评办法
1	安全装置:压力表应指示灵敏、刻度清晰、铅封完整,且在检验周期内使用;压力继电器应灵敏可靠,并在系统超出正常工作压力范围时,电触头能切断动力回路,使压缩机停止运行;温度计应指示清晰、可靠;安全阀应铅封完好,动作灵敏、可靠,定期校验;介质应排放至安全的地方;液位计应清晰、可靠,当发生意外泄漏时,其阀内的钢球应能阻止容器内的介质大量外流。机房应向室外通风,借助窗口和格栅达到自然通风;自然通风的气流不应受到墙、烟囱、周围环境建筑物或类似物体的阻碍;无自然通风的机房如处于地下室中,应有连续机械通风;机房门应向外开	2分	①查系统及其所属设备台账,确定抽查数量,考评时,以整套系统为考评单元,即被抽查的系统及其所属设备均应检查。②现场核查,条款中所列内容一处不合格扣该条款应得分值。③结合现场抽查情况,发现没建立管理台账、台账不清、账物不符情况或报废/停用手续不全、标识不正确或未明确责任人的,扣2分
2	输送管线:管道弯曲角度应准确,弯曲处的表面应无皱纹和裂纹,其横断面应无明显的椭圆;输送管道的连接除与设备、阀门等处可采用法兰或螺纹连接外,其余部分均应采取焊接,且无未焊透、咬边、裂纹等缺陷。采用燃气加热器的空调系统,烟道应安装防爆门;输送管线上的阀门应灵活可靠、密封良好;管道应无破裂、泄漏、堵塞;蒸发器、冷凝器、吸收器中的传热管结垢厚度不应超过 1 mm,并不允许有杂物堵塞	1分	
3	防护罩和防护栏:凡距操作者站立面 2 m 以下设备外露的旋转部件均应设置齐全、可靠的防护罩或防护网,其安全间距应符合 GB 23821 的相关规定;工业梯台应符合 GB 4053 的相关规定	1分	
4	系统内附属的压力容器应符合本《考核评分细则》2.25 的相关规定	1分	
5	运行参数的监视和控制:溴化锂吸收式制冷机的气密性真空度下降量一昼夜不应超过 66.7 Pa;溴化锂溶液的 pH 值应在 9.0 ~ 10.5 范围之内,铬酸锂含量不应低于 0.1%,且无锈蚀;冷媒水和冷却水的压力值应为 0.4 MPa,压差的调整值为 0.12 ~ 0.14 MPa,当压力值小于调整值时,应能报警。溴化锂机组应符合 GB 18361 的要求。通风空调系统的机房设备设施检查和清洗应由专业人员或委外定期进行检查,检查内容应包括设备设施的安全要求,并符合 GB 50365 的要求;检查应保存记录;风管检查每 2 年不少于一次,空气处理设备检查每年不少于一次;并符合 GB 19210 的要求	1分	
6	操作系统内各种仪表、指示器、按钮等应设置合理,显示正确;带自动控制装置的电箱门及机房应上锁	1分	

表3.77(续)

序号	考评内容	分值	考评办法
7	电气安全:电气设备的绝缘、屏护、防护间距应符合 GB 5226.1 的相关规定;PE 线应连接可靠,线径截面积及安装方法符合《考核评分细则》2.37 的相关规定;系统内应设置剩余电流动作保护装置;对于采用电加热器的空调系统,在运行时应保证电加热器与系统送风机联锁;检查或维修设备及其辅助设施时,应使用安全电压的照明	1分	

(四)评审要点

1. 安全装置

(1)压力表应指示灵敏、刻度清晰、铅封完整,且在检验周期内使用;温度计应指示清晰、可靠。

(2)安全阀铅封应完好,动作灵敏、可靠,定期校验;液位计应清晰、可靠。

(3)压力继电器应灵敏可靠,并在系统超出正常工作压力范围时,电触头能切断动力回路,使压缩机停止运行。

2. 输送管线

(1)管道弯曲处的表面应无皱纹和裂纹;输送管线上的阀门应灵活可靠、密封良好;管道应无破裂、泄漏、堵塞。

(2)输送管道的连接除与设备、阀门等处可采用法兰或螺纹连接外,其余部分均应采取焊接,焊接不得有缺陷;采用燃气加热器的空调系统,烟道应安装防爆门。

(3)蒸发器、冷凝器、吸收器中的传热管结垢厚度不应超过 1 mm,并不允许有杂物堵塞。

3. 防护罩和防护栏

(1)对于距操作者站立面2 m 以下设备外露的旋转部件均应设置可靠的防护罩或防护网,其安全距离应符合 GB 23821 的相关规定。

(2)工业梯台应符合相关标准的规定。

4. 运行参数的监视和控制

(1)溴化锂吸收式制冷机的气密性真空度下降量一昼夜不应超过 66.7 Pa;溴化锂溶液的 pH 值应在 9.0～10.5 范围之内,铬酸锂含量不应低于 0.1%,且无锈蚀。

(2)冷媒水和冷却水的压力值应为 0.4 MPa,压差的调整值为 0.12～0.14 MPa,当压力值小于调整值时,应能报警;冷却水管不得有泄漏,水泵电机联轴节外露旋转部位应有防护罩。

5. 电气设备

电气设备的的绝缘、屏护、防护间距应符合 GB 5226.1 的相关规定；PE 线应连接可靠，线径截面积及安装方法符合标准的相关规定。

6. 其他

操作系统内各种仪表、指示器、按钮等应设置合理，显示正确；带自动控制装置的电箱门及机房应上锁。

(五)常见问题

中央空调系统常见问题图示及描述如表 3.78 所示。

表 3.78　中央空调系统常见问题图示及描述

中央空调系统图示	常见问题描述
	中央空调泵房压力表没有检验标签，管道漏水，不符合《考核评分细则》"2.21.1.1 压力表应指示灵敏、刻度清晰、铅封完整，且在检验周期内使用"和"2.21.2.3 输送管线上的阀门应灵活可靠、密封良好；管道应无破裂、泄漏、堵塞"的要求
	中央空调泵房压力表没有检验标签，不符合《考核评分细则》"2.21.1.1 压力表应指示灵敏、刻度清晰、铅封完整，且在检验周期内使用"的要求
	机房水泵电机联轴节部位没有防护罩，不符合 AQ 7004《制冷空调作业安全技术规程》"4.11.1.4 机房内所有机械外露运动部位必须装防护罩"的要求

表 3.78（续）

中央空调系统图示	常见问题描述
	管道法兰有泄漏,不符合《考核评分细则》"2.20.2.3 输送管线上的阀门应灵活可靠、密封良好;管道应无破裂、泄漏、堵塞"的要求
	机房水泵电机联轴节部位没有防护罩,不符合 AQ 7004《制冷空调作业安全技术规程》"4.11.1.4 机房内所有机械外露运动部位必须装防护罩"的要求

（六）适用的法规标准

中央空调系统适用的法规标准如表 3.79 所示。

表 3.79　中央空调系统适用的法规标准

序号	法规标准
1	GB 5083　生产设备安全卫生设计总则
2	GB 4053.1　固定式钢梯及平台安全要求　第 1 部分:钢直梯
3	GB 4053.3　固定式钢梯及平台安全要求　第 3 部分:工业防护栏杆及钢平台
4	AQ 7004　制冷空调作业安全技术规程
5	考核评分细则

（七）典型做法与经验

中央空调系统在实际操作中的典型做法及相关经验如表 3.80 所示。

表 3.80　中央空调系统在实际操作中的典型做法及相关经验

中央空调系统图示	典型做法及经验
	中央空调管道密封良好，符合《考核评分细则》"2.20.2.3 输送管线上的阀门应灵活可靠、密封良好；管道应无破裂、泄漏、堵塞"的要求
	机房水泵电机联轴节部位旋转部位防护罩，符合 AQ 7004《制冷空调作业安全技术规程》"4.11.1.4 机房内所有机械外露运动部位必须装防护罩"的要求

二十二、输送机械

(一)适用范围

本项目适用于所有机械化(自动化)运输线，如：悬挂输送机、鳞板输送机、铸型输送机、装配运输机、皮带输送机等(不含燃煤锅炉输煤皮带输送机及设备附属的物料输送装置)。

(二)资料备查清单

本考评项查阅的资料包括：

(1)管理台账，台账应分类，如皮带输送机、装配运输机、悬挂输送机等；

(2)管理制度和操作规程。

(三)考评内容及考评办法

输送机械考评内容及考评办法如表 3.81 所示。

表3.81　输送机械考评内容及考评办法

序号	考评内容	分值	考评办法
1	凡距操作者站立面2 m以下设备外露的旋转部件均应设置齐全、可靠的防护罩或防护网,其安全距离应符合GB 23821的相关规定	1分	①查设备台账,依据设备台账确定抽查数量和具体的被评设备。②现场核查,一处不合格扣该条款的应得分值,剩余分值为该设备的实得分。③凡实得分等于或小于8分则该设备为不合格设备。④根据不合格设备的台数,计算实得分为 实得分 = 10 − 不合格设备台数/抽查总台数 ×30 ⑤结合现场抽查情况,发现没建立管理台账、台账不清、账物不符情况或报废/停用手续不全、标识不正确或未明确责任人的,扣2分
2	急停装置:机械化运输线上每隔20 m长度范围内应至少设置一个急停开关;皮带输送机的人行一侧,应设置全程的急停拉绳,长度小于30 m的可设急停开关;急停开关;操作工位、升降段或转弯处应设置急停开关;急停开关不应自动恢复,必须采取手动复位;并符合GB 16754的相关规定	2分	
3	保险装置:皮带输送机在两边应设置防跑偏挡轮,并运转灵活,销轴无窜动;驱动装置中应设置过载保护装置,且运行可靠;链式输送机上坡、下坡处应设置止退器或捕捉器,并运行可靠;垂直升降机应设置上升、下降限位装置及止挡器,并设有防护栏,其门应设置联锁装置	3分	
4	通道、梯台和防护网(栏):输送机械下方的通道净空高度应大于2 m;输送机械上坡、下坡段或下面有人员通过的部位,应在输送机械的下面设置坚固的防护网(板);输送机械穿越楼层而出现孔口时应设护栏,在人员能接近的重锤张紧装置下方应设立防护栅(栏);人员需经常跨越输送机械的部位应设置人行过道(桥);工业梯台应符合GB 4053的相关规定;防护护网(栏)的安全距离符合GB 23821的相关规定	1分	
5	启动和停止装置应设置明显的安全标识或声光警示信号	1分	
6	电气设备的绝缘、屏护、防护间距应符合GB 5226.1的相关规定;PE线应连接可靠,线径截面积及安装方法符合《考核评分细则》2.37的相关规定	2分	

(四)考评要点

1. 安全防护装置

对于距操作者站立面2 m以下设备外露的旋转部件均应设置可靠的防护罩或防护网,其安全距离应符合GB 23821的相关规定,其防护罩应符合GB 14784《带式输送机 安全规范》4.1.5的要求。

2. 急停装置

(1)机械化运输线上每隔20 m长度范围内应至少设置一个急停开关;皮带输送机的人行一侧,应设置全程的拉绳急停开关,应符合GB 14784《带式输送机 安全规范》4.1.11 i)的要求。

（2）操作工位、升降段或转弯处应设置急停开关，急停开关不应自动恢复，应采取手动复位，并符合 GB 16754 的相关规定。

3. 保险装置

（1）皮带输送机在两边应设置防跑偏挡轮，并运转灵活，销轴无窜动；驱动装置中应设置过载保护装置，且运行可靠，应符合 GB 14784《带式输送机 安全规范》4.1.11 c）的要求。

（2）链式输送机上坡、下坡处应设置止退器或捕捉器，并运行可靠；垂直升降机应设置上升、下降限位装置及止挡器，并设有防护栏，其门应设置联锁装置，应符合 GB 14784《带式输送机 安全规范》4.1.11 a）的要求。

4. 通道、梯台和防护网（栏）

（1）输送机械下方的通道净空高度应大于 2 m；输送机械上坡、下坡段或下面有人员通过的部位，应在输送机械的下面设置坚固的防护网（板）；输送机械穿越楼层而出现孔口时应设护栏，在人员能接近的重锤张紧装置下方应设立防护栅（栏）。

（2）人员需经常跨越输送机械的部位应设置人行过道（桥）；设置的工业梯台应符合标准相关规定；防护护网（栏）的安全距离应符合 GB 23821 的相关规定。

5. 启动、停止装置

启动和停止装置应设置明显的安全标识或警示信号，如声光报警、灯光闪烁装置等。

6. 电气设备

电气设备的绝缘、屏护、防护间距应符合 GB 5226.1 的相关规定；PE 线应连接可靠，线径截面积及安装方法符合标准的相关规定。

（五）常见问题

输送机械常见问题图示及描述如表 3.82 所示。

表 3.82 输送机械常见问题图示及描述

输送机械图示	常见问题描述
	皮带输送机人员行走一侧没有急停开关或急停拉绳开关，不符合 GB 14784—2013《带式输送机 安全规范》"4.1.11 i）沿输送机人行通道的全长应设置急停拉绳开关"的要求

表 3.82（续 1）

输送机械图示	常见问题描述
	输送机拐弯处没有设置急停开关,不符合《考核评分细则》"2.21.2.2 操作工位、升降段或转弯处应设置急停开关"的要求
	机械化输送线,没有急停按钮装置,不符合《考核评分细则》"2.21.2.1 机械化运输线上每隔 20 m 长度范围内应至少设置一个急停开关"的要求
	机械化输送线,没有急停按钮装置,不符合《考核评分细则》"2.21.2.1 机械化运输线上每隔 20 m 长度范围内应至少设置一个急停开关"的要求
	机械输送线没有启动和停止安全警示标识或警示信号,不符合《考核评分细则》"2.21.5 启动和停止装置应设置明显的安全标识或警示信号"的要求

表 3.82(续 2)

输送机械图示	常见问题描述
	机械输送线没有启动和停止安全警示标识或警示信号,不符合《考核评分细则》"2.21.5 启动和停止装置应设置明显的安全标识或警示信号"的要求

（六）适用的法规标准

输送机械适用的法规标准如表 3.83 所示。

表 3.83 输送机械适用的法规标准

序号	法规标准
1	GB 4053.3 固定式钢梯及平台安全要求 第 3 部分:工业防护栏杆及钢平台
2	GB 5083 生产设备安全卫生设计总则
3	GB 11341 悬挂输送机安全规程
4	GB 14784 带式输送机 安全规范
5	GB 50041 锅炉房设计规范
6	GB 50058 爆炸和火灾危险环境电力装置设计规范
7	考核评分细则

（七）典型做法与经验

输送机械在实际操作中的典型做法及相关经验如表 3.84 所示。

表 3.84 输送机械在实际操作中的典型做法及相关经验

输送机械图示	典型做法及经验
	输送机械设置起动警示信号装置,符合《考核评分细则》"2.21.5 启动和停止装置应设置明显的安全标识或警示信号"的要求

表 3.84（续）

输送机械图示	典型做法及经验
	输送机械设置起动警示信号装置,符合《考核评分细则》"2.21.5 启动和停止装置应设置明显的安全标识或警示信号"的要求
	皮带输送机人行一侧设置急停拉绳,符合《带式输送机 安全规范》"4.1.11 c)应装设防止输送带跑偏的保护和报警装置;i)沿输送机人行通道的全长应设置急停拉绳开关"的要求
	皮带输送机人员跨越部位设置人行桥,符合《考核评分细则》"2.21.4.3 人与需要经常跨越的部位应设置人行过道(桥)"的要求
	输送机人员跨越部位设置人行桥,符合《考核评分细则》"2.21.4.3 人员需经常跨越输送机械的部位应设置人行过道(桥)"的要求

二十三、工业梯台

(一)适用范围

本项目适用于企业生产活动区域中:

(1)固定在建筑物或设备上且与地面垂直的钢直梯;

(2)固定在建筑物或设备上且与地平面呈30°～75°的钢斜梯;

(3)便携梯(包括轻金属或竹木制造的直梯);

(4)高处走台、梯间供休息和转向用的中间平台、高处作业平台以及梯台所配套使用的护栏。

(二)资料备查清单

本考评项查阅的资料包括:

(1)设备管理台账,台账应分类,如直梯、斜梯、活动式梯子(轻金属、竹制)、平台、走台等;

(2)管理制度和操作规程。

(三)考评内容及考评办法

工业梯台考评内容及考评办法如表3.85所示。

表3.85　输送机械考评内容及考评办法

序号	考评内容	分值	考评办法
1	工业梯台应符合GB 4053的相关规定;金属结构件的焊接应符合GB 50205的相关规定;且无变形、腐蚀、裂纹等缺陷	2分	①查设备台账,依据设备台账确定抽查数量和具体的被评设备。
2	固定式钢斜梯踏板及钢平台铺板应采用花纹钢板或经防滑处理的钢板制作	2分	②现场核查,一处不合格扣该条款的应得分值,剩余分值为该设备的实得分。
3	钢直梯的结构应符合相应要求:所有的踏棍垂直间距应相等,相邻踏棍垂直间距应为225～300 mm,梯子下端的第一级踏棍距基准面距离应不大于450 mm,顶部踏棍与到达面的步行表面应处于同一水平面;梯梁间踏棍供踩踏表面的内侧净宽度应为400～600 mm,在同一攀登高度上该宽度应相同。由于工作面所限,攀登高度在5 m以下时,梯子内侧净宽度可小于400 mm,但应不小于300 mm;高于起程面2 200～3 000 mm处应设置安全护笼,其笼箍内径应在650～800 mm之间;水平笼箍垂直间距应不大于1 500 mm,立杆间距应不大于300 mm,均匀分布,护笼各构件形成的最大空隙应不大于0.4 m²;护笼顶部在平台或梯子顶部进、出平面之上的高度应不小于1 050 mm,并有进、出平台的措施或进出口。单段梯高宜不大于10 m,攀登高度大于10 m时宜采用多段梯,梯段水平交错布置,并设梯间平台。	4分	③《考核评分细则》2.22.3则根据梯台类型不同进行考评,一处不合格扣2分。④凡实得分小于6分则该梯台为不合格设备。

表 3.85(续)

序号	考评内容	分值	考评办法
	钢直梯与其固定的结构表面平行并尽可能垂直水平面设置。当受条件限制不能垂直水平面时,两梯梁中心线所在平面与水平倾角应在 75°~90°范围内。 　钢斜梯的结构应符合相应要求:钢斜梯内侧净宽度:单向通行宜为 600 mm,经常单向通行及偶尔双向通行宜为 800 mm,经常双向通行宜为 1 000 mm;踏板的前后深度应不小于 80 mm,相邻两踏板的前后方向重叠应在 10~35 mm 之间;踏板间距宜为 225~255 mm;由突缘前端到上方障碍物的垂直距离应不小于 2 000 mm;梯宽不大于 1 100 mm 两侧封闭的斜梯,应至少一侧有扶手,且设在下梯方向的右侧;梯宽大于 1 100 mm 但不大于 2 200 mm 的斜梯,无论是否封闭,均应在两侧安装扶手;梯子扶手中心线应与梯子的倾角线平行,梯子扶手的高度由踏板突缘到扶手的上表面垂直测量应不小于 860 mm,不大于 960 mm;支撑扶手的立柱应从第一级踏板开始设置,间距不宜大于 1 000 mm;扶手宜外径 30~50 mm,厚度不小于 2.5 mm 的圆形管材。钢斜梯与水平面的倾角应为 30°~75°梯范围内,30°~35°为宜,偶尔性进入的最大倾角宜为 42°,经常性双向通行的最大倾角宜为 38°;单梯段的梯台不宜大于 6 m,梯级数宜不大于 16。 　钢平台的结构应符合相应要求:通行平台的无障碍宽度应不小于 750 mm,单人偶尔通行平台的宽度可适当减小,但应不小于 450 mm;梯间平台(休息平台)的宽度应不小于梯子的宽度;平台地面到上方障碍物的垂直距离应不小于 2 000 mm;踢脚板顶部在平台地面之上高度应不小于 100 mm,其底部距地面应不大于 10 mm;当平台距基准面高度小于 2 m 时,防护栏杆高度应不低于 900 mm;距基准面高度大于等于 2 m 并小于 20 m 时,防护栏杆高度应不低于 1 050 mm;距基准面高度大于 20 m 时,防护栏杆高度应不低于 1 200 mm;防护栏杆端部应设置立柱,立柱间距应不大于 1 000 mm;扶手宜采用钢管,外径不小于 30 mm,不大于 50 mm;在扶手与踢脚板之间应至少设置一道中间栏杆,其与上、下方构件的空隙间距应不大于 500 mm		⑤根据不合格设备的台数,计算实得分为 　实得分 = 8 - $\frac{\text{不合格设备台数}}{\text{抽查总台数}}$×24 　⑥结合现场抽查情况,发现没建立管理台账(含活动梯台)、台账不清、账物不符情况或报废/停用手续不全、标识不正确或未明确责任人的,扣 2 分
4	活动人字梯铰链完好无变形,两梯之间梁柱中部应有限制拉线,撑锁固定装置牢固;梯子与地面接触部位应设置防滑装置		
5	竹梯构件不得有连续裂损 2 个竹节或不连续裂损 3 个竹节;梯子与地面接触部位应设置防滑装置		

（四）考评要点

1. 金属结构件

金属结构件的焊接应符合 GB 50205 的相关规定；应无变形、腐蚀、裂纹等缺陷；固定式钢斜梯踏板及钢平台铺板应采用花纹钢板或经防滑处理的钢板制作。

2. 钢直梯

（1）钢直梯踏棍垂直间距应相等，相邻踏棍垂直间距应为 225～300 mm，梯子下端的第一级踏棍距基准面距离应不大于 450 mm，顶部踏棍与到达面的步行表面应处于同一水平面，应符合 GB 4053.1《固定式钢梯及平台安全要求 第 1 部分：钢直梯》5.5.1,5.7.7 的要求。

（2）梯梁间踏棍供踩踏表面的内侧净宽度应为 400～600 mm，在同一攀登高度上该宽度应相同。由于工作面所限，攀登高度在 5 m 以下时，梯子内侧净宽度可小于 400 mm，但应不小于 300 mm。

（3）高于起程面 2 200～3 000 mm 处应设置安全护笼，其笼箍内径应在 650～800 mm 之间；水平笼箍垂直间距应不大于 1 500 mm，立杆间距应不大于 300 mm，均匀分布，应符合 GB 4053.1《固定式钢梯及平台安全要求 第 1 部分：钢直梯》5.3.2,5.7.4,5.7.5 的要求。

（4）护笼顶部在平台或梯子顶部进、出平面之上的高度应不小于 1 050 mm，并有进、出平台的措施或进出口，GB 4053.1《固定式钢梯及平台安全要求 第 1 部分：钢直梯》5.7.7 的要求。

（5）单段梯高宜不大于 10 m，攀登高度大于 10 m 时宜采用多段梯，梯段水平交错布置，并设梯间平台。

（6）钢直梯与其固定的结构表面平行并尽可能垂直水平面设置。当受条件限制不能垂直水平面时，两梯梁中心线所在平面与水平倾角应在 75°～90° 范围内。

3. 钢斜梯

（1）钢斜梯内侧净宽度：单向通行宜为 600 mm，经常单向通行及偶尔双向通行宜为 800 mm，经常双向通行宜为 1 000 mm。

（2）踏板的前后深度应不小于 80 mm，相邻两踏板的前后方向重叠应在 10～35 mm 之间；踏板间距宜为 225～255 mm；由突缘前端到上方障碍物的垂直距离应不小于 2 000 mm。

（3）梯宽不大于 1 100 mm 两侧封闭的斜梯，应至少一侧有扶手，且设在下梯方向的右侧；梯宽大于 1 100 mm 但不大于 2 200 mm 的斜梯，无论是否封闭，均应在两侧安装扶手；梯子扶手中心线应与梯子的倾角线平行，梯子扶手的高度由踏板突缘到扶手的上表面垂直测量应不小于 860 mm，不大于 960 mm；支撑扶手的立柱应从第一级踏板开始设置，间距不宜大于 1 000 mm。

（4）钢斜梯与水平面的倾角应为 30°～75° 范围内，30°～35° 为宜，偶尔性进入的最大倾角宜为 42°,经常性双向通行的最大倾角宜为 38°。

4. 钢平台

(1)通行平台的无障碍宽度应不小于 750 mm,单人偶尔通行平台的宽度可适当减小,但应不小于 450 mm。

(2)平台地面到上方障碍物的垂直距离应不小于 2 000 mm。

(3)踢脚板顶部在平台地面之上高度应不小于 100 mm,其底部距地面应不大于 10 mm,应符合 GB 4053.3《固定式钢梯及平台安全要求 第 3 部分:工业防护栏杆及钢平台》5.5.6 的要求。

(4)当平台距基准面高度小于 2 m 时,防护栏杆高度应不低于 900 mm;距基准面高度大于等于 2 m 并小于 20 m 时,防护栏杆高度应不低于 1 050 mm;距基准面高度大于 20 m 时,防护栏杆高度应不低于 1 200 mm,应符合 GB 4053.3《固定式钢梯及平台安全要求 第 3 部分:工业防护栏杆及钢平台》5.2.1,5.2.2,5.2.3 的要求。

(5)防护栏杆端部应设置立柱,立柱间距应不大于 1 000 mm;在扶手与踢脚板之间应至少设置一道中间栏杆,其与上、下方构件的空隙间距应不大于 500 mm,应符合 GB 4053.3《固定式钢梯及平台安全要求 第 3 部分:工业防护栏杆及钢平台》5.4.1,5.4.2 的要求。

5. 梯子

活动人字梯两梯之间梁柱中部应有限制拉线,撑锁固定装置牢固;梯子与地面接触部位应设置防滑装置。竹梯构件不得有连续裂损 2 个竹节或不连续裂损 3 个竹节;梯子与地面接触部位应设置防滑装置。

(五)常见问题

工业梯台常见问题图示及描述如表 3.86 所示。

表 3.86 输送机械常见问题图示及描述

工业梯台图示	常见问题描述
	斜梯扶手栏杆,不符合 GB 4052.2《固定式钢梯及平台安全要求 第 2 部分:钢斜梯》"5.6.10 支撑扶手的立柱……从第一级踏板开始设置,间距不宜大于 1 000 mm。中间栏杆应用……固定立柱中部"的要求

表 3.86（续 1）

工业梯台图示	常见问题描述
	直梯没有护笼，不符合 GB 4053.1《固定式钢梯及平台安全要求 第 1 部分：钢直梯》"5.3.2 梯段高度大于 3 m 时宜设置安全护笼。单梯段高度大于 7 m 时，应设置安全护笼"的要求
	平台栏杆底部没有踢脚板，不符合 GB 4053.3《固定式钢梯及平台安全要求 第 3 部分：工业防护栏杆及钢平台》"4.1.2 在平台、通道或工作面上可能使用工具、机器部件或物品场所，应在所有敞开边缘设置带踢脚板的防护栏杆"，以及" 5.5.6 踢脚板顶部在平台地面之上高度应不小于 100 mm，其底部距地面应不大于 10 mm"的要求
	直梯下端的第一级踏棍与基准面的距离，不符合 GB 4053.1《固定式钢梯及平台安全要求 第 1 部分：钢直梯》"5.5.1 梯子下端的第一级踏棍距基准面距离应不大于 450 mm"的要求
	平台栏杆底部没有踢脚板，不符合 GB 4053.3《固定式钢梯及平台安全要求 第 3 部分：工业防护栏杆及钢平台》"4.1.2 在平台、通道或工作面上可能使用工具、机器部件或物品场所，应在所有敞开边缘设置带踢脚板的防护栏杆"，以及"5.5.6 踢脚板顶部在平台地面之上高度应不小于 100 mm，其底部距地面应不大于 10 mm"的要求

表 3.86(续 2)

工业梯台图示	常见问题描述
	斜梯倾角,不符合《考核评分细则》"2.22.3.4 钢斜梯与水平面的倾角应为 30°~75°范围内,30°~35°为宜,偶尔性进入的最大倾角宜为 42°,经常性双向通行的最大倾角宜为 38",以及"2.22.3.3 梯子扶手中心线应与梯子的倾角线平行,梯子扶手的高度由踏板突缘到扶手的上表面垂直测量应不小于 860 mm,不大于 960 mm;支撑扶手的立柱应从第一级踏板开始设置,间距不宜大于 1 000 mm"的要求
	竹梯破损,不符合《考核评分细则》"2.22.3.7 竹梯构件不得有连续裂损 2 个竹节或不连续裂损 3 个竹节;梯子与地面接触部位应设置防滑装置"的要求
	移动式梯子底部没有防滑装置,不符合《考核评分细则》"2.22.3.7 梯子与地面接触部位应设置防滑装置"的要求
	试验台工作平台没有防护栏杆,不符合 GB 4053.3《固定式钢梯及平台安全要求 第 3 部分:工业防护栏杆及钢平台》"4.1.2 在平台、通道或工作面上可能使用工具、机器部件或物品场所,应在所有敞开边缘设置带踢脚板的防护栏杆",以及" 5.5.6 踢脚板顶部在平台地面之上高度应不小于 100 mm,其底部距地面应不大于 10 mm"的要求

表 **3.86**(续 3)

工业梯台图示	常见问题描述
	除尘器超过 2 m 以上的检修平台没有防护栏杆,不符合 GB 4053.3《固定式钢梯及平台安全要求 第 3 部分:工业防护栏杆及钢平台》"5.2.1 当平台、通道及作业场所距基准面高度小于 2 m 时,防护栏杆高度应不低于 900 mm",以及"5.2.2 在距基准面高度大于等于 2 m 并小于 20 m 的平台、通道及作业场所的防护栏杆高度应不低于 1 050 mm"的要求
	吊车检修平台没有踢脚板,不符合 GB 4053.3《固定式钢梯及平台安全要求 第 3 部分:工业防护栏杆及钢平台》"4.1.2 在平台、通道或工作面上可能使用工具、机器部件或物品场所,应在所有敞开边缘设置带踢脚板的防护栏杆",以及"5.5.6 踢脚板顶部在平台地面之上高度应不小于 100 mm,其底部距地面应不大于 10 mm"的要求
	人字梯之间没有限制绳,不符合《考核评分细则》"2.22.3.6 活动人字梯铰链完好无变形,两梯之间梁柱中部应有限制拉线,撑锁固定装置牢固;梯子与地面接触部位应设置防滑装置"的要求
	直梯下端的第一级踏棍与基准面的距离,不符合 GB 4053.1《固定式钢梯及平台安全要求 第 1 部分:钢直梯》"5.5.1 梯子下端的第一级踏棍距基准面距离应不大于 450 mm"的要求

表 3.86（续 4）

工业梯台图示	常见问题描述
	斜梯扶手栏杆,不符合《考核评分细则》"2.22.3.3 梯子扶手中心线应与梯子的倾角线平行,梯子扶手的高度由踏板突缘到扶手的上表面垂直测量应不小于 860 mm,不大于 960 mm;支撑扶手的立柱应从第一级踏板开始设置,间距不宜大于 1 000 mm",以及"2.22.3.5 在扶手与踢脚板之间应至少设置一道中间栏杆,其与上、下方构件的空隙间距应不大于 500 mm"的要求
	移动式梯子底部没有防滑装置,不符合《考核评分细则》"2.22.3.7 梯子与地面接触部位应设置防滑装置"的要求
	人字梯之间没有限制绳,不符合《考核评分细则》"2.22.3.6 活动人字梯铰链完好无变形,两梯之间梁柱中部应有限制拉线,撑锁固定装置牢固;梯子与地面接触部位应设置防滑装置"的要求

（六）适用的法规标准

工业梯台适用的法规标准如表 3.87 所示。

表 3.87 工业梯台适用的法规标准

序号	法规标准
1	GB 4053.1 固定式钢梯及平台安全要求 第 1 部分:钢直梯
2	GB 4053.2 固定式钢梯及平台安全要求 第 2 部分:钢斜梯
3	GB 4053.3 固定式钢梯及平台安全要求 第 3 部分:工业防护栏杆及钢平台
4	考核评分细则

（七）典型做法与经验

工业梯台在实际操作中的典型做法及相关经验如表 3.88 所示。

表 3.88　输送机械在实际操作中的典型做法及相关经验

工业梯台图示	典型做法及经验
	直梯护笼,符合 GB 4053.1《固定式钢梯及平台安全要求 第 1 部分:钢直梯》"5.3.2 梯段高度大于 3 m 时宜设置安全护笼。单梯段高度大于 7 m 时,应设置安全护笼"的要求
	直梯护笼,符合 GB 4053.1《固定式钢梯及平台安全要求 第 1 部分:钢直梯》"5.3.2 梯段高度大于 3 m 时宜设置安全护笼。单梯段高度大于 7 m 时,应设置安全护笼"的要求
	直梯第一级踏棍据基准面距离,符合 GB 4053.1《固定式钢梯及平台安全要求 第 1 部分:钢直梯》"5.5.1 ……梯子下端的第一级踏棍距基准面距离应不大于 450 mm"的要求

表 3.88(续 1)

工业梯台图示	典型做法及经验
	平台栏杆踢脚板,符合 GB 4053.3《固定式钢梯及平台安全要求 第 3 部分:工业防护栏杆及钢平台》"4.1.2 在平台、通道或工作面上可能使用工具、机器部件或物品场所,应在所有敞开边缘设置带踢脚板的防护栏杆",以及" 5.5.6 踢脚板顶部在平台地面之上高度应不小于 100 mm,其底部距地面应不大于 10 mm"的要求
	斜梯倾角,符合《考核评分细则》"2.23.3.4 钢斜梯与水平面的倾角应为 30°～75°范围内,30°～35°为宜,偶尔性进入的最大倾角宜为 42°,经常性双向通行的最大倾角宜为 38",以及"2.22.3.3 梯子扶手中心线应与梯子的倾角线平行,梯子扶手的高度由踏板突缘到扶手的上表面垂直测量应不小于 860 mm,不大于 960 mm;支撑扶手的立柱应从第一级踏板开始设置,间距不宜大于 1 000 mm"的要求
	斜梯倾角,符合《考核评分细则》"2.22.3.4 钢斜梯与水平面的倾角应为 30°～75°范围内,30°～35°为宜,偶尔性进入的最大倾角宜为 42°,经常性双向通行的最大倾角宜为 38",以及"2.22.3.3 梯子扶手中心线应与梯子的倾角线平行,梯子扶手的高度由踏板突缘到扶手的上表面垂直测量应不小于 860 mm,不大于 960 mm;支撑扶手的立柱应从第一级踏板开始设置,间距不宜大于 1 000 mm"的要求
	移动式梯子底部有止滑装置,符合《考核评分细则》"2.22.3.7 梯子与地面接触部位应设置防滑装置"的要求

表3.88(续2)

工业梯台图示	典型做法及经验
	移动式梯子底部有止滑装置,符合《考核评分细则》"2.22.3.7 梯子与地面接触部位应设置防滑装置"的要求

二十四、移动平台

(一)适用范围

本项目适用于平移式、轮式移动平台或升降平台、三维工作台。

(二)资料备查清单

本考评项查阅的资料包括:

(1)设备管理台账,台账应分类,如液压升降平台、轮式移动平台、自制移动平台、三维升降工作台等;

(2)管理制度和操作规程。

(三)考评内容及考评办法

移动平台考评内容及考评办法如表3.89所示。

表3.89 移动平台考评内容及考评办法

序号	考评内容	分值	考评办法
1	操作平台:结构件安全系数应满足如下规定:升降台承载构件(不包括脆性材料)的安全系数应大于2;脆性材料(如铸铁等)制成的升降台承载构件的安全系数应大于5;通过钢索或链条,或者两者并用的系统控制工作台升降时,其钢索、链条的安全系数应大于8;主要受力构件的焊缝应符合GB 50205的相关规定;且无变形、腐蚀、裂纹等缺陷	1分	①查设备台账,依据设备台账确定抽查数量和具体的被评设备。②现场核查,一处不合格扣该条款的应得分值,剩余分值为该设备的实得分。
2	升降台在升降过程中自然偏摆量应不大于0.5%的最大起升高度	1分	

表 3.89（续）

序号	考评内容	分值	考评办法
3	升降台应设置防止支腿回缩装置,在工作台承受最大载重量停留 15 min 时,支腿的回缩量应不大于 3 mm	0.5 分	③凡实得分小于 4 分则该设备为不合格设备。
4	工作台升降的安全保护:在动力油路等出现故障时,应设置防止工作台失控下降的安全装置(允许有控下降);若工作台能在水平面内旋转,当旋转至某一角度后应设置锁定装置将工作台锁住;在行驶状态时应确保工作台不旋转;工作台上升至最大起升高度时,上升极限位置限制器应自动切断工作台上升动力源	1 分	④根据不合格设备的台数,计算实得分为 实得分 = 5 − 不合格设备台数/抽查总台数 × 15
5	升降车和行驶速度大于 4 km/h 的自行式升降台应设置报警装置	0.5 分	⑤结合现场抽查情况,发现没建立管理台账、台账不清、账物不符情况或报废/停用手续不全、标识不正确或未明确责任人的,扣 2 分
6	工作台四周应设置符合 GB 4053 的相关规定的保护栏杆或其他保护设施,栏杆应承受 1 000 N 静集中载荷;工作台表面应防滑;当升降台动力源切断时应设置紧急下降的装置	0.5 分	
7	操作按钮设置合理,显示准确、清晰。电控箱应完好	0.5 分	

（四）考评要点

（1）主要受力构件应无变形、腐蚀、裂纹等缺陷。

（2）升降台在升降过程中自然偏摆量应不大于 0.5% 的最大起升高度;升降台应设置防止支腿回缩装置(止滑装置)。

（3）在液压系统出现故障时,应设置防止工作台失控下降的安全装置(允许有控下降)。

①若工作台在水平面内旋转时,应设置锁定装置将工作台锁住;在行驶状态时应确保工作台不旋转。

②工作台应设置上升极限,位置限制器应自动切断工作台上升动力源。

（4）升降车和行驶速度大于 4 km/h 的自行式升降台应设置报警装置。

（5）工作台四周应设置高度不小于 1 000 mm 的保护栏杆或其他保护设施,栏杆应承受 1 000 N 静集中载荷,栏杆底部应有踢脚板,工作台表面应防滑;当升降台动力源切断时应设置紧急下降的装置。

（6）升降操作按钮设置合理,显示准确、清晰,不得损坏;电控箱应完好,不得损坏,电源线应绝缘良好、不得有破损。

（7）自制的移动平台应有止滑装置或有止滑措施,如楔子、止滑螺丝等。

（五）常见问题

移动平台常见问题图示及描述如表 3.90 所示。

表3.90　移动平台常见问题图示及描述

移动平台图示	常见问题描述
	移动升降平台电控箱损坏
	移动升降平台栏杆,不符合《考核评分细则》"2.22.6 工作台四周应设置符合 GB 4053 的相关规定的保护栏杆或其他保护设施"的要求
	移动升降平台栏杆立柱之间距离超过 1 m,不符合《考核评分细则》"2.23.6 工作台四周应设置符合 GB 4053 的相关规定的保护栏杆或其他保护设施"的要求
	移动升降平台防滑支撑垫缺失,不符合《考核评分细则》"2.23.3 升降台应设置防止支腿回缩装置,在工作台承受最大载重量停留 15 min 时,支腿的回缩量应不大于 3 mm"的要求

表 3.90（续）

移动平台图示	常见问题描述
	移动升降平台没有防滑支撑,不符合《考核评分细则》"2.23.3 升降台应设置防止支腿回缩装置,在工作台承受最大载重量停留 15 min 时,支腿的回缩量应不大于 3 mm"的要求
	移动平台没有防滑支撑,不符合《考核评分细则》"2.23.3 升降台应设置防止支腿回缩装置,在工作台承受最大载重量停留 15 min 时,支腿的回缩量应不大于 3 mm"的要求
	自制的移动平台没有防滑支撑,不符合《考核评分细则》"2.23.3 升降台应设置防止支腿回缩装置,在工作台承受最大载重量停留 15 min 时,支腿的回缩量应不大于 3 mm"的要求
	移动平台没有防滑支撑,不符合《考核评分细则》"2.23.3 升降台应设置防止支腿回缩装置,在工作台承受最大载重量停留 15 min 时,支腿的回缩量应不大于 3 mm"的要求

（六）适用的法规标准

移动平台适用的法规标准如表 3.91 所示。

表 3.91　移动平台适用的法规标准

序号	法规标准
1	GB 4053.3　固定式钢梯及平台安全要求　第 3 部分:工业防护栏杆及钢平台
2	JB 5320　剪叉式升降台 安全规程
3	考核评分细则

（七）典型做法与经验

移动平台在实际操作中的典型做法及相关经验如表 3.92 所示。

表 3.92　移动平台在实际操作中的典型做法及相关经验

移动平台图示	典型做法及经验
	移动升降平台防滑支撑装置,符合《考核评分细则》"2.23.3 升降台应设置防止支腿回缩装置,在工作台承受最大载重量停留 15 min 时,支腿的回缩量应不大于 3 mm"的要求
	移动平台止滑装置,符合《考核评分细则》"2.23.3 升降台应设置防止支腿回缩装置,在工作台承受最大载重量停留 15 min 时,支腿的回缩量应不大于 3 mm"的要求

表 3.92（续 1）

移动平台图示	典型做法及经验
	自制移动平台止滑装置,符合《考核评分细则》"2.23.3 升降台应设置防止支腿回缩装置"的要求
	移动升降平台工作台栏杆,符合《考核评分细则》"2.23.6 工作台四周应设置符合 GB 4053 的相关规定的保护栏杆或其他保护设施"的要求
	移动升降平台收缩支腿装置,符合《考核评分细则》"2.23.3 升降台应设置防止支腿回缩装置"的要求
	移动升降平台液压升降装置,符合《考核评分细则》"2.23.3 升降台应设置防止支腿回缩装置"的要求

表 3.92(续 2)

移动平台图示	典型做法及经验
	移动升降平台收缩支腿装置,符合《考核评分细则》"2.23.3 升降台应设置防止支腿回缩装置"的要求
	移动升降平台各种安全防护装置齐全

二十五、锅炉与辅机

(一)适用范围

本项目适用于燃煤或燃气的蒸汽锅炉、承压热水锅炉及其辅机。

(二)资料备查清单

本考评项查阅的资料包括:

(1)锅炉管理台账,台账应分类,如燃气锅炉、燃煤锅炉、燃油锅炉、立式锅炉、卧式锅炉等;

(2)锅炉安全管理制度和安全技术操作规程;

(3)锅炉爆炸事故应急预案。

(三)考评内容及考评办法

锅炉与辅机考评内容及考评办法如表 3.93 所示。

表3.93　锅炉与辅机考评内容及考评办法

序号	考评内容	分值	考评办法
1	资料应满足相应要求:出厂、安装资料齐全;应注册登记,并按周期进行检验;运行记录齐全、完整,并符合TSG G5004的要求	2分	①查设备台账,依据设备台账确定抽查数量和具体的被评设备。②按照《考核评分细则》2.24.1查锅炉相关的档案资料。③现场检查,一处不合格扣该条款应得分值,剩余分值为该考评项应得分值。其中,安全附件、保护装置任一考评内容不合格,扣24分。④结合现场抽查情况,发现没建立管理台账、台账不清、账物不符情况或报废/停用手续不全、标识不正确或未明确责任人的,扣2分
2	安全附件 (1)安全阀应符合相应规定:额定热功率大于2.8 MW的热水锅炉和蒸发量大于0.5 t/h的蒸汽锅炉应至少安装两只安全阀,蒸发量小于4 t/h且装设有可靠超压联锁控制系统的蒸汽锅炉,可只装一个安全阀;其余热水锅炉和蒸汽锅炉应至少安装1只安全阀;每年检验一次,铅封完好,运行时每周进行一次手动排气试验,每月进行一次自动排气试验,并做好运行记录;杠杆式安全阀必须设有防重锤自行移动的装置和限制杠杆越位的导架;弹簧式安全阀应设有提升把手和防止随意拧动调整紧固装置;静重式安全阀应设有防止重片飞出的装置。 (2)水位表应符合下列规定:额定蒸发量大于0.5 t/h的锅炉应至少安装两只独立的水位表;应有最低和最高极限水位标识线,水位清晰可见;排放水管应排至安全的地方,玻璃管式水位表应设置防护罩;水位表的照明灯应采用安全电压,布线应设有隔热措施;水控汽阀无泄漏。 (3)压力表应符合下列规定:精度不低于2.5级,量程宜为工作压力的1.5~3倍,表盘直径不小于100 mm,刻度盘上标有最高工作压力红线;每6个月校验一次;压力表旋转式三通旋塞应灵活、无泄漏。 (4)排污阀应灵活、无泄漏,污水应排放至安全地点;炉水取样冷却器冷却效果明显,且确保冷热水管路畅通	2分	
3	保护装置 (1)蒸汽锅炉应装设高低水位报警器(高低水位报警器信号应能够区分)额定≥2 t/h的锅炉还应装设低水位联锁保护装置。 (2)蒸发量大于或等于6 t/h的锅炉应装设蒸汽超压报警器和联锁保护装置。 (3)热水锅炉应装设超温报警器及联锁装置。 (4)燃油、燃气、燃煤(粉)的锅炉应安装可靠的点火联锁保护和熄火联锁保护装置,燃气锅炉烟道应设有防爆门	2分	
4	每台锅炉应配置两套给水设备,并保持给水系统畅通	1分	
5	本体应无严重漏风、漏烟、漏气、漏油现象;炉墙无裂纹、炉拱无松垮、隔烟墙无烟气短路	1分	

表 3.93(续)

序号	考评内容	分值	考评办法
6	水处理 (1)蒸发量小于 2 t/h 的锅炉宜采用炉内加药处理,加药装置应完好;且有加药记录,pH 值测试记录。 (2)蒸发量大于或等于 2 t/h 的锅炉应采取炉外水处理,盐泵、盐池、水处理系统应运行正常,给水和炉水的化验记录齐全。 (3)经处理后的水质应能达到 GB/T 1576 的指标要求,水垢厚度应小于 1.5 mm	1分	
7	辅机 (1)鼓风机、引风机、除渣机、除尘器、水泵等应齐全、完好、无破损、无泄漏;距操作者站立面 2 m 以下设备外露的旋转部件均应设置齐全、可靠的防护罩,其安全距离应符合 GB 23821 的相关规定。 (2)PE 线应连接可靠,线径截面积及安装方法符合本《考核评分细则》2.37 的相关规定。 (3)粉煤间、输煤廊电气设施应符合 GB 50058 相关规定的要求;皮带输煤机人行侧应设有全程的拉绳急停开关;加煤机上限位装置应灵敏、可靠。 (4)管道漆色及保温应准确、完好,且无泄漏	1分	
8	热力站 (1)当热水供应系统换热器水出口上安装有阀门时,应在每台换热器上设安全阀;当每台换热器出口管不设阀门时,应在生活热水总管阀门前设安全阀。 (2)蒸汽热力站应根据负荷的需要设置分汽缸,蒸汽主管和分支管上应装设阀门。当各种负荷需要不同的参数时,应分别设置分支管、减压减温装置和独立安全阀。 (3)热力站的热力管网、中继泵站、供配电及照明均应符合 CJJ 34 的相关规定	1分	
9	锅炉房 锅炉房设计应符合 GB 50041 的相关规定;燃油、燃气锅炉的锅炉房、燃气调压间、燃油泵房等有爆炸和火灾危险场所的等级划分,必须符合现行国家标准 GB 5008 的有关规定;燃气锅炉还应设置可燃气体报警装置、检维修放散管;燃油锅炉室内油箱应采用闭式油箱,装设直通室外的通气管,通气管上应设置阻火器和防雨设施,油箱上不应采用玻璃管式油位表	1分	

（四）考评要点

1. 资料

（1）锅炉出厂、安装资料应完整、齐全；应建立一机一档管理档案。

（2）锅炉应注册登记，并按周期进行检验，并有检验报告，检验报告应完整；锅炉检验报告，应符合 TSG G0001《锅炉安全技术监察规程》9.4 的规定。

（3）锅炉运行记录应详细，并符合 TSG G5004 的要求；运行记录应有安全阀排放实验记录。

（4）锅炉维保合同，锅炉维保单位的资质证明。

（5）锅炉安全阀校验报告。

（6）锅炉操作人员和软化水化验人员的上岗证。

（7）锅炉管理制度，应符合 TSG G0001《锅炉安全技术监察规程》8.1.4 的规定。

（8）锅炉使用管理记录，应符合 TSG G0001《锅炉安全技术监察规程》8.1.5 的规定。

2. 安全附件

（1）安全阀

①额定热功率大于 2.8 MW 的热水锅炉和蒸发量大于 0.5 t/h 的蒸汽锅炉应至少安装两只安全阀，蒸发量小于 4 t/h 且装设有可靠超压联锁控制系统的蒸汽锅炉、可只装一个安全阀；其余热水锅炉和蒸汽锅炉应至少安装 1 只安全阀；锅炉安全阀的安装，应符合 TSG G0001《锅炉安全技术监察规程》6.1.2 的规定。

②安全阀应每年检验一次，标签和铅封应完好，运行时每周进行一次手动排气试验，每月进行一次自动排气试验，并做好排气记录；锅炉安全阀校验，应符合 TSG G0001《锅炉安全技术监察规程》6.1.15 的规定。

③杠杆式安全阀应设有防重锤自行移动的装置和限制杠杆越位的导架；弹簧式安全阀应设有提升把手和防止随意拧动调整紧固装置；静重式安全阀应设有防止重片飞出的装置。

（2）水位表

①额定蒸发量大于 0.5 t/h 的锅炉应至少安装两只独立的水位表；锅炉安装水位表应，符合 TSG G0001《锅炉安全技术监察规程》6.3.1.1 的规定。

②水位表应标有最低和最高极限水位标识线，水位清晰可见；水位表的位置应面向操作间；水位表标示线，应符合 TSG G0001《锅炉安全技术监察规程》6.3.2(1)的规定。

③水位表排放水管应排至安全的地方，玻璃管式水位表应设置防护罩；水位表套管应符合 TSG G0001《锅炉安全技术监察规程》6.3.2(2)的规定。

④水位表的照明灯应采用安全电压，布线应设有隔热措施；水控汽阀无泄漏。

（3）压力表

①压力表精度不低于 2.5 级，量程宜为工作压力的 1.5~3 倍，表盘直径不小于

100 mm,刻度盘内标标有最高工作压力红线,压力表应面向操作间。

②压力表应6个月校验一次,应有检验标签;压力表旋转式三通旋塞应灵活、无泄漏。

(4)排污阀应灵活、无泄漏,污水应排放至安全地点;炉水取样冷却器冷却效果明显,且确保冷热水管路畅通。

3. 保护装置

(1)蒸发量大于或等于2 t/h的锅炉应装设高低水位报警器和高低水位联锁保护装置;蒸发量大于或等于6 t/h的锅炉应装设超压报警器。

(2)热水锅炉应装设超温报警器及联锁装置。

(3)燃油、燃气、燃煤(粉)的锅炉应安装可靠的点火联锁保护和熄火联锁保护装置,燃气锅炉烟道应设有防爆门。

(4)每台锅炉应配置两套给水设备,并保持给水系统畅通。

(5)锅炉本体应无漏风、漏烟、漏气、漏油现象;炉墙无裂纹、炉拱无松垮、隔烟墙无烟气短路。

4. 水处理

(1)蒸发量小于2 t/h的锅炉宜采用炉内加药处理,加药装置应完好;且有加药记录和pH值测试记录。

(2)蒸发量大于或等于2 t/h的锅炉应采取炉外水处理,盐泵、盐池、水处理系统应运行正常,给水和炉水的化验记录齐全,化验人员应持证上岗。

(3)经处理后的水质应能达到GB/T 1576的指标要求,水垢厚度应小于1.5 mm。

5. 辅助设备

(1)鼓风机、引风机、除渣机、除尘器、水泵等应齐全、完好,无破损、无泄漏;距操作者站立面2 m以下设备外露的旋转部件均应设置齐全、可靠的防护罩,其安全距离应符合GB 23821的相关规定。

(2)PE线应连接可靠,线径截面积及安装方法应符合《考核评分细则》2.37的相关规定。

(3)粉煤间、输煤廊电气设施应符合防爆要求;皮带输煤机人行侧应设有全程的拉绳急停开关,应设置闪烁警示信号装置;加煤机上限位装置应灵敏、可靠。

(4)管道漆色和流向标识应清晰、准确,燃气和燃油管道少于5枚螺栓连接的法兰应有导除静电接地装置;蒸汽管道、分气包应保温良好,保温层不得破损,管道不得有泄漏,蒸汽主管道和分管应止阀门,压力表、安全阀应在有效期内使用。

6. 锅炉房

(1)锅炉房设计应符合GB 50041《锅炉房设计规范》的相关规定;燃油、燃气锅炉的锅炉房、燃气调压间、燃油泵房等有爆炸和火灾危险场所的等级划分,必须符合现行国家标准 GB 50058《爆炸和火灾危险环境电力装置设计规范》和 GB 50041《锅炉房设计规范》15.2.2 的相关规定。

(2)燃气锅炉应设置可燃气体报警装置,燃气锅炉房应有事故排风装置,事故风机必须防爆;燃油锅炉室内油箱应采用闭式油箱,装设直通室外的通气管,通气管上应设置阻火器和防雨设施,油箱上不应采用玻璃管式油位表;锅炉房通往室外的大门应朝外开,锅炉房通往操作间或休息室的门应朝内开启。

(3)设在其他建筑物内的燃气、燃油锅炉的锅炉间的通风设施,应符合 GB 50041《锅炉房设计规范》15.3.7 的相关规定。

（五）常见问题

锅炉与辅机常见问题图示及描述如表 3.94 所示。

表 3.94　锅炉与辅机常见问题图示及描述

锅炉与辅机图示	常见问题描述
	锅炉水位计没标有最低或最高水位标识,不符合 TSG G0001《锅炉安全技术监察规程》"6.3.2(1)水位表应当有指示最高、最低安全水位和正常水位的明显标志"的要求
	锅炉水位计没标有最低或最高水位标识,不符合 TSG G0001《锅炉安全技术监察规程》"6.3.2(1)水位表应当有指示最高、最低安全水位和正常水位的明显标志"的要求

表 3.94（续 1）

锅炉与辅机图示	常见问题描述
	锅炉压力表盘上没标有最高工作压力红线,不符合 TSG G0001《锅炉安全技术监察规程》"6.2.3 压力表安装前应当进行校验,刻度盘上应当划出指示工作压力的红线,注明下期校验日期。压力表校验后应加铅封"的要求
	锅炉压力表盘上没标有最高工作压力红线,不符合 TSG G0001《锅炉安全技术监察规程》"6.2.3 压力表安装前应当进行校验,刻度盘上应当划出指示工作压力的红线,注明下期校验日期。压力表校验后应加铅封"的要求
	燃油、燃气锅炉房的大门为推拉门,不符合 GB 50041《锅炉房设计规范》"15.2.2 燃油、燃气锅炉房的锅炉间、燃气调压间、燃油泵房、煤粉制备间、碎煤机间和运煤走廊等有爆炸和火灾危险场所的等级划分,必须符合现行国家标准《爆炸和火灾危险环境电力装置设计规范》GB 50058 的有关规定"的要求
	水泵没有防护罩,不符合《生产设备安全卫生设计总则》"6.1.2 对操作人员的操作位置所在平面为基准,凡高度在 2 m 以内的所有传动带、转轴、传动链、联轴节、带轮、齿轮、链轮、电锯等外露危险零部件及危险部位,都必须设置安全防护装置"的要求

表 3.94（续 2）

锅炉与辅机图示	常见问题描述
	燃煤锅炉加煤电机外露旋转部位没有防护罩,不符合《生产设备安全卫生设计总则》"6.1.2 对操作人员的操作位置所在平面为基准,凡高度在 2 m 以内的所有传动带、转轴、传动链、联轴节、带轮、齿轮、链轮、电锯等外露危险零部件及危险部位,都必须设置安全防护装置"的要求
	蒸汽锅炉分汽包安全阀没有按检验周期进行检验,不符合 TSG G0001《锅炉安全技术监察规程》"6.1.15(1)在用锅炉的安全阀每年至少校验一次,校验一般在锅炉运行状态下进行"的规定
	燃油锅炉房内放有换衣箱和工具箱及其他杂物
	燃油泵房少于 5 枚连接的法兰没有跨接,不符合《考核评分细则》"2.28.3.3 输送助燃、易燃、易爆介质的管道,凡少于 5 枚螺钉连接的法兰应接跨接线"的要求

表 3.94(续 3)

锅炉与辅机图示	常见问题描述
	锅炉泵房封闭油箱通往室外的通气管,没有阻火帽和防雨设施,不符合 GB 50041《锅炉房设计规范》"6.1.9 室内油箱应采用封闭式油箱。油箱上应装设直通室外的通气管,通气管上应设置阻火器和防雨设施"的要求
	锅炉燃油罐通往室外的通气管,没有阻火帽和防雨设施,不符合 GB 50041《锅炉房设计规范》"6.1.9 室内油箱应采用封闭式油箱。油箱上应装设直通室外的通气管,通气管上应设置阻火器和防雨设施"的要求
	锅炉排污水管没有将污水排到安全地点,不符合《考核评分细则》"2.24.2.4 排污阀应灵活、无泄漏,污水应排放至安全地点"的要求
	燃气锅炉管道少于 5 枚螺栓连接的法兰没有跨接线,不符合《考核评分细则》"2.28.3.3 输送助燃、易燃、易爆介质的管道,凡少于 5 枚螺钉连接的法兰应接跨接线"的要求

表 3.94(续 4)

锅炉与辅机图示	常见问题描述
	输煤廊照明灯不属于防爆型的,不符合《考核评分细则》"2.24.7.3 粉煤间、输煤廊电气设施应符合防爆要求"的要求
	锅炉水箱的水位计没有防护套管,不符合 TSG G0001《锅炉安全技术监察规程》" 6.3.2(2)玻璃管式水位表应当有防护装置"的要求

(六)适用的法规标准

锅炉与辅机适用的法规标准如表 3.95 所示。

表 3.95　锅炉与辅机适用的法规标准

序号	法规标准
1	GB 50041　锅炉房设计规范
2	TSG G0001　锅炉安全技术监察规程
3	TSG ZF001　安全阀安全技术监察规程
4	JJG 693　可燃气体检测报警器
5	特种设备安全监察条例
6	质检总局 2014 年 114 号　特种设备目录
7	考核评分细则

(七)典型做法与经验

锅炉与辅机在实际操作中的典型做法及相关经验如表 3.96 所示。

表 3.96　锅炉与辅机在实际操作中的典型做法及相关经验

锅炉与辅机图示	典型做法及经验
	锅炉水位计显示标志，符合 TSG G0001《锅炉安全技术监察规程》"6.3.2（1）水位表应当有指示最高、最低安全水位和正常水位的明显标志"的要求
	锅炉压力表盘划红线，符合 TSG G0001《锅炉安全技术监察规程》"6.2.3 压力表安装前应当进行校验，刻度盘上应当划出指示工作压力的红线，注明下期校验日期。压力表校验后应加铅封"的要求
	安全阀手动排放试验，符合《考核评分细则》"2.24.2.1 每年检验一次，铅封完好，运行时每周进行一次手动排气试验，每月进行一次自动排气试验，并做好运行记录"的要求
	燃油、燃气锅炉房朝外开启的大门，符合 GB 50041《锅炉房设计规范》"15.2.2 燃油、燃气锅炉房的锅炉间、燃气调压间、燃油泵房、煤粉制备间、碎煤机间和运煤走廊等有爆炸和火灾危险场所的等级划分，必须符合现行国家标准《爆炸和火灾危险环境电力装置设计规范》GB 50058 的有关规定"的要求

表 3.96（续1）

锅炉与辅机图示	典型做法及经验
	燃油锅炉房干净整洁
	水泵电机联轴节外露旋转部位防护罩,符合《生产设备安全卫生设计总则》"6.1.2 对操作人员的操作位置所在平面为基准,凡高度在 2 m 以内的所有传动带、转轴、传动链、联轴节、带轮、齿轮、链轮、电锯等外露危险零部件及危险部位,都必须设置安全防护装置"的要求
	锅炉燃油罐通往室外的通气管设置的阻火器,符合 GB 50041《锅炉房设计规范》"6.1.9 室内油箱应采用封闭式油箱。油箱上应装设直通室外的通气管,通气管上应设置阻火器和防雨设施"的要求 （该处设置的通气管,没有超过建筑物 1.5 m 高度的要求）
	锅炉泵房封闭油箱通往室外的通气管设置的阻火器,符合 GB 50041《锅炉房设计规范》"6.1.9 室内油箱应采用封闭式油箱。油箱上应装设直通室外的通气管,通气管上应设置阻火器和防雨设施"的要求 （该处设置的排气管,没有超过建筑物1.5 m 高度的要求）

表 3.96(续 2)

锅炉与辅机图示	典型做法及经验
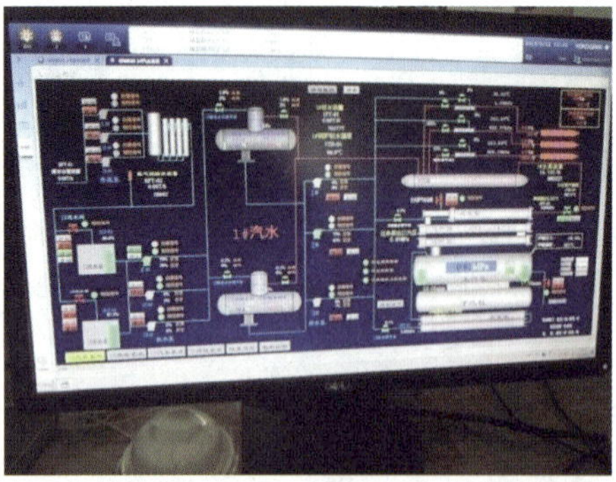	蒸汽锅炉设计高低水位报警装置,符合 TSG G0001《锅炉安全技术监察规程》" 6.6.1 蒸汽锅炉应当装设高低水位报警器(高低水位报警信号应能够区分),额定蒸发量≥2 t/h 的锅炉,还应当装设低水位联锁装置……(2)额定蒸发量≥6 t/h 的锅炉,应当装设蒸汽超压报警器和联锁保护装置"的要求
	燃气锅炉房设置的防爆型事故风机,符合 GB 50041《锅炉房设计规范》"15.3.7 设在其他建筑内的燃油、燃气锅炉房的锅炉间,应设置独立的送排风系统,其通风装置应防爆"的要求
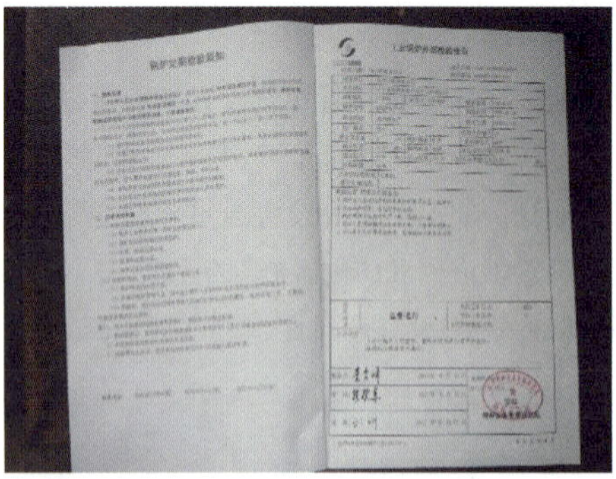	锅炉按期进行检验,符合 TSG G0001《锅炉安全技术监察规程》"9.4 定期检验　9.4.2(1)外部检验每年进行一次;(2)内部检验,锅炉一般每两年进行一次;(3)水压试验应当每三年进行一次"的规定
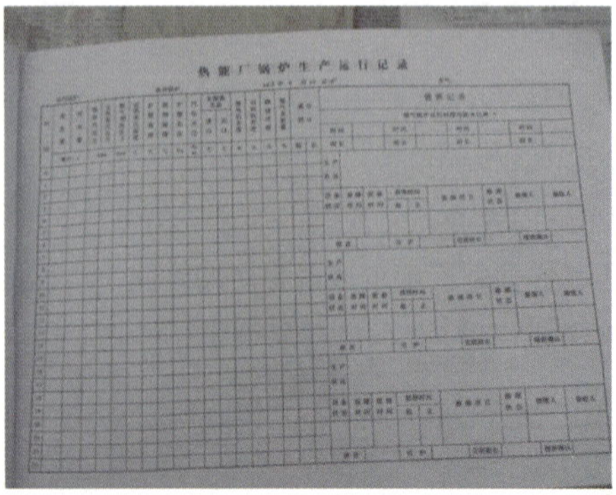	锅炉运行记录,符合 TSG G0001《锅炉安全技术监察规程》"8.1.5 锅炉使用 7 种"的相关规定

表 3.96（续 3）

锅炉与辅机图示	典型做法及经验
	锅炉水质按期检验,符合《考核评分细则》"2.24.6.1 蒸发量小于 2 t/h 的锅炉宜采用炉内加药处理,加药装置应完好;且有加药记录和 pH 值测试记录",以及 "2.24.6.2 蒸发量大于或等于 2 t/h 的锅炉应采取炉外水处理,盐泵、盐池、水处理系统应运行正常,给水和炉水的化验记录齐全"的要求
	锅炉管理制度,符合 TSG G0001《锅炉安全技术监察规程》"8.1.4 锅炉使用管理制度有 8 种:(1)岗位责任制;(2)巡回检查制度;(3)交接班制度;(4)锅炉与辅助设备的操作规程;(5)设备保养制度;(6)水质管理制度;(7)安全管理、防火防爆、锅炉房、应急预案;(8)节能管理"的要求
	皮带输送机人行一侧防护栏杆,符合《考核评分细则》"2.21.1 凡距操作者站立面 2 m 以下设备外露的旋转部件均应设置齐全、可靠的防护罩或防护网,其安全距离应符合 GB 23821 的相关规定"的要求
	皮带输送机设置防跑偏装置,符合,GB 14784《带式输送机 安全规范》"4.1.11 c)应装设防止输送带跑偏的保护和报警装置"的要求

表3.96(续4)

锅炉与辅机图示	典型做法及经验
	皮带输送机人员跨域过桥,符合《考核评分细则》"2.21.4.3 人员需经常跨越输送机械的部位应设置人行过道(桥)"的要求
	皮带输送机人行一侧急停拉绳,符合《考核评分细则》"2.21.2.1 皮带输送机的人行一侧,应设置全程的拉绳急停开关"的要求
	皮带输送机人行一侧急停拉绳,符合《考核评分细则》"2.21.2.1 皮带输送机的人行一侧,应设置全程的拉绳急停开关"的要求
	输煤廊电气设备为防爆型的,符合《考核评分细则》"2.24.7.3 粉煤间、输煤廊电气设施应符合防爆要求"的要求

表 3.96（续 5）

锅炉与辅机图示	典型做法及经验
	符合《考核评分细则》"2.21.2.1 皮带输送机的人行一侧,应设置全程的拉绳急停开关"的要求

二十六、压力容器

(一)适用范围

本项目适用于工作压力大于或等于 0.1 MPa(表压),且压力与容积的乘积大于或者等于 2.5 MPa·L 的气体、液化气体和最高工作温度高于或者等于标准沸点的液体的固定式压力容器、移动式压力容器及简单压力容器。

(二)资料备查清单

本考评项查阅的资料包括:

(1)设备管理台账,台账应分类,如固定式压力容器、移动式压力容器、超高压压力容器、简单压力容器、液态储罐、储气罐等;

(2)压力容器管理制度和安全技术操作规程;

(3)压力容器爆炸事故应急预案。

(三)考评内容及考评办法

压力容器考评内容及考评办法如表 3.97 所示。

表 3.97　压力容器考评内容及考评办法

序号	考评内容	分值	考评办法
1	资料应满足相应要求:出厂、安装、检验资料齐全;应注册登记,并按安全状况等级检验周期进行检验,注册登记证号应印制在本体上;简单压力容器应在本体上设置具有固定资产编号及启用日期和使用寿命期限的标牌;运行记录齐全、完整	16 分	①查设备台账,依据设备台账确定抽查数量和具体的被评设备。

表 3.97(续)

序号	考评内容	分值	考评办法
2	本体:接口部位的焊缝、法兰等部件应无变形、无腐蚀、无裂纹、无过热及泄漏,油漆应完好;连接管元件应无异常振动,无摩擦、无松动;支座支撑应牢固,连接处无松动、无移位、无沉降、无倾斜、无裂纹等		②按照《考核评分细则》2.25.1查压力容器相关的档案资料。 ③现场核查,凡不符合考评内容任一条款要求时,该台设备为不合格设备。 ④根据不合格设备和扣分值,计算实得分为 实得分 = 16 − 不合格设备台数/抽查总台数 ×48 ⑤结合现场抽查情况,发现没建立管理台账(含安全阀、压力表台账)、台账不清、账物不符情况或未明确责任人的,扣2分
3	安全附件 (1)泄压装置、显示装置、自动报警装置、联锁装置应完好;检验、调试、更换记录齐全,并在检验周期内使用。 (2)压力表应符合相应规定:指示灵敏,刻度清晰,铅封完整,装设点应方便观察;量程为容器工作压力的1.5~3倍,其精度不低于2.5级,表盘直径不应小于100 mm,表盘上应标示出最高工作压力红线。 (3)安全阀应符合 TSG ZF001 的规定:铅封完好,且动作灵敏;安装在安全阀下方的截止阀应常开,并加铅封。安全阀安装位置合理,不得正对人行通道或检修平台安装。 (4)爆破片应符合相应规定:符合容器压力、温度参数的要求;单独爆破片作为泄压装置时,爆破片与容器间的截止阀应常开,并加铅封;爆破片与安全阀串联使用的,爆破片在动作时不允许产生碎片;对于盛装易燃介质、毒性介质的压力容器,安全阀或爆破片的排放口应装设导管,将排放介质引至安全地点,并进行妥善处理。 (5)液位计应符合相应规定:设有最高、最低液位标识;玻璃管式液位计设有防护罩;用于易燃或毒性程度为极度、高度危害介质的液位计上应装有防泄漏的保护装置		
4	快开门式压力容器的门、盖联锁装置应具有相应功能:快开门达到预定关闭位置时方能升压运行;当容器内部的压力完全释放后,联锁装置脱开后方能开启门、盖;具有上述动作的同步报警功能		
5	运行时应无超压、超温、超载,且无异常振动、响动		
6	疏水器应保持畅通,并对周围环境无污染		

(四)考评要点

1. 资料

(1)压力容器出厂、安装资料应齐全;应注册登记,并按周期进行检验,检验报告应完整;应建立一机一档管理制度。压力容器检验周期应符合 TSG R7001《压力容器定期检验规则》第六条的规定。

（2）应在罐体醒目位置上印制注册登记证号；简单压力容器应在本体上设置具有固定资产编号及启用日期和使用寿命期限的标牌。

（3）运行记录应详细、完整。

（4）压力容器安全阀校验报告。

2. 本体

（1）接口部位的焊缝、法兰等部件应无变形、无腐蚀、无裂纹、无过热及泄漏，油漆应完好，罐体无严重锈蚀；连接管元件应无异常振动，无摩擦、无松动。

（2）支座支撑应牢固，连接处无松动、无移位、无沉降、无倾斜、无裂纹；罐体周围应干净整洁，无障碍物。

3. 安全附件

（1）泄压装置（安全阀）、显示装置、自动报警装置、联锁装置应完好；并在检验周期内使用。

（2）压力表指示应灵敏、刻度清晰，铅封完整，装设点应方便观察；量程为容器工作压力的 1.5 ~ 3 倍，其精度不低于 2.5 级，表盘直径不应小于 100 mm，表盘上应标有最高工作压力红线。压力表应符合 TSG R0004《固定式压力容器安全技术监察规程》8.4.2 的规定。

（3）安全阀校验标签、铅封应完好，安全阀动作灵敏、可靠；安装在安全阀下方的截止阀应常开，并加铅封；安全阀安装位置合理，不得正对人行通道或检修平台安装。安全阀应符合 TSG R0004《固定式压力容器安全技术监察规程》8.3.6 的规定。

（4）爆破片应符合容器压力、温度参数的要求；单独爆破片作为泄压装置时，爆破片与容器间的截止阀应常开，并加铅封；爆破片与安全阀串联使用的，爆破片在动作时不允许产生碎片；对于盛装易燃介质、毒性介质的压力容器，安全阀或爆破片的排放口应装设导管，将排放介质引至安全地点，并进行妥善处理。

（5）液位计应设有最高、最低液位标识；玻璃管式液位计应有防护罩；用于易燃或毒性程度为极度、高度危害介质的液位计上应装有防泄漏的保护装置。液位计应符合 TSG R0004《固定式压力容器安全技术监察规程》8.5.2 的规定。

（6）快开门式压力容器的门、盖联锁装置应具有，快开门达到预定关闭位置时方能升压运行；当容器内部的压力完全释放后，联锁装置脱开后方能开启门、盖；同时还应具有上述动作的同步报警功能。

4. 其他

（1）压力容器运行时应无超压、超温、超载，且无异常振动、响动。

（2）压力容器储罐疏水器应保持畅通，并对周围环境无污染。

（五）常见问题

压力容器常见问题图示及描述如表 3.98 所示。

表 3.98　压力容器常见问题图示及描述

压力容器图示	常见问题描述
	压缩空气储罐安装的压力表没有检验标签，表盘上没标有最高工作压力红线，不符合 TSG R0004《固定式压力容器安全技术监察规程》"8.4.2 压力表的效验……压力表安装前应当进行校验，在刻度盘上应当划出指示工作压力的红线，注明下期校验日期。压力表校验后应当加铅封"的要求
	压缩空气储罐安全阀没有校验标签，不符合 TSG R0004《固定式压力容器安全技术监察规程》"8.3.6 安全阀……校验合格后，校验单位应当出具校验报告书并且对校验合格的安全阀加铅封"的要求
	罐体没有标有注册登记号，不符合《考核评分细则》"2.25.1 应注册登记，并按周期进行检验，应在醒目位置上印制注册登记证号"的要求
	罐体表面锈蚀严重，不符合《考核评分细则》"2.25.2.1 接口部位的焊缝、法兰等部件应无变形、无腐蚀、无裂纹、无过热及泄漏，油漆应完好"的要求

表 3.98（续）

压力容器图示	常见问题描述
	储罐罐体没有印制注册登记证号,排污管路被堵,不符合《考核评分细则》"2.25.1……应注册登记,并按周期进行检验,应在醒目位置上印制注册登记证号"和"2.25.6 疏水器应保持畅通,并对周围环境无污染"的要求
	罐体表面锈蚀严重不符合《考核评分细则》"2.25.2.1 接口部位的焊缝、法兰等部件应无变形、无腐蚀、无裂纹、无过热及泄漏,油漆应完好"的要求
	储气罐没有采取固定措施,不符合《考核评分细则》"2.25.2.3 支座支撑应牢固,连接处无松动、无移位、无沉降、无倾斜、无裂纹等"的要求
	储气罐安全阀锈蚀失效,不符合《考核评分细则》"2.25.3.3 安全阀应……铅封完好,且动作灵敏"的要求

（六）适用的法规标准

压力容器适用的法规标准如表 3.99 所示。

表 3.99 压力容器适用的法规标准

序号	法规标准
1	TSG R7001 压力容器定期检验规则
2	TSG R0003 简单压力容器安全技术监察规程
3	TSG R0002 超高压压力容器安全技术监察规程
4	TSGZF 001 安全阀安全技术监察规程
5	特种设备安全监察条例
6	2014 年第 114 号 特种设备目录
7	考核评分细则

（七）典型做法与经验

压力容器在实际操作中的典型做法及相关经验如表 3.100 所示。

表 3.100 压力容器在实际操作中的典型做法及相关经验

压力容器图示	典型做法及经验
	压缩空气储罐安全阀检验标签和铅封齐全，符合 TSG R0004《固定式压力容器安全技术监察规程》"8.3.6 安全阀……校验合格后，校验单位应当出具校验报告书并且对校验合格的安全阀加铅封"的要求
	压力容器罐体印有注册登记号，符合《考核评分细则》"2.25.1……应注册登记，并按周期进行检验，应在醒目位置上印制注册登记证号"的要求

表 3.100（续）

压力容器图示	典型做法及经验
	压力容器罐体印有注册登记号,符合《考核评分细则》"2.25.1……应注册登记,并按周期进行检验,应在醒目位置上印制注册登记证号"的要求
	压缩空气储罐完好,符合《考核评分细则》"2.25.2.1 接口部位的焊缝、法兰等部件应无变形、无腐蚀、无裂纹、无过热及泄漏,油漆应完好"的要求
	压缩空气储罐完好,符合《评分细则》"2.25.2.1 接口部位的焊缝、法兰等部件应无变形、无腐蚀、无裂纹、无过热及泄漏,油漆应完好"的要求
	压缩空气储罐排污管路畅通,符合《考核评分细则》"2.25.1……应注册登记,并按周期进行检验,应在醒目位置上印制注册登记证号"和"2.25.6 疏水器应保持畅通,并对周围环境无污染"的要求

二十七、工业气瓶

(一)适用范围

本项目适用于正常环境温度(−40~60 ℃)下使用的,公称容积为0.4~3 000 L,公称工作压力为0.2~35 MPa(表压)且压力与容积的乘积大于或等于1.0 MPa·L,盛装压缩气体、高、低压液化气体、低温液化气体、溶解气体、吸附气体、标准沸点等于或低于60 ℃的液体以及混合气体(两种或两种以上气体)的无缝气瓶、焊接气瓶、焊接绝热气瓶、缠绕气瓶、内部装有填料的气瓶及气瓶附件。

(二)资料备查清单

本考评项查阅的资料包括:

(1)设备管理台账,台账应分类,如氧气瓶、氮气瓶、二氧化碳气瓶、乙炔气瓶、高、中压气瓶等;

(2)气瓶管理制度和安全技术操作规程。

(三)考评内容及考评办法

工业气瓶考评内容及考评办法如表3.101所示。

表3.101　工业气瓶考评内容及考评办法

序号	考评内容	分值	考评办法
1	检验周期应符合:盛装腐蚀性气体的气瓶应每两年检验一次;盛装一般气体的气瓶应每三年检验一次;盛装惰性气体的气瓶应每五年检验一次;低温绝热气瓶应每三年检验一次	10分	①查气瓶台账,依据气瓶台账确定抽查数量和具体的被评气瓶。②查气瓶的相关资料:供应商的合格证书、自检报告、质量证明、资质等。③气瓶依据总数按比例抽样,凡不符合《考核评分细则》2.26.1和2.26.2任一条款要求的,该气瓶为不合格气瓶。④凡不符合《考核评分细则》2.26.3要求的,一处扣0.5分。⑤凡不符合《考核评分细则》2.26.4要求的,一处扣0.3分。
2	气瓶本体:瓶体漆色、字样应清晰,且符合GB/T 7144的规定;瓶体外观应无缺陷,无机械性损伤,无严重腐蚀、灼痕;瓶帽、瓶阀、防震圈、爆破片、易熔合金塞等安全附件应齐全、完好		
3	气瓶储存:气瓶应储存于专用库房内,并有足够的自然通风或机械通风;存放可燃气体气瓶和助燃气体气瓶的库房耐火等级应不低于二级,其门窗的开向以及电器线路应符合防爆要求;库房外应设置禁火标识;消防器材的配备应符合GB 50140的规定;可燃气体气瓶和助燃气体气瓶不允许同库存放;空、实瓶应分开存放,在用气瓶和备用气瓶应分开存放,相互之间的距离应不小于1.5 m,并设置防倾倒措施;应采取隔热、防晒、防火等措施	3分	

表 3.101（续）

序号	考评内容	分值	考评办法
4	气瓶使用:溶解气体气瓶不允许卧放使用;气瓶内气体不得耗尽,应留有不小于 0.05 MPa 的余压;工作现场的气瓶,同一地点存放量不得超过 20 瓶;超过 20 瓶则应建二级气瓶库;气瓶不得靠近热源;可燃气体、助燃气体气瓶相互之间的距离不应小于 5 m,与明火间距应大于 10 m;不得采用超过 40 ℃的热源对气瓶加热;气瓶减压器的压力表应定期校验,乙炔瓶工作时应安装回火防止器	3分	⑥根据不合格气瓶的台数和《考核评分细则》2.26.3,2.26.4 扣分值,计算实得分为 实得分 = 16 - $\dfrac{不合格设备台数}{抽查总台数}$ ×30 - (《考核评分细则》2.26.3 和 2.26.4 扣分之和) ⑦结合现场抽查情况,发现没建立管理台账、台账不清、账物不符情况或报废/停用手续不全、标识不正确或未明确责任人的,扣 2 分

（四）考评要点

1. 气瓶检验周期

(1)盛装腐蚀性气体的气瓶应每两年检验一次,如氯气瓶、潜水气瓶。

(2)盛装一般气体的气瓶应每三年检验一次,如氧气瓶、溶解乙炔气瓶、呼吸用复合气瓶等。

(3)盛装惰性气体的气瓶应每五年检验一次,如氮气瓶、二氧化碳气瓶、氩气瓶等。

(4)低温绝热气瓶应每三年检验一次。

2. 气瓶本体

(1)瓶体漆色、字样应清晰,且符合 GB/T 7144《气瓶颜色标志》,TSG R0006《气瓶安全技术监察规程》1.14.1.2 的规定。

(2)瓶体外观应无缺陷,无机械性损伤,无严重腐蚀、灼痕。

(3)瓶帽、瓶阀、防震圈、爆破片、易熔合金塞等安全附件应齐全、完好。

3. 气瓶储存

(1)气瓶应储存于专用库房内,并有足够的自然通风或机械通风;气瓶库存放的气瓶应有明显的标识;库内应有管理制度和应急预案。

(2)存放可燃气体气瓶和助燃气体气瓶的库房耐火等级应不低于二级,其门窗朝外开,电器线路应符合防爆要求;库房内应设置燃气检测报警器,报警器应与事故风机联动,事故风机为防爆型的,库房外应设置禁火标识;消防器材的配备应符合 GB 50140 的规定,并有点检记录和管理责任人。

(3)可燃气体气瓶和助燃气体气瓶不允许同库存放。

(4)空、实瓶应分开存放,分开的距离不得小于 1.5 m;在用气瓶和备用气瓶应分开存放,并设置防倾倒措施。

（5）气瓶库应采取隔热、防晒、防火等措施。

4. 气瓶使用

（1）溶解气体气瓶不允许卧放使用；气瓶内气体不得耗尽，应留有不小于 0.05 MPa 的余压。

（2）工作现场使用的气瓶，应采取防倾倒措施，同一地点存放量不得超过 20 瓶；超过 20 瓶则应建二级气瓶库。

（3）气瓶不得靠近热源和明火，燃气、助燃气体的气瓶之间的距离不得小于 5 m，距明火的距离不得小于 10 m。盛装易起聚合反应或分解反应的气体的气瓶应避开放射性源。

（4）气瓶减压器的压力表应定期校验，乙炔瓶工作时应安装回火防止器。

（5）露天存放的气瓶应采取防阳光直晒措施。

5. 连接气瓶的橡胶软带

应符合 GB/T 2550《气体焊接设备焊接、切割和类似作业橡胶软管》7.2 表 4 的要求。

（五）常见问题

工业气瓶常见问题图示及描述如表 3.102 所示。

表 3.102　工业气瓶常见问题图示及描述

工业气瓶图示	常见问题描述
	工业气瓶表面锈蚀，漆色和标志不清晰，缺少防震圈，没有采取防倾倒措施，不符合 TSG R0006《气瓶安全技术监察规程》"1.14.1.2 气瓶的外表面的颜色标志、字样和色环，应当符合 GB 7144《气瓶颜色标志》的规定"和《考核评分细则》"2.26.1.2 瓶体外观应无缺陷，无机械性损伤，无严重腐蚀、灼痕"，以及"2.26.1.3 瓶帽、瓶阀、防震圈、爆破片、易熔合金塞等安全附件应齐全、完好"和"2.26.3.4 空、实瓶应分开存放，在用气瓶和备用气瓶应分开存放，并设置防倾倒措施"的要求
	氧气瓶已经超过检验周期，不符合 TSG R0006《气瓶安全技术监察规程》"7.4.1.1(3) 盛装其他气体的气瓶，每 3 年检验 1 次"的要求

表 3.102（续 1）

工业气瓶图示	常见问题描述
	工业气瓶没有放在专用的库房内,瓶体漆色和标志不清晰,没有防震圈、瓶帽,不符合《考核评分细则》"2.26.1.2 瓶体外观应无缺陷,无机械性损伤,无严重腐蚀、灼痕"和"2.26.1.3 瓶帽、瓶阀、防震圈、爆破片、易熔合金塞等安全附件应齐全、完好",以及"2.26.3.1 气瓶应储存于专用库房内,并有足够的自然通风或机械通风"和"2.26.3.4 空、实瓶应分开存放,在用气瓶和备用气瓶应分开存放,并设置防倾倒措施"的要求
	工业气瓶缺少防震圈,没有采取防倾倒措施,不符合《考核评分细则》"2.26.1.3 瓶帽、瓶阀、防震圈、爆破片、易熔合金塞等安全附件应齐全、完好",以及"2.26.3.4 空、实瓶应分开存放,在用气瓶和备用气瓶应分开存放,并设置防倾倒措施"的要求
	气瓶存放没有采取防倾倒措施不符合《考核评分细则》"2.26.3.4 空、实瓶应分开存放,在用气瓶和备用气瓶应分开存放,并设置防倾倒措施"的要求
	气瓶没有放在专用的库房内,燃气瓶和助燃气瓶存放在同一个库房内,不符合《考核评分细则》"2.26.3.1 气瓶应储存于专用库房内,并有足够的自然通风或机械通风"和"2.26.3.3 可燃气体气瓶和助燃气体气瓶不允许同库存放"的要求

表 3.102(续 2)

工业气瓶图示	常见问题描述
	气瓶没有放在专用的库房内,不符合《考核评分细则》"2.26.3.1 气瓶应储存于专用库房内,并有足够的自然通风或机械通风"的要求
	乙炔气瓶没有回火防止器,不符合《考核评分则》"2.26.4.6……乙炔瓶工作时应安装回火防止器"的要求
	氧气橡胶软带为红色,不符合 GB/T 2550《气体焊接设备 焊接、切割和类似作业橡胶软管》"7.2 表 4 颜色和标识中:氧气用橡胶软管应为蓝色"的要求
	乙炔气体用的橡胶软带为黑色的,不符合 GB/T 2550《气体焊接设备 焊接、切割和类似作业橡胶软管》"7.2 表 4 颜色和标识:乙炔和其他可燃性气体(除 LPG、MPS、天然气、甲烷外)用橡胶软管应为红色"的要求

表 3.102（续 3）

工业气瓶图示	常见问题描述
	露天存放的气瓶没有采取防阳光直晒措施,不符合《考核评分细则》"2.26.3.5 应采取隔热、防晒、防火等措施"的要求
	气瓶没有放在专用的库房内,不符合《考核评分细则》"2.26.3.1 气瓶应储存于专用库房内,并有足够的自然通风或机械通风"的要求
	现场使用的氧气瓶和乙炔气瓶,两瓶之间的距离和离明火之间的距离,不符合 5 m 和 10 m 的安全距离要求

（六）适用的法规标准

工业气瓶适用的法规标准如表 3.103 所示。

表 3.103　工业气瓶适用的法规标准

序号	法规标准
1	GB 7144　气瓶颜色标志
2	GB/T 2550　气体焊接设备 焊接、切割和类似作业橡胶软管

表3.103（续）

序号	法规标准
3	TSG R0006　气瓶安全技术监察规程
4	安委〔2013〕1号　国务院安委会关于深入开展餐饮场所燃气安全专项治理的通知
5	考核评分细则

（七）典型做法与经验

工业气瓶在实际操作中的典型做法及相关经验如表3.104所示。

表3.104　工业气瓶在实际操作中的典型做法及相关经验

工业气瓶图示	典型做法及经验
	专用吊运气瓶的吊篮
	气瓶存放标识清楚,空、实瓶分开,并采取防倾倒措施,符合《考核评分细则》"2.26.3.4 空、实瓶应分开存放,在用气瓶和备用气瓶应分开存放,并设置防倾倒措施"和"2.26.3.1 气瓶应储存于专用库房内,并有足够的自然通风或机械通风"的要求
	盛装一般气体（氧气）的气瓶按期校验,符合《考核评分细则》"2.26.1……盛装一般气体的气瓶应每三年检验一次"的要求

表 3.104（续）

工业气瓶图示	典型做法及经验
	气瓶的存放，符合《考核评分细则》"2.26.3.4 空、实瓶应分开存放，在用气瓶和备用气瓶应分开存放，并设置防倾倒措施"和"2.26.3.1 气瓶应储存于专用库房内，并有足够的自然通风或机械通风"的要求
	气瓶空、实分开存放，符合《考核评分细则》"2.26.3.4 空、实瓶应分开存放，在用气瓶和备用气瓶应分开存放，并设置防倾倒措施"和"2.26.3.1 气瓶应储存于专用库房内，并有足够的自然通风或机械通风"的要求
	气瓶存放采取防倾倒措施，符合《考核评分细则》"2.26.3.4 空、实瓶应分开存放，在用气瓶和备用气瓶应分开存放，并设置防倾倒措施"和"2.26.3.1 气瓶应储存于专用库房内，并有足够的自然通风或机械通风"的要求

二十八、空压机（站）、水冷却系统

（一）适用范围

本项目适用一般环境下使用的固定式空压机、移动式空压机和站房等设施及其工业水冷却循环系统。

（二）资料备查清单

本考评项查阅的资料包括：

（1）设备管理台账，台账应分类，如固定式空压机（螺杆式空压机、活塞式空压机、离心式空压机等）、移动式空压机，空压机站房、水冷却系统等；

（2）空压机管理制度和安全技术操作规程。

（三）考评内容及考评办法

空压机（站）水冷却系统考评内容及考评办法如表 3.105 所示。

表 3.105　空压机(站)水冷却系统考评内容及考评办法

序号	考评内容	分值	考评办法
1	安全管理和资料应满足以下要求:产品质量说明书、出厂合格证等资料齐全;日常运行记录、定期检查记录真实有效、保存完好;日常维护保养记录应详细、准确;管理制度和操作规程上墙	1分	①查设备台账,依据设备台账确定抽查数量和具体的被评设备。
2	安全装置:压力表应指示灵敏、刻度清晰、铅封完整,表盘上应有最高工作压力警示线,并在检验周期内使用;温度计应刻度清晰,并在检验周期内使用;安全阀应铅封完好,并在检验周期内使用;液位计(油标)标识应清晰、准确,并设有最低、最高油位标记	2分	②现场核查,2.27.2至2.27.7一处不合格扣该条款的应得分值,剩余分值为该设备的实得分。
3	保护装置:工作压力达到额定压力时,超压保护装置应能自动切换为无负荷状态;驱动功率大于15 kW的空压机,超温保护装置应能使每级排气温度超过允许值时自动切断动力回路	2分	③凡实得分等于或小于10分则该设备为不合格设备。
4	距操作者站立面2 m以下设备外露的旋转部件均应设置齐全、可靠的防护罩,其安全距离应符合GB 23821的相关规定	2分	④《考核评分细则》2.27.8,2.27.9对站房整体考评,一处不合格扣0.5分。
5	螺杆式空压机的门、盖应确保运行时不得开启或拆卸。活塞式空压机与储罐间的止回阀、冷却器、油水分离器、排空管应完好、有效	2分	⑤根据不合格设备的台数和《考核评分细则》2.27.8,2.27.9扣分值,计算实得分为
6	电气安全:电柜、同步电机的屏护栅栏应齐全、可靠;有高压控制的空压站,绝缘鞋、绝缘手套等高压用具应在检验周期内使用;PE线应连接可靠,线径截面积及安装方法符合《考核评分细则》2.37的相关规定	2分	实得分 = 15 − $\dfrac{\text{不合格设备台数}}{\text{抽查总台数}}$ × 36 −(《考核评分细则》2.27.8 和2.27.9 扣分之和)
7	冷却水系统:冷却塔风扇的防雷设施应可靠,并与PE线连接;冷却水池四周防护栏应符合《考核评分细则》2.22的相关规定;加压水泵联轴节应设有防护罩,电机PE线应连接可靠,线径截面积及安装方法符合《考核评分细则》标准2.37的相关规定;泵站、空压站房内不得积水、积油;冷却水管不得漏水	2分	⑥结合现场抽查情况,发现没建立管理台账(含移动式空压机)、台账不清、账物不符情况或未明确责任人的,扣2分
8	空压站(房)布局、设施、作业环境应符合GB 50029的相关规定。门向外开,室内设置应急照明	2分	
9	空压机站房外应设置醒目的安全警示标识		

(四)考评要点

1.记录

空压机应有日常运行记录、定期检查记录和维护保养记录。

2.安全装置

(1)压力表应指示应灵敏、刻度清晰、铅封完整,表盘上应有最高工作压力红线,并在检验周期内使用;

（2）温度计应刻度清晰，安全阀铅封应完好，并在检验周期内使用；

（3）液位计（油标）标识应清晰、准确，并设有最低、最高油位标记。

3. 保护装置

（1）工作压力达到额定压力时，超压保护装置应能自动切换为无负荷状态；

（2）驱动功率大于 15 kW 的空压机，超温保护装置应能使每级排气温度超过允许值时自动切断动力回路；

（3）距操作者站立面 2 m 以下设备外露的旋转部件均应设置齐全、可靠的防护罩，其安全距离应符合 GB 23821 的相关规定；·

（4）螺杆式空压机的门、盖应确保运行时不得开启或拆卸；活塞式空压机与储罐间的止回阀、冷却器、油水分离器、排空管应完好、有效；管道、阀门不应有漏油现象。

4. 电气安全

（1）电控柜、同步电机的屏护栅栏应齐全、可靠；

（2）有高压控制的空压站，绝缘鞋、绝缘手套等高压用具应在检验周期内使用。

5. 冷却水系统

（1）冷却塔风扇的防雷设施应可靠，并与 PE 线连接；冷却水池四周防护栏应符合相关规定；

（2）加压水泵联轴节外露旋转部位应有防护罩；

（3）泵站、空压站房内不得积水、积油；水管、法兰、阀门不得漏水。

6. 空压站（房）

空压站（房）布局应合理，应有良好的通风设施，空压机安装应符合相关规定；空压机站（房）外应有醒目的安全警示标识。

（五）常见问题

空压机（站）水冷却系统常见问题图示及描述如图 3.106 所示。

表 3.106　空压机（站）水冷却系统常见问题图示及描述

空压机（站）、水冷却系统图示	常见问题描述
	螺杆式空压机油水分离器安全阀没有检验标签，不符合《考核评分细则》"2.27.2.3 安全阀应铅封完好，并在检验周期内使用"的要求

表 3.106（续 1）

空压机（站）、水冷却系统图示	常见问题描述
	移动式空压机安全阀、压力表没有检验标签，不符合《考核评分细则》"2.27.2.1 压力表应指示灵敏、刻度清晰、铅封完整，表盘上应有最高工作压力警示线，并在检验周期内使用"和"2.27.2.3 安全阀应铅封完好，并在检验周期内使用"的要求
	空压机操作按钮标识为外文字母，不符合 GB/T 12801《生产过程安全卫生要求总则》"5.3.2 b）各种仪器、仪表、监测记录装置等，应选用合理、灵敏可靠、易于识别"的要求
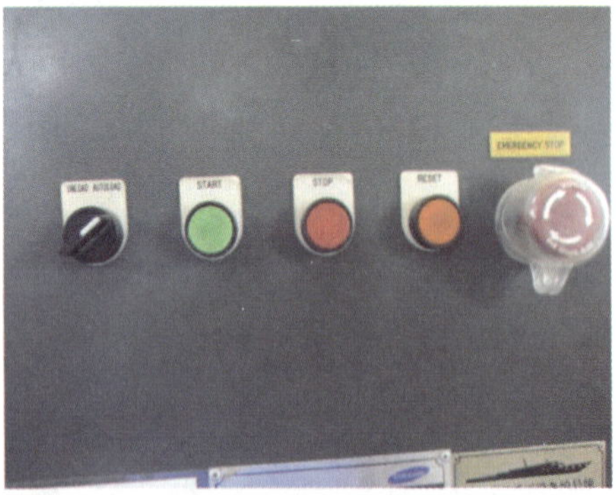	空压机操作按钮标识为外文字母，不符合 GB/T 12801《生产过程安全卫生要求总则》"5.3.2 b）各种仪器、仪表、监测记录装置等，应选用合理、灵敏可靠、易于识别"的要求
	螺杆式空压机运行时围板被拆，不符合《考核评分细则》"2.27.5 螺杆式空压机的门、盖应确保运行时不得开启或拆卸"的要求

表3.106（续2）

空压机（站）、水冷却系统图示	常见问题描述
	由于螺杆式空压机温度过高，致使空压机门盖被拆，用轴流风机降温，不符合《考核评分细则》"2.27.5 螺杆式空压机的门、盖应确保运行时不得开启或拆卸"的要求
	空压机运行记录，不符合《考核评分细则》"2.27.1 日常运行记录、定期检查记录真实有效、保存完好"的要求
	空压机运行记录，不符合《考核评分细则》"2.27.1 日常运行记录、定期检查记录真实有效、保存完好"的要求
	移动式空压机安全阀、压力表没有检验标签，不符合《考核评分细则》"2.27.2.1 压力表应指示灵敏、刻度清晰、铅封完整，表盘上应有最高工作压力警示线，并在检验周期内使用"和"2.27.2.3 安全阀应铅封完好，并在检验周期内使用"的要求

表3.106（续3）

空压机（站）、水冷却系统图示	常见问题描述
	空压机站房,管道泄漏,地面积水,不符合《考核评分细则》"2.27.7.4 泵站、空压站房内不得积水、积油;冷却水管不得漏水"的要求
	空压机周围地面有污油,不符合《考核评分细则》"2.27.7.4 泵站、空压站房内不得积水、积油"的要求
	空压机安装在地下室内,通风不畅,温度高,螺杆式空压机围板被拆,不符合《考核评分细则》"2.27.5 螺杆式空压机的门、盖应确保运行时不得开启或拆卸"和"2.27.8 空压站(房)布局、设施、作业环境应符合 GB 50029 的相关规定"的要求

（六）适用的法规标准

空压机(站)、水冷却系统适用的法规标准如表3.107所示。

表3.107　空压机（站）、水冷却系统适用的法规标准

序号	法规标准
1	GB 22207　容积式空气压缩机　安全要求
2	GB 50029　压缩空气站 设计规范
3	考核评分细则

（七）典型做法与经验

空压机（站）、水冷却系统在实际操作中的典型做法及相关经验如表 3.108 所示。

表 3.108 空压机（站）、水冷却系统在实际操作中的典型做法及相关经验

空压机（站）、水冷却系统图示	典型做法及经验
	螺杆式空压机油水分离器安全阀按期校验，符合《考核评分细则》"2.27.2.3 安全阀应铅封完好，并在检验周期内使用"的要求
	螺杆式空压机油水分离器安全阀有检验标签，符合《考核评分细则》"2.27.2.3 安全阀应铅封完好，并在检验周期内使用"的要求
	移动式空压机安全阀按期校验，符合《考核评分细则》"2.27.2.3 安全阀应铅封完好，并在检验周期内使用"的要求

表 3.108（续 1）

空压机（站）、水冷却系统图示	典型做法及经验
	螺杆式空压机油水分离器安全阀按期校验，符合《考核评分细则》"2.27.2.3 安全阀应铅封完好，并在检验周期内使用"的要求
	空压机和储罐一体，安全阀压力表按期校验，符合《考核评分细则》"2.27.2.3 安全阀应铅封完好，并在检验周期内使用"和"2.27.5 螺杆式空压机的门、盖应确保运行时不得开启或拆卸"的要求
	空压机房，设备布局合理，符合《考核评分细则》"2.27.8 空压站（房）布局、设施、作业环境应符合 GB 50029 的相关规定"的要求
	空压机房，设备布局合理，环境整洁，符合《考核评分细则》"2.27.8 空压站（房）布局、设施、作业环境应符合 GB 50029 的相关规定"的要求

表 **3.108**(续 2)

空压机(站)、水冷却系统图示	典型做法及经验
	空压机房,设备布局合理,符合《考核评分细则》"2.27.8 空压站(房)布局、设施、作业环境应符合 GB 50029 的相关规定"的要求
	空压机房,设备布局合理,环境整洁,符合《考核评分细则》"2.27.8 空压站(房)布局、设施、作业环境应符合 GB 50029 的相关规定"的要求

二十九、工业管道

(一)适用范围

本项目适用于工业生产中非地下埋设的气体和液体的输送管道。

(二)资料备查清单

本考评项查阅的资料包括:

(1)工业管道管理台账,台账应分类,如压力管道、燃气管道、助燃气体管道、压缩空气管道、二氧化碳气体管道、工业管道级别等;

(2)厂区工业管道总平面布置图及长度尺寸、安装和验收的资料;输送助燃、可燃气体管道导除静电接地平面布置图、导除静电和防雷接地电阻测试记录;

(3)压力管道注册登记和周期检验的相关资料;

(4)工业管道管理制度和操作规程。

(三)考评内容及考评办法

工业管道考评内容及考评办法如表 3.109 所示。

表 3.109　工业管道考评内容及考评办法

序号	考评内容	分值	考评办法
1	工业管道的安全管理应符合下列规定： 工业管道技术资料应有管道总平面布置图及长度尺寸、安装和验收资料。 其中：压力管道应按 TSG D0001 规定进行注册登记，并按检验周期进行检验；输送助燃、可燃爆介质的工业管道应有导除静电平面布置图、导除静电和防雷接地电阻测试记录	2分	①查工业管道种类，依据厂区、各车间，以及每种工业管道为考评单元。 ②现场核查，一处不合格扣该条款的应得分值，剩余分值为该工业管道的实得分。 ③多条工业管道时取平均分值，平均得分即为本项目的实得分。 ④结合现场抽查情况，发现没建立管理台账、台账不清、账物不符情况或报废/停用手续不全、标识不正确或未明确责任人的，扣2分
2	架空敷设或外露的管道应有与输送介质相一致的识别色，其基本识别色、识别符号、介质流向和安全标识应符合 GB 7231 的相关规定	2分	
3	管道本体：输送易燃、易爆、有毒介质的管道无泄漏；一般管道的泄漏点每 1 000 m 不应超过三个点；地下、半地下敷设的管道应采取防腐蚀措施；地下敷设的管道应在地面设置走向标识；输送助燃、易燃、易爆介质的管道，凡少于 5 枚螺钉连接的法兰应接跨接线，每 200 m 长度应安装导除静电接地装置，接地电阻应小于 100 Ω，定期监测，并保持记录；热力管道保温层应完好，无破损	4分	
4	管道支撑和吊架：架空管道支撑、吊架应牢固、齐全；架空管道下方如有车辆通行时，应悬挂限高标识。 地面敷设的管道应有防踩压和防碰撞措施。 工业生产中设置的消防专用管道应遵守 GB 13495 的规定，并在管道上标识"消防专用"识别符号	2分	

(四)考评要点

1. 资料

(1)应有厂区工业管道总平面布置图及长度尺寸、安装和验收资料。

(2)压力管道应按《特种设备目录》和 TSG D0001《压力管道安全技术监察规程》第一百一十六条规定的压力管道进行注册登记，并按检验周期进行检验，检验报告应齐全。

(3)输送助燃、可燃爆介质的工业管道应有导除静电平面布置图、导除静电和防雷接地电阻测试记录。

2. 管道本体

(1)架空敷设或外露的管道应有与输送介质相一致的识别色，其基本识别色、识别符号、介质流向和安全标识应符合 GB 7231《工业管道的基本识别色、识别符号和安全标识》4.1 的相关规定。

（2）输送易燃、易爆、有毒介质的管道无泄漏；一般管道的泄漏点每1 000 m不应超过三个点。

（3）地下、半地下敷设的管道应采取防腐蚀措施；地下敷设的管道应在地面设置走向标识。

（4）输送助燃、易燃、易爆介质的管道，凡少于5枚螺钉连接的法兰应接跨接线，每200 m长度应安装导除静电接地装置，接地电阻应小于100 Ω，定期监测，并保持记录。

3.热力管道

热力管道保温层应完好，无破损。

4.架空管道

架空管道支撑、吊架应牢固、齐全；架空管道下方如有车辆通行时，应悬挂限高标识。

（五）常见问题

工业管道常见问题图示及描述如表3.110所示。

表3.110 工业管道常见问题图示及描述

工业管道图示	常见问题描述
	工业管道没有识别色和流向标识，不符合《考核评分细则》"2.28.2 架空敷设或外露的管道应有与输送介质相一致的识别色，其基本识别色、识别符号、介质流向和安全标识应符合GB 7231的相关规定"的要求
	工业管道没有识别色和流向标识，不符合《考核评分细则》"2.28.2 架空敷设或外露的管道应有与输送介质相一致的识别色，其基本识别色、识别符号、介质流向和安全标识应符合GB 7231的相关规定"的要求

表 3.110(续 1)

工业管道图示	常见问题描述
	压缩空气管道为黄色,不符合 GB 7231《工业管道的基本识别色、识别符号和安全标识》中 4.1 的要求
	压缩空气管道为黄色,不符合 GB 7231《工业管道的基本识别色、识别符号和安全标识》中 4.1 的要求
	氧气管道少于 5 枚螺丝连接的法兰没有跨接,不符合《考核评分细则》"2.28.3.3 输送助燃、易燃、易爆介质的管道,凡少于 5 枚螺钉连接的法兰应接跨接线"的要求
	燃气管道少于 5 枚螺丝连接的法兰没有跨接,不符合《考核评分细则》"2.28.3.3 输送助燃、易燃、易爆介质的管道,凡少于 5 枚螺钉连接的法兰应接跨接线"的要求

表3.110(续2)

工业管道图示	常见问题描述
	管道安全阀没有检验标签,不符合《考核评分细则》"2.31.5.1 安全泄放装置(或安全阀)、压力表应定期校验,标记齐全"的要求
	燃气管道与其他管道同沟敷设,不符合 GB 50028《城镇燃气设计规范》"6.3.7 地下燃气管道不得在堆积易燃、易爆材料和具有腐蚀性液体的场地下面穿过,并不宜与其他管道或电缆同沟敷设。当需要同沟敷设时,必须采取有效的安全防护措施"的要求
	热力管道保温层破损,不符合《考核评分细则》"2.28.3.4 热力管道保温层应完好,无破损"的要求
	有车辆通行上方架空的管道没有限高标志,不符合《考核评分细则》"2.28.4.2 架空管道下方如有车辆通行时,应悬挂限高标识"的要求

表 3.110(续 3)

工业管道图示	常见问题描述
	管道没有架空敷设,没有介质名称和流向标识,不符合《考核评分细则》"2.28.2 架空敷设或外露的管道应有与输送介质相一致的识别色,其基本识别色、识别符号、介质流向和安全标识应符合 GB 7231 的相关规定"的要求
	天然气管道分汽包为棕色的不符合 GB 7231《工业管道的基本识别色、识别符号和安全标识》中 4.1 的要求

(六)适用的法规标准

工业管道适用的法规标准如表 3.111 所示。

表 3.111　工业管道适用的法规标准

序号	法规标准
1	GB 4387　工业企业厂内铁路、道路运输安全规程
2	GB 7231　工业管道的基本识别色、识别符号和安全标识
3	GB 16912　氧气及相关气体安全技术规程
4	GB 50028　城镇燃气设计规范
5	GB 50235　工业金属管道工程施工规范
6	TSG R0001　压力管道安全技术监察规程
7	质检总局 2014 年第 114 号　特种设备目录
8	考核评分细则

（七）典型做法与经验

工定管道在实际操作中的典型做法及相关经验如表3.112所示。

表3.112　工定管道在实际操作中的典型做法及相关经验

工业管道图示	典型做法及经验
	架空的工业管道识别色和流向标识清晰,符合《考核评分细则》"2.28.2 架空敷设或外露的管道应有与输送介质相一致的识别色,其基本识别色、识别符号、介质流向和安全标识应符合 GB 7231 的相关规定"的要求
	架空的工业管道识别色和流向标识清晰,符合《考核评分细则》"2.28.2 架空敷设或外露的管道应有与输送介质相一致的识别色,其基本识别色、识别符号、介质流向和安全标识应符合 GB 7231 的相关规定"的要求
	工业管道识别色和流向标识、介质名称清晰、准确,符合《考核评分细则》"2.28.2 架空敷设或外露的管道应有与输送介质相一致的识别色,其基本识别色、识别符号、介质流向和安全标识应符合 GB 7231 的相关规定"的要求
	工业管道识别色和流向标识、介质名称清晰、准确,符合《考核评分细则》"2.28.2 架空敷设或外露的管道应有与输送介质相一致的识别色,其基本识别色、识别符号、介质流向和安全标识应符合 GB 7231 的相关规定"的要求

工业管道图示	典型做法及经验
	有车辆通行架空管道上方有限高标志,符合《考核评分细则》"2.28.4.2 架空管道下方如有车辆通行时,应悬挂限高标识"的要求
	氧气管道少于5枚螺丝连接的法兰有跨接线,符合《考核评分细则》"2.28.3.3 输送助燃、易燃、易爆介质的管道,凡少于5枚螺钉连接的法兰应接跨接线"的要求
	燃气管道少于5枚螺丝连接的法兰有跨接线,符合《考核评分细则》"2.28.3.3 输送助燃、易燃、易爆介质的管道,凡少于5枚螺钉连接的法兰应接跨接线"的要求
	可燃、助燃气体管道设置导除静电接地,符合《考核评分细则》"2.28.3.3 输送助燃、易燃、易爆介质的管道,凡少于5枚螺钉连接的法兰应接跨接线,每200 m长度应安装导除静电接地装置,接地电阻应小于100 Ω,定期监测,并保持记录"的要求

表 3.112(续 2)

工业管道图示	典型做法及经验
	外露架空的压缩空气管道为灰色,符合《考核评分细则》"2.28.2 架空敷设或外露的管道应有与输送介质相一致的识别色,其基本识别色、识别符号、介质流向和安全标识应符合 GB 7231 的相关规定",以及 GB 7231《工业管道的基本识别色、识别符号和安全标识》"4.1 空气　淡灰　B03"的要求
	工业管道识别色和流向标识、介质名称清晰、准确,符合《考核评分细则》"2.28.2 架空敷设或外露的管道应有与输送介质相一致的识别色,其基本识别色、识别符号、介质流向和安全标识应符合 GB 7231 的相关规定"的要求
	工业管道识别色和流向标识,清晰,符合《考核评分细则》"2.28.2 架空敷设或外露的管道应有与输送介质相一致的识别色,其基本识别色、识别符号、介质流向和安全标识应符合 GB 7231 的相关规定"的要求
	工业管道识别色和流向标识、介质名称清晰、准确,应符合《考核评分细则》"2.28.2 架空敷设或外露的管道应有与输送介质相一致的识别色,其基本识别色、识别符号、介质流向和安全标识应符合 GB 7231 的相关规定"的要求

表 3.112（续 3）

工业管道图示	典型做法及经验
	工业管道按期进行检验,检验报告齐全,符合《考核评分细则》"2.28.1 压力管道应按 TSG D0001 规定进行注册登记,并按检验周期进行检验"的要求
	厂区工业管道平面布置图,符合《考核评分细则》"2.28.1 工业管道技术资料应有管道总平面布置图及长度尺寸、安装和验收资料"的要求

三十、油库及加油站

（一）适用范围

本项目适用于以接收、贮存和发放柴油及闪点低于 45 ℃ 的甲、乙类油品 0.5 t 以上,机械油的储量大于 2 t 以上的罐装、桶装和地下、半地下油库,及其装卸油设施、站房设施。

（二）资料备查清单

本考评项查阅的资料包括:

（1）油库管理台账,台账应分类,如柴油库（柴油储罐）、汽油库（汽油储罐）、重油储罐、桶装（机械油、汽油）油库、地下或半地下油库,加油站、站房等;

（2）油库管理制度和应急预案,油库安全技术操作规程。

（三）考评内容及考评办法

油库及加油站考评内容及考评办法如表 3.113 所示。

表 3.113 油库及加油站考评内容及考评办法

序号	考评内容	分值	考评办法
1	单位应保存下列资料:油罐设计资料、导除静电接地布置图及验收和定期测试记录、防雷设计及定期检测报告、消防审批及验收资料。油库的设计应符合 GB 50074 的相关规定	2分	①按照本《考核评分细则》2.29.1查油库及加油站的相关资料和档案。②现场核查,一处不合格扣该条款的应得分值,剩余分值为该油库或加油站的实得分。③结合现场抽查情况,发现没建立管理台账、台账不清、账物不符情况或报废/停用手续不全、标识不正确或未明确责任人的,扣2分。④油桶存放区参照此办法进行考核
2	油库布置 (1)安全间距应符合下列规定:油库、加油站的工艺设施与站外建筑物、构筑物之间的距离应符合 GB 50074 的相关规定;电气线路、架空线不应跨越油库、加油站,其平行距离应为电杆高的 1.5 倍;当安全间距小于上述规定时,油库、加油站与其相邻一侧应设置高度不低于 2.2 m 的非燃烧实体围墙。 (2)消防通道应设置双向车道,并保证车辆可环行或留有车辆调头的场地,路面不应采用沥青路面。 (3)油库应具备良好的自然通风,若自然通风不足时应设有机械通风。 (4)地上立式储罐的罐壁至防火堤内堤脚线的距离,不应小于罐壁高度的一半。卧式储罐的罐壁至堤脚线的距离,不小于 3 m。油罐组防火堤顶面应比计算液面高出 0.2 m。立式油罐组的防火堤高于堤内设计地坪不应小于 1.0 m,高于堤外设计地平或消防道路路面(按较低者计)不应大于 3.2 m。防火堤排水口应设有水封井,下水通过水封井向库外管网排放。防火堤、防火墙应采用不燃烧材料建造,且必须密实、闭合、不泄漏	3分	
3	工艺及设施:采用卧式罐应有足够的强度,并设有良好的防腐和导除静电措施;汽油罐、柴油罐应埋地安装,严禁安装在室内或地下室内;加油站的油罐宜设有高液位报警功能的液位计;玻璃管式、板式液位计应有最高液位警示标识;油车卸油时应采用导除静电耐油软管,或单独安装接地装置	2分	
4	油罐通气管:汽油罐与柴油罐的通气管应分开设置;通气管口管径和高度应符合要求;通气管沿建筑物敷设时管口应高于建筑物顶 1.5 m 以上;通气管口应安装阻火器,当采用卸油气回收系统时,汽油通气管口应设置机械式呼吸阀;呼吸阀、阻火器外观应定期检查,并保存记录	2分	

表 3.113(续)

序号	考评内容	分值	考评办法
5	防雷、防静电接地 (1)防雷接地装置应符合 GB 50057 的相关规定,并满足下列要求:钢油罐应作防雷接地,其接地点不得少于两处,接地点沿油罐周长布置,其间距应小于 30 m;当罐顶装有避雷针或利用罐体做接闪器时,接地电阻应小于 10 Ω,当油罐仅作防感应雷击时,接地电阻应小于 30 Ω;装有阻火器的地上固定钢油罐,当顶板厚度大于或等于 4 mm 时可不装引下线,当顶板厚度小于 4 mm 时应装避雷针;浮顶油罐可不设避雷针(线),但应将浮顶与罐体用两根截面积不小于 25 mm² 的软绞线作电气连接。地上非金属罐应装设独立避雷针(线)。油罐的金属附件和罐体外露金属件应作电气连接并接地;地下油罐通气管、呼吸阀、量油孔等金属附件应作电气连接;独立避雷针的接地装置与导除静电的接地装置应分开。 (2)防静电接地装置应满足下列要求:输油钢管上的法兰少于 5 枚连接螺丝的应接跨接线,跨接线可采用铜、铝片或铜丝编接软线,压接紧固;储存甲、乙、丙类油品的储罐,应做防静电接地,钢油罐的防感应雷击接地装置可兼作防静电接地装置;甲、乙、丙类油品的油罐车和罐装设备,应作防静电接地,装桶现场应设置油罐车与油桶跨接的防静电接地装置;架空、地沟敷设的管道始、末端分支处,以及直线段的每隔 200~300 m 处,应设置防静电的接地装置,架空管道还应设置防感应雷击措施,其接地电阻应小于 30 Ω	2分	
6	库房(区)防爆:油库及产生爆炸性气体场所内电器设施、线路、开关均应按防爆要求安装;油库建筑物耐火等级不应低于二级,门、窗应向外开放,设高、低窗进行自然通风,当自然通风不能满足时,应设置机械通风;库房外有值班室与其相毗邻的,两者间为实体墙隔开。当墙体无孔、洞、门窗相连时,值班室内电气设施可不采用防爆型;库房内采用镶入壁式照明灯具,并能可靠隔离时,可不采用防爆型;油库内使用的开桶、抽油工具,应使用不产生火星的材料制作	2分	
7	消防设施:库内灭火器的配置应符合 GB 50140 的相关规定;灭火器材应定位存放,并在检验周期内使用;灭火器材存放点设有编号、责任人;库房外灭火的砂、铲、桶应齐全;消防通道应畅通,无占道堵塞现象,并留有消防车可调头的回车道;厂区消防栓保护范围内的水枪、水带、扳手等附件应配备齐全;库内应备有燃油车辆进入库区佩戴的灭火罩;严禁电动车进入库区;库内应按储存的油品种类配置相应的报警装置;库外应设有醒目的安全警示标识;并应设有储存油品名称、特性、数量及灭火方法的标识牌	2分	

（四）考评要点

1. 资料

查阅油罐设计资料、导除静电接地布置图及验收和定期测试记录、防雷设计及定期检测报告、消防审批及验收资料。

2. 油库布置

（1）油库、加油站的工艺设施与站外建筑物、构筑物之间的距离应符合 GB 50074 的相关规定。

（2）电气线路、架空线不应跨越油库、加油站，其平行距离应为电杆高的 1.5 倍。

（3）当安全间距小于上述规定时，油库、加油站与其相邻一侧应设置高度不低于 2.2 m 的非燃烧实体围墙。

（4）消防通道应设置双向车道，并保证车辆可环行或留有车辆调头的场地，路面不应采用沥青路面。

（5）油库应具备良好的自然通风，若自然通风不足时应设有机械通风。

（6）地上立式储罐的罐壁至防火堤内堤脚线的距离，不应小于罐壁高度的一半。卧式储罐的罐壁至堤脚线的距离，不小于 3 m；立式储罐应设上罐的梯子、平台和栏杆。高度大于 5 m 的立式储罐应采用盘梯。

3. 工艺及设施

（1）油罐基础应牢固，无倾斜、裂缝、渗漏、锈蚀、油漆脱落，防腐层损坏现象；储罐应有导除静电接地措施。

（2）汽油罐、柴油罐应埋地安装，严禁安装在室内或地下室内。

（3）加油站的油罐宜设有高液位报警功能的液位计；玻璃管式、板式液位计应有最高液位警示标识，玻璃管式液位计应有防护套管；容积大于 100 m³ 的储罐应设液位测量远传仪表。

（4）进入油罐区域门前应设置导除静电接地装置；油车卸油时应采用导除静电耐油软管，或单独安装接地装置。

4. 油罐通气管

（1）汽油罐与柴油罐的通气管应分开设置；通气管口管径和高度应符合要求；通气管沿建筑物敷设时管口应高于建筑物顶 1.5 m 以上。

（2）储存甲 B、乙类液体的固定顶储罐和地下卧式储罐；存储甲 B 类液体的覆土卧式储罐；采用氮气密封保护系统的储罐通气管口应装设呼吸阀。

（3）储存甲 B、乙类、丙 A 类液体的固定顶储罐和地下卧式储罐；储存甲 B 类和乙类液体的覆土卧式储罐；储存甲 B 类、乙类、丙 A 类液体并采用氮气密封的保护系统的内浮顶储罐通气管口应安装阻火器。

(4)储罐进液不得采用喷溅方法,甲 B、乙、丙 A 类液体储罐的进液管从储罐上部接入时,进液管应延伸到储罐的底部。

(5)呼吸阀、阻火器外观应定期检查,并保存记录。

5. 防雷接地

(1)钢油罐应作防雷接地,其接地点不得少于两处,接地点沿油罐周长布置,其间距应小于 30 m;当罐顶装有避雷针或利用罐体做接闪器时,接地电阻应小于 10 Ω,当油罐仅作防感应雷击时,接地电阻应小于 30 Ω。

(2)装有阻火器的地上固定钢油罐,当顶板厚度大于或等于 4 mm 时可不装引下线,当顶板厚度小于 4 mm 时应装避雷针。

(3)浮顶油罐可不设避雷针(线),但应将浮顶与罐体用两根截面积不小于 25 mm^2 的软绞线作电气连接。

(4)地上非金属罐应装设独立避雷针(线)。油罐的金属附件和罐体外露金属件应作电气连接并接地。

(5)地下油罐通气管、呼吸阀、量油孔等金属附件应作电气连接。

(6)独立避雷针的接地装置与导除静电的接地装置应分开。

6. 防静电接地

(1)输油钢管上的法兰少于 5 枚连接螺丝的应接跨接线,跨接线可采用铜、铝片或铜丝编接软线,压接紧固。

(2)储存甲、乙、丙类油品的储罐,应做防静电接地,钢油罐的防感应雷击接地装置可兼作防静电接地装置。

(3)甲、乙、丙类油品的油罐车和罐装设备,应作防静电接地,装桶现场应设置油罐车与油桶跨接的防静电接地装置。

(4)平行敷设于地上或非充沙管内的金属管道,其净距小于 100 mm 时,应采用金属线跨接,跨接点的间距不应大于 30 mm。管道交叉点净距小于 100 mm 时,其交叉点应用金属线跨接。

(5)架空、地沟敷设的管道始、末端分支处,以及直线段的每隔 200～300 m 处,应设置防静电的接地装置,架空管道还应设置防感应雷击措施,其接地电阻应小于 30 Ω。

7. 库房区域防爆措施

(1)油库及产生爆炸性气体场所内电器设施、线路、开关均应按防爆要求安装。

(2)油库建筑物耐火等级不应低于二级,门、窗应向外开放,设高、低窗进行自然通风,当自然通风不能满足时,应设置机械通风。

(3)油库泵房的门应向外开,且不少于两个,其中一个应能满足泵房最大设备的进出需要,建筑物小于 100 m 时,可只设一个外门。

（4）库房外有值班室与其相毗邻的,两者间应由防火墙隔开。当墙体无孔、洞、门窗相连时,值班室内电气设施可不采用防爆型。

（5）油库内使用的开桶、抽油工具,应使用不产生火星的材料制作。

8. 桶装液体库房(棚)

（1）甲B、乙类液体重桶与丙类液体重桶储存在同一栋库房时,两者之间宜设防火墙。

（2）Ⅰ,Ⅱ级毒性液体重桶与其他液体重桶储存在同一栋库房时,两者之间宜设防火墙。

（3）甲B、乙类液体的桶装液体库房,不得建地下室或半地下室。

（4）桶装液体库房应为单层建筑。

（5）桶装液体库房应设外开门;丙类液体桶装液体库房,可在墙外侧设推拉门;建筑面积大于或等于100 m^2 的重桶存放间,门的数量不应少于2个,门宽不应小于2 m。

9. 厂房内的车间供油站

（1）甲B、乙类油站的储存量,不应大于车间两昼夜的使用量,且不应大于2 m^3;丙类油品的储存量不宜大于10 m^3。

（2）车间供油站应靠厂房外墙布置,并设耐火极限不低于3 h的非燃烧体墙和耐火极限不低于1.5 h的非燃烧体屋顶。

（3）储存甲B、乙类油品的车间供应站,应为单层建筑,并设有直接到外的出口和防止液体流散的措施。

（4）储存量不大于5 m^3 的丙类油品储罐(箱),可直接设置在丁、戊类生产厂房内。

10. 消防设施

（1）库内灭火器的配置应符合GB 50140的相关规定。

（2）灭火器材应定置存放,并在检验周期内使用;灭火器材存放点设有编号、责任人;库房外灭火的砂、铲、桶应齐全。

（3）消防通道应畅通,无占道堵塞现象,并留有消防车可调头的回车道。

（4）厂区消防栓保护范围内的水枪、水带、扳手等附件应配备齐全。

（5）库内应备有燃油车辆进入库区佩戴的灭火罩;严禁电动车进入库区;库内应按储存的油品种类配置相应的报警装置。

（6）库外应设有醒目的安全警示标识;并应设有储存油品名称、特性、数量及灭火方法的标识牌。

(五)常见问题

油库及加油站常见问题图示及描述如表3.114所示。

表 3.114　油库及加油站常见问题图示及描述

油库及加油站图示	常见问题描述
	车间供油站（房）超量存放甲 B、乙类油的储存量，不符合 GB 50074《石油库设计规范》"11.0.1.1 甲 B、乙类油站的储存量，不应大于车间两昼夜的使用量，且不应大于 2 m³"的要求
	车间供油站（房）超量存放甲 B、乙类油的储存量，不符合 GB 50074《石油库设计规范》"11.0.1.1 甲 B、乙类油站的储存量，不应大于车间两昼夜的使用量，且不应大于 2 m³"的要求
	地下储存甲、乙的油罐通向外面的通气管，没有呼吸阀和阻火冒，不符合 GB 50074《石油库设计规范》"6.4.7 下列储罐的通气管上必须装设阻火器 2.储存甲 B 类和乙类液体的覆土卧式储罐"和"7.0.15 易燃和可燃气体排放管口的设置应符合下列规定 4.排放口应设阻火器"的要求
	油罐通往室外的通气管的高度，不符合 GB 50074《石油库设计规范》"11.0.1……6.储罐（箱）的透气管口应设在室外，甲 B、乙类油品储罐（箱）的通气管管口，应高出屋面 1.5 m，与厂房门、窗之间的距离不应小于 4 m"的要求

表 3.114（续）

油库及加油站图示	常见问题描述
	油库大门为卷帘门,不符合《考核评分细则》"2.29.6.2 油库建筑物耐火等级不应低于二级,门、窗应向外开放,设高、低窗进行自然通风,当自然通风不能满足时,应设置机械通风"的要求
	油罐管路没有介质名称和流向标示,不符合《考核评分细则》"2.28.2 架空敷设或外露的管道应有与输送介质相一致的识别色,其基本识别色、识别符号、介质流向和安全标识应符合 GB 7231 的相关规定"的要求
	油罐区备用的消火栓周围没有防碰撞措施
	油库排风机不属于防爆型的,不符合《考核评分细则》"2.29.6.1 油库及产生爆炸性气体场所内电器设施、线路、开关均应按防爆要求安装"的要求

（六）适用的法规标准

油库及加油站适用的法规标准如表 3.115 所示。

表 3.115　油库及加油站适用的法规标准

序号	法规标准
1	GJB 6219　易燃易爆危险点分级管理要求
2	GB 50058　爆炸和火灾危险环境电力装置设计规范
3	GB 50074　石油库设计规范
4	GB 50493　石油化工企业可燃气体和有毒气体检测报警设计规范
5	JJG 693　可燃气体检测报警器
6	考核评分细则

（七）典型做法与经验

油库及加油站在实际操作中的典型做法及相关经验如表 3.116 所示。

表 3.116　油库及加油站在实际操作中的典型做法及相关经验

油库及加油站图示	典型做法及经验
	地上油罐的防火提，符合《考核评分细则》"2.29.2.4 地上立式储罐的罐壁至防火堤内堤脚线的距离，不应小于罐壁高度的一半……防火堤、防火墙应采用不燃烧材料建造，且必须密实、闭合、不泄漏"的要求
	地上储罐设置了喷淋装置

表 3.116（续）

油库及加油站图示	典型做法及经验
	储罐泵房有两个门,符合 GB 50074《石油库设计规范》"7.0.2 2 泵房的门应向外开,且不少于两个,其中一个应能满足泵房最大设备的进出需要。建筑面积小于 100 m² 时可只设一个外门"的要求
	储油罐油标清晰,符合《考核评分细则》"2.29.3.3 加油站的油罐宜设有高液位报警功能的液位计。2.29.3.4 玻璃管式、板式液位计应有最高液位警示标识"的要求
	油库大门应符合《考核评分细则》"2.29.6.2 油库建筑物耐火等级不应低于二级,门、窗应向外开放,设高、低窗进行自然通风,当自然通风不能满足时,应设置机械通风"的要求

三十一、助燃、可燃气体汇流排

(一)适用范围

本项目适用于氧气、乙炔、液化石油气等由气瓶组通过管道集中向使用场所供气的工艺装备。

(二)资料备查清单

本考评项查阅的资料包括:

（1）汇流排管理台账,台账应分类,如氧气汇流排、乙炔汇流排、液化石油气汇流排、天然气汇流排等;

（2）汇流排管理制度和操作规程。

（三）考评内容及考评办法

助燃、可燃气体汇流排考评内容及考评办法如表3.117所示。

表3.117　助燃、可燃气体汇流排考评内容及考评办法

序号	考评内容	分值	考评办法
1	单位应保存下列资料:汇流排设计资料、材质证明、导除静电接地装置图及检测记录等	1分	①查设备台账,依据设备台账确定抽查数量和具体的被评设备。
2	汇流排间:与有明火作业的间距应大于30 m;耐火等级应不低于二级,门、窗向外开启;门、窗、孔洞不得与产生明火的区域连通;照明、动力线路、电器设备应选用相应等级的防爆型;应有良好的通风措施,出风口不得朝向明火产生的区域;管道导除静电措施应符合《考核评分细则》2.28.3.3的规定	2分	②按照《考核评分细则》2.30.1查助燃、可燃气体汇流排的相关资料和档案。
3	气瓶:应采取防倾倒措施;气瓶连接处应安装减压装置,压力表应定期校验;气瓶本体应符合GB/T 7144,TSG R0006的相关规定	1分	③现场检查,一处不合格扣该条款应得分值,剩余分值为该考评项应得分值。
4	汇流排出口应设有止逆阀;乙炔汇流排出口和用户岗位均应安装回火防止器,其管道和附件应使用含铜、银少于70%的合金制作,且无泄漏	3分	④结合现场抽查情况,发现没建立管理台账、台账不清、账物不符情况或报废/停用手续不全、标识不正确或未明确责任人的,扣2分
5	汇流排室外应有严禁烟火的安全标识,灭火器的配置应符合GB 50140的相关规定;汇流排的末端和用气设备总阀门前、后处应安装放散管	1分	

（四）考评要点

1. 资料

（1）汇流排设计、安装、验收等相关资料。

（2）汇流排材质证明,导除静电接地装置图及检测记录等。

2. 汇流排间

（1）与有明火作业的间距大于30 m;耐火等级应不低于二级,门、窗向外开启;门、窗、孔洞不得与产生明火的区域连通。

（2）有爆炸危险的甲、乙类厂房应设置泄压设施,其泄压面积应符合GB 50016的规定;照明、动力线路、电器设备应选用相应等级的防爆型。

（3）应有良好的通风措施，出风口不得朝向明火产生的区域；凡可燃气体汇流排间内应配置燃气浓度检测报警器，报警器应与排风设施联动。

（4）管道应设置导除静电接地装置，少于5枚螺栓连接的法兰应跨接。

3. 气瓶

（1）气瓶应设有防倾倒装置；气瓶连接处应安装减压装置，压力表应在检验周期内使用。

（2）汇流排出口应设有止逆阀；乙炔汇流排出口和用户岗位均应安装回火防止器，其管道和附件应使用含铜、银少于70%的合金制作，且无泄漏。

（3）汇流排室外应有严禁烟火的安全标识，灭火器的配置应符合GB 50140的相关规定；汇流排的末端和用气设备总阀门前、后处应安装放散管。

（五）常见问题

助燃、可燃气体汇流排常见问题图示及描述如表3.118所示。

表3.118 助燃、可燃气体汇流排常见问题图示及描述

助燃、可燃气体汇流排图示	常见问题描述
	汇流排气瓶没有采取防倾倒措施，不符合《考核评分细则》"4.6.14 灌氧站房、汇流排间、空瓶间和实瓶间，均应有防止气瓶倾倒措施"的要求。 （汇流排间有通往其他房间的地沟，如果气体泄漏，气体挥发到其他房间，遇明火容易发生火灾爆炸事故）
	汇流排气瓶没有采取防倾倒措施，不符合《考核评分细则》"4.6.14 灌氧站房、汇流排间、空瓶间和实瓶间，均应有防止气瓶倾倒措施"的要求

表 3.118（续 1）

助燃、可燃气体汇流排图示	常见问题描述
	汇流排门外没有醒目的安全警示标识，不符合《考核评分细则》"2.30.5 汇流排室外应有严禁烟火的安全标识"的要求
	气瓶库大门为推拉门，不符合《考核评分细则》"2.30.2.2 耐火等级应不低于二级，门、窗向外开启"的要求
	汇流排间与车间明火作业区没有封闭，不符合《考核评分细则》"2.30.2.2 耐火等级应不低于二级，门、窗向外开启；门、窗、孔洞不得与产生明火的区域连通"的要求
	汇流排在车间现场，与明火作业较近，不符合《考核评分细则》"2.30.2.1 与有明火作业的间距应大于30 m"的要求

表 3.118(续 2)

助燃、可燃气体汇流排图示	常见问题描述
	汇流排在车间现场,与明火作业较近,不符合《考核评分细则》"2.30.2.1 与有明火作业的间距应大于 30 m"的要求
	汇流排间为卷闸门,不符合《考核评分细则》"2.30.2.2 耐火等级应不低于二级,门、窗向外开启"的要求

(六)适用的法规标准

助燃、可燃气体汇流排适用的法规标准如表 3.119 所示。

表 3.119　助燃、可燃气体汇流排适用的法规标准

序号	法规标准
1	GB 4387　工业企业厂内铁路、道路运输安全规程
2	GB 7231　工业管道的基本识别色、识别符号和安全标识
3	GB 16912　氧气及相关气体安全技术规程
4	GB 50028　城镇燃气设计规范
5	GB 50235　工业金属管道工程施工规范
6	TSG R0001　压力管道安全技术监察规程
7	质检总局 2014 年第 114 号　特种设备目录
8	考核评分细则

（七）典型做法与经验

助燃、可燃气体汇流排在实际操作中的典型做法及相关经验如表3.120所示。

表3.120 助燃、可燃气体汇流排在实际操作中的典型做法

助燃、可燃气体汇流排图示	典型做法及经验
	燃气汇流排间设置了可燃气体检测报警器，防爆照明，符合《考核评分细则》"2.30.2.4 照明、动力线路、电器设备应选用相应等级的防爆型。2.30.2.5 应有良好的通风措施，出风口不得朝向明火产生的区域；凡可燃气体汇流排间内应配置燃气浓度检测报警器"的要求
	乙炔汇流排管道设置的回火防止器，符合《考核评分细则》"2.30.4 汇流排出口应设有止逆阀；乙炔汇流排出口和用户岗位均应安装回火防止器，其管道和附件应使用含铜、银少于70%的合金制作，且无泄漏"的要求
	汇流排间大门朝外开，符合《考核评分细则》"2.30.2.2 耐火等级应不低于二级，门、窗向外开启"的要求

表 3.120（续）

助燃、可燃气体汇流排图示	典型做法及经验
	汇流排间设置的防爆型轴流风机,符合《考核评分细则》"2.30.2.5 应有良好的通风措施,出风口不得朝向明火产生的区域;凡可燃气体汇流排间内应配置燃气浓度检测报警器"的要求
	汇流排间设置的防爆型事故风机和可燃气体检测报警器,符合《考核评分细则》"2.30.2.4 照明、动力线路、电器设备应选用相应等级的防爆型。2.30.2.5 应有良好的通风措施,出风口不得朝向明火产生的区域;凡可燃气体汇流排间内应配置燃气浓度检测报警器"的要求

三十二、制气转供站

（一）适用范围

本项目适用于生产、储存、输送、转供介质为气态或液态的助燃、可燃、易燃、有毒物质或者惰性气体的站房及其附属设备设施。

（二）资料备查清单

本考评项查阅的资料包括：

（1）制气专供站台账,台账应分类,如氧气、煤气、天然气、二氧化碳气体,液态氧、液态二氧化碳、液态氩、液态石油气等;

（2）制气转供站管理制度和操作规程。

（三）考评内容及考评办法

制气转供站考评内容及考评办法如表 3.121 所示。

表 3.121　制气转供站考评内容及考评办法

序号	考评内容	分值	考评办法
1	资料应满足下列规定:储罐设计资料、产品合格证、压力容器注册和定期检验记录;安装质量证明书;导除静电接地系统图及测试记录;防雷系统图及测试报告等	1分	①查站房台账,依据站房台账确定抽查数量和具体的被评站房。 ②按照2.31.1查资料。 ③现场核查,《考核评分细则》2.31.1至2.31.7所列条款一处不符合扣该条款应得分。 ④现场核查,《考核评分细则》2.31.8根据站房类型不同进行考评,一处不合格扣2分。 ⑤结合现场抽查情况,发现没建立管理台账、台账不清、账物不符情况或报废/停用手续不全、标识不正确或未明确责任人的,扣2分
2	站房耐火等级应达到一、二级的要求,站房的门窗应向外开启	1分	
3	站房的电气设施应符合防爆要求;建筑物的防雷设施应符合GB 50057的相关规定,并应定期对接地电阻进行检测	1分	
4	管道应符合本GB 7231,TSG R0001的相关规定,其末端、用户设备前均应设置放散管,其高度应超过厂房天窗4 m,并在防雷保护范围内	1分	
5	安全泄放装置和压力表:安全泄放装置(或安全阀)、压力表定期校验,标记齐全;安全阀排放管应将气体引向无明火或无易燃易爆物质的地方排放;安全阀下方安装截止阀时,截止阀应常开,并设有铅封或其他防止误操作的措施	1分	
6	加压泵、风机和水泵:应符合输送气体介质的防爆要求;传动系统应设置防护罩;PE线应连接可靠,线径截面积及安装方法符合《考核评分细则》2.37的相关规定;加压泵和鼓风机应与主动力回路联锁,信号装置齐全、可靠	1分	
7	站房应在室外消防栓保护范围内;灭火器材的配置应符合GB 50140的相关规定,并定期检验;消防通道应保持畅通	1分	
8	液化石油气站、氧气站、煤气站、各类转供调压站 (1)液化石油气站应符合以下规定:充装秤每三个月校验一次,且应采取导除静电和防止地面产生火花的措施;充装枪扎头应灵活、严密,胶管应有导除静电的措施;储罐喷淋系统的水压应大于0.2 MPa,管道无堵塞,喷淋水能均匀分布在罐体表面(含液位计、阀门等重要部件);防火间距应符合GB 50016的相关规定,安全距离内不得存放可燃易燃、有毒有害物质,站内不得种植油脂类树木和杂草;防火堤、水封井应符合《考核评分细则》2.29.2.4的规定;站内消防水池的储备量应按火灾连续6 h所需最大用水量计算。		

表 3.121（续）

序号	考评内容	分值	考评办法
8	（2）氧气站应符合以下规定：灌瓶间、实瓶库、汇流排间、储气囊间的窗户宜避免阳光照射；瓶库应为单层建筑,地面应平整并不得产生火花；气瓶应设有防倾倒装置；氧气净化间、储气囊间、氢气瓶间的电器应符合 AQ 3009 的相关规定；液氧罐体、氧气管道应有导除静电接地装置,厂区管道分岔、支管道每隔 80～100 m 处、进出车间建筑物等应设有接地装置,其接地电阻应小于 10 Ω；压缩机的排气口、空分系统应有定期清理积炭,并保存记录；储气囊压力自动调节系统应能可靠防止超压运行；水浴蒸发器水位应不低于最低水位线；水温应保持在 40℃ 以上；液氧水浴蒸发器系统应设置低温报警及液氧泵停车的联锁装置,蒸发器的氧气出口温度应不低于 0℃；与氧气接触的工具应严禁沾染油污；气瓶充装的超压报警装置应定期校验；充装使用的密封材料应不产生火花和非燃物质。 （3）煤气站应符合以下要求：厂房应与其他厂房分开布置,与民用建筑距离应大于 25 m；设计产量小于 6 000 m³/h 的煤气站可与用户车间毗邻,但应设防火墙；煤气站皮带间、操作间、排送机房应采用半敞开结构,厂房耐火等级应不低于二级；煤气发生炉的看火孔、加煤机、煤斗、排送机、双联竖管、洗涤塔等应无泄漏；煤气发生炉的空气进口管道应设置控制阀和水封止逆阀,运行时高水位应溢流正常；煤气站、低压总管末端应设防爆阀；煤气发生炉双联竖管,洗涤塔低压总管末端、排送机进出口、高压总管末端、总阀的前后、用户进口处、用户末端均应设有放散管,其高度应高于气窗 4 m,距地面不低于 10 m；煤气发生炉炉底水封、最大阀水封、灰盘水封、半净总管隔离水封、双联竖管隔离水封应保持畅通和液流正常；煤气站的信号应符合 GB 50195 的相关规定；当空气总管压力升到设计值时,应能自动启动排送机,当降到允许值时,应自动停止煤气排送机的运行；当空气鼓风停机时,应能自动停止排送机运行；厂区煤气管道的坡度应大于 0.5%,用户煤气管道的坡度不宜小于 0.3%,管道最低点应设排水器,排水器液流水位正常；应急救护仪器、化验检测设备应齐全,并定期维护保养。 液态储罐站应符合 GB 50016,GB 16912 的相关规定：氧气（包括液氧）防火间距应不小于相邻两罐中较大罐的半径,液氧储罐与液氮、液氩储罐的间距及液氮、液氩储罐之间的间距应满足施工和维修的要求,宜不小于 2 m；液氧储罐与其泵房的距离不宜小于 3 m,总容量小于或等于 3 m³ 的储罐与其使用建筑的防火间距 3 m；液氧储罐周围 5 m 范围内不应有可燃物和沥青路面；储罐周围应设围墙或围栏；储罐应设安全标识,储罐本体应有色标。 （4）各类气体转供调压站、计量站应符合《考核评分细则》2.30.2,2.30.3,2.30.5 的规定		

（四）考评要点

1. 资料

（1）储罐设计资料、产品合格证、压力容器注册和定期检验记录。

（2）储罐安装、验收等相关资料。

（3）导除静电接地系统图及测试记录；防雷系统图及测试报告等。

2. 站房

（1）耐火等级应达到二级以上，站房的门窗应向外开启；液氧储罐与其泵房的距离不宜小于 3 m；液氧储罐周围 5 m 范围内不应有可燃物和沥青路面；可燃、助燃气体储罐与厂内主要道路防火间距不应小于 10 m，次要道路防火间距不应小于 5 m；液氧储罐和汽化器的周围宜设置围墙或栅栏，并应设明显的禁火标志。

（2）站房的电气设施应符合防爆要求；建筑物的防雷设施应符合 GB 50057 的相关规定，并应定期对接地电阻进行检测。

3. 管道

管道应符合 GB 7231《工业管道的基本识别色、识别符号和安全标识》的相关规定，管道其末端、用户设备前均应设置放散管，其高度应超过厂房天窗 4 m，并在防雷保护范围内。

4. 安全泄放装置和压力表

（1）安全泄放装置（或安全阀）、压力表应在检验周期内使用，校验标签、铅封应齐全。

（2）安全阀排放管应将气体引向无明火或无易燃易爆物质的地方排放；安全阀下方安装截止阀时，截止阀应常开，并设有铅封或其他防止误操作的措施。

5. 加压泵、风机

加压泵、风机应符合输送气体介质的防爆要求；距地面 2 m 以下外露旋转部位应设置防护罩；加压泵和鼓风机应与主动力回路联锁，信号装置齐全、可靠。

6. 液化石油气站

（1）充装秤每三个月校验一次，且应采取导除静电和防止地面产生火花的措施；充装枪扎头应灵活、严密，胶管应有导除静电的措施。

（2）储罐喷淋系统的水压应大于 0.2 MPa，管道无堵塞，喷淋水能均匀分布在罐体表面（含液位计、阀门等重要部件）。

（3）防火间距应符合 GB 50016 的相关规定，其间距内不得存放可燃易燃、有毒有害物质，站内不得种植油脂类树木和杂草。

（4）防火堤、水封井应符合《考核评分细则》2.29.2.4 的规定；站内消防水池的储备量应按火灾连续 6 h 所需最大用水量计算。

7. 氧气站

（1）灌瓶间、实瓶库、汇流排间、储气囊间的窗户宜避免阳光照射；瓶库应为单层建筑,地面应平整并不得产生火花;气瓶应设有防倾倒装置。

(2)氧气净化间、储气囊间、氢气瓶间的电器应符合 AQ 3009 的相关规定;液氧罐体、氧气管道应有导除静电接地装置,厂区管道分岔、支管道每隔 80～100 m 处、进出车间建筑物等应设有接地装置,其接地电阻应小于 10 Ω;氧气站的氧气、氮气等放散管和液氧、液氮等排放管均应引导室外安全处,放散管口距地面不得低于 4.5 m。

(3)储气囊压力自动调节系统应能可靠防止超压运行;水浴蒸发器水位应不低于最低水位线;水温应保持在 40℃ 以上;液氧水浴蒸发器系统应设置低温报警及液氧泵停车的联锁装置,蒸发器的氧气出口温度应不低于 0℃。

(4)与氧气接触的工具应严禁沾染油污;气瓶充装的超压报警装置应定期校验;充装使用的密封材料应采用不产生火花的非燃物质。

8. 煤气站

(1)厂房应与其他厂房分开布置,与民用建筑距离应大于 25 m;设计产量小于 6 000 m³/h 的煤气站可与用户车间毗邻,但应设防火墙;煤气站皮带间、操作间、排送机房应采用半敞开结构,厂房耐火等级应不低于二级。

(2)煤气发生炉的看火孔、加煤机、煤斗、排送机、双联竖管、洗涤塔等应无泄漏;煤气发生炉的空气进口管道应设置控制阀和水封止逆阀,运行时高水位应液流正常。

(3)煤气站、低压总管末端应设防爆阀。

(4)煤气发生炉双联竖管,洗涤塔低压总管末端、排送机进出口、高压总管末端、总阀的前后、用户进口处、用户末端均应设有放散管,其高度应高于气窗 4 m,距地面不低于 10 m。

(5)煤气发生炉炉底水封、最大阀水封、灰盘水封、半净总管隔离水封、双联竖管隔离水封应保持畅通和液流正常。

(6)煤气站的信号应符合 GB 50195 的相关规定。

(7)当空气总管压力升到设计值时,应能自动启动排送机,当降到允许值时,应能自动停止煤气排送机的运行;当空气鼓风停机时,应能自动停止排送机运行。

9. 下列场所应设置燃气浓度检测报警器

(1)建筑物内专用的封闭式燃气调压、计量间。
(2)地下室、半地下室和地上封闭的用气房间。
(3)燃气管道竖井。
(4)地下室、半地下室引入管穿墙处。
(5)有燃气管道的管道层。

10. 气体储罐、低温液体储罐

气体储罐、低温液体储罐宜布置在室外。当储罐或低温液体储罐需室内布置时,宜布置在通风良好的单独房间内,且液氧的总储存量不应超过 10 m³。

11. 其他

厂区各种气体及低温液体储罐应设安全标志,必要时设单独防撞围栏或围墙。储罐本体应有色标;各类气体转供调压站、计量站应符合标准的相关规定。

（五）常见问题

制气转供站常见问题图示及描述如表 3.122 所示。

表 3.122　制气转供站常见问题图示及描述

制气转供站图示	常见问题描述
	液态氧少于 5 枚螺栓连接的法兰没有跨接线,不符合《考核评分细则》"2.28.3.3 输送助燃、易燃、易爆介质的管道,凡少于 5 枚螺钉连接的法兰应接跨接线"的要求
	燃气管道安全阀没有校验标签,不符合《考核评分细则》"2.31.5.1 安全泄放装置(或安全阀)、压力表应定期校验,标记齐全"的要求
	液态氧管道安全阀没有校验标签,不符合《考核评分细则》"2.31.5.1 安全泄放装置(或安全阀)、压力表应定期校验,标记齐全"的要求

表 3.122(续 1)

制气转供站图示	常见问题描述
	液态氧储罐周围没有封闭管理,不符合 GB 50030《氧气站设计规范》"3.0.17 液氧储罐和汽化器的周围宜设置围墙或栅栏,并应设明显的禁火标志"的要求
	液态储罐周围没有进行封闭管理,不符合 GB 50030《氧气站设计规范》"3.0.17 液氧储罐和汽化器的周围宜设置围墙或栅栏,并应设明显的禁火标志"的要求
	煤气站旋转排渣机电机联轴节旋转部位没有防护罩,不符合 GB 5083《生产设备安全卫生设计总则》"6.1.2 对操作人员的操作位置所在平面为基准,凡高度在 2 m 以内的所有传动带、转轴、传动链、联轴节、带轮、齿轮、链轮、电锯等外露危险零部件及危险部位,都必须设置安全防护装置"的要求
	液态氧汽化器没有导除静电接地装置,不符合《考核评分细则》"2.31.8.2……液氧罐体、氧气管道应有导除静电接地装置"的要求

表 3.122（续 2）

制气转供站图示	常见问题描述
	液态储罐周围没有明显的禁火标志,不符合 GB 50030《氧气站设计规范》"3.0.17 液氧储罐和汽化器的周围宜设置围墙或栅栏,并应设明显的禁火标志"的要求

（六）适用的法规标准

制气转供站适用的法规标准如表 3.123 所示。

表 3.123　制气转供站适用的法规标准

序号	法规标准
1	GB 16912　冷冻法生产氧气及相关气体安全技术规程
2	GB 50016　建筑设计防火规范
3	GB 50028　城镇燃气设计规范
4	GB 72313　工业管道的基本识别色、识别符号和安全标识
5	考核评分细则

（七）典型做法与经验

制气转供站在实际操作中的典型做法及相关经验如表 3.124 所示。

表 3.124　制气转供站在实际操作中的典型做法及相关经验

制气转供站图示	典型做法及经验
	液态氧少于 5 枚螺栓连接的法兰有跨接线,符合《考核评分细则》"2.28.3.3 输送助燃、易燃、易爆介质的管道,凡少于 5 枚螺钉连接的法兰应接跨接线"的要求

表 3.124(续 1)

制气转供站图示	典型做法及经验
	燃气管道安全阀有校验标签,符合《考核评分细则》"2.31.5.1 安全泄放装置(或安全阀)、压力表应定期校验,标记齐全"的要求
	液态氧管道安全阀有校验标签,符合《考核评分细则》"2.31.5.1 安全泄放装置(或安全阀)、压力表应定期校验,标记齐全"的要求
	液态氧储罐周围进行封闭管理,符合 GB 50030《氧气站设计规范》"3.0.17 液氧储罐和汽化器的周围宜设置围墙或栅栏,并应设明显的禁火标志"的要求
	液态氧储罐周围进行封闭管理,安全警示标识明显,符合 GB 50030《氧气站设计规范》"3.0.17 液氧储罐和汽化器的周围宜设置围墙或栅栏,并应设明显的禁火标志"。GB 16912《深度冷冻法生产氧气及相关气体安全技术规程》"4.4.2 各种气体及低温液体储罐应设安全标志,必要时设单独防撞围栏或围墙。储罐本体应有色标"的要求

表 3.124(续 2)

制气转供站图示	典型做法及经验
	液态氧储罐设置的防雷防静电接地,符合 GB 16912《深度冷冻法生产氧气及相关气体安全技术规程》"4.7.3 所有防雷防静电接地装置,应定期检测接地电阻,每年至少检测一次"《考核评分细则》"2.31.8.2……液氧罐体、氧气管道应有导除静电接地装置"的要求
	液态氧汽化器导除静电接地装置,符合《考核评分细则》"2.31.8.2 液氧罐体、氧气管道应有导除静电接地装置"的要求

三十三、涂装作业

(一)适用范围

本项目适用本项目适用于使用涂料及有关化学品(包括有机溶剂)在金属或非金属表面的涂装作业,包括露天涂装作业,室内涂装作业,封闭、半封闭涂装作业等。存量小于三天的油漆、稀释剂暂存库属于本项范围。

(二)资料备查清单

本考评项查阅的资料包括

(1)涂装作业区的形式,如露天涂装作业、室内涂装作业、喷漆间涂装作业、水幕式涂装作业等;

(2)设备管理台账,台账应分类,如烘干设备、烘干设备的种类等;

(3)涂装作业管理制度和操作规程。

(三)考评内容及考评办法

涂装作业考评内容及考评办法如表 3.125 所示。

表 3.125　涂装作业考评内容及考评办法

序号	考评内容	分值	考评办法
1	涂漆前处理、喷漆、涂料配制等应与其他生产工序隔开布置;前处理间、喷涂间、二级油漆库、调漆间耐火等级应不低于二级;调漆(含有机溶剂)间应单独设置,并与火灾、爆炸危险区(1区)的安全距离应大于 6 m	2分	①查作业场所台账,依据其台账确定抽查数量和具体的被评场所。②查下列资料:导除静电接地系统图及测试记录、防雷系统图及测试报告等。③现场核查,一处不合格扣对应分值,剩余分值为该场所的实得分。④结合现场抽查情况,发现没建立管理台账、台账不清、账物不符情况或报废/停用手续不全、标识不正确或未明确责任人的,扣2分
2	涂漆前处理、涂漆、喷粉作业场所应在利用自然通风的同时设置局部机械通风,必要时应采取全面强制通风	2分	
3	涂装前处理、涂装作业应采用封闭作业方法并使作业空间保持微负压,喷漆作业时应设置可燃气体浓度报警系统,并对其定期校验	1分	
4	各种喷涂器具和进入喷涂室的设备、辅助装置都应符合爆炸性气体环境危险区域中使用的安全技术条件	2分	
5	电泳漆槽应做绝缘处理,且确保干燥条件下耐压 20 kV,并定期测试	1分	
6	浸漆、淋涂、滚涂应设置通风装置;淋涂的通风装置与供漆泵动力机构联锁	2分	
7	烘干与固化:烘干室及循环风管应有良好的保温层,外壁温度不应高于室温15℃;烘干室与燃烧装置间的连接管应采用非燃材料隔热,外壁温度不应超过70℃;干室应设置导除静电的接地,其接地电阻值应符合要求;装有电器设备的烘干室其金属外壳应有 PE 线,接地电阻值应符合要求。烘干室外部电器、导线应使用耐高温的绝缘层;接线端子应设有防护罩;燃油、燃气烘干室的窥视窗应能清晰监视火焰情况;熄火保护装置应具备燃烧器熄火时自动切断燃料供给的功能;烘干室应设置温度自动控制报警装置,并定期校验;烘干室排气管上应安装防火阀,当烘干室内发生火灾时,应能自动关闭阀门,同时使循环风机和排风机自动停止工作	2分	
8	防火防爆:应对作业区域按照 GB 50058,AQ 3009 的相关规定划分危险等级,并应分类分级采取防护对策;高度危险区域(1区、11区)应设置安全报警装置,并与自动灭火装置联锁;中央空调的管道在进入火灾危险场所前应设置防火阀;电气设施应符合整体防爆要求;距通风系统排风口 6 m 内的电气设施应为防爆型;油漆二级库、调漆间消防器材的配置应符合 GB 50140 的相关规定,并在室外消防栓的保护范围内;消防通道应保持畅通	2分	
9	作业区域:涂装作业场所内的工艺管线、排风管道及调漆间易燃易爆物品储存设备等均应设有可靠的防静电接地装置。当防静电接地与其他用途的接地装置共用时,其接地电阻值应以最低值确定;距操作者站立面 2 m 以下设备外露的旋转部位均应设置齐全、可靠的防护罩,其安全距离应符合 GB 23821 的相关规定;PE 线应连接可靠,线径截面积及安装方法符合《考核评分细则》2.37 的相关规定	2分	

表3.125(续)

序号	考评内容	分值	考评办法
10	调漆间存放油漆、稀释剂的数量应不超过当天用量,二级库存放油漆、稀释剂的数量应不超过三天的用量,现场存放油漆、稀释剂的数量应不超过当班用量;开桶、搅拌、抽取应使用不产生火花的工具	1分	
11	涂装作业场所应设置明显的安全标识;二级油漆库、调漆间应设有《安全技术说明书》	1分	

(四)考评要点

1. 调漆

调漆前处理间、喷涂间、二级油漆库、调漆间耐火等级应不低于二级;调漆(含有机溶剂)间应单独设置,并与火灾、爆炸危险区(1区)的安全距离应大于6 m。

2. 涂漆

涂漆前处理、喷漆、涂料配制等应与其他生产工序隔开布置;其作业场所应在利用自然通风的同时设置局部机械通风,必要时应采取全面强制通风。

3. 喷漆

喷漆作业间应设置可燃气体浓度检测报警器,并应定期(一年)进行校验。

4. 防爆

各种喷涂器具和进入喷涂室的设备、辅助装置都应符合爆炸性气体环境危险区域中使用的安全技术条件。

5. 绝缘、通风

电泳漆槽应做绝缘处理,且确保干燥条件下耐压20 kV,并定期测试;浸漆、淋涂、滚涂应设置通风装置;淋涂的通风装置与供漆泵动力机构联锁。

6. 喷漆室

(1)应设置通风和漆雾排风装置;大型喷漆室除配置排风系统外,还应配置送风系统;大型喷漆室宜设置多点的可燃气体浓度检测报警仪。

(2)喷漆室或喷漆房的所有导电部件、排气管、喷漆设备、被喷涂的工件、烘漆容积及输漆管路均应可靠接地,设备专用的静电接地体,其接地电阻值应小于100 Ω。

(3)喷漆室的构造均应采用不燃或阻燃的材料;喷漆室安全门设置应符合GB 14444规定。(安全门应向外开启);自动喷漆区的人员出入门应与自动喷漆设备联锁;风机及其他电机的防爆要求应符合GB 14444相关区域的要求;送排风风管应安装防火阀,防火阀应按照GB 15931要求进行设置。

（4）喷烘两用喷漆室内表面应经常清理，以尽量减少可燃物的沉积；应设置温度限制开关，当烘干温度超过设定的温度时自动切断烘干设备的加热源；喷漆设备、烘干设备和通风系统应有联锁装置。

7. 烘干与固化

（1）烘干室及循环风管应有良好的保温层，外壁温度不应高于室温15℃；烘干室与燃烧装置间的连接管应采用非燃材料隔热，外壁温度不应超过70℃。

（2）烘干室应设置导除静电的接地；装有电器设备的烘干室其金属外壳应有 PE 线，接地电阻值应符合要求；烘干室外部电器、导线应使用耐高温的绝缘层；接线端子应设有防护罩。

（3）燃油、燃气烘干室的窥视窗应能清晰监视火焰情况；熄火保护装置应具备燃烧器熄火时自动切断燃料供给的功能。

（4）烘干室应设置温度自动控制报警装置；烘干室排气管上应安装防火阀，当烘干室内发生火灾时，应能自动关闭阀门，同时使循环风机和排风机自动停止工作。

8. 作业区域

（1）涂装作业场所内的工艺管线、排风管道及调漆间易燃易爆物品储存设备、喷漆泵、枪等均应设有可靠的防静电接地装置。

（2）距操作者站立面2 m 以下设备外露的旋转部位均应设置齐全、可靠的防护罩，其安全距离应符合 GB 23821 的相关规定。

（3）涂漆作业场所的出入口设置应符合 GB 50016 中3.7 的要求，其出入口至少应有两个，其中一个出口应直接通向安全区域；涂装作业场所的门应向外开，其内部的通道宽度应不小于1.2 m；涂装作业场所一般采用单层建筑或独立厂房，如布置在多跨厂房内，宜布置在外边跨或同跨的顶端。

（4）喷漆区的照明应采用防爆型或隔爆型的照明器具；

（5）调漆间存放油漆、稀释剂的数量应不超过当天用量，二级库存放油漆、稀释剂的数量应不超过三天的用量，现场存放油漆、稀释剂的数量应不超过当班用量；开桶、搅拌、抽取应使用不产生火花的工具。

（6）涂装作业场所应设置明显的安全标识；二级油漆库、调漆间应设有相应的危险化学品安全技术说明书。

9. 防火防爆

（1）作业区域按照 GB 50058，AQ 3009 的相关规定划分危险等级，并应分类分级采取防护对策。

（2）高度危险区域（1 区、11 区）应设置安全报警装置，并与自动灭火装置连锁；中央空调的管道在进入火灾危险场所前应设置防火阀。

（3）电气设施应符合整体防爆要求；距通风系统排风口 6 m 内的电气设施应为防爆型。

（4）油漆二级库、调漆间消防器材的配置应符合 GB 50140 的相关规定，并在室外消防栓的保护范围内；消防通道应保持畅通。

（五）常见问题

涂装作业常见问题图示及描述如表 3.126 所示。

表 3.126 涂装作业常见问题图示及描述

涂装作业图示	常见问题描述
	喷漆区排风口没有防护网，不符合 GB 14444《涂装作业安全规程 喷漆室安全技术规定》"6.6.1 涂装作业场所通风系统的进风口和排风口应设防护网"的要求
	油漆存放超过当班的使用量，不符合 GB 6514《涂装作业安全规程 涂漆工艺安全及通风净化》"5.1.4.1.2 涂装作业场所允许存放一定的涂料及辅料，但不能超过一个班的用量。"的要求
	超过 3 天使用量的油漆没有存放在专用的库房内，不符合 GB/T 12801《生产过程安全卫生要求总则》"5.8.1.2 b.危险化学品应储存在专门的仓库中，并有符合规定的包装、包装上应附有危险化学品安全标签；c.储存物品的地点、仓库、场院应严禁烟火，并配置符合规定的照明和消防器材"的要求

表 3.126(续 1)

涂装作业图示	常见问题描述
	调漆间使用开桶、搅拌、抽取应使用易产生火花的工具,不符合《考核评分细则》"2.32.10 开桶、搅拌、抽取应使用不产生火花的工具"的要求
	油漆没有存放在单独的库房内,不符合 GB/T 12801《生产过程安全卫生要求总则》"5.8.1.2 b.危险化学品应储存在专门的仓库中,并有符合规定的包装、包装上应附有危险化学品安全标签;c.储存物品的地点、仓库、场院应严禁烟火,并配置符合规定的照明和消防器材"的要求
	喷漆间电气设备不属于防爆型的,不符合 GB 12942《涂装作业安全规程　有限空间作业安全技术要求》"4.3.2 作业区内所有的电气设备、照明设施应符合 GB 3805 的规定,照明应符合 GB 50034 规定"
	作业现场存放的油漆超过当班的使用量,不符合 GB 6514《涂装作业安全规程　涂漆工艺安全及通风净化》"5.1.4.1.2 涂装作业场所允许存放一定的涂料及辅料,但不能超过一个班的用量"的要求

表 3.126(续 2)

涂装作业图示	常见问题描述
	调漆间存放的油漆超过当班的使用量,不符合《考核评分细则》"2.32.10 调漆间存放油漆、稀释剂的数量应不超过当天用量"的要求
	喷漆工具没有采取防静电接地措施,不符合 GB 14444《涂装作业安全规程 喷漆室安全技术规定》"12.1 喷漆室或喷漆房的所有导电部件、排气管、喷漆设备、被喷涂的工件、烘漆容积及输漆管路均应可靠接地,设备专用的静电接地体,其接地电阻值应小于100 Ω"的要求
	喷漆作业区大门为推拉门,不符合 GB 6514《涂装作业安全规程 涂漆工艺安全及通风净化》"5.1.1.5 涂装作业场所的门应向外开,其内部的通道宽度应不小于 1.2 m"的要求

(六)适用的法规标准

涂装作业适用的法规标准如表 3.127 所示。

表 3.127 涂装作业适用的法规标准

序号	法规标准
1	GB 6514 涂装作业安全规程 涂漆工艺安全及通风净化
2	GB 12942 涂装作业安全规程 有限空间作业安全技术要求

表 3.127(续)

序号	法规标准
3	GB 14444 涂装作业安全规程 喷漆室安全技术规定
4	AQ 5215 喷漆室安全性能检测方法
5	考核评分细则

(七)典型做法与经验

涂装作业在实际操作中的典型做法及相关经验如表 3.128 所示。

表 3.128 涂装作业在实际操作中的典型做法及相关经验

涂装作业图示	典型做法及经验
	超过 3 天使用量的油漆,单独存放在专用的库房内,符合 GB/T 12801《生产过程安全卫生要求总则》"5.8.1.2 b.危险化学品应储存在专门的仓库中,并有符合规定的包装、包装上应附有危险化学品安全标签;c.储存物品的地点、仓库、场院应严禁烟火,并配置符合规定的照明和消防器材"的要求
	喷漆工具采取了防静电接地措施,符合 GB 14444《涂装作业安全规程 喷漆室安全技术规定》"12.1 喷漆室或喷漆房的所有导电部件、排气管、喷漆设备、被喷涂的工件、烘漆容积及输漆管路均应可靠接地,设备专用的静电接地体,其接地电阻值应小于 100 Ω"的要求
	喷漆室(房)设置的排风设施,符合 GB 14444《涂装作业安全规程 喷漆室安全技术规定》"5.3 喷漆室应设置安全通风装置和漆雾装置。5.6 大型喷漆室除配置排风系统外,还应配置送风系统,冬季送风系统温度不应低于 12℃"的要求

表 3.128（续 1）

涂装作业图示	典型做法及经验
	喷漆室（房）设置的可燃气体检测报警器，符合 GB 14444《涂装作业安全规程　喷漆室安全技术规定》"5.10 大型喷漆室宜设置多点的可燃气体浓度报警仪，且报警浓度下限值应调整在所今测得可燃气体浓度（体积）爆炸极限的 25%"和"6.6.1 涂装作业场所通风系统的进风口和排风口应设防护网"的要求
	大型喷漆室设置的漆雾净化装置，符合 GB 6514《涂装作业安全规程　涂漆工艺安全及通风净化》"6.2.1 涂漆作业的局部排风系统，应设置漆雾净化或粉尘回收的装置"和"6.3.1.1 喷漆室应设有机械通风系统和漆雾净化装置"的要求
	大型喷漆室设置的漆雾净化装置，符合 GB 6514《涂装作业安全规程　涂漆工艺安全及通风净化》"6.2.1 涂漆作业的局部排风系统，应设置漆雾净化或粉尘回收的装置"和"6.3.1.1 喷漆室应设有机械通风系统和漆雾净化装置"的要求
	大型喷漆室（房）设置的漆雾净化装置，符合 GB 6514《涂装作业安全规程　涂漆工艺安全及通风净化》"6.1.2 排风系统排除含有害气体、烟尘等污染物，应按 GB 20101 的有关规定进行净化处理，净化后的气体排放应符合 GB 16297 及所在地区的总量排放标准"的要求

表 3.128（续 2）

涂装作业图示	典型做法及经验
	大型喷漆室（房）设置的有机废气净化装置,符合 GB 6514《涂装作业安全规程 涂漆工艺安全及通风净化》"6.1.2 排风系统排除含有害气体、烟尘等污染物,应按 GB 20101 的有关规定进行净化处理,净化后的气体排放应符合 GB 16297 及所在地区的总量排放标准"的要求
	喷烘两用喷漆室设置的超温报警装置,符合 GB 14444《涂装作业安全规程 喷漆室安全技术规定》"9.3 应设置温度限制开关,当烘干温度超过设定的温度时自动切断烘干设备的加热源"。"9.4 喷漆设备、烘干设备和通风系统应有联锁装置……"的要求
	喷烘两用喷漆室设置的超温报警装置,符合 GB 14444《涂装作业安全规程 喷漆室安全技术规定》"9.3 应设置温度限制开关,当烘干温度超过设定的温度时自动切断烘干设备的加热源"。"9.4 喷漆设备、烘干设备和通风系统应有联锁装置……"的要求
	喷漆室照明属于防爆型的,符合 AQ 5215《喷漆室安全性能检测方法》"4.3.1 喷漆区的照明应符合 GB 14444 规定,采用防爆型或隔爆型的照明器具"的要求

表 3.128（续 3）

涂装作业图示	典型做法及经验
	喷漆作业区大门向外开,符合 GB 6514《涂装作业安全规程 涂漆工艺安全及通风净化》"5.1.1.5 涂装作业场所的门应向外开,其内部的通道宽度应不小于 1.2 m"的要求
	油漆二级库外配置消防设施,符合《考核评分细则》"2.32.8.5 油漆二级库、调漆间消防器材的配置应符合 GB 50140 的相关规定,并在室外消防栓的保护范围内"的要求
	油漆二级库外配置消防设施,符合《考核评分细则》"2.32.8.5 油漆二级库、调漆间消防器材的配置应符合 GB 50140 的相关规定,并在室外消防栓的保护范围内"的要求
	二级油漆库设置了防爆型的事故风机,符合《考核评分细则》"2.32.8.4 电气设施应符合整体防爆要求;距通风系统排风口 6 m 内的电气设施应为防爆型"的要求

表 3.128（续 4）

涂装作业图示	典型做法及经验
	喷漆作业区设置的可燃气体检测报警器，符合《考核评分细则》"2.32.3······喷漆作业时应设置可燃气体浓度报警系统，并对其定期校验"的要求

三十四、变配电系统

（一）适用范围

本项目适用以下变配电站及以柴油发电机为主的自有发电供电系统：

（1）企业中 10 kV（包括 6 kV）变配电系统（包括 10 kV 电源，高压配电、变电及低压 0.4 kV 配电室内的低压柜）；

（2）在降压站中由 66 kV 或 35 kV 直接变压为 0.4 kV 的所内变配电系统；

（3）10 kV，6 kV 的专用变电系统；

（4）10 kV，6 kV 的高压用电负荷系统；

（5）以柴油机为动力的直供 6 kV 高压负荷的发电、供电、用电系统；

（6）以柴油机为动力的 0.4 kV 低压发电、供电系统。

（二）资料备查清单

本考评项查阅的资料包括下列管理资料和基本技术资料、试验报告及测试数据：

（1）变配电运行、检维修、测试等方面的安全管理制度和操作规程；变配电相关管理制度实施过程中形成的记录；高压运行电工特种作业操作证（复印件）；

（2）"六图"：高低压变配电系统一次原理图、高低压变配电系统二次展开图（包括继电保护）、高低压变配电站（所）设备布局及其安装图、厂区供电系统包括主干 PE 或 PEN 线平面布置图（包括接地系统或装置布局）、各车间或独立单元供电系统图、地下隐蔽工程图；

（3）"四单"：主要电气设备（包括继电保护、电缆线路）、安全用具及防护用品定期预防性试验合格报告单、电气设备出厂检验合格报告单或安装交接性试验报告单、接地装置监测（检测）数据报告单、电气系统年度自主改善或评审报告单；

（4）"二票"：变配电站工作票、操作票；

（5）"八制"：交接班制、巡视检查制、缺陷管理制、安全操作制、门禁制（或出入管理制）、电气相关方管理制；电气设备设施工具安全运行管理制、应急预案（含现场处置方案）；

（6）变配电系统台账。

（三）考评内容及考评办法

变配电系统考评内容及考评办法如表 3.129 所示。

表 3.129　变配电系统考评考评内容及考评办法

序号	考评内容	分值	考评办法
1	资料应符合如下规定： （1）"二票"：变配电站工作票、操作票； （2）"四单"：主要电气设备（包括继电保护、电缆线路）、安全用具及防护用品定期预防性试验合格报告单、电气设备出厂检验合格报告单或安装交接性试验报告单、接地装置监测（检测）数据报告单、电气系统年度自主改善或评审报告单； （3）"六图"：高低压变配电系统一次原理图、高低压变配电系统二次展开图（包括继电保护）、高低压变配电站（所）设备布局及其安装图、厂区供电系统包括主干 PE 或 PEN 线平面布置图（包括接地系统或装置布局）、各车间或独立单元供电系统图、地下隐蔽工程图； （4）"八制"：交接班制、巡视检查制、缺陷管理制、安全操作制、门禁制、电气相关方管理制；电气设备设施工具安全运行管理制、应急预案；其他应提供的基础技术与管理信息资料（包括综合自动控制系统）	10分	①查变配电系统台账，依据其台账确定抽查数量和具体的被评系统。 ②按照《考核评分细则》2.33.1查变配电系统的相关资料和档案，一处不合格扣0.5分。 ③现场核查，2.33.2至2.33.4所列条款，一处不合格扣该条款应得分值。 ④剩余分值为该变配电系统的实得分。 ⑤多个变配电系统取平均值，平均值则为本项目的实得分。 ⑥结合现场抽查情况，发现没建立管理台账、台账不清、账物不符情况或报废/停用手续不全、标识不正确或未明确责任人的，扣2分。 ⑦不满足《考核评分细则》2.33.2.2或2.33.3.3中"备用发电机组与电力系统应设置可靠的联锁装置"相关要求，本配电系统分别扣5分
2	环境条件 （1）安全技术防护措施应符合当地环境条件下的安全运行、安装检修、短路和过电压或欠电压、过电流（过载）和接地故障保护的安全要求，防护等级匹配，绝缘、屏护、间距可靠，标识清晰。 （2）变配电站不应设置在甲、乙类厂房内或贴邻，且不应设置在爆炸性气体、粉尘环境的危险区域内。供甲、乙类厂房专用的 10 kV 及以下的变配电站，当采用无门、窗、洞口的防火墙分隔时，可一面贴临，并应符合现行国家标准 GB 50058 等标准的规定；不得设置在多尘、水雾、有腐蚀性气体、地势低洼或可能积水的场所；站房和室内电缆沟应防漏、防晒，且无积水痕迹。地下变配电室应符合相关要求。 （3）消防通道（设置环形）应保持畅通，如无法实现环形消防通道时，尽头式消防车道应设置回车道（场），回车道（场）应不小于 15 m × 15 m。 （4）预防油品流散和通风应符合以下规定：总油量超过 100 kg 油浸电力变压器应安装在独立的变压器间，下方设置储存变压器油的事故储油池；必要时，设置挡油和排油设施；预装式变电站及其干式变压器应在专用房间内采取可靠的通风排烟和降温散热措施；多层或高层建筑物内宜选用干式气体绝缘或非可燃性液体绝缘变压器。	1分	

表 3.129（续 1）

序号	考评内容	分值	考评办法
2	（5）站房门、窗及开孔应符合如下要求：门、窗向外开启，并采用非燃烧材料制作；且不宜直通含有酸、碱、蒸汽、粉尘和噪声严重的场所；高压室门应向低压间开，相邻配电室门应双向开启；长度大于 7 m 的配电室应设两个出口，并宜设置在两端；门、窗及孔洞应设置防小动物侵入的金属网（网空应小于 10 mm×10 mm），并遮阳、防雨雪，电缆进出孔洞应用防火材料封堵；高压配电室、电容器室、控制室应隔离；变配电室内除本室需用的管道外，不应有其他管道通过。室内水、汽管道不应设置阀门和中间接头；水、汽管道与散热器的连接应采用焊接，并应做等电位联结（《低压配电设计规范》4.1.3）		
3	变压器、发电机 （1）绝缘介质液位、压力指示应清晰，且无泄漏，电能质量及相关额定参数符合运行规定。 （2）温控装置连接应正确，信号清晰，不超过其允许值。 （3）绝缘、接地故障保护等保护装置应完好、可靠，有定检资料。并应配置在异常情况下用于信号或跳闸的保护装置，且完好、可靠，有定检资料。备用发电机组与电力系统应设置可靠的联锁装置。 （4）瓷瓶套管应清洁无积尘、无裂纹、无放电痕迹。 （5）室内应有良好的采光和通风，设备运行时无异常声响，高压隔离刀闸断路器手力操动开关应加锁。 （6）变压器外廓（防护外壳）与变压器室门和墙壁应符合以下要求：干变（有 IP2X 及以上防护等级）外廓与门净距：1 000 kVA 以下应为 0.6 m，1 250~2 500 kVA 应为 0.8 m；干变之间距离应大于 1 m，并应满足巡视维修的要求；配电装置中电气设备的网状遮栏高度应大于 1.7 m，网孔应小于 40 mm×40 mm，围栏门应装锁。栅状遮栏高度应大于 1.2 m，其最低栏杆至地面净距应小于 200 mm。所有金属屏护遮拦装置应安装牢固，PE 线连接可靠； 危险部位（工况）应有遮栏与警示色标，或监视报警装置	1 分	
4	高低压配电装置、电容器 （1）配电装置的布置应符合如下要求：裸露的带电体上方不应敷设照明线路、动力线路、信号线路或其他管线；屏前通道上方裸导电体距地面高度低于 2.5 m，屏后低于 2.3 m 时应设置遮护物，其他有危险电位的裸带电体应设置遮护；室内所置的遮护物或外罩的防护等级应按要求选择，但至少不应低于 GB 4208 的 IP2X 级，低压裸带电体与网状遮护物净距应大于 100 mm，板状屏护应大于 50 mm，且安装牢固、可靠。当采用遮护物和外罩有困难时，可采用阻挡物进行保护。	1.5 分	

表 3.129（续 2）

序号	考评内容	分值	考评办法
	（2）所有瓷瓶、套管、绝缘子应清洁无裂纹，安装牢固；母排应清洁整齐，间距合格；相序包括 N 排、PE 排标识应明显，漆色无变色或变焦现象；接点连接应良好，无烧损痕迹。 （3）各类电缆及高（低）压进线、出线敷设除满足设计规定还应符合如下要求：电缆绝缘应可靠，接头（包括 PE 线）牢固，整齐清洁，电缆沟内干燥无杂物；高低压电力电缆、强电、弱电控制电缆应按顺序分层配置，并保持安全间距；电缆敷设时，弯曲部位应满足如下要求：无铅包和钢铠护套的橡皮绝缘电力电缆、聚氯乙烯绝缘电力电缆、控制电缆最小允许弯曲半径为 10 倍的电缆外径；有钢铠护套的橡皮绝缘电力电缆最小允许弯曲半径为 20 倍的电缆外径；交联聚乙烯绝缘多芯电力电缆最小允许弯曲半径为 15 倍的电缆外径。 （4）断路器应在额定参数下可靠地接通、分断，故障状态下保护动作准确。并符合：断路器绝缘应可靠良好，无泄漏和变色，定期维护保养和试验应合格；高压开关成套装置应齐全良好，联锁保护装置可靠；当采用屋内气体绝缘金属封闭开关设备的配电装置，在低位区应配置 SF6 泄漏报警仪及事故底部排风装置。 （5）操动机构应能可靠地分合电路，合闸到位，脱扣装置整定有效。双电源供电或自发电应加装联锁装置。 （6）空气开关刀闸灭弧罩应完整，触头平整。 （7）电力电容器应设置单独的控制和保护装置。充油电容器外壳应无异常变形，无渗漏。成套电容器柜单列布置时，正面与墙面距离应大于 1.5 m；双列布置时，柜面之间距离应大于 2 m。电容器室的门应向外开，有良好的通风。电容器室应配备有温度计和湿度计。 （8）变配电设备、装置、构架体、外界或外露可导电部分的 PE 线应连接可靠，线径截面积及安装方法符合本《考核评分细则》2.37 的相关规定。 （9）安全用具及防护用品应由具备相应检测资质的单位检测，并在检验周期内使用，且存放合理。 （10）室内外配电装置的最小安全净距、通道与围栏应符合如下要求：室外配电装置的最小安全净距：无遮栏裸导体至地面或至建筑物、构筑物顶部，10 kV 应为 2 700 mm；35 kV 应为 2 900 mm；110 kV 应为 3 500 mm。电气设备外绝缘体最低部位距地面小于 2 500 mm 时应设置固定遮栏，其安全距离应符合 GB 23821 的相关规定，并设有警示牌。室外配电装置场所宜设置高度不低于 1 500 mm 的围栏。室内配电装置的最小安全净距：无遮栏裸导体至地（楼）面，10 kV 应为 2 500 mm；35 kV 应为 2 600 mm；110 kV 应为 3 250 mm。电气设备外绝缘体最低部位距地小于 2 300 mm 时，应设置固定遮栏，其安全距离应符合 GB 23821 的相关规定，并设有警示牌		

（四）考评要点

1. 变配电站环境

（1）与其他建筑物间有足够的安全消防通道。

变配电站周围应有安全消防通道,且保持通畅。

（2）与爆炸危险场所、腐蚀性场所有足够的间距。

①独立区域变配电所和控制室的位置与有爆炸危险生产装置毗邻区域的安全距离,与 1 区(1 区为在正常运行时可能出现爆炸性气体混合物的环境)的建筑物水平安全距离不应小于 15 m;2 区(2 区为在正常运行时不可能出现爆炸性气体混合物的环境,或即使出现也仅是短时存在的爆炸性气体混合物的环境)的建筑物水平安全距离不应小于 7.5 m。

②变配电站建筑应在主导风上风向或顺风向为佳。不应在危险源的正上方或正下方。

（3）变配电站地势不应低洼,防止雨后积水,现场无漏雨、无积水痕迹。

（4）应设有 100% 变压器油量的贮油池或排油设施。

①车间内安装的变压器,其油量 >600 kg 时应设有适当的贮油池,池内应铺放卵石。

②变压器位于建筑物二层或更高层以及变压器下面有地下室时,应设储油池和挡抽设施。

③露天或半露天装置的变压器油量 >1 000 kg 时应设挡油设施,储油池或挡油设施,并符合 GB 50063 6.1.7 条有关规定。

（5）变配电间门应向外开,高压室(间)门应向低压间开,相邻配电室门应双向开。

（6）门、窗及孔洞应设置网孔小于 10 mm ×10 mm 的金属网。

通向变电所外部的门和开启的窗及自然通风、机械通风孔洞,也包括架空线路、电缆进出口线路的穿墙透孔和保护管都应采用金属网或建筑材料封闭,重点应放在高压侧。金属网的网孔应小于 10 mm ×10 mm。

（7）多层建筑装置可燃油电气设备变配电所应在底层;高层建筑内不宜装置可燃电气设备变配电所。

2. 变压器、发电机

（1）油标油位指示清晰,油色透明无杂质,变压器油有定期绝缘测试报告,且不漏油。

①查阅变压器技术档案中加油、换油记录和相应油质绝缘测试报告及化验单。油质绝缘测试结果应符合有关标准规定。

②现场直观检查变压器运行情况,特别应注意实际油位是否和油枕上相应的温度、油位标记相符合,油的颜色是否由淡黄色加深变黑。

（2）油温指示清晰,温度低于 85℃,冷却设备完好,发电机工作温度符合要求。

柴油发电机室的环境温度及柴油机的运行温度,定子不得超过75℃(E级),转子不得超过80℃(B级)。

(3)绝缘和接地故障保护完好可靠,有定期测试资料。

自有发电机(柴油机为动力)补充工厂供电不足和供电困难的部分车间和设备,也要有可靠的接地故障保护。其接地系统应符合《工业与民用电力装置的接地设计规范》的有关要求,对于绝缘性能,则根据绝缘电阻、耐压强度、泄漏电流和介质损耗等指标来衡量。

(4)瓷瓶、套管清洁,无裂纹、无放电痕迹。

变压器上的瓷瓶和套管必须定期进行维护,保持清洁完好。瓷瓶和套管表面应达到无积尘、无污染物沉积、无裂纹、无破损。

(5)变压器、发电机运行过程中,内部无异常响声或放电声。

(6)应有符合规定的警示标识和遮栏。

①变压器室或车间内及露天变压器安装地点附近,都应设置标明变压器编号或名称、电压等级的标牌,并挂有国家电力统一标准的、明显醒目的警示标识。

②加设遮栏、护板、箱闸,其安全距离应符合有关标准的规定要求。遮栏高度不低于1.7 m,固定遮栏网孔不应大于40 mm×40 mm,对于移动遮栏,应选用非金属材料,其安全距离不变。

③当高压母线排距地面高度只有1.8 m,应加遮栏不准通行或装设护罩隔离。

3.高低压配电间及电容器间控制装置

(1)所有的瓷瓶、套管、绝缘子应清洁无裂纹。

瓷瓶、套管和绝缘子必须保持清洁完好,其表面应达到无积尘、无污染物沉积、无裂纹、无破损。

(2)所有的母线应整齐、清洁,接点接触良好,母线温度应低于70℃,相序标志明显,连接可靠。

母线的间距、连接方式和相序色标应符合有关标准的规定要求。应根据相序油漆变色,变焦及示温片有无熔化的异常变化,判断母线连接处可靠程度和母线负荷过载情况。

(3)各类电缆及高压架空线路敷设符合安装规程,电缆头处表面清洁、无漏油,接地(接零)可靠。

①电力电缆及高压架空线路应满足设计要求,使电缆及线路的敷设符合实际情况。电缆排列整齐,无机械损伤,标志牌正确、清晰,安装固定可靠,间距符合规定。

②电缆终端,电缆头封闭严密不渗漏,表面清洁、绝缘良好、接地可靠。

③电缆沟内无杂物、无积水、无和外部连通的孔洞,盖板齐全,且强度符合要求。企业应提供电缆线路的预防性试验报告。

(4)断路器应为国家许可生产厂的合格产品,有定期维修试验记录,开关油位正常,油色透明无杂质,无漏油、渗油现象。

①断路器(多油、少油、空气、真空,SF6 不同绝缘介质的断路器,下同),必须是国家许可生产厂的合格产品,其性能应符合标准要求。

②断路器安装验收合格。

(5)操纵机构应为国家许可生产厂的合格产品,有定期检修记录。操纵灵活,联锁可靠,脱扣保护合理。双电源供电或自有发电必须加装联锁装置。

①对于大中型配电所当装有电磁操动机构,应采用可靠合、分闸直流操作电源;小型配电所应采用弹簧储能操动机构。上述设施的设计、安装必须符合有关标准要求。

②操纵机构应是国家许可生产厂的合格产品,且有合格证书、检测检修记录,还要有电力部门对高压开关柜的定期预防性试验报告。

(6)所有的开关灭弧罩应完整,触头平整。

(7)电力电容器外壳无膨胀:温升符合要求,无漏洞现象。

电容器接线及布置应符合有关标准的要求,调整合理,并加装保护装置。电容器室内应保持良好的通风,电容器如有异常现象,应查清原因并及时消除隐患。

(8)接地故障保护可靠,并有定期试验记录。

①变电所本身必须有一个完整的接地系统,可靠的接地体,焊接牢固的接地网和便于测量接地体电阻值的连接点。其接地电阻值应符合不同用途、不同电压的电气设备接地要求最小值。

②高低压配电室内的各种电力设备、设施所有应接地部位必须与接地系统可靠地连接。并提供接地系统图及地下隐蔽工程技术资料、有资质单位定期检测报。

(9)各种安全用具应完好可靠,有定期检测资料。

(10)变配电间内各种通道应符合安全要求,应有规定的警示标识及工作标志。

①变电所、配电室内外要有提示要害部位带电危险的警示标识。

②电力设备操作手柄或机构上应有操作提示标志。

安全标志的使用方式及式样如表 3.130 所示。

表 3.130 安全标志的使用方式及式样

类别	文字内容	使用方法及悬挂处所	外形尺寸	标志颜色	文字颜色
禁止类	禁止合闸,有人工作	悬挂在可能送电到工作地点的油开关或刀闸的传动机械或操作把手上	200 mm×100 mm 或 80 mm×50 mm	白底	红
禁止类	禁止合闸,有人在线路上工作	悬挂在可能送电到工作地点的油开关的传动机械或操作把手上及刀闸上:标志牌的数目与线路上工作班数相同	200 mm×100 mm 或 80 mm×50 mm	红底	白

表 3.130(续)

类别	文字内容	使用方法及悬挂处所	外形尺寸	标志颜色	文字颜色
禁止类	禁止攀登,高压危险	工作人上攀的带电导体的框架上,运行中变压器的梯子上	250 mm × 200 mm	白底红边	黑
警告类	切勿触及,生命危险	悬挂在架空线路和杆塔离地面 2.5~3 m 处,杆距 100 m 以上每 3 根挂一块,100 m 以下每 1 根挂一块	210 mm × 280 mm	白底	黑
准许类	从此上下	工作人员上下的铁架、梯子上,表示已放一切安全措施,允许工作人员攀登	250 mm × 250 mm	绿底中有 Φ210 的白圈	黑字写于白圈中
准许类	在此工作	悬挂在已做好安全措施、允许工作人员在设备上工作地点	250 mm × 250 mm	绿底中有 Φ210 的白圈	黑字写在白圈中
警告类	高压、生命危险	悬挂在变电所外、油开关前、变压器室前及开关柜前和以上各处的内部墙上	280 mm × 210 mm	白底红边	黑
警告类	止步,高压危险	悬挂在各工作地点附近高压带电设备前或遮栏上,亦可挂在临时活动遮栏上	280 mm × 210 mm	白底红边	黑
警告类	站住,生命危险	悬挂在各工作地点附近的低压带电设备前或遮拦上,亦可挂在临时遮栏上	280 mm × 280 mm	白底红边	黑
提醒类	已接地	悬挂在已接好地线的刀闸操作把手上	240 mm × 130 mm	绿底	黑字

③电力设备上应有表明已送电或已带电的指示灯、指示用仪表和音响报警,信号装置。

④变配电间内的各种通道符合安全要求。

a. 高压配电室各种通道应符合 GB 50060 及 GB 50053 的规定,最小宽度如表 3.131 所示。

表 3.131　高压配电室各种通道最小宽度/mm

开关柜布置方式	柜后维护通道	柜前操作通道	
		固定式	移开式
单排布置	800	1 500	单车长度 +1 200
双排面对面布置	800	2 000	双车长度 +900
双排背对背布置	1 000	1 500	单车长度 +1 200

注:固定式开关柜为靠墙布置时,柜后与墙净距高大干 50 mm,侧面与墙净距离应大于 200 mm。

b. 通道宽度在建筑物的墙面有柱类凸出时,凸出部位的通道宽度可减少 200 mm。

c. 低压配电屏前、后通道应符合 GB 50054 的规定,最小宽度见表 3.132 所示。

表 3.132　成排布置的配电屏通道最小宽度/m

配电屏		单排布置			双排面对面布置			双排背对背布置			多排同向布置			屏侧通道
		屏前	屏后		屏前	屏后		屏前	屏后		屏间	前、后排屏距墙			
			维护	操作		维护	操作		维护	操作			前排屏前	后排屏后	
固定式	不受限	1.5	1.0	1.2	2.0	1	1.2	1.5	1.5	2.0	2.0	1.5	1.0	1.0
	受限制	1.3	0.8	1.2	1.8	0.8	1.2	1.3	1.3	2.0	1.8	1.3	0.8	0.8
抽屉式	不受限	1.8	1.0	1.2	2.3	1.0	1.2	1.8	1.0	2.0	2.3	1.8	1.0	1.0
	受限制	1.6	0.8	1.2	2.1	0.8	1.2	1.6	0.8	2.0	2.1	1.6	0.8	0.8

注:①受限制时是指受到建筑平面的限制、通道内有柱等局部突出物的限制;

　　②屏后操作通道是指需在屏后操作运行中的开关设备的通道;

　　③背靠背布置时屏前通道宽度可按本表中双排背对背布置的屏前尺寸确定;

　　④控制屏、控制柜、落地式动力配电箱前后的通道最小宽度可按本表确定;

　　⑤挂墙式配电箱的箱前操作通道宽度,不宜小于 1 m。

d. 变压器室墙壁和门应符合 GB 50060《3～110 kV 高压配电装置设计规范》、GB 50053《20 kV 及以下变电所设计规范》的规定,最小净距如表 3.133 所示。

表 3.133　油浸变压器外廓与变压器室墙壁和门的最小净距/mm

变压器容量 kVA	100～1 000	1 250 及以上
变压器外廓与后壁、侧壁净距	600	800
变压器外廓与门净距	800	1 000

e. 高压及低压配电设备设在同一室内, 且两者有一侧柜顶有裸露的母线时,两者之间的净距不应小于 2 m。由同一配电所供给一级负荷用电的两回电源线路的配电装置,宜分开布置在不同的配电室;当布置在同一配电室时,配电装置宜分列布置;当配电装置并排布置时,在母线分段处应设置配电装置的防火隔板或有门洞的隔墙。

f. 高压配电装置长度大于 6 m,其柜(屏)和通道应设两个出口,低压配电装置两个出口间的距离超过 15 m 时,其间尚应增加出口。

g. 当电源从柜(屏)后进线时,需在柜(屏)正背后墙上分设隔离开关及手动机构时,柜(屏)后通道净宽应不小于 1.5 m。

h. 高、低压配电装置采用开启式成套设备或固定面板式成套设备的采用空气绝缘的带电部件应安装在至少提供 IPXXB 防护等级(注:防止手指接近)的外壳内或挡板后面。

4. 电气安全用具及防护用品

电气安全用具及防护用品必须定期安全检查,绝缘强度试验合格,保管可靠。

　　电气安全用具及防护用品配备应符合相应电压等级,数量满足《国家电网公司电力安全工器具管理规定(国家电网安监〔2005〕516号)》要求的电气安全用具。电气安全用具必须在通风、干燥的场所保管,防止受潮,防止阳光暴晒或酸、碱、油的腐蚀及污秽,应将安全用具放置在专用的安全用具柜内。

　　电气安全用具必须按表3.134定期进行绝缘性能试验,并由取得承试类电力设施许可证的机构签发合格证及试验报告。

表3.134　常用电气绝缘安全用具试验

序号	器具	项目	周期	要求				说明
1	电容型验电器	A.起动电压试验	1年	起动电压值不高于额定电压的40%,不低于额定电压的15%				试验时接触电极应与试验电极相接触
		B.工频耐压试验	1年	额定电压/kV	试验长度/m	工频耐压/kV 1 min	工频耐压/kV 5 min	
				10	0.7	45	–	
				35	0.9	95	–	
				66	1.0	175	–	
				110	1.3	220	–	
				220	2.1	440	–	
				330	3.2	–	380	
				500	4.1	–	580	
2	携带型短路接地线	成组直流电阻试验	不超过5年	在各接线鼻之间测量直流电阻,对于25,35,50,70,95,120的各种截面(单位 mm²),平均每米的电阻值(单位 mΩ)应分别小于0.79,0.56,0.40,0.28,0.21,0.16				同一批次抽测,不少于2条,接线鼻与软导线压接的应做该试验
	携带型短路接地线	操作棒的工频耐压试验	4年	额定电压/kV	试验长度/m	工频耐压/kV 1 min	工频耐压/kV 5 min	试验电压加在护环与紧固头之间
				10	–	45	–	
				35	–	95	–	
				66	–	175	–	
				110	–	220	–	
				220	–	440	–	
				330	–	–	380	
				500	–	–	580	
3	个人保安线	成组直流电阻试验	不超过5年	在各接线鼻之间测量直流电阻,对于10,16,25 mm²各种截面,平均每米的电阻值应小于1.98,1.24,0.79 mΩ。				同一批次抽测,不少于两条

表 3.134（续 1）

序号	器具	项目	周期	要求					说明
4	绝缘杆	工频耐压试验	1 年	额定电压/kV	试验长度/m	工频耐压/kV			
						1 min	5 min		
				10	0.7	45	–		
				35	0.9	95	–		
				66	1.0	175	–		
				110	1.3	220	–		
				220	2.1	440	–		
				330	3.2	–	380		
				500	4.1	–	580		
5	核相器	连接导线绝缘强度试验	必要时	额定电压/kV	工频耐压/kV	持续时间/min			浸在电阻率小于 100 Ω·m 水中
				10	8	5			
				35	28	5			
		绝缘部分工频耐压试验	1 年	额定电压/kV	试验长度/m	工频耐压/kV	持续时间/min		
				10	0.7	45	1		
				35	0.9	95	1		
		电阻管泄漏电流试验	半年	额定电压/kV	工频耐压/kV	持续时间/min	泄漏电流/mA		
				10	10	1	≤2		
				35	35	1	≤2		
		动作电压试验	1 年	最低动作电压应达 0.25 倍额定电压					
6	绝缘罩	工频耐压试验	1 年	额定电压/kV	工频耐压/kV	时间/min			
				6–10	30	1			
				35	80	1			
7	绝缘隔板	表面工频耐压试验	1 年	额定电压/kV	工频耐压/kV	持续时间/min			电极间距离 300 mm
				6~35	60	1			
8	绝缘隔板	工频耐压试验	1 年	额定电压/kV	工频耐压/kV	持续时间/min			
				6~10	30	1			
				35	80	1			
9	绝缘胶垫	工频耐压试验	1 年	电压等级	工频耐压/kV	持续时间/min			使用于带电设备区域
				高压	15	1			
				低压	3.5	1			

表 3.134(续 2)

序号	器具	项目	周期	要求			说明
10	绝缘靴	工频耐压试验	半年	工频耐压/kV	持续时间/min	泄漏电流/mA	
				15	1	≤7.5	
11	绝缘手套	工频耐压试验	半年	电压等级	工频耐压/kV	持续时间/min	泄漏电流/mA	
				高压	8	1	≤9	
				低压	2.5	1	≤2.5	
12	导电鞋	直流电阻试验	穿用不超过200 h	电阻值小于100 kΩ			

5. 被考评单位应提供的基本技术资料、试验报告及测试数据

(1)企业各厂区高压供电系统图,高压、低压电力配电图及继电保护控制图。

(2)各厂区的供电系统平面布置图。应注明变配电站位置、架空线路及地下电缆的走向、坐标、编号及型号、规格、长度、杆型和敷设方式。

(3)高低压配电室、变压器室、电容器室、发电机室的平面布置,设备安装及变压器贮油池和排、挡油装置的土建设计,设备安装图。

(4)降压站、中央变电所、高压配电室及各分变配电室和发电站的接地网络和接地体设计施工的地下隐蔽工程资料。

(5)提供变配电站及发电站中主要电器设备的使用说明书、产品合格证。日常检修的技术资料和运行记录。

(6)主要电气设备设施和安全用具及防护用品在本周期的预防性电气试验报告(包括:绝缘强度、继电保护、接地电阻等项目)。

6. 考评时应注意的问题

(1)对变配电站及发电设备进行考评时,评价人员本身应严格地遵守有关的安全管理制度和安全操作规程,严禁自行操作,并按规定穿戴和使用防护用品及防护用具。

(2)考评时严格按工厂有关规定,在工厂有关人员陪同下进行(陪同人员必须是工厂电气专业管理人员)。进入变配电室、发电站必须履行正常的登记、批准手续,非电气专业人员未经批准不得入内。

(3)任何正常时应带电的部位,未经停电、验电、接地一律视为有电。

(4)在考评过程中如发现异常现象影响安全运行的问题,考评人员必须马上报告评审组和工厂领导,采取应急措施及时组织整改。

7. 计分原则

考评时,如发现某些未在考评内容中提出要求的问题,而这些问题存在明显的事故隐患,应明确在考评结论中提出,但不作扣分的依据。

（五）常见问题

变配电系统常见问题图示及描述如表3.135所示。

表3.135 变配电系统常见问题图示及描述

变配电系统图示	常见问题描述
	配电室裸排上方装有吊链式灯具。 不符合:GB 50053《20 kV及以下变电所设计规范》6.4.3在变压器、配电装置和裸导体的正上方不应布置灯具。当在变压器室和配电室内裸导体上方布置灯具时,灯具与裸导体的水平净距不应小于1.0 m,灯具不得采用吊链和软线吊装
	变配电装置室门的开启方向错误。 不符合:GB 50053《20 kV及以下变电所设计规范》6.2.2变压器室、配电室、电容器室的门应向外开启。相邻配电室之间有门时,应采用不燃材料制作的双向弹簧门
	检修工作票在安全措施栏目中没有填写比较关键的"停电、验电"等技术措施,也未填写检修结束后应当"拆除接地线、拆除围挡"等内容。 不符合:GB 26860《电力安全工作规程(发电厂和变电站电气部分)》 5.3.1工作票应使用统一的票面格式。 5.4.1工作票签发人 b)确认工作票上所填安全措施正确、完备。 5.4.2工作负责人(监护人) b)确认工作票所列安全措施正确、完备,符合现场实际条件,必要时予以补充。 6.1.1在电气设备上工作,应有停电、验电、装设接地线、悬挂标志牌和装设遮拦(围栏)等保证安全的技术措施

表 3.135(续 1)

变配电系统图示	常见问题描述
	电力安全工器具未经检验;橡胶类绝缘安全工器具堆叠放置。 不符合:国家电网安监〔2005〕516 号《国家电网公司电力安全工器具管理规定》 第二十一条　各类电力安全工器具必须由具有资质的电力安全工器具检验机构进行检验。 第四十二条　绝缘安全工器具应存放在温度 −15~35 ℃,相对湿度 5%~80% 的干燥通风的工具室(柜)内。 第五十条　橡胶类绝缘安全工器具应存放在封闭的柜内或支架上,上面不得堆压任何物件,更不得接触酸、碱、油品、化学药品或在太阳下暴晒,并应保持干燥、清洁
	变配电装置室门窗缺失防止小动物进入的装置。 不符合:GB 50053《20 kV 及以下变电所设计规范》6.2.4 变压器室、配电室、电容器室等应设置防止雨、雪和蛇、鼠类小动物从采光窗、通风窗、门、电缆沟等进入室内的设施。 GB 50060《3~110 kV 高压配电装置设计规范》7.1.5 配电装置室可开固定窗采光,并应采取防止玻璃破碎时小动物进入的措施
	变压器室装有普通木门并缺失安全标志。 不符合:DLT 572《电力变压器运行规程》3.2.6 变压器室的门应采用阻燃或不燃材料,开门方向应向外侧,门上应标明变压器的名称和运行编号,门外应挂"止步,高压危险"标志牌,并应上锁

表 3.135(续 2)

变配电系统图示	常见问题描述
开启式成套配电设备　变压器室	位于车间内部变压器室二层的低压配电室的配电装置属于开启式成套设备,屏柜后面无外壳或挡板。 　不符合:GB 7251.1《低压成套开关设备和控制设备 第 1 部分总则》8.4.2.3 挡板或外壳。 　用空气绝缘的带电部件应安装在至少提供 IPXXB 防护等级的外壳内或挡板后面
	变配电室和电容器室的门装有门闩。 　不符合:GB 50060《3～110 kv 高压配电装置设计规范》7.1.4 配电装置室的门应设里向外开启的防火门,并应装弹簧锁,严禁采用门闩
	油浸变压器渗油或漏油。 　不符合:DL/T 572《电力变压器运行规程》5.1.4 变压器日常巡检一般包括以下内容:a 变压器的油温和温度计应正常,储油柜的油位应与温度相对应,各部位无渗油、漏油。5.1.5 应对变压器作定期检查(检查周期由现场规程规定),并应增加以下检查内容:L)检查变压器及散热装置无任何渗漏油
	变压器裸排缺失相序标志色。 　不符合:GB 50149《电气装置安装工程 母线装置施工及验收规范》3.1.10 母线标识颜色应符合下列规定:1、三相交流母线:A 相为黄色,B 相为绿色,C 相为红色,单相交流母线与引出相的颜色相同。 　DL/T 572《电力变压器运行规程》3.2.2 变压器应有铭牌,并标明运行编号和相位标志

表 3.135(续 3)

变配电系统图示	常见问题描述
	变配电站内放置导电金属梯。 不符合:GB 26860《电力安全工作规程 发电厂和变电站电气部分》16.4 在变电站的带电区域内或临近带电线路处,不应使用金属梯子
消防喷淋管道	配电室内装有消防喷淋水管道。 不符合:GB 50060《3～110 kV 高压配电装置设计规范》7.1.9 配电装置屋内通道应保证畅通无阻,不得设立门槛,不应有与配电装置无关的管道通过
	高压变配电室门缺失挡鼠板。 不符合:GB 50053—2013《20 kV 及以下变电所设计规范》6.2.4 变压器室、配电室、电容器室等房间应设置防止雨、雪和蛇、鼠类小动物从采光窗、通风窗、门、电缆沟等进入室内的设施
	高压屏柜前缺失绝缘胶垫或绝缘台。 不符合:GB 26860《电力安全工作规程 发电厂和变电站电气部分》7.3.6.6 装卸高压熔断器,应戴护目眼镜和绝缘手套,必要时使用绝缘夹钳,并站在绝缘垫或绝缘台上。 DB 11/527《变配电室安全管理规范》5.3 变配电室、高压开关柜、低压开关柜操作面地面应铺设绝缘胶垫

表 3.135(续 4)

变配电系统图示	常见问题描述
	变压器因温升异常造成绝缘油色变深。 不符合:DL/T 572《电力变压器运行规程》5.1.4 变压器日常巡检一般包括以下内容:a 变压器的油温和温度计应正常
	变压器室门的通风百叶窗栅栏破损。 不符合:GB 50053《20 kV 及以下变电所设计规范》6.2.4 变压器室、配电室、电容器室等应设置防止雨、雪和蛇、鼠类小动物从采光窗、通风窗、门、电缆沟等进入室内的设施。6.3.1 变压器室置采用自然通风
	变压器吸湿硅胶变色,失去作用。 不符合:DL/T 572《电力变压器运行规程》5.1.6 下述维护项目的周期,可根据具体情况在现场规程中规定:c)更换吸湿器和净油器内的吸附剂(硅胶)
	非封闭式干式变压器防护遮拦高度不足 1.8 m,孔径大于 40 mm×40 mm。 不符合:GB 50053《20 kV 及以下变电所设计规范》4.2.5 设置在变电所内的非封闭式干式变压器,应装设高度不低于 1.8 m 的固定围栏,围栏网孔不应大于 40 mm×40 mm

表 3.135(续 5)

变配电系统图示	常见问题描述

变电站内高压工器具配备数量不足(均为单套配备)。

不符合:《国家电网公司电力安全工器具管理规定》(国家电网安监〔2005〕516 号)

附件七:变电站安全工器具配置参考表

序号	工具名称(单位)	35 kV 变电站	
		35 kV	10 kV
1	绝缘手套(双)	2	
2	绝缘靴(双)	2	
3	绝缘操作杆(套)	2	
4	验电器(只)	2	
5	接地线(组)	6	4

变压器室与甲类气体气化站缺失防火间距。

不符合:GB 50028《城镇燃气设计规范》9.2.5 液化天然气气化站的液化天然气储罐、集中放散装置的天然气放散管与站内建、构筑物的防火间距不应小于表 9.2.5 的规定

名称 项目	储罐总容积(m²)							集中放散装置的天然气放散总管
	≤10	>10 ~ ≤30	>30 ~ ≤50	>50 ~ ≤200	>200 ~ ≤500	>500 ~ ≤1 000	>1 000 ~ ≤2 000	
明火、散发火花地点	30	35	45	50	55	60	70	30
变配电室、仪表间、值班室、汽车槽车库、汽车衡及其计量室、空压机室、汽车槽车装卸台柱(装卸口)、钢瓶灌装台	15	18	20	22	25	30	25

表 3.135(续 6)

变配电系统图示	常见问题描述
	变压器中性点只有一点接地。 不符合:GB 50148《电气装置安装工程 电力变压器、油浸电抗器、互感器施工及验收规范》4.12.1(5)变压器本体应两点接地。中性点接地引出后,应有两根接地线与主接地网的不同干线连接,其规格应满足设计要求
	中频感应炉地下电气室裸导体防护遮拦高度不足,未加锁。 不符合:GB 50060《3~110 kV 高压配电装置设计规范》5.4.8 配电装置中电气设备的栅状遮栏高度不应小于 1 200 mm。5.4.9 配电装置中电气设备的网状遮栏高度不应小于 1 700 mm,网状遮栏网孔不应大于 40 mm×40 mm。围栏门应装锁
	中频感应炉地下电气室电抗器及其距离地面不足 2.5 m 的裸排,缺失防护装置。 不符合:GB 50060《3~110 kV 高压配电装置设计规范》5.1.4 屋内配电装置的安全净距不应小于表 5.1.4 所列数值。电气设备外绝缘体最低部位距地小于 2 300 mm 时,应装设固定遮栏
	相邻的配电装置室有门槛。 不符合:GB 50060《3~110 kV 高压配电装置设计规范》7.1.9 配电装置屋内通道应保证畅通无阻,不得设立门槛,不应有与配电装置无关的管道通过

表 3.135(续 7)

变配电系统图示	常见问题描述
	变、配电室内墙未刷白。 不符合:GB 50053《20 kV 及以下变电所设计规范》6.2.5 配电室、电容器室和各辅助房间的内墙表面应抹灰刷白。……配电室、变压器室、电容器室的顶棚以及变压器室的内墙面应刷白
	柴油发电机排气管无排风系统。 不符合:JBJ 18《机械工业职业安全卫生设计规范》4.3.29 柴油、汽油发动机排出的废气,应设专用的排风系统,并应采取防火及防爆措施
	室外变压器周围无遮拦。 不符合:GB 50053《20 kV 及以下变电所设计规范》4.2.2 露天或半露天变电所的变压器四周应设高度不低于 1.8 m 的固定围栏或围墙,变压器外廓与围栏或围墙的净距不应小于 0.8 m,变压器底部距地面不应小于 0.3 m
	配电屏柜缺失侧边柜板,导致裸带电体暴露。 不符合:GB 50054《低压配电设计规范》5.1.2 标称电压超过交流方均根值 25 V 容易被触及的裸带电体,应设置遮栏或外护物。其防护等级不应低于现行国家标准《外壳防护等级(IP 代码)》GB 4208 规定的 IP×× B 级或 IP2X 级

表 3.135(续 8)

变配电系统图示	常见问题描述
	配电室未用防火门。 不符合:GB 50053《20 kV 及以下变电所设计规范》6.1.3 民用建筑内变电所防火门的设置应符合下列规定:变电所直接通向室外的门应为丙级防火门
	配电室应急照明灯设置在低位处。 不符合:GB 50016《建筑设计防火规范》10.3.4 疏散照明灯具应设置在出口的顶部、墙面的上部或顶棚上;备用照明灯具应设置在墙面的上部或顶棚上
	高压配电室柜后维修通道不足 800 mm 宽。 不符合:GB 50053《20 kV 及以下变电所设计规范》4.2.7 高压配电室内成排布置的高压配电装置,其各种通道的最小宽度,应符合表 4.2.7 的规定。

表 4.2.7 高压配电室内各种通道的最小宽度/mm

开关柜布置方式	柜后维护通道	柜前操作通道	
		固定式开关柜	移开式开头柜
单排布置	800	1 500	单手车长度+1 200
双排面对面布置	800	2 000	双手车长度+900
双排背对背布置	1 000	1 500	单手车长度+1 200

表 3.135（续 9）

变配电系统图示	常见问题描述
	配电柜后缺失屏板的通道遮拦高度不足。 不符合:GB 50054《低压配电设计规范》5.1.9 采用防护的等级低于现行国家标准《外壳防护等级（IP 代码）》GB 4208 规定的 IP×× B 级或 IP2× 级的阻挡物时,阻挡物与裸带电体的水平净距不应小于 1.25 mm,阻挡物的高度不应小于 1.4 m。 GB 50060《3～110 kV 高压配电装置设计规范》5.1.4 屋内配电装置的安全净距不应小于表5.1.4所列数值。电气设备外绝缘体最低部位距地小于 2 300 mm 时,应装设固定遮栏
	变压器安装后未装设储油池口盖板。 不符合:GB 50168《电气装置安装工程 电缆线路施工及验收规范》 5.4.6 电缆敷设完毕后,应及时清除杂物,盖好盖板。必要时,尚应将盖板缝隙密封。 8.0.1 在验收时,应按下列要求进行检查:6 电缆沟内应无杂物,盖板齐全
	变压器室未做通风窗口及通风装置,导致室内温度偏高对变压器降温不利。 不符合:GB 50148《电气装置安装工程 电力变压器、油浸电抗器、互感器施工及验收规范》3.0.6 与变压器、电抗器、互感器安装有关的建筑工程施工应符合下列规定:4 设备安装完毕,投入运行前,建筑工程应符合下列规定:5)通风及消防装置安装验收完毕。 GB 50053《20 kV 及以下变电所设计规范》6.3.1 变压器室宜采用自然通风。当自然通风不能满足要求时,应增设机械通风

表 3.135(续10)

变配电系统图示	常见问题描述
	电容器鼓胀、漏油。 不符合:GBT 30841《高压并联电容器装置的通用技术要求》 A.9.3 试投运的检查和测量 m)装置投入运行后 8～24 h 内,检查电容器组有无外熔断器熔断、电容器单元是否鼓肚。 A.9.4 巡视 对运行中装置的日常巡视检查主要需做以下几项工作: a)观察电容器等充油设备各部位是否渗漏油,电容器单元是否鼓肚。 A.9.5.1 外观检查 d)检查地面有无漏下的油滴,电容器等充油设备的外壳是否渗漏、膨胀、变色和破裂。 A.9.6 问题和故障的处理 在 A.9.3 和 A.9.4 检查巡视和测量中发现的问题和故障,应立即处理,移除已损坏的设备和器件。 国家电网公司《高压并联电容器装置运行规范》 第三十八条　正常巡视项目及标准 3.设备外表涂漆是否变色,变形,外壳无鼓肚、膨胀变形,接缝无开裂、渗漏油现象,内部无异声。外壳温度不超过 50 ℃。 第四十四条　电容器故障产生的原因及处理方法:

第四十四条的故障表:

故障现象	产生原因	处理方法
外壳鼓肚变形	1.介质内产生局部放电,使介质分解而析出气体。 2.部分元件击穿或极对外壳击穿,使介质析出气体。	立即将其退出运行

表3.135(续11)

变配电系统图示	常见问题描述
	35 kV 配电室无火灾自动探测装置。 不符合：GB 50116《火灾自动报警系统设计规范》 6.2 火灾探测器的设置 6.2.1 探测器的具体设置部位应按本规范附录 D 采用。 附录 D 火灾探测器的具体设置部位 D.0.1 火灾探测器可设置在下列部位： 22 可燃物品库房、空调机房、配电室(间)、变压器室、自备发电机房、电梯机房。 GB 50059《35～110 kV 变电站设计规范》 5.0.7 变电站火灾探测及报警装置的设置应符合现行国家标准《火力发电厂与变电站设计防火规范》GB 50299 的有关规定。 5.0.9 消防控制室应与变电站控制室合并设置。 GB 50299《火力发电厂与变电站设计防火规范》 11.5.20 下列场所和设备应采用火灾自动报警系统： 1. 主控通信室、配电装置室、可燃介质电容器室、继电器室。 2. 地下变电站、无人值班的变电站,其主控通信室、配电装置室、可燃介质电容器室、继电器室应设置火灾自动报警系统,无人值班变电站应将火警信号传至上级有关单位。 3. 采用固定灭火系统的油浸变压器。 4. 地下变电站的油浸变压器。 5. 220 kV 及以上变电站的电缆夹层及电缆竖井。 6. 地下变电站、户内无人值班的变电站的电缆夹层及电缆竖井

（六）适用的法规标准

变配电系统适用的法规标准如表3.136所示。

表3.136　变配电系统适用的法规标准

序号	法规标准
1	GB 26860　电力安全工作规程 发电厂和变电站电气部分
2	GB 50028　城镇燃气设计规范
3	GB 50053　20 kV 及以下变电所设计规范
4	GB 50054　低压配电设计规范
5	GB 50058　爆炸危险环境电力装置设计规范
6	GB 50060　3～110 kV 高压配电装置设计规范
7	GB 50116　火灾自动报警系统设计规范
8	GB 50148　电气装置安装工程 电力变压器、油浸电抗器、互感器施工及验收规范
9	GB 50149　电气装置安装工程 母线装置施工及验收规范
10	GB 50187　工业企业总平面设计规范
11	GB 50217　电力工程电缆设计规范
12	GB/T 30841　高压并联电容器装置的通用技术要求
13	GB 50016　建筑设计防火规范
14	GB 50054　低压配电设计规范
15	GB 50059　35～110 kV 变电站设计规范
16	DB 11/527　变配电室安全管理规范
17	GB 50299　火力发电厂与变电站设计防火规范
18	JBJ 18　机械工业职业安全卫生设计规范
19	AQ/T 7009　机械制造企业安全生产标准化规范
20	DL/T 5352　高压配电装置设计技术规程
21	DL/T 572　电力变压器运行规程
22	国家电网安监〔2005〕516 号　国家电网公司电力安全工器具管理规定
23	国家电网生〔2006〕512 号　国家电网公司变电站管理规范

（七）典型做法与经验

变配电系统在实际操作中的典型做法及相关经验如表3.137所示。

表3.137　变配电系统在实际操作中的典型做法及相关经验

变配电系统图示	典型做法及经验
	GB 50053《20 kV 及以下变电所设计规范》6.2.4 变压器室、配电室、电容器室等房间应设置防止雨、雪和蛇、鼠等小动物从采光窗、通风窗、门、电缆沟等处进入室内的设施。 GB 50054《低压配电设计规范》4.3.7 配电室的门、窗关闭应密合；与室外相通的洞、通风孔应设防止鼠、蛇类等小动物进入的网罩，其防护等级不宜低于现行国家标准《外壳防护等级（IP 代码）》GB 4208规定的 IP3X 级。直接与室外露天相通的通风孔尚应采取防止雨/雪飘入的措施
	国家电网安监〔2005〕516 号《国家电网公司电力安全工器具管理规定》 第二十一条　各类电力安全工器具必须由具有资质的电力安全工器具检验机构进行检验。 第四十二条　绝缘安全工器具应存放在温度－15～35℃，相对湿度 5%～80%的干燥通风的工具室（柜）内。 第五十条　橡胶类绝缘安全工器具应存放在封闭的柜内或支架上，上面不得堆压任何物件，更不得接触酸、碱、油品、化学药品或在太阳下暴晒，并应保持干燥、清洁
	GB 50053《20 kV 及以下变电所设计规范》6.2.4 变压器室、配电室、电容器室等应设置防止雨、雪和蛇、鼠类小动物从采光窗、通风窗、门、电缆沟等进入室内的设施。 GB 50060《3～110 kV 高压配电装置设计规范》7.1.5 配电装置室可开固定窗采光，并应采取防止玻璃破碎时小动物进入的措施
	DL/T 572《电力变压器运行规程》3.2.6 变压器室的门应采用阻燃或不燃材料，开门方向应向外侧，门上应标明变压器的名称和运行编号，门外应挂"止步，高压危险"标识牌，并应上锁

表 3.137(续 1)

变配电系统图示	典型做法及经验
	GB 26860《电力安全工作规程 发电厂和变电站电气部分》7.3.6.6 装卸高压熔断器,应戴护目眼镜和绝缘手套,必要时使用绝缘夹钳,并站在绝缘垫或绝缘台上。 DB11 527《变配电室安全管理规范》5.3 变配电室、高压开关柜、低压开关柜操作面地面应铺设绝缘胶垫
	GB 50053《20 kV 及以下变电所设计规范》6.4.3 在变压器、配电装置和裸导体的正上方不应布置灯具。当在变压器室和配电室内裸导体上方布置灯具时,灯具与裸导体的水平净距不应小于 1.0 m ,灯具不得采用吊链和软线吊装
	DL/T 572《电力变压器运行规程》5.1.4 变压器日常巡检一般包括以下内容:a)变压器的油温和温度计应正常
	GB 50148《电气装置安装工程 电力变压器、油浸电抗器、互感器施工及验收规范》4.12.1(5)变压器本体应两点接地。中性点接地引出后,应有两根接地线与主接地网的不同干线连接,其规格应满足设计要求

表 3.137(续 2)

变配电系统图示	典型做法及经验
	发电机试验水负载区设置的遮拦符合 GB 50054《低压配电设计规范》5.1.2 "标称电压超过交流方均根值 25 V 容易被触及的裸带电体,应设置遮栏或外护物"的要求

三十五、固定电气线路

（一）适用范围

本项目适用于：

（1）单位所管辖范围内（含生活区和外包建筑工地）的低压配电室（或开关）出线端至用电场所的动力、照明箱、柜、板进线端之间的固定电力电气线路；

（2）动力、照明箱、柜、板或独立开关引出用于照明的电气线路及其灯具。

（二）资料备查清单

本考评项查阅的资料包括：

（1）厂区及各用电单元的供电系统平面布置图、地下隐蔽工程图。应注明变配电站位置、架空线路及地下电缆的走向、坐标、编号及型号、规格、长度、杆型、杆号和敷设方式；

（2）固定线路登记台账。包含分级设置的接地故障保护、短路保护、过电流保护、过电压及欠电压保护等装置的信息。

（三）考评内容及考评办法

固定电气线路考评内容及考评办法如表 3.138 所示。

表 3.138　固定电气线路考评内容及考评办法

序号	考评内容	分值	考评办法
1	系统布线 （1）系统布线的选择、敷设应避免环境因素及各种机械应力等外部作用而带来的损害；安全净距应符合 GB 50054 的相关规定；电缆线路应符合 GB 50168,GB 50217 的相关规定。 （2）裸导体线路室内敷设不应与起重机滑线设在同侧. （3）直埋敷设的电缆严禁位于地下管道的正上方或正下方。 （4）金属线槽内电线或电缆的总截面（包括外护层）不应超过线槽截面的 20%，载流导体不宜超过 30 根。电缆桥架总截面积与托盘内横截面积的比值，电力电缆不应大于 40%。控制和信号线路或电缆的总截面不应超过 50%。在有严重腐蚀的场所不宜采用金属线槽布线；电缆桥架水平敷设时，距地面高度不应低于 2.5 m，跨越通道应大于 6 m；垂直敷设时，距地面高度不应低于 1.8 m，且不宜敷设在腐蚀性气体管道和热力管道的上方及腐蚀性液体管道的下方。当不能满足上述要求时，应采取防腐、隔热措施；钢制电缆桥架和金属线槽直线段长度超过 30 m（铝合金或玻璃钢桥架超过 15 m）或跨越建筑物变形缝处宜设置伸缩或补偿装置；所有线槽或桥架 PE 连接可靠。 （5）埋地敷设的电线管应采用大于 2.5 mm 的厚壁钢导管；电线管口端应无毛刺和尖锐棱角，管口应加装软套；绝缘导线穿管敷设时，导管内导线的总面积应小于管子截面积的 40%。正常场所不得采用塑料管埋地布线。 （6）易受外部影响着火的电缆密集场所或可能蔓延着火而酿成严重事故的场所，配电线路应设有防火阻燃及监测报警措施	2 分	① 查线路台账，依据其台账确定抽查数量和具体的考评线路。 ② 现场核查，一处不合格扣该条款应得分，剩余分值为该线路的实得分。 ③ 凡实得分小于 6.80 分，则该线路为不合格线路。 ④ 根据不合格线路的条数，计算实得分为 实得分 = 8 − $\frac{\text{不合格设备台数}}{\text{抽查总台数}}$ ×24 ⑤ 结合现场抽查情况，发现没建立管理台账、台账不清、账物不符情况或报废/停用手续不全、标识不正确或未明确责任人的，扣 2 分
2	线路（包括 PE 线）应保持导电的连续性、可靠性，线路接头连接可靠，无机械损伤，无松动；最小截面应符合表 7 的要求，并应满足机械强度要求，其导体载流量不应小于预期负荷的最大计算电流和按保护条件所确定的电流，并应保证三相电流平衡值和线路电压损失不超过允许值。消防用电设备应有明显标识，并保证可靠供电	1 分	
3	配电线路分级保护装置 （1）应分级设置接地故障保护、短路保护、过电流保护、过电压及欠电压保护等装置，并在规定的时间内切断电源或发出报警信号。	1 分	

表 3.138(续)

序号	考评内容	分值	考评办法
	(2)以下设备的配电线路应设置剩余电流动作保护装置(漏电保护器)：I 类手持式及移动式临时性用电设备,室外工作场所的用电设备；环境特别恶劣或潮湿场所的电气设备；家用电器类或插座回路；由 TT 系统供电的用电设备等。 (3)剩余动作电流值应按环境条件选择,但正常场所不应超过 30 mA,其安装运行应符合 GB 13955 的相关规定。 (4)PE 线应连接可靠,线径截面积及安装方法符合《考核评分细则》2.37 的相关规定		
4	线路绝缘类型与耐压水平应按场所要求选用,并满足系统绝缘配合的要求；架空绝缘导线无散股背花和破损；电缆无渗漏、无破损；线路温升在允可范围内；危险部位有屏护或其他保护措施	1 分	
5	电杆或电缆构筑物 电杆基础应牢固无倾斜,杆身无裂纹、无露筋；横担平整、瓷体及绝缘套件应无裂纹,无脏污；电缆沟、线槽、排管、工作井等电缆布线构筑物的排水应畅通,无积水、无杂物,盖板严实,间距合理；电缆的固定、弯曲半径符合《考核评分细则》2.33.4.3 的相关规定	1 分	
6	线路相序、相色与标识 (1)面向负荷,交流相序排列应为 L1(A),N,L2(B),L3(C)。直流相序水平排列,正、负极由左向右；上下排列由上向下。线路相序排列应与设备连接相序一致。 (2)主干导体线路颜色：L1(A)相为黄色,N 线为淡蓝色,L2(B)相为绿色,L3(C)相为红色,PE 线的专有颜色为绿黄双色。 (3)线路应设置标识牌,注明线路编号、型号、规格及起讫地点；并联线路应有顺序号。 (4)直埋电缆应在直线段每隔 50 m 处、电缆接头处、转弯处、进入建筑物等设置明显的方位标识或标桩,标识牌应正确、清晰、稳固	1 分	
7	线路排列应整齐、有序,电缆沟盖板、直埋电缆上面无堆积物。对易受外部影响着火的电缆密集场所或可能着火蔓延而酿成严重事故的场所,应采取防火阻燃措施	1 分	

(四)考评要点

对低压电气线路(固定线路)考评查证时,可首先查阅工厂电气系统的技术资料,了解低压电气线路的类型,敷设方式,分布状况和拥有量。考评时应注意掌握计算单体线路,可按低压配电线路总开关控制的系统线路为计量数。

1.线路的安全距离符合要求

(1)绝缘导线架空明设应符合表 3.139 的要求。

(2)绝缘导线穿管敷设时,管内导线的总截面积应小于管子截面积的40%;电线管路与其他管路的间距应符合表3.140的要求。

(3)裸导体线路室内敷设不应与起重机滑线设在同侧,与地面及其他设备、设施的距离应符合表3.141的要求。

(4)无铠装电缆室内明设安全距离应符合表3.142。

(5)配电线路不应跨越易燃材料做成的建筑物。

表 3.139 架空绝缘导线的安全距离

单位:m

布线方式		最小距离
水平敷设至建筑物的垂直距离	在阳台、平台和跨建筑物顶	2.5
	在窗户上	0.2
	在窗户下	0.8
与其他线路交叉	敷设在高压线路下方	2.0
	敷设在弱电线路上方	1.0
与地面间距	水平敷设 室内	2.5
	水平敷设 室外	2.7
	垂直敷设 室内	1.8
	垂直敷设 室外	2.7
接户线在最大弛度时,进户的对地距离		2.5

表 3.140 穿管绝缘导线与其他管路的间距

单位:m

布线方式		最小距离	布线方式		最小距离
与热水管同侧	上方	0.3	与蒸气管同侧	上方	1.0
	下方	0.2		下方	0.5
在水管上方		0.1			

表 3.141 (除配电室外)裸导体线路室内敷设安全距离

单位:m

布线方式		最小距离
与地面	无遮拦	3.5
	采用网孔遮拦	2.5
敷设在经常维修管道同侧上方,与经常维修管道,以及与生产设备最突出部位		1.8
与起重机铺板		2.5

表 3.142 无铠装电缆室内明设安全距离

单位:m

布线方式		最小距离
至地面	水平敷设	2.5
	垂直敷设	1.8
与热力管道、设备	水平敷设	1.0
	交叉敷设	0.5
低压电缆设在高压电缆同侧下方		0.15

2. 线路的导电性能和机械强度符合要求

(1)从变压器低压侧母线至用电设备受电端的线路电压损失,不超过用电设备额定电压的 5%。

(2)根据机械强度的要求,架设在绝缘支持件上的绝缘导线的最小截面应不小于表3.143 的数值(JGJ 16)。

(3)当 PE 线所用材质与相线相同时,PE 线最小截面应符合下列要求:$S \leq 16$ 时,$S = S$;$16 < S \leq 35$,S 为 16 mm^2;$S > 35$,$S/2$;当保护线采用一般绝缘导线时,其截面不应小于:有机械性保护时为 2.5 mm^2,无机械保护时为 4 mm^2。

表 3.143 架设在绝缘支持件上的绝缘导线的最小截面积

单位:mm^2

支持件间距(L)	导线类型	导线截面	
		室内	室外
$L < 2$ m	铜线	1.0	1.5
	铝线	2.5	2.5
2 m $< L < 6$ m	铜线	2.5	
	铝线	4	
2 m $< L < 15$ m	铜线	4	
	铝线	6	
15 m $< L < 25$ m	铜线	6	
	铝线	10	

3. 线路保护装置齐全可靠

(1)装有能满足线路通、断能力的开关、短路保护、过负荷保护和接地故障保护等。保护电器应装设在操作维护方便,不易受机械损伤,不靠近可燃物的地方,并应采用避免保护电器运行时意外损坏对周围人员造成伤害的措施。

（2）线路穿墙、楼板或埋地敷设时均应穿管或采取其他保护；穿金属管时，管口应装绝缘护套；室外埋设，上面应有保护层；电缆沟应有防火、排水设施。

4. 线路绝缘、屏护良好,无发热和渗漏油现象

线路无机械损伤,绝缘破损,电缆无渗漏油,易触电的裸导体有屏护或其他保护措施,无过热现象。

5. 电杆直立、拉线、横担、瓷瓶及金属构架等符合安全要求

（1）电杆表面光洁平整,无露筋、裂缝等缺陷。立杆基础牢固,其倾斜不应使杆梢位移大于半个杆梢,终端杆拉线倾斜不应使杆梢位移大于一个杆梢。

（2）拉线与电杆夹角不应小于30度,应与线路方向对正；混凝土电杆拉线从导线之间穿过时,应设拉线绝缘子。

（3）横担应平整,直线杆单横担应在受电侧,转角杆及终端杆单横担应在拉线侧。

（4）瓷件及绝缘套、垫完整无裂纹,金属件固定牢固。

6. 线路相序、相色正确,标志齐全、清晰

（1）相序排列:上下布线交流 A,N,B,C 或直流正、负极由上向下；水平布线交流盘后向盘前排列 A,N,B,C 或直流极在后,负极在前。

（2）线路相色:交流:A 相—黄色,N 相—淡蓝色,B 相—绿色,C 相—红色；

直流:正极—赭色；负极—蓝色。

（3）地下线路应有清晰的坐标或标志以及施工图。

7. 线路排列整齐,无影响线路安全的障碍物

相间排列或与其他线路同杆、同侧敷设时,排列均应整齐有序,线路周围应无树枝或其他障碍物,电缆沟及其地面无垃圾和重物堆积。

8. 剩余电流保护装置安装要求

剩余电流保护装置安装时,必须严格区分 N 线和 PE 线,三极四线式或四极四线式剩余电流保护装置的 N 线应接人保护装置；通过剩余电流保护装置的 N 线,不得作为 PE 线,不得重复接地或接设备外露可接近导体；PE 线不得接入剩余电流保护装置。如表 3.144 所示。

表 3.144　剩余电流保护装置接线方式

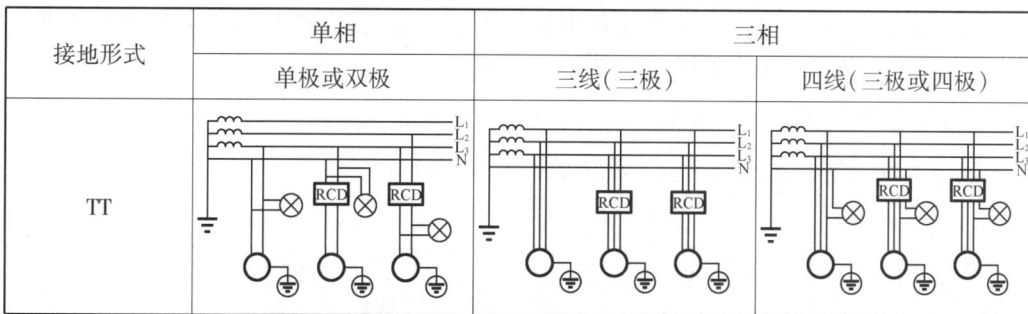

接地形式	单相	三相	
	单极或双极	三线（三极）	四线（三极或四极）
TT			

表 3.144（续）

接地形式		单相	三相	
		单极或双极	三线(三极)	四线(三极或四极)
TN	TNC			
	TN－S			
	TN－C－S			

注:①L1,L2,L3 为相线;N 为中性线;PE 为保护线;PEN 为中性线和保护线合一;　　为单相或三相电气设备;

　为单相照明设备;RCD 为剩余电流保护装置;　为不与系统中性接地点相连的单独接地装置,作保护接地用。

②单相负载或三相负载在不同的接地保护系统中的接线方式图中,左侧设备为未装有剩余电流保护装置,中间和右侧为装用剩余电流保护装置的接线图。

③在 TN－C 系统中使用剩余电流保护装置的电气设备,其外露可接近导体的保护线应接在单独接地装置上而形成局部 TT 系统,如 TN－C 系统接线方式图中的右侧设备带 * 的接线方式。

④表中 TN－S 及 TN－C－S 接地形式,单相和三相负荷的接线图中的中间和右侧接线图为根据现场情况,可任选其一接地方式。

9. 评分原则

考评时,如发现某些未在考评内容中提出要求的问题,而这些问题存在明显的事故隐患,应明确在考评结论中提出,但不作扣分的依据。

（五）常见问题

固定电气线路常见问题图示及描述如表 3.145 所示。

表 3.145　固定电气线路常见问题图示及描述

固定电气线路图示	常见问题描述
	电气井的电缆口缺失防火封堵。 不符合:GB 50054《低压配电设计规范》 7.1.5 电缆敷设的防火封堵,应符合下列规定: 1.布线系统通过地板、墙壁、屋顶、天花板、隔墙等建筑构件时,其孔隙应按等同建筑构件耐火等级的规定封堵。 3.电缆防火封堵的材料,应按耐火等级要求,采用防火胶泥、耐火隔板、填料阻火包或防火帽

鼓形绝缘子横担斜垂导致布线间距不足。

不符合:GB 50054《低压配电设计规范》7.2.4 采用鼓形绝缘子和针式绝缘子在屋内、屋外布线时,其导线最小间距,应符合表 7.2.4 的规定。

支持点间距/m	导线最小间距/mm	
	屋内布线	屋外布线
≤1.5	50	100
>1.5,且≤3	75	100
>3,且≤6	100	150
>6,且≤10	150	200

JGJ 16《民用建筑电气设计规范(条文说明)》8.2.1 直敷布线主要用于居住及办公建筑室内电气照明及日用电器插座线路的明敷布线。

GB 50194《建设工程施工现场供用电安全规范》7.1.2 配电线路的敷设方式应符合下列规定:3 不应敷设在树木上或直接绑挂在金属构架和金属脚手架上

GB 50303—2015《建筑电气工程施工质量验收规范》15.1.2 为保护塑料护套线不受意外损伤,保护部位可使用中型及以上塑料导管或钢套管保护。

表 3.145(续 1)

固定电气线路图示	常见问题描述
	导线槽盒连接板缺失 PE 跨接线。 不符合:GB 50303《建筑电气工程施工质量验收规范》11.1.1 金属梯架、托盘或槽盒本体之间的连接应牢固可靠,与保护导体的连接应符合下列规定: 1. 梯架、托盘和槽盒全长不大于 30 m 时,不应少于 2 处与保护导体可靠连接;全长大于 30 m 时,每隔 20~30 m 应增加一个连接点,起始端和终点端均应可靠接地。 2. 非镀锌梯架、托盘和槽盒本体之间连接板的两端应跨接保护联结导体,保护联结导体的截面积应符合设计要求
	距离地面不足 2.5 m 水平敷设的固定线路未采用桥架或槽盒方式敷设。 不符合:GB 50054—2011《低压配电设计规范》7.6.8 无铠装的电缆在屋内明敷,除明敷在电气专用房间外,水平敷设时,与地面的距离不应小于 2.5 m;垂直敷设时,与地面的距离不应小于 1.8 m;当不能满足上述要求时,应采取防止电缆机械损伤的措施
	无铠装的电缆导线垂直敷设低于 1.8 m 缺失导管保护。 不符合:GB 50054—2011《低压配电设计规范》7.6.8 无铠装的电缆在屋内明敷,除明敷在电气专用房间外,水平敷设时,与地面的距离不应小于 2.5 m;垂直敷设时,与地面的距离不应小于 1.8 m;当不能满足上述要求时,应采取防止电缆机械损伤的措施

表 3.145（续 2）

固定电气线路图示	常见问题描述
	配电柜到用电设备之间的固定线路未采用桥架、槽盒或导管方式敷设。 　　不符合:GB 5226.1《机械电气安全 机械电气设备 第 1 部分:通用技术条件》 　　13.4 电柜外配线 　　13.4.2 外部管道(管道:专用于放置和保护电线、电缆及母线的封闭管道) 　　连接电气设备电柜外部的导线应封闭在如 13.5 所述的适当管道中(如导线管或电缆管道装置),只有具有适当保护套的电缆,无论是否用开式电缆托架或电缆支承设施,都可使用不封闭的通道安装。 　　13.5 通道、接线盒与其他线盒 　　13.5.1 一般要求 　　通道应提供 IP33 的最低防护等级
	钢结构敷设的导线未穿管,接头缺失接线盒保护。 　　GB 50303—2015《建筑电气工程施工质量验收规范》15.1.2 为保护塑料护套线不受意外损伤,保护部位可使用中型及以上塑料导管或钢套管保护。 　　GB 50194《建设工程施工现场供用电安全规范》7.1.2 配电线路的敷设方式应符合下列规定:3 不应敷设在树木上或直接绑挂在金属构架和金属脚手架上; 　　GB 5226.1《机械电气安全 机械电气设备 第 1 部分:通用技术条件》 　　13. 配线技术 　　13.5.8 接线盒与其他线盒 　　用于配线目的接线盒和其他线盒应便于维修。这些线盒应有防护,防止固体和液体的侵入,并考虑机械在预期工作情况下的外部影响。接线盒与其他线盒不应有敞开的不用的出砂孔,也不应有其他开口,其结构应能隔绝粉尘、飞散物、油和冷却液之类的物质

表 3.145(续 3)

固定电气线路图示	常见问题描述
	敞开式灯具安装高度不足。 不符合:GB 50303《建筑电气工程施工质量验收规范》18.1.6 除采用安全电压以外,当设计无要求时,敞开式灯具的灯头对地面距离应大于 2.5 m
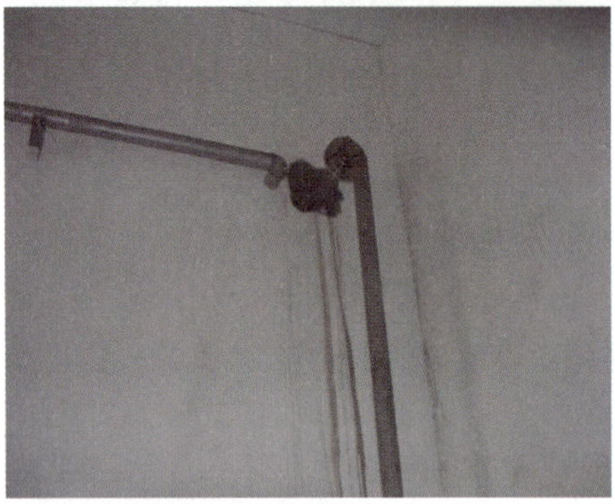	防爆场所导线管穿墙孔缺失防爆封堵。 不符合:GB 50257《电气装置安装工程 爆炸和火灾危险环境电气装置施工及验收规范》5.3.4(6)相邻的爆炸性环境之间以及爆炸性环境与相邻的其他危险环境或非危险环境之间应进行隔离密封
	电气竖井间存放杂物。 不符合:GB 50054《低压配电设计规范》7.7.9 电气竖井内不应设有与其无关的物品
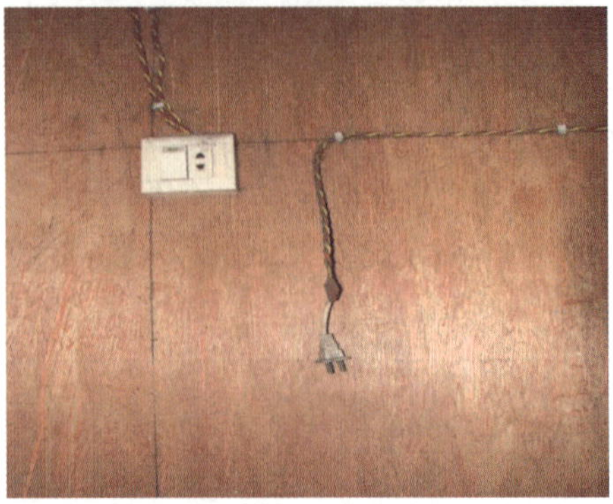	直敷布线未使用护套导线。 不符合:JGJ 16《民用建筑电气设计规范(条文说明)》8.2.3 直敷布线是将电线直接布设在敷设面上,应平直、不松弛和不扭曲。为保证安全,应采用带有绝缘外护套的电线

表 3.145（续 4）

固定电气线路图示	常见问题描述
	电线杆倾斜。 不符合：DL/T 5161.10《电气装置安装工程质量检验及评定规程第 10 部分 35 kV 及以下架空电力线路施工质量检验》1.0.2 电杆组立及拉线（包括电力线路中器材、设备或原材料的检验）的安装检查见表 1.0.20。

检验项目			性质	质量标准
直线杆	横向位移		主要	≤50 mm
	倾斜度	35 kV		不大于0.3% 杆长
		10 kV 及以下线路		不大于 1/2杆梢直径
转角杆倾斜度	向内角		主要	不允许
	向外角			顶端位移不大于杆梢直径
终端杆倾斜度	向承力侧			不允许
	向拉线侧（预偏值）			不大于杆梢直径

固定电气线路图示	常见问题描述
	在爆炸性环境 1 区、2 区、20 区、21 区和 22 区钢管配线与用电设备之间缺失防爆挠性连接管。 不符合：GB 50257《电气装置安装工程 爆炸和火灾危险环境电气装置施工及验收规范》5.3.6 钢管配线应在下列各处装设防爆挠性连接管 2. 钢管与电气设备直接连接有困难处
	电缆井中电缆穿过楼板处未用防火材料封堵。 不符合：GB 50054《低压配电设计规范》7.1.5 电缆敷设的防火封堵，应符合下列规定： 1. 布线系统通过地板、墙壁、屋顶、天花板、隔墙等建筑构件时，其孔隙应按等同建筑构件耐火等级的规定封堵。 3. 电缆防火封堵的材料，应按耐火等级要求，采用防火胶泥、耐火隔板、填料阻火包或防火帽

表 3.145(续 5)

固定电气线路图示	常见问题描述
	一条插座回路中连接了 10 多个插座。 不符合:JGJ 16《民用建筑电气设计规范》10.7.9 当插座为单独回路时,每一回路插座数量不宜超过 10 个(组);用于计算机电源的插座数量不宜超过 5 个(组),并应采用 A 型剩余电流动作保护装置
	柜内电缆或导线缺失标志牌。 不符合:GB 50168《电气装置安装工程电缆线路施工及验收规范》 8.0.1 在验收时,应按下列要求进行检查: 1.电缆规格应符合规定;排列整齐,无机械损伤;标志牌应装设齐全、正确、清晰

树枝或攀爬植物与电力线路无安全距离。

不符合:GB 50061《66 kV 及以下架空电力线路设计规范》12.0.14 导线与街道行道树之间的最小距离,应符合表 12.0.14 的规定

表 12.0.14　导线与街道行道树之间的最小距离/m

检验状况	最小距离		
	线路电压		
	3 kV 以下	3 ~ 10 kV	35 ~ 66 kV
最大计算弧垂情况下的垂直距离	1.0	1.5	3.0
最大计算风偏情况下的水平距离	1.0	2.0	3.5

表 3.145（续 6）

固定电气线路图示	常见问题描述
	建筑物吊顶内导线无护套。 不符合：GB 50058《低压配电设计规范》7.2.1 正常环境的屋内场所除建筑物顶棚及地沟内外，可采用直敷布线，并应符合下列规定： 1. 直敷布线应采用护套绝缘导线，其截面积不宜大于 6 mm^2
	电缆线路与压缩空气主管道的垂直间距小。 不符合：DL/T 5220《10 kV 及以下架空配电线路设计技术规程》 13.0.9 配电线路与铁路、道路、河流、管道、索道、人行天桥及各种电缆线路交叉或接近，应符合表 13.0.9 的要求。（1 kV 以下架空配电线路与一般管道的垂直间距为 1.5 m）
	电力线杆缺失编号。 不符合：GB 50061《66 kV 及以下架空电力线路设计规范》13.0.1 杆塔上应设置线路名称和杆塔号的标志
	电缆穿墙缺失护管保护，穿墙孔未做防火封堵。 不符合：GB 50054《低压配电设计规范》7.6.38 电缆通过下列地段应穿管保护，穿管内径不应小于电缆外径的 1.5 倍： 1. 电缆通过建筑物和构筑物的基础、散水坡、楼板和穿过墙体等处； JGJ 16《民用建筑电气设计规范》 8.1.8 布线用各种电缆、电缆桥架、金属线槽及封闭式母线在穿越防火分区楼板、隔墙时，其空隙应采用相当于建筑构件耐火极限的不燃烧材料填塞密实

表 3.145（续 7）

固定电气线路图示	常见问题描述
	电缆沟积水未及时排出。 不符合：GB 50217《电力工程电缆设计规范》5.5.5 电缆构筑物应满足防止外部进水、渗水的要求，且符合下列规定： 1. 电缆沟、隧道的纵向排水坡度，不得小于 0.5%。 2. 沿排水方向适当距离宜设置集水井及其泄水系统，必要时应实施机械排水
	变压器室母线槽穿墙孔缺失防火封堵。 不符合：JGJ 16《民用建筑电气设计规范》8.1.8 布线用各种电缆、电缆桥架、金属线槽及封闭式母线在穿越防火分区楼板、隔墙时，其空隙应采用相当于建筑构件耐火极限的不燃烧材料填塞密实
	电缆槽盒出线口缺失防护圈。 不符合：GB 50054《低压配电设计规范》7.2.20 由金属槽盒引出的线路，可采用金属导管、塑料导管、可弯曲金属导管、金属软导管或电缆等布线方式。导线在引出部分应有防止损伤的措施
	电缆沟盖板未安放到位造成地面不平。 不符合：JBJ 18《机械工业职业安全卫生设计规范》3.1.4 车间地面应平坦，不打滑。 GB 50168《电气装置安装工程 电缆线路施工及验收规范》 5.4.6 电缆敷设完毕后，应及时清除杂物，盖好盖板。必要时，尚应将盖板缝隙密封。 8.0.1 在验收时，应按下列要求进行检查： 6. 电缆沟内应无杂物，盖板齐全

表 3.145(续 8)

固定电气线路图示	常见问题描述
	电缆金属层未接地。 不符合:GB 50217《电力工程电缆设计规范》4.1.9电力电缆金属层必须直接接地。交流系统中三芯电缆的金属层,应在电缆线路两终端和接头等部位实施接地
	电缆 PE 线相色不是黄绿双色。 不符合:GB 7947《人机界面标志标识的基本和安全规则导体颜色或字母数字标识》5.3.2 保护导体。保护导体应使用绿 – 黄双色组合标识。 GB 50168《电气装置安装工程 电缆线路施工及验收规范》8.0.1.5 电缆终端的相色应正确
	人行通道上设置的导线槽盒形成绊脚物。 不符合:GB/T 12801《生产过程安全卫生要求总则》5.7.1 配置设备、设施、管线、电缆和组织作业区的基本要求 a)在生产厂房和作业场地上配置的生产设备、设施、管线、电缆以及堆放的生产物料、产品和剩余物料,不应对人员、生产和运输造成危险和有害影响
	电缆沟无盖板。 不符合:GB 50168《电气装置安装工程 电缆线路施工及验收规范》 5.4.6 电缆敷设完毕后,应及时清除杂物,盖好盖板。必要时,尚应将盖板缝隙密封。 8.0.1 在验收时,应按下列要求进行检查: 6.电缆沟内应无杂物,盖板齐全

表 3.145(续9)

固定电气线路图示	常见问题描述
	防爆灯罩缺失。 不符合:QB 1417《防爆灯具安全要求》4.3.10.1 灯具上应配备透明件和保护网,当透明件能承受规定的冲击试验时,也可不装保护网
	进入电缆沟前的固定线路未采用护管或槽盒方式予以保护。 不符合:GB 50054—2011《低压配电设计规范》7.6.8 无铠装的电缆在屋内明敷,除明敷在电气专用房间外,水平敷设时,与地面的距离不应小于 2.5 m;垂直敷设时,与地面的距离不应小于 1.8 m;当不能满足上述要求时,应采取防止电缆机械损伤的措施
	爆炸危险场所配线未用钢管保护,防爆开关进线口与护管连接处未密封。 不符合:GB 50257《电气装置安装工程 爆炸和火灾危险环境电气装置施工及验收规范》6.3.7 电缆引入电气设备或接线盒内,其进线口处应密封。 GB 500058《爆炸危险环境电力装置设计规范(条文说明)》5.4.1 没有护套的电线绝缘层容易破损而存在产生火花的危险性,因此如果不是钢管配线,任何爆炸危险性场所不允许其作为配电线路
	厂房内裸露灯头的壁灯距离地面高度不足 2.5 m。 不符合:GB 50303《建筑电气工程施工质量验收规范》18.1.6 除采用安全电压以外,当设计无要求时,敞开式灯具的灯头对地面距离应大于 2.5 m

表 3.145(续 10)

固定电气线路图示	常见问题描述
	配电柜接出的照明护套线埋入墙壁抹灰层。 不符合:GB 50054《低压配电设计规范》7.2.1 正常环境的屋内场所除建筑物顶棚及地沟内外,可采用直敷布线,并应符合下列规定: 5.不应将导线直接埋入墙壁、顶棚的抹灰层内
	喷漆房内电气线路未穿钢管。 不符合:GB 500058《爆炸危险环境电力装置设计规范(条文说明)》 5.4.1 没有护套的电线绝缘层容易破损而存在产生火花的危险性,因此如果不是钢管配线,任何爆炸危险性场所不允许其作为配电线路。 AQ 3009《危险场所电气防爆安全规范》 6.1.1.1.2 选用的低压电缆或绝缘导线,其额定电压必须高于线路工作电压,且不得低于 500 V,绝缘导线必须敷设于导管内
	防爆场所使用塑料管配线。 不符合:GB 500058《爆炸危险环境电力装置设计规范(条文说明)》5.4.1 没有护套的电线绝缘层容易破损而存在产生火花的危险性,因此如果不是钢管配线,任何爆炸危险性场所不允许其作为配电线路。 GB 50257《电气装置安装工程 爆炸和火灾危险环境电气装置施工及验收规范》5.3.6 钢管配线应在下列各处装设防爆挠性连接管: 2 钢管与电气设备直接连接有困难处。 AQ 3009《危 险 场 所 电 气 防 爆 安 全 规范》 6.1.1.1.5 无护套单芯电线,除非它们安装在配电盘、外壳或导管系统内,不应用作导电配线。 6.1.1.3.10 导管系统中下列各处应设置与电气设备防爆型式相当的防爆挠性连接管: ——电动机的进线口; ——导管与电气设备连接有困难处; ——导管通过建筑物的伸缩缝、沉降缝处

表 3.145(续 11)

固定电气线路图示	常见问题描述
	防爆场所使用塑料管配线。 不符合:GB 500058《爆炸危险环境电力装置设计规范(条文说明)》5.4.1 没有护套的电线绝缘层容易破损而存在产生火花的危险性,因此如果不是钢管配线,任何爆炸危险性场所不允许其作为配电线路。 GB 50257《电气装置安装工程 爆炸和火灾危险环境电气装置施工及验收规范》 5.3.6 钢管配线应在下列各处装设防爆挠性连接管: 2. 钢管与电气设备直接连接有困难处。 AQ 3009《危险场所电气防爆安全规范》 6.1.1.1.5 无护套单芯电线,除非它们安装在配电盘、外壳或导管系统内,不应用作导电配线。 6.1.1.3.10 导管系统中下列各处应设置与电气设备防爆型式相当的防爆挠性连接管: ——电动机的进线口; ——导管与电气设备连接有困难处; ——导管通过建筑物的伸缩缝、沉降缝处
	1 kV 以下电力架空导线的线间距不足。 不符合:DL/T 5220《10 kV 及以下架空配电线路设计技术规程》 9.0.6 配电线路导线的线间距离,应结合地区运行经验确定。如无可靠资料,导线的线间距离不应小于表 9.0.6 所列数值

表 9.0.6 配电线路导线最小线间距离 单位:m

线路电压	挡距						
	40 及以下	50	60	70	80	90	100
1~10 kV	0.6 (0.4)	0.65 (0.5)	0.7	0.75	0.85	0.9	1.0
1 kV 以下	0.3 (0.3)	0.4 (0.4)	0.45	—	—	—	—

注:( )内为绝缘导线数值。1 kV 以下配电线路靠近电杆两侧导线间水平距离不应小于 0.5 m。

表 3.145(续 12)

固定电气线路图示	常见问题描述
	电缆沟内使用沙土做防水封堵材料,达不到有效防水的要求。 　　不符合:GB 50217《电力工程电缆设计规范》5.5.4 电缆构筑物应满足防止外部进水、渗水的要求⋯⋯ 　　GB 50053《20 kV 及以下变电所设计规范》6.2.9 变电所、配电所位于室外地坪以下的电缆夹层、电缆沟和电缆室应采取防水、排水措施;位于室外地坪下的电缆进、出口和电缆保护管也应采取防水措施
 电源导线在钢架上缠绕	电源导线在组装生产线工作台的钢架上缠绕明敷布线。 　　不符合:JGJ 16《民用建筑电气设计规范(条文说明)》8.2.1 直敷布线主要用于居住及办公建筑室内电气照明及日用电器插座线路的明敷布线
	防爆场所内钢管配线的接线盒不防爆。 　　不符合:GB 7691《涂装作业安全规程 安全管理通则》6.10 涂装设备配套的防爆电气设备,按国家技术监督局、劳动部等十一个部门颁发的《关于对实施安全认证的电工产品进行强制性监督管理的通知》进行强制监督管理。涂装作业场所使用的防爆电气设备,应具有以下产品标记: 　　a)国家安全认证标志; 　　b)国家检验单位签发的"防爆合格证"标记; 　　c)产品铭牌(包括防爆类型、级别、组别),铭牌内容不全的由使用单位向销售单位索取补充资料。 　　GB 50058《爆炸危险环境电力装置设计规范》5.1.1(7)爆炸性环境内设置的防爆电气设备应符合现行国家标准《爆炸性环境 第 1 部分:设备 通用要求》GB 3836.1 的有关规定

（六）适用的法规标准

固定电气线路适用的法规标准如表 3.146 所示。

表 3.146 固定电气线路适用的法规标准

序号	法规标准
1	GB 13955 剩余电流动作保护装置安装和运行
2	GB 50054 低压配电设计规范
3	GB 50055 通用用电设备配电设计规范
4	GB 50058 爆炸危险环境电力装置设计规范
5	GB 50061 66 kV 及以下架空电力线路设计规范
6	GB 50149 电气装置安装工程 母线装置施工及验收规范
7	GB 50168 电气装置安装工程 电缆线路施工及验收规范
8	GB 50194 建设工程施工现场供用电安全规范
9	GB 50257 电气装置安装工程 爆炸和火灾危险环境电气装置施工及验收规范
10	GB 50303 建筑电气工程施工质量验收规范
11	GB 5226.1 机械电气安全 机械电气设备 第1部分:通用技术条件
12	GB 7947 人机界面标志标识的基本和安全规则导体颜色或字母数字标识
13	GB 50053 20 kV 及以下变电所设计规范
14	GB 50168 电气装置安装工程 电缆线路施工及验收规范
15	GB 50217 电力工程电缆设计规范
16	GB 7691 涂装作业安全规程 安全管理通则
17	GB/T 13869 用电安全导则
18	JGJ 16 民用建筑电气设计规范
19	DL/T 5161.10 电气装置安装工程质量检验及评定规程第 10 部分 35 kV 及以下架空电力线路施工质量检验
20	DL/T 5220 10 kV 及以下架空配电线路设计技术规程
21	GA 1131 仓储场所消防安全管理通则
22	QB 1417 防爆灯具安全要求

（七）典型做法与经验

固定电气线路在实际操作中的典型做法及相关经验如表 3.147 所示。

表 3.147 固定电气线路在实际操作中的典型做法及相关经验

固定电气线路图示	典型做法及经验
	GB 50303《建筑电气工程施工质量验收规范》 11.1.1 金属梯架、托盘或槽盒本体之间的连接应牢固可靠,与保护导体的连接应符合下列规定: 2. 非镀锌梯架、托盘和槽盒本体之间连接板的两端应跨接保护联结导体,保护联结导体的截面积应符合设计要求
	GB 50257《电气装置安装工程 爆炸和火灾危险环境电气装置施工及验收规范》 5.3.6 钢管配线应在下列各处装设防爆挠性连接管: 2. 钢管与电气设备直接连接有困难处
	GB 50168《电气装置安装工程电缆线路施工及验收规范》 8.0.1 在验收时,应按下列要求进行检查: 1. 电缆规格应符合规定;排列整齐,无机械损伤;标志牌应装设齐全、正确、清晰
	JGJ 16《民用建筑电气设计规范》 8.1.8 布线用各种电缆、电缆桥架、金属线槽及封闭式母线在穿越防火分区楼板、隔墙时,其空隙应采用相当于建筑构件耐火极限的不燃烧材料填塞密实

表3.147(续)

固定电气线路图示	典型做法及经验
	GB 50061《66 kV 及以下架空电力线路设计规范》13.0.1 杆塔上应设置线路名称和杆塔号的标志
	GB 50303《建筑电气工程施工质量验收规范》11.1.1 金属梯架、托盘或槽盒本体之间的连接应牢固可靠,与保护导体的连接应符合下列规定:梯架、托盘和槽盒全长不大于 30 m 时,不应少于两处与保护导体可靠连接;全长大于 30 m 时,每隔 20～30 m 应增加一个连接点,起始端和终点端均应可靠接地
	GB 50217《电力工程电缆设计规范》5.3.2 直埋敷设电缆方式,应符合下列规定: 4. 位于城郊或空旷地带,沿电缆路径的直线间隔100 m、转弯处或接头部位,应竖立明显的方位标志或标桩

三十六、临时低压电气线路

(一)适用范围

本项目适用于:

(1)单位所管辖范围内(含生活区和外包建筑工地)的低压配电室(或开关)出线端至用电场所的动力、照明箱、柜、板进线端之间的临时电气线路,动力、照明箱、柜、板出线到临时用电设备、工器具的临时电气线路以及本应正式安装线路但未按规范安装的

线路;

(2)动力、照明箱、柜、板或独立开关引出用于临时照明的线路及其灯具。

(二)资料备查清单

本考评项查阅的资料包括:

(1)近一年度的临时低压电气线路登记台账;

(2)临时用电安全管理制度、作业许可证或审批单,临时低压电气线路安装、巡检、维修、拆除工作记录;

(3)建设施工、设备维修改造相关方临时用电设备在 5 台及以上或设备总容量在 50 kW 及以上的临时用电设计方案。

(三)考评内容及考评办法

临时低压电气线路考评内容及考评办法如表3.148 所示。

表 3.148　临时低压电气线路考评内容及考评办法

序号	考评内容	分值	考评办法
1	临时低压电气线路应履行审批手续,并符合如下规定:审批单应有申请项目单位、内容、安全技术措施、用电负责人、施工人员,以及审批部门及监督检查负责人,装设地点与装拆日期等内容;并经审批后方可安装;临时低压电气线路期限宜为 15 天,如需要延长应办理延期手续;当预期超过三个月的临时低压电气线路,应按固定线路方式进行设置;相关方临时用电工程,用电设备在 5 台及以上或设备总容量在 50 kW 及以上者,由其编制用电设计方案;经审批、安装后每月应不少于一次进行现场检查和确认;使用现场应设有临时用电危险警示牌,配置符合安全规范的移动式电源箱或在指定的配电箱、柜、板上供电	1分	①查临时接线审批单,依据其审批单和现场随机抽查。②现场核查,一处不合格扣该条款应得分,剩余分值为该设备的实得分。③凡实得分小于 4.25 分,则该线路为不合格线路。④凡在爆炸和火灾危险场所架设临时线路均为不合格线路。⑤根据不合格线路的条数,计算实得分为 实得分 $= 5 - \dfrac{\text{不合格设备台数}}{\text{抽查总台数}} \times 15$ ⑥结合现场抽查情况,发现没建立管理台账、台账不清、账物不符情况或报废/停用手续不全、标识不正确或未明确责任人的,扣2分
2	线路绝缘和屏护 (1)线路路径应避开易撞、易碰,以及地面通道、热力管道、浸水场所等易造成绝缘损坏的危险地方;当不能避免时,应采取保护措施。绝缘导线中的负荷电流不应大于导线允许安全载流量,绝缘导线无破损、无老化。 (2)危险区域或建筑工程、设备安装调试工程的施工现场有电气裸露时,必须设置围栏或屏护装置、并设有警示信号	0.75 分	

表 3.148（续）

序号	考评内容	分值	考评办法
3	线路架设时,其高度在室内应大于 2.5 m,室外应大于 4.5 m,跨越通道应大于 6 m,并牢固固定。电缆或绝缘导线不得成束架空敷设,不得直接捆绑在设备、脚手架、树木、金属构架等物品上;埋地敷设时必须穿管,管内不得有接头,管口应密封;线路与其他设备、门窗、金属构架等距离应大于 0.3 m	0.75 分	
4	保护方式与保护电器 (1)线路应设置总开关控制,且每台设备应配备专用开关,保护电器动作电流与切断时间可靠。 (2)线路与临时用电设备应设置剩余电流动作保护系统,并在规定的动作电流与切断时间内可靠切断故障电路。 (3)当设置的剩余电流动作保护装置(断路器)同时具备短路、过载、接地故障切断保护功能时,可不设总路或分路断路器或熔断器。 (4)建筑工程施工现场低压配电系统应设置总配电箱(柜)和分配电箱、开关箱,实行三级配电,并设置 TN-S 系统和二级剩余电流动作保护装置。配电箱柜应符合《考核评分细则》2.36 的相关规定	1 分	
5	所有用电设备、插座电路、移动线盘等设施外壳或接地桩应与主干 PE 线连接可靠。配电箱内电器安装板上必须装设 N 线端子排和 PE 线端子排	0.75 分	
6	严禁在有爆炸和火灾危险的环境中架设临时电源线;在易被刺割、被腐蚀、碾压等环境中敷设临时电源线应有防护措施	0.75 分	

（四）考评要点

对低压电气线路(临时线路)考评查证时,可首先查阅工厂的管理制度,电气系统的技术资料。

1. 要有完备的临时接线装置审批手续,不超期使用

(1)申请项目应符合临时接线管理规定。

(2)申请项目的内容和审批手续必须完整,包括临时线装设地点、用电容量、用电负责人和审批部门的批准意见、准用日期等。临时线作业许可证应参照 GB 30871《化学品生产单位特殊作业安全规范》附件 A.6《临时用电安全作业证》样式编制并执行。

2. 使用绝缘良好、并与负荷匹配的护套软线

装设临时用电线路必须采用橡套软线,而且要求截面能满足负荷要求,其截面按"低压电气线路(固定线路)"的相关内容查证。

3. 敷设必须符合安全要求

临时线敷设方式可沿墙、架空或敷在地面。沿墙架空敷设时,其高度在室内应大于2.5 m,室外应大于4.5 m,跨越道路时应大于6 m;临时线与其他设备、门、窗、水管等的距离应大于0.3 m;沿地面敷设应有防止线路受外力损坏的保护措施。

4. 必须装有总开关控制和漏电保护装置,每一分路应装设与负荷匹配的熔断器

每一级别的动力配电箱、照明箱必须安装总控开关和分路剩余电流动作保护装置。

5. 临时用电设备 PE 连接可靠

(1)所有的临时用电都应设置满足 JGJ 46《施工现场临时用电安全技术规范》的要求的接地保护,接地电阻值应满足 JGJ 46《施工现场临时用电安全技术规范》5.3 条的要求,接地线和接零线应分开设置。接地线和接零线应分别连接配电箱柜的 PE 线端子排和 N 线端子排,导线接线端应使用相序标志色予以标注。

(2)采用 TN 保护接零系统时,工作零线(N 线)必须通过总漏电保护器,保护零线(PE 线)必须由电源进线零线重复接地处或总漏电保护器电源侧零线处,引出形成局部 TN－N－S 接零保护系统。

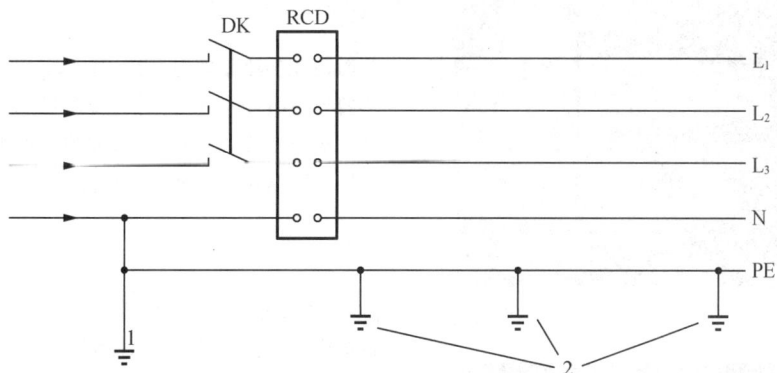

图 3.1 三相四线供电时局部 TN－S 接零保护系统保护零线引出示意
1—NPE 线重复接地;2—PE 线重复接地;L1,L2,L3—相线;N—工作零线;PE—保护零线;DK—总电源隔离开关;RCD—总漏电保护器(兼有短路、过载、漏电保护功能的漏电断路器)

6. 严禁在有爆炸和火灾危险的场所架设临时线

7. 考评临时线路时应注意掌握的问题

(1)对电气工作人员校验电气设备或临时检修所用电气线路,以及利用插头插座接插电源的移动式机电设备,使用期不超过一个工作日,且有严格使用管理规定,可不办理申请审批手续,工作完毕须及时拆除。

（2）基建工地的临时电源线，其使用期限可按施工工期审批。

8. 计分原则

考评时，如发现某些未在考评内容中提出要求的问题，而这些问题存在明显的事故隐患，应明确在考评结论中提出，但不作扣分的依据。

（五）常见问题

临时低压电气线路常见问题图示及描述如表3.149所示。

表 3.149　临时低压电气线路常见问题图示及描述

临时低压电气线路图示	常见问题描述
	临时用电线路未使用护套线。 不符合：GB 50194《建设工程施工现场供用电安全规范》7.4.4 临时设施的室内配线应符合下列规定：（3）当采用无护套绝缘导线时应穿管或线槽敷设。 GB/T 13869《用电安全导则》6.8 移动使用的用电产品，应采用完整的铜芯橡皮套软电缆或护套软线作电源线
	临时线在插座箱取电未使用插头。 不符合：GB/T 13869《用电安全导则》6.16 插头插座应按规定正确接线，插座的保护接地极在任何情况下都应单独与保护接地可靠连接
	临时线未经漏保控制，未实现一线、一闸、一漏保（塑壳断路器额定动作电流大于 30 mA，分断时间一般为 0.5 s）。 不符合：GB 50194《建设工程施工现场供用电安全规范》 6.4.4 末级配电箱进线应设置总断路器，各分支回路应设置具有短路、过负荷、剩余电流动作保护功能的电器。 6.4.7 当配电系统设置多级剩余电流动作保护时，每两级之间应有保护性配合，并应符合下列规定：①末级配电箱中的剩余电流保护器的额定动作电流不应大于 30 mA，分断时间不应大于 0.1 s。 9.2.3 一台剩余电流动作保护器不得控制二台及以上电动工具。 9.4.4 电焊机的电源开关应单独设置

表 3.149（续 1）

临时低压电气线路图示	常见问题描述
	220 V 临时线三级插头缺失 PE 线。 不符合:JGJ 46《施工现场临时用电安全技术规范》 9.1.4 电动建筑机械和手持式电动工具的负荷线应按其计算负荷选用无接头的橡皮护套铜芯软电缆……。电缆芯线数应根据负荷及其控制电器的相数和线数确定:三相四线时,应选用五芯电缆;三相三线时,应选用四芯电缆;当三相用电设备中配置有单相用电器具时,应选用五芯电缆;单相二线时,应选用三芯电缆
	临时线的 PE 线压接不紧固。 不符合:GB 50169《电气装置安装工程 接地装置施工及验收规范》3.4.1……用螺栓连接时应设防松螺帽或防松垫片
	船用安全电压导线接头缺失绝缘防护。 不符合:CB 3786《船厂电气作业安全要求》4.2.18 任何电线接头以及电气线路拆除后均不应将线头外露,应及使用包布绝缘
	船厂焊机组一次线沿地面敷设无保护措施。 不符合:GB 50194《建设工程施工现场供用电安全规范》7.4.2 沿墙面或地面敷设电缆线路应符合下列规定: ③沿地面明敷的电缆线路应沿建筑物墙体根部敷设,穿越道路或其他易受机械损伤的区域,应采取防机械损伤的措施,周围环境应保持干燥

表 3.149（续2）

临时低压电气线路图示	常见问题描述
	上船电缆与船帮边沿之间缺失电缆支架。 不符合:CB 3786《船厂电气作业安全要求》4.4.7 上船电源线电压不小于 220 V 时,应用绝缘完好的橡套电缆,架空固定
	临时线跨路高度不足 6 米且无防护措施。 不符合:GB 50194《建设工程施工现场供用电安全规范》7.2.6 施工现场供用电架空线路与道路等设施的最小距离应符合跨越道路时距路面最小垂直距离(电压小于 1 kV 时, 6 m)。否则应采取防护措施
	利用大树作为临时线电缆支架 不符合:GB 50194《建设工程施工现场供用电安全规范》7.1.2 配电线路的敷设方式应符合下列规定: 　2.供用电电缆可采用架空、直埋、沿支架等方式进行敷设; 　3.不应敷设在树木上或直接绑挂在金属构架和金属脚手架上
	利用钢结构房屋敷设临时线路且悬垂。 不符合:GB 50194《建设工程施工现场供用电安全规范》7.1.2 配电线路的敷设方式应符合下列规定: 　2.供用电电缆可采用架空、直埋、沿支架等方式进行敷设; 　3.不应敷设在树木上或直接绑挂在金属构架和金属脚手架上

表 3.149(续 3)

临时低压电气线路图示	常见问题描述
	室内临时灯距离地面不足 2.5 m,无灯罩防护。 不符合:GB 50303《建筑电气工程施工质量验收规范》18.1.6 除采用安全电压以外,当设计无要求时,敞开式灯具的灯头对地面距离应大于 2.5 m。 JGJ 46《施工现场临时用电安全技术规范》 10.2.2 下列特殊场所应使用安全特低电压照明器: 1. 隧道、人防工程、高温、有导电灰尘、比较潮湿或灯具离地面高度低于 2.5 m 等场所的照明,电源电压不应大于 36 V
	临时线无支架,距地高度不足。 不符合:GB 50194《建设工程施工现场供用电安全规范》7.1.2 配电线路的敷设方式应符合下列规定: 2. 供用电电缆可采用架空、直埋、沿支架等方式进行敷设; 7.4.1 ④ 沿构、建筑物水平敷设的电缆线路,距地面高度不宜小于 2.5 m; 7.4.2 沿墙面或地面敷设电缆线路应符合下列规定: 1. 电缆线路宜敷设在人不易触及的地方; 2. 电缆线路敷设路径应有醒目的警告标识
	TN-S 系统接临时线未接 PE 保护导线,未经漏保控制,未实现一线、一闸、一漏保(塑壳断路器额定动作电流大于 30 mA,分断时间一般为 0.5 s)。 不符合:GB 50194《建设工程施工现场供用电安全规范》 6.4.4 末级配电箱进线应设置总断路器,各分支回路应设置具有短路、过负荷、剩余电流动作保护功能的电器。 8.1.6 下列电气装置的外露可导电部分和装置外可导电部分地应接地: 1. 电机、变压器、照明灯具等 I 类电气设备的金属外壳、基础型钢、与该电气设备连接的金属构架及靠近带电部分的金属围栏; 2. 电缆的金属外皮和电力线路的金属保护管、接线盒

表 3.149（续 4）

临时低压电气线路图示	常见问题描述
厂房内裸露灯头的吊灯距离地面高度不足2.5 m。 照明临时线无护套，未延墙和架空敷设。	厂房内 220 V 临时灯距离地面不足 2.5 m，无灯罩防护。照明临时线无护套，未沿墙和架空敷设。 　　不符合：GB 50303《建筑电气工程施工质量验收规范》 　　18.1.6 除采用安全电压以外，当设计无要求时，敞开式灯具的灯头对地面距离应大于 2.5 m。 　　JGJ 46《施工现场临时用电安全技术规范》 　　10.2.2 下列特殊场所应使用安全特低电压照明器： 　　1.隧道、人防工程、高温、有导电灰尘、比较潮湿或灯具离地面高度低于 2.5 m 等场所的照明，电源电压不应大于 36 V。 　　GB 50194《建设工程施工现场供用电安全规范》 　　7.4.4 临时设施的室内配线应符合下列规定： 　　(3)当采用无护套绝缘导线时应穿管或线槽敷设
调漆间内使用临时线及非防爆电动搅拌器	调漆间内使用临时线及非防爆电动搅拌器 　　不符合：AQ 5201《涂装工程安全设施验收规范》 　　8.1 涂装作业场内的电气安全，必须符合整体防爆的要求，即电机、电器、照明、线路、开关、接头等都必须符合防爆安全要求，严禁乱接临时电线。 　　AQ/T 7009《机械制造企业安全生产标准化规范》 　　4.2.33 涂装作业 　　4.2.34.4 防爆和防静电 　　4.2.34.4.1 应根据存放物品的特性采取相应等级的防爆电器。 　　4.2.34.4.3 所使用的工具应满足防火防爆的要求。 　　4.2.37 临时低压电气线路 　　4.2.37.6 严禁在有爆炸和火灾危险的环境中架设临时电源线

表 3.149(续 5)

临时低压电气线路图示	常见问题描述
	临时线水平敷设距离地面高度不足。 不符合:GB 50194《建设工程施工现场供用电安全规范》 7.4.1(4) 沿构、建筑物水平敷设的电缆线路,距地面高度不宜小于 2.5 m; 7.4.2 沿墙面或地面敷设电缆线路应符合下列规定:1.电缆线路宜敷设在人不易触及的地方。 AQ/T 7009《机械制造企业安全生产标准化规范》 4.2.37.3 线路架设时,其高度在室内应大于 2.5 m,室外应大于 4.5 m,跨越通道应大于 6 m,并牢固固定。电缆或绝缘导线不得成束架空敷设,不得直接捆绑在设备、脚手架、树木、金属构架等物品上;埋地敷设时应穿管,管内不得有接头,管口应密封;线路与其他设备、门窗、金属构架等距离应大于 0.3 m
	上船低压临时电缆未从岸电箱接出,而是直接与船电电缆连接,导致末级保护功能缺失。 不符合:JGJ 16《民用建筑电气设计规范》7.1.4 低压配电系统的设计应满足下列要求: 3.由公用电网引入的低压电源线路,应在电源进线处设置隔离电器或具有隔离作用的保护电器。 GB 50194—2014《建设工程施工现场供用电安全规范》 6.4.4 末级配电箱进线应设置总断路器,各分支回路应设置具有短路、过负荷、剩余电流动作保护功能的电器
	220 V 移动使用的落地灯缺失灯罩。 不符合:GB 50303《建筑电气工程施工质量验收规范》 18.1.6 除采用安全电压以外,当设计无要求时,敞开式灯具的灯头对地面距离应大于 2.5 m

表 3.149（续 6）

临时低压电气线路图示	常见问题描述
	施工方于 2015 年 10 月 21 日提交的某维修工程用电设备总容量为 140 kW 的临时用电组织设计方案中缺失现场勘测、设计配电系统、设计接地装置、确定防护措施等要件内容；且未经该施工单位技术负责人的批准。方案中引用的依据为 JGJ 46,JGJ 59 均为过期版本。 　　不符合：AQ/T 7009《机械制造企业安全生产标准化规范》 　　4.2.37.1 临时低压电气线路应履行审批手续，并符合如下规定： 　　相关方临时用电工程，用电设备在 5 台及以上或设备总容量在 50 kW 及以上者，由其编制用电设计方案…… 　　JGJ 46—2005《施工现场临时用电安全技术规范》 　　3.1.1 施工现场临时用电设备在 5 台及以上或设备总容量在 50 kW 及以上者，应编制用电组织设计。 　　3.1.2 施工现场临时用电组织设计应包括下列内容： 　　1.现场勘测； 　　2.确定电源进线、变电所或配电室、配电装置、用电设备位置及线路走向； 　　3.进行负荷计算； 　　4.选择变压器； 　　5.设计配电系统： 　　①设计配电线路，选择导线或电缆； 　　②设计配电装置，选择电器； 　　③设计接地装置； 　　④绘制临时用电工程图纸，主要包括用电工程总平面图、配电装置布置图、配电系统接线图、接地装置设计图。 　　6.设计防雷装置； 　　7.确定防护措施； 　　8.制定安全用电措施和电气防火措施。 　　3.1.4 临时用电组织设计及变更时，必须履行"编制、审核、批准"程序，由电气工程技术人员组织编制，经相关部门审核及具有法人资格企业的技术负责人批准后实施

（六）适用的法规标准

临时低压电气线路适用的法规标准如表 3.150 所示。

表 3.150 临时低压电气线路适用的法规标准

序号	法规标准
1	GB 50194 建设工程施工现场供用电安全规范
2	GB/T 13869 用电安全导则
3	JGJ 46 施工现场临时用电安全技术规范
4	AQ/T 7009 机械制造企业安全生产标准化规范
5	CB 3786 船厂电气作业安全要求

(七)典型做法与经验

临时低压电气线路在实际操作中的典型做法及相关经验如表 3.151 所示。

表 3.151 临时低压电气线路在实际操作中的典型做法及相关经验

临时低压电气线路图示	典型做法及经验
	GB 50194《建设工程施工现场供用电安全规范》7.2.6 施工现场供用电架空线路与道路等设施的最小距离应符合跨越道路时距路面最小垂直距离(电压小于 1 kV 时,6 m)
	GB 7000.1《灯具 第 1 部分:一般要求与试验》5.2.10.1 X 型连接的软线和灯具设计成使用不可拆卸软缆或软线的,软线固定架应: a)至少有一部分固定在灯具上,或是灯具的一个组成部分

三十七、动力、照明箱(柜、板)

(一)适用范围

本项目适用于单位所管辖范围内生产车间等各部门、各部位进户隔离开关及以下,具有分配保护功能的动力、照明箱(柜、板)(不含设备的电气控制柜、箱)。

(二)资料备查清单

本考评项查阅的资料包括:

(1)动力、照明箱(柜、板)分类登记表、每月由电气专业人员进行维护、检查的记录;

(2)用电单元供电系统图。

(三)考评内容及考评办法

动力、照明箱(柜、板)考评内容及考评办法如表 3.152 所示。

表 3.152　动力、照明箱(柜、板)考评内容及考评办法

序号	考评内容	分值	考评办法
1	环境条件 (1)爆炸和火灾危险环境中的配电箱(柜、板)应符合 GB 50058 的相关规定。 (2)粉尘、潮湿或露天、腐蚀性环境中的配电箱(柜、板)应符合 GB 4208 的相关规定。 (3)金属占有系数大及高温环境的配电箱(柜、板)应选择防护式,且用金属材料制作。 (4)配电箱(柜、板)的设置应通风、防尘、防飞溅、防雨水、防油污、防小动物	25 分	①查设备设施台账,依据其台账确定抽查数量和具体的被评设施。 ②现场核查,凡不符合《考核评分细则》2.36.1,2.36.3、2.36.6 任一条款要求时,该台设施为不合格设施;其他条款任一条不符合的,每项次扣 2 分;考评时每台配电箱柜得分低于 20 分,视为该台配电箱不合格。 ③根据不合格设施的台数,计算实得分为 $$实得分 = 25 - \frac{不合格设备台数}{抽查总台数} \times 75$$ ④结合现场抽查情况,发现没建立管理台账、台账不清、账物不符情况或报废/停用手续不全、标识不正确或未明确责任人的,扣 2 分
2	安装 (1)箱柜电源侧应有可靠的隔离电器分隔总路,操动机构应可靠分断或闭合电路;各个电气单元绝缘良好、接头无外露,并排列整齐、安装牢固,设有良好的外壳防护装置。 (2)具有 2 个回路及以上的配电箱板应设总刀闸及分路刀闸或开关;每一分路应接一台电气设备,并按容量选择刀闸或断路器;照明、动力合一的配电箱应分设刀闸或开关。 (3)室内落地式的箱柜底面应高出地面 50 mm 以上,室外应高出地面 200 mm 以上;底部应具备良好的防小动物进入措施;固定式配电箱的中心点与地面的垂直距离宜为 1.4 ~ 1.6 m。 (4)箱(柜、板)前方(或下方)1.2 m 的范围内应无障碍物;当工艺布置有困难时,照明箱可减至 0.8 m。 (5)箱(柜)必须上锁,并关闭严密;进出线弯曲半径应符合《考核评分细则》2.33.4.3 的规定,出线应受到保护,严禁承受外力;线路压接紧固,不得扭接、松动。 (6)箱(柜、板)上应无飞线、无积尘、无油污、无烧损、箱(柜)内无杂物		

表 3.152（续 1）

序号	考评内容	分值	考评办法
3	PE 线与 N 线 （1）箱（柜、板）内 PE 与 N 应从主干 PE 接地系统网路和 N 排（线）分别引入或引出，接至电器安装板上时必须分设 PE 线端子排和 N 线端子排；N 线端子排必须对地绝缘；金属安装板及外露可导电部分必须与 PE 线端子板做可靠的电气连接。 （2）PE 线和 N 线应压实，不得有松脱、损伤现象，PE 线连接应符合《考核评分细则》2.37 的相关规定。 （3）PE 线和 N 线应采用压接，压接时，严禁"一钉多根线"。 （4）N 与 PE 分开后，不允许再合并；N 线对地绝缘；N 与 PE 应标识正确、明晰。 （5）N 线对地绝缘，严禁单相设备采用"一相一地"（L－PE）的接线方式		
4	电气元件与线路：刀闸、开关、接触器应动作灵活、接触可靠、合闸到位，触头无烧损；指示测量仪表或装置应灵敏可靠，无损坏；线路应满足安全载流量，无严重发热和烧蚀现象		
5	插座回路 （1）插座回路电压等级与用途不同时应设有标识。 （2）插线板应有铭牌，使用前应经定检许可，不宜两个及以上进行串接使用。 （3）插座回路应有单独电源开关控制，每一回路插座数量不宜超过 10 个，用于计算机电源的插座数量不宜超过 5 个。 （4）插座回路应配置剩余电流动作保护装置（兼作开关），按场所环境特征选择动作参数，PE 线不得接入其装置，始终保持其连续性、可靠性		
6	电气装置的配置 （1）总开关电器的额定值，动作整定值应与分路开关电器的额定值、动作整定值相适应，并应具备电源隔离（明显断开点）、短路过载、单相故障电流回路切断保护功能。 （2）熔断器应按负荷计算选择熔体的额定电流，并具有可靠灭弧分断功能，熔池清洁。严禁使用多股及不符合原规格的熔体或者金属丝代替熔断元件。		

表 3.152（续 2）

序号	考评内容	分值	考评办法
	（3）自动断路器应与负荷相匹配，线路单相短路电流不应小于脱扣器整定电流的 1.3 倍。 （4）各种开关、电器的额定值、动作整定值应与其控制用电设备的额定值和特性相适应；电器配置和接线未经安全设计严禁随意改动		
7	配电板面板后和箱柜以外禁止有裸导体或接头裸露。箱柜应有可靠的屏护		
8	安全标识和定检维护 （1）面板应有统一编号和符合规范的安全标识和安全色。 （2）箱柜内应有"电气接线图"，标识电器装置的型号、规格、保护电气装置整定值，所控对象的名称、编号等，且与实际相符合。 （3）车间（场所）供电系统图应与各配电器（柜、板）的"电气接线图"相一致。 （4）每月应由电气专业人员进行维护、检查，并保持记录		

（四）考评要点

1. 箱（柜、板）符合作业环境要求

（1）触电危险性小的一般生产场所和办公室，可采用启式的配电箱（板）。

（2）触电危险性大或作业环境较差的加工车间、铸造、锻造、热处理、锅炉房、木工房等场所，均应采用封闭式箱、柜。

（3）有导电性粉尘或产生易燃易爆气体的危险作业场所，必须采用密闭式或防爆型的电气设施。

2. 箱（柜、板）内外整洁、完好、无杂物、无积水，有足够的操作空间，符合安装规程要求

（1）箱、柜、板都要符合电气设计安装规范要求，各类电器元件、仪表、开关和线路应排列整齐，安装牢周，操作方便，内外无积尘、积水和杂物。

（2）落地安装的箱、柜底面，室内应高出地面 50～100 mm，室外应高出地面 200 m 以上，底座周围封闭严密。

（3）箱、柜、板前方 1.2 m 的范围内无障碍物（因工艺布置、设备安装确有困难时可减至 0.8 m，但不得影响箱门开启和操作）。

3. 箱（柜、板）体 PE 可靠

（1）动力、照明箱（柜、板）的所有金属构件，必须有可靠的接地故障保护。在 380 V/

220 V 三相四线制变压器中性点直接接地系统中,必须把电气设备在正常情况不带电的金属部分与电网的零线可靠地连接起来;在对地绝缘系统中必须将电气设备在正常情况下不带电的金属部分与大地可靠的连接起来。

(2)由同一台变压器供电的系统中,只允许采用同一种接地故障保护方式,而且应构成一个保护网。

(3)必须保持导电的连续性,不得有任何脱节现象。

(4)电气设备的接地或接零支线应单独与接地或接零干线相连接,接地或接零支线之间不准串联。

(5)PE 线必须有足够的机械强度和防松脱措施,有足够的导电能力和热稳定性。

(6)采取保护接地要有一个符合最大允许接地电阻值要求的接地体,并要定期检测其接地电阻值。

4. 电器元件

各种电器元件及线路接触良好,连接可靠,无严重发热、烧损现象。

5. 箱(板、柜)内插座接线正确,并配有漏电保护器

(1)插座安装必须符合下列要求:单相两孔插座,面对插座右极接相线,左极接零线;单相两孔插座必须上下安装时,零线在下方,相线在上方;单相三孔插座,面对插座上孔接 PE 线,右极接相线,左极接工作零线;四孔插座只准用于 380 V 电源,上孔接 PE 线。

(2)交、直流或不同电压的插座在同一场所时,应有明显区别或标志。

6. 保护装置齐全,与负载匹配合理

一般熔断元件的额定工作电流应不大于导线允许载流量的 2.5 倍。如按负荷计算,熔断元件短路保护额定电流可在 1.5～2.5 倍负荷的额定工作电流选择;对于自动开关,单相短路电流不应小于脱扣器整定电流的 1.5 倍。

7. 外露带电部分屏护完好

箱、柜以外不得有裸带电体外露。必须装设在箱、柜外表面或配电板上的电气元件,必须有可靠的屏护。

8. 编号、识别标记齐全、醒目

箱、柜、板都应有设施本身的编号,企业可根据有利于管理的实际情况确定编号形式和内容;箱、柜、板上每一处开关,每一组熔断器,都应有表明控制对象的名称、标记及对应图示,并与实际相符。

9. 计分原则

考评时,如发现某些未在考评内容中提出要求的问题,而这些问题存在明显的事故隐患,应明确在考评结论中提出,但不作扣分的依据。

(五)常见问题

动力、照明箱(柜、板)常见问题图示及描述如表 3.153 所示。

表 3.153 动力、照明箱(柜、板)常见问题图示及描述

动力、照明箱(柜、板)图示	常见问题描述
	配电箱前缺失操作空间。 不符合:GB 5226.1《机械电气安全 机械电气设备 第 1 部分:通用技术条件》 11.控制设备:位置、安装和电柜 11.1 一般要求 所有控制设备的位置和安装应易于: ——接近和维修; ——防御外界影响和不限制机构的操作; ——机械及有关设备的操作和维修。 11.2 位置和安装 11.2.1 易接近性和维修 所有控制设备的安装都应易于从正面操作和维修。 AQ/T 7009《机械制造企业安全生产标准化规范》 4.2.38.2.4 箱(柜、板)前方(或下方)1.2 m 的范围内应无障碍物;当工艺布置有困难时,照明箱可减至 0.8 m
	箱内 PE 导线铰接。 不符合:GB 50303《建筑电气工程施工质量验收规范》5.1.12 照明配电箱(盘)安装应符合下列规定: 1.箱(盘)内配线整齐,无铰接现象。导线连接紧密,不伤芯线,不断股。垫圈下螺丝两侧压的导线截面积相同,同一端子上端子上导线连接不多于 2 根,防松垫圈等零件齐全
	配电柜面板缺失"当心触电"的图标及箱柜编号。 不符合:GB 5226.1《机械电气安全 机械电气设备 第 1 部分:通用技术条件》 16.2 警告标识 16.2.1 不能清楚表明其中装有电气器件的外壳,都应标记 GB/T 5465.2 中 5036 图形符号: ⚡;警告标识应在外壳门或盖上清晰可见

表 3.153(续 1)

动力、照明箱(柜、板)图示	常见问题描述
	开关箱缺失控制对象的标志或编号。 不符合:GB 50303《建筑电气工程施工质量验收规范》5.2.6 柜、屏、台、箱、盘内检查试验应符合下列规定: 4.柜、屏、台、箱、盘上的标识器件标明被控设备编号及名称,或操作位置,接线端子有编号,且清晰、工整、不易脱色
	装有照明导线的配电柜内缺失 N 线排。 不符合:GB 50303 照明导线的《建筑电气工程施工质量验收规范》5.1.12 照明配电箱(盘)安装应符合下列规定: 3.箱(盘)内宜分别设置中性导体(N)和保护接地导体(PE)汇流排,汇流排上同一端子不应连接不同回路的 N 或 PE
	船厂室外配电柜底部未封堵。箱底距离地面高度不足 300 mm。 不符合:GB 50054《低压配电设计规范》4.2.1 落地式配电箱的底部宜抬高,高出地面的高度室内不应低于 50 mm,室外不应低于 200 mm;其底座周围应采取封闭措施,并应能防止鼠、蛇类等小动物进入箱内。 CB/T 8522《舾装码头设计规范》7.4.2 箱内应有 N 排和 PE 排。接电箱外壳钢板厚度不小于3 mm,垂直安装的接电箱底出线孔离地不宜小于300 mm,箱体外壳防护等级不小于 IP54
	配电箱内缺失总控开关。 不符合:AQ/T 7009《机械制造企业安全生产标准化规范》4.2.38.2.1 箱柜电源侧应有可靠的隔离电器分隔总路,操动机构应可靠分断或闭合电路。 JGJ 16《民用建筑电气设计规范》7.1.4 低压配电系统的设计应满足下列要求: 3.由公用电网引入的低压电源线路,应在电源进线处设置隔离电器或具有隔离作用的保护电器

表 3.153（续 2）

动力、照明箱（柜、板）图示	常见问题描述
	箱柜内保护导线端子"一钉多线"。 不符合：GB 5226.1《机械电气安全 机械电气设备 第 1 部分：通用技术条件》 13.配线技术 13.1 连接和布线 13.1.1 一般要求 只有专门设计的端子,才允许一个端子连接两根或多根导线。但一个端子只应连接一根保护导线
	配电板缺失壳体保护。 不符合：GB/T 25295《电气设备安全设计导则》4.3.6 防直接接触保护设计要满足人和动物不受与电气设备带电部分直接接触时所造成危险的要求。设计的防护措施必须在任何情况下,都能使危险的带电部分不会被有意或无意触及,或将带电部分的电压值或触及电流值降低到没有危险的程度。 在设计上,防直接接触保护一般采用绝缘防护、外壳或遮拦防护,采用安全特低电压等。 GB 5226.1《机械电气安全 机械电气设备 第 1 部分：通用技术条件》6.2.2 用外壳作防护 带电部件应安装在符合第 4 章、第 11 章和第 14 章有关技术要求的外壳内,直接接触的最低防护等级为 IP2X 或 IPXXB。如果壳体上部表面是容易接近的,直接接触的最低防护等级应为 IP4X 或 IPXXD
	木工车间开关箱不防尘。 不符合：GB 15606《木工（材）车间安全生产通则》8、电气系统 木工（材）车间使用的电气设备（包括动力配电箱（柜）、电气开关盒等）,其防护等级应达到 IP54 的要求（防尘防水等级）

表 3.153(续 3)

动力、照明箱(柜、板)图示	常见问题描述
	岸电箱门朝向水域方向开启。 不符合:CB/T 8522《舾装码头设计规范》7.4.4 接电箱门不应朝向水域方向开启
	照明配电板未使用不燃材料制作。 不符合:GB 50303《建筑电气工程施工质量验收规范》5.2.10 照明配电箱(盘)安装应符合下列规定: 2.箱(盘)内接线整齐,回路编号齐全,标识正确; 3.箱(盘)不采用可燃材料制作
	插座回路缺失剩余电流动作保护装置;380V 插座缺失电压等级标志。 不符合:JGJ 16《民用建筑电气设计规范》7.7.10 剩余电流动作保护的设置应符合下列规定: 1.下列设备的配电线路应设置剩余电流动作保护: 1)手持式及移动式用电设备; 2)室外工作场所的用电设备; 3)环境特别恶劣或潮湿场所的电气设备; 4)家用电器回路或插座回路。 GB 50055《通用用电设备配电设计规范》8.0.6 插座的形式和安装要求应符合下列规定: 1.对于不同电压等级的日用电器,应采用与其电压等级相匹配的插座;选用非 220 V 单相插座时,应采用面板上有明示使用电压的产品

表 3.153(续 4)

动力、照明箱(柜、板)图示	常见问题描述
	箱柜顶部进线口缺失防护封堵。 不符合:GB 50171《电气装置安装工程 盘、柜及二次回路接线施工及验收规范》 3.0.12 安装调试完毕后,在电缆进出盘柜的底部或顶部以及电缆管口处应进行防火封堵,封堵应严密
	刀开关动触头与静触头接触面积小。 不符合:GB 50171《电气装置安装工程盘、柜及二次回路接线施工及验收规范》4.0.6 成套柜的安装应符合下列要求: 1. 机械闭锁、电气闭锁应动作准确、可靠。 2. 动触头与静触头的中心线应一致,触头接触紧密
	箱柜内 PE 线缺失黄/绿标志色,与蓝色的 N 线相序色相同。 不符合:GB/T 13869《用电安全导则》 6.13 保护接地线应采用焊接、压接、螺栓连接或其他可靠方法连接,严禁缠绕或钩挂。电缆(线)中的绿/黄双色线在任何情况下只能用作保护接地线。 GB 5226.1《机械电气安全 机械电气设备 第 1 部分:通用技术条件》 13.2.3 中线的标识 如果电路包含有用颜色识别的中线,其颜色应为蓝色。为避免与其他颜色混淆,建议使用不饱和蓝,这里称为"浅蓝",如果选择的颜色是中线唯一的标识,可能混淆的场合,不应使用浅蓝色来标记其他导线

表 3.153(续 5)

动力、照明箱(柜、板)图示	常见问题描述
	开关的进线缺失相序标识。 不符合:GB 50149《电气装置安装工程 母线装置施工及验收规范》3.1.10 母线标识颜色应符合下列规定: 1.三相交流母线:A 相为黄色,B 相为绿色,C 相为红色,单相交流母线与引出相的颜色相同
	装有电器的配电箱柜门缺失 PE 跨接线。 不符合:GB 50303《建筑电气工程施工质量验收规范》5.1.1 柜、台、箱的金属框架及基础型钢应与保护导体可靠连接;对于装有电器的可开启门,门和金属框架的接地端子间应选用截面积不小于 4 mm² 的黄绿色绝缘铜芯软导线连接,并应有标识
	开关出线端子压接多根导线,出线相序标识色错误。中性线端子压接不紧密。 不符合:GB 50171《电气装置安装工程 盘、柜及二次回路接线施工及验收规范》6.0.1 (7) 每个接线端子的每侧接线宜为一根,不得超过 2 根。 GB 50303《建筑电气工程施工质量验收规范(条文说明)》5.1.12 每个接线端子上的导线连接不应超过 2 根,是为了连接紧密,不因通电后由于冷热交替等时间因素而过早在检修期内发生松动,同时也考虑到方便检修,不使因检修而扩大停电范围。同一垫圈下的螺丝两侧压的导线应截面和线径均一致,实际上这是一个结构是否合理的问题,如不一致,螺丝既受拉力,又受弯矩,对导线芯线必然一根压紧、另一根稍差,对导电的良好性将受到影响

表3.153(续6)

动力、照明箱(柜、板)图示	常见问题描述
	码头岸电箱缺失配电系统的形式和频率标志。 　不符合:《钢质海船入级规范 电气装置篇》(中国船级社 2014 版)船上电气装置 第 4 篇 第 2 章 3.3.2.12 用作连接岸电或其他外来电源的岸电箱应具有下列设施: 　(7)标明船电系统的配电系统的形式、额定电压和频率(对于交流)的铭牌
	配电柜内带电母线无防止触及的隔离防护装置。 　不符合:GB 50171《电气装置安装工程 盘、柜及二次回路接线施工及验收规范》 　5.0.7 盘、柜内带电母线应有防止触及的隔离防护装置。 　GB 7251.1—2005《低压成套开关设备和控制设备 第 1 部分:型式试验和部分型式试验成套设备》 　7.4.3.2.2 用完全绝缘进行防护 　f.如果外壳上的门或覆板不使用钥匙或工具也可打开,则应配备一个用绝缘材料制成的屏障,此挡板不仅可防止无意识地触及可接近的带电部件,而且还可防止无意识的触及在打开覆板后可接近的裸露导电部件,因此,此挡板不使用工具应不能打开
	箱柜内二次接线的线路标识缺失,线路排列混乱。 　不符合:GB 50171《电气装置安装工程 盘、柜及二次回路接线施工及验收规范》6.0.1 二次回路接线应符合下列规定: 　4.盘、柜内的导线不应有接头,导线芯线应无损伤。 　5.电缆芯线和所配导线的端部均应标明其回路编号,编号应正确,字迹清晰且不易脱色。 　6.配线应整齐、清晰、美观,导线绝缘应良好,无损伤

表 3.153（续 7）

动力、照明箱（柜、板）图示	常见问题描述
	室外配电箱缺失防雨罩，箱体锈蚀，锁具缺失防雨淋装置。 不符合：GB 50254《电气装置安装工程 低压电器施工及验收规范》3.0.15 室内使用的低压电器在室外安装时，应有防雨、雪等有效措施
	开关柜内电缆缺失标志牌。 不符合：GB50168《电气装置安装工程 电缆线路施工及验收规范》8.0.1 在验收时，应按下列要求进行检查： 1.电缆规格应符合规定；排列整齐，无机械损伤；标志牌应装设齐全、正确、清晰
	分段制造场所动力配电箱缺失电压等级标志。 不符合：CB 3786《船厂电气作业安全要求》4.3.1.8 220 V/380 V 分配电箱及电缆应有明显的标志
	落地式配电柜缺失底座 不符合：GB 50054《低压配电设计规范》4.2.1 落地式配电箱的底部宜抬高，高出地面的高度室内不应低于 50 mm，室外不应低于 200 mm；其底座周围应采取封闭措施，并应能防止鼠、蛇类等小动物进入箱内

表3.153(续8)

动力、照明箱(柜、板)图示	常见问题描述
	配电箱平放使用 不符合:CB 3786《船厂电气作业安全要求》4.3.1 220 V/380 V船上配电和使用要求 4.3.1.2 220 V/380 V供电箱、柜应固定安装,不应卧放在甲板上或到处拖拉。 GB 50303《建筑电气工程施工质量验收规范》5.2.5柜、台、箱、盘安装垂直度允许偏差不应大于1.5‰,相互间接缝不应大于2 mm,成列盘面偏差不应大于5 mm。 GB 50254《电气装置安装工程 低压电器施工及验收规范》5.0.1开关、隔离器、隔离开关的安装应符合产品技术文件的要求;当无要求时,应符合下列规定: 1.开关、隔离器、隔离开关应垂直安装,并使静触头位于上方
	开关箱内使用DZ10型塑壳断路器。 不符合:工产业〔2010〕第122号《部分工业行业淘汰落后生产工艺装备和产品指导目录(2010年本)》的要求
	爆炸危险区域内配电箱不防爆。 不符合:AQ 5201《涂装工程安全设施验收规范》8.3有防爆要求场所的开关、空气断路器、二次启动用空气控制器以及配电盘宜采用隔爆型;操作用小开关宜采用正压(充油)型;操作盘和控制盘宜采用正压型;接线盒应采用隔爆型。 GB 50058《爆炸危险环境电力装置设计规范》5.1.1爆炸性环境的电力装置设计应符合下列规定: 1.爆炸性环境的电力装置设计,宜将设备和线路,特别是正常运行时能发生火花的设备,布置在爆炸性环境以外

表 3.153(续 9)

动力、照明箱(柜、板)图示	常见问题描述
	箱柜内电气接线原理图与实物不符,缺失元器件规格型号、整定值等信息。 不符合:GB 5226.1《机械电气安全 机械电气设备 第 1 部分:通用技术条件》17.6 电路图 电路图的展示应使得能便于了解电路的功能、便于维修和便于故障位置测定。有些控制器件和元件的功能特性,若从它们的符号表示法不能明显表达出来,则应在图上其符号附近说明或加注脚注
	配电箱内 PE 线压接不紧密。 不符合:GB/T 13869《用电安全导则》6.13 保护接地线应采用焊接、压接、螺栓连接或其他可靠方法连接,严禁缠绕或钩挂。电缆(线)中的绿/黄双色线在任何情况下只能用作保护接地线
	岸电箱内一个断路器同时控制着多台用电设备。 不符合:CB 3786《船厂电气作业安全要求》4.4.4 配电开关数量应能满足生产需要,一路开关只能装接一路出线,开关操作位置前应标明所控设备名称、供电电压、供电容量等电气参数
	第一类和第二类防雷建筑进户电源柜未安装电涌保护装置。 不符合:JGJ 16《民用建筑电气设计规范》11.3.9 在电气接地装置与防雷接地装置共用或相连的情况下,应符合下列要求: 1. 当低压电源用电缆引入时(包括全长电缆或架空线换电缆引入),应在电源引入处的总配电箱装设电涌保护器

表 **3.153**（续 10）

动力、照明箱（柜、板）图示	常见问题描述
	箱柜月检查表中疏漏对剩余电流动作保护装置的动作试验。 　不符合：GB 13955《剩余电流动作保护装置安装和运行》7.1 剩余电流保护装置投入运行后，运行管理单位应建立相应的管理制度，并建立动作记录。 　7.2 剩余电流保护装置投入运行后，必须定期操作试验按钮，检查其动作特性是否正常。雷击活动期和用电高峰期应增加试验次数。 　7.3 用于手持式电动工具和移动式电气设备和不连续使用的剩余电流保护装置，应在每次使用前进行试验。 　AQ/T 7009《机械制造企业安全生产标准化规范》 　4.2.38 动力（照明）配电箱（柜、板） 　4.2.38.8 安全标识和定检维护 　4.2.38.8.4 每月应由电气专业人员进行维护、检查，并保持记录
	箱柜内 PE 导线串联。 　不符合：JGJ 16《民用建筑电气设计规范》12.6.3 连接与敷设 　1. 凡需进行保护接地的用电设备，必须用单独的保护线与保护干线相连或用单独的接地线与接地体相连。不应把几个应予保护接地的部分互相串联后，再用一根接地线与接地体相连。 　GB 50303《建筑电气工程施工质量验收规范》3.1.7 接 3.1.7 电气设备的外露可导电部分应单独与保护导体相连接，不得串联连接，连接导体的材质、截面积应符合设计要求

表 3.153(续 11)

动力、照明箱(柜、板)图示	常见问题描述
刀开关操作手柄已拉下,但开关的动触片与静触片未分离	配电柜内刀开关操作手柄已拉下,但开关的动触片与静触片未分离。 不符合:AQ/T 7009《机械制造企业安全生产标准化规范》4.2.38.2.1 箱柜电源侧应有可靠的隔离电器分隔总路,操动机构应可靠分断或合闸电路
	低压塑壳断路器进线端未安装绝缘隔弧板。 不符合:GB 50254《电气装置安装工程 低压电器施工及验收规范》4.0.2 低压断路器的安装应符合下列规定: 1.低压断路器的飞弧距离应符合产品技术文件的要求; 2.低压断路器的主回路接线端配套绝缘隔板安装牢固
	临时线从开关进线端子接出。 不符合:GB 50254《电气装置安装工程 低压电器施工及验收规范》5.0.1 开关、隔离器、隔离开关的安装应符合产品技术文件的要求;当无要求时,应符合下列规定: 1.开关、隔离器、隔离开关应垂直安装,并使静触头位于上方。 2.电源进线应接在开关、隔离器、隔离开关上方的静触头接线端,出线应接在触刀侧的接线端
这是N线,错接到PE线排了!	单相设备采用"一相一地"(L－PE)方式接线。 不符合:AQ/T 7009《机械制造企业安全生产标准化规范》4.2.38.3.5 N 线对地绝缘,严禁单相设备采用"一相一地"(L－PE)的接线方式

（六）适用的法规标准

动力、照明箱(柜、板)适用的法规标准如表3.154所示。

表3.154 动力、照明箱(柜、板)适用的法规标准

序号	法规标准
1	GB 15606 木工(材)车间安全生产通则
2	GB 50054 低压配电设计规范
3	GB 50055 通用用电设备配电设计规范
4	GB 50058 爆炸危险环境电力装置设计规范
5	GB 50149 电气装置安装工程 母线装置施工及验收规范
6	GB 50168 电气装置安装工程 电缆线路施工及验收规范
7	GB 50171 电气装置安装工程 盘、柜及二次回路接线施工及验收规范
8	GB 50254 电气装置安装工程 低压电器施工及验收规范
9	GB 50303 建筑电气工程施工质量验收规范
10	GB 5226.1 机械电气安全 机械电气设备 第1部分:通用技术条件
11	GB 7251.1 低压成套开关设备和控制设备 第1部分:型式试验和部分型式试验成套设备
12	GB 13955 剩余电流动作保护装置安装和运行
13	GB/T 25295 电气设备安全设计导则
14	JGJ 16 民用建筑电气设计规范
15	CB 3786 船厂电气作业安全要求
16	CB/T 8522 舾装码头设计规范
17	AQ 5201 涂装工程安全设施验收规范
18	AQ/T 7009 机械制造企业安全生产标准化规范
19	中国船级社2014版 钢质海船入级规范 电气装置篇

（七）典型做法与经验

动力、照明箱(柜、板)在实际操作中的典型做法及相关经验如表3.155所示。

表 3.155　动力、照明箱(柜、板)在实际操作中的典型做法及相关经验

动力、照明箱(柜、板)图示	典型做法及经验
	GB 5226.1《机械电气安全 机械电气设备 第 1 部分:通用技术条件》 16.2 警告标识 16.2.1 不能清楚表明其中装有电气器件的外壳,都应标记 GB/T 5465.2 中 5036 图形符号:⚡;警告标识应在外壳门或盖上清晰可见
	室外落地式配电柜出线孔预留了橡胶封堵帽,穿线后可将出线孔封堵。使之符合 GB 50054《低压配电设计规范》 4.2.1 落地式配电箱的底部宜抬高,高出地面的高度室内不应低于 50 mm,室外不应低于 200 mm;其底座周围应采取封闭措施,并应能防止鼠、蛇类等小动物进入箱内
	JGJ 16《民用建筑电气设计规范》 7.7.10 剩余电流动作保护的设置应符合下列规定: 1.下列设备的配电线路应设置剩余电流动作保护: 4)家用电器回路或插座回路; GB 50055《通用用电设备配电设计规范》8.0.6 插座的形式和安装要求应符合下列规定: 1.对于不同电压等级的日用电器,应采用与其电压等级相匹配的插座;选用非 220 V 单相插座时,应采用面板上有明示使用电压的产品
	GB 50171《电气装置安装工程 盘、柜及二次回路接线施工及验收规范》 3.0.12 安装调试完毕后,在电缆进出盘柜的底部或顶部以及电缆管口处应进行防火封堵,封堵应严密

表 3.155(续 1)

动力、照明箱(柜、板)图示	典型做法及经验
	GB 50171《电气装置安装工程 盘、柜及二次回路接线施工及验收规范》 6.0.1 二次回路接线应符合下列规定: 4. 盘、柜内的导线不应有接头,导线芯线应无损伤。 5. 电缆芯线和所配导线的端部均应标明其回路编号,编号应正确,字迹清晰且不易脱色。 6. 配线应整齐、清晰、美观,导线绝缘应良好,无损伤
	GB 50171《电气装置安装工程 盘、柜及二次回路接线施工及验收规范》5.0.7 盘、柜内带电母线应有防止触及的隔离防护装置。 GB 7251.1《低压成套开关设备和控制设备 第 1 部分:型式试验和部分型式试验成套设备》 7.4.3.2.2 用完全绝缘进行防护 f. 如果外壳上的门或覆板不使用钥匙或工具也可打开,则应配备一个用绝缘材料制成的屏障,此挡板不仅可防止无意识地触及可接近的带电部件,而且还可防止无意识的触及在打开覆板后可接近的裸露导电部件,因此,此档板不使用工具应不能打开
	GB 50171《电气装置安装工程 盘、柜及二次回路接线施工及验收规范》5.0.7 盘、柜内带电母线应有防止触及的隔离防护装置

表 3.155(续2)

动力、照明箱(柜、板)图示	典型做法及经验
	GB 50254《电气装置安装工程 低压电器施工及验收规范》4.0.2 低压断路器的安装应符合下列规定： 2.低压断路器的主回路接线端配套绝缘隔板安装牢固
 动力配电柜底部孔洞封堵到位	GB 50171《电气装置安装工程 盘、柜及二次回路接线施工及验收规范》3.0.12 安装调试完毕后,在电缆进出盘柜的底部或顶部以及电缆管口处应进行防火封堵,封堵应严密

三十八、电网接地系统

(一)适用范围

本项目适用于低压配电系统采用 TN,TT,IT 三种配电形式的接地系统及高压电力设备的接地(其他接地可参照相关条款)。输电、变电、配电装置和用电设备的工作接地、保护接地、重复接地装置均属于本考评范围。

(二)资料备查清单

本考评项查阅的资料包括：

(1)接地装置登记表(含统一编号、设计阻值);定期检测记录(含统一编号、设计阻值、检测数据、下次检测日期)。

(2)各单元接地系统图;变压器工作接地点、配电系统重复接地点布置图;主干保护导体(主干 PE 或 PEN 线)布置图。

(3)等电位接地、共用接地、独立接地装置、主干保护导体(主干 PE 或 PEN 线)设计及验收资料。

（三）条款要求与考核要点

考评内容与考评办法电网接地系统考评内容及考评办法如表 3.156 所示。

表 3.156　电网接地系统考评内容及考评办法

序号	考评内容	分值	考评办法
1	系统整体结构 （1）低压配电系统应采用 TN‐S 系统，确有困难时，可采用 TN‐C‐S 系统。当电子信息系统设备采用 TN 系统供电时，必须是 TN‐S 系统接地形式。同一电源供电的低压系统，不应同时采用 TN 系统、TT 系统或 IT 系统。 （2）系统的工作接地，主干保护导体（主干 PE 或 PEN 线），电气设备保护线（PE 线），接地故障速断保护装置，线路场所的保护性接地网（等电位联结及重复接地）应同时完好、可靠、纵深防护有效	15 分	①查厂区供电系统包括接地系统图，依据系统图确定抽查数量和具体的被评系统和点数。 ②现场核查，凡不符合《考核评分细则》（不含 8.2 条）任一条款要求时，该系统为不合格接地系统。 注：TN 系统重复接地或共用接地网电阻检测通过与其系统的主干 PE 线或 PEN 线设置的断接卡（压接端子）或检测点提供检测。 ③根据不合格接地和系统，计算实得分为 实得分 = 15 − $\dfrac{\text{不合格接地系统缺少接地系统}}{\text{应拥有总量}}$ ×45 ④不符合《考核评分细则》8.2 条的，在本项目得分中扣 2 分。 ⑤结合现场抽查情况，发现没建立管理台账、台账不清、账物不符情况或报废/停用手续不全、标识不正确或未明确责任人的，扣 2 分
2	系统工作接地 （1）TN 系统配电变压器中性点应直接接地。所有电气设备的外露可导电部分必须采用保护导体（PE）与配电变压器中性点直接接地，保证连续可靠的电气连接。 （2）变压器低压侧中性导体直接接地引出连接工作接地导体的有效截面不得减少，应采用等效件直通至接地系统，并保持导电的连接可靠。当采取母排螺栓直接压接时，连接处应两点紧固压实		
3	主干保护导体（PE 或 PEN 线） （1）主干保护导体（主干 PE 或 PEN 线）应满足机械强度和单相短路电流接地故障回路（L‐PE 回路）阻抗设计要求。 （2）主干 PE 或 PEN 线（包括车间干线与接地网或自然接地体）相互连接至少应有两处及以上，连接引线应方便定期检测，不得断线、断股或装设开关设备		
4	设备 PE 线 （1）所有电气设备的外露可导电部分（PE 线）必须与系统主干 PE 电气连接牢固，并设有防松措施，标识明显。电气设备保护线（PE 线）采用铜芯导线的最小截面：当有机械性保护时为 2.5 mm²，无机械性的保护时为 4 mm²。PE 线最小截面应符合《考核评分细则》2.5 的规定。从接地网直接引入配电箱、柜或用电设备时，应接至主 PE 端子排。 （2）PE 线或设备外露可导电部分严禁用作 PEN 线或作为正常时载流导体。		

表 3.156(续 1)

序号	考评内容	分值	考评办法
	(3)用电设备接入处 PE 标识应明显。PE 线和 N 线不允许任何漏接、错接、混装、串接等现象。N 与 PE 分开后,不得再合并。 (4)禁止使用易燃易爆管道、水管、暖气管、蛇皮管等作为 PE 线使用。 (5)其他有特殊防护要求的接地应遵从安全设计或相关规范的规定		
5	接地故障速断保护装置 (1)TN 系统接地故障保护应满足切断故障回路的时间规定:配电线路或仅供固定式电气设备用电的末端线路不得大于 5 s;手持式电气设备工具和移动式电气设备的末端线路或插座回路不得大于 0.4 s。 (2)当采用熔断器时应按设备容量与之匹配的有关规定值选择。 (3)当采用自动断路器,单相短路电流不应小于脱扣器整定电流的 1.3 倍。 (4)当所采用的速断保护装置不能满足上述要求时,应采用剩余电流动作保护装置		
6	系统保护性接地网配置与等电位 (1)TN 系统保护性接地网的布设:架空线路和电缆线路干线和分支线的终端及沿线每 1 km 处;每一个独立建筑物(包括非生产场所)或车间的进线处(包括使用公用变压器的单位)及有特别要求场所,高低压同杆架设电力线路,包括钢筋混凝土电杆,金属杆塔联结;车间周长超过 400 m 时,每 200 m 处的 PE 或 PEN 干线应作重复接地或与共用保护性接地网连接。 (2)线路的金属杆塔与构架(包括照明线路),电力电缆的两端金属外皮均应与主接地网连接或单设重复接地装置。 (3)具有爆炸和火灾危险场所应设有专用主干 PE 线,并在分支线处设置接地装置。 (4)采用接地故障保护时,在建筑物内电气装置(包括电子信息系统各机房)接地极的接地干线,PE 干线及共用接地网,建筑物内所有的条件许可的建筑物金属构件,金属管道,外露或外界可导电部分均应作总等电位连接并接地,当还不能满足被保护对象安全时,应作辅助等电位连接并接地。等电位连接应有标识,接向专用连接端子板。等电位连接母线的最小截面应大于装置最大保护线截面,并不应小于 6 mm²。当采用铜线时,其最小截面不应小于 2.5 mm²		

表 3.156（续 2）

序号	考评内容	分值	考评办法
7	接地网电气连接 （1）在满足热稳定条件下应利用自然接地导体，但禁止利用可燃液体或气体管道、供暖管道及自来水管作保护接地体；接地装置施工与运行应符合 GB 50169 的相关规定。 （2）当人工接地体采用钢材时，焊接应牢固，钢接地网和接地线的最小规格应符合 GB 50169 的相关规定。埋入地下的人工接地极及其引出线应采用热镀锌接头，并采取防腐蚀、防机械损伤的措施。 （3）接地网应与主干 PE 或 PEN 线至少两处及以上（压接端子）有可靠的电气连接。接地极及其接地导体应采用对称焊接，扁钢的有效焊接长度应大于其宽度的 2 倍，圆钢的有效焊接长度应大于其直径的 6 倍，圆钢与扁钢的有效焊接长度应大于圆钢直径的 6 倍。 （4）所有埋地焊接处应作防腐处理，与主干 PE 连接引线应便于定期检查测试。 （5）接地网一般应设有能断开与主干 PE 线（或 PEN 线）的压接端子定期检测的措施。当采用共用接地网（等电位形式）不能断开时，应设立固定式多个检测点。断开检测后应保证紧密性导电连接，防止锈蚀		
8	接地电阻检测和标识 （1）接地网及各种接地装置的检测应符合如下要求：一般低压电力网中电源系统中性点工作接地应小于 4 Ω，TN 系统每处重复接地网的接地电阻应小于 10 Ω；电气设备、电子设备接地电阻小于 4 Ω。当电气设备、电子设备与防雷接地系统共用接地网时，接地电阻应小于 1 Ω；当采用共用接地网时，其接地电阻应符合诸种接地系统中要求接地电阻最小值要求；其他接地网应符合设计值；测量接地电阻应规范、准确，每年不得少于一次，且在干燥气候条件下测量。同一接地网多个测点的接地电阻值应取最大值；测量仪器仪表应定期校准，检测数据应存档保存。 （2）接地网（接地装置）应统一编号，并设置接地标识牌，注明编号、检测数据、有效日期等。 （3）明敷的接地导体（PE 干线）的表面应涂 15 ~ 100 mm 宽度相等的绿、黄相间的标识条纹。当使用胶布时，应采用绿黄双色胶带		

（四）考评要点

1. 电源系统接地制式的运行应满足其结构的整体性、独立性的安全要求

电源系统接地制式不同，安装规范要求不同。同一台发电机，同一台变压器供电网路中，不应采用两种不同接地制式的保护方式。

PE 线最小截面的要求，如表 3.157 所示。

表 3.157 PE 线最小截面规格

相线芯线截面 S/mm^2	PE 线最小截面 $/\mathrm{mm}^2$
$S < 16$	S
$16 < S < 35$	16
$S > 35$	$S/2$

PE 线采用单芯绝缘导线时，按机械强度要求，其截面：当有机械性的保护时为 2.5 mm^2；无机械性的保护时为 4 mm^2。PE 成 PEN 干线为铜材时，不应小于 10 mm^2；为铝材时，不应小于 16 mm^2，多芯电缆时，不应小于 4 mm^2。

TN 系统的装置或设备外露可导电部分严禁用作 PEN 线。PEN 线严禁接入开关设备；不得断股或断线。

TN 系统整体结构主要是由工作接地，主干保护线（主干 PE 或 PEN 线），设备保护线（PE 线），故障速断保护装置，重复接地或等电位联结所组成。它必须保证系统整体性、连续性、可靠性。

TN 系统按照中性线（N）与保护线（PE）组合情况的不同，可分为 TN-S 系统、TN-C 系统、TN-C-S 系统三种接地形式。

在 TN 系统的接地形式中，所有用电（受电）设备的外露可导电部分必须用 PE 线（或共用中性线即 PEN 线）与电力系统的接地点相连接（先接至主干 PE 线），且必须将能同时触及的外露可导电部分接至同一接地装置，不允许任何漏接、错接、混装现象，否则应装设能自动切除接地故障的继电保护装置。

采用 TN-C-S 系统时，PE 与 N 从某点（一般为进户处）分开后，就不能再合并，且 N 线绝缘水平应与相线相同。

对新、改、扩建工程，应推行 TN-S 系统并辅以总等电位联结以及在局部范围内作辅助等电位联接。需要接地的直流系统的接地装置，应符合有关规定。

2. 各接地装置的电阻检测合格

如：TN 系统工作接地低于 4 Ω；重复接地低于 10 Ω；TT 系统工作接地低于 4 Ω。

各种接地装置应在干燥季节检测其接地电阻。

一般来讲，低压电力网中的电源系统工作接地电阻不超过 4 Ω；低压线路每处重复接地电阻不超过 10 Ω；电力设备接地电阻不超过 4 Ω；其他应遵从安全设计或有关规定。

重复接地电阻检测必须与主干 PE 线或 PEN 线断开后进行。

3. TN 系统重复接地布设合理

（1）对于架空线路干线和分支线的终端以及沿线每 1 km 处，其 PE 线或 PEN 线应重复接地。电缆线路和架空线路在每个建筑物（包括非生产场所）或车间的进线处（如无特殊要求，对小型单层建筑，距接地点不超过 50 m 可除外），均需重复接地。高低压同杆架设的电力线路段的低压主干 PE 线或 PEN 线应重复接地。

以金属外皮等作主干 PE 线（或 PEN 线）的低压电缆也应重复接地。

（2）车间内部宜采用环状重复接地，PE 干线或 PEN 线与接地装置至少有两点连接，除进线处外，其对角最远点也应设一处重复接地，而且车间周长超过 400 m 者。每 200 m 应重复连接一次。

（3）具有爆炸和火灾危险场所应在专用的主干 PE 线上设置接地装置。

（4）使用公用变压器的单位应在进户处、线路末端和重点部位布设重复接地。

（5）采用接地故障保护且不能满足切断故障回路的时间要求时，应在建筑物内或局部范围内作等电位联结。

4. 接地装置的连接必须保证电气接触可靠

有足够的机械强度，并能防腐蚀，防损伤或者有附加保护措施。

（1）交流电力装置的接地体，在满足热稳定条件下，宜利用自然接地体；但应避免某些自然接地体的变动（如自来水管系统）而受到影响，可燃液体或气体等管道禁止作为保护接地体。

（2）接地装置宜采用钢材，导体截面应符合稳定和机械强度的要求，但不应小于表 3.158 所列规格。

表 3.158　钢接地体和接地线的最小规格

种类、规格及单位		地上	地下
圆钢直径/mm		8	8/10
扁钢	截面/mm²	48	48
	厚度/mm	4	4
角钢厚度/mm		2.5	4
钢管管壁厚度/mm		2.5	3.5/2.5

注：电力线路杆塔的接地体引出线的截面不应小于 50 mm²，引出线应热镀锌。

接地体顶面埋没深度应符合设计规定，且不小于 0.6 m。

（3）接地装置的钢体连接必须保持完好电气通路,包括接地体的引出线在内,应全部采用焊接。焊接必须牢固,焊接长度符合下列要求:

①扁钢为其宽度的 2 倍,四边施焊。

②圆钢为其直径的 6 倍,双面施焊。

③圆钢与扁钢连接时,其长度为圆钢直径的 6 倍。

④扁钢与钢管,扁钢与角钢、起重机轨道、伸缩缝(沉降缝)等处焊接时,应有弧形(或直角形)连接结构。

（4）接至主干 PE 线(或 PEN 线)的接地线应使用镀锌螺栓连接,接触紧密,离地面距离宜为 250～300 mm;离建筑物墙壁的间隙宜为 10～15 mm;容易受到损伤的地方应采取保护措施。

5. 接地装置编号、标识明晰,定期检测报告有效,资料完整

（1）标识明晰

每一处接地装置应编号,有专用接地装置标示,并注明检测日期与数据,图形符号用"PE"或"⊥"。

明敷接地 PE 干线的表面应涂以用 15～100 mm 宽度相等的绿色和黄色相间的条纹。在每个导体的全部长度上或只在每个区间或每个可接触到的部位宜作出标志。当使用胶带时,应使用双色胶带。中性线宜涂蓝色标志。

自然接地体与人工接地体连接处应有便于分开的断接卡和色标,便于运行、维护和检测接地电阻。

（2）资料齐全完整

接地装置的设计资料,施工与变更资料,检测与检查资料,应当齐全完整,便于考证有效性,资料应真实可靠。

定期检测,必须出具有效的正式报告,报告应由专业单位或部门认可。通过高低压线路的走向、分布查证接地装置布设以及接地装置的编号、位置。查证隐蔽工程图,历年来接地装置检测数据及有关管理检查记录。

6. 计分原则

考评时,如发现某些未在考评内容中提出要求的问题,而这些问题存在明显的事故隐患,应明确在考评结论中提出,但不作扣分的依据。

7. 相关术语解释

（1）TN 系统

电力系统有一点直接接地,电气装置的外露可接近导体通过保护线与该接地点相连接。

TN 系统可分为:

TN－S 系统:整个系统的中性线与保护线是分开的(图 3.2)。

TN - C 系统:整个系统的中性线与保护线是合一的(图3.3)。

TN - C - S 系统:系统中有一部分线路的中性线与保护线是合一的(图3.4)。

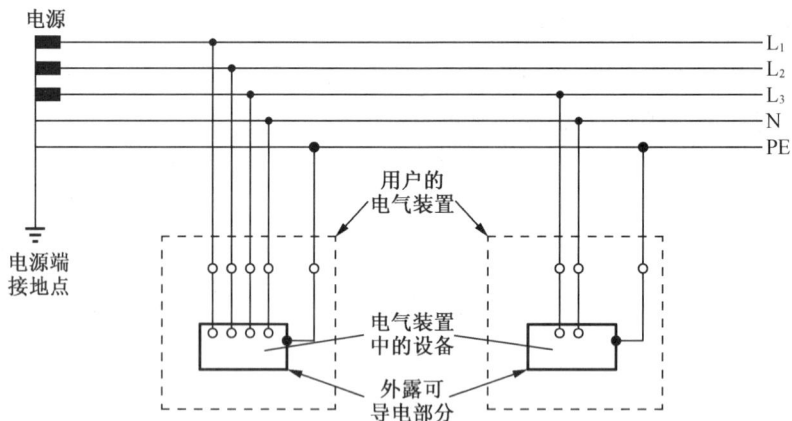

图 3.2 TN - S 系统

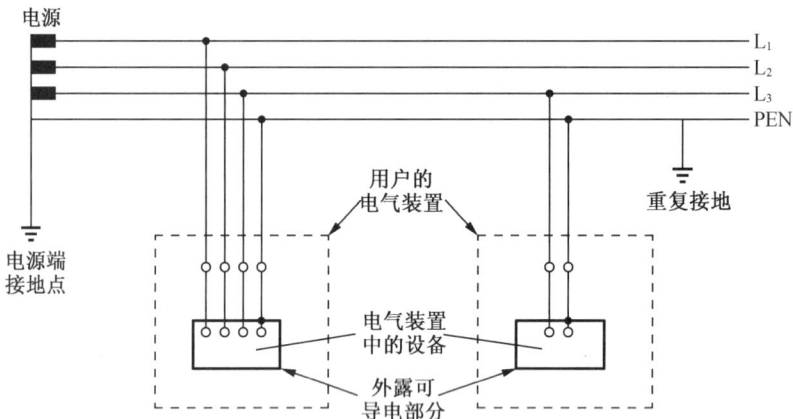

图 3.3 TN - C 系统

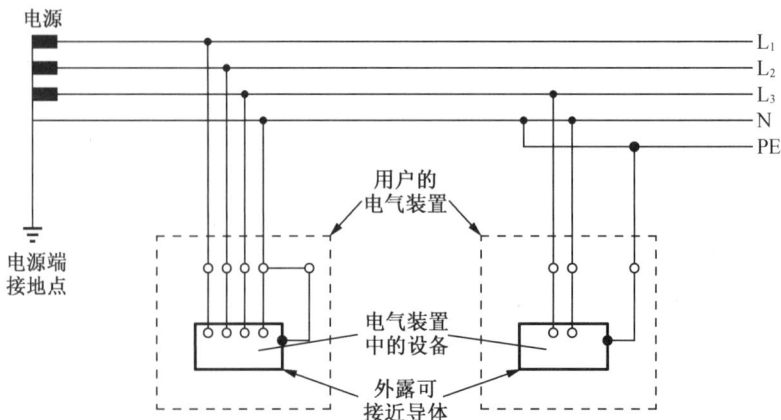

图 3.4 TN - C - S 系统

注:第一个字母 T 表示电源系统的一点直接接地;第二个字母 N 表示设备的外露导电部分与电源系统接地点直接电气连接;字母 S 表示中性导体和保护导体是分开的;字母 C 表示中性导体和保护导体的功能合在一根导体上。

(2)TT 系统

电力系统中有一点直接接地,电气设备的外露可接近导体通过保护接地线接至与电力系统接地点无关的接地极(图 3.5)。

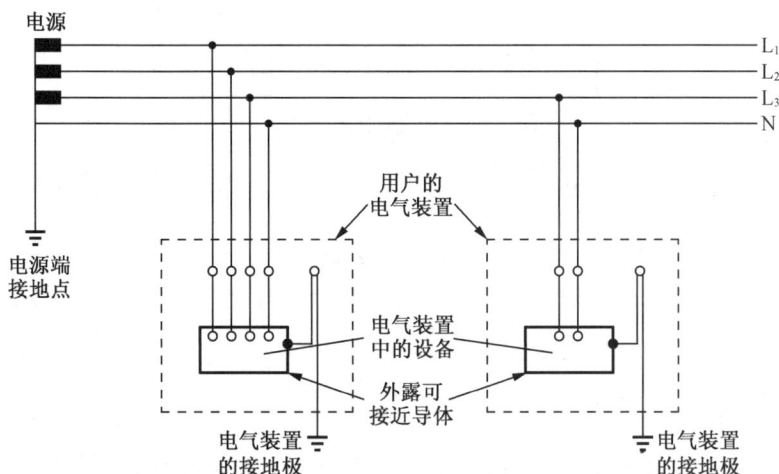

图 3.5　TT 系统

注:第一个字母 T 表示电源系统的一点直接接地;第二个字母 T 表示设备外露导电部分的接地与电源系统的接地电气上无关。

(3)IT 系统

电力系统与大地间不直接连接,电气装置的外露可接近导体,通过保护接地线与接地极连接(图 3.6)。

(4)中性点有效接地系统

中性点直接接地或经一低值阻抗接地的系统。本系统也可称为大接地电流系统。

通常其零序电抗与正序电抗的比值小于或等于 3,$|X0/X1| \leqslant 3$,零序电阻与正序电抗的比值小于或等于 1,$R0/X1 \leqslant 1$。

(5)中性点非有效接地系统

中性点不接地,或经高值阻抗接地或谐振接地的系统。本系统也可称为小接地电流系统。

通常本系统的零序电抗与正序电抗的比值大于 3,$X0/X1 > 3$,零序电阻与正序电抗的比值大于 1,$R0/X1 > 1$。

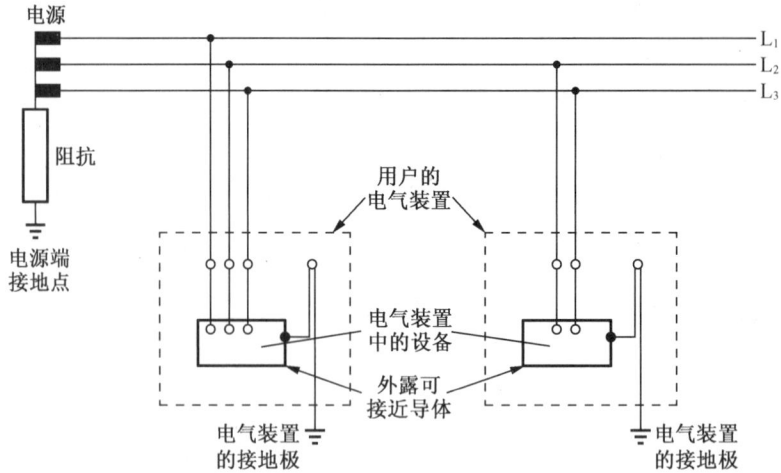

图3.6　IT 系统

注:第一个字母 I 表示电源系统所有带电部分不接地或一点通过阻抗接地;第二个字母 T 表示设备外露导电部电分的接地与电源系统的接地电气上无关。

（6）保护导体

某些防触电保护措施所要求的用来与下列任一部分作电气连接的导体。

①外露导电部分;

②外部导电部分;

③主接地端子;

④接地极;

⑤电源接地点或人工中性点。

注:保护导体以符号 PE 表示。

（7）中性导体

与系统中性点连接并能起传输电能作用的导体。

注:中性导体以符号 N 表示。

保护中性导体(PEN 导体)

具有中性导体和保护导体两种功能的接地导体。

注:缩写字母 PEN 是由保护导体的符号 PE 和中性导体的符号 N 组合而成的。

（五）常见问题

电网接地系统常见问题图示及描述如表3.159 所示。

表 3.159　电网接地系统常见问题图示及描述

电网接地系统图示	常见问题描述
	电网重复接地线缺失黄绿标志色,接地处缺失标志牌。 不符合:GB 50169《电气装置安装工程 接地装置施工及验收规范》4.2.7 明敷接地线,在导体的全长度或区间段及每个连接部位附近的表面,应涂以用 15～100 mm 宽度相等的绿色和黄色相间的条纹标识。当使用胶带时,应使用双色胶带。 5.0.1 在验收时应按下列要求进行检查: 2.整个接地网外露部分的连接可靠,接地线规格正确,防腐层完好,标识齐全明显
	配电柜处重复接地处缺失标志牌 不符合:GB 50169《电气装置安装工程 接地装置施工及验收规范》5.0.1 在验收时应按下列要求进行检查:2.整个接地网外露部分的连接可靠,接地线规格正确,防腐层完好,标识齐全明显
	接地排搭接长度不足扁钢的 2 倍。 不符合:GB 50169《电气装置安装工程 接地装置施工及验收规范》4.3.4 接地线、接地极采用电弧焊接连接时应采用搭接焊,其搭接长度必须符合下列规定: 1.扁钢为其宽度的 2 倍且至少 3 个棱边焊接; 2.圆钢为其直径的 6 倍; 3.圆钢与扁钢连接时,其长度为圆钢直径的 6 倍

表3.159(续1)

电网接地系统图示	常见问题描述
	接地排搭接长度不足扁钢的2倍。 不符合:GB 50169《电气装置安装工程 接地装置施工及验收规范》4.3.4 接地线、接地极采用电弧焊接连接时应采用搭接焊,其搭接长度必须符合下列规定: 1. 扁钢为其宽度的2倍且至少3个棱边焊接; 2. 圆钢为其直径的6倍; 3. 圆钢与扁钢连接时,其长度为圆钢直径的6倍
	室外起重机轨道与接地装置未连接。 不符合:GB 50169《电气装置安装工程 接地装置施工及验收规范》4.3.1 接地极的连接应采用焊接,接地线与接地极的连接应采用焊接。 GB 6067.1《起重机械安全规程 第1部分:总则》8.8.2 起重机本体的金属结构与供电线路的保护导线可靠连接,起重机械的钢轨可连接到保护接地电路上,但是,他们不能取代从电源到起重机械的保护导线(如电缆、集电导线或滑触线)。 8.8.7 对于安装在野外且相对周围地面处在较高位置的起重机,应考虑避除雷击对其高位部件和人员造成损坏和伤害,特别是如下情况: ——易遭雷击的结构件(例如:臂架的支承缆索); ——连接大部件之间的滚动轴承和车轮(例如:支承回转大轴承,运行车轮轴承); ——为保证人身安全起重机运行轨道应可靠接地

表 **3.159**（续 2）

电网接地系统图示	常见问题描述
 	设备保护接地端子处未接地。 不符合：GB 5226.1《机械电气安全 机械电气设备 第 1 部分：通用技术条件》6.3.3 用自动切断电源作防护 出现绝缘失效后，受其影响的任何电路的电源自动切断，用来防止来自触摸电压引起的危险情况。这种方法包括： ——把外露可导电部分连接到保护接地电路上； ——下列任一种方法： a）TN 或 TT 系统中，绝缘失效时用保护器件自动切断电源； 5.2 连接外部保护接地系统的端子 电气设备应根据配电系统和有关安装标准连接外部保护接地系统或连接外部保护导线，该连接的端子应设置在各引入电源有关相线端子的邻近处（见 8.2.1）。 每个引入电源点，连接外部保护导线的端子应使用字母标志 PE 来指明。以避免与电气设备和固定装置间的连接点相混淆。 用于把机械元件或部件连往保护接地电路的其他端子，应使用 GB/T 5465.2 中 5019（⏚）或字母 PE 标记，优先用图形符号，或用黄绿组合的双色来标记。 8.2 保护接地电路 8.2.1 概述 保护接地电路由下列部分组成： ——PE 端子（见 5.2）； ——电气设备和机械的可导电结构部件； ——机械设备上的保护导线，包括电路的滑动触点
	等电位接地端子箱处缺失标志牌 不符合：GB 50169《电气装置安装工程 接地装置施工及验收规范》5.0.1 在验收时按下列要求进行检查：2 整个接地网外露部分的连接可靠，接地线规格正确，防腐层完好，标识齐全明显。 AQ/T 7009《机械制造企业安全生产标准化规范》4.2.39.8.2 接地网（接地装置）应统一编号，并设置接地标识牌，注明编号、检测数据、有效日期等

表 3.159(续3)

电网接地系统图示	常见问题描述
螺栓连接	两段接地排相连时未采用焊接方法连接。 不符合:GB 50169《电气装置安装工程 接地装置施工及验收规范》4.3.1 接地体(线)的连接应采用焊接,接地线与接地极的连接应采用焊接
钢排与铜排之间有缝隙	等电位联接端子内总排与支排连接螺栓缺失防松垫片,两排连接不紧密。 不符合:GB 50169《电气装置安装工程 接地装置施工及验收规范》4.3.2 电气设备上的接地线,应采用热镀锌螺栓连接;有色金属接地线不能采用焊接时,可用螺栓连接。螺栓连接处的接触面应按现行国家标准《电气装置安装工程母线装置施工及验收规范》GB 50149 的规定执行。 GB 50149《电气装置安装工程 母线装置施工及验收规范》3.3.3 母线与母线或母线与设备接线端子的连接应符合下列要求: 4.母线接触面应连接紧密
设备接线端子盒内TN-S系统应接保护PE线,错接未N线。	TN-S 配电系统接地形式中设备外露导电部分防止接间触电的保护接线应为 PE 线,而非 PEN 线。由于此处使用的是蓝色(N 线)导线色标,导致电工在动力箱处错接到 N 线端子排。 不符合:GB 50054《低压配电设计规范》5.2.3 电气装置的外露可导电部分,应与保护导体连接

表 3.159（续4）

电网接地系统图示	常见问题描述
	利用保护导线的蛇皮管作为保护 PE 线。 不符合：GB 50169《电气装置安装工程 接地装置施工及验收规范》4.1.8 严禁利用金属软管、管道保温层的金属外皮或金属丝、低压照明网络的导线铅皮以及电缆金属保护层做接地线
	设备 PE 保护导线埋入混凝土基础内，接地电路的连续性无法确认。 不符合：GB 5226.1《机械电气安全 机械电气设备 第 1 部分：通用技术条件》8.2.3 保护接地电路的连续性 电气设备和机械的所有外露可导电部分都应连到保护接地电路上。无论什么原因（如维修）拆移部件时，不应使余留部件的保护接地电路连续性中断
	单位自测防雷接地、电气设备保护接地、弱电系统等共用接地的电阻标准数值是 4 Ω，实测值为 1.4 Ω（貌似合格）。由于未选取建筑工程设计的共用接地电阻值 1.0 Ω 作为标准数值，实测结果应 1.4 Ω 时，应为不合格。 不符合：JGJ 16《民用建筑电气设计规范》12.7.4 电子设备接地 3 电子设备接地电阻值除另有规定外，一般不宜大于 4 Ω，并采用一点接地方式。电子设备接地宜与防雷接地系统共用接地体。但此时接地电阻不应大于 1 Ω。 AQ/T 7009《机械制造企业安全生产标准化规范》4.2.39.8.1 接地网及各种接地装置的检测应符合如下要求： 一般低压电力网中电源系统中性点工作接地应小于 4 Ω，TN 系统每处重复接地网的接地电阻应小于 10 Ω；电气设备、电子设备接地电阻应小于 4 Ω。当电气设备、电子设备与防雷接地系统共用接地网时，接地电阻应小于 1 Ω；当采用共用接地网时，其接地电阻应符合诸种接地系统中要求接地电阻最小值要求；其他接地网应符合设计值

(六)适用的法规标准

电网接地系统适用的法规标准如表 3.160 所示。

表 3.160　电网接地系统适用的法规标准

序号	法规标准
1	GB 50149　电气装置安装工程 母线装置施工及验收规范
2	GB 50169　电气装置安装工程 接地装置施工及验收规范
3	GB 5226.1　机械电气安全 机械电气设备 第1部分:通用技术条件
4	GB 6067.1　起重机械安全规程 第1部分:总则
5	JGJ 16　民用建筑电气设计规范
6	AQ/T 7009　机械制造企业安全生产标准化规范

(七)典型做法与经验

电网接地系统在实际操作中的典型做法及相关经验如表 3.161 所示。

表 3.161　电网接地系统在实际操作中的典型做法及相关经验

电网接地系统图示	典型做法及经验
	GB 50169《电气装置安装工程 接地装置施工及验收规范》5.0.1 在验收时应按下列要求进行检查: 2. 整个接地网外露部分的连接可靠,接地线规格正确,防腐层完好,标识齐全明显
	GB 50169《电气装置安装工程 接地装置施工及验收规范》5.0.1 在验收时应按下列要求进行检查: 2. 整个接地网外露部分的连接可靠,接地线规格正确,防腐层完好,标识齐全明显

表 3.161（续 1）

电网接地系统图示	典型做法及经验
	AQ/T 7009《机械制造企业安全生产标准化规范》4.2.39.8.2 接地网（接地装置）应统一编号，并设置接地标识牌，注明编号、检测数据、有效日期等
	设备保护接地端子处未完好接地。符合：GB 5226.1《机械电气安全 机械电气设备 第 1 部分：通用技术条件》6.3.3,5.2,8.2 的要求
	GB 50169《电气装置安装工程 接地装置施工及验收规范》5.0.1 在验收时应按下列要求进行检查：2. 整个接地网外露部分的连接可靠，接地线规格正确，防腐层完好，标识齐全明显。 AQ/T 7009《机械制造企业安全生产标准化规范》4.2.39.8.2 接地网（接地装置）应统一编号，并设置接地标识牌，注明编号、检测数据、有效日期等
	GB 50169《电气装置安装工程 接地装置施工及验收规范》4.3.4 接地线、接地级采用电弧焊接连接时应采用搭接焊缝，其搭接长度必须符合下列规定： 1. 扁钢为其宽度的 2 倍且至少 3 个棱边焊接； 2. 圆钢为其直径的 6 倍； 3. 圆钢与扁钢连接时，其长度为圆钢直径的 6 倍

表 3.161（续 2）

电网接地系统图示	典型做法及经验
	GB 50169《电气装置安装工程 接地装置施工及验收规范》5.0.1 在验收时应按下列要求进行检查： 　2. 整个接地网外露部分的连接可靠,接地线规格正确,防腐层完好,标识齐全明显

三十九、雷电防护系统

（一）适用范围

本项目适用所有易遭受雷击区域的建筑物、构筑物,以及雷电波侵入室内可能造成危害的场所及设备的保护装置构成的系统(不含电力系统的避雷器)。

（二）资料备查清单

本考评项查阅的资料包括：

(1)防雷接地装置(含共用接地)登记表(含统一编号、设计阻值)；定期检测记录(含统一编号、设计阻值、检测数据、下次检测日期)；电气线路防雷电波侵入的避雷器和电涌保护器登记表；

(2)雷电防护系统图、防雷设计资料、雷电防护系统评价与检测报告、防雷装置年度检查记录。

（三）考评内容及考评办法

雷电防护系统考评内容及考评办法如表 3.162 所示。

表 3.162　雷电防护系统考评内容及考评办法

序号	考评内容	分值	考评办法
1	安全设计与验算 　(1)雷电防护应根据现状进行防雷分类,防雷设计、验算、布局、隔离等应符合 GB 50057 的相关规定。 　(2)雷电防护应避免盲区,被保护范围至少应满足被保护物的保护高度和保护半径的要求或浪涌保护要求。当防雷装置与其他设施和建筑物内人员无法隔离或者电子信息系统所采取的保护措施还不能满足时,装有防雷装置的建筑物,应采取等电位联结	12 分	①查雷电防护系统图,依据系统图确定抽查数量和具体的被评系统和点数。 ②现场核查,凡不符合考评内容任一条款(不包含 5.3)要求时,该系统为不合格接地系统。

表 3.162(续)

序号	考评内容	分值	考评办法
2	**防雷装置** (1)接闪器、引下线、接地网、浪涌保护器及其他连接导体应符合 GB 50057 的相关规定。 (2)防雷接地电阻应符合:防雷接地网与电子设备接地、电气设备接地采用共用接地网时,电阻值应小于 1 Ω,低压电源用电缆引入时应在电源引入处的总配电箱装设保护;采用独立设置的防雷接地网不应超过 10 Ω,当有特殊要求时应符合设计值。 (3)低压配电系统及电子信息系统所采用的浪涌保护器(SPD)、避雷器应能承受预期通过的雷电流和耐冲击过电压;必要时应采用等电位联结和屏蔽措施,避雷器应用最短的接地线与主接地网连接。 (4)防雷装置禁止挂靠通讯线、广播线或低压线路		③易燃易爆场所及变配电站、锅炉房等必查,如果有一处不合格,则本项目不得分。 ④根据不合格点数和系统,计算实得分为 实得分 = 12 − ($\dfrac{\text{不合格防雷系统数}}{\text{应拥有总量}}$ + $\dfrac{\text{缺少防雷系统数}}{\text{应拥有总量}}$) ×36 ⑤不符合 5.3 条款的在本项得分中扣 2 分。 ⑥结合现场抽查情况,发现没建立管理台账、台账不清、账物不符情况或报废/停用手续不全、标识不正确或未明确责任人的,扣 2 分
3	**独立避雷针系统** (1)应与其他系统隔离;与其他接地网和金属物体的间距应大于 3 m,与电子设备接地网宜大于 10 m。 (2)防直击雷的人工接地网与建筑物入口处及人行道间距应大于 3 m。 (3)装有避雷针的金属筒体,当其厚度大于 4 mm 时,可作为其引下线,筒体底部至少应有 2 处与接地体对称连接		
4	**防雷保护** (1)建筑物、构筑物应设有防直击雷、防侧击雷、防雷电感应等措施,并应采取防止雷电流流经引下线和接地装置或其他多种途径感应过电压所产生的高电位对附近金属物或电气线路反击的技术措施,必要时应进行等电位联结和屏蔽保护。 (2)电气线路应采取防雷电波侵入的措施,在入户处应加装避雷器,并将其系统接到接地网上。有金属护层的进出电缆线埋地长度应大于 15 m,且接地可靠。架空金属管道宜在进出建筑物处就近与防雷接地系统相连。 (3)所有防雷装置与道路或建筑物出入口距离应大于 3 m,并设有防止跨步电压触电措施与标识;当小于 3 m 应采取均压措施或敷设卵石、沥青地面		
5	**雷电防护装置的检测** (1)每年应在雷雨季节前由有资质的单位对雷电防护系统进行评价与检测。 (2)防雷装置采用多根引下线时,应设置可供检测用压接端子形式的断接卡,断接卡应设有防腐蚀保护措施。 (3)防雷装置接地或检测点应有编号与标识		

（四）考评要点

1. 防雷技术措施须经安全设计与验算,使其保护范围有效

（1）正确地设计、验算和合理地布置、安装防雷装置。

（2）保护空间范围至少应满足被保护半径和被保护的高度这两个方面。应防雷直击、防雷侧击、防雷电波侵入、防雷反击、防地电位升等。每年在雷雨季节前,进行动态安全评价检查与验算,确保保护范围的有效性。

（3）进行安全设计与验算,应达到建筑物和构筑物的防雷分类和电气设备过电压保护的要求,且注意保护方式和计算公式的选择。

2. 防雷装置完好;接闪器无损坏,引下线焊接可靠,接地电阻应低于 10 Ω

（1）接闪器

①接闪杆宜采用热镀锌圆钢或钢管制成时,其直径应符合下列规定:

a. 杆长 1 m 以下时,圆钢不应小于 12 mm,钢管不应小于为 20 mm。

b. 杆长 1~2 m 时,圆钢不应小于 16 mm;钢管不应小于 25 mm。

c. 独立烟囱顶上的杆,圆钢不应小于 20 mm;钢管不应小于 40 mm。

②避雷网和避雷带一般采用圆钢或扁钢。圆钢直径不小于 8 mm,避雷扁钢截面不小于 50 mm²,厚度不小于 2.5 mm。避雷线一般采用不小于 50 mm² 镀锌钢绞线。

接闪器的材料、结构和最小截面应符合表 3.163(GB 50057 表 5.2.1)的规定。

表 3.163　接闪线(带)、接闪杆和引下线的材料、结构与最小截面

材料	结构	最小截面/mm²	备注
铜,镀锡铜	单根扁铜	50	厚度 2 mm
	单根圆铜	50	直径 8 mm
	铜绞线	50	每股线直径 1.7 mm
	单根圆铜	176	直径 15 mm
铝	单根扁铝	70	厚度 3 mm
	单根圆铝	50	直径 8 mm
	铝绞线	50	每股线直径 1.7 mm
铝合金	单根扁形导体	50	厚度 2.5 mm
	单根圆形导体	50	直径 8 mm
	绞线	50	每股线直径 1.7 mm
	单根圆形导体	176	直径 15 mm
	外表面镀铜的单根圆形导体	50	直径 8 mm,径向镀铜厚度至少 70 μm,铜纯度 99.9%

表 3.163（续）

材料	结构	最小截面/mm²	备注
热浸镀锌钢	单根扁钢	50	厚度 2.5 mm
	单根圆钢	50	直径 8 mm
	绞线	50	每股线直径 1.7 mm
	单根圆钢	176	直径 15 mm
不锈钢	单根扁钢	50	厚度 2 mm
	单根圆钢	50	直径 8 mm
	绞线	70	每股线直径 1.7 mm
	单根圆钢	176	直径 15 mm
外表面镀铜的钢	单根圆钢（直径 8 mm）	50	镀铜厚度至少 70 μm，铜纯度 99.9%

③当烟囱上采用热镀锌接闪环时，其圆钢直径不应小于 12 mm，扁钢截面不应小于 100 mm²，其厚度不小于 4 mm。

（2）引下线

①专设引下线应沿建筑物外墙外表面明敷，并经最短路径接地；建筑外观要求较高者可暗敷，但其圆钢直径不应小于 10 mm，扁钢截面不应小于 80 mm²。

②建筑物的钢梁、钢柱、消防梯等金属构件以及幕墙的金属立柱宜作为引下线，但其各部件之间均应连成电气贯通，可采用铜锌合金焊、熔焊、卷边压接、缝接、螺钉或螺栓连接；其截面应按规定取值；各金属构件可被覆有绝缘材料。

③在易受机械损伤之处，地面上 1.7 m 至地面下 0.3 m 的一段接地线应采用暗敷或采用镀锌角钢、改性塑料管或橡胶管等加以保护。

④JGJ 46—2005《施工现场临时用电安全技术规程》5.3.4 规定接地材料不得采用螺纹钢。

（3）接地装置

①避雷针（带）与引下线之间的连接应采用焊接或热剂焊（放热焊接），防雷装置应保证完好的电气通路和连接的可靠性（包括跨接线和过度伸缩缝的处理等）。

②移动塔吊、龙门吊，高度在 15 m 以上，应通过导轨双向 n 型焊接接地。金属构架，金属烟囱（壁厚在 4 mm）应利用主体设备防雷接地。

③接地装置的焊接和有关尺寸参见《电网接地系统》的要求。防雷接地电阻实际检测一般不超过 10 Ω，特殊情况遵从安全设计值，允许与其他接地装置共用时，应满足其中最低的要求。

3. 独立避雷针系统与其他系统隔离，间距合格

（1）独立接闪杆和架空接闪线或网的支柱及其接地装置至被保护建筑物及与其有联系的管道、电缆等金属物之间的间隔距离，应按 GB 50057 第 4.2.1 条所列公式计算，但不得小于 3 m。

（2）在独立接闪杆、架空接闪线、架空接闪网的支柱上,严禁悬挂电话线、广播线、电视接收天线及低压架空线等。

装有避雷针和避雷线的构架上的照明灯电源线。必须采用直埋于土壤中的带金属护层的电缆或穿入金属管的导线。电缆的金属护层或金属管必须接地,埋入土壤中的长度应在 10 m 以上。方可与配电装置的接地网相连或与电源线、低压配电装置相连接。

（3）防直击雷的专设引下线距出入口或人行道边沿不宜小于 3 m。

4. 防雷

建筑物、构筑物的防雷应有防反击、侧击等技术措施;与道路或建筑物的出入口有防止跨步电压触电的措施;线路应有防雷电波侵入的技术措施。

（1）防反击措施

防止雷电流流经引下线和接地装置时产生的高电位对附近金属物或电气和电子系统线路的反击,应符合下列要求:

①在金属框架的建筑物中,或在钢筋连接在一起、电气贯通的钢筋混凝土框架的建筑物中,金属物或线路与引下线之间的间隔距离可无要求;在其他情况下,金属物或线路与引下线之间的间隔距离应按 GB 50057(公式 4.3.8)计算。

②当金属物或线路与引下线之间有自然或人工接地的钢筋混凝土构件、金属板、金属网等静电屏蔽物隔开时,金属物或线路与引下线之间的间隔距离可无要求。

③当金属物或线路与引下线之间有混凝土墙、砖墙隔开时,其击穿强度应为空气击穿强度的 1/2。当间隔距离不能满足本条第 1 款的规定时,金属物应与引下线直接相连,带电线路应通过电涌保护器与引下线相连。

（2）防侧击措施

当建筑物高于 30 m 时,尚应采取下列防侧击的措施:

①应从 30 m 起每隔不大于 6 m 沿建筑物四周设水平接闪带并与引下线相连。

②30 m 及以上外墙上的栏杆、门窗等较大的金属物应与防雷装置连接。

（3）线路应有防雷电波侵入措施:可采取在进户处装设避雷器,过电压保护器具等办法,或将其金属护物埋地长度不小于 15 m 等。所有防雷装置及其接地装置与道路或建筑物的出入口距离应大于 3 m,当小于 3 m 时,应采取均压措施或铺设卵石,沥青地面(50 ~ 80 mm 厚沥青层,其宽度超过接地装置 2 m),并有防止跨步电压触电的安全色标作警示。

（4）对于有防爆要求的建筑物、构筑物,钢质气罐(壁厚不小于 4 mm)内外的金属物品,管道、线槽应连接成等电位并接地。

5. 检测

对防雷区域和防雷装置能定期进行预防性检查、评价和检测,且有关资料齐全有效。

（1）定期检测试验:对接地装置、阀型避雷器等每年应在雷雨季节前检测,并有专业检测报告和数据。

（2）经常性检测:对各种防雷装置应按规范标准要求检查整体和器件情况,例如,连接点有无裂纹。引下线上有无闪络或烧损痕迹、腐蚀、锈蚀以及与相邻导体的安全距离情况等。

（3）对于利用原有防雷装置的防护区域,有否新、改、扩建项目的建筑物、构筑物或有新的易燃易爆场所,并应重新验算其保护范围。

（4）有关检测、检查资料,定期检测（包括预防性校验）报告完整有效。

6. 计分原则

考评时,如发现某些未在考评内容中提出要求的问题,而这些问题存在明显的事故隐患,应明确在考评结论中提出,但不作扣分的依据。

（五）常见问题

雷电防护系统常见问题图示及描述如表 3.164 所示。

表 3.164　雷电防护系统常见问题图示及描述

雷电防护系统图示	常见问题描述
	厂房顶部超过避雷带的构筑物缺失防雷保护。 不符合:JGJ 16《民用建筑电气设计规范》11.4.2 防直击雷的措施应符合下列规定: 4. 在屋面接闪器保护范围之内的物体可不装接闪器,但引出屋面的金属体应和屋面防雷装置相连。 5. 在屋面接闪器保护范围以外的非金属物体应装设接闪器,并和屋面防雷装置相连
	燃气放散管道缺失防雷保护。 不符合:GB 50028《城镇燃气设计规范》10.2.39 工业企业用气车间、锅炉房以及大中型用气设备的燃气管道上应设放散管,放散管管口应高出屋脊（或平屋顶）1 m 以上或设置在地面上安全处,并应采取防止雨雪进入管道和放散物进入房间的措施。 当建筑物位于防雷区之外时,放散管的引线应接地,接地电阻应小于 10 Ω
	露天燃气管道缺失防雷接地装置。 不符合:GB 50028《城镇燃气设计规范》10.8.5 燃气管道及设备的防雷、防静电设计应符合下列要求:1.进出建筑物的燃气管道的进出口处,室外的屋面管、立管、放散管、引入管和燃气设备等处均应有防雷、防静电接地设施。 GB 50494《城镇燃气技术规范》6.4.6 敷设在室外的用户燃气管道应有可靠的防雷接地装置

表 3.164（续 1）

雷电防护系统图示	常见问题描述
	露天燃气管道缺失防雷接地装置。 不符合:GB 50028《城镇燃气设计规范》10.8.5 燃气管道及设备的防雷、防静电设计应符合下列要求:1.进出建筑物的燃气管道的进出口处,室外的屋面管、立管、放散管、引入管和燃气设备等处均应有防雷、防静电接地设施。 GB 50494《城镇燃气技术规范》6.4.6 敷设在室外的用户燃气管道应有可靠的防雷接地装置
	钢结构厂房立柱防雷接地缺失标志色和标志牌。 不符合:AQ/T 7009《机械制造企业安全生产标准化规范》4.2.40.5.3 防雷装置接地或检测点应设有编号与标识。GB 50057《建筑物防雷设计规范》5.3.6 采用多根专设引下线时,应在各引下线上于距地面 0.3～1.8 m 之间装设断接卡。当利用混凝土内钢筋、钢柱作为自然引下线并同时采用基础接地体时,可不设断接卡,但利用钢筋作引下线时应在室内外的适当地点设若干连接板。当仅利用钢筋作引下线并采用埋于土壤中的人工接地体时,应在每根引下线上于距地面不低于 0.3 m 处设接地体连接板。采用埋于土壤中的人工接地体时应设断接卡,其上端应与连接板或钢柱焊接。连接板处宜有明显标志
	引下线缺失黄绿标志色及标志牌。 不符合:GB 50169《电气装置安装工程 接地装置施工及验收规范》 4.2.7 明敷接地线,在导体的全长度或区间段及每个连接部位附近的表面,应涂以用 15～100 mm 宽度相等的绿色和黄色相间的条纹标识。当使用胶带时,应使用双色胶带。 5.0.1 在验收时应按下列要求进行检查: 2.整个接地网外露部分的连接可靠,接地线规格正确,防腐层完好,标识齐全明显; AQ/T 7009《机械制造企业安全生产标准化规范》4.2.40.5.3 防雷装置接地或检测点应设有编号与标识

表 **3.164**（续2）

雷电防护系统图示	常见问题描述
	建筑物避雷带拴挂弱电线路。 不符合：JGJ 16《民用建筑电气设计规范》11.5.4 为防止雷电波侵入，严禁在独立避雷针、避雷网、引下线和避雷线支柱上悬挂电话线、广播线和低压架空线等。 JGJ16《民用建筑电气设计规范》11.5.2 固定在建筑物上的节日彩灯、航空障碍标志灯及其他用电设备的线路，应采取下列防雷电波侵入措施。 1. 无金属外壳或保护网罩的用电设备，应处在接闪器的保护范围内。 2. 有金属外壳或保护网罩的用电设备，应将金属外壳或保护网罩就近与屋顶防雷装置相连。 3. 从配电盘引出的线路应穿钢导管，钢导管的一端应与配电盘外露可导电部分相连，另一端应与用电设备外露可导电部分及保护罩相连，并应就近与屋顶防雷装置相连，钢导管因连接设备而在中间断开时，应设跨接线，钢导管穿过防雷分区界面时，应在分区界面作等电位联结。 4. 在配电盘内，应在开关的电源侧与外露可导电部分之间装设浪涌保护器

表 3.164(续 3)

雷电防护系统图示	常见问题描述
	防雷引下排有直角弯。 不符合:GB 50057《建筑物防雷设计规范》5.3.4 专设引下线应沿建筑物外墙外表面明敷,并经最短路径接地;建筑外观要求较高者可暗敷,但其圆钢直径不应小于 10 mm,扁钢截面不应小于 80 mm²。 GB 50601《建筑物防雷工程施工与质量验收规范》5.1 引下线安装 5.1.1 主控项目应符合下列规定: 2.明敷的专用引下线应分段固定,并应以最短路径敷设到接地体,敷设应平正顺直、无急弯
	防雷引下排搭接焊长度不足。 不符合:GB 50169《电气装置安装工程 接地装置施工及验收规范》4.3.4 接地线、接地极采用电弧焊连接时应采用搭接焊,其搭接长度必须符合下列规定: 1.扁钢为其宽度的 2 倍且至少 3 个棱边焊接; 2.圆钢为其直径的 6 倍; 3.圆钢与扁钢连接时,其长度为圆钢直径的 6 倍
	室外燃气管道防雷/导除静电接地线未焊接,用螺栓连接时未用防松垫片。 不符合:GB 50601《建筑物防雷工程施工与质量验收规范》 5.1 引下线安装 5.1.1 主控项目应符合下列规定: 2.明敷的专用引下线应分段固定,并应以最短路径敷设应平正顺直、无急弯。焊接固定的焊缝应饱满无遗漏,螺栓固定应有防松零件(垫圈),焊接部分的防腐应完整
	接地排与金属构架的连接未使用焊接方式,螺栓连接未用防松垫片。 不符合:GB 50601《建筑物防雷工程施工与质量验收规范》 5.1 引下线安装 5.1.1 主控项目应符合下列规定: 2.明敷的专用引下线应分段固定,并应以最短路径敷设应平正顺直、无急弯。焊接固定的焊缝应饱满无遗漏,螺栓固定应有防松零件(垫圈),焊接部分的防腐应完整

表 3.164（续 4）

雷电防护系统图示	常见问题描述

人工接地装置的接地排因锈蚀导致截面积不足 50 mm^2。

不符合:GB 50057《建筑物防雷设计规范》5.3.3 引下线宜采用热镀锌圆钢或扁钢,宜优先采用圆钢。

5.3.1 引下线的材料、结构和最小截面应按本规范表 5.2.1 的规定取值。

表 5.2.1 接闪线（带）、接闪杆和引下线的材料、结构与最小截面

材料	结构	最小 /mm^2	备注
热浸镀锌钢	单根扁钢	50	厚度 2.5 mm
	单根圆钢	50	直径 8 mm
	绞线	50	每股线 直径 1.7 mm
	单根圆钢	176	直径 15 mm

材料结构最小截面（mm^2）备注热浸镀锌钢单根扁钢 50 厚度 2.5mm 单根圆钢 50 直径 8 mm 绞线 50 每股线直径 1.7 mm 单根圆钢 176 直径 15 mm

暗敷防雷引下线检测连接板处缺失标志。

不符合:GB 50057《建筑物防雷设计规范》5.3.6 采用多根专设引下线时,应在各引下线上于距地面 0.3～1.8 m 装设断接卡。当利用混凝土内钢筋、钢柱作为自然引下线并同时采用基础接地体时,可不设断接卡,但利用钢筋作引下线时应在室内外的适当地点设若干连接板。当仅利用钢筋作引下线并采用埋于土壤中的人工接地体时,应在每根引下线上于距地面不低于 0.3 m 处设接地体连接板。采用埋于土壤中的人工接地体时应设断接卡,其上端应与连接板或钢柱焊接。连接板处宜有明显标志。

GB 50169《接地装置施工及验收规范》

3.3.9 在接地线引向建筑物的入口处和在检修用临时接地点处,均应刷白色底漆并标以黑色标识,其代号为“⏚”。同一接地体不应出现两种不同的标识

表 3.164(续 5)

雷电防护系统图示	常见问题描述
	照明灯塔防直击雷的人工接地体与人行道间距小于大于 3 m。 　　不符合:GB 50057《建筑物防雷设计规范》5.4.7 防直击雷的专设引下线距出入口或人行道边沿不宜小于 3 m
	独立避雷针塔上拴挂导线。 　　不符合:JGJ 16《民用建筑电气设计规范》11.5.4 为防止雷电波侵入,严禁在独立避雷针、避雷网、引下线和避雷线支柱上悬挂电话线、广播线和低压架空线等
	楼房最高处的直梯未与楼面避雷带相连接。 　　不符合:JGJ 16《民用建筑电气设计规范》11.3.2 防直击雷的措施,应符合下列规定:3 在屋面接闪器保护范围之内的物体可不装接闪器,但引出屋面的金属体应和屋面防雷装置相连
	天然气管道法兰间缺失防静电跨接线。 　　不符合:GB 50057《建筑物防雷设计规范》 　　4.2.2 第一类防雷建筑物防闪电感应应符合下列规定:……当长金属物的弯头、阀门、法兰盘等连接处的过渡电阻大于 0.03 Ω 时,连接处应用金属线跨接。对有不少于 5 根螺栓连接的法兰盘,在非腐蚀环境下,可不跨接

表 3.164(续 6)

雷电防护系统图示	常见问题描述
	车间厂房防雷引下线距离人行道不足 3 m。 不符合:GB 50057《建筑物防雷设计规范》 4.5.6 在建筑物引下线附近保护人身安全需采取的防接触电压和跨步。 电压的措施,应符合下列规定: 1. 防接触电压应符合下列规定之一: ①利用建筑物金属构架和建筑物互相连接的钢筋在电气上是贯通且不少于 10 根柱子组成的自然引下线,作为自然引下线的柱子包括位于 建筑物四周和建筑物内的。 ②引下线 3 m 范围内地表层的电阻率不小于 50 kΩm,或敷设 5 cm 厚沥青层或 15 cm 厚砾石层。 ③外露引下线,其距地面 2.7 m 以下的导体用耐 1.2/50 μs 冲击电压 100 kV 的绝缘层隔离,或用至少 3 mm 厚的交联聚乙烯层隔离。 ④用护栏、警告牌使接触引下线的可能性降至最低限度。 2. 防跨步电压应符合下列规定之一: ①利用建筑物金属构架和建筑物互相连接的钢筋在电气上是贯通且不少于 10 根柱子组成的自然引下线,作为自然引下线的柱子包括位于 建筑物四周和建筑物内。 ②引下线 3 m 范围内土壤地表层的电阻率不小于 50 kΩm。或敷设 5 cm 厚沥青层或 15 cm 厚砾石层。 ③用网状接地装置对地面作均衡电位处理。 ④用护栏、警告牌使进入距引下线 3 m 范围内地面的可能性减小到最低限度

表 3.164(续7)

雷电防护系统图示	常见问题描述
	防雷检测机构在定期检测时对建筑物的防雷电阻标准数值未选取设计数值。例如:防雷检测机构对某建筑设施防雷检测后出具的电阻值为 $1.0 \sim 2.6\ \Omega$,结论为合格。但该厂房设计要求的防雷接地电阻是小于 $1.0\ \Omega$
	高于厂房的直梯无防雷接地措施。 不符合:GB 4053.1《固定式钢梯及平台安全要求 第1部分:钢直梯》4.6 接地 在室外安装的钢直梯和连接部分的雷电保护,连接和接地附件应符合 GB 50057 的要求。 GB 50057《建筑物防雷设计规范》 4.3.2 突出屋面的放散管、风管、烟囱等物体,应按下列方式保护: ①金属物体可不装接闪器,但应和屋面防雷装置相连。 ②除符合本规范第 4.5.7 条的规定情况外,在屋面接闪器保护范围之外的非金属物体应装接闪器,并和屋面防雷装置相连

(六)适用的法规标准

雷电防护系统适用的法规标准如表 3.165 所示。

表 3.165 雷电防护系统适用的法规标准

表 3.165 雷电防护系统适用的法规标准

序号	法规标准
1	GB 50057 建筑物防雷设计规范
2	GB 50169 电气装置安装工程 接地装置施工及验收规范
3	GB 50235 工业金属管道工程施工规范
4	GB 50601 建筑物防雷工程施工与质量验收规范
5	JGJ 16 民用建筑电气设计规范
6	AQ/T 7009 机械制造企业安全生产标准化规范

(七)典型做法与经验

雷电防护系统在实际操作中的典型做法及相关经验如表 3.166 所示。

表 3.166 雷电防护系统在实际操作中的典型做法及相关经验

雷电防护系统图示	典型做法及经验
	JGJ 16《民用建筑电气设计规范》 11.4.2 防直击雷的措施应符合下列规定: 4. 在屋面接闪器保护范围之内的物体可不装接闪器,但引出屋面的金属体应和屋面防雷装置相连。 5. 在屋面接闪器保护范围以外的非金属物体应装设接闪器,并和屋面防雷装置相连
	GB 50494《城镇燃气技术规范》6.4.6 敷设在室外的用户燃气管道应有可靠的防雷接地装置

表3.166(续)

雷电防护系统图示	典型做法及经验
	GB 50169《电气装置安装工程 接地装置施工及验收规范》4.2.7 明敷接地线,在导体的全长度或区间段及每个连接部位附近的表面,应涂以用15～100 mm宽度相等的绿色和黄色相间的条纹标识。当使用胶带时,应使用双色胶带。 　　5.0.1 在验收时应按下列要求进行检查: 　　2. 整个接地网外露部分的连接可靠,接地线规格正确,防腐层完好,标识齐全明显; 　　AQ/T 7009《机械制造企业安全生产标准化规范》4.2.40.5.3 防雷装置接地或检测点应设有编号与标识
	GB 50601《建筑物防雷工程施工与质量验收规范》 　　5.1 引下线安装 　　5.1.1 主控项目应符合下列规定: 　　2. 明敷的专用引下线应分段固定,并应以最短路径敷设应平正顺直、无急弯。焊接固定的焊缝应饱满无遗漏,螺栓固定应有防松零件(垫圈),焊接部分的防腐应完整

四十、焊接和切割设备

(一)适用范围

本项目适用:

(1)使用电力进行焊接的固定式、移动式设备。包括点焊机,但不包括在生产线上的小型点焊设备,小型点焊机应在装配线(含部件分装线、焊装线)的考评项目中考评。

(2)使用电力进行弧割的固定式、移动式设备(包括电弧气刨机、等离子弧切割机。含氩等离子弧切割、氧等离子弧切割和空气等离子弧切割)。

本项目不含:使用氧气和燃气的火焰设备、电火花线切割设备、激光切割及高压水切割设备、可移式电动工具中的型材切割机。

(二)资料备查清单

本考评项查阅的资料包括:

(1)焊接和切割设备分类台账;

(2)焊/割机一次对二次绕组,绕组对地(外壳)的绝缘、焊钳电阻每半年检测一次的记录;设备定期/日常检查记录。

(三)考评内容与考评办法

焊接和切割设备考评内容与考评办法如表3.167所示。

表3.167 焊接和切割设备考评内容与考评办法

序号	考评内容	分值	考评办法
1	(1)电焊设备的线路安装和屏护 ①每台焊机应设置独立的电源开关或控制柜,并采取可靠的保护措施。 ②固定使用的电源线应采取穿管敷设;一次侧、二次侧接线端子应设有安全罩或防护板屏护;线路接头应牢固,无烧损。电气线路绝缘完好,无破损、无老化。 ③焊机所使用的输气、输油、输水管道应安装规范、运行可靠,且无渗漏。 (2)电焊设备的外壳防护 ①设备外壳防护等级一般不得低于IP21;户外使用的设备不得低于IP23,当不能满足场所安全要求时,还应采取其他防护措施。 ②PE线应连接可靠,线径截面及安装方式应符合《考核评分细则》2.37的相关规定。 ③当焊机有高频、高能束焊等辐射危害时,应采取特殊的屏蔽接地防护。 (3)电焊设备的焊接变压器 ①焊接变压器的一次对二次绕组,绕组对地(外壳)的绝缘电阻值应大于1 MΩ。 ②电阻焊机或控制器中电源输入回路与外壳之间,变压器输入、输出回路之间绝缘应大于2.5 MΩ;控制器中不与外壳相连,且交流电压高于42 V或直流电压高于48 V的回路,外壳的绝缘电阻应大于1 MΩ。 ③变压器、控制器线路的绝缘应每半年检测一次,并保存其记录;当焊机内有整流器、晶体管等电子控制元件或装置时,应完全断开其回路进行检测。 (4)电焊设备的当采用焊接电缆供电时,一次线的接线长度应不超过3 m,电源线不应在地面拖拽使用,且不允许跨越通道。 (5)电焊设备的二次回路 ①二次回路应保持其独立性和隔离要求。	12分	①查设备台账,依据设备台账确定抽查数量和具体的考评设备。 ②现场核查,凡不符合《考核评分细则》2.39.1,2.39.2任一条款要求时,该设备为不合格设备。 ③根据不合格设备,计算实得分为 实得分 = 12 − $\dfrac{\text{不合格设备台数}}{\text{抽查总台数}}$×36 ④不符合2.39.3要求的,在本项得分中扣1分。 ⑤结合现场抽查情况,发现没建立管理台账、台账不清、账物不符情况或报废/停用手续不全、标识不正确或未明确责任人的,扣2分

表 3.167（续）

序号	考评内容	分值	考评办法
	②二次回路宜直接与被焊工件直接连接或压接。二次回路接点应紧固,无电气裸露,接头宜采用电缆耦合器,且不超过3个。电阻焊机的焊接回路及其零部件(电极除外)的温升限值不应超过允许值。 ③当二次回路所采取的措施不能限制可能流经人体的电流小于电击电流时,应采取剩余电流动作保护装置或其他保护装置作为补充防护。 ④禁止搭载或利用厂房金属结构、管道、轨道、设备可移动部位,以及 PE 线等作为焊接二次回路。在有 PE 线装置的焊件上进行电焊操作时,应暂时拆除 PE 线。 ⑤当设备配置急停按钮时,应符合 GB 16754 的相关规定。 (6)电焊设备的夹持装置和绝缘 ①夹持装置应确保夹紧焊条或工件,且有良好绝缘和隔热性能,绝缘电阻应大于 1 MΩ。 ②电焊钳或操作部件应与导线连接紧固、绝缘可靠,且无外露带电体。 ③悬挂式电阻焊机吊点应准确,平衡保护装置应可靠		
2	切割设备 等离子切割设备、碳弧气刨设备、其他焊接和切割设备应符合 GB/T 2550,GB 15579 的相关要求		
3	工作场所 (1)工作场所应采取防触电、防火、防爆、防中毒窒息、防机械伤害、防灼伤等技术措施;其周边应无可燃爆物品;电弧飞溅处应设置非燃物质制作的屏护装置。 (2)工作场所应通风良好;狭窄场所、受限空间必须采用强制通风、提供供气呼吸设备或其他保护措施。 (3)工作区域应相对独立,宜设置防护围栏,并设有警示标识。焊接设备屏护区域应按工作性质及类型选择联锁或光栅保护装置		

（四）考评要点

1. 电源线、焊接电缆与焊机接线端子连接处有可靠屏护

电源线、焊接电缆与焊机连接处的裸露接线板均应采用安全防护罩或防护扳隔离,以防人员或金属物体(如,货车、起重机吊钩等)与之相接触。

2. 焊机外壳 PE 线接线正确,连接可靠

(1)焊机必须以正确的方法接地(TN－S 系统或 TN－C－S 系统)或接零(TN－C 系统)。接地(或接零)装置必须连接良好,永久性的接地(或接零)应做定期检查。

(2)禁止使用氧气、乙炔等易燃易爆气体管道作为接地装置。

(3)在有接地(或接零)装置的焊件上进行弧焊操作,或焊接与大地密切连接的焊件(如,管道、房屋的金属支架等)时,应特别注意避免焊机和工件的双重接地。

3. 每半年至少应对焊机绝缘电阻摇测一次,且记录齐全

(1)焊接变压器一、二次绕组,绕组与外壳间绝缘电阻值不少于 1 MΩ。

(2)电阻焊机或控制器中电源输入回路与外壳之间,变压器输入、输出回路之间绝缘应大于 2.5 MΩ;控制器中不与外壳相连,且交流电压高于 42 V 或直流电压高于 48 V 的回路,外壳的绝缘电阻应大于 1 MΩ。

(3)夹持工具绝缘电阻应大于 1 MΩ。

4. 焊机一次侧电源线长度不超过 3 m,且不得拖地或跨越通道使用

焊机一次线必须采用三芯(或四芯)铜芯橡胶护套导线,其接线长度不允许超过 3 m。如确需使用较长导线,应在焊机侧 3 m 以内增加一级电源控制,并将电源线架空敷设,焊机一次线不得在地面拖拽使用,更不得在地面跨越通道使用。

5. 焊机二次线连接良好,接头不超过 3 个

(1)焊机二次线必须连接紧固,无松动,二次线的接头不允许超过三个,应根据焊机容量正确选择焊机二次线的截面积,以避免因长期过载而造成绝缘老化。

(2)严禁利用厂房金属结构、管道、轨道等作为焊接二次回路使用。

6. 焊钳夹紧力好,绝缘可靠,隔热层完好

焊钳应符合 QB 1518《电焊钳技术条件》、GB 15579.11—2012《弧焊设备 第 11 部分电焊钳》的要求,能保证在任何斜度下均可夹紧焊条,绝缘良好,手柄隔热层完整,焊钳与导线应连接可靠。连接处应保持轻便柔软,使用方便,无过热现象,导体不外露,钳柄屏护良好。

7. 焊机使用场所清洁,无严重粉尘,周围无易燃易爆物

(1)设备的工作环境与其技术说明书规定相符,安放在通风、干燥、无碰撞或无剧烈震动、无高温、无易燃品存在的地方。

(2)在特殊环境条件下(如,室外的雨雪中;温度、湿度、气压超出正常范围或具有腐蚀、爆炸危险的环境),必须对设备采取特殊的防护措施以保证人员安全和设备正常的工作性能。

（3）单点或多点电阻焊机操作过程中，当操作者的手需要经过操作区域而可能受到伤害时，必须有效地采用下述措施进行保护：机械保护式挡板、挡块；双手控制方法；弹键；限位传感装置；任何当操作者的手处于操作点下面时防止压头动作的类似装置或机构。

8.气体焊接、切割设备气体软管

燃气、氧气软管应符合 GB/T 2550《气体焊接设备焊接、切割和类似作业用橡胶软管》的要求。

（1）软管构成：最小厚度为 1.5 mm 的橡胶内衬层；采用适当方法铺放的增强层；最小厚度为 1.0 mm 的橡胶外覆层。

（2）软管颜色标识

气体焊接、切割设备气体软管应符合表 3.168 的要求。

表 3.168 软管颜色

气体	外覆层颜色
乙炔和其他可燃性气体ª（除液化石油气、MPS、天然气、甲烷外）	红色
氧气	蓝色
空气、氮气、氩气、二氧化碳	黑色
液化石油气（LPG）和甲基乙炔－丙二烯混合物（MPS）、天然气、甲烷	橙色
对此软管用于氢气的适用性，应于制造厂协商	红色－橙色

（3）软管文字标志

软管外覆层应至少每隔 1 000 mm 连续、牢固地标志出下列内容：

①《气体焊接设备焊接、切割和类似作业用橡胶软管》标准的编号；

②最大工作压力，MPa；

③公称内径；

④制造厂或供应商的标志（如 XYZ）；

⑤制造年度。

示例：GB/T 2550－2007－2.0MPa（20bar）－10－XYZ－2016

9.计分原则

考评时，如发现某些未在考评内容中提出要求的问题，而这些问题存在明显的事故隐患，应明确在考评结论中提出，但不作扣分的依据。

（五）常见问题

焊接、切割设备常见问题及描述如表 3.169 所示。

表 3.169　焊接、切割设备常见问题及描述

焊接、切割设备图示	常见问题描述
焊机PE保护线	由于焊机输入电缆中没有 PE 导线,后加的 PE 导线截面积电焊机外壳 PE 线与相线不匹配。 不符合:GB 9448《焊接与切割安全》 12.4.6 接地 电阻焊机的接地要求必须符合 GB 15578 标准的有关规定。 GB 15578《电阻焊机的安全要求》 6.4 类保护的电阻焊机与保护性导体的连接 相线芯线截面 S/mm^2 / PE 线截面 $S \leqslant 16$ / S $16 < S \leqslant 35$ / 16 $S > 35$ / $S/2$
	焊机二次线温升过高,导致导线护套碳化。 GB 15578《电阻焊机的安全要求》 7.4.3 焊接回路 人体易于触及的焊接回路及其零部件(电极除外)的温升限值应不超过 60K。 SJ/T 31434《交流弧焊机完好要求和检查评定方法》 3.2.1 交流弧焊机的额定负载持续率,安全空载电压,温升参数应符合国家标准或产品说明书之规定,但其中温升参数允许按规定降低 5%。 3.4.2 焊接导线截面,接线端子,必须能承受所规定的电热机械负载,带电连接件不应发生过热现象
	焊机电源插头缺失 PE 线或焊机外壳 PE 端子未接保护导线。 不符合:GB 5226.1《机械电气安全 机械电气设备 第 1 部分:通用技术条件》 6.3.3 用自动切断电源作防护 出现绝缘失效后,受其影响的任何电路的电源自动切断,用来防止来自触摸电压引起的危险情况。这种方法包括: ——把外露可导电部分连接到保护接地电路上; ——下列任一种方法: a)TN 或 TT 系统中,绝缘失效时用保护器件自动切断电源; b)采用接地故障检测或残余电流检测引发 IT 系统断开。 GB 9448《焊接与切割安全》 11.3 接地 焊机必须以正确的方法接地(或接零)。接地(或接零)装置必须连接良好,永久性的接地(或接零)应做定期检查

表 3.169(续 1)

焊接、切割设备图示	常见问题描述
	焊机电源插头缺失 PE 线或焊机外壳 PE 端子未接保护导线。 不符合:GB 5226.1《机械电气安全 机械电气设备 第 1 部分:通用技术条件》 6.3.3 用自动切断电源作防护 出现绝缘失效后,受其影响的任何电路的电源自动切断,用来防止来自触摸电压引起的危险情况。这种方法包括: ——把外露可导电部分连接到保护接地电路上; ——下列任一种方法: a)TN 或 TT 系统中,绝缘失效时用保护器件自动切断电源; b)采用接地故障检测或残余电流检测引发 IT 系统断开。 GB 9448《焊接与切割安全》 11.3 接地 焊机必须以正确的方法接地(或接零)。接地(或接零)装置必须连接良好,永久性的接地(或接零)应做定期检查
	焊钳绝缘部件缺损。 不符合:GB 9448《焊接与切割安全》 11.5.7.4 焊钳和焊枪:焊钳必须具备良好的绝缘性能和隔热性能,并且维修正常。 CB 3786《船厂电气作业安全要求》 4.7.1.5 电焊钳应符合安全要求,钳口、手柄应完整无损
	焊机输出端子缺失防护罩。 不符合:GB 15579.1《弧焊设备 第 1 部分 焊接电源》 11.4.1 意外接触的防护 焊接电源的输出端不管是否接有焊接电缆都应予以防护,防止人体或金属物件(如车辆、起重吊钩等)的意外接触。 可采取如下措施: a)耦合装置的任何带电部分凹入进口孔端面。 b)装有带铰链的盖或防护罩。 SJ/T 31434《交流弧焊机完好要求和检查评定方法》 3.5.1 电源线,焊接电缆与电焊机的接线处有防护罩

表 3.169（续 2）

焊接、切割设备图示	常见问题描述
	使用焊钳连接焊机二次线。 不符合:GB 9448《焊接与切割安全》 11.4 焊接回路 11.4.2 构成焊接回路的电缆外皮必须完整、绝缘良好(绝缘电阻大于 1 MΩ)。用于高频、高压振荡器设备的电缆,必须具有相应的绝缘性能。 11.4.3 焊机的电缆应使用整根导线,尽量不带连接接头。需要接长导线时,接头处要连接牢固、绝缘良好。 CB 3786《船厂电气作业安全要求》4.7.1.4 焊接电缆线的外套应完整,绝缘良好。焊接电缆线需要接长时,应使用接头连接器牢固连接,接头不应超过两个,连接处应绝缘良好。不应使用焊钳作连接部件使用。 AQ/T 7007《造修船企业安全生产技术规范》6.7.5 焊机二次线连接良好,接头不超过 3 个
	焊机一次线超长。 不符合:《考核评分细则》2.39.1.4。 AQ/T 7009《机械制造企业安全生产标准化规范》4.2.41 电焊设备 4.2.41.4 当采用焊接电缆供电时,一次线的接线长度应不超过 3 m,电源线不应在地面拖拽使用,且不允许跨越通道

表 3.169（续 3）

焊接、切割设备图示	常见问题描述
	焊机输出线与接线端子连接不紧密。 不符合：GB 9448《焊接与切割安全》 11.5.2 连线的检查 完成焊机的接线之后，在开始操作设备之前必须检查一下每个安装的接头以确认其连接良好
	自制焊钳手柄绝缘、钳口绝缘防护、温升参数等超标。 不符合：GB 9448《焊接与切割安全》 11.5.7.4 焊钳和焊枪 焊钳必须具备良好的绝缘性能和隔热性能，并且维修正常。 不符合 QB 1518《电焊钳技术条件》基本参数和技术要求的多项规定
	焊接电缆局部绝缘破损。 不符合：GB 9448《焊接与切割安全》 11.6.3 焊接电缆 焊接电缆必须经常进行检查。损坏的电缆必须及时更换或修复。更换或修复后的电缆必须具备合适的强度、绝缘性能导电性能和密封性能。 11.4.2 构成焊接回路的电缆外皮必须完整、绝缘良好（绝缘电阻大于 1 MΩ）。用于高频、高压振荡器设备的电缆，必须具有相应的绝缘性能
 焊机电源线	临时或移动使用的电焊机未实现一机一闸。 GB 50055《通用用电设备配电设计规范》4.0.1 每台电焊机的电源线应符合下列规定： 1.手动弧焊变压器或弧焊整流器的电源线应装设隔离电器、开关和短路保护电器。 GB 50194《建设工程施工现场供用电安全规范》6.3.3 用电设备或插座的电源宜引自末级配电箱，当一个末级配电箱直接控制多台用电设备或插座时，每台用电设备或插座应有各自独立的保护电器

表 3.169（续 4）

焊接、切割设备图示	常见问题描述
焊接电源导线	焊机未装二次降压保护器和剩余电流动作保护器。 不符合:GB 50194《建设工程施工现场供用电安全规范》9.4.6 施工现场使用交流电焊机时宜装配防触电保护器。AQ/T 7009《机械制造企业安全生产标准化规范》4.2.41.5.3 当二次回路所采取的措施不能限制可能流经人体的电流小于电击电流时,应采取剩余电流动作保护装置或其他保护装置作为补充防护。 AQ/T 7007《造修船企业安全生产技术规范》6.7 电焊机 6.7.2 一次电源应有相匹配的漏电保护和单独的短路保护,焊机外壳 PE 线接线正确,连接可靠。交直流电焊机额次绕组输出应有降压保护措施
	焊机检查记录表中缺失绝缘检测记录。 不符合:AQ/T 7009《机械制造企业安全生产标准化规范》 4.2.41.3.2 电阻焊机或控制器中电源输入回路与外壳之间,变压器输入、输出回路之间绝缘应大于 2.5 MΩ;控制器中不与外壳相连,且交流电压高于 42 V 或直流电压高于 48 V 的回路,外壳的绝缘电阻应大于 1 MΩ。 4.2.41.6.1 夹持装置应确保夹紧焊条或工件,且有良好绝缘和隔热性能,绝缘电阻应大于 1 MΩ。 GB 15579.11《弧焊设备 第 11 部分 电焊钳》8.2 绝缘电阻:电焊钳经湿热处理后的绝缘电阻应不低于 1 MΩ
	焊钳手柄处焊接回路电缆局部绝缘层破损。 不符合:GB 9448《焊接与切割安全》 11.4 焊接回路 11.4.2 构成焊接回路的电缆外皮必须完整、绝缘良好(绝缘电阻大于 1 MΩ)

（六）适用的法规标准

焊接、切割设备适用的法规标准如表 3.170 所示。

表 3.170 焊接、切割设备适用的法规标准

序号	法规标准
1	GB 15578 电阻焊机的安全要求
2	GB 15579.11 弧焊设备 第 11 部分 电焊钳
3	GB 15579.1 弧焊设备 第 1 部分 焊接电源
4	GB 50055 通用用电设备配电设计规范
5	GB 50194 建设工程施工现场供用电安全规范
6	GB 5226.1 机械电气安全 机械电气设备 第 1 部分:通用技术条件
7	GB 9448 焊接与切割安全
8	AQ/T 7009 机械制造企业安全生产标准化规范
9	AQ/T 7007 造修船企业安全生产技术规范
10	CB 3786 船厂电气作业安全要求
11	CB/T 3969 金属焊割用燃气入舱作业安全规定

（七）典型做法与经验

焊接、切割设备在实际操作中的典型做法及相关经验如表 3.171 所示。

表 3.171 焊接、切割设备在实际操作中的典型做法及相关经验

焊接、切割设备图示	典型做法及经验
	GB 15579.1《弧焊设备 第 1 部分 焊接电源》11.4.1 意外接触的防护 焊接电源的输出端不管是否接有焊接电缆都应予以防护,防止人体或金属物件(如车辆、起重吊钩等)的意外接触。 可采取如下措施: ①耦合装置的任何带电部分凹入进口孔端面。 ②装有带铰链的盖或防护罩

表 3.171（续）

焊接切割设备图示	典型做法及经验
	AQ/T 7009《机械制造企业安全生产标准化规范》4.2.41.4 当采用焊接电缆供电时,一次线的长度应不超过 3 m,电源线不应在地面拖拽使用,且不允许跨越通道
	电焊机内部无异物、元器件整洁,电气连接紧密。符合 SJT 31434《交流弧焊机完好要求和检查评定方法》。 3.6 维护保养 3.6.1 每半年左右卸去机壳用干燥的压缩空气吹净内部的灰尘和异物。 3.6.2 拧紧所有的电气连接处螺帽
	AQ/T 7009《机械制造企业安全生产标准化规范》4.2.41.5.3 当二次回路所采取的措施不能限制可能流经人体的电流小于电击电流时,应采取剩余电流动作保护装置或其他保护装置作为补充防护

四十一、手持电动工具

(一)适用范围

本项目适用企业生产过程中的手持式各类电动工具(含电热工具、管道疏通机等)。

(二)资料备查清单

本考评项查阅的资料包括:

（1）手持电动工具分类台账；

（2）每半年对工具进行一次绝缘电阻检测的记录；工具定期/日常检查记录。

（三）考评内容及考评办法

手持电动工具考评内容及考评办法如表3.172所示。

表3.172　手持电动工具考评内容及考评办法

序号	考评内容	分值	考评办法
1	使用条件 （1）手持式电动工具应具有国家强制认证标志、产品合格证和使用说明书，并在规定的条件下使用。 （2）一般场所应使用Ⅱ类工具；狭窄场所或受限空间、潮湿环境应使用配置剩余电流动作保护装置的Ⅱ类工具或Ⅲ类工具；当使用Ⅰ类工具时，应配置剩余电流动作保护装置，PE线应连接规范。 （3）剩余电流保护装置动作参数的选择及运行管理应符合GB 13955的相关规定。使用Ⅰ类工具时，PE线连接正确、可靠，剩余电流保护装置动作电流不得大于30 mA，动作时间不得大于0.1 s；Ⅱ类工具在狭窄场所或受限空间、潮湿环境使用时，剩余电流动作保护装置动作电流不得大于15 mA，动作时间不得大于0.1 s；使用Ⅲ类工具时，其隔离电器装置必须置于操作危险空间外。 （4）系统保护装置应与所选择的工具匹配	10分	①查设备台账，依据设备台账确定抽查数量和具体的考评设备。 ②现场核查，凡不符合考评内容任一条款要求时，该设备为不合格设备。 ③绝缘电阻以单位测量记录为依据，现场进行抽测。 ④根据不合格设备，计算实得分为 $$实得分 = 10 - \frac{不合格设备台数}{抽查总台数} \times 30$$ ⑤结合现场抽查情况，发现没建立管理台账、台账不清、账物不符情况或报废/停用手续不全、标识不正确或未明确责任人的，扣2分
2	日常检查和定期检测 （1）管理部门发出或收回、以及使用前应进行日常检查。检查内容应符合GB 3787的相关规定，并保存记录。 （2）定期检测每年应至少二次，梅雨季节或工具有损坏时应及时检测，检测应由专业电工检测。绝缘电阻值应符合GB 3787的相关规定。 （3）定期检测应建立准确、可靠的记录，并在检测合格工具的明显位置粘贴合格标识，合格标识应符合GB 3787相关规定		

表 3.172（续）

序号	考评内容	分值	考评办法
3	电源线 （1）电源线应不低于普通橡胶护层软线或聚氯乙烯护层软线的安全要求，设备与电源线温升应符合安全要求，其最小截面积（铜线）应符合如下要求：当工具额定电流小于 6 A，电源线最小截面应大于 0.75 mm²；当工具额定电流小于 10 A，电源线最小截面应大于 1.00 mm²；当工具额定电流小于 16 A，电源线最小截面应大于 1.50 mm²；当工具额定电流小于 25 A，电源线最小截面应大于 2.50 mm²； （2）电源线长度应小于 6 m，中间不允许有接头，且无破损、无老化、不穿越通道		
4	工具的防护罩、盖、手柄应连接牢靠，并有足够的强度，外观无损伤、裂缝和变形		
5	转动部分、开关及接插件 （1）转动部分应灵活，无阻滞现象；开关应动作灵活，无缺损与破裂。 （2）严禁将插头、插座内的 N 与 PE 相连接；PE 线、N 线、相线不应错接或松动、脱落。接插件额定参数与所用工具应相匹配，且无烧损、无破裂和严重损伤		

（四）考评要点

1. 必须按作业环境的要求，选用手持电动工具

使用 I 类手持电动工具应配用剩余电流动作保护装置，其动作参数的选择及运行管理应符合 GB 13955 的相关规定。

（1）作业环境的要求：在一般场所应选用 II 类工具，在潮湿的场所或金属构架上等导电性能良好的作业场所，必须使用 II 类或 III 类工具，在锅炉、金属容器、管道内等狭窄场所应使用 III 类工具。

（2）保护措施要求：在一般场所使用 I 类工具时，必须采用剩余电流动作保护装置、安全隔离变压器等保护措施。在潮湿的场所或金属构架上使用 I 类工具，必须装设额定漏电动作电流不大于 30 mA，动作时间不大于 0.1 s 的剩余电流动作保护装置。使用 I 类工具时，PE 线接线正确连接可靠。在狭窄场所使用 II 类工具时，必须装设额定漏电动作电流不大于 15 mA，动作时间不大于 0.1 s 的剩余电流动作保护装置。

（3）剩余电流动作保护装置应每月定期进行一次手动按钮校验，保持完好有效。电子式剩余电流保护装置,根据电子元器件有效工作寿命要求,工作年限一般为 6 年。超过规定年限应进行全面检测,根据检测结果,决定可否继续运行。

(4)使用单位的安全管理部门应加强对剩余电流动作保护装置运行安全的监督,并建立相应的管理制度及台账。

剩余电流动作保护装置的安装、检查等应由电工负责进行。对电工应进行有关剩余电流动作保护装置知识的培训、考核。内容包括剩余电流动作保护装置的原理、结构、性能、安装使用要求、检查测试方法、安全管理等。

剩余电流保护装置进行特性试验时,应使用经国家有关部门检测合格的专用测试设备,由专业人员进行。严禁利用相线直接对地短路或利用动物作为试验物的方法。

2.绝缘电阻符合要求,有定期测量记录

手持电动工具至少每六个月必须进行一次绝缘电阻的测量,电动工具在冷态下测得的电阻值应不小于表 3.173 规定的数值。

表 3.173　各种类型手持电动工具最小绝缘电阻值

测量部位	绝缘电阻
Ⅰ 类工具带电零件与外壳之间	2 MΩ
Ⅱ 类工具带电零件与外壳之间	7 MΩ
Ⅲ 类工具带电零件与外壳之间	1 MΩ

注:绝缘电阻用 500 V 兆欧表测量。

3.电源线必须用橡套软线,长度不得超过 6 m,无接头及破损

Ⅰ 类电动工具的绝缘线必须采用三芯(单相工具)或四芯(三相工具)多股铜芯橡套软线;其中绿/黄双色线在任何情况下只能用做 PE 线,电动工具的电源线长度限制在 6 m 以内,中间不允许有接头及破损。

4.手动工具

电动工具的防护罩、盖及手柄应完好,无破损、无变形、不松动。

5.电动工具的开关应灵敏、可靠,插头无破损、规格与负载匹配

(1)开关灵敏、可靠,能及时切断电源,无缺损、破裂。

(2)插头不应有破裂及损坏,规格应与工具的功率类型相匹配,而且接线正确。

6.计分原则

考评时,如发现某些未在考评内容中提出要求的问题,而这些问题存在明显的事故隐患,应明确在考评结论中提出,但不作扣分的依据。

(五)常见问题

手持电动工具常见问题图示及描述如表 3.174 所示。

表 3.174 手持电动工具常见问题图示及描述

手持电动工具图示	常见问题及描述
	电动工具日常外观检查内容项目少。 不符合:GB/T 3787《手持式电动工具的管理、使用、检查和维修安全技术规程》 5.2 工具的日常检查至少应包括以下项目: a.是否有产品认证标志及定期检查合格标志; b.外壳、手柄有否裂缝或破损; c.保护接地线((PE)联接是否完好无损; d.电源线是否完好无损; e.电源插头是否完整无损; f.电源开关动作是否正常、灵活,有无缺损、破裂; g.机械防护装置是否完好; h.工具转动部分是否转动灵活、轻快,无阻滞现象; i.电气保护装置是否良好
	手持式电烙铁未做绝缘检测。 不符合:GB 3883.1《手持式电动工具的安全第1部分:通用要求》 1.范围 …… 带加热元件的工具属于本部分范围。 AQ/T 7009《机械制造企业安全生产标准化规范》 4.2.42.2 日常检查和定期检测 4.2.42.2.1 管理部门发出或收回,以及使用前应进行日常检查。检查内容应符合 GB 3787 的相关规定,并保存记录。 4.2.42.2.2 定期检测每年应至少二次,梅雨季节或工具有损坏时应及时检测,检测应由专业电工检测。绝缘电阻值应符合 GB 3787 的相关规定。 4.2.42.2.3 定期检测应建立准确、可靠的记录,并在检测合格工具的明显位置粘贴合格标识

表 3.174(续 1)

手持电动工具图示	常见问题及描述
	绝缘检测合格标志脱落。 不符合:GB/T 3787《手持式电动工具的管理、使用、检查和维修安全技术规程》5.3.5 经定期检查合格的工具,应在工具的适当部位粘贴检查"合格"标志,合格标志应鲜明清晰、正确并至少包括:工具编号、检查单位名称或标记、检查人员名称或标记、有效日期
	角磨机无砂轮片防护罩。 不符合:GB/T 7442《角向磨光机》4.2.3 磨光机应装有不借助工具不能拆除的砂轮防护罩,该防护罩必须用同伴或同等强度的材料制成,严禁采用脆性材料。防护罩安装后砂轮外露部分的角度不大于 180°
	手持电动工具电源线有接头 不符合:GB/T 3787《手持式电动工具的管理、使用、检查和维修安全技术规程》4.7 工具的电源线不得任意接长或拆换。当电源离工具操作点距离较远而电源线长度不够时,应采用耦合器进行连接。 AQ/T 7009《机械制造企业安全生产标准化规范》4.2.42.3.2 电源线长度应小于 6 m,中间不允许有接头,且无破损、无老化,不穿越通道
	Ⅰ类工具电源插头缺失保护插片 不符合:GB/T 3787《手持电动工具的管理、使用、检查和维修安全技术规程》4.9 工具的插头、插座应按规定正确接线,插头、插座中的保护接地极在任何情况下只能单独连接保护接地线(PE)

表 3.174（续 2）

手持电动工具图示	常见问题及描述
	手持电动工具电源导线超长。 不符合:GB/T 3787《手持式电动工具的管理、使用、检查和维修安全技术规程》4.7 工具的电源线不得任意接长或拆换。当电源离工具操作点距离较远而电源线长度不够时,应采用藕合器进行联接。 AQ/T 7007《造修船企业安全生产技术规范》6.8.3 电源线应用护管软线,与电动工具在 6 m 处设电源开关,无接头及破损。AQ/T 7009《机械制造企业安全生产标准化规范》 4.2.42.3.2 电源线长度应小于 6 m,中间不允许有接头,且无破损、无老化,不穿越通道
	不合格的工具未拆毁报废并粘贴禁用标志。 不符合:GB/T 3787《手持式电动工具的管理、使用、检查和维修安全技术规程》5.10 对不能修复或修复后仍达不到应有的安全技术要求的工具必须办理报废手续并采取隔离措施。 GB/T 13869《用电安全导则》10.9 用电产品如不能修复或修复后达不到规定的安全性能时应及时予以报废,并在明显位置予以标识
 手电钻电源线护套破损	手电钻电源线进线口处缺失加强护套,导致导线护套局部损坏。 不符合:GB/T 3787《手持式电动工具的管理、使用、检查和维修安全技术规程》5.5 工具如有绝缘损坏,电源线护套破裂、保护接地线(PE)脱落、插头插座裂开或有损于安全的机械损伤等故障时,应立即进行修理。在未修复前,不得继续使用
	手持电热风枪无工具铭牌和强制认证标志,无技术档案,无法直观判定是否属于Ⅱ类工具。 不符合:GB/T 3787《手持式电动工具的管理、使用、检查和维修安全技术规程》 3.1 工具的管理必须包括: a)检查工具是否具有国家强制认证标志、产品合格证和使用说明书; …… e)使用单位(部门)必须建立工具使用、检查和维修的技术档案

表 3.174(续 3)

手持电动工具图示	常见问题及描述
	手持电动工具绝缘检测合格标签上缺失工具编号等信息。 不符合:GB/T 3787《手持式电动工具的管理、使用、检查和维修安全技术规程》5.3.5 经定期检查合格的工具,应在工具的适当部位粘贴检查"合格"标志,合格标志应鲜明清晰、正确并至少包括:工具编号、检查单位名称或标记、检查人员名称或标记、有效日期

（六）适用的法规标准

手持电动工具适用的法规标准如表 3.175 所示。

表 3.175 手持电动工具适用的法规标准

序号	法规标准
1	GB 13955 剩余电流动作保护装置安装和运行
2	GB 3883.1 手持式电动工具的安全 第 1 部分:通用要求
3	GB/T 3787 手持式电动工具的管理、使用、检查和维修安全技术规程
4	AQ/T 7007 造修船企业安全生产技术规范
5	AQ/T 7009 机械制造企业安全生产标准化规范
6	CB 3786 船厂电气作业安全要求

（七）典型做法与经验

手持电动工具在实际操作中的典型做法及相关经验如表 3.176 所示。

表 3.176 手持电动工具在实际操作中的典型做法及相关经验

手持电动工具图示	典型做法及经验
	GB/T 3787《手持式电动工具的管理、使用、检查和维修安全技术规程》 5.3.5 经定期检查合格的工具,应在工具的适当部位粘贴检查"合格"标志,合格标志应鲜明清晰、正确并至少包括:工具编号、检查单位名称或标记、检查人员名称或标记、有效日期

表 3.176（续）

手持电动工具图示	典型做法及经验
	GB/T 3787《手持式电动工具的管理、使用、检查和维修安全技术规程》5.3.5 经定期检查合格的工具，应在工具的适当部位粘贴检查"合格"标志，合格标志应鲜明清晰、正确并至少包括：工具编号、检查单位名称或标记、检查人员名称或标记、有效日期
	手持电动工具绝缘电阻检测记录记载了工具编号、名称、规格型号、标准值、实测值、结论、检测日期、使用单位等详细信息，并经机电员、检测人签字和部门公章确认

四十二、移动电气设备

(一)适用范围

本项目适用于：

(1)单位所属的非固定安装的变电、输电、用电等电气设备设施。如，移动式电风扇、移动轴流风扇、电暖器、移动电缆卷盘、移动式调压器、移动式水泵等(不含移动式动力(照明)箱(柜、板))；

(2) 单位所属的可移式电动工具(如，GB 13960.1《可移式电动工具的安全 第 1 部分：通用要求》适用范围内的工具，包括可移式型材切割机、可移式高压清洗机等，但可移式台式砂轮机不含在此项)。

(二)资料备查清单

本考评项查阅的资料包括

(1)移动电气设备分类台账；

(2)每半年对设备进行一次绝缘电阻检测的记录；设备定期/日常检查记录。

(三)考评内容及考评办法

移动电气设备考评内容及考评办法如表 3.177 所示。

表 3.177　移动电气设备考评内容及考评办法

序号	考评内容	分值	考评办法
1	选用 (1)火灾爆炸场所不应采用移动式电气设备,当不可避免时,必须符合防火、防爆要求。 (2)粉尘、潮湿、飞溅物场所应采用防护式结构	8 分	①查设备台账,依据设备台账确定抽查数量和具体的考评设备。 ②现场核查,凡不符合考评内容任一条款要求时,该设备为不合格设备。 ③根据不合格设备,计算实得分为 实得分 = 8 - $\dfrac{\text{不合格设备台数}}{\text{抽查总台数}}$ ×24 ④结合现场抽查情况,发现没建立管理台账、台账不清、账物不符情况或报废/停用手续不全、标识不正确或未明确责任人的,扣 2 分
2	应有相应制度,开展定期检测工作,其中设备的绝缘电阻值一般不小于 1 MΩ,使用前和在用期间每半年应定期检测绝缘电阻值,并保存记录。移动式电器控制调试柜箱应符合《考核评分细则》2.36 的相关规定。定检合格应有明显标识		
3	电源线敷设长度不得超过 6 m,中间不允许有接头,且无破损;易受机械损伤的地方应穿管保护,并不得跨越通道。电源线与设备的温升应符合安全要求		
4	线路保护和 PE 线连接 (1)线路应设置独立的开关或断路器,并符合其容量,接插件只能用作隔离或接通电源;接线应规范、紧固、无烧蚀。 (2)属于Ⅰ类移动式电气设备应安装剩余电流保护装置。 (3)PE 线应连接可靠,线径截面及安装方法应符合《考核评分细则》2.37 的相关规定。 (4)必要时应设置急停、联锁、警示信号等保护装置		
5	距操作者站立面 2 m 以下设备外露的旋转部件均应设置齐全、可靠的防护罩,其安全距离应符合 GB 23821 的相关规定;裸露的带电部分应有可靠的屏护,并有警示标识		

(四)考评要点

1. 绝缘电阻值不小于 1 MΩ,且有定期检测记录

绝缘电阻值一般应不小于 1 MΩ。间断性使用的移动电气设备(停用超过三个月),使用前和使用过程中必须测量其绝缘电阻;常年使用的移动电气设备应每半年测量一次,绝缘电阻值不少于 1 MΩ,并有测量记录。

2.电源线

电源线采用三芯或四芯多股橡胶电缆,无接头,不跨越通道,绝缘层无破损,长度不得超过 6 m。

电源线必须采用三芯或四芯多股铜芯橡套软线;其中,绿/黄双色线在任何情况下只能用做 PE 线,电源线长度限制在 6 m 以内,中间不允许有接头及破损。

3.PE 可靠

接地故障保护应符合配电系统的接地形式和移动电气设备容量要求,接地正确,连接可靠。

4.剩余电流保护装置可靠

(1)在一般场所使用 I 类工具时,必须采用剩余电流动作保护装置、安全隔离变压器等保护措施。在潮湿的场所或金属构架上使用 I 类工具,必须装设额定漏电动作电流不大于 30 mA,动作时间不大于 0.1 s 的剩余电流动作保护装置。使用 I 类工具时,PE 线接线正确连接可靠。在狭窄场所使用 II 类工具时,必须装设额定漏电动作电流不大于 15 mA,动作时间不大于 0.1 s 的剩余电流动作保护装置。

(2)剩余电流动作保护装置应每月定期进行一次手动按钮校验,保持完好有效。电子式剩余电流保护装置,根据电子元器件有效工作寿命要求,工作年限一般为 6 年。超过规定年限应进行全面检测,根据检测结果,决定可否继续运行。

(3)使用单位的安全管理部门应加强对剩余电流动作保护装置运行安全的监督,并建立相应的管理制度及台账。

(4)剩余电流动作保护装置的安装、检查等应由电工负责进行。对电工应进行有关剩余电流动作保护装置知识的培训、考核。内容包括剩余电流动作保护装置的原理、结构、性能、安装使用要求、检查测试方法、安全管理等。

(5)剩余电流保护装置进行特性试验时,应使用经国家有关部门检测合格的专用测试设备,由专业人员进行。严禁利用相线直接对地短路或利用动物作为试验物的方法。

5.防护罩、遮拦、屏护、盖应完好、无松动

防护罩、遮拦、屏护、盖应能防止人手指触及旋转部位,且应完好、无松动,保持旋转平稳,无晃动、无噪声。

6.开关

开关应可靠、灵敏,且与负载相匹配

7.计分原则

考评时,如发现某些未在考评内容中提出要求的问题,而这些问题存在明显的事故隐患,应明确在考评结论中提出,但不作扣分的依据。

(五)常见问题

移动电气设备常见问题图示及描述如表 3.178 所示。

表 3.178 移动电气设备常见问题图示及描述

移动电气设备图示	常见问题及描述
	移动式行灯变压器外壳缺失 PE 保护线。 不符合:GB 19212.1《电力变压器、电源装置和类似产品的安全 第 1 部分 通用要求和试验》24 保护接地装置 24.1 对于Ⅰ类变压器的可触及金属零部件,如果在基本绝缘发生故障时会变得带电,则应防与变压器内部的保护端子进行永久地和可靠地连接。 GB/T 13869《用电安全导则》 4.4 在正常使用条件下,对人和家畜的直接触电或间接触电所引起的身体伤害,及其他危害应采取足够的防护。 6.20 Ⅰ类设备使用时,应先确认其金属外壳或构架已可靠接地,或已与插头插座内接地效果良好的保护接地极可靠连接,同时应根据环境条件加装合适的电击保护装置
	220 V 轴流风机未使用三极插头并使用 PE 线。 不符合:JB/T 10562《一般用途轴流通风机技术条件》 3.3.12.1 通风机和电动机的机壳应设有可靠的接地装置。 GB 5226.1《机械电气安全 机械电气设备 第 1 部分:通用技术条件》 6.3.3 用自动切断电源作防护 出现绝缘失效后,受其影响的任何电路的电源自动切断,用来防止来自触摸电压引起的危险情况。这种方法包括: ——把外露可导电部分连接到保护接地电路上; ——下列任一种方法: a.TN 或 TT 系统中,绝缘失效时用保护器件自动切断电源; b.采用接地故障检测或残余电流检测引发 IT 系统断开

表 3.178(续 1)

移动电气设备图示	常见问题及描述
 	移动式轴流风机扇叶防护罩网孔过大。 不符合:GB/T 19074《工业通风机 通风机的机械安全装置 护罩》 7.2 固定间距式护罩 　固定间距式护罩的设计和结构与危险相关,用物体防止身体接触危险点和危险区,应采用固定栅或篱笆设计形式,防止接触危险点或区。 8.1 材料的选择 　在选用材料的过程中,……无论选用什么样的护罩,该护罩都不能出现下列情况:如受到限制、有裂纹或剪切点、毛刺、未修整的边或锐边,护罩也不要用超声波照射影响过的材料制成。 8.3 穿孔的材料或网状材料 　用来制造护罩所使用的穿孔材料应是穿孔的金属、编织网、焊丝、金属网栅或类似物。网格尺寸和护罩离危险点或危险区的距离应该充足以防止接触并应和 ISO 13852 的要求一致。 　GB 23821《机械安全 防止上下肢触及危险区的安全距离》 4.5 通过开口触及 4.5.1 适用于 14 岁及 14 岁以上人的规则开口 　表 4 适用于 14 岁及 14 岁以上人用的规则开口安全距离 Sr。 　开口尺寸 e 表示方形开口的边长、圆形开口的直径和槽形开口的窄边长。 　表 4　适用于 14 岁及 14 岁以上人用的规则开口安全距离

身体部位	图示	开口	安全距离		
			槽形	方形	圆形
指尖		e≤4	≥2	≥2	≥2
		4＜e≤6	≥10	≥5	≥5
指至指关节或手		6＜e≤8	≥20	≥15	≥5
		8＜e≤10	≥80	≥25	≥20
		10＜e≤12	≥100	≥80	≥80
		12＜e≤20	≥110	≥120	≥120
		20＜e≤30	≥850①	≥120	≥120
臂至肩关节		30＜e≤40	≥850	≥200	≥120
		40＜e≤120	≥850	≥850	≥850

①如果槽形开口长度≤65 mm,大拇指将受到阻滞,安全距离可减小到 200 mm

表 3.178(续 2)

移动电气设备图示	常见问题及描述
	移动式电缆卷盘无内装式剩余电流操作断路器(部分型号的卷盘装有热脱扣器,未装剩余电流操作断路器) 不符合:GB/T 19637《电器附件 家用和类似用途电缆卷盘》 12.15 电缆卷盘中,凡带有内装式剩余电流操作断路器的,在结构上应能做到,在剩余电流操作的断路器电源侧,电缆长度保持在不大于 2 m。 12.16 装在电缆卷盘里的剩余电流操作断路器,其额定电流不得大于 30 mA
	舱室内安全电压的移动临时灯缺失灯口、灯座。 不符合:CB 3786《船厂电气作业安全要求》4.3.1.6 不应使用裸灯头及不封闭的碘钨灯作照明。 CB 3786《船厂电气作业安全要求》4.2.18 任何电线接头以及电气线路拆除后均不应将线头外露,应及使用包布绝缘
	船舱内 220 V 临时灯未使用剩余电流动作保护装置。 不符合:CB 3910《船舶焊接与切割安全》3.2.1 在舱室内,密闭容器、箱及柜等构件从事气焊和气割时,应使用防爆灯或安全电压的照明灯。 CB 3786《船厂电气作业安全要求》4.3.1.5 不应使用 220 V 移动灯具和手提灯。 GB 13955《剩余电流动作保护装置安装和运行》4.5.2 线路保护 低压配电线路根据具体情况采用二级或三级保护时,在总电源端、分支线首端或线路末端安装剩余电流保护装置
	移动式电缆卷盘三极插头未接 PE 线。 不符合:GB 5226.1《机械电气安全 机械电气设备 第 1 部分:通用技术条件》6.3.3 用自动切断电源作防护 出现绝缘失效后,受其影响的任何电路的电源自动切断,用来防止来自触摸电压引起的危险情况。这种方法包括: ——把外露可导电部分连接到保护接地电路上; ——下列任一种方法: a)TN 或 TT 系统中,绝缘失效时用保护器件自动切断电源

表 3.178(续3)

移动电气设备图示	常见问题及描述
	移动式单相自耦调压器外壳缺失 PE 保护。 不符合:GB 19212.14《电力变压器、电源装置和类似产品的安全 第 14 部分:一般用途自耦变压器的特殊要求》24 保护接地装置 GB 19212.1 的该章适用。 GB 19212.1《电力变压器、电源装置和类似产品的安全 第 1 部分 通用要求和试验》24 保护接地装置 24.1 对于 I 类变压器的可触及金属零部件,如果在基本绝缘发生故障时会变得带电,则应防与变压器内部的保护端子进行永久地和可靠地连接。 GB 5226.1《机械电气安全 机械电气设备 第 1 部分:通用技术条件》6.3.3 用自动切断电源作防护 出现绝缘失效后,受其影响的任何电路的电源自动切断,用来防止来自触摸电压引起的危险情况。这种方法包括: ——把外露可导电部分连接到保护接地电路上
	移动式低压变压器箱体缺失标志(编号、电压等级)。接线端子处缺失电压等级标志和防护罩,接线未紧固。 不符合: GB 19212.1《电力变压器、电源装置和类似产品的安全 第 1 部分 通用要求和试验》 8. 标志和其他信息 8.1 变压器应当标有下列标志: a)额定电源电压或额定电源电压范围,V; b)额定输出电压,V 或 KV; c)额定输出,VA 或 KVA; d)额定输出电流,以 A 或 mA 为单位; e)额定频率,Hz; …… GB/T 13869《用电安全导则》 4.4 在正常使用条件下,对人和家畜的直接触电或间接触电所引起的身体伤害,及其他危害应采取足够的防护。 CB/T 1167《船用小型变压器》 5.4.3 接线端子 变压器的出线引至接线端子。所有紧固、连接件均应有防松装置

表 3.178(续 4)

移动电气设备图示	常见问题及描述
	移动式轴流风机导线有接头,PE 线断开。 不符合:AQ/T 7009《机械制造企业安全生产标准化规范》4.2.43.3 电源线敷设长度不得超过 6 m,中间不允许有接头,且无破损;易受机械损伤的地方应穿管保护,并不得跨越通道。 GB 13960.1《可移式电动工具的安全 第 1 部分:通用要求》24.6 Ⅰ类工具的电源线应有一根绿/黄组合色芯线。该芯线应接至工具内部接地端子和插头的接地插销上
	移动式轴流风机导线长度超过 6 m。 不符合:AQ/T 7009《机械制造企业安全生产标准化规范》4.2.43.3 电源线敷设长度不得超过 6 m,中间不允许有接头,且无破损;易受机械损伤的地方应穿管保护,并不得跨越通道
	型材切割机电源开关非自锁式开关,缺失尾罩。 不符合:JB/T 9608《型材切割机》4.2.8 切割机上所装的电源开关应能断开电源,并应是不带锁定装置的自动复位开关,即当放开开关的操作时,能立即使电动机自动断电。4.2.4 砂轮后面应装有防止火星、碎裂砂轮片和其他碎片飞溅的尾罩
	移动式电缆卷盘侧盖有多余的孔洞。 不符合:GB/T 19637《电器附件 家用和类似用途电缆卷盘》12.10 电缆卷盘在结构上应能做到:盖子上除了插座有插头插销的插孔之外,再无任何能让带电部件进入的敞开的孔

表 3.178(续 5)

移动电气设备图示	常见问题及描述
	移动式灯具导线未与灯杆固定在一起。 不符合:GB 7000.1《灯具 第 2~4 部分:特殊要求 可移式通用灯具》5.2.10.1 X 型连接的软线和灯具设计成使用不可拆卸软缆或软线的,软线固定架应:a)至少有一部分固定在灯具上,或是灯具的一个组成部分
	移动式砂带机电动机皮带轮缺失护罩 不符合:GB 5083《生产设备安全卫生设计总则》6.1.6 以操作人员的操作位置所在平面为基准,凡高度在 2 m 之内的所有传动带、转轴、传动链、联轴节、带轮、齿轮、飞轮、链轮、电锯等外露危险零部件及危险部位,都必须设置安全防护装置
	移动式工业落地扇未检测绝缘电阻。 不符合:AQ/T 7009《机械制造企业安全生产标准化规范》4.2.43.2 应有相应制度,开展定期检测工作,其中设备的绝缘电阻值一般不小于 1 MΩ,使用前和在用期间每半年应定期检测绝缘电阻值,并保存记录。……定检合格应有明显标识
	移动式点焊机电源线无护套。 不符合:GB/T 13869《用电安全导则》6.8 移动使用的用电产品,应采用完整的铜芯橡皮套软电缆或护套软线作电源线;移动时,应防止电源线拉断或损坏

表 3.178(续 6)

移动电气设备图示	常见问题及描述
	移动式调压器、移动式点焊机电源线缺失护套。 不符合：GB/T 13869《用电安全导则》6.8　移动使用的用电产品,应采用完整的铜芯橡皮套软电缆或护套软线作电源线;移动时,应防止电源线拉断或损坏。 GB 13960.1《可移式电动工具的安全　第一部分:通用要求》 24.4 电源线不应轻于: ——普通橡胶护层软线(GB 5013.4 中的 60245 IEC 53);(注1) ——普通聚氯乙烯护层软线(GB 5023.5 中的 60277 IEC 53)。(注2)
	移动式工业落地扇三相四极插头 PE 线断开。 不符合:GB 5226.1《机械电气安全 机械电气设备 第1部分:通用技术条件》6.3.3 用自动切断电源作防护 出现绝缘失效后,受其影响的任何电路的电源自动切断,用来防止来自触摸电压引起的危险情况。这种方法包括: ——把外露可导电部分连接到保护接地电路上; ——下列任一种方法: a)TN 或 TT 系统中,绝缘失效时用保护器件自动切断电源; b)采用接地故障检测或残余电流检测引发 IT 系统断开
	移动式型材切割机电源导线护套多处破损。 不符合:GB/T 13869《用电安全导则》6.8 移动使用的用电产品,应采用完整的铜芯橡皮套软电缆或护套软线作电源线;移动时,应防止电源线拉断或损坏。 AQ/T 7009《机械制造企业安全生产标准化规范》4.2.43.3 电源线敷设长度不得超过 6 m,中间不允许有接头,且无破损;易受机械损伤的地方应穿管保护,并不得跨越通道

表 3.178（续7）

移动电气设备图示	常见问题及描述
	220 V 移动使用的电气设备电源导线插头中的插销未接 PE 保护导线。 不符合:GB/T 13869《用电安全导则》6.20 I 类设备使用时,应先确认其金属外壳或构架已可靠接地,或已与插头插座内接地效果良好的保护接地极可靠连接,同时应根据环境条件加装合适的电击保护装置

（六）适用的法规标准

移动电气设备适用的法规标准如表 3.179 所示。

表 3.179 移动电气设备适用的法规标准

序号	法规标准
1	GB 13960.11 可移式电动工具的安全 第 2 部分:型材切割机的专用要求
2	GB 19212.1 电力变压器、电源装置和类似产品的安全 第 1 部分 通用要求和试验
3	GB 19212.14 电力变压器、电源装置和类似产品的安全 第 14 部分:一般用途自耦变压器的特殊要求
4	GB 23821 机械安全 防止上下肢触及危险区的安全距离
5	GB 5083 生产设备安全卫生设计总则
6	GB 5226.1 机械电气安全 机械电气设备 第 1 部分:通用技术条件
7	GB 7000.1 灯具 第一部分:一般要求与试验
8	GB/T 13869 用电安全导则

表 3.179(续)

序号	法规标准
9	GB/T 19074 工业通风机 通风机的机械安全装置 护罩
10	GB/T 19637 电器附件 家用和类似用途电缆卷盘
11	AQ/T 7009 机械制造企业安全生产标准化规范
12	JB/T 10562 一般用途轴流通风机技术条件
13	JB/T 9608 型材切割机
14	CB 3786 船厂电气作业安全要求
15	CB 3910 船舶焊接与切割安全

(七)典型做法与经验

移动电气设备在实际操作中的典型做法及相关经验如表 3.180 所示。

表 3.180 移动电气设备在实际操作中的典型做法及相关经验

移动电气设备图示	典型做法及经验
	JB/T 9608《型材切割机》4.2.8 切割机上所装的电源开关应能断开电源,并应是不带锁定装置的自动复位开关,即当放开开关的操作时,能立即使电动机自动断电。 4.2.4 砂轮后面应装有防止火星,碎裂砂轮片和其他碎片飞溅的尾罩
	1. 移动式调压器使用位置相对固定; 2. 护套导线使用了防磨损加强护套; 3. 调压器外壳连接了良好的 PE 导线

表 3.180（续）

移动电气设备图示	典型做法及经验
	AQ/T 7009《机械制造企业安全生产标准化规范》4.2.43.2 应有相应制度,开展定期检测工作,其中设备的绝缘电阻值一般不小于 1 MΩ,使用前和在用期间每半年应定期检测绝缘电阻值,并保存记录。 定检合格应有明显标识。 4.2.43.3 电源线敷设长度不得超过 6 m,中间不允许有接头,且无破损;易受机械损伤的地方应穿管保护,并不得跨越通道。 GB/T 13869《用电安全导则》6.8 移动使用的用电产品,应采用完整的铜芯橡皮套软电缆或护套软线作电源线

四十三、电气试验站(台、室)

(一)适用范围

本项目适用于:

——器具、产品、部件及修复后的电气产品,其试验电压在 1 kV 以上有关绝缘性能的耐压、泄漏试验;

——电器产品工作电压在 3.5 kV 以上电气性能出厂及型式试验;

——产品电气部分驱动电动机的工作电压在 3.5 kV 以上试车试验;

——1 kV 以上变配电系统所有电气设备设施的预防性试验和临时试验场地。

(二)资料备查清单

本考评项查阅的技术资料、试验报告及测试数据资料包括:

(1)电气试验站(台、室)台账、试验设备台账、安全用具明细表;

(2)高低压试验设备平面布置图、高低压供电系统图(包括 PE)、产品试验接线示意图或工艺流程图、试验站(台、室)区位图、雷击防护系统图、地下隐蔽工程等六类相关图纸;

（3）器具、产品、部件试验（测试参数）报告和试验设备（含电力电容器和继电保护整定等）预防性试验报告、试验设备及电缆定期进行预防性试验、检测记录、安全用具定检合格报告、防雷检测报告；

（4）按工号试验工作程序的安全确认表；

（5）电气试验管理制度、试验规程及安全技术操作规程。

（三）考评内容及考评办法

电气试验站（台、室）考评内容及考评办法如表 3.181 所示。

表 3.181　电气试验站（台、室）考评内容及考评办法

序号	考评内容	分值	考评办法
1	试验环境 ①试验环境应是独立封闭的禁区，试验人员及试验设备与被试产品之间应设置隔离或屏护，试验设备的隔离屏护装置宜固定式安装，其高度不应低于 1.7 m。区域屏护栅栏高度应大于 1.2 m，门应设有联锁装置或安全锁，并有明显的安全色标。 ②试验环境应设置警示标识与警示信号，并应设置警戒线。 ③试验区域内不应设置人员休息场所。 ④高压配电装置的安全净距应符合 GB 50060 的相关规定，高、低压变配电设备应符合《考核评分细则》2.33 的相关规定。 高压试验设备的安全净距工频高压、冲击高压均应不小于峰值电压正棒对负极放电间隙的 1.5 倍。 ⑤试验时应按工艺工号填写试验工作程序安全确认表。当有视觉障碍物的较大试验场所应配备齐全、可靠的通讯联络、录音设备，设置远程自动监控摄像传输系统。 ⑥充有压力的被试产品或易破损瓷套管类试品应增设防护措施	2分	①查试验站（台、室）台账，依据其台账确定抽查数量和具体的被评系统。 ②现场核查，凡条款不合格则本项目不得分。 ③结合现场抽查情况，发现没建立管理台账、台账不清、账物不符情况或报废/停用手续不全、标识不正确或未明确责任人的，扣2分
2	试验设备 ①试验设备及电缆应由具有资质的单位定期进行预防性试验与检测合格，并保存记录；设备现场应清洁，无渗漏、无损伤，不超载，温升符合要求。 ②各种断路器、保护开关、继电保护装置等保护电气应灵敏可靠，发电机组及变频设备运转参数和温升应符合要求，不超载运行。 ③各种检测仪表、显示装置信号指示装置应齐全、可靠，并在有效期内运行。	1分	

表 3.181(续)

序号	考评内容	分值	考评办法
	④单位应提供高低压试验设备平面布置图、高低压供电系统图（包括 PE）、产品试验接线示意图或工艺流程图、试验站（台、室）区位图、雷击防护系统图、地下隐蔽工程图等六类相关图纸；并应提供主要产品试验(测试参数)报告和试验设备(含电力电容器和继电保护整定等)预防性试验报告单、按工号试验工作程序的安全确认表、安全用具明细及其定检合格报告单和相关管理制度、试验规程及安全技术操作规程		
3	控制系统及测试仪器 ①试验控制室、检测平台应整洁有序、操作方便，屏护和间距符合相关标准的规定。 ②各种接线应规范，接头紧固，无松动、无渗漏；线路的强电部分与弱电部分应保持安全间距；防雷、防过流或过电压、短路等保护装置应完好，并定期检测与试验。 ③临时接线应符合《考核评分细则》2.35 的相关要求。 ④测试仪器应经定检合格，并完好、准确，不超期使用	1分	
4	接地系统及安全用具 ①接地系统应经过安全设计，并保持独立完整。小电流接地系统接地电阻值应小于 4 Ω，大电流接地系统接地电阻值应小于 0.5 Ω；当试验设备与试验站建筑物的接地共用接地网时，接地电阻应采用规定条件下的最小值。 ②严禁利用建筑物保护性接地网做大电流放电回路。也不允许电力系统的工作接地作为试验用接地。 ③独立高压电气试验站的雷电防护系统应符合《考核评分细则》2.38 的相关规定。 ④电气用具及防护用品应按周期定检合格，并保管有效。 ⑤金属屏网、栅栏及设备外露可导电部分 PE 线应连接可靠，线径截面及安装方法应符合《考核评分细则》2.37 的相关规定，必要时应作等电位连接	1分	

（四）考评要点

1. 电气试验站（台、室）的环境

（1）大型或有爆炸危险的试验台站应单独建设，其余应设在车间厂房的一侧，通道满足消防要求，且备有足够的消防器材。

①对试验容量大,进户电压等级高的网络试验或合成回路试验独立的台站,站内试验用变压器油量在1 000 kg以上的试验变压器,应设置容量为100%贮油池及排油设施。

②被试产品试验时有爆炸危险的必须放在有排油设施和防爆性能的试验小室内,防止喷油爆炸影响环境,操作控制室和观察人员都应远离试品现场。

③高压试验台站应有屏蔽装置,门窗屏蔽连接可靠。

(2)试验区域内不得有休息场所,被试产品和设备设施建筑物的安全净距离及人和带电设备试品安全净距离符合设计要求。

①高压设备安全净距离应符合GB 26861《电力安全工作规程 高压试验室部分》的规定。

a.交流和直流试验安全距离。试验中的高压引线及高压带电部件至遮栏(含屏蔽遮栏)的距离应大于表3.182的数值。

表3.182　交流和直流试验安全距离

试验电压/kV	安全距离/m	试验电压/kV	安全距离/m
200	1.5	1 000	7.2
500	3	1 500	13.2
750	4.5		

注:1.试验电压200 kV以下的安全距离要求不小于1.5 m。

　2.试验电压交流为有效值,直流为最大值。

　3.适用于海拔高度不高于1 000 m地区。对用于海拔高于1 000 m,按GB 311.1中海拔校正规定进行修正。

b.冲击试验(峰值)安全距离。试验中的高压引线及高压带电部件至遮栏(含屏蔽遮栏)的距离应大于表3.183的数值。

表3.183　冲击试验(峰值)安全距离

试验电压/kV	安全距离/m		试验电压/kV	安全距离/m	
	操作冲击	雷电冲击		操作冲击	雷电冲击
500	3	3	2 000	16	14
1 000	7.2	7.2	3 000	30	18
1 500	13.2	12.5	4 000	—	22

注:1.试验电压500 kV以下的安全距离要求不小于3 m。

　2.适用于海拔高度不高于1 000 m地区。对用于海拔高于1 000 m,按GB 311.1中海拔校正规定进行修正。

②根据DL/T 5352《高压配电装置设计技术规程》中所规定的电气工作人员对电气维修的安全距离。

设备带电部分至接地部分和设备不同相带电部分间的安全距离如表 3.184 ~ 表 3.185 所示。

表 3.184 屋内配电装置的最小安全距离

单位:mm

符号	适用范围	系统标称电压/kV								
		3	6	10	15	20	35	66	110 j	220 j
A1	带电部分至接地部分之间	75	100	125	150	180	300	550	850	1 800
	网状和板状遮拦向上延伸距地 2.3 m 处与遮拦上方带电部分之间									
A2	不同相的带电部分之间	75	100	125	150	180	300	550	900	2 000
	断路器和隔离开关的断口两侧引线带电部分之间									
B2	网状遮拦至带电部分之间	175	200	225	250	280	400	650	950	1 900
C	无遮拦裸导体至地(楼)面之间	2 500	2 500	2 500	2 500	2 500	2 600	2 800	3 150	4 100
D	平行的不同时停电检修的无遮拦裸导体之间	1 875	1 900	1 925	1 950	1 980	2 100	2 350	2 650	3 650
E	通向屋外的出线套管至屋外通道的路面	4 000	4 000	4 000	4 000	4 000	4 000	4 500	5 000	5 500

注:j 代表中性点接地系统。

表 3.185 设备带电部分至各种遮拦之间的距离

单位:mm

设备额定电压(kV)		1 ~ 3	6	20	35	60	110j	220j	330j	500j
带电部分至遮拦	屋内	825	850	875	1 050	1 300	1 600			
	屋外	950	950	950	1 150	1 350	1 650	2 550	3 350	4 500
带电部分至网状遮拦	屋内	175	200	225	400	650	950			
	屋外	300	300	300	500	700	1 000	1 900	2 700	5 000
带电部分至板状遮拦	屋内	105	130	155	330	580	880			

(3)无遮栏裸导线至地面间安全距离如表 3.186 所示。

表 3.186　无遮栏裸导线至地面间的安全距离

单位:mm

设备额定电压(kV)		1～3	6	10	35	60	110j	220j	330j	500j
无遮拦裸导体对地面间距离	屋内	2 375	2 400	2 425	2 600	2 850				
	屋外	2 700	2 700	2 700	2 900	3 100	3 400	4 300	5 100	7 500

（4）电气工作人员在设备维护修理时与设备带电部分间的安全距离如表 3.186 所示。

表 3.187　工作人员与设备带电部分间的安全距离

单位:mm

设备额定电压(kV)	10 kV 及以下	20～35	44	60	110	220	330
不停电时的安全距离	700	1 000	1 200	1 500	1 500	3 000	4 000
正常活动范围与带电设备的安全距离	350	600	900	1 500	1 500	3 000	4 000
带电作业时人体与带电体间的安全距离	400	600	600	700	1 000	1 800	2 600

（5）带电部分至建筑物和围墙顶部距离,不得小于表 3.188 所列数值。

表 3.188　带电部分至建筑物和围墙顶部距离

额定电压/kV	10 kV 及以下	35	60	110j	220j	330j
安全距离/mm	2 200	2 400	2 600	3 000	3 800	4 600

（6）试验台站与试验区域要设置固定或移动网栏。充有压力的瓷套管在试验时必须加安全网,其区域内所有的门必须有联锁装置,且向外开。

（7）试验台站内有醒目的安全标志并设置警戒线。信号警报联锁装置及通讯录音设备齐全可靠。

2. 电器设备

（1）高低压开关柜、变压器、调压器、互感器、电容器、避雷器、发电机组等设备清洁完好、无渗漏,油质、油位、温升、绝缘符合要求

①试验用的设备是有生产许可证工厂生产的合格产品,并定期进行电气性能的预防性检测,绝缘性能符合安全要求。

②对试验用 6 kV 以上的试验电源的高压开关柜的继电保护要有电业部门和授权单位的定期整定试验,达到动作可靠,有保护整定测试报告,对充油的电气设备必须保证油质、油位符合技术要求 85℃。

③电容器壳体不鼓包、不渗油,外观清洁,摆放间距符合要求。

④避雷器定期进行预防性试验,有试验合格证并按电气安装规程要求进行安装。

⑤发电机组及变频设备运转正常,不得超载运行,温升符合要求。

(2)各种保护装置、联锁、信号装置灵活可靠

①各种保护装置应及时动作,切断电源,保证设备和被试产品的安全。有关部位及通道护栏的电气联锁或机械联锁灵活可靠。

②试验过程中停送电设备上的指示灯、指示标志必须正确。

3. 控制系统及测试仪器

(1)高低压母线排、电缆、控制线路符合电气安装规程

高低压母线排固定连接牢靠,应按要求涂刷相序色标。支撑瓷瓶清洁无裂纹,符合绝缘耐压要求。各种电缆按规程敷设,充油电缆的电缆头不得渗油、漏油,高压电缆每年进行一次预防性试验,其耐压泄漏应符合有关标准规定。

(2)临时连接的试验线路安全间距应符合电压等级的要求。

(3)试验用的仪器仪表应符合国家技术标准,经检验合格,并在有效期内使用。

4. 接地系统及安全用具

(1)必须按试验台站的设计要求装置接地装置

试验台站的接地系统必须符合原有设计要求,应是独立完整的接地系统。根据试验内容,作为试验设备的保护接地和被试产品为零电位,以及试验的设备和试验产品对地放电回路,可以和高压试验台站建筑物的接地采用一个系统。但不许电力系统的工作接地作为试验用接地。小接地电流系统接地电阻值不得大 4 Ω,对于大电流接地系统的接地电阻不得大于 0.5 Ω。

(2)严禁利用保护性接地系统做大电流放电回路

(3)独立高压试验站应加设防雷装置

建筑在厂内大的高电压试验大厅,及建筑在郊区空旷田野中的电气容量试验站,在建筑物上应设计防雷设施。对露天试验区域和高大的试验间及架设线路的金属构架都应设置单体避雷针、架空避雷线和避雷器。

(4)电气安全用具及防护用品都必须定期安全检查,绝缘强度试验合格,保管可靠

在大型试验台站必须配备相应电压等级,足够数量的电气安全用具,并有一定量的备用。电气安全用具必须在通风、干燥的场所保管,防止受潮,防止阳光暴晒或酸、碱、油的腐蚀及污秽,应将安全用具放置在专用的安全用具柜内。

(5)电气安全用具必须定期进行绝缘性能试验,并由取得承试类承装(修、试)电力设施许可证的机构签发的合格证及试验报告。

7. 计分原则

考评时,如发现某些未在考评内容中提出要求的问题,而这些问题存在明显的事故隐患,应明确在考评结论中提出,但不作扣分的依据。

(五)常见问题

电气试验站(台、室)常见问题图示及描述如表3.189所示。

表 3.189　电气试验站(台、室)常见问题图示及描述

电气试验站(台、室)图示	常见问题及描述
	高压试验场所未独立设置。 不符合:GB 26861《电力安全工作规程 高压试验室部分》4.2.2 试区 高压试验室内应采用安全遮栏围成符合 GB/T 16927.1《高电压试验技术 第 1 部分:一般定义及试验要求》临近效应影响要求的试区,试区内不应堆放杂物
	高压试验区遮拦无联锁装置。 不符合:GB 26861《电力安全工作规程 高压试验室部分》6.1 设置遮栏 必要时,通往试区的安全遮栏门与试验电源应有联锁装置,当通往试区的遮栏门打开时,试验电源应无法接通,并发出报警信号
	升压变压器防护遮拦缺失安全标志牌。 不符合:GB 26861《电力安全工作规程 高压试验室部分》6.1 设置遮栏 高压试验试区周围应设置遮栏,遮栏上悬挂适当数量的"止步,高压危险!"标示牌。标示牌的标示应朝向遮栏的外侧
	高压试验场所控制室应铺橡胶绝缘垫。 不符合:GB 26861《电力安全工作规程 高压试验室部分》4.2.3 环境 高压试验室应保持光线充足,门窗严密,通风设施完备;室内宜留有符合要求、标志清晰的通道。试验室周围应有消防通道,并保证畅通。控制室应铺橡胶绝缘垫

表 3.189(续 1)

电气试验站(台、室)图示	常见问题及描述
	高压试验区移动式试验电阻箱未接 PE 线,电源进线端接线端子裸露。 不符合:GB 26861《电力安全工作规程 高压试验室部分》6.4.1 接地 高压试验设备的接地端和试品接地端或外壳应良好接地,接地线应采用多股编织裸铜线或外覆透明绝缘层铜质软绞线或铜带,接地线截面应能满足试验要求,但不得小于 4 mm^2。动力配电装置上所用的接地线,其截面不得小于 25 mm^2。 接地线与接地系统的连接应采用螺栓连接在固定的接地桩(带)上,接地线长度应尽可能短,且明显可见。不得将接地线接在水管、暖气片和低压电气回路的中性点上。 进行高压试验时,试验设备附近的其他仪器设备应短接并可靠接地。 试验室闲置的电容设备应短路接地。 GB 5226.1《机械安全 机械电气设备 第 1 部分:通用技术条件》 6.2 直接接触的防护 6.2.2 用外壳作防护 带电部件应安装在符合第 4 章、第 12 章和第 15 章有关技术要求的外壳内,直接接触的最低防护等级为 IP2X 或 IPXXB(见 GB 4208)。 如果壳体上部表面是容易接近的,直接接触的最低防护等级应为 IP4X 或 IPXXD。 只有在下列的一种条件下才允许开启外壳(即开门、罩、盖板等): ①必须使用钥匙或工具由熟练人员或受过训练开启外壳,对于封闭电气工作区,遵守特殊的技术要求。 ②开启外壳之前先切断其内部的带电部件; 6.2.3 用绝缘物防护带电部分 带电体应用绝缘物完全覆盖住,只有用破坏性办法才能去掉绝缘层。在正常工作条件下绝缘物应能经得住机械的、化学的、电气的和热的应力作用

表 3.189（续2）

电气试验站（台、室）图示	常见问题及描述
	轻型高压试验变压器未经定期预防性试验。 不符合：AQ/T 7009《机械制造企业安全生产标准化规范》4.2.44.2.1 试验设备及电缆应由具有资质的单位定期进行预防性试验与检测合格，并保存记录
	高压试验场所试验区与操作区未隔离，高压试验设备无防护遮拦。 不符合：AQ/T 7009《机械制造企业安全生产标准化规范》4.2.44.1.1 试验环境应是独立封闭的禁区，试验人员及试验设备与被试产品之间应设置隔离或屏护，试验设备的隔离屏护装置宜固定式安装，其高度不应低于1.7 m。区域屏护栅栏高度应大于1.2 m，门应设有联锁装置或安全锁，并有明显的安全色标。 GB 26861《电力安全工作规程 高压试验室部分》6.1 设置遮栏 高压试验试区周围应设置遮栏，遮栏上悬挂适当数量的"止步，高压危险！"标示牌。标示牌的标示应朝向遮栏的外侧。 必要时，通往试区的安全遮栏门与试验电源应有联锁装置，当通往试区的遮栏门打开时，试验电源应无法接通，并发出报警信号

（六）适用的法规标准

移动电气设备适用的法规标准如表 3.179 所示。

表 3.179 移动电气设备适用的法规标准

序号	法规标准
1	GB 26861 电力安全工作规程 高压试验室部分
2	GB 5226.1 机械安全 机械电气设备 第 1 部分:通用技术条件
3	AQ/T 7009 机械制造企业安全生产标准化规范
4	DLT 5352 高压配电装置设计技术规程

第四章　作业环境安全管理工作要求

一、作业环境安全管理概述

(一)要素分布

作业环境安全管理内容包括厂区环境、建筑物、消防安全管理、车间环境、仓库、有限空间作业安全、危险化学品安全管理等 7 个要素。

(二)工作原则

作业环境考评应包括所有作业场所,按照系统管理的原则,综合考评制度与执行情况的符合性和有效性。对其是否符合安全管理相关要求,应从实际效果出发,既注重现场状态、管理资料和设备设施完好,又注重考评项目的关联性和系统性。

同时,作业环境的安全管理,既包括单位整体现场如厂区环境的工作要求,又有单体车间、仓库的工作要求。

(三)考核要求

作业环境管理总分分值共计 120 分,以现场查证、资料核对和检查考核的方法进行,具体考核时按照各要素"考评内容及考评办法"实施。

二、厂区环境

(一)适用范围

本项目适用于单位内部非生产科研的作业区域、场所,包括厂(所)区布局(平面布局和竖向布局)、道路、绿化、照明、停车场(含地下停车场所)、厂(所)区管线布局等,单位内部的厂(所)区环境作为一个整体考评单元进行考评。

(二)备查资料清单

本项目考评查阅的资料包括:
(1)厂区总平面布置图、周边社区图;
(2)污水、雨水、电力、燃气等管网布局图;
(3)厂区定置管理图。

(三)考评内容及考评方法

厂区环境考评内容及考评办法如表 4.1 所示。

表4.1 厂区环境考评及考评办法

序号	考评内容	分值	考评办法
1	厂区布局 (1)功能分区及各作业区域布局合理,符合 GB 50187 等相关法规标准的要求。 (2)卫生防护距离符合相关标准的规定。 (3)洁净度要求高的生产车间(建筑物)、产生粉尘(有害气体或高噪声)的生产车间(堆场)、受雨水冲刷的地段等非作业区应进行绿化。 (4)各建筑物之间的防火间距,以及各建筑物与各种动力管线、道路、铁路的安全距离应符合 GB 50016,GB 50187 等相关法规标准的规定。 (5)出入口不宜少于两个,主要人流入口与主要物流入口应分开设置。 (6)实现定置管理	6分	①查厂区总平面布置图、周边社区图、厂区定置图及其他资料,缺少一种图或资料扣1分。 ②现场核查,一处作业区域布局不合理的,扣0.5分;一处卫生防护距离、防火间距或安全距离不合格的,扣1分;主要区域一处无绿化的,扣0.5分;对具有输送介质为可能引起燃烧、爆炸和中毒等危险性较大的工业管道,穿过办公室、休息室及其他生活区域的,扣6分;如穿过与其无关的车间、仓库等区域,或管线上有建(构)筑物的扣4分。 ③现场核查,甲、乙、丙类建筑物和危险品仓库一处不合格的,扣1分;其他建筑物的防火间距和安全距离一处不合格扣0.5分。 ④出入口少于两个扣2分;主要人流入口与主要物流入口未分开的,扣1分。 ⑤现场核查,一处未实现定置或图、物不相符的,扣0.2分
2	厂区道路 (1)人流、物流道路应分开布置,且有明显的人、车分隔线。 (2)主干道、单向道及人行道宽度均应符合 GBJ 22 的相关规定,且主干道为环形,单向道在尽头应设置回车场。消防车道应符合 GB 50016 的相关规定。 ——车道的净宽度和净高度均不应小于4.0 m; ——转弯半径应满足消防车转弯的要求; ——消防车道与建筑物之间不应设置妨碍消防车操作的树木、架空管线等障碍物。 (3)路基应牢固,路面应平坦。	2分	①现场核查,一处人流、货流道路未分开的,扣0.3分。 ②现场核查,主干道宽度不小于6 m、次干道不小于4.5 m,主干道为环形或单向道在尽头设回车场,一处不合格扣1分;消防车道一处不符合扣2分;路基或路面状态一处不合格扣0.3分。 ③现场调查或核查,排水管网一处不畅通扣0.5分。 ④现场核查,一处危险路段无限速标牌和警示标牌的,扣0.5分;铁路平交道口无警示灯、警示标识等扣1分。

表4.1(续)

序号	考评内容	分值	考评办法
	(4)排水管网应畅通,路面无积水、无积油。 (5)厂区大门、车间出入口及危险路段应设有限速标牌和警示标牌,交通视线盲区应设置反光镜。 (6)铁路与道路平交道口,应设置警示灯、警示标识、路段标线或者安全防护设施。 (7)厂区主干道无占道物品		⑤现场核查,交通视线盲区无反光镜或其他防范设施,一处扣0.5分 ⑥跨越道路的架空管线未设置限高标识或无其他防范措施,一处扣0.5分。 ⑦现场核查,主干道一处物品占道扣1分
3	厂区照明布局合理,厂区主干道和安全通道的照度均不低于30(Lx),定期检测记录齐全,且照明灯具完好、有效	1分	现场核查,一处照明盲区扣1分;一处照度不合格扣0.3分;一处灯具不完好的,扣0.5分;无检测记录的,扣1分
4	厂区污水、雨水、电力、燃气等各种管网布局图资料齐全,标识明显。坑、沟、井盖板牢固、完好、标识清晰	1分	资料查阅和现场核查相结合,无电力、燃气等管网布局图等资料的,扣1分;资料不完整的,扣0.5分;管线标桩一处不符合要求的,扣0.5分;一处坑、沟、井盖板坑、沟、井盖板的,扣1分

(四)考评要点

1.厂区布局

(1)单位应加强建设项目的安全和职业卫生"三同时"管理,做到功能分区及作业区域布局合理。

①平面布置

酸洗、电镀、喷漆、铸锻、热处理等产生有害气体、蒸汽、烟雾、粉尘、异味的生产厂房,应布置在厂区最小频率风向的上风侧,且通风良好的地段,并应与洁净厂房以及人流密集处留有一定的防护距离。

生产过程中大量散发腐蚀性气体或粉尘的生产装置,应布置在厂区全年最小频率风向的上风侧。

化学危险品库、油库、木材库应布置在厂区最小频率风向的上风侧及边缘地区,且远离火源。

锅炉房等发生火灾、爆炸危险性大的动力站房,应布置在厂区最小频率风向的上风侧。

气瓶库应布置在厂区最小频率风向的上风侧和烟囱最小频率风向的下风侧。

架空供电线严禁跨越罐区。

具有可燃性、爆炸危险性及有毒性介质的管道,不应穿越与其无关的建筑物、构筑物、生产装置、辅助生产及仓储设施、储罐区等。

②竖向布置

放散大量热量或有害气体的厂房宜采用单层厂房。当厂房是多层建筑物时,放散热和有害气体的生产过程宜布置在建筑物的高层。如必须布置在下层时,应采取有效措施防止污染上层工作环境。

机械送风系统进风口的下边缘距离室外地坪不宜小于 2 m,设置在绿化地带时,不宜小于 1 m。

③粉尘、大气污染物排放系统:

a. 排气筒的高度应满足国家现行有关大气污染物排放标准的要求,且不应低于 15 m。

b. 排风口与机械送风系统的进风口的水平距离不应小于 20 m;水平距离不足 20 m 时,排风口应高于进风口,并不得小于 6 m。

c. 排气中含有可燃气体时,事故通风系统排风口距可能火花溅落地点应大于 20 m;事故排风的排风口不应布置在人员经常停留或经常通行的地点;排风口应高于 20 m 范围内最高建筑物的屋面 3 m 以上。

d. 散发有毒有害气体设备的尾气必须经净化设备处理,达到国家标准后方可排入大气。若直接排入大气时,应引至屋顶以上 3 m 高处放空,若邻近建筑物高于本车间时,应加高排放口高度。

e. 应避免进风、排风短路。

(2)卫生防护距离

是指产生有害因素的部门(车间或工段)的边界至居民区边界的最小距离。常见有卫生防护距离要求的包括:以噪声污染为主的工业企业、无组织排放大气污染物的企业、电磁辐射的工业企业。

以噪声污染为主的工业企业的卫生防护距离主要与单位的规模、声源强度有关(表 4.2)。

表 4.2　以噪声污染为主的工业企业的卫生防护距离

单位:mm

行业	企业类型	规模	声源强度/dB(A)	卫生防护距离	备注
机械	锻造厂	中型	95~110	200	
		小型	90~100	100	不装汽锤或只用 0.5 t 以下汽锤
轻工	木器厂	中型	90~100	100	

无组织排放有害气体(大气污染物)的单位的卫生防护距离的要求:在正常生产条件下,无组织排放有害气体自生产单元(生产区、车间或工段)边界到居住区范围内,能满足国家居住区容许浓度限值相关标准规定的所需的最小距离。无组织排放有害气体单位

的卫生防护距离主要与规模、当地的风速等因素有关,例如表4.3和表4.4。

表4.3 煤制气业卫生防护距离/m

煤气储存量	< 100 t/d	100 ~ 500 t/d	> 500 t/d
卫生防护距离/m	2 200	3 800	4 400

表4.4 铅蓄电池厂卫生防护距离/m

生产规模	近5年平均风速/(m/s)		
	< 2 m	2 ~ 4 m	> 4 m
< 10 000 kVA	600	400	300
≥ 10 000 kVA	800	500	400

(3)各建筑物之间的防火间距、各建筑物与动力管线、道路、铁路的安全距离应符合GB 50016,GB 50187等相关法规标准的规定。

甲类厂房与重要公共建筑的防火间距不应小于50 m,与明火或散发火花地点的防火间距不应小于30 m。其他防火间距要求示例见表4.5~表4.10。

表4.5 散发可燃气体、可燃蒸气的甲类厂房与铁路道路等的防火间距

单位:m

名称	厂外铁路中心线	厂内铁路中心线	厂外道路路边	厂内道路路边	
				主要	次要
甲类厂房	30	20	15	10	5
甲类仓库	40	30	20	10	5

表4.6 甲、乙、丙类储罐(区),乙、丙类液体桶装堆场与其他建筑的防火间距

单位:m

类别	一个罐区或堆场的总容积 V/m³	建筑物				室外变、配电站
		一二级		三级	四级	
		高层民用建筑	裙房,其他建筑			
甲、乙类液体储罐（区）	1 < V < 50	40	12	15	20	30
	50 < V < 200	50	15	20	25	35
	200 < V < 1 000	60	20	25	30	40
	1 000 < V < 5 000	70	25	30	40	50

表 4.6(续)

类别	一个罐区或堆场的总容积 V/m³	建筑物				室外变、配电站
		一二级		三级	四级	
		高层民用建筑	裙房，其他建筑			
丙类液体储罐（区）	5 < V < 250	40	12	15	20	24
	250 < V < 1 000	50	15	20	25	28
	1 000 < V < 5 000	60	20	25	30	32
	5 000 < V < 25 000	70	25	30	40	40

注:1. 直埋地下的甲、乙、丙类液体卧式罐，当单罐容量不大于 50 m³，总容积不大于 200 m³ 时，与建筑物的防火间距可按上表减少 50%。

2. 室外变配电站指电力系统电压为 35 ~ 500 kV 且每台变压器容量不小于 10 MV·A 的室外变配电站和工业企业的变压器总油量大于 5 t 的室外降压变电站。

表 4.7　甲、乙、丙类液体储罐与其泵房、装卸鹤管的防火间距

单位:m

液体类别和储罐形式		泵房	铁路或汽车装卸鹤管
甲、乙类液体储罐	拱顶罐	15	20
	浮顶罐	12	15
丙类液体储罐		10	12

表 4.8　甲、乙、丙类液体装卸鹤管与建筑物、厂内铁路线的防火间距

单位:m

名称	建筑物			厂内铁路线	泵房
	一二级	三级	四级		
甲、乙类液体装卸鹤管	14	16	18	20	8
丙类液体装卸鹤管	10	12	14	10	

表 4.9　甲、乙、丙类液体储罐与铁路、道路的防火间距

单位:m

名称	厂外铁路线中心线	厂内铁路线中心线	厂外道路路边	厂内道路路边	
				主要	次要
甲、乙类液体储罐	35	25	20	15	10
丙类液体储罐	30	20	15	10	5

表 4.10 Ⅰ,Ⅱ级瓶装液化石油气供应站瓶库与站外建筑等的防火间距

单位:m

名称	Ⅰ级		Ⅱ级	
瓶库的总存瓶容积/m³	6 < V ≤ 10	10 < V ≤ 20	1 < V ≤ 3	3 < V ≤ 6
明火或散发火花地点	30	35	20	25
重要公共建筑	20	25	12	15
其他民用建筑	10	15	6	8
主要道路路边	10	10	8	8
次要道路路边	5	5	5	5

2. 厂区道路

(1)人流、物流道路应分开布置,且有明显的人、车分隔线。大中型企业厂内道路应采取分流,人流较大的主干道两侧,应修筑人行道;人流较大的次干道两侧,宜设人行道。

(2)厂区双向主干道宽度不小于 6 m,单向主干道宽度不小于 4.5 m,主干道为环形,单向道在尽头应设置回车场。路面宽度 9 m 以上的道路,应划设中心线,实行分道行车。

(3)消防车道应符合 GB 50016 的相关规定:

①车道的净宽度和高度均不应小于 4 m;

②转弯半径应满足消防车转弯的要求;

③消防车道与建筑物之间不应设置妨碍消防车操作的树木、架空管线等障碍物;

④洁净厂房四周宜设置环形消防车道,环形消防车道可利用交通道路设置,有困难时,可沿厂房两个长边设置消防车道。

(4)路基应牢固,路面应平坦;排水管网应畅通,路面无积水、无积油。

(5)厂区大门、车间出入口及危险路段应设限速标牌和警示标牌,机动车在无限速标志的厂内主干道行驶时,不得超过 30 km/h,其他道路不得超过 20 km/h;视线盲区应设置反光镜。机动车的限速规定见表 4.11。

表 4.11 机动车的限速规定

限速地点、路段及情况	最高行驶速度/(km/h)
道口、交叉口、装卸作业、人行稠密地段、下坡道、设有警告标识或转弯、调头时,载运易燃易爆等危险货物时	15
结冰、积水的道路	10
进出厂房、仓库、车间大门、停车场、加油站、上下地中衡、生产现场、倒车或拖带损坏车辆时	5

易燃、易爆物品的生产区域或贮存仓库区,应根据安全生产的需要,将道路划分为限

制车辆通行或禁止车辆通行的路段,并设置标志;

在职工上下班时间内人流密集的出入口和路段,应停止行驶货运机动车辆;

厂区道路在弯道、交叉路口的视距范围内,不得有妨碍驾驶员视线的障碍物;

道路上部管架和栈桥等,在干道上的净高度不得小于 5 m;跨越道路上空架设管线距路面的最小净高不得低于 5 m,跨越道路上空的管线,应增设限高标志或限高设施。

(6)厂区主干道无占道物品。道路一侧有障碍物时,对面一侧与障碍物长度相等的地段两端各 20 m 以内不得停放车辆。

3.厂区照明

厂区照明布局合理,主干道和安全通道的照度均不低于 30(Lx),定期检测记录齐全,照明灯具完好、有效。

4.其他

管网布局图等资料齐全,管网标识明显。坑、沟、井盖板牢固、完好、标识清晰。

特别提醒:涉及火工作业的 A_x、B_x、C_x、D_x 等各级危险性建筑物的安全距离等内容在火工专业考评。

(五)常见问题

厂区环境常见问题图示及描述如表 4.12 所示。

表 4.12　厂区环境常见问题图示及描述

厂区环境图示	常见问题描述
	排气筒高度不足 15 m。 不符合:GB 50019《工业建筑供暖通风与空气调节设计规范》中排气筒 7.5.1 排气筒的高度应满足国家现行有关大气污染物排放标准的要求,且不低于 15 m。 不符合 GBZ/T 194《工作场所防止职业中毒卫生防护工程防护措施》84.若邻近建筑物高于本车间时,应加高排风口高度

表 4.12(续 1)

厂区环境图示	常见问题描述
 	产生有毒有害气体的设备或工艺(如波峰焊、粉尘等)未布置在多层建筑的顶层,且有害气体直排未引至屋顶以上 3 m 高处放空。 不符合:GBZ 1《工业企业设计卫生标准》中竖向布置 5.2.2.1 "如必须布置在下层时,应采取有效措施防止污染上层工作环境"的要求。 不符合 GBZ/T 194《工作场所防止职业中毒卫生防护工程防护措施》84. 若直接排入大气时,应引至屋顶以上 3 m 高处放空
 	有毒有害气体排放口高度不足 15 m,排放口与进风口的水平距离不足 20 m、高度距离小于 6 m。 不符合:GBZ/T 194《工作场所防治职业中毒卫生防护工程防护措施》83. 排风口应高于 20 m 内最高建筑物的屋面 3 m 以上,当其与机械送风系统的进风口的水平距离小于 20 m 时,尚应高于进风口 6 m 以上

表 **4.12**(续2)

厂区环境图示	常见问题描述
	机械进风口下缘与地面的距离不足。 不符合:GB 50019《工业建筑供暖通风与空气调节设计规范》6.3.5——机械送风系统进风口的位置应符合下列规定:3 机械送风系统进风口的下边缘距离室外地坪不宜小于 2 m,设置在绿化地带时,不宜小于 1 m
	跨越道路的管道高度不足 5 m,未设置限高标识
	厂(所)区道路视线不良区未设置标志或反光镜。 不符合:GBJ 22《厂矿道路设计规范》7.1.1 厂矿道路在急弯陡坡视线不良等路段应根据需要设置标志、柱式墙式护栏、分道墙桩、分道行驶路面标线、反光镜等安全设施
	场所区道路中的沟盖板破损

表 4.12(续 3)

厂区环境图示	常见问题描述
	停车场未设置限速标牌
	厂(所)区临边有坠落危险的场所未设置护栏
	厂(所)区水池未设置护栏
	厂(所)区垃圾未定置管理,未采取防吹散、污染地下水的措施

表 4.12(续 4)

厂区环境图示	常见问题描述
	厂(所)区垃圾未定置管理,未采取防吹散、污染地下水的措施

(六)适用的法规标准

厂区环境适用的法规标准如表 4.13 所示。

表 4.13　厂区环境适用的法规标准

序号	法规标准
1	GB 4387　工业企业厂内铁路道路运输安全规程
2	GB 18083　以噪声污染为主的工业企业卫生防护距离标准
3	GB 11659　铅蓄电池厂卫生防护距离标准
4	GB 50016　建筑防火设计规范
5	GB 50019　工业建筑供暖通风与空气调节设计规范
6	GB 50187　工业企业总平面设计规范
7	GB 50681　机械工业厂房建筑设计规范
8	GB/T 17222　煤制气业卫生防护距离
9	GBJ 22　厂矿道路设计规范
10	GBZ 1　工业企业设计卫生标准
11	GBZ/T 194　工作场所防治职业中毒卫生防护工程防护措施
12	JBJ 18　机械工业职业安全卫生设计规范

(七)典型做法与经验

厂区环境在实际操作中的典型做法及相关经验如表 4.14 所示。

表4.14　厂区环境在实际操作中的典型做法及相关经验

厂区环境图示	典型做法及经验
	厂(所)区道路人车分隔线清晰
	厂区实现定置管理,工业废弃物和生活垃圾分开存放

三、建筑物

(一)适用范围

本项目适用于单位考评范围内的厂房建筑物、构筑物等(包括生产厂房、库房及辅助房屋、办公楼、停车场)。

(二)备查资料清单

本项目考评查阅的资料包括:

（1）耐火等级相关资料如建筑物设计资料、竣工验收、消防验收或备案资料；

（2）建筑物台账；

（3）危房鉴定相关资料。

（三）考评内容及考评方法

建筑物考评内容及考评方法如表 4.15 所示。

表 4.15　建筑物考评内容及考评方法

序号	考评内容	分值	考评办法
1	单位应建立建筑物台账，建筑物台账应包括火灾危险性、耐火等级等信息。各类建筑物的竣工资料（含后续补充的）应齐全，耐火等级的评定资料应完整	2分	查建筑物台账，未建立台账的，扣1分；缺少火灾危险性、耐火等级等内容的，扣1分；台账资料与实际不符的，扣1分；竣工资料（含后续补充）、消防部门的耐火等级鉴定资料，缺少一种扣1分
2	各建筑物实际耐火等级、限制层数和最大允许面积均与其使用特点和火灾危险性相适宜，且有明显标志	3分	现场核查，一处建筑物实际耐火等级、限制层数和最大允许面积与其使用特点和火灾危险性不适宜的，扣3分；与鉴定资料不相符扣1分；一处建筑物无标识扣0.5分
3	各建筑物依据其使用特点和耐火等级所设置的防火墙、防火门、泄压面积等均应符合 GB 50016 的相关规定。 甲、乙、丙类厂房和仓库的安全疏散门不应少于两个，并有明显的安全标志	3分	现场核查，建筑物的防火墙、防火门、泄压面积与其耐火等级一处不相符的，扣1分；一处甲、乙、丙类厂房和仓库的安全疏散门少于两个扣1分
4	单位应提供危险建筑物鉴定结论或报告，鉴定结论或报告应有鉴定部门责任人签字，并建立档案	1分	结合现场核查，缺少一处危险建筑物鉴定资料的，扣1分；资料一处不合格的，扣0.5分
5	单位应根据危险建筑物的鉴定结论，采取相应的安全措施，并有明显的标志	1分	现场核查，一处危险建筑物无安全措施的扣1分；一处危险建筑物无明显标志扣1分

（四）考评要点

1. 耐火等级评定

（1）各类建筑物设计图、竣工验收、耐火等级评定资料齐全完整；

（2）各类建筑物的台账齐全完整，如名称或编号、建筑面积、耐火等级、防火分区、实际用途、实际使用的火灾危险性类别等；

（3）各类建筑物耐火等级与实际使用的火灾危险性分类（表4.16）（生产类别、储存物品类别）相适宜，且应标志；

（4）生产及储存物品火灾危险性应根据 GB 50016 进行分类。

表4.16　生产的火灾危险性类别与火灾危险性特征

厂房类别	使用或产生下列物质生产的火灾危险性特征
甲	（1）闪点小于28℃的液体 （2）爆炸下限小于10%的气体； （3）常温下能自行分解或在空气中氧化能导致迅速自燃或爆炸的物质； （4）常温下受到水或空气中水蒸气的作用，能产生可燃气体并引起燃烧或爆炸的物质； （5）遇酸、受热、撞击、摩擦、催化以及遇有机物或硫磺等易燃的无机物，极易引起燃烧或爆炸的强氧化剂； （6）受撞击、摩擦或与氧化剂、有机物接触能引起燃烧或爆炸的物质； （7）在密闭设备内操作温度不小于物质本身自燃点的生产
乙	（1）闪点不小于28℃，但小于60℃的液体； （2）爆炸下限不小于10%的气体； （3）不属于甲类的氧化剂； （4）不属于甲类的易燃固体； （5）助燃气体； （6）能与空气形成爆炸性混合物的浮游状态的粉尘、纤维、闪点不小于的60℃的液体雾滴
丙	（1）闪点不小于60℃的液体； （2）可燃固体
丁	（1）对不燃烧物质进行加工，并在高温或熔化状态下经常产生强辐射热、火花或火焰的生产； （2）利用气体、液体、固体作为燃料或将气体、液体进行燃烧作其他用的各种生产； （3）常温下使用或加工难燃烧物质的生产
戊	常温下使用或加工不燃烧物质的生产

同一厂房或厂房的任一防火分区有不同火灾危险性生产时，厂房或防火分区内的生产火灾危险性类别按火灾危险性较大的部分确定；当生产过程中使用或产生易燃、可燃物的量较少，不足以构成爆炸或火灾危险时，可按实际情况确定；当符合下述条件之一时，可按火灾危险性较小的部分确定：

①火灾危险性较大的生产部分占本层或本防火分区建筑面积的比例小于5%或丁、戊类厂房内的油漆工段小于10%，且发生火灾事故时不足以蔓延至其他部位或火灾危险

性较大的生产部分采取了有效的防火措施；

②丁、戊类厂房内的油漆工段，当采用封闭喷漆工艺，封闭喷漆空间内保持负压、油漆工段设置可燃气体探测报警系统或自动抑爆系统，且油漆工段占所在防火分区建筑面积的比例不大于20%。

表4.17　储存物品的火灾危险性分类

储存物品的火灾危险性类别	储存物品的火灾危险性特征	储存物品示例
甲	（1）闪点小于28℃的液体； （2）爆炸下限小于10%的气体，受到水或空气中水蒸气的作用能产生爆炸下限小于10%气体的固体物质； （3）常温下能自行分解或在空气中氧化能导致迅速自燃或爆炸的物质； （4）常温下受到水或空气中水蒸气的作用，能产生可燃气体并引起燃烧或爆炸的物质； （5）遇酸、受热、撞击、摩擦、催化以及遇有机物或硫黄等易燃的无机物，极易引起燃烧或爆炸的强氧化剂； （6）受撞击、摩擦或与氧化剂、有机物接触能引起燃烧或爆炸的物质	①汽油、丙酮、乙醚、甲苯等； ②乙炔、甲烷、氢、碳化铝； ③黄磷、硝化棉； ④金属钾、钠、四氢化钠； ⑤氯酸钾、过氧化钠； ⑥赤磷、三硫化磷
乙	（1）闪点不小于28℃，但小于60℃的液体； （2）爆炸下限不小于10%的气体； （3）不属于甲类的氧化剂； （4）不属于甲类的易燃固体； （5）助燃气体； （6）常温下与空气接触能缓慢氧化，积热不散引起自燃的物品	①煤油、溶剂油； ②氨气、液氯； ③硝酸铜、重铬酸钠、硝酸、发烟硫酸； ④硫黄、镁粉、铝粉、生松香
丙	（1）闪点不小于60℃的液体； （2）可燃固体	①蜡、润滑油、机油； ②天然橡胶及制品
丁	难燃烧物品	酚醛泡沫塑料及制品
戊	不燃烧物质的生产	不燃气体

钢结构建筑的防火

钢结构建筑中的各类钢构件、组合构件的耐火极限应符合 GB 50016 的相关规定。当低于规定的要求时，应采取外包覆不燃烧体或其他防火隔热的措施。

用于丙类和丙类以上生产、仓储的钢结构建筑中，宜设置自动喷水灭火系统全保护。

自动喷水灭火系统全保护是指建筑物内除面积小于 5 m² 的卫生间外,均设有自动喷水灭火系统的保护。

当单层丙类厂房中设有自动喷水灭火系统全保护时,各类构件可不采取防火保护措施。

丁、戊类厂房、仓库(使用甲、乙、丙类液体或可燃气体的部位除外)中的构件,可不采取防火保护措施。

2. 建筑物的防爆、防腐、疏散

(1)防爆

有爆炸危险的厂房或厂房内有爆炸危险的部位应设置泄压设施。

(2)防腐

工业建筑物的防腐应符合《工业建筑防腐蚀设计规范》GB 50046 的相关要求。

(3)疏散

甲、乙、丙类厂房和仓库的安全疏散门不应少于两个,并有明显的安全标识。

厂房内每个防火分区或一个防火分区内的每个楼层,其安全出口的数量应不少于 2 个;当符合下列条件时,可设置 1 个安全出口:

①甲类厂房,每层建筑面积不大于 100 m²,且同一时间的作业人数不超过 5 人;

②乙类厂房,每层建筑面积不大于 100 m²,且同一时间的作业人数不超过 10 人;

③丙类厂房,每层建筑面积不大于 250 m²,且同一时间的作业人数不超过 20 人;

④丁、戊类厂房,每层建筑面积不大于 400 m²,且同一时间的作业人数不超过 30 人;

⑤地下或半地下厂房(包括地下或半地下室),每层建筑面积不大于 50 m²,且同一时间的作业人数不超过 15 人。

仓库的安全出口不应少于 2 个,当一座仓库的占地面积不大于 300 m² 时,可设置 1 个安全出口。

仓库内每个防火分区通向疏散走道、楼梯或室外的出口不宜少于 2 个,当建筑面积不大于 100 m² 时,可设置 1 个出口。通向疏散走道或楼梯的门应为乙级防火门。

3. 危房

(1)存在危房的单位,应提供建筑物危房鉴定结论或报告,鉴定结论或报告应有鉴定部门,并将结论存档;

(2)单位应根据鉴定结论,采取相应的安全措施。

特别提醒:涉及火工作业活动的 Ax,Bx,Cx,Dx 等危险性建筑物在火工专业考评,不在本考评项范围内。

(五)常见问题

建筑物常见问题及描述如表4.18 所示。

表 4.18 建筑物常见问题及描述

建筑物图示	常见问题描述
	危房未进行鉴定,管理控制措施不到位。 其他常见问题: (1)缺少建筑物耐火等级评定资料; (2)单位未建立建筑物台账,或缺少生产、仓储火灾危险性类别、耐火等级等资料; (3)单位未设建筑物耐火等级标牌; (4)生产、仓储火灾危险性类别与建筑物耐火等级不相适应; (5)钢结构建筑构件低于规定要求时,未采取包覆不燃烧体或其他防火隔热处理措施或维护不及时

(六)适用的法律法规

建筑物适用的法规标准如表4.19所示。

表 4.19 建筑物适用的法规标准

序号	法规标准
1	GB 50016 建筑防火设计规范
2	GB 50067 汽车库、修车库、停车场设计防火规范
3	CESC 200 建筑钢结构防火技术规范
4	CJ 13 危险房屋鉴定标准

四、消防安全管理

(一)适用范围

本项目适用于单位内部所有作业区域、场所,包括生产科研厂房、仓库、办公楼、停车场、室外仓储场所等。考评的消防设施包括火灾自动报警系统、自动灭火系统、消火栓系统、防火排烟系统、应急广播、应急照明、安全疏散设施。

（二）备查资料清单

本项目考评查阅的资料包括：

（1）消防安全管理机构及消防安全负责人资料；

（2）各级、各岗位消防安全责任人；

（3）消防安全管理制度、操作规程、程序；

（4）消防安全重点部位清单；

（5）消防安全教育培训记录；

（6）消防应急预案及演练记录；

（7）消防设施定期检测记录（消检、电检）；

（8）灭火器台账、消防设施定期检查记录；

（9）建筑消防设施平面布置图、建筑消防设施系统图、建筑消防设施的原始技术资料；

（10）建筑消防设施的值班记录、巡查记录、检测记录、故障维修记录、自动消防控制室值班人员基本情况档案及培训记录。

（三）考评内容及考评办法

消防安全管理考评内容及考评办法如表4.20所示。

表4.20　消防安全管理考评内容及考评办法

序号	考评内容	分值	考评办法
1	消防安全综合管理 （1）单位应当落实逐级消防安全责任制和岗位消防安全责任制，明确逐级和岗位消防安全职责，确定各级、各岗位的消防安全责任人。 （2）单位应建立健全消防安全管理制度。 （3）单位应建立健全消防安全操作规程或程序。 （4）单位应制定消防重点部位确定标准，并建立消防重点部位清单。 （5）同一建筑物由两个以上单位管理或者使用的，应当明确各方的消防安全责任，并确定责任人对共用的疏散通道、安全出口、建筑消防设施和消防车通道进行统一管理	5分	①查消防安全组织机构图、建筑消防设施平面布置图、系统图、重点部位位置图，每缺少一种扣1分。 ②未明确各级和岗位消防安全责任的，扣2分。 ③同一建筑物由两个以上单位管理或使用的，未明确各方消防安全责任的，扣2分。 ④每缺少一项消防安全管理制度或操作规程的，扣1分，制度或操作规程与法规要求不符的，扣0.5分；与单位实际不符的扣0.2分

表 4.20（续 1）

序号	考评内容	分值	考评办法
2	消防安全教育培训 （1）单位应当通过多种形式开展经常性的消防安全宣传教育。消防安全重点单位/部位对每名员工应当至少每年进行一次消防安全培训。 （2）单位消防安全责任人、消防安全管理人、专兼职消防管理人员、消防控制室值班、操作人员等应接受消防安全专门培训。消防控制室的值班、操作人员应持证上岗。 （3）单位应当组织员工上岗前的消防安全培训	5 分	①查消防安全重点单位/部位的消防安全培训，每缺少一人次扣1分。 ②查消防安全责任人、消防安全管理人、专兼职消防安全管理人员的消防安全专门培训，每缺少一人次的扣1分。 ③消防控制室的值班人员、操作人员未持证上岗的，每一人次扣2分。 ④单位未组织员工上岗前的消防安全培训的，每一人次扣0.2分
3	消防设施 （1）建设工程的消防设施设计、施工必须符合国家工程建设消防技术标准，建设工程的消防设施设计备案、验收符合国家消防法规的要求。 （2）单位应按照国家标准、行业标准配置消防设施、器材，设置消防安全标识，并定期检验、维修，确保完好有效。 ——消防水源、供水设施、消火栓系统、管网、消防排水等应符合 GB 50974 等相关标准的要求； ——室外消火栓的保护半径应小于 150 m，间距应小于 120 m，且有明显标识，消火栓距建筑外墙或外墙边缘不宜小于 5 m，周边 1 m 范围内无障碍；仓储场所的室外消火栓、水泵接合器 2 m 范围内不应设置影响其使用的障碍物；室内消火栓栓口的安装高度应便于消防水龙带的连接和使用，其距地面高度宜为 1.1 m；其出水方向应便于消防水带的敷设，并宜与设置消火栓的墙面成 90°角或向下； ——灭火器的配置应符合 GB 50140 的相关规定；	5 分	①查消防设施设计、备案、验收资料，每缺少一种资料扣1分。 ②现场核查，一处消防设施不符合相关规定的，扣2分；一处不完好的，扣0.5分；一处消防器材配备不合理的，扣2分；一处消火栓、灭火器周边有障碍物的，扣0.5分；一具灭火器失效或超期使用的，扣0.5分。 ③现场核查，一处疏散通道或安全出口堵塞扣2分；一处未设置疏散指示标识和应急照明扣1分。 ④现场核查，一处未按规定设置应急、备用照明或应急照明灯具无效的，扣2分。 ⑤消防控制室未达到24 h有人值班或每班持消防控制室操作职业资格证书的值班人员少于2人的，扣2分。 ⑥现场核查，一处重点部位未按规定设置自动报警灭火装置的，扣3分；一处失效的，扣2分；通风排烟等不符合法规要求的扣1分

表 4.20(续 2)

序号	考评内容	分值	考评办法
	——建筑消防设施的维护管理应符合 GB 25201 和 GA 587 的相关规定;人员密集场所消防安全管理应符合 GA 654 的相关规定;消防控制室的管理应符合 GB 25506 和 GA 767 的相关规定;其他消防设施、器材的管理应符合相关标准规范的要求。 (3)单位应当保障疏散通道、安全出口畅通,并设置符合国家规定的消防安全疏散指示标识和应急照明设施,保持防火门、防火卷帘、消防安全疏散指示标识、应急照明、机械排烟送风、火灾事故广播等处于正常状态,控制人员出入或设有门禁系统的疏散门,应有保证火灾时人员疏散畅通的可靠措施。 (4)消防控制室、消防水泵房、自备发电机房、配电室、防排烟机房以及发生火灾时仍需正常工作的消防设备房应设置备用照明,其作业面的最低照度不应低于正常照明的照度。 (5)消防重点部位应按照规定设置自动报警灭火装置,该装置应灵敏、可靠。 (6)有毒有害危险场所应采取消防排水收集、储存措施		
4	消防安全检查 (1)单位应按照相关法规进行定期防火检查。 (2)单位对建筑消防设施每年至少进行一次全面检测,确保完好有效,检测记录应当完整准确,存档备查,并对检测报告中的整改建议闭环管理。 (3)单位应当按照有关规定定期对灭火器进行维护保养和维修检查。 (4)在室内消火栓、消防软管卷盘、灭火器等消防设施处设置使用示意图和检查记录表,明确检查内容、频次,及时检查并如实填写检查记录	5分	①查年度消防设施、消防电器检测记录,未进行检测的,扣2分;未落实检测报告整改建议的,扣2分;每缺少一项检测内容扣1分。 ②现场核查,灭火器未按规定进行维护保养和维修检查的,扣5分。 ③单位未按照相关法规进行定期防火检查的,扣1分;未定期对消防设施进行检查的,扣1分;检查记录不规范的,扣0.5分

表 4.20(续 3)

序号	考评内容	分值	考评办法
5	消防安全警示标识 (1)消防设施、消防重点部位均设有明显的消防安全标识,且符合 GB 13495 的相关规定。 (2)在厂(所)区、车间、仓库、建筑物每楼层明显位置设置安全疏散指示图,指示图上标明疏散路线、安全出口、人员所在位置和必要的文字说明。 (3)在安全疏散出口的显著位置设置"安全出口"标识,设有门禁系统的还应在显著位置设置使用提示。 (4)在消防水泵、防排烟风机、消防水泵房、防火卷帘控制器等重要消防设施处设置管理责任牌,注明消防设施管理责任人。 (5)在消防联动控制柜、湿式报警阀、末端试水装置、试水阀等部位设置标识,注明各按钮、阀门控制的部位、区域和正常启闭状态	2分	①现场核查,一处缺少安全疏散图的,扣1分。 ②现场核查,一处消防安全警示标识不符合的,扣0.5分
6	消防应急疏散预案及演练 消防安全重点单位应当制定灭火和应急疏散预案,至少每半年进行一次演练,并结合实际,不断完善预案;其他单位应当结合本单位实际,参照制定相应的应急方案,至少每年组织一次演练	2分	查单位消防应急疏散预案及演练记录,未建立的应急疏散或相应的应急预案的,扣2分;未按规定进行演练的,扣2分;资料不全的扣1分
7	消防安全档案和记录 (1)消防安全重点单位应当建立健全消防档案。 (2)其他单位应当将本单位的基本概况、公安消防机构填发的各种法律文书、与消防工作有关的材料和记录等统一保管备查。 (3)对灭火器应当建立档案资料,记明配置类型、数量、设置位置、检查维修单位(人员)、更换药剂的时间等有关情况。 (4)消防安全记录应包括: ——防火巡查记录; ——防火检查记录; ——消防控制室值班记录; ——其他必要的消防安全记录	1分	查单位消防档案和消防安全记录,未建立的,扣1分,资料不全的扣1分

（四）考评要点

1. 消防安全综合管理

（1）消防安全责任制和管理制度

明确消防安全管理职责、消防组织机构、消防培训、消防检查、消防重点部位确定、消防设施、消防队伍、消防警示标识、消防应急与演练等方面的要求，制度内容应满足《中华人民共和国消防法》等相关法规要求；

（2）同一建筑物由两个以上单位管理或者使用的，应当明确各方的消防安全责任，并确定责任人对共用的疏散通道、安全出口、建筑消防设施和消防车通道进行统一管理；

（3）消防安全重点单位一般由当地政府相关管理部门确定；

（4）单位要根据火灾危险源的辨识及实际如物品贮存的多少、价值大小、人员的集中程度、隐患的存在和火灾的危险程度等情况，确定消防安全重点部位。通常可根据以下几个方面来确定：

①容易发生火灾的部位，如油漆、烘烤、汽车库、化学危险品仓库、易燃、可燃液体储罐、乙炔站、氢气站等；

②发生火灾后对消防安全有重大影响的部位，如与火灾扑救密切相关的变配电站（室）、消防控制室、消防水泵房等；

③性质重要、发生事故影响全局的部位，如电子机房、锅炉房、档案室、贵重物品和重要历史文献收藏室等；

④财产集中的部位，如储存大量原料、成品的仓库或货场，使用或存放先进技术设备的实验室、车间、仓库等；

⑤人员集中的部位。

2. 消防安全教育培训

（1）消防安全重点单位的每名员工每年应至少接受一次消防安全培训，单位内部确定的消防重点部位的每名员工每年应至少接受一次消防安全培训。

（2）单位消防安全责任人、消防安全管理人、专兼职消防管理人员、消防控制室值班、操作人员等应接受消防安全专门培训。消防控制室的值班、操作人员应持证上岗。

（3）单位应当组织员工上岗前的消防安全培训。

3. 消防设施

（1）灭火器类型、规格、灭火级别、配置数量和最大保护距离符合建筑灭火器配置设计要求。火灾种类与灭火器选择如表 4.21 所示。

表 4.21　火灾种类与灭火器选择

火灾种类	物质及其燃烧特性	灭火器选择
A	固体物质火灾	水型灭火器、磷酸铵盐干粉灭火器、泡沫灭火器或卤代烷灭火器
B	液体火灾或可融化固体物质火灾	泡沫灭火器、碳酸氢钠干粉灭火器、磷酸铵盐干粉灭火器、二氧化碳灭火器、灭 B 类火灾的水型灭火器或卤代烷灭火器
C	气体火灾	磷酸铵盐干粉灭火器、碳酸氢钠干粉灭火器、二氧化碳灭火器或卤代烷灭火器
D	金属火灾	扑灭金属火灾的专用灭火器
E	(带电火灾)物体带电燃烧的火灾	磷酸铵盐干粉灭火器、碳酸氢钠干粉灭火器、二氧化碳灭火器或卤代烷灭火器

非必要场所不应配置卤代烷灭火器;金属钾、钠、钙、镁等存储场所不应配置碳酸氢钠干粉灭火器。灭火器的适用性示例见表 4.22。

表 4.22　灭火器的适用性

灭火器类型 / 火灾场所	水型灭火器	干粉灭火器		泡沫灭火器		二氧化碳灭火器
		磷酸铵盐干粉	碳酸氢钠干粉	机械泡沫	抗溶泡沫	
A 类场所	适用	适用	不适用	适用	适用	不适用
B 类场所	不适用	适用	适用扑救非极性溶剂和油品火灾	适用于扑救极性溶剂火灾	适用	适用
C 类场所	不适用	适用	不适用	不适用	适用	适用
E 类场所	不适用	适用	适用于带电的 B 类火灾	不适用	适用	适用于带电的 B 类火灾

注:D 类火灾(金属火灾)专用灭火器(粉状石墨等)较少,可采用干砂或铸铁屑沫来替代,不能使用含水或灭火过程中可能产生水的灭火剂(碳酸氢钠干粉灭火器)。

手提式灭火器的类型、规格和灭火级别示例如表 4.23 所示。

①应报废的灭火器:

a.酸碱型灭火器;

b.化学泡沫型灭火器;

c.倒置使用型灭火器;

d.氯溴甲烷、四氯化碳灭火器;

e.国家政策明令淘汰的其他类型灭火器。

表4.23 手提式灭火器类型、规格和灭火级别示例

灭火器类型	灭火剂充装量(规格)		灭火器类型规格 代码(型号)	灭火级别	
	L	kg		A类	B类
水型	3	–	MS/Q3	1A	–
			MS/T3		55B
泡沫	9	–	MP9,MP/AR9	2A	89B
干粉 (碳酸氢钠)	–	2	MF2	–	21B
干粉 (磷酸铵盐)	–	2	MF/ABC2	1A	21B
	–	4	MF/ABC4	2A	55B
二氧化碳	–	2	MT2	–	21B

②配置场所与危险等级

原则上将甲、乙类生产场所和甲、乙类储存场所列入严重危险等级;将丙类生产场所和丙类储存场所列为中危险级;将丁、戊类生产场所和丁、戊类储存场所列为轻危险级,灭火器的最大保护距离、最低配置基准示例如表4.24~表4.27所示。

表4.24 A类火灾场所的灭火器最大保护距离

单位:m

危险等级	灭火器形式	
	手提式灭火器	推车式灭火器
严重危险级(甲、乙)	15	30
中危险级(丙)	20	40
轻危险级(丁、戊)	25	50

表4.25 B,C类火灾场所的灭火器最大保护距离

单位:m

危险等级	灭火器形式	
	手提式灭火器	推车式灭火器
严重危险级(甲、乙)	9	18
中危险级(丙)	12	24
轻危险级(丁、戊)	15	30

表4.26 A类火灾场所灭火器的最低配置基准

危险等级	严重危险级	中危险级	轻危险级
单具灭火器最小配置灭火级别	3 A	2 A	1 A
单位灭火级别最大保护面积/(m²/A)	50	75	100

表4.27 B,C类火灾场所灭火器的最低配置基准

危险等级	严重危险级	中危险级	轻危险级
单具灭火器最小配置灭火级别	89 B	55 B	21 B
单位灭火级别最大保护面积/(m²/B)	0.5	1.0	1.5

灭火器的维修期限和报废期限如表4.28和表4.29所示。

表4.28 灭火器的维修期限

灭火器类型	维修期限	
水基型灭火器	手提式水基型灭火器	出厂期满3年；首次维修以后每满1年
	推车式水基型灭火器	
干粉灭火器	手提式(贮压式)	出厂期满5年；首次维修以后每满2年
	手提式(储气式)	
	推车式(贮压式)	
	推车式(储气式)	
洁净气体灭火器	手提式洁净气体灭火器	
	推车式洁净气体灭火器	
二氧化碳灭火器	手提式二氧化碳灭火器	
	推车式二氧化碳灭火器	

表4.29 灭火器的报废期限

灭火器类型	报废期限	
水基型灭火器	手提式水基型灭火器	6年
	推车式水基型灭火器	
干粉灭火器	手提式(贮压式)	10年
	手提式(储气式)	
	推车式(贮压式)	
	推车式(储气式)	

表 4.29(续)

灭火器类型	报废期限	
洁净气体灭火器	手提式洁净气体灭火器	10 年
	推车式洁净气体灭火器	
二氧化碳灭火器	手提式二氧化碳灭火器	12 年
	推车式二氧化碳灭火器	

③灭火器的配置

同一灭火器配置单元内,采用不同类型灭火器时,其灭火剂应能相容。

灭火器的设置应便于取用,且不得影响安全疏散。

灭火器的设置应保证配置场所的任一点都在灭火器设置点的保护范围内。

灭火器设置点的环境温度不得超出灭火器的使用温度范围。灭火器不宜设置在潮湿或强腐蚀性的地点,必须设置时,应有相应的保护措施。

手提式灭火器宜设置在灭火器箱内或挂钩、托架上,其顶部离地面高度不应大于 1.50 m;底部离地面高度不宜小于 0.08 m。灭火器箱不应被遮挡、上锁或栓系。

在有视线障碍的设置点设置灭火器时,应在醒目的地方设置指示灭火器位置的发光标志。

④灭火器的检查

灭火器的配置、外观每月进行一次检查,灭火器的检查记录应予保留。

下列场所配置的灭火器应每半个月进行一次检查。

a. 人员密集的公共场所;

b. 堆场、罐区、加油站、锅炉房、地下室等场所。

⑤灭火器检查要点

a. 符合市场准入的规定,有出厂合格证和相关证书;

b. 灭火器的铭牌、生产日期和维修日期等标志齐全;

c. 灭火器的类型、规格、灭火级别和数量符合配置设计要求;

d. 灭火器筒体无明显缺陷和机械损伤;

e. 灭火器的保险装置完好;

f. 灭火器压力指示器的指针在绿区范围内;

g. 推车式灭火器的行驶机构完好。

(2)气体灭火系统(七氟丙烷、二氧化碳)

①灭火剂储存装置中泄压装置的泄压方向不应朝向操作面。低压二氧化碳灭火系统的安全阀应通过专用的泄压管接到室外。

②集流管上的泄压装置的泄压方向不应朝向操作面。

③防护区应设置符合要求的安全设施:

a.防护区的疏散通道、疏散指示标志和应急照明装置；

b.防护区内和入口处的声光报警装置、气体喷放指示灯、入口处的安全标志；

c.无窗或固定窗扇的地上防护区和地下防护区的排气装置；

d.门窗设有密封条的防护区的泄压装置；

e.专用的空气呼吸器或氧气呼吸器。

④储存装置间的位置、通道、耐火等级、应急照明、火灾报警装置及地下储存装置间机械排风装置应符合有关要求。

⑤每季度应对气体灭火系统进行1次全面检查。

⑥每年对每个防护区域进行1次模拟启动试验，并进行1次模拟喷气试验。

（3）自动喷水灭火系统

①消防水池（箱）玻璃水位计两端的角阀应标明开关方向，并在不进行水位观察时保持关闭；

②高位消防水箱在屋顶露天设置时，水箱的人孔、进出水管的阀门等应采取锁具或阀门箱等保护措施；

③末端试水装置和试水阀应便于操作，且应有足够排水能力的排水设施。

（4）防火卷帘、防火门、防火窗

①防火卷帘与楼板、梁、墙、柱之间的空隙应采用防火封堵材料封堵。

②防火卷帘下部、常开式防火门门口处、活动式防火窗窗口处不应有妨碍设备启闭的物品。

③常闭式防火门开关功能正常，无卡阻现象。

④手动拉链、防火卷帘升降功能正常，无滑行撞击现象。

（5）疏散

高层厂（库）房和甲、乙、丙类多层厂房，应设置封闭楼梯间或室外疏散楼梯；

建筑高度超过32 m且任一层人数超过10人的高层厂房，应设置防烟楼梯间或室外楼梯；

有易燃、易爆等危险品房间的门及锅炉房的门，应采用平开门，平开门必须向疏散方向开启；

木工车间的安全出口的门必须向外开，不得设门槛和台阶。任一点到最近安全出口的距离（单位为 m）如表4.30所示。

表4.30　不同建筑耐火等级要求

车间建筑耐火等级	单层	多层
一、二	80	60
三、四	60	40

4. 消防安全检查

每年至少对建筑消防设施进行一次全面检测,确保完好有效,检测记录应当完整准确,存档备查,并对检测报告中的整改建议闭环管理。

消防安全重点单位应当进行每日防火巡查,并确定巡查的人员、内容、部位和频次。其他单位可以根据需要组织防火巡查。巡查的内容应当包括:

(1)用火、用电有无违章情况;

(2)安全出口、疏散通道是否畅通,安全疏散指示标志、应急照明是否完好;

(3)消防设施、器材和消防安全标志是否在位、完整;

(4)常闭式防火门是否处于关闭状态,防火卷帘下是否堆放物品影响使用;

(5)消防安全重点部位的人员在岗情况;

(6)其他消防安全情况。

5. 消防安全警示标识

(1)消防安全警示标识设置

①光电感应自动门或360°旋转门旁设置的一般平开疏散门,应设置"紧急出口"标识;

②紧急出口或疏散通道中的单向门应在门上设置"推开"标识,在其反面设置"拉开"标识;紧急出口或疏散通道中的门上应设置"禁止锁闭";疏散通道或消防车道的明显位置应设置"禁止阻塞";

③需要击碎玻璃板才能拿到钥匙或开门工具的地方或疏散中需要打开板面才能制造一个出口的地方应设置"击碎面板"标识;

④建筑中隐蔽式消防设备存放地点应设置"灭火设备""灭火器""消防水带"等标识;

⑤存放遇水爆炸的物质或用水灭火会对周围环境产生威胁的地方应设置"禁止用水灭火"标识;

⑥下列区域应相应地设置"禁止烟火""禁止吸烟""禁止带火种""当心火种——易燃物""当心火灾——氧化物""当心爆炸——爆炸性物质"等标识;

a. 具有甲、乙、丙类火灾危险的生产厂区、厂房的入口或防火区内;

b. 具有甲、乙、丙类火灾危险的仓库的入口或防火区内;

c. 甲、乙、丙类液体储罐、堆场等的防火区内;

d. 可燃、助燃气体储罐或罐区与建筑物、堆场的防火区内等。

⑦除必须外,标识一般不应设置在门、窗、架等可移动的物体上,不应设置在经常被其他物体遮挡的地方。

(2)室内疏散标识的设置

①疏散通道中"紧急出口"标识宜设置在通道两侧部及拐弯处的墙面上,标识牌的上边缘距地面不应大于1 m(图4.1(a));也可把标志直接设置在地面上,上面加盖不燃透

明牢固的保护板;标识的间距不应大于 20 m,袋型走道的尽头离标识的距离不应大于 10 m(图 4.1(b));

②疏散通道出口处"紧急出口"标识应设置在门框边缘或门的上部,标识牌的上边缘距天花板高不应小于 0.5 m,标识牌下边缘距地面的高度不应小于 2 m;天花板高度较小时可以在门的两侧设置标识,标识的中心的距地面高度应在 1.3~1.5 m 之间。

③消防安全标识牌及其照明灯具应至少每半年检查一次。

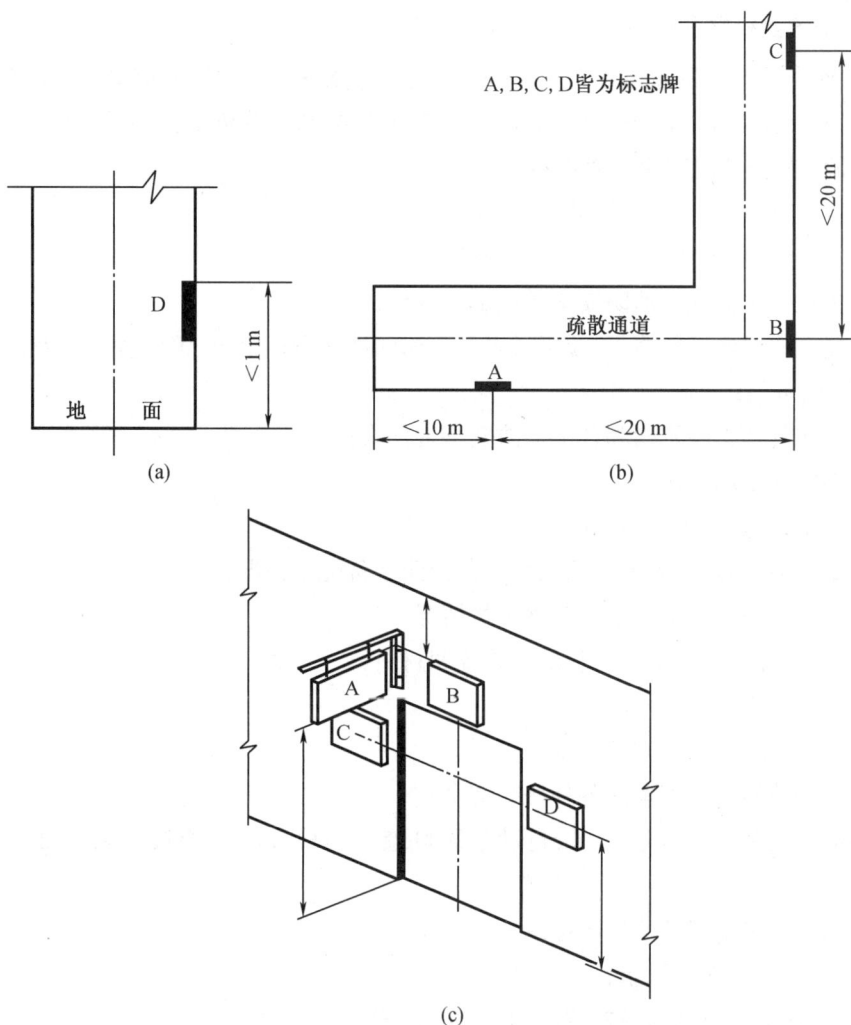

图 4.1 疏散通道出口设置标准

6.消防应急疏散预案及演练

消防安全重点单位制定的灭火和应急疏散预案应当包括下列内容:

(1)组织机构,包括:灭火行动组、通讯联络组、疏散引导组、安全防护救护组;

(2)报警和接警处置程序;

（3）应急疏散的组织程序和措施；

（4）扑救初起火灾的程序和措施；

（5）通讯联络、安全防护救护的程序和措施。

消防安全重点单位应当按照灭火和应急疏散预案，至少每半年进行一次演练，并结合实际，不断完善预案。其他单位应当结合本单位实际，参照制定相应的应急方案，至少每年组织一次演练。

7. 消防安全档案和记录

消防安全重点单位应当建立健全消防档案。消防档案应当包括消防安全基本情况和消防安全管理情况。消防档案应当翔实，全面反映单位消防工作的基本情况，并附有必要的图表，根据情况变化及时更新。

单位应当对消防档案统一保管、备查。

消防安全基本情况应当包括以下内容：

（1）单位基本概况和消防安全重点部位情况；

（2）建筑物或者场所施工、使用或者开业前的消防设计审核、消防验收以及消防安全检查的文件、资料；

（3）消防管理组织机构和各级消防安全责任人；

（4）消防安全制度；

（5）消防设施、灭火器材情况；

（6）专职消防队、义务消防队人员及其消防装备配备情况；

（7）与消防安全有关的重点工种人员情况；

（8）新增消防产品、防火材料的合格证明材料；

（9）灭火和应急疏散预案。

消防安全管理情况应当包括以下内容：

（1）公安消防机构填发的各种法律文书；

（2）消防设施定期检查记录、自动消防设施全面检查测试的报告以及维修保养的记录；

（3）火灾隐患及其整改情况记录；

（4）防火检查、巡查记录；

（5）有关燃气、电气设备检测（包括防雷、防静电）等记录资料；

（6）消防安全培训记录；

（7）灭火和应急疏散预案的演练记录；

（8）火灾情况记录；

（9）消防奖惩情况记录。

（五）常见问题

消防安全管理常见问题图示及描述如表4.31所示。

表 4.31 消防安全管理常见问题图示及描述

消防安全管理图示	常见问题描述
	金属钠储存场所配置碳酸氢钠干粉灭火器。 不符合:GB 50140《建筑灭火器配置设计规范》4.1.1 1)灭火器的选择应考虑灭火器配置场所的火灾种类。4.2.4 金属钠存储场所为 D 类火灾场所,应配扑灭金属火灾的专用灭火器。 注:配置扑灭金属火灾的专用灭火器困难时,可以消防干砂替代。 不能配置碳酸氢钠干粉的灭火器,碳酸氢钠灭火时会分解产生水,水与金属钠反应生成氢气,加剧燃爆风险
	用灭火器阻挡防火门。 不符合:GB 50140《建筑灭火器配置设计规范》5.1.1 灭火器应设置在位置明显和便于取用的地点,且不得影响安全疏散。 GB 50016《建筑防火设计规范》6.5.1.1 设置在建筑内经常有人通行处的防火门宜采用常开防火门,常开防火门应能在火灾时自行关闭,并应具有信号反馈的功能。 6.5.1.2 除允许设置常开防火门的位置外,其他位置的防火门均应采用常闭防火门。常闭防火门应在其明显位置设置"保持防火门关闭"等提示标识
	灭火器集中摆放。 不符合:建筑灭火器配置设计规范 GB 50140《建筑灭火器配置设计规范》6.1.2 每个设置点的灭火器数量不宜多于 5 具

表 4.31(续 1)

消防安全管理图示	常见问题描述
 	灭火器箱上锁、灭火器落地摆放、灭火器顶部距离地面超过 1.5 m。 不符合：GB 50140《建筑灭火器配置设计规范》5.1.3 灭火器的摆放应稳固，其铭牌应朝外。手提式灭火器宜设置在灭火器箱内或挂钩、托架上，其顶部离地面高度不应大于 1.50 m；底部离地面高度不宜小于 0.08 m。灭火器箱不得上锁
	灭火器失效
	车间物品摆放堵塞消防器材通道

表 4.31（续 2）

消防安全管理图示	常见问题描述
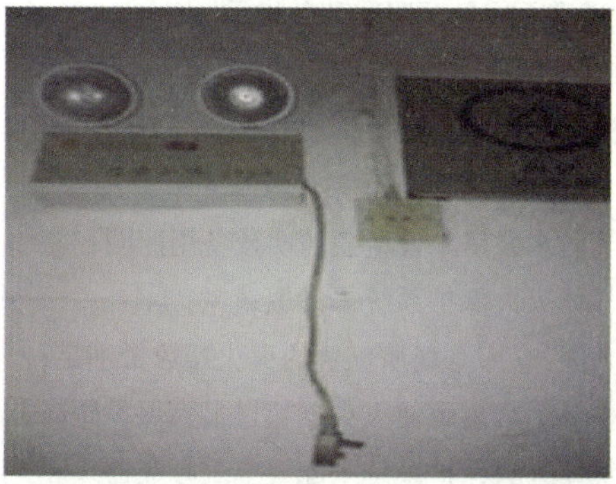	应急照明未在工作状态
	楼梯间堆放可燃材料。 不符合：GB 50016《建筑防火设计规范》6.4.1.2 楼梯间内不应设置烧水间、可燃材料储藏室、垃圾道
	疏散集合点摆放物品
	地下停车场消火栓前停放车辆

表 4.31（续 3）

消防安全管理图示	常见问题描述
	疏散通道无应急照明和疏散指示。 其他常见问题： （1）消防控制室持证上岗操作人员不满足每班 2 人的要求； （2）消防水泵房未设应急照明或备用照明； （3）气体灭火保护系统未设置通风； （4）车间、仓库等场所配置的灭火器数量不足； （5）摆放不合理致使灭火器超过最大保护距离； （6）气体灭火保护系统未配置空气呼吸器

（六）适用的法规标准

消防安全管理适用的法规标准如表 4.32 所示。

表 4.32　消防安全管理适用的法规标准

序号	法规标准
1	GB 13495.1　消防安全标志 第 1 部分：标志
2	GB 17945　消防应急照明和疏散指示系统
3	GB 25201　建筑消防设施的维护管理
4	GB 25506　消防控制室通用技术要求
5	GB 50016　建筑防火设计规范
6	GB 50140　建筑灭火器配置设计规范
7	GB 50444　建筑灭火器配置验收及检查规范
8	GB 50681　机械工业厂房建筑设计规范
9	GB 50974　消防给水及消火栓系统技术规范
10	GA 1131　仓储场所消防安全管理通则
11	中华人民共和国消防法
12	公安部令第 61 号　机关、团体、事业、企业单位消防安全管理规定

（七）典型做法与经验

消防安全管理在实际操作中的典型做法及相关经验如表 4.32 所示。

表4.30 消防安全管理在实际操作中的典型做法及相关经验

消防安全管理图示	典型做法及经验
	灭火器完好有效,标识清晰,责任明确,定期检查记录齐全,管理规范
	场(所)区设置集中疏散场地

五、车间环境

(一)适用范围

本项目适用于单位内部生产科研的作业区域、场所。

(二)备查资料清单

本项目考评查阅的资料包括:

(1)车间定置管理图;

(2)消防器材布置图和应急疏散图;

(3)车间照度检测记录。

(三)考评内容及考评方法

车间环境考评内容及考评办法如表4.33所示。

表 4.33　　车间环境考评内容及考评办法

序号	考评内容	分值	考评办法
1	作业区域的布局 （1）制定合理、规范的定置图，且实现了定置管理。 （2）产生相同职业病危害因素的作业相对集中，且与其他作业区域分开。 （3）员工休息间、会议室等聚集场所应与作业区域隔离，疏散通道保持畅通。 （4）锻造、金属热处理、涂装、冲压、木工、洁净厂房等有特殊要求的车间均应符合相关标准的规定	5分	①查车间定置图，无图扣3分。 ②现场核查，一处与定置图不相符的扣0.2分。 ③现场核查，一处物品摆放不平稳的扣0.5分；一处休息间、会议室疏散通道不畅通的扣2分。 ④有特殊要求的车间作业区域布局一处不符合要求的，扣2分
2	车间通道 （1）车行道宽度应大于3.5 m，专供叉车通行的单行道应大于2 m。人行安全通道宽度宜大于0.8 m，分隔线应清晰、准确。 （2）车行道、人行道上方的悬挂物应牢固可靠；当人行道上方有移动物体时，应设置安全防护网。当人行道的边缘至准轨铁路中心线的距离小于3.75 m时，或处于危险地段的人行道，应设置防护栏杆，并有警示标识。 （3）路面应平坦，无积油、无积水、无绊脚物。 （4）排水管网畅通。 （5）主干道及人行安全通道无占道物品	4分	①现场核查，一处车行道、人行道宽度不符合要求的，扣0.5分；通道线不清晰的，扣0.2分。 ②一处车行道、人行道上方悬挂物不牢固的扣0.5分；人行道上方有移动物体而未设置安全防护网或处于危险地段未设置防护栏杆，一处扣0.5分。 ③现场核查，路面不平坦，或有积油、积水和绊脚物的，一处扣0.5分。 ④调查和现场核查结合，排水管网不畅通的，一处扣1分。 ⑤现场核查，主干道及人行安全通道一处有占道物品的扣1分
3	设备设施、动力管线的布局 （1）设备设施之间、设备设施与墙（柱）间的距离应符合相关标准的规定，或采取安全隔离。 （2）各种动力管线的安全距离应符合GB 50187等相关法规标准的规定。 （3）各种操作部件的安装高度：经常使用的为0.5～1.7 m；不经常使用的为0.3～1.9 m。指示器的安装高度：经常观察的为0.7～1.7 m；不经常观察的为0.3～2.5 m	4分	①现场核查，一处设备设施之间以及与墙（柱）间的距离不符合要求的，扣0.5分；一处动力管线的安全距离不符合要求的，扣1分。 ②现场核查，一处操作部位或观察部位不符合要求的扣0.5分
4	各种工位器具、料箱应设计合理，结构牢固，无脱焊、凹陷、腐蚀等缺陷。现场摆放整齐、平稳，高度合适，沿人行通道两边无突出物品或锐边物品	4分	①现场核查，工位器具、料箱设计不合理、结构不牢，一处扣0.5分；摆放不平稳或超高，一处扣0.2分。 ②人行通道边有锐边物的，一处扣0.5分

表 4.33(续)

序号	考评内容	分值	考评办法
5	作业区域的地面状况 (1)地面平整,无障碍物和绊脚物,坑、壕、池应设置盖板或护栏。 (2)地面无积水、无积油、无垃圾杂物。 (3)操作工位的脚踏板应完好、牢固,且防滑	2分	现场核查,一处地面不平整或坑、壕、池未设置盖板或护栏的,扣0.5分;一处地面有积水、积油或垃圾杂物的,扣0.5分;一处操作工位的脚踏板不合格的,扣0.5分
6	车间内生产作业点、工作台面和安全通道照度应符合 GB 50034 的相关规定,照度定期检测记录齐全,且照明灯具完好、有效。采光系数和天然光临界照度宜符合 GB/T 50033 的相关规定。应急疏散通道应配备应急照明灯	4分	①现场核查,一处照度不合格的,扣0.5分;一处照明灯具不完好的,扣0.2分。未定期检测照度的,扣1分。 ②现场核查,一处天然光临界照度不合格扣0.5分。 ③现场核查,一处应急疏散通道无应急照明的,扣1分
7	警示标识 危险部位均设有相应的安全标识,并应符合 GB 2894 的相关规定;易燃易爆危险点应根据 GJB 6219 的相关规定设置安全标识、标牌	2分	现场核查,一处危险部位设置的安全标识不符合的,扣0.5分

(四)考评要点

1. 车间布局

(1)酸洗、电镀、喷漆、配料、铸锻、热处理等腐蚀性、尘毒比较严重及使用易燃、易爆物料或气体的生产工序,电磁、电离辐射危害严重的工序,应与其他生产工序隔开布置。不同危害生产工序之间应相互隔离。危害相同的生产工序宜集中或相邻。

(2)在多层厂房中,对散发热量和产生有害气体的设备或生产工序应布置在建筑物的上层,当必须布置在建筑物的下层时,应采取防止污染上层空气的措施。

(3)电离辐射作业区宜避开车间主要出入口、主通道,不宜在主厂房内。电离辐射照射室 X 射线管电压大于等于 300 kV 时,应布置在车间主厂房外部,并设过渡前室与车间毗连;X 射线管电压小于 300 kV 时,可布置在多层厂房内底层的端部;控制室等辅助房间应布置在照射室的非主照射方向的外侧。电离辐射照射室排风系统的吸风口高度距地面不应大于 1 m;出风口宜设置在屋顶,并应防止射线泄漏。

(4)激光室内墙面和天棚应做成白色漫射体;地面应铺深色不反光的橡胶或地板;窗应采用毛玻璃,并应有足够照度。激光设备的布置,应避免射束朝门窗方向投射,且不应处于人眼视线范围内;射束平面应低于地面 0.92 m 或高于地面 2 m。在激光室内,严禁存放易燃及易爆品。

(5)多层建筑中,电磁屏蔽室宜设在底层。

(6)木工车间工作地面应保持清洁,周围不允许存放与生产无关的物料;木工制材带锯机不能布置在车间电气走线的下方。

2. 车间通道

加工车间通道相关要求如表4.34所示。

表4.34 加工车间通道应满足 JBJ 18 的要求

运输方式	通道宽度/m				
	冷加工	铸造	锻造	热处理	焊接
人工运输	≥1	1.5	2 ~ 3	1.5 ~ 2.5	2 ~ 3
电瓶车单向行驶	1.8	2			
电瓶车对开	3		3 ~ 5	3 ~ 4	3 ~ 5
叉车或汽车行驶	3.5	3.5			
人工造型人行道		0.8 ~ 1.5			
机器造型人行道		1.5 ~ 2			

不能画线的车间以车间的中心轴为准,两边各0.75 m判定。

铸造车间人行通道不得与浇注场地、熔融金属运行路线重叠交叉。

木工车间宜设贯穿车间的纵横通道,主通道最窄处不得小于2 m。单独用作安全疏散用的通道,其最小宽度不得小于1.4 m。

3. 设备设施、动力管理布局

大、中、小型设备的划分及安全距离如表4.35和表4.36所示。

表4.35 大、中、小型设备的划分

设备	划分依据	小型	中型	大型
车床	加工直径/mm	<600	600 ~ 1 000	>1 000
钻床	钻孔直径/mm	<70	35 ~ 70	>70
其他设备	占地面积/m²	<6	6 ~ 12	>12

表4.36 大、中、小型设备安全距离

单位:m

	小型机床	中型机床	大型机床	特大型机床
机床操作面间	1.1	1.3	1.5	1.8
机床后面、侧面离墙、柱	0.8	1.0	1.0	1.0
机床操作面离墙柱	1.3	1.5	1.8	2.0

注:1. 从机床活动机件达到的极限位置算起。

2. 机床与墙、柱间的距离首先考虑对基础的影响。

激光切割、打孔、焊接、热处理、检测等激光加工,应按激光设备的类别采取相应的激光辐射安全防护措施。在 2 类以上激光设备光路终端,应设置一具有适当反射率及热效应的漫反射材料或用吸收器使其终止;4 类和 3B 激光设备,应设有遥控连锁装置、钥匙开关、光束终止器或衰减器以及报警装置。

木工机床的外露移动件的行程达到极限位置时,其边缘距相邻的设备和厂房构件不得小于 800 mm。

木工车间原木堆放的位置沿楞腿方向到工位的最小距离不得小于 2 m。

4. 作业区域

地面平整,无障碍物和绊脚物,坑、壕、池应设置盖板或护栏;地面无积水、无积油、无垃圾杂物。

5. 车间照明

工业建筑一般照明标准如表 4.37 所示。

表 4.37　工业建筑一般照明标准值(GB 50034 表 5.4.1 摘选)

房间或场所		参考平面及其高度	照度标准值/lx	UGR	Uo	Ra	备注
机械加工	粗加工	0.75 m 水平面	200	22	0.40	60	可另加局部照明
	一般加工 公差≥0.1 mm	0.75 m 水平面	300	22	0.60	60	
	精密加工 公差<0.1 mm	0.75 m 水平面	500	19	0.70	60	
机电仪表装配	大件	0.75 m 水平面	200	25	0.60	80	
	一般件	0.75 m 水平面	300	25	0.60	80	
	精密	0.75 m 水平面	500	22	0.70	80	
	特精密	0.75 m 水平面	750	19	0.70	80	
冲压、剪切		0.75 m 平面	300	–	0.60	60	
热处理		地面至 0.5 m	200		0.60	20	
铸造	熔化、浇铸	地面至 0.5 m	200		0.60	20	
	造型		300	25	0.60	60	
精密铸造的制模、脱壳		0.75 m 水平面	500		0.60	80	
电镀		0.75 m 水平面	300		0.60	80	
酸洗、腐蚀、清洗		0.75 m 水平面	300		0.60	80	

木工车间工作照明要求如表 4.38 所示。

表 4.38　木工车间工作照明

场所		参考平面及高度	照度标准值 LX	UGRa	Rb	备注
一般机器加工		0.75 m 水平面	200	22	60	防频闪
精细机器加工		0.75 m 水平面	500	19	80	防频闪
锯木区		0.75 m 水平面	300	25	60	防频闪
模型区	一般	0.75 m 水平面	300	22	60	
	精细	0.75 m 水平面	750	22	60	
胶合、组装		0.75 m 水平面	300	25	60	
磨光、异型细木工			750	22	80	

6. 警示标识

（1）危险部位均设有相应的安全标识：

①加热设备表面温度大于 50℃时应进行隔热，或设立标志。

②2 类以上激光设备专用室外应设有警告标识及红色指示灯。

③电离辐射照射室外，在行人来往位置，应设置醒目的指示灯和警戒信号；室内应设置工作前的预警信号装置；辐射防护门与设备的电气控制回路之间，应设置安全联锁装置。

④木工车间应在进口处的明显位置设有醒目的"严禁烟火"标识，车间内作业场所严禁吸烟和采用明火。

（2）易燃易爆危险点应根据 GJB 6219 的相关规定设置安全标识、标牌。

7. 其他

安装于木工车间室内的粉尘收集器应每天清除所吸出的粉尘和木屑，必要时可提高清除频率。

（五）常见问题

车间环境常见问题图示及描述如表 4.39 所示。

表 4.39　车间环境常见问题图示及描述

车间环境图示	常见问题描述
	设备旋转移动过程中电机能与天然气管道发生碰撞,未留有安全距离
	平台护栏破损
	车间物品摆放未实施定置管理
	车间通道上的绊脚物

表 4.37（续）

车间环境图示	常见问题描述
	物品占用车间人行、疏散通道
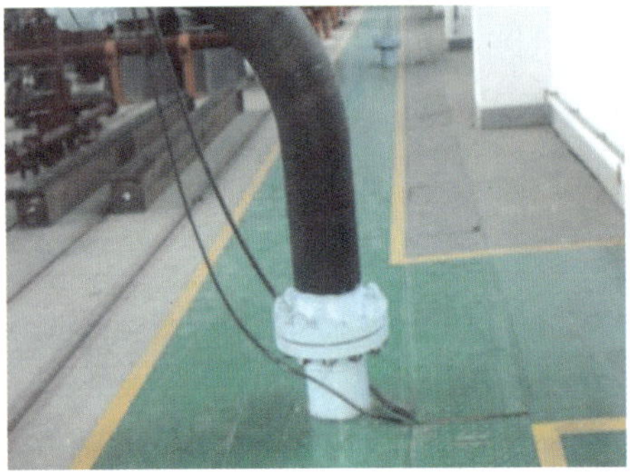	划设的车间通道上有管道
	车间照明灯具完好率未达100％。 其他常见问题： （1）同一车间的不同建筑物内的作业场所未分别制作定置管理图； （2）同一建筑物不同楼层未分别制作定置管理图； （3）未进行照度检测

（六）适用的法律法规

车间环境适用的法规标准如表 4.40 所示。

表 4.40 车间环境适用的法规标准

序号	法规标准
1	GB 5083 生产设备安全卫生设计总则
2	GB 8959 铸造防尘技术规程
3	GB 13318 锻造车间安全与环保通则
4	GB 15606 木工(材)车间安全生产通则
5	GB 15735 金属热处理生产过程安全卫生要求
6	GB 50016 建筑防火设计规范
7	GB 50019 工业建筑供暖通风与空气调节设计规范
8	GB 50034 建筑照明设计标准
9	GB 50073 洁净厂房设计规范
10	GB 50187 工业企业总平面设计规范
11	GB 50681 机械工业厂房建筑设计规范
12	GB/T 8176 冲压车间安全生产通则
13	GB/T 50033 建筑采光设计标准
14	GBZ 1 工业企业设计卫生标准
15	JBJ 18 机械工业职业安全卫生设计规范
16	JGJ 91 科学实验室建筑设计规范

(七)典型做法与经验

车间环境在实际操作中的典型做法及相关经验如表 4.41 所示。

表 4.41 车间环境在实际操作中的典型做法及相关经验

车间环境图示	典型做法及经验
	规范现场定置管理。 划设物品分类、定置存放区域,并设有明显标识

表 4.41(续 1)

车间环境图示	常见问题描述
	工位器具规划分类摆放,实现自主定置管理,节省翻找工具时间,提高生产效率
	工具规划分类摆放,实现自主定置管理,节省翻找工具时间,提高生产效率
	结合生产科研实际,合理规划,油料划区、定量、定置管理,并设置警示标识
	车间通道通畅、标线清晰、现场实施了定置管理

表 4.41（续 2）

车间环境图示	常见问题描述
	现场整洁有序的生产科研场所
	热处理油槽设置护栏和吹吸式排风罩
	整洁的电镀现场
	车间通道上设置桥架避免乱拉临时管线形成绊脚物

六、仓库

(一)适用范围

本项目适用于单位的原材料、产品、备件等仓库和室外堆场。不包括油库、气瓶库、液化气库以及其他危险化学品仓库。

(二)备查资料清单

本项目考评查阅的资料包括：

(1)仓库定置管理图；

(2)仓库消防器材布置图、疏散图；

(3)照度检测记录。

(三)考评内容及考评方法

仓库考评内容及考评办法如表4.42所示。

表4.42　仓库考评内容及考评办法

序号	考评内容	分值	考评办法
1	通道 (1)库内车行道宽度不应小于3.5 m,专供叉车通行的单行道应大于2 m。人行安全通道宽度不宜小于0.8 m,分隔线清晰。 (2)车行道、人行道上方的悬挂物应牢固可靠;当人行道上方有移动物体时,应设置安全防护网。当人行道的边缘至准轨铁路中心线的距离小于3.75 m时,或处于危险地段的人行道,应设置防护栏杆,并设有警示标识。 (3)路面平坦,无积油、无积水,无绊脚物。 (4)排水管网应畅通。 (5)主干道及人行安全通道无占道	3分	①现场核查,一处通道宽度不符合扣0.5分;标识不清晰扣0.3分;一处通道上方的悬挂物不牢固扣0.5分;人行道无安全防护网或防护栏杆扣1分。 ②现场核查,一处有积油积水或绊脚物扣0.3分。 ③调查和现场核查结合,排水管网不畅通一处扣1分。 ④现场核查,主干道及人行安全通道一处占道物品扣1分
2	仓库内作业点、储存区和安全通道照度均应符合GB 50034的相关规定,照明灯具完好、有效,照度定期检测,记录齐全。采光系数和天然光临界照度宜符合GB/T 50033的相关规定。安全通道应配备应急照明灯	2分	①现场核查,一处照度不合格扣0.5分;一处照明灯具不完好的,扣0.2分;未定期检测照度的,扣1分。 ②现场核查,一处天然光临界照度不合格扣0.5分

表 4.42（续 1）

序号	考评内容	分值	考评办法
3	物品的存储 （1）室内仓库应根据作业特点和储存物品的特性，实现分区、分类储存，并应符合下列要求： ①物品储存实现定置管理。定置图齐全，储存物品的数量和区域均应符合定置图的规定； ②储存物品的堆放牢固、合理，便于移动，无超高堆垛； ③作业区域和各安全要害部位应按 GB 2894 的要求设置安全标识。 ④堆垛上部与楼板、平屋顶之间的距离不小于 0.3 m（人字屋架从横梁算起）； ⑤物品与照明灯具之间的距离不小于 0.5 m； ⑥物品与墙之间的距离不小于 0.5 m； ⑦物品堆垛与柱之间的距离不小于 0.3 m； ⑧物品堆垛与堆垛之间的距离不小于 1 m； ⑨库房内设置货架堆放物品时，货架应采用非燃烧材料制作。货架不应遮挡消火栓、自动喷淋系统喷头以及排烟口； ⑩储存物品与风管、供暖管道、散热器的距离不小于 0.5 m，与供暖机组、风管炉、烟道之间的距离在各个方向上都不应小于 1 m； ⑪物品质量不应超过楼地面的安全载荷，当储存吸水性物品时，应考虑灭火时可能吸收的水的质量； ⑫车辆加油或充电应在指定的安全区域进行，该区域应与物品储存区隔开； ⑬丙类固体物品的室内储存场所，不应使用碘钨灯和超过 60 W 以上的白炽灯等高温照明灯具。使用日光灯等低温照明灯具和其他防燃型照明灯具时，应对镇流器采取隔热、散热等防火保护措施，确保安全； ⑭电器设备与可燃物保持不小于 0.5 m 的防火间距。 （2）露天仓库应根据作业特点和储存物品的特性，实现分区、分类储存，并应符合下列要求： ①物品储存实现定置管理。定置图齐全，储存物品的数量和区域均符合定置图的规定； ②储存物品的堆放牢固、合理，便于移动，无超高堆垛； ③室外储存场所的总储量以及与其他建筑物、铁路、道路、架空电力线路的防火间距应符合 GB 50016 的规定；	5 分	①查仓库定置图，无图扣 1 分。 ②现场核查，一处与定置图不相符扣 0.2 分。 ③现场核查，安全标识或安全警示信号等，一处不符合扣 0.3 分。 ④现场核查室内仓库，一处物品堆放不牢固或堆垛超高扣 0.5 分；一处物品安全距离不符合扣 0.5 分；一处货架遮挡消火栓、喷淋系统喷头及排烟口扣 1 分。 ⑤现场核查露天仓库，一处物品堆放不牢固或堆垛超高扣 0.5 分；一处物品之间安全距离不符合扣 0.5 分；室外一处粉粒状物品无防吹散设施扣 0.5 分。 ⑥现场核查露天仓库，可能造成土壤、水体污染的，一处扣 1 分；一处物品储存不符合要求的，扣 0.5 分。 ⑦现场核查木材仓库，一处存有易燃物资扣 2 分；一处通风不良扣 0.5 分；一处堆垛不符合的，扣 0.5 分；一处堆垛间距离或高度不符合的，扣 0.5 分；一处木制品未分垛存放扣 0.3 分。 ⑧现场检查立体库及自动化仓储系统，一项不符合的，扣 0.5 分

表 4.42(续 2)

序号	考评内容	分值	考评办法
	④架空线路的下方不应堆放物品; ⑤粉粒状物品应有防吹散设施; ⑥可能造成对土壤、水体污染的储存物质的地面应铺设成防流失、防渗漏的地面,且应设有废水处理装置; ⑦作业区域和各安全要害部位应按 GB 2894 的要求设置安全标识。各运输通道及铁路专用线的道口均设置安全警示信号、声响装置和安全装置; ⑧室外储存区不应堆积可燃性杂物,并应控制植被、杂草生长,定期清理。 (3)木材仓库内应根据作业特点和木材、制品的特性,实现分区、分类储存,并应符合下列要求: ①木材、制品储存实现定置管理。定置图齐全,储存木材、制品的数量和区域均符合定置图的规定; ②木料堆垛应整齐、稳实、无晃动,圆木应有防止自行滚动的措施; ③分堆存放时,堆垛间距离一般不少于 1.5 m,机械装卸时堆放高度不大于 5 m,人工装卸时堆放高度不大于 2 m; ④木制品仓库的木料、半成品、成品应分垛存放,设架存放时,高度不宜超过 2 m; ⑤库内不得堆放易燃物资及锯末、刨花、木屑等物质,且保持干燥,通风良好; ⑥库内的电气设施应符合 GB 50058 的相关规定; ⑦所有出(入)口处应有醒目的防火警示标识,作业区域和各安全要害部位应按 GB 2894 的要求设置安全标识。 (4)立体库及自动化仓储系统应符合以下要求: ①堆垛起重机巷道安全护栏、操作台安全护栏完好,应符合 GB 4053.3 的相关要求;限位装置、缓冲器、限速器、安全联锁装置、攀升保护器、急停按钮等安全防护装置应完好有效;危险部位安全警示标识齐全; ②输送机传动部位安全防护罩齐全,急停开关、隔离开关灵敏可靠,接地线和端子良好,危险部位安全警示标识齐全; ③垂直升降机限位装置、限速器、安全停位装置、急停按钮等安全防护装置应完好有效,危险部位安全警示标识齐全; ④无人搬运车非接触器障碍物探测器、前(后)防护组件、载货限位开关、急停按钮、转向限位开关、安全边缘检测开关、声光指示器急停按钮等安全防护装置应完好、灵敏可靠,危险部位安全警示标识齐全		

（四）考评要点

仓库考评除满足考评内容所列的要求外，还应符合：

（1）木板、方料堆放时，垛间距不得小于 1 m。

（2）室内储存场所禁止安放和使用火炉、火盆、电暖器等取暖设备。

（3）仓储场所内不应使用电炉、电烙铁、电熨斗、电热水器等电热器具和电视机、电冰箱等家用电器。

（4）室内储存场所内敷设的配电线路，应穿金属管或难燃烧硬塑料管保护。不应随意乱接电线，擅自增加用电设备。

（5）立体库及自动化仓储系统还应符合：

①仓储场所的电动传送设备、装卸设备、机械升降设备等易摩擦生热部位应采取隔热、散热等防护措施；

②对提升、码垛等机械设备易产生火花的部位，应设置防护罩。

仓储场所不应使用明火，因施工确需明火作业时，应按用火管理制度办理动火证，由具有相应资格的专门人员进行动火操作，并设专人和灭火器材进行现场监护；动火证应注明动火地点、时间、动火人、现场监护人、批准人和防火措施等。

（7）仓储场所内的焊接、切割作业应在指定区域进行，并应满足：

①在工作区域内配备 2 具灭火级别不小于 3A 的灭火器；

②设有自动消防设施的，应确保自动消防设施处于正常状态；

③工作区周边 8 m 以内不应存放物品，且应采用防火幕布等与相邻可燃物隔开；

④作业期间应有专人值守，作业完成 30 min 后值守人员方可离开。

（五）常见问题

仓库常见问题图示及描述如表 4.43 所示。

表 4.43　仓库常见问题图示及描述

仓库图示	常见问题描述
	室内仓库物品堆放未留与照明灯的安全距离。 不符合：《仓储场所消防安全管理通则》CA 1131—2014 中物品与照明灯具之间的距离不小于 0.5 m

表 4.43（续 1）

仓库图示	常见问题描述
	室内仓库物品堆放未留与照明灯的安全距离。 不符合:《仓储场所消防安全管理通则》CA 1131 中物品与照明灯具之间的距离不小于0.5 m
  	仓库内物品超高摆放,物品摆放不平稳,未实施定置管理

表 4.43(续 2)

仓库图示	常见问题描述
	仓储场所使用电磁炉等电热器具。不符合:《仓储场所消防安全管理通则》GA 1131 的相关要求
	仓库照明灯具完好率未达 100%
	仓库物品与暖气、电气、储罐的安全距离。不符合:《仓储场所消防安全管理通则》GA 1131 的要求 其他常见问题: (1)未进行照度检测

(六)适用的法律法规

仓库适用的法规标准如表 4.44 所示。

表 4.44　仓库适用的法规标准

序号	法规标准
1	GB 50016　建筑防火设计规范
2	GA 1131　仓储场所消防安全管理通则
3	公安部令第 61 号　机关、团体、企业、事业单位消防安全管理规定

（七）典型做法与经验

仓库在实际操作中的典型做法及相关经验如表 4.45 所示。

表 4.45 仓库在实际操作中的典型做法及相关经验

仓库图示	典型做法及经验
	钢材库物品分类、分区摆放，实施定置管理

七、有限空间作业安全

（一）适用范围

本项目适用于对单位的有限空间作业考评。

（二）备查资料清单

本项目考评查阅的资料包括：

(1)有限空间作业安全管理制度；

(2)有限空间基础管理台账；

(3)有限空间作业相关人员的安全教育培训记录；

(4)有限空间作业许可；

(5)有限空间应急装备和器材；

(6)有限空间检测记录。

（三）考评内容及考评办法

有限空间作业考评内容及考评办法如表 4.46 所示。

表4.46 有限空间作业考评内容及考评办法

序号	考评内容	分值	考评办法
1	单位应定期对有限空间及有限空间作业进行辨识,确定有限空间的数量、位置及危险有害因素,建立并及时更新有限空间管理台账。 存在有限空间作业的单位应严格按照《工贸企业有限空间作业安全管理与监督暂行规定》(安监总局59号令)、《有限空间安全作业五条规定》(安监总局69号令)等法规要求,建立有限空间作业安全管理制度,明确有限空间作业安全责任制、作业审批、作业现场安全管理、各级人员的安全教育培训、应急救援管理、作业安全操作规程等相关要求		①未进行有限空间及有限空间作业辨识,或没有建立有限空间管理台账的,扣15分;实际存在有限空间但单位未辨识出的,扣15分。
2	进入有限空间作业前应办理有限空间作业许可;实施有限空间作业前,应对有限空间的作业环境进行评估,针对存在的危险有害因素,制定有限空间作业方案及针对性的应急预案		②存在有限空间的单位,未明确有限空间作业安全责任制、作业审批、作业现场安全管理、各级人员的安全教育培训、应急救援管理、作业安全操作规程等相关要求的,每缺少一项要求,扣1分。
3	单位应对从事有限空间作业的现场负责人、检/监测人员、监护人员、作业人员、应急救援人员进行专项安全教育培训和技术交底,明确相应的操作规程、安全注意事项和应急处置等知识和技能;并进行针对性的应急演练		
4	单位应对作业人员配备相关的呼吸器、防毒面罩、通信设备、安全绳索等应急装备和器材。在缺氧或有毒、粉尘的有限空间作业时,应佩戴隔离式防护面具,必要时作业人员应拴带救生绳	15分	
5	有限空间作业应严格遵守"先通风、再检测、后作业"的原则,且禁止采用氧气通风换气		
6	单位应当采取可靠的隔断(隔离)措施,将可能危及作业安全的设施设备、存在有毒有害物质的空间与作业地点隔开		③资料核查和现场核查相结合,有限空间作业未按规定办理作业许可的,扣15分;未按《考核评分细则》及相关法规实施有限空间作业管理、控制的,每发现一项不符合扣1分
7	有限空间作业场所的照明灯具电压应当符合GB/T 3805等国家标准或者行业标准的规定;作业场所存在可燃性气体、粉尘的,其电气设施设备及照明灯具的防爆安全要求应当符合GB 3836.1等国家标准或者行业标准的规定		
8	有限空间作业过程中应至少符合以下要求: ——保持有限空间出入口畅通; ——设置明显的安全警示标识和警示说明; ——职业病危害防护符合GBZ/T 205的要求; ——作业前后清点作业人员与工器具; ——作业人员与外部有可靠的通讯联络; ——监护人员不得离开作业现场,并与作业人员保持联系; ——存在交叉作业时,采取避免互相伤害的措施		

（四）考评要点

1. 有限空间管理

（1）单位应定期对有限空间及有限空间作业进行辨识,确定有限空间的数量、位置及危险有害因素,建立并及时更新有限空间管理台账。

（2）存在有限空间作业的单位应严格按照《工贸企业有限空间作业安全管理与监督暂行规定》(安监总局 59 号令)等法规要求,建立有限空间作业安全管理制度,明确有限空间作业安全责任制、作业审批、作业现场安全管理、各级人员的安全教育培训、应急救援管理、作业安全操作规程等相关要求。

2. 有限空间作业许可

实施有限空间作业前办理有限空间作业许可,应对有限空间的作业环境进行评估,针对存在的危险有害因素,制定有限空间作业方案及针对性的应急预案。

3. 有限空间作业过程

（1）保持有限空间出入口畅通;

（2）设置明显的安全警示标识和警示说明;

（3）职业病危害防护符合 GBZ/T 205 的要求;

（4）作业前后清点作业人员与工器具;

（5）作业人员与外部有可靠的通讯联络;

（6）监护人员不得离开作业现场,并与作业人员保持联系;

（7）存在交叉作业时,采取避免互相伤害的措施。

（五）常见问题

有限空间作业常见问题图示及描述如表 4.47 所示。

表 4.47 有限空间作业常见问题图示及描述

有限空间作业图示	常见问题描述
	进入水箱、地下管沟等有限空间进行维修、检查作业,未办理有限空间作业许可

表 4.47(续)

有限空间作业图示	常见问题描述
	进入水箱、地下管沟等有限空间进行维修、检查作业,未办理有限空间作业许可
	喷漆棚、地下水池、高位水箱、电镀污水处理水池未纳入有限空间管理。 　　其他常见问题: 　　(1)未定期识别存在的有限空间和有限空间作业,未建立有限空间管理台账; 　　(2)识别的有限空间有遗漏: 　　(3)未建立有限空间作业安全管理制度;或在危险作业管理中未明确有限空间作业安全责任制、作业审批、作业现场安全管理、各级人员的安全教育培训、应急救援管理、作业安全操作规程等相关要求; 　　(4)需要作业许可的有限空间未实施挂牌上锁管理

（六）适用的法规标准

有限空间作业适用的法规标准如表 4.48 所示。

表 4.48 有限空间作业适用的法规标准

序号	法规标准
1	GB 8958 缺氧危险作业安全规程
2	GBZ/T 205 密闭空间作业职业危害防护规范
3	总局令第 59 号 工贸企业有限空间作业安全管理与监督暂行规定

八、危险化学品安全管理

(一)适用范围

本项目是对单位危险化学品安全管理的考评,适用于贮存危险化学品的库房及危险化学品使用场所。工业气瓶、油库及加油站、可燃、助燃气体汇流排、酸、碱、油槽及电镀槽在设备设施专业相应的考评项中进行考评,涂装作业存量小于三天的油漆、稀释剂在设备设施的专业的涂装作业考评项进行考评。

(二)备查资料清单

本项目考评查阅的资料包括:

(1)危险化学品管理制度;

(2)新建、改建、扩建生产、储存危险化学品库的建设项目设计及审查资料;

(3)危险化学品事故应急预案和(或)现场处置方案;

(4)应急预案和(或)现场处置方案演练资料;

(5)应急物资、设备清单及检查记录;

(6)危险化学品清单;

(7)易燃易爆危险点台账;

(8)危险化学品库、存储场所的管理台账;

(9)危险化学品库防雷、防(导)静电接地检测记录;

(10)剧毒、易制毒化学品采购审批、备案资料;

(11)危险化学品库的温湿度记录;

(12)温湿度监测仪表的定检记录;

(13)危险化学品存储场所的安全检查记录;

(14)易燃易爆危险点检查记录;

(15)危险废弃物转移联单。

(三)考评内容及考评办法

危险化学品安全考评内容及考评办法如表 4.49 所示。

表 4.49　危险化学品安全考评内容及考评办法

序号	考评内容	分值	考评办法
1	新建、改建、扩建生产、储存危险化学品的建设项目,应当由安监部门进行条件审查		①未提供危险化学品库房安全条件审查文件的,扣1分。
2	危险化学品采购 单位应严格遵照国家有关规定采购危险化学品。国家对危险化学品的使用有限制性规定的,单位不得违反限制性规定采购危险化学品。 单位应明确危险化学品承运人的资质要求和危险化学品运输车辆符合国家标准要求的安全技术条件	3分	②查危险化学品清单,未建立清单台账的,扣1分。 ③剧毒、易制毒等危险化学品采购、运输应符合相关法规要求,发现一项不符合扣1分。
3	危险化学品的安全技术说明书和化学品安全标签(简称"一书一签")应符合相关标准规范的要求。危险化学品使用现场应有危险化学品安全技术说明书(MSDS)或醒目位置悬挂、张贴危险化学品安全信息卡,危险化学品包装上应有化学品安全标签		④发现一处危险化学品"一书一签"不符合要求的,扣1分
4	危险化学品的存储安全 (1)危险化学品仓库的化学品台账资料完整、出入库及日常检查记录完整。 (2)危险化学品应按其特性,分类、分区、分库、分架、分批次存放,并符合以下规定: ①甲、乙、丙类液体仓库应设置防止液体流散的设施; ②桶装、瓶装甲类液体不应露天存放; ③严禁爆炸性物质与其他任何物质同库存放; ④严禁相互接触或混合后能引起爆炸、氧化着火的物质同库存放; ⑤严禁灭火方法不同的物质同库存放; ⑥遇热、遇火、遇潮能引起燃烧、爆炸或发生化学反应产生有毒气体的危险化学品,不应存放在露天或有潮湿、积水的建筑物中; ⑦压缩气体和液化气体不应与爆炸品、氧化剂、易燃品、自燃品、腐蚀品存放于同一库房中; ⑧存放处及使用场所应有危险化学品安全技术说明书(MSDS)。 ⑨危险化学品仓库内的温度、湿度、堆垛高度、通道及安全间距等应符合 GB 17914,GB 17915,GB 17916 的相关规定。	12分	①库内无危险化学品管理台账、台账不清、账物不符、标识不正确、未明确责任人的,扣2分。 ②物品存放不符合要求的,一处扣2分。 ③危险化学品仓库建筑物不符合要求的,扣3分。 ④隔热和通风不符合要求的,扣3分。 ⑤消防不符合要求的,扣2分。 ⑥防爆不符合要求的,扣2分。 ⑦查防(导)静电接地系统及测试记录,防雷系统图及测试报告。防雷、防(导)静电不符合要求的,扣2分。 ⑧安全警示标识不符合要求的,扣1分

表 4.49（续 1）

序号	考评内容	分值	考评办法
	（3）危险化学品存储场所应在醒目位置设置相应的安全警示标识,并根据其贮存的危险化学品特性配置相应的消防器材和设施,其中灭火器的配置应符合 GB 50140 的相关规定;库外灭火的砂、铲、桶应齐全。 （4）危险化学品仓库应符合下列规定: ①建筑物耐火等级、层数、面积和平面布置、与其他建筑、明火或散发火花地点、铁路、道路等的防火间距、防爆、安全疏散应符合 GB 50016 的相关要求;贮存易燃易爆危险化学品的建筑物必须安装避雷设备; ②危险化学品仓库应采用自然通风或（和）机械通风的方式,确保通风良好,并设置防止阳光直射的措施,屋面宜架设隔热层或增设喷淋降温装置,不得使用蒸汽采暖和机械采暖,热水采暖不应超过 80℃;保温材料应采用非燃烧材料; ③危险化学品仓库应根据存放物品的特性采取相应等级的防爆电器;库内设备、工艺管道、机械通风系统应设置导除静电的接地装置;所使用的工具应满足防火防爆的要求。 （5）厂房设置危险化学品中间仓库应符合下列规定: ①甲、乙类中间仓库应靠外墙布置,其储量不宜超过 1 昼夜的需要量; ②甲、乙、丙类中间仓库应采用防火墙和耐火极限不低于 1.50 h 的不燃性楼板与其他部位分隔; ③设置丁、戊类中间仓库时,应采用耐火极限不低于 2.00 h 的防火墙和 1.00 h 的楼板与其他部位分隔; ④中间仓库的耐火等级和面积应符合 GB 50016 的规定; ⑤厂房内的丙类液体中间储罐应设置在单独房间内,其容量不应大于 5 m³,设置中间储罐的房间,应采用耐火极限不低于 3.00 h 的防火墙和 1.50 h 的楼板与其他部位分隔,房间内应采用甲级防火门。 （6）剧毒品应专柜存放,严禁与其他任何物质同库存放,并严格执行"五双"制,即:双人收发、双人记账、双人双锁、双人运输、双人使用		

表4.49(续2)

序号	考评内容	分值	考评办法
5	危险化学品使用现场 (1)危险化学品使用现场应有良好的自然通风,狭窄作业场所应设置机械通风;现场危险化学品的存放量不应超过当班使用量。 (2)使用现场应根据其存放或使用物品的特性采取相应等级的防爆电器;使用场所的设备、工艺管道应设置导除静电的接地装置。 (3)易燃易爆化学品的使用现场与高温区、明火产生点的间距应大于30 m,如有可靠的抽风装置时应大于6 m。 (4)酸、碱、毒物使用现场应设置清洗、稀释用的水源和冲洗设施。氯气、氨气使用点应设置处理泄漏用的水池和喷淋水源	7分	①现场核查,一处通风不良,扣1分,现场超量存放一处扣1分。 ②一处防爆等级或防(导)静电装置不合格,扣1分。 ③一处间距不够,扣1分
6	单位应当制定危险化学品事故应急预案,配备应急救援人员和必要的应急救援器材、设备,并定期组织应急救援演练。危险化学品存储场所应有现场应急处置方案	1分	危险化学品使用现场未配备应急物资,或无现场应急处置方案的,扣1分;未定期组织演练的,扣1分
7	单位应定期排查存储、使用的危险化学品,登记并建立台账;并按 GB 18218 辨识确认是否构成重大危险源,危险化学品重大危险源的管理应符合国家相关法规规范的要求	1分	未定期排查或未建立台账的,扣1分
8	危险废弃物及其存储场所安全按危险化学品进行管理。危险废弃物、过期或报废的危险化学品、包装容器应统一回收、统一处理,并符合安全和环境保护等相关法规的要求	1分	现场核查,一处废弃物或包装容器未回收或任意丢弃的,扣1分

(四)考评要点

1.几个概念

禁忌物料:化学性质相抵触或灭火方法不同的化学物料。

隔离贮存:在同一房间或同一区域内,不同物料之间分开一定距离,非禁忌物料间用通道保持空间的贮存方式。

隔开贮存:在同一建筑物或同一区域内,用隔板或墙将其与禁忌物料分离开的贮存方式。

分离贮存:在不同的建筑物或远离所有建筑物的外部区域内的贮存方式。

2. 危险化学品管理

(1)新建、改建、扩建生产、储存危险化学品的建设项目,应当由安监部门进行条件审查。

(2)单位应严格遵照国家有关规定采购危险化学品。国家对危险化学品的使用有限制性规定的,单位不得违反限制性规定采购危险化学品。

(3)单位应在采购合同或安全协议中明确危险化学品承运人的资质要求和危险化学品运输车辆符合国家标准要求的安全技术条件。

(4)单位应要求危险化学品供应商提供符合相关标准规范的要求的危险化学品的安全技术说明书和化学品安全标签(简称"一书一签")。危险化学品使用现场应有危险化学品安全技术说明书(MSDS)或醒目位置悬挂、张贴危险化学品安全信息卡,危险化学品包装上应有化学品安全标签。

3. 存储安全

(1)有易燃、易爆等危险品房间的门,应采用平开门,平开门必须向疏散方向开启。

(2)危险化学品应按其特性,分类、分区、分库、分架、分批次存放,并符合以下规定:

①桶装、瓶装甲类液体不应露天存放;

②严禁爆炸性物质与其他任何物质同库存放;

③严禁相互接触或混合后能引起爆炸、氧化着火的物质同库存放;

④严禁灭火方法不同的物质同库存放;

⑤遇热、遇火、遇潮能引起燃烧、爆炸或发生化学反应产生有毒气体的危险化学品,不应存放在露天或有潮湿、积水的建筑物中;

⑥压缩气体和液化气体不应与爆炸品、氧化剂、易燃品、自燃品、腐蚀品存放于同一库房中;

⑦存放处及使用场所应有危险化学品安全技术说明书(MSDS);

⑧危险化学品仓库内的温度、湿度、堆垛高度、通道及安全间距等应符合 GB 17914,GB 17915,GB 17916 的相关规定。

(3)危险化学品存储场所应在醒目位置设置相应的安全警示标识,并根据其贮存的危险化学品特性配置相应的消防器材和设施,其中灭火器的配置应符合 GB 50140 的相关规定;库外灭火的砂、铲、桶应齐全。

(4)危险化学品仓库:

①建筑物耐火等级、层数、面积和平面布置、与其他建筑、明火或散发火花地点、铁路、道路等的防火间距、防爆、安全疏散应符合 GB 50016 等相关法规标准规范的要求;贮存易燃易爆危险化学品的建筑物必须安装避雷设备。

②危险化学品仓库应采用自然通风或(和)机械通风的方式,确保通风良好,并设置防止阳光直射的措施,屋面宜架设隔热层或增设喷淋降温装置,不得使用蒸汽采暖和机械采暖,热水采暖不应超过 80℃;保温材料应采用非燃烧材料。

③危险化学品仓库应根据存放物品的特性采取相应等级的防爆电器;库内设备、工艺管道、机械通风系统应设置导除静电的接地装置;所使用的工具应满足防火防爆的要求。

④甲、乙、丙类液体仓库应设置防止液体流散的设施。

⑤剧毒品应专柜存放,严禁与其他任何物质同库存放,并严格执行"五双"制,即:双人收发、双人记账、双人双锁、双人运输、双人使用。

⑥贮存化学危险品的建筑通排风系统应设有导除静电的接地装置。

⑦毒害性商品的货垛下应有防潮设施,垛底距地面距离不小于 15 cm。

⑧间距:主通道大于等于 180 cm;支通道大于等于 80 cm;墙距大于等于 30 cm;柱距大于等于 10 cm;垛距大于等于 10 cm;顶距大于等于 50 cm。

⑨库房内不应进行分装、改装、开箱、验收等活动。

厂房设置危险化学品中间仓库应符合下列规定:

⑩甲、乙类中间仓库应靠外墙布置,其储量不宜超过 1 昼夜的需要量。

⑪甲、乙、丙类中间仓库应采用防火墙和耐火极限不低于 1.50 h 的不燃性楼板与其他部位分隔。

⑫设置丁、戊类中间仓库时,应采用耐火极限不低于 2.00 h 的防火墙和 1.00 h 的楼板与其他部位分隔;

⑬中间仓库的耐火等级和面积应符合 GB 50016 的规定。

⑭厂房内的丙类液体中间储罐应设置在单独房间内,其容量不应大于 5 m³,设置中间储罐的房间,应采用耐火极限不低于 3.00 h 的防火墙和 1.50 h 的楼板与其他部位分隔,房间内应采用甲级防火门。

(5)最大容量

甲、乙、丙类液体储罐分组布置的最大容量如表 4.50 所示。

表 4.50　甲、乙、丙类液体储罐分组布置的最大容量

类别	单罐最大容积	一组罐最大容积
甲、乙类液体	200	1 000
丙类液体	500	3 000

组内储罐的布置不应超过两排。甲、乙类液体立式储罐之间的防火间距不应小于 2 m,卧式储罐之间的防火间距不应小于 0.8 m。

4. 危险化学品使用安全

(1)危险化学品使用现场应有良好的自然通风,狭窄作业场所应设置机械通风;现场危险化学品的存放量不应超过当班使用量。

危险化学品使用现场应划设危险化学品存放区域,限量存放并设置明显的标识。使用现场应有化学品安全技术说明书(MSDS)。

实验室或非甲、乙类厂房内使用甲、乙类火灾危险性物品的最大允许量如表 4.51 所示。

实验室或非甲、乙类厂房使用甲、乙类火灾危险性物品应同时满足单位容积的最大

允许量和最大允许总量两个限制指标。

实验室或非甲、乙类厂房内使用甲、乙类火灾危险性物品的总量与室内容积之比应小于单位容积的最大允许量。

$$\frac{甲、乙类物品的总量（L 或 K）}{厂房或实验室的容积（m^3）} < 单位容积的最大允许量$$

表 4.51　常见甲、乙类火灾危险性物品的最大允许量示例

火灾危险性类别	火灾危险性特性	物质名称举例	最大允许量	
			与房间容积的比值	总量
甲类	1. 闪点小于28℃的液体	汽油、丙酮、乙醚	0.004 L/m³	100 L
	2. 爆炸下限小于10%的气体	乙炔、氢气、甲烷、乙烯、硫化氢	1 L/m³	25 m³（标态）
	3. 常温下能自行分解导致迅速自燃爆炸的物质	硝化棉、硝化纤维胶片、喷漆棉	0.003 kg/m³	10 kg
	4. 在空气中氧化即导致迅速自燃的物质	黄磷	0.006 kg/m³	20 kg
	5. 常温下受到水喝空气中水蒸气的作用能产生可燃气体并能燃烧或爆炸的物质	金属钾、钠、锂	0.002 kg/m³	5 kg
	6. 遇酸、受热、撞击、摩擦、催化以及遇有机物或硫黄等易燃的无机物能引起爆炸的强氧化剂	硝酸胍、高氯酸铵	0.006 kg/m³	20 kg
	7. 遇酸、受热、撞击、摩擦、催化以及遇有机物或硫黄等极易分解引起燃烧的强氧化剂	氯酸钾、氯酸钠、过氧化钠	0.015 kg/m³	50 kg
	8. 与氧化剂、有机物接触时能引起燃烧或爆炸的物质	赤磷、五硫化磷	0.015 kg/m³	50 kg
	9. 受到水或空气中的水蒸气的作用能产生爆炸下限小于10%的气体的固体物质	电石	0.075 kg/m³	100 kg
乙类	1. 闪点大于等于28℃至60℃的液体	煤油、松节油	0.02 L/m³	200 L
	2. 爆炸下限大于等于10%的气体	氨	5 L/m³（标准状态）	50 m³（标态）
	3. 助燃气体	氧、氟	5 L/m³（标准状态）	50 m³（标态）
	4. 不属于甲类的氧化剂	硝酸、硝酸铜、铬酸、发烟硫酸、铬酸钾	0.025 kg/m³	80 kg
	5. 不属于甲类的化学易燃危险固体	镁粉、铝粉	0.015 kg/m³	50 kg
		硫黄、生松香	0.075 kg/m³	100 kg

（2）使用现场应根据其存放或使用物品的特性采取相应等级的防爆电器；使用场所的设备、工艺管道应设置导除静电的接地装置。

（3）易燃易爆化学品的使用现场与高温区、明火产生点的间距应大于 30 m，如有可靠的抽风装置时应大于 6 m。

（4）酸、碱、毒物使用现场应设置清洗、稀释用的水源和冲洗设施。氯气、氨气使用点应设置处理泄漏用的水池和喷淋水源。

（5）实验室使用气瓶应放在主体建筑物之外的气瓶存放间。对日用气量不超过一瓶的气体，实验室内可放置一个该种气体的气瓶，但气瓶应有安全防护设施。氢气和氨气的气瓶存放间应有每小时不小于三次换气的通风措施。使用氢气及可燃气体的实验室应设置报警装置。

（6）不应使用叉车搬运、装卸压缩和液化气体钢瓶。

5. 危险化学品应急

单位应当制定危险化学品事故应急预案，配备应急救援人员和必要的应急救援器材、设备，并定期组织应急救援演练。危险化学品存储场所应有现场应急处置方案。现场有关人员应熟悉应急预案或现场处置方案的内容及相关要求。

6. 危险化学品重大危险源

单位应定期排查存储、使用的危险化学品，登记并建立台账；并按 GB 18218 辨识确认是否构成重大危险源。危险化学品重大危险源的管理在基础管理专业的危险源（点）管理考评项中进行考评，并应符合国家相关法规规范的要求。

7. 危险化学品处置及危险废弃物

危险废弃物、过期或报废的危险化学品、包装容器应统一回收、统一处理，危险废弃物及其存储场所安全按危险化学品进行管理，并符合安全和环境保护等相关法规的要求。

（五）常见问题

危险化学品常见问题图示及描述如表 4.52 所示。

表 4.52　危险化学品安全常见问题图示及描述

危险化学品安全问题图示	常见问题描述
	化学试剂未分类、分区存放

表 4.52（续 1）

危险化学品安全问题图示	常见问题描述
	过期、待报废化学品未分类、分区存放
	现场存放的化学品超过当班使用量
	油漆、稀料随意放置，场所电气设备不防爆
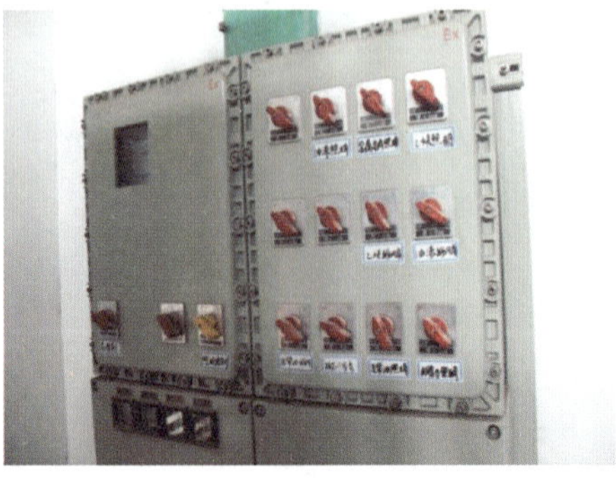	在危险化学品库内设置电气控制部件，库内电缆未按要求穿管，未在库房大门外设置事故排风风机的控制开关

表 4.52（续 2）

危险化学品安全问题图示	常见问题描述
	使用铁质扳手开启汽油等易燃易爆化学品桶 其他常见问题 （1）危险化学品存放量超过当班使用量； （2）危险化学品库房内账物不符； （3）危险化学品库房、使用场所没有相应的安全技术说明书； （4）存储易燃易爆危险化学品的建筑物耐火等级低于二级

（六）适用的法规标准

危险化学品安全适用的法规标准如表 4.53 所示。

表 4.53　危险化学品安全适用的法规标准

序号	法规标准
1	GB 17914　易燃易爆性商品储存养护技术条件
2	GB 17915　腐蚀性商品储存养护技术条件
3	GB 17916　毒害性商品储存养护技术条件
4	GB 11984　氯气安全规程
5	GB 50177　氢气站设计规范
6	JGJ 91　科学实验室建筑设计规范
7	危险化学品安全管理条例

（七）典型做法与经验

危险化学品安全问题典型做法及相关经验如表 4.54 所示。

表 4.54　危险化学品安全问题典型做法及相关经验

危险化学品安全问题图示	典型做法及经验
	结合生产科研实际，合理规划，油料划区、定量、定置管理，并设置警示标识

表 4.54(续)

危险化学品安全问题图示	典型做法及经验
	整改后的电镀化学品存放现场,分类、分区、分批次存放
	现场设置的危险化学品事故专项应急预案

第五章　职业健康管理工作要求

一、职业健康管理概述

（一）要素分布

职业健康管理内容包括职业健康综合管理、作业场所职业病危害因素管理、劳动者职业健康保护、职业病防护设施、群众监督与告知、职业健康应急管理等 6 个要素。

（二）工作原则

按照系统管理的原则，综合考评职业健康管理制度与执行情况的符合性和有效性。

（三）考核要求

职业健康管理总分分值共计 100 分，以现场查证、资料核对和检查考核的方法进行，具体考核时按照各要素"考评内容及考评办法"实施。

二、职业健康综合管理

（一）适用范围

本项目适用于职业病危害防治、职业健康档案和健康监护档案的管理。

（二）备查资料清单

本项目考评查阅的资料包括：

（1）职业健康管理机构和人员设置；

（2）主要负责人和职业健康管理人员的培训资料；

（3）职业健康管理制度及操作规程；

（4）职业健康管理档案；

（5）职业健康监护档案（一人一档）；

（6）劳动者上岗前和在岗期间的职业健康教育培训资料；

（7）职业病病人及疑似职业病人员资料及上报资料。

（三）考评内容及考评办法

职业健康综合管理考评内容及考评办法如表 5.1 所示。

表 5.1 职业健康综合管理考评内容及考评办法

序号	考评内容	分值	考评办法
1	职业危害严重或劳动者超过 100 人的其他用人单位,应当设置或指定管理机构或组织,配备专职职业健康管理人员;其他劳动者不足 100 人的,单位应配专职或兼职管理人员	10 分	①查职业健康管理机构设置和人员,无管理机构或主管部门的,扣 10 分;未按规定配备专职或兼职职业健康管理人员的,扣 10 分。
2	存在职业病危害的单位,应当建立健全职业健康管理制度和操作规程		②查职业健康档案和劳动者健康监护档案,无职业健康档案的,扣 3 分;无劳动者职业健康监护档案的,扣 3 分;健康监护档案未做到一人一档的,扣 1 分;档案内容每缺一项或一处不合格,扣 1 分。
3	存在职业病危害的单位,应当建立健全职业健康档案和劳动者健康监护档案		③主要负责人和职业健康管理人员未接受职业健康培训的,每缺少一人次扣 1 分;未对劳动者进行上岗前的职业健康培训的,每缺少一人次扣 1 分;未结合单位实际开展在岗期间职业健康培训的,每缺一人次扣 1 分。
4	单位主要负责人和职业健康管理人员应当接受职业健康相关培训;单位应对劳动者进行上岗前和在岗期间职业健康培训		
5	职业健康监护中发现职业病病人或者疑似职业病病人时,单位应及时向所在地卫生行政部门和安全生产监督管理部门报告;确诊为职业病的,单位还应当向所在地劳动保障行政部门报告		④单位发现职业病病人或者疑似职业病病人时,未及时向有关部门报告的,扣 1 分

(四)考评要点

1. 机构和人员

(1)存在职业病危害的单位,职业危害严重或劳动者超过 100 人的,应当设置职业健康管理机构或指定职业健康管理部门,配备专职职业健康管理人员;其他劳动者不足 100 人的,应配专职或兼职管理人员。

职业健康管理组织机构及管理人员设置或配备参考原则

职业危害严重的单位,劳动者超过 1 000 人的,应设置机构,配备专职人员;

职业危害严重的单位,劳动者在 300~1 000 人的,应设置机构或配备专职人员;

单位主要负责人和职业健康管理人员应接受职业健康相关培训。

2. 职业健康管理制度和操作规程

单位应结合存在的职业病危害因素建立职业健康管理的规章制度,明确职业健康管理职责及职业病危害防治的措施等内容。单位应建立的管理制度包括:

①职业病危害防治责任制;

②职业病危害警示与告知制度；

③职业病危害项目申报制度；

④职业病宣传教育培训制度；

⑤职业病防护设施维护检修制度；

⑥职业病防护用品管理制度；

⑦职业病危害因素监测与检测及评价制度；

⑧建设项目职业卫生"三同时"管理制度；

⑨劳动者职业健康监护及档案管理制度；

⑩职业病危害事故处置与报告制度；

⑪职业病危害应急救援管理制度；

⑫岗位职业卫生操作规程；

⑬法律法规规章规定的气体职业病防治制度。

3. 职业健康档案管理

单位应根据《职业卫生档案管理规范》（安监总厅安健〔2013〕171 号），结合单位职业病危害因素及控制情况、接触职业病危害因素人员情况建立职业健康管理档案和劳动者职业健康监护。

单位职业健康档案应包括：

①建设项目职业卫生"三同时"档案；

②职业卫生管理档案；

③职业卫生宣传培训档案；

④职业病危害因素监测与检测评价档案；

⑤单位职业健康监护管理档案；

⑥劳动者职业健康监护档案；

⑦法律法规、行政法规、规章要求的其他档案。

劳动者职业健康监护档案应做到一人一档，职业健康监护档案应当包括劳动者的职业史、职业病危害接触史、职业健康检查结果和职业病诊疗等有关个人健康资料。

4. 职业健康教育培训

应根据法律法规及单位实际明确职业健康培训的相关要求，并对劳动者进行上岗前和在岗期间的职业健康培训。

（五）常见问题

（1）未设置职业健康管理机构或未按规范要求配置职业健康专职管理人员；

（2）职业健康管理制度未明确各级部门及各类人员的职业病危害防治职责、管理要求等内容；

（3）未按职业卫生档案管理规范建立职业健康管理档案；

（4）未建立体检异常需复查人员台账、职业禁忌证人员台账、疑似职业病和职业病台账等。

（六）适用的法规标准

职业健康综合管理适用的法规标准如表5.2所示。

表5.2 职业健康综合管理适用的法规标准

序号	法规标准
1	GBZ 1 工业企业设计卫生标准
2	中华人民共和国职业病防治法
3	安监总局令第47号 工作场所职业卫生监督管理规定
4	安监总局令第49号 用人单位职业健康监护监督管理办法
5	安监总厅安健〔2013〕171号 职业卫生档案管理规范

三、工作场所职业病危害因素管理

（一）适用范围

本项目适用于员工接触职业病危害因素的工作场所。

（二）备查资料清单

本项目考评查阅的资料包括：

（1）职业病危害因素清单；

（2）职业病危害因素检测定点台账或布置图；

（3）职业病危害因素检测报告；

（4）职业病危害严重项目的现状评价报告；

（5）职业危害项目申报相关资料。

（三）考评内容及考评办法

工作场所职业病危害因素管理考评内容及考评办法如表5.3所示。

表5.3　工业场所职业病危害因素管理考评内容及考评办法

序号	考评内容	分值	考评办法
1	生产布局合理,有害作业与无害作业分开;工作场所与生活场所分开,工作场所不得住人	30分	①严重职业病危害因素未识别的,扣5分。②现场核查,一处布局不合理的,扣2分;一处有害作业与无害作业未分开隔离的,扣2分;一处工作场所住人的,扣5分。③现场核查,1级、2级特征车间的浴室、存衣室、盥洗室一处不符合的,扣1分。④现场核查,一处辐射装置、工业探伤等使用辐射源的场所的安全联锁或报警装置不符合标准要求或失效的,扣2分。⑤资料核查与现场核查相结合,作业点不满足限值要求,且未采取治理或防范措施的,发现一处扣2分。⑥查检/监测代表点台账或相关资料,未定点或无台账的,扣2分。⑦查职业病危害项目申报资料,未申报或无申报回执的,扣1分;未按规定进行变更申报的,扣1分。⑧查检测与评价报告和现状评价报告,无相关资料或评价机构不符合要求的,扣2分。⑨职业病危害因素浓度或强度超过职业接触限值的,未依据职业卫生机构的建议制定整改方案或整改落实情况无记录的,扣5分
2	根据车间的卫生特征,浴室、更/存衣室、盥洗室的设置应符合GBZ 1的相关规定		
3	产生职业病危害的作业场所应设有与其相适应的职业病防护设施和控制措施,职业病防护设施(防尘、防毒、防噪声与振动、防辐射等设施和事故通风装置)配备齐全 辐射装置、工业探伤等使用强辐射源的工作场所均设置安全联锁和超剂量报警装置,且完好、可靠。对放射工作场所和放射性同位素的运输、贮存,单位必须配置防护设备和报警装置,保证接触放射线的工作人员佩戴个人剂量计		
4	单位应定期对作业场所的职业病危害因素进行识别,确定其检/监测代表点,并建立定点台账		
5	存在职业病危害因素的单位应当实施由专人负责的职业病危害因素日常监测,并确保监测系统处于正常工作状态		
6	存在职业病危害的单位,应当每年至少委托具备资质的职业卫生技术服务机构对存在职业病危害因素的工作场所进行一次全面检测;法律法规另有规定的,按其规定执行。职业病危害严重的单位,每三年至少还应进行一次职业病危害现状评价。 检测、评价结果应当存入单位的职业健康档案,定期向所在地安全生产监督管理部门报告,并向劳动者公布		
7	职业病危害因素的浓度或强度应符合GBZ 2.1,GBZ 2.2等国家职业卫生标准,职业病危害因素浓度或强度超过职业接触限值的,单位应依据职业卫生技术服务机构的建议,结合实际制定有效的整改方案,整改落实情况应有明确的记录并存入职业健康档案		
8	单位应按相关规定进行职业危害申报		

（四）考评要点

1. 布局合理

（1）生产布局合理，有害作业与无害作业分开；工作场所与生活场所分开，工作场所不得住人。

（2）产生职业病危害的作业场所应设有与其相适应的职业病防护设施和控制措施：

①喷、抛丸清理室和清理滚筒等清理设备必须设排风除尘装置；

②树脂砂混砂机、壳芯机、热芯盒射芯机等均应设排风罩；

③热处理盐浴炉和淬火油槽，应设围罩或侧吸罩；

④电镀槽、酸洗槽、除油槽和腐蚀槽，应设槽边侧吸罩或吹吸式罩；

⑤蓄电池极板化成槽，应设上部排风罩或侧吸罩；

⑥木工车间应有自然通风或机械通风设施，产生大量粉尘的设备，应有单机吸尘或集中吸尘的设施，车间空气中的木屑（木粉尘）浓度不得高于 3 mg/m^3；

⑦实验室中产生有害气体的作业点，应设置通风柜；

⑧其他根据法规标准规范应设的职业病防护设施和控制措施。

（3）根据车间的卫生特征，浴室、更/存衣室、盥洗室的设置应符合 GBZ 1 的相关规定。

2. 职业病危害因素检测

（1）定期识别职业病危害因素，并更新职业病危害因素清单。

（2）建立职业病危害因素检测定点台账或布置图。

（3）每年至少委托有资质的机构进行一次职业病危害因素的检测，并保留检测机构的有效资质。

（4）作业场所职业病危害因素的浓度或强度应符合 GBZ 2.1，GBZ 2.2 等国家或行业标准；职业病危害因素浓度或强度超过职业接触限值的，单位应依据职业卫生技术服务机构的建议，结合实际制定有效的整改方案，整改落实情况应有明确的记录并存入职业健康档案。

（5）实验室通风柜柜口面风速值宜根据有害物的职业接触限值确定，如表 5.4 所示。

表 5.4 实验室通风柜柜口面风速

实验室内空气中有害物的最高容许浓度/（mg/m^3）	柜口面风速值/（m/s）	
	平均值	最低值
>15	0.35	0.25
0.2～15	0.5	0.4
≤0.1	0.75	0.65

（6）检测结果应及时公布。

3. 职业危害项目申报

单位应按规定进行职业危害项目申报,并保留申报回执。

（五）常见问题

工作场所职业病危害因素管理常见问题图示及描述如表5.5所示。

表5.5　工作场所职业病危害因素管理常见问题图示及描述

工作场所职业病危害因素管理图示	常见问题及描述
	等离子切割通风除尘效果差
	万能工具磨未设置除尘装置。 其他常见问题: （1）布局不合理,未做到有害作业和无害作业分开; （2）未定期识别、更新职业病危害因素清单; （3）职业病危害因素的识别有遗漏,如电子装配的手工电路板焊接或波峰焊的铅烟、电镀的铬及其无机化合物、手传振动、高温等; （4）未建立职业病危害因素检测定点台账或布置图; （5）未保留职业病危害因素检测单位的有效资质; （6）未开展实验室通风柜柜口面风速的监测

（六）适用的法规标准

工作场所职业病危害因素管理适用的法规标准如表5.6所示。

表 5.6　工作场所职业病危害因素管理适用的法规标准

序号	法规标准
1	GB 50187　工业企业总平面设计规范
2	GBZ 1　工业企业设计卫生标准
3	GBZ 2.1　工作场所有害因素职业接触限值 第 1 部分 化学有害因素
4	GBZ 2.2　工作场所有害因素职业接触限值 第 2 部分 物理因素
5	GBZ 159　工作场所空气中有害物质监测的采样规范
6	GBZ/T 194　工作场所防止职业中毒卫生工程防护措施规范
7	JBJ 18　机械工业职业安全卫生设计规范
8	JGJ 91　科学实验室建筑设计规范
9	中华人民共和国职业病防治法
10	安监总厅安健〔2015〕16 号　用人单位职业病危害因素定期检测管理规范

四、劳动者职业健康保护

(一)适用范围

本项目适用于接触职业病危害因素或对健康有特殊要求的人员。

(二)备查资料清单

本项目考评查阅的资料包括：

(1)接触职业病危害因素人员清单；

(2)职业病防护用品发放记录；

(3)职业健康检查汇总与评价报告；

(4)劳动者职业健康监护档案；

(5)劳动者职业健康检查结果通知资料；

(6)复查人员清单及复查结果；

(7)职业禁忌证人员岗位调整记录；

(8)疑似职业病病人的鉴定及职业病病人安置情况。

(三)考评内容及考评办法

职业健康保护考评内容及考评办法如表 5.7 所示。

表5.7　劳动者职业健康保护考评内容及考评办法

序号	考评内容	分值	考评办法
1	单位应当定期识别接触职业病危害因素的人员,建立台账。单位应根据工作场所职业病危害因素的种类、对人体的影响途径以及现场生产条件、职业病危害因素等特点,为劳动者配备符合国家标准、行业标准的个人劳动防护用品,并督促劳动者正确佩戴使用	30分	①未定期识别接触职业病危害因素人员的,扣2分。②无接触职业病危害因素人员台账的、未单独建立放射作业人员台账的,扣2分。③资料核查与现场核查相结合,一处接害人员与台账不符扣0.5分。④查劳动者职业健康监护档案,职业健康检查每缺少一人次,扣1分;检查项目每人每缺少一个必检项目,扣0.2分;复查每缺少一人次扣1分;未按要求进行医学观察的,每一人次扣1分。⑤职业健康检查结果未书面告知劳动者的,扣2分。⑥放射作业未配备个人剂量计的,每人次扣2分;放射作业人员未持证上岗的,每人次扣2分;⑦现场核查,劳动防护用品配备(发放)不符合国家标准、行业标准的,扣1分;每发现一人未正确佩戴使用个人劳动防护用品的,扣1分。⑧对照职业健康检查报告,结合现场调查,有职业禁忌的员工从事其禁忌的作业,一人次扣3分;未成年工从事接触职业病危害作业,一人次扣3分;孕期、哺乳期的女职工从事对本人和胎儿、婴儿有害的作业,一人次扣3分。⑨查职业健康管理档案和工作调动记录,职业病人(含疑似职业病人且不适应本岗位)未调离,一人扣2分。⑩查职业健康检查和职业病诊断机构的资质,无资质或资质不符合要求的,扣3分
2	单位应按照GBZ 188的要求,组织接触职业病危害因素的劳动者到具备资质的职业健康体检机构进行职业健康检查,落实职业健康检查评价报告的有关要求,并将检查结果书面如实告知劳动者		
3	放射作业人员的职业健康监护应符合GBZ 235等相关法规规范的要求		
4	单位不得安排有职业禁忌的员工从事其所禁忌的作业;不得安排未成年工从事接触职业病危害因素的作业;不得安排孕期、哺乳期的女职工从事对本人和胎儿、婴儿有危害的作业		
5	单位应及时安排对疑似职业病病人进行诊断,在诊断或者医学观察期间,不得解除或者终止与其订立的劳动合同。疑似职业病病人在诊断、医学观察期间的费用,由单位承担		
6	单位应如实提供职业病诊断、鉴定所需要劳动者职业史和职业病危害接触史、工作场所职业病危害因素检测结果等资料。保障职业病诊断、治疗及鉴定费用		
7	职业病诊断应由具有资质的医疗卫生机构承担		
8	单位应当保障职业病病人依法享受国家规定的职业病待遇。对不适宜继续从事原工作的职业病病人,应当调离原岗位,并妥善安置;安排职业病病人进行治疗、康复和定期检查		
9	劳动者离开单位时,有权索取本人职业健康监护档案复印件,单位应当如实、无偿提供健康档案,并在所提供的复印件上签章		

（四）考评要点

1. 职业健康监护人群的界定

（1）接触需要开展强制性健康监护的职业病危害因素的人群，都应接受职业健康监护；

（2）在岗期间定期健康检查为推荐性的职业病危害因素，原则上可根据用人单位的安排接受健康监护；

（3）虽不是直接从事接触需要开展职业健康监护的职业病危害因素的作业，但在工作环境中受到与直接接触人员同样的或几乎同样的接触，应视为职业性接触，需要和直接接触人员一样接受健康监护；

（4）根据不同职业病危害因素暴露和发病的特点及剂量－效应关系，主要根据工作场所有害因素的浓度和强度以及个体累计暴露的时间长度和工种，确定需要开展健康监护的人群，可参考 GBZ/T 229 等标准。

2. 职业健康检查

（1）上岗前健康检查的主要目的是发现职业禁忌证，建立接触职业病危害因素人员的基础健康档案，上岗前健康检查为强制性职业健康检查，应在开始从事有害作业前完成；

（2）在岗人员的职业健康体检项目和周期应符合 GBZ 188 的相关规定；

（3）离岗时职业健康检查，在准备调离或脱离所从事的职业病危害作业或岗位前，应进行离岗时健康检查，主要目的是确定劳动者在停止接触职业病危害因素时的健康状况。如最后一次在岗期间的健康检查是在离岗前的 90 天内，可视为离岗时检查。

3. 复查、诊断与安置

（1）职业健康体检结果提示有需复查人员的，单位应通知并安排相关人员及时复查，并保存复查结果；

（2）对体检中发现的职业禁忌证人员应及时调整岗位，脱离接触相应的职业病危害因素；

（3）体检中发现疑似职业病的，单位应通知相关人员及时进行诊断，并按要求提供相关资料；

（4）确诊为职业病的，单位应按国家相关规定妥善安置职业病人，接受治疗。

（五）常见问题

（1）未建立接触职业病危害因素人员台账，或未定期更新；

（2）接触职业病危害因素人员的识别界定有遗漏（接触铅烟的电装手工焊接、手传振动、X 射线装置操作人员、高温作业人员）；

（3）未进行上岗前职业健康检查；

（4）在岗人员未按规定的周期进行职业健康检查；

（5）职业健康检查项目不全（未进行必检项目的检查）；

（6）接害人员未进行离岗前的职业健康体检；

（7）未保留职业健康体检机构的有效资质；

（8）未保留复查人员的复查结果；

(9)未保留调岗记录;

(10)未保留特种作业人员、特种设备操作人员的职业健康体检报告或健康监护档案;

(11)未正确配备或正确使用呼吸防护用品;

(12)未保留特殊作业人员(电工、高处作业、职业机动车驾驶作业等)职业健康监护资料。

(六)适用的法规标准

劳动者职业健康保护适用的法规标准如表5.8所示。

表5.8　劳动者职业健康保护适用的法规标准

序号	法规标准
1	总局令第49号　用人单位职业健康监护监督管理办法
2	安监总厅安健〔2015〕124号　用人单位劳动防护用品管理规范
3	GBZ 188　职业健康监护技术规范
4	GBZ/T 195　有机溶剂作业场所个人职业病防护用品使用规范
5	GB/T 18664　呼吸防护用品的选择、使用与维护

五、职业病防护设施

(一)适用范围

本项目适用于防尘、防毒的通风、除尘、净化、降噪、辐射屏护等装置。但一般用来降温的设备(如移动风扇、壁扇、吊扇、降温的空调装置等)不在本考评项中考评。

防护设备的台数以独立形成系统的为一台。如某台设备专用的除尘器计为一台;多台设备或多个工位的抽风除尘若集中于一个主管道处理的,只计为一台;一个系统有多级除尘和净化装置,甚至于在风机上有消声装置的,也计为一台;但多台高频淬火或高频焊接的工位屏护虽共用一个接地系统,则应按设备工位计算台数。

(二)备查资料清单

本项目考评查阅的资料包括:

(1)职业病防护设备设施台账;

(2)职业病防护设备设施技术资料;

(3)职业病防护设备设施维护保养计划、记录;

(4)职业病防护设备设施净化效率检测、检测记录。

(三)考评内容及考评办法

职业病防护设施考评内容及考评办法如表5.9所示。

表 5.9 职业病防护设施考评内容及考评办法

序号	考评内容	分值	考评办法
1	单位应建立健全职业病防护设备设施、环保设备设施及应急救援设备设施台账,并及时更新	10分	①查设备台账,依据设备台账确定抽查数量和具体的被评设备。②现场核查,一处不合格扣该条款的应得分值,剩余分值为该设备的实得分。③《考核评分细则》4.4.8 是根据设备类型进行考评,一处不合格扣 1 分。④凡实得分等于或小于 8 分则该设备为不合格设备。⑤根据不合格设备的台数,按照下式计算实得分:$实得分 = 10 - \dfrac{不合格设备台数}{抽查总台数} \times 30$⑥结合现场抽查情况,发现没建立管理台账、台账不清、账物不符情况或报废/停用手续不全、标识不正确或未明确责任人的,扣 2 分。⑦现场检查没有运行记录,扣 1 分
2	单位应对职业病防护设备设施、环保设备设施、应急救援设备设施进行经常性的维护、检修和保养,确保其处于正常状态,不得擅自拆除或者停止使用。系统中各级净化(处理)设备的净化(处理)效率应大于该设备设计参数的90%		
3	系统中各设备及其部件应齐全、完好,无腐蚀;各种管道上的闸板、阀门应灵活、可靠,连接处无泄漏		
4	凡距操作者站立面 2 m 以下设备外露的旋转部件均应设置齐全、可靠的防护罩或防护网,其安全距离应符合 GB 23821 的相关规定;池、沟应设有防护栏、盖板,并设有明显的安全标识		
5	系统结构件应有足够的强度、刚度及稳定性,基础应坚实;工业梯台应符合本《考核评分细则》2.22 的相关规定		
6	电气设备的绝缘、屏护、防护间距应符合 GB 5226.1 的相关规定;PE 线应连接可靠,线径截面积及安装方法符合本《考核评分细则》2.37 的相关规定		
7	系统内附属的压力容器应符合本《考核评分细则》2.25 的相关规定		
8	除尘、废气净化系统和废水处理系统除符合上述通用规定外,还应符合以下规定。(1)除尘、废气净化系统:①吸尘罩(吸气罩)布置应合理,其金属结构件应完整、无腐蚀,表面油漆无脱落;②净化设施的尾部处理不应产生二次污染;除尘器的清灰系统应运行正常③静电除尘器的检修门应密封良好,并与动力回路联锁,其漏风率应小于5%④易产生爆炸危险的废气净化系统应设置防爆装置,且应完好、可靠。(2)废水处理系统的安全规定为:①净化池应定期清理,沉淀物沉积高度不大于池深的10%;②污水处理剂等化学品应摆放整齐,无泄漏;③污泥应定期排至指定地点存放或处置		

（四）考评要点

1. 职业病防护设备设施管理资料

（1）建立职业病防护设备设施管理制度、台账（包括设备名称、编号、投入使用时间、分别地点）、档案资料（包括登记表、使用地点、随机技术资料、效果鉴定如净化效率参数、净化效果等）齐全；

（2）职业病防护设备设施检维修计划和检维修记录齐全；

（3）职业病防护设备设施运行记录；

（4）净化效率检测、监测记录。

2. 职业病防护设备设施完好

（1）合格防护设备的判断：

①系统中各级除尘或净化装置均能正常运行，除尘或净化效率等运行参数不低于设计参数的90%；或除尘净化效果达到设计要求，其收尘罩、风管、除尘器、风机等齐全完整，无破损，运转正常，职业病危害因素的岗位浓度达到职业接触限值的规定要求；

②主管道及支管应无破裂、泄漏、堵塞；

③PE 线可靠；

④滤料（或原件）有效；

⑤不产生二次扬尘（毒）或二次污染（设备设施的卸灰斗、灰箱密封，不得有二次进风，净化池应定期清理，保持有效、整洁、无异味）；

⑥X 射线室应有联锁装置，无射线泄漏。

（2）除尘器宜布置在系统的负压段。当布置在正压段时，宜选用除尘通风机；袋式除尘器布置在室内时，应留出便于滤袋的检查和更换的空间。

（3）部件应齐全、完好，无腐蚀；各种管道上的闸板、阀门应灵活、可靠，连接处无泄漏。

（4）设备的阀门、电动机、人孔、检测孔等处应设置操作平台或留有操作空间。

（5）凡距操作者站立面 2 m 以下设备外露的旋转部件均应设置齐全、可靠的防护罩或防护网，其安全距离应符合 GB 23821 的相关规定。

（6）池、沟应设有防护栏、盖板，并设有明显的安全标识。

（7）用于检测、维护保养的走台、平台踏步、防护栏杆齐全、完好。

（8）电气设备的绝缘、屏护、防护间距应符合 GB 5226.1 的相关规定；接地连接可靠。

（五）常见问题

职业病防护设施常见问题图示及描述如表 5.10 所示。

表 5.10　职业病防护设施常见问题图示及描述

职业病防护设施图示	常见问题及描述
	灰渣未及时清理
	排风除尘管道锈蚀严重
	排风除尘管道取样口未封堵
	除尘器滤筒密封破损

表 5.10(续 1)

职业病防护设施图示	常见问题及描述
	职业病防护设备设施检维修平台缺少踏步
	等离子切割排风除尘效果差
	生产车间室内增加风机后造成作业点前通风除尘系统正压
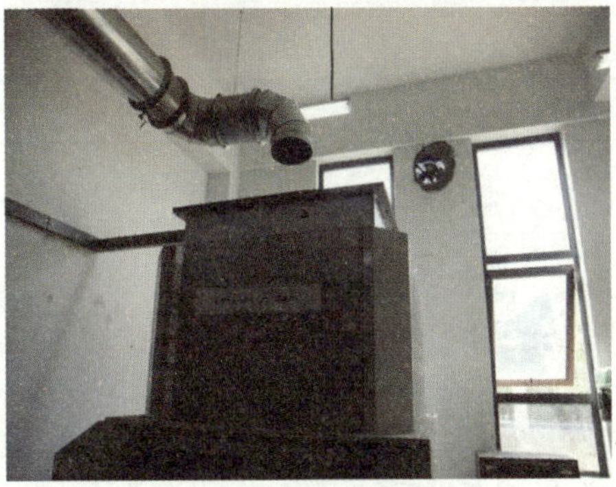	尘毒产生点未设置集气罩

表5.10(续2)

职业病防护设施图示	常见问题及描述
	为喷砂操作人员提供压缩空气过滤、净化的减压压力表损坏未及时修复
	打砂防尘风帽破损、实际防护效果差。 其他常见问题： (1)未建立职业病防护设备设施运行记录； (2)喷漆等过滤系统未定期更换过滤棉； (3)未保留职业病防护设备设施的技术资料； (4)未进行除尘净化效率检测、监测； (5)未对袋式除尘器进行压差监测

（六）适用的法规标准

职业病防护设施适用的法规标准如表5.11所示。

表5.11　职业病防护设施适用的法规标准

序号	法规标准
1	GBZ 1　工业企业设计卫生标准
2	GBZ/T 194　工作场所防止职业中毒卫生工程防护措施规范
3	AQ 4273　粉尘爆炸危险场所用除尘系统安全技术规范
4	中华人民共和国职业病防治法

（七）典型做法与经验

职业病防护设施在实际操作中的典型做法及相关经验如表5.12所示。

表5.12　职业病防护设施在实际操作中的典型做法及相关经验

职业病防护设施图示	典型做法及经验
	增加通风装置改造后的电镀车间
	热处理增加吹吸式排风罩

六、群众监督与告知

(一)适用范围

本项目适用于单位的工会监督及职业病危害告知。

(二)备查资料清单

本项目考评查阅的资料包括：

(1)劳动合同告知；

(2)职业病防治管理制度；

(3)工会监督相关资料。

(三)考评内容及考评办法

群众监督与告知考评内容及考评办法如表5.13所示。

表5.13　群众监督与告知考评内容及考评办法

序号	考评内容	分值	考评办法
1	工会应对职业病防治工作进行监督,维护劳动者的合法权益。单位制定或者修改有关职业病防治的规章制度,应当听取工会组织的意见	10分	①制定或者修改有关职业病防治的规章制度,未听取工会组织的意见的扣2分;对劳动者关于职业健康的意见和建议未及时处理,涉及一个方面的问题扣2分。②未进行职业病危害劳动合同告知的,一人次扣1分。③未在醒目位置设置公告栏公布有关职业危害防治的规章制度、操作规程、职业病危害事故应急救援措施和工作场所职业病危害因素检测结果的,扣3分。④产生职业病危害的工作场所入口处及作业岗位或设备附近的醒目位置未设置警示标识的,扣2分。⑤公告栏、告知卡和警示标识设置在门窗或可移动的物体上,或其前面放置妨碍认读的障碍物的,每处扣0.5分
2	单位与劳动者签订(或变更)劳动合同时,应将其工作过程中可能产生的职业病危害因素及其后果、职业危害防护措施和待遇等如实告知从业人员,并在劳动合同中写明,不得隐瞒或欺骗。格式合同文本内容不完善的,应以合同附件形式签署职业病危害告知书		
3	产生职业病危害的单位,应在醒目位置设置公告栏,公布有关职业危害防治的规章制度、操作规程、职业危害事故应急救援措施和工作场所职业病危害因素检测结果		
4	产生职业病危害的工作场所,应当在工作场所入口处及产生职业病危害的作业岗位或设备附近的醒目位置设置警示标识		
5	产生严重职业病危害的作业岗位,应当在其醒目位置设置警示标识和中文警示说明。告知卡应设置在产生或存在严重职业病危害的作业岗位附近的醒目位置		
6	可能产生职业病危害的化学品、放射性同位素和含有放射性物质的材料,应在设备或者材料的包装上设置警示标识和中文警示说明。贮存上述材料的场所应在规定的部位设置危险物品标识或者放射性警示标识		
7	公告栏、告知卡和警示标识不应设置在门窗或可移动的物体上,其前面不得放置妨碍认读的障碍物		
8	警示标识的设置应符合《工作场所职业病危害警示标识》GBZ 158的要求		

(四)考评要点

职业病危害告知是指用人单位通过与劳动者签订劳动合同、公告、培训等方式,使劳动者知晓工作场所产生或存在的职业病危害因素、防护措施、对健康的影响以及健康检查结果等的行为。职业病危害警示标识是指在工作场所中设置的可以提醒劳动者对职业病危害产生警觉并采取相应防护措施的图形标识、警示线、警示语句和文字说明以及组合使用的标识等。

1. 工会监督

工会应对职业病防治工作进行监督,维护劳动者的合法权益。

2. 劳动合同告知

（1）单位与劳动者订立劳动合同（含聘用合同，下同）时，应当在劳动合同中写明工作过程可能产生的职业病危害及其后果、职业病危害防护措施和待遇（岗位津贴、工伤保险等）等内容。同时，以书面形式告知劳务派遣人员。因工作岗位或者工作内容变更，从事与所订立劳动合同中未告知的存在职业病危害的作业时，应当向劳动者履行如实告知的义务，并协商变更原劳动合同相关条款。

（2）格式合同文本内容不完善的，应以合同附件形式签署职业病危害告知书，示例如表5.14所示。

表5.14 职业病危害告知书示例

职业病危害告知书示例

根据《职业病防治法》第三十四条的规定，用人单位（甲方）在与劳动者（乙方）订立劳动合同时应告知工作过程中可能产生的职业病危害及其后果、职业病防护措施和待遇等内容：

（一）所在工作岗位、可能产生的职业病危害、后果及职业病防护措施：

所在部门及 岗位名称	职业病危害因素	职业禁忌证	可能导致的 职业病危害	职业病防护措施
例：铸造车间铸造工	粉尘	活动性肺结核病 慢性阻塞性肺病 慢性间质性肺病 伴肺功能损害的疾病	尘肺	除尘装置 防尘口罩

（二）甲方应依照《职业病防治法》及《职业健康监护技术规范》（GBZ188）的要求，做好乙方上岗前、在岗期间、离岗时的职业健康检查和应急检查。一旦发生职业病，甲方必须按照国家有关法律、法规的要求，为乙方如实提供职业病诊断、鉴定所需的劳动者职业史和职业病危害接触史、工作场所职业病危害因素检测结果等资料及相应待遇。

（三）乙方应自觉遵守甲方的职业卫生管理制度和操作规程，正确使用维护职业病防护设施和个人职业病防护用品，积极参加职业卫生知识培训，按要求参加上岗前、在岗期间和离岗时的职业健康检查。若被检查出职业禁忌证或发现与所从事的职业相关的健康损害的，必须服从甲方为保护乙方职业健康而调离原岗位并妥善安置的工作安排。

（四）当乙方工作岗位或者工作内容发生变更，从事告知书中未告知的存在职业病危害的作业时，甲方应与其协商变更告知书相关内容，重新签订职业病危害告知书。

（五）甲方未履行职业病危害告知义务，乙方有权拒绝从事存在职业病危害的作业，甲方不得因此解除与乙方所订立的劳动合同。

（六）职业病危害告知书作为甲方与乙方签订劳动合同的附件，具有同等的法律效力。

甲方（签章）　　　　　　　　　　　　　　　　乙方（签字）
　年　月　日　　　　　　　　　　　　　　　　　年　月　日

3. 公告栏与警示标识

（1）产生职业病危害的用人单位应当设置公告栏，公布本单位职业病防治的规章制度等内容，公告栏设置要求。

①公告栏应设置在用人单位办公区域、工作场所入口处等方便劳动者观看的醒目位置；

②设置在办公区域的公告栏，主要公布本单位的职业卫生管理制度和操作规程等；设置在工作场所的公告栏，主要公布存在的职业病危害因素及岗位、健康危害、接触限值、应急救援措施，以及工作场所职业病危害因素检测结果、检测日期、检测机构名称等；

③公告栏中公告内容发生变动后应及时更新，职业病危害因素检测结果应在收到检测报告之日起 7 日内更新。

（2）产生职业病危害的工作场所，应当在工作场所入口处及产生职业病危害的作业岗位或设备附近的醒目位置设置警示标识。

（3）生产、使用有毒物品工作场所应当设置黄色区域警示线。生产、使用高毒、剧毒物品工作场所应当设置红色区域警示线。警示线设在生产、使用有毒物品的车间周围外缘不少于 30 cm 处，警示线宽度不少于 10 cm。

（4）开放性放射工作场所监督区设置黄色区域警示线，控制区设置红色区域警示线；室外、野外放射工作场所及室外、野外放射性同位素及其贮存场所应设置相应警示线。

（5）产生严重职业病危害的作业岗位，除按要求设置警示标识外，还应当在其醒目位置设置职业病危害告知卡（表 5.15）及中文警示说明（表 5.16）。告知卡应当标明职业病危害因素名称、理化特性、健康危害、接触限值、防护措施、应急处理及急救电话、职业病危害因素检测结果及检测时间等。

表 5.15　职业病危害告知卡示例

工作场所存在苯，对人体有损害，请注意防护		
	理化特性	健康危害
苯（皮） Benzene （skin）	具有特殊芳香气味的无色油状液体，相对分子质量78，易燃、易挥发。不溶于水，可与乙醚、乙醇、丙酮、汽油和二硫化碳等有机溶剂混溶；遇氧化剂或卤素剧烈反应；苯蒸气与空气形成爆炸性混合物，遇明火、高热极易燃烧爆炸。	可经皮肤、呼吸道进入人体。 主要损害神经和造血系统。 短时间大量接触可引起头晕、头痛、恶心、呕吐、嗜睡、步态不稳，重者发生抽搐、昏迷。 长期过量接触可引起白细胞减少、再生障碍性贫血、白血病。
应急处理		
抢救人员穿戴防护用具；立即将患者移至空气新鲜处，去除污染衣物；注意保暖、安静；皮肤污染时用肥皂水清洗，溅入眼内时用流动清水或生理盐水冲洗，各至少 20 min；呼吸困难时给与吸氧，必要时用合适的呼吸器进行人工呼吸；立即与医疗急救单位联系抢救。		
防护措施		
禁止明火、火花，高热，使用防爆电器和照明设备。工作场所禁止饮食、吸烟。		
必须戴防毒面具　注意通风　必须戴防护手套　必须戴防护眼镜　必须穿防护服		
标准限值：×××　　　　检测数据：×××　　　　检测日期：×××× 年 × 月 × 日		
急救电话:120　　　　消防电话:119　职业卫生咨询电话：××××××××		

表 5.16　中文警示说明示例

甲醛 分子式：HCHO　　分子量 30.03	
理化特性	常温为无色、有刺激性气味的气体，沸点：-19.5℃，能溶于水、醇、醚，水溶液称福尔马林，杀菌能力极强。15℃以下易聚合，置空气中氧化为甲酸。
可能产生的危害后果	低浓度甲醛蒸气对眼、上呼吸道黏膜有强烈刺激作用，高浓度甲醛蒸气对中枢神经系统有毒性作用，可引起中毒性肺水肿。 主要症状：眼痛流泪、喉痒及胸闷、咳嗽、呼吸困难、口腔糜烂、上腹痛、吐血、眩晕、恐慌不安、步态不稳、甚至昏迷。皮肤接触可引起皮炎，有红斑、丘疹、瘙痒、组织坏死等。
职业病危害防护措施	1. 使用甲醛设备应密闭，不能密闭的应加强通风排毒。 2. 注意个人防护，穿戴防护用品。 3. 严格遵守安全操作规程。
应急救治措施	1. 撤离现场，移至新鲜空气处，吸氧。 2. 皮肤粘膜损伤，立即用2%的碳酸氢钠（$NaHCO_3$）溶液或大量清水冲洗。 3. 立即与医疗急救单位联系抢救。

（6）公告栏、告知卡和警示标识不应设在门窗或可移动的物体上，其前面不得放置妨碍认读的障碍物。

（五）常见问题

职业病危害告知常见问题图示及描述如表 5.17 所示。

表 5.17　职业病危害告知常见问题图示及描述

职业病危害告知图示	常见问题描述
	公告栏、告知卡和警示标识设在门窗或可移动的物体上，其前面放置妨碍认读的障碍物。 不符合《用人单位职业病危害告知和警示标识管理规范》的要求 其他常见问题： （1）劳动合同告知不规范，如未具体告知职业危害及后果和防治措施等，或告知无针对性； （2）未及时公示职业病危害因素检测结果； （3）未按标准要求设置职业卫生公示栏；未进行职业病危害防治的相关告知； （4）未保留职业健康检查结果告知相关资料

（六）适用的法规标准

职业病危害告知适用的法规标准如表5.18所示。

表5.18 职业病防护设施适用的法规标准

序号	法规标准
1	GBZ 158 工作场所职业病警示标识
2	中华人民共和国职业病防治法
3	安监总厅安健〔2014〕111号 用人单位职业病危害告知和警示标识管理规范

（七）典型做法与经验

职业病危害告知在实际操作中的典型做法及相关经验如表5.19所示。

表5.19 职业病危害告知在实际操作中的典型做法及相关经验

职业病危害告知图示	典型做法及经验
	设置规范的公告栏

表 5.19（续）

职业病危害告知图示	典型做法及经验
	按规范设置告知卡

七、职业健康应急管理

（一）适用范围

本项目适用于可能发生急性职业损伤的有毒、有害工作场所。包括但不限于：使用或产生一氧化碳、硫化氢、氨气、液氯、溶剂汽油等。

（二）备查资料清单

本项目考评查阅的资料包括：

（1）定期辨识、更新的职业病危害因素清单；

（2）职业病危害事故应急救援预案及演练记录；

（3）报警装置定期检测资料；

（4）应急物资清单及定期检查记录。

（三）考评内容及考评办法

职业健康应急管理考评内容及考评办法如表 5.20 所示。

表 5.20　职业健康应急管理考评内容及考评办法

序号	考评内容	分值	考评办法
1	单位应建立健全职业病危害事故应急救援预案,并定期演练	10 分	①未建立职业病危害事故应急救援预案的,扣 2 分。②可能发生急性职业损伤的有毒、有害工作场所,未设置报警装置,或未配置现场急救用品、冲洗设备的,扣 2 分。③可能突然泄漏或者逸出大量有害物质的密闭或半密闭工作场所,未安装与事故排风系统相连锁的泄漏报警装置的,扣 2 分。④对可能遭受急性职业病危害的劳动者,未进行健康检查和医学观察的,每发现一人次扣 5 分
2	可能发生急性职业损伤的有毒、有害工作场所,应当设置报警装置,配置现场急救用品、冲洗设备、应急撤离通道和必要的泄险区		
3	对可能突然泄漏或者逸出大量有害物质的密闭或半密闭工作场所,应安装与事故排风系统相连锁的泄漏报警装置		
4	发生或可能发生急性职业病危害事故时,单位应立即采取应急救援和控制措施,及时报告所在地安全生产监督管理部门。对遭受或者可能遭受急性职业病危害的劳动者,单位应及时组织救治、进行健康检查和医学观察,所需费用由单位承担		

(四)考评要点

1. 单位应定期辨识并更新职业病危害因素清单

对于存在可能导致急性职业病发生的职业病危害因素的单位,应根据《生产安全事故应急预案管理办法》(安监总局 88 号令)、《生产经营单位安全生产事故应急预案编制导则》(GB/T 29639)等法律法规、标准规范建立健全职业病危害事故应急救援预案,结合可能导致急性职业病的危害因素及其控制情况和可能发生应的事故特点,明确应急救援的组织机构和职责,应急响应的目标、程序、应急救援物资及应采取的防护措施等管理内容。并定期演练。针对重点岗位编制有效的应急处置卡,明确相应的应急处置程序、措施以及相关联络人员和联系方式。

应急救援人员应接受相关培训,采取有效防范措施,严禁盲目施救

2. 单位应加强对可能发生急性职业损伤的有毒、有害工作场所的管理,并应符合:

(1)在合适位置设置风向标;

(2)设置的报警装置应完好、有效,并定期检定;

(3)急救用品齐全,在有效期内,并定期检查;

(4)冲洗设备安装位置方便应急使用,冲洗设备前不得有障碍物,冲洗设备应定期放水测试;

(5)保持应急疏散通道畅通;高毒、剧毒物品工作场所应急撤离通道设置"紧急出

口",泄险区启用时应设置"禁止入内""禁止停留"等警示标识;

（6）可能突然泄漏或者逸出大量有害物质的密闭或半密闭工作场所,事故排风系统应与泄漏报警装置联锁;

（7）事故通风的通风机应分别在室内及靠近外门的外墙上设置电气开关。

3. 发生急性职业损伤事故应按规定上报

对遭受或者可能遭受急性职业病危害的劳动者,单位应及时组织救治、进行健康检查和医学观察,所需费用由单位承担。

可能发生急性职业损伤的情况包括但不限于:从业人员暴露于一氧化碳、氨气、液氯泄漏或聚集的区域;进入可能含有一氧化碳、氨气、液氯、硫化氢等有毒气体的有限空间。

（五）常见问题

职业健康应急管理常见问题图示及描述如表 5.21 所示。

表 5.21 职业健康应急管理常见问题图示及描述

职业健康应急管理图示	常见问题描述
	洗眼器前摆放酸液桶或有其他影响使用的障碍物。 其他常见与洗眼器有关的问题包括: （1）酸、碱等腐蚀性化学品使用场所未安装洗眼器; （2）洗眼器安装位置不方便应急使用; （3）洗眼器安装后未定期放水、检查; （4）洗眼器水压不足等
	（1）无职业健康应急预案、应急预案缺少必要的防护措施等内容、未结合可能导致急性损伤的有害因素的实际情况; （2）液氨、液氯使用场所未设置风向标; （3）无应急物资清单或缺少定期检查记录; （4）使用、存储液氨、液氯的场所区域无泄险区域; （5）事故通风的通风机只在室内设置电气开关,还应在靠近外门的外墙上设置电气开关

（六）适用的法规标准

职业健康应急管理适用的法规标准如表 5.22 所示。

表 5.22　职业健康应急管理适用的法规标准

序号	标准
1	GB/T 29639　生产经营单位安全生产事故应急预案编制导则
2	GBZ/T 194　工作场所防治职业中毒卫生防护工程防护措施
3	GBZ/T 223　工作场所有毒气体检测报警装置设置规范
4	中华人民共和国职业病防治法
5	安监总局 88 号令　生产安全事故应急预案管理办法

（七）典型做法与经验

职业健康应急管理在实际操作中的典型做法及相关经验如表 5.23 所示。

表 5.23　职业健康应急管理在实际操作中的典型做法及相关经验

职业健康应急管理图示	典型做法及经验
	现场存放应急物资,备有应急物资清单并定期检查补充,管理规范

第六章　火工安全管理工作要求

一、火工安全管理概述

(一)要素分布

从事火炸药及其制品相关科研试验业务的安全管理内容主要包括综合管理、总体安全条件、采购、运输、储存、使用、作业环境、清退与销毁等八个要素。

(二)工作原则

(1)凡属火工区域范围或涉及火工业务的基础管理、设备设施、电气、作业环境与职业健康等均纳入火工专业考评内容。

(2)评审人员在资料审查和现场核查时,要以核查后数据为依据,按照实际情况下结论,不允许采用分析和推断的结论。当图纸资料与现场实际发生矛盾和偏差时,坚持以现场实际情况进行考评。

(3)对于内部安全距离的考评,企业内部未拆除的闲置建筑物或杂物储存间,不论其是否在用都应考评其内部安全距离。

(4)对于外部安全距离的考评,企业火工区外围建筑,或因市政规划等影响到外部安全距离,考评时应根据实际情况进行外部安全距离考评,同时应在考评报告中说明。

(三)考核要求

火工安全管理专业总分值共计 200 分,以现场查证和资料核对的方法进行,具体考核时按照各要素"考评内容及考评办法"实施。考虑到火工安全管理的特殊性,要求火工专业的得分率不得低于本单位申请安全生产标准化相应等级的得分率,即火工专业不达标,单位整体不达标。

二、综合管理

(一)适用范围

本项目适用于涉及火工业务的舰船设备研制单位火工专业的综合安全管理。

(二)资料备查清单

(1)火炸药及其制品采购安全管理规定;

(2)作业人员培训持证上岗相关安全管理规定;

(3)危险作业(火工作业及危险区域动火等)审批相关安全管理规定;

(4)危险点安全管理规定(参照 GJB 6219);

　（5）消防安全管理制度；

　（6）易燃、易爆工(库)房定员、定量及定置相关安全管理规定；

　（7）火工业务科研试验(或实验)相关安全管理规定；

　（8）应急安全管理规定；

　（9）清退和销毁相关安全管理规定。

（三）考评内容及考评办法

火工综合管理工作考评内容及考评办法如表6.1所示。

表 6.1　火工综合管理工作考评内容及考评办法

序号	考评内容	分值	考评办法
1	管理制度 　　除建立《中国船舶重工集团公司安全生产标准化考核评分细则—舰船设备研制单位》的主体部分(第二部分、第三部分)中规定的有关制度外,本专业安全管理制度还应涵盖以下相关内容: 　　（1）火炸药及其制品采购安全管理规定； 　　（2）作业人员培训持证上岗相关安全管理规定； 　　（3）危险作业(火工作业及危险区域动火等)审批相关安全管理规定； 　　（4）危险点安全管理规定(参照 GJB 6219)； 　　（5）消防安全管理制度； 　　（6）易燃、易爆工(库)房定员、定量及定置相关安全管理规定； 　　（7）火工业务科研试验(或实验)相关安全管理规定； 　　（8）应急安全管理规定； 　　（9）清退和销毁相关安全管理规定	10分	管理制度中缺少一个方面内容扣2分；制度内容不完善、与国家法规相抵触或不符合单位实际的,一处扣1分
2	操作规程 　　应根据科研生产试验工艺、技术、设备特点和原料、辅助材料、产品的危害性编制岗位安全技术操作规程,并做好相关教育培训工作,确保作业人员应知应会		①安全技术操作规程制定不齐全的,缺一项扣2分；内容不完善,一处扣1分。 ②一人不熟悉安全技术操作规程扣2分
3	教育培训 　　作业人员的教育培训除应符合《考核评分细则》的主体部分(第二部分、第三部分)有关要求外,还应符合: 　　（1）直接从事火工作业的人员及管理人员,必须经过火工作业安全技术教育和训练考核,并取得相应证书后方可上岗； 　　（2）对从事危险品运输的驾驶员、装卸管理人员、押运人员等进行有关安全知识训练,并取得相应证书后方可上岗		①一人未培训扣2分。 ②火工作业人员未持证上岗,发现一人扣5分

(四)考评要点

1. 建立健全规章制度

(1)火炸药及其制品采购安全管理规定

本制度应规定单位采购申请、审批流程、相关职责,供方提供有关资质和相关资料(产品检验合格证、MSDS、安全标签等)、到地方政府相关部门办理审批手续等要求,及相关禁止类的要求。

(2)作业人员培训持证上岗相关安全管理规定

本制度应规定培训持证上岗人员类别、培训并取得操作证人员类别、各类培训学时、复训、培训记录等要求。

(3)危险作业(火工作业及危险区域动火等)审批相关安全管理规定

本制度应规定危险作业(火工作业及危险区域动火等)的审批程序、责任部门、动火的条件、作业过程的监控、设备设施安全状况确认、安全距离等要求。

(4)危险点安全管理规定(参照 GJB 6219)

本制度除符合 GJB 6219 的有关要求外,还应规定设置危险点责任人和巡查的要求。

(5)消防安全管理制度

本制度应规定消防责任部门和责任人、巡查内容等要求,明确防火工作的程序和责任,以及管理要点。

(6)易燃、易爆工(库)房定员、定量及定置相关安全管理规定

本制度应规定易燃、易爆工(库)房定员、定量及定置的原则,规定警示标识牌、标识线的设置、人员进出库、定置管理的要求。

(7)火工业务科研试验(或实验)相关安全管理制度

本制度应规定使用火炸药及其制品做试验前审批、领用、定员定量定区域、未使用完或废品回库、现场临时存放、清理、警戒、异常情况处理等要求。

(8)应急安全管理制度

本制度应规定风险分析、应急物资、组织机构、应急措施、信息报告、联系方式(包括本单位、周边社区和单位、政府应急办公室等联系电话)等内容,应急预案的格式依据 GB/T 29639 标准,内容参照安监总局 88 号令的要求。

(9)清退和销毁相关安全管理规定

本制度应规定销毁处理的范围、销毁方式、销毁量、职责、权限和审批程序等要求。

(10)废旧炸药回收管理制度

本制度应规定废旧炸药回库手续、存储、定量、存放时间,台账记录等要求。

2. 建立健全岗位安全操作规程

(1)岗位安全操作规程的编制应依据工艺流程、设备(设施)性能、操作方法及工作环境制定,一般应以作业工序、作业岗位为基本单元,相同设备设施,且作业方式相同,可以合并。否则,应单独编制安全操作规程。安全操作规程应符合相关的安全技术标准。

(2)岗位安全操作规程应包括:岗位危险源、控制标准、操作中的安全方法和严禁事项,凡有重大或重要危险源的岗位,应有现场应急处置方案。

（3）企业采用新技术、新工艺、新设备在投入使用前，应先制定安全操作规程或安全操作注意事项。

（4）岗位安全操作规程应随工艺或设备的变更情况，及时进行更新，且是有效版本。

3. 教育培训

（1）直接从事火工作业的人员及管理人员应建立台账，必须经过火工作业安全技术教育和培训考核，并取得相应证书后方可上岗；

（2）对从事危险品运输、装卸、押运等人员应建立台账，进行有关安全知识培训，并取得相应证书后方可上岗。

（五）常见问题

（1）制度中缺少有关火工库区的安全管理要求；

（2）试验作业完成后，未对科研试验中涉及的安全工作进行总结评估；

（3）危险点三级巡回检查管理规定和易燃、易爆危险工（库）房定员、定量相关管理规定比较宽泛；

（4）制度中缺少在雷电、暴雨天气以及在强磁环境条件下，不得进行火工品装配、调试、试验以及火工品出入库的要求。

（六）适用的法规标准

火工安全综合管理适用的法规标准如表6.3所示。

表6.3 火工安全综合管理适用的法规标准

序号	法规标准
1	GB 50016 建筑设计防火规范
2	GJB 2001 火工品包装、运输、贮存安全要求
3	GJB 5120 废火药、炸药、弹药、引信及火工品处理、销毁与贮运安全技术要求
4	GJB 6219 易燃易爆危险点分级管理要求
5	WJ 2470 小量火药、炸药及其制品危险性建筑设计安全规范（简称《小规范》）
6	工信部18号令 国防科研生产安全事故报告和调查处理办法
7	科工局、安监总局〔2012〕269号 军工系统安全生产标准化建设实施方案
8	兵总质〔1990〕2号 火药、炸药、弹药、引信及火工品工厂设计安全规范（简称《大规范》）
9	科工安密〔2008〕770号 国防科工局关于开展危险点分级管理及定员定量现状调查工作的通知
10	科工安密〔2010〕497号 武器装备科研试验安全管理暂行办法
11	兵器工业出版社 兵器工业安全生产标准化培训辅导教材

三、总体安全条件

(一)适用范围

本项目适用于涉及火工业务的舰船设备研制单位总体安全条件相关要素的考评。不适用于民爆以及涉及液体推进剂、核能和放射性弹药制造企业的总体安全条件考评。

(二)资料备查清单

(1)自评报告、自查整改资料、专家咨询报告;

(2)相关建设项目可行性研究、初步设计、预评价、验收评价、消防评审报告、各阶段的评审意见和审批文件、整改结论等;

(3)工艺规程、定员定量规定等技术文件;

(4)火工区域总体平面布局图、与周边环境关系区域位置图、危险性建筑物总平面图、工艺平面布置图、电气、防雷和消防管线分布图等;

(5)雷电防护系统进行评价与检测报告、防雷装置接地或检测点登记表;

(6)相关台账:危险性建筑物的危险等级、耐火等级、建筑结构、计算药量、存放品种和数量、内外部距离规定和实际值;防护设施和防护屏障;火工区域变配电所和室外电气线路;避雷设施;消防水源和消防水池、室外消防栓设置、应急物资等。

(三)考评内容及考评办法

总体安全条件考评内容及考评办法如表6.4所示。

表6.4　总体安全条件考评内容及考评办法

序号	考评内容	分值	考评办法
1	危险性建筑物的外部距离 （1）安全评价和评审 应对危险性建筑物的外部安全距离进行安全评价或评审。产品、工艺、环境条件、建筑物等发生变更，或发生事故后应重新评价或评审，确认外部安全距离的符合性。 （2）Ax级建筑的外部距离（表6.4.1） 表6.4.1　Ax级建筑的外部距离 单位：m	6分	①以建筑物为单位进行考评，有第三方评价结论的按结论考评，一处不合格扣评价结论2分；无第三方评价结论的，按该第三方评价确认该建筑物；评价结论合格的，一处不合格扣该建筑物3分。 ②外部距离按危险性建筑物的危险等级和计算药量以其外墙轴线距目标建筑物外墙轴线之间的距离考评。 ③符合《小量火药、炸药及其制品危险性建筑设计安全规范》（以下简称《小规范》）的按照本细则考评；符合《火药、炸药、弹药引信及火工品工厂设计安全规范》（以下简称《大规范》）的可按表14要求，参照《大规范》的相应条款考评。 实得分＝∑单个建筑物实得分/检查建筑物总数

表6.4.1　Ax级建筑的外部距离

序号	项目	计算药量 Q（单位：kg）					
		$Q \leq 1$	$1 < Q \leq 5$	$5 < Q \leq 10$	$10 < Q \leq 20$	$20 < Q \leq 30$	$30 < Q \leq 50$
1	学校，医院，托儿所，幼儿园，加油站，煤气站，区域变电站，热电站，体育场馆，宾馆，市区公园入口处	60	95	120	150	175	200
2	市街区居住房屋，工厂企业围墙，220 kV架空输电线路，城市主干道路	50	60	75	90	105	125
3	国家铁路线，市区公园边缘，城市郊区零散住户边缘，110 kV架空输电线路	50	55	60	70	80	95
4	城市次干道路，35kV架空输电线路	25	35	45	55	65	75

表 6.4(续 1)

序号	考评内容	分值	考评办法
	（3）Bx 级建筑的外部距离 Bx 级建筑的外部距离,应符合下列规定: ①当建筑内储存或使用炸药(含黑火药、烟火药)时,应根据其计算药量按表 6.4.1 确定; ②当建筑内储存或使用发射药(含推进剂)时,应根据其计算药量,按表 6.4.2 条确定; ③当建筑内同时储存或使用用药(含黑火药、烟火药)和发射药(含推进剂)时,应分别根据其计算药量,按表 6.4.1 和表 6.4.2 确定并取其最大值。 （4）Cx 级建筑的外部距离		

表 6.4.2 Cx 级建筑的外部距离

单位:m

序号	项目	计算药量 Q（单位:kg）					
		Q≤5	5<Q≤10	10<Q≤30	30<Q≤50	50<Q≤70	70<Q≤100
1	学校、医院、托儿所、幼儿园、加油站、煤气站、区域变电站、热电站、体育场馆、宾馆、市区公园入口处	60	70	80	100	110	120
2	市街区居民住房屋、工厂企业围墙、220 kV 架空输电线路、城市主干道路	50	60	70	85	95	105
3	国家铁路线、市区公园边缘、城市郊区零散住户边缘、110 kV 架空输电线路	50	55	60	70	80	90
4	城市次干道路、35 kV 架空输电线路	30	35	50	60	70	80

表6.4(续2)

序号	考评内容	分值	考评办法
	（5）Dx 级建筑的外部距离（表 6.4.3） Dx 级建筑的外部距离应依据建（构）筑物内存药量的大小，分别按表 6.4.1 中的计算药量 Q≤1 或 1< Q≤5 栏确定，或按表 6.4.2 中计算药量 Q≤5 或 5＜Q≤10 栏确定。 表 6.4.3　危险性建筑物外部安全距离考评表		

表 6.4.3　危险性建筑物外部安全距离考评表

序号	项目	考评要求
1	城镇	1. 应满足距≤10 万人城镇边缘的距离。 2. 应满足距>10 万人城镇边缘的距离。
2	居民点	1. 应满足距零散住户的距离。 2. 应满足距本厂住宅的距离。 3. 应满足距村庄的距离。
3	本厂及其他	1. 应满足距本厂总仓库的距离。 2. 应满足距本厂靶场区的距离。 3. 应满足距本厂独立机加区的距离。 4. 应满足距>500 人的企业的距离。 5. 应满足距 50～500 人的企业的距离。
4	运输线路	1. 应满足距三级以上公路的距离。 2. 应满足距通航河流的距离。 3. 应满足距国家铁路线路的距离。 4. 应满足距本厂非本厂铁路支线的距离。
5	供电	1. 应满足距 220 kV 输电线路的距离。 2. 应满足距 110 kV 输电线路的距离。 3. 应满足距区域变电站的距离。

表 6.4（续 3）

序号	考评内容	分值	考评办法
2	危险性建筑物的内部距离 （1）安全评价和评审 应对危险性建筑物的内部安全距离进行安全评价或评审，产品、工艺、环境条件、建筑物等发生变更，或发生事故后应重新评价或评审，确认内部安全距离的符合性。 （2）Ax级建筑距其他建筑的内部距离 Ax级建筑距其他建筑的内部距离，不应小于表6.4.4的规定。 表 6.4.4　Ax级建筑距其它建筑的内部距离 单位：m	6分	①以建筑物为单位进行考评，有第三方评价结论的按结论考评，一处不合格扣该建筑物2分；无第三方评价结论的，按评审确认结论考评，有一处不符合扣除该建筑物3分。 ②内部距离按危险性建筑物的危险等级和计算药量以其外墙轴线距目标的距离、建筑物外墙轴线之间的距离考评。 ③符合《小规范》的按照表17要求，参照《大规范》的可按表17要求，参照《大规范》的相应条款考评。 实得分＝Σ单个建筑物实得分/检查建筑物总数

表 6.4.4 Ax级建筑距其它建筑的内部距离（单位：m）

计算药量（Q）/kg	内部距离	计算药量（Q）/kg	内部距离
Q≤0.3	12	10<Q≤20	22
0.3<Q≤0.6	13	20<Q≤30	25
0.6<Q≤1	14	30<Q≤40	27
1<Q≤5	17	40<Q≤50	29
5<Q≤10	19		

（3）Bx级建筑距其他建筑的内部距离

Bx级建筑距其他建筑的内部距离，应符合下列规定：

——当建筑内储存和使用炸药（含黑火药、烟火药）时，应根据其计算药量按表6.4.4确定；

——当建筑内储存和使用发射药（含推进剂）时，应根据其计算药量按表6.4.5确定；

——当建筑内同时储存和使用炸药（含黑火药、烟火药）及发射药（含推进剂）时，应分别根据其计算药量按表6.4.4和表6.4.5确定并取其大值。

表6.4（续4）

序号	考评内容	分值	考评办法

考评内容：

表6.4.5　Cx级建筑距其它建（构）筑物的内部距离

单位：m

计算药量（Q）/kg	内部距离			
	互以有泄压面面相对的墙面	主燃有泄压面面对被燃无泄压面面墙面	主燃无泄压面面对被有泄压面面墙面	互以无泄压面面相对的墙面
Q≤10	12	12	12	10
10<Q≤30	14	13	12	10
30<Q≤40	17	14	12	10
40<Q≤50	18	15	13	11
50<Q≤60	19	16	14	12
60<Q≤70	20	17	15	13
70<Q≤80	21	18	16	14
80<Q≤90	22	19	17	15
90<Q≤100	23	19	18	16

④Cx级建筑距其它建筑的内部距离不应小于表6.4.5的规定。

⑤Dx级建筑距其它建筑的内部距离不应小于15 m。

⑥Ax、Bx、Cx、Dx级建筑距公共建筑（构）筑物、动力建（构）筑物、辅助生产建筑物、服务性建筑物的内部距离不宜小于50 m。

危险性建筑物内部安全距离考评表如表6.4.6所示。

表6.4.6　危险性建筑物内部安全距离考评表

序号	项目	标准（条款）要求
1	各级危险性建筑物	1. 应满足与相邻建筑物的距离； 2. 应满足与锅炉房的距离； 3. 应满足与变电所、配电所的距离； 4. 应满足与公共建筑物的距离； 5. 应满足与明火点的距离； 6. 应满足与非危险品生产小区的距离

表 6.4（续 5）

序号	考评内容	分值	考评办法
3	危险性建筑物的防护屏障 （1）防护土堤应以土填筑。禁止使用泥炭类等可燃材料填筑防护土堤。土堤的边坡应稳定，定期清除土堤内、外高度超过 10 cm 的干杂草。 （2）防护屏障内为单层建筑时，屏障高度不应低于屋檐口高度；建筑物为单坡屋面时，以低层屋檐檐口计算；防护屏障内为多层建筑或不同高度建筑时，屏障高度应高出最高爆炸物顶面 1 m。 （3）防护土堤的顶宽不应小于 1 m，底宽不应小于高度的 1.5 倍。 （4）防护屏障应设运输通道或隧道，运输通道净宽宜为 3.5 m，净高度不宜小于 3 m。 （5）人员较多、有安全出口的厂房，需设置安全疏散隧道时，汽车运输隧道净宽度不宜大于 5 m，其隧道口应设在安全出口附近。 （6）安全疏散通道及出口，应保持畅通，不应兼作运输。安全疏散隧道净宽宜为 1.5 m，净高不宜小于 2.2 m，内外不应有台阶和突出部位	6分	①以企业总平面布置为依据，列出危险品生产和储存建筑物的危险等级，分布情况，确定应设防护土堤的建筑物的总量，对防护土堤进行检查考评。 ②以建筑物为单位进行考评，无防护屏障的，扣该建筑物 6 分；有防护屏障的，一处不合格扣除该建筑物 2 分。 实得分 = Σ 单个建筑物实得分/检查建筑物总数
4	危险性建筑物的建筑结构 （1）安全评价和评审 应对危险性建筑物建筑结构的符合程度进行安全评价或评审确认。产品、工艺、环境条件、建筑物的用途等发生变更，或发生事故后应重新评价或评审，确认建筑结构合性。 （2）危险性建筑的耐火等级 各级危险性建筑的耐火等级不应低于国家现行规范规定的二级耐火等级的各项要求。轻质易碎屋盖的易碎部分，可采用非燃烧体。 （3）结构型式 ①各级危险性实验室与工房应采用钢筋混凝土柱、梁或钢筋混凝土框架承重结构。 ②各级危险性实验室与工房符合下列条件之一的，可采用砖墙承重结构：	6分	以建筑物为单位进行考评，有第三方评价或评审结论的，按评审确认结论考评，一处不合格扣该建筑物 2 分；无第三方评价结论的，按评审确认结论考评，有一处不符合扣除该建筑物 3 分。 实得分 = Σ 单个建筑物实得分/检查建筑物总数

表 6.4（续 6）

序号	考评内容	分值	考评办法
	——危险工序全部布置在抗爆或抑爆间室内，且抗爆、抑爆间室外不存放危险品； ——承重横隔墙应较分散； ——室内无人员操作。 （4）门窗、吊顶、地面及墙面装修 ①安全窗应符合下列规定： ——窗洞口宽度不应小于 1.0 m，窗扇高度不应小于 1.5 m，窗台高度不应高于室内地面 0.5 m； ——窗扇应向外平开，不应设置中挺。 ——双层安全窗的窗扇应能同时向外开启。 ②危险性工作间的地面，应符合下列要求： ——火花能引起危险品燃烧、爆炸的工作间，应采用不发生火花的地面； ——工作间内的危险品对撞击、摩擦作用特别敏感时，应采用不发生火花的柔性地面； ——工作间内的危险品对静电作用特别敏感时，应采用不发生火花的导静电地面。 ③危险性工作间的内墙应抹灰。有易燃易爆粉尘的工作间，顶棚及内墙面应刷油漆，油漆面应平整、光滑，所有凹角宜抹成圆弧。所有危险品与危险品颜色与危险品颜色应有所区别。 经常冲洗和设有消防雨淋设施的工作间，其墙面及内墙面颜色应有所区别。 （5）安全通道和应急疏散 ①各级危险性建筑，每层或每个危险研制，加工间的安全出口不应少于两个，当每层或每个危险研制、加工、试验人数不超过 3 人时，可设一个安全出口。 工间的面积小于 65 m²，且同一时间内的加工、危险性研制、加工间内的到达疏散用门较困难的操作岗位附近，应设置安全窗。 ②Ax、Bx、Cx 级建筑底层设危险研制、加工间内的到达疏散用门较困难的操作岗位附近，应设置安全窗。 ③从危险性实验室、工房的最近出口或外部出口或楼梯的距离，应符合下列要求： ——Ax、Bx、Cx 级工房，由最近工作地点至外部楼梯或内部布置连续作业流水线的 Bx、Cx 工房，由最近工作地点至外部楼梯或 ——Ax、Bx、Cx 级建筑不应超过 15 m； ——Dx 级建筑不应超过 20 m。 中间有走廊，两边均为工作间或内部布置连续作业流水线的 Bx、Cx 工房，由最近工作地点至外部楼梯或出口的距离可为 20 m。		

表 6.4（续 7）

序号	考评内容	分值	考评办法
	④疏散用门应向外开启。 危险品生产工房所有的门不应设置门槛；危险品生产间的门和疏散门不应采用吊门、侧拉门或弹簧门，开启方向应向外。当设置门斗时，其门的开启方向应与疏散用门一致。危险性建筑物的外门口，不应设置台阶，应作成坡道。 （6）抗爆间室和抗爆屏院 ①抗爆间室应采用现浇钢筋混凝土墙体和屋盖。当抗爆间室内发生爆炸对毗邻的工作间不致造成破坏时，也可采用轻质易碎屋盖。 ②钢筋混凝土抗爆间室的结构以及观察孔上的玻璃应符合下列要求： ——在碎片作用下，不应产生穿透； ——在抗爆间室内发生爆炸时，应能防止火焰及空气冲击波泄出； ——抗爆门应为单扇，门的开启方向，在空气冲击波作用下，门应转向关闭状态； ——抗爆传递窗的内、外窗扇不应同时开启； ——在设计药量爆炸气体冲击波的整体作用下，抗爆门结构不应产生残余变形。 ③抗爆门、抗爆传递窗的墙和非轻质易碎屋盖在设计药量爆炸应符合下列要求： ④抗爆间室泄压面上的窗、窗台高度不应高于室内地面 0.4 m。 ⑤抗爆间室与主体建筑之间的关系应符合以下要求： ——为减少爆炸事故对主体建筑的影响，抗爆间室与主体建筑之间一般应设置抗震缝，缝宽应不少于 5 cm； ——当抗爆间室为钢筋混凝土屋盖，且设计药量小于 5 kg 时，或抗爆间室为轻质易碎屋盖，且设计药量不大于 20 kg 时，或抗爆间室为轻质易碎屋盖，且设计药量小于 3 kg 时，抗爆间室与主体建筑之间可不设抗震缝； ——当抗爆间室为钢筋混凝土屋盖，且设计药量不大于 5 kg 时，主体建筑的层盖构件可采用与动联结的方式支承于抗爆间室的墙上； ——抗爆间室的顶部采用轻质易碎屋盖时，间室墙的顶部应高出间室屋面不少于 50 cm； ——抗爆间室的屋盖为轻质易碎屋盖时，主体建筑高出抗爆层盖屋盖上，否则间室应采用钢筋混凝土屋盖。		

表6.4(续8)

序号	考评内容	分值	考评办法
	⑥抗爆间室泄压面内的外面,应设置钢筋混凝土抗爆屏院。 ⑦抗爆屏院的平面布置,应能防止空气冲击波经过院墙的开口处传至邻室而引起破坏或爆炸,其最小进深应符合下列规定: ——设计药量<3 kg时,其最小进深为3 m; ——设计药量3~20 kg时,其最小进深为4~5 m; ——设计药量21~50 kg(含50 kg)时,其最小进深为5~6 m。 ⑧抗爆院院墙的高度不应低于抗爆间室檐口处高度,当屏院进深超过4 m时,其面对爆心的中墙高度不应低于抗爆间室檐口处高度逐渐增至屏院中墙处高度按进深增加量的二分之一增高,边墙由抗爆屏院中墙高度		
5	危险性场所的电气和防雷设施 (1)安全评价和评审 应对危险性场所电气和防雷设施的符合程度进行安全评审或确认;电气和防雷设施不应随意改变,产品、工艺、环境条件、建筑物的用途等发生变更,或发生事故后应重新评价或评审,确认电气和防雷设施的符合性。 (2)变配电所 ①变配电所宜为户内式,不应附建于Aα、Cα级建筑,可附建于Bα或Dα级建筑,但应符合下列要求: ——宜采用非油浸式变压器及电容器; ——变压器室及高低压配电室的门窗应设在外墙,门应向室外开启; ——与变配电所无关的管线不应通过。 ②电气室(如配电间、电机室和电源室等),可附建于各级粉尘危险性建筑物内,并可在室内安装非防爆电气设备,但应符合下列要求: ——电气室与危险场所相毗邻的隔墙应是非燃烧性的实体墙; ——电气室的墙上不应开设直接与危险场所相通的门窗。 (3)室内电气线路 ①在各类危险场所宜采用阻燃电线电缆,不应使用绝缘电线明敷或穿塑料管敷设。	8分	以危险性场所为单位进行考评,有第三方评价结论的按结论考评,一处不符合格扣该建筑物2分;无第三方评价结论的,按评审确认结论考评,有一处不符合扣除该建筑物2分。 实得分=∑单个建筑物实得分/检查建筑物总数

表 6.4（续 9）

序号	考评内容	分值	考评办法
	②在各类危险场所低压配电力、照明线路用的绝缘导线和电缆导线的额定电压，应不低于工作电压，且不应低于500 V。通讯线路用的绝缘电线或电缆的绝缘强度不应低于工作电压，且其绝缘耐压试验电压不应低于500 V。电缆敷设以明敷为宜，不应将电缆敷设在电缆沟内。在有机械损伤可能穿钢管加以保护，在过墙或楼板处应设隔板并用非燃性材料对洞孔严密堵塞。 ③各类危险场所使用的电缆宜为干绝缘电缆，除照明分支线路外，电缆不应有分支或穿中间接头。电缆敷设以明敷为宜，不应将电缆敷设在电缆沟内。在有机械损伤可能穿钢管加以保护，在过墙或楼板处应设隔板并用非燃性材料对洞孔严密堵塞。 ④电线或钢管敷设的线路，在进入隔爆型电气设备时，应安装隔离密封装置。 ⑤穿电线用的钢管应采用低压流体输送用镀锌焊接钢管，钢管间连接应采用螺纹连接，螺纹的啮合应是严密的，连接螺纹不应少于6扣，在有剧烈振动场所，还应有防松装置。 （4）室外电气线路 不大于10 kV 的高压线路应采用电缆埋地敷设。引入各危险性建筑和1 kV 以下的低压线路，从配电端到受电端宜全长采用电缆埋地敷设，当全长采用电缆有困难时，可采用钢筋混凝土电杆、钢横担的架空线路，但在人口的一端，应采用一段金属铠装或护套电缆穿钢管直接埋地引入，其埋地长度不应小于15 m。当在危险性建筑物区架设1 kV 以下的架空线路时，其架空线路的轴线与危险性建筑物的距离不应小于电杆高度的1.5倍。 （5）防雷 ①各类危险性建筑采取防雷措施，应按照建筑物防雷等级，依据 GB 50057 和《火规范》相关要求执行，应有相应防雷装置的设计资料。 ②防雷装置及接地应定期在干燥季节由具有检测资质的部门进行检查和检测并有规范的报告和记录，防雷接地电阻应小于等于10 Ω 及应符合其设计要求。 ③企业对防雷装置外观应定期进行检查，并有记录可查。 ④独立避雷针和架空避雷线的支柱及其接地装置不应设在行人经常通过的地方，与道路、建筑物的进出口或其它接地体的距离应大于3 m。 ⑤当树木临近建筑物且不在避雷针或接闪器保护范围之内时，树木与建筑物之间的净距离不应小于5 m。 ⑥变、配电所架空进、出线应设置避雷器及接地，避雷器避雷器及接地应定期检测并保持完好		

表 6.4（续 10）

序号	考评内容	分值	考评办法
6	危险性场所的消防设施 （1）消防设施的安全评价和评审 危险性场所消防设施的符合程度应经过安全性预评价、验收评价、现状评价或安全评审；产品、工艺、环境条件、建筑物的用途等发生变更，或发生事故后应重新评价或评审，确认消防设施的符合性。 （2）消防通道 ①每个危险性场所应有机动车消防通道，应保持畅通。 ②消防通道应能使消防车进出自如，其宽度不应小于 3.5 m，通道上遇有管架、栈桥等障碍物时，其净高度应大于 4 m。消防通道可与交通道路共用，环形消防通道至少应有两处与其它车道连通；尽头式消防通道应设回车道或面积不小于 12 m × 12 m 的回车场。 （3）消防给水 ①各级危险性建筑的消防给水要求不应低于有关的国家标准中对甲类生产厂房的要求。 ②危险性建筑区域内的消防给水水源应有保证。 ③危险性建筑的操作单间使用的药量超过 1 kg，及弹药准备或工作间的敞露、干燥的总药量超过 1 kg 时，应设置自动喷水、雨淋灭火系统。 ④危险性建筑物内需要设置固定式自动喷水灭火装置时，应选择合适的感应启动方式。 ⑤设置固定式自动喷水、雨淋灭火装置时，必须同时具备手动启动的功能。手动控制设备应当设在方便操作人员手能触及之处及靠近（建）筑物疏散出口处。 ⑥根据作业过程情况，凡对工作服行着火危险的地点附近，应配备扑灭着火的设施。 ⑦危险品与水接触能引起燃烧、爆炸或助长火势蔓延着火的场所，禁止用水灭火。给水管道不宜通过上述工作间。这类建筑能引起燃烧的适用相应设置的灭火器材。	8 分	以建筑物为单位进行考评，一处不合格扣该建筑物 2 分。 实得分 = Σ 单个建筑物实得分/检查场所总数

（四）考评要点

总体安全条件主要考评涉火科研生产单位在内外部安全距离、建筑结构、防护屏障、电气防雷、消防设施等方面的设计和实际状况，通过与相关法律、法规和标准对比，找出存在的安全隐患和问题，以评价科研生产单位在总体安全条件方面的符合性、适应性和有效性。确保本质安全，杜绝、减少燃烧爆炸等事故的发生，杜绝或减少人员伤亡和财产损失。

总体安全条件考评的首要任务就是核查确定各危险性建筑物的危险等级和其内的计算药量。通过查表的方式考评危险性建筑物的内、外部安全距离的符合性。当危险性建筑内的计算药量超过《小规范》规定的数量时，应执行《大规范》中的各项规定。

1. 有关定义

（1）小量火药、炸药及其制品：危险性建筑物内（抗爆和抑爆间室除外）炸药及其制品的存药量不超过 50 kg，火药及其制品的存药量不超过 100 kg。抗爆和抑爆间室内炸药最大存药量不超过 50 kg；

（2）计算药量：危险性建筑内研制、加工、试验、拆分、销毁、运输和存放过程中使用的，能一次同时爆炸或燃烧的危险品的最大药量。用于计算危险性建筑的内部距离和外部距离；

（3）设计药量：危险品一次可能同时爆炸的最大药量。用于设计抗爆间室、抗爆屏院、抑爆间室和防护墙（板）；

（4）内部距离：研究所、院校、试验场及工厂内危险性建筑之间、危险性建筑与非危险建筑之间允许的最小距离；

（5）外部距离：危险性建筑外墙与市区、城镇、企业、事业、街道、村庄和道路等被保护目标边缘之间允许的最小距离；

（6）抗爆间室：具有承受爆炸破坏作用的间室，当其内部发生爆炸事故时，对相邻间室结构及其内设备不造成破坏。

2. 危险性建筑的危险等级划分

（1）《小规范》将危险性建筑的危险等级划分为 Ax，Bx，Cx，Dx 级四级。

①Ax 级

建（构）筑物中研制、加工、试验、拆分、销毁、存放的炸药，具有整体爆炸的危险性。

②Bx 级

建（构）筑物中研制、加工、试验、拆分、销毁、存放的炸药及其制品，具有局部爆炸和抛射的危险性。

③Cx 级

建筑物中研制、加工、试验、拆分、销毁、存放的发射药、固体推进剂、液体火药及其制品，具有剧烈燃烧呈燃烧转爆炸的危险性。

④Dx级

建筑物中研制、加工、试验、拆分、销毁、存放的火药、炸药及其制品,具有局部燃烧或爆炸的可能,但药量很小,没有整体爆炸的危险性。

(2)《大规范》将危险性建筑的危险等级划分为 A₁,A₂,A₃,B,C₁,C₂,D 七级。A₁ 级、A₂ 级、A₃ 级建筑物统称为 A 级建筑物,C₁ 级、C₂ 级建筑物统称为 C 级建筑物。

①A₁级建筑物

黑索今、奥克托今、特屈儿、太安和破坏能力相当于或大于这类炸药的其他单体炸药以及含有这类炸药的混合炸药的制造、加工、熔化、注装等生产工序或厂房;储存上述炸药及其药柱(块)的仓库;储存单体起爆药或混合起爆药的仓库。

②A₂级建筑物

梯恩梯和破坏能力与其相当的其他单体炸药以及含有这类炸药的混合炸药的制造、加工、熔化、注装等生产工序或厂房;储存上述炸药及其药柱(块)的仓库;储存装填炸药的大中口径炮弹、火箭弹、地雷、航空炸弹等的仓库;储存火帽、雷管等火工品的仓库。

③A₃级建筑物

黑火药、烟火药的制造、加工工序或厂房;储存黑火药、烟火药及其制品的仓库。

④B级建筑物

弹药、引信及火工品生产中,对炸药、起爆药不进行直接加工的生产工序或厂房;及对炸药、起爆药进行直接加工的作业或爆炸危险性较大的危险品暂存均设在抗爆间室或装甲防护装置内的生产工序或厂房;起爆药的制造由于在溶剂或水中作业而使产品的危险程度有显著降低的工序或厂房;起爆药储存在溶剂或水中的仓库;较钝感的炸药(如地恩梯)的制造、加工厂房和仓库;储存 37 mm 及小于 37 mm 的炮弹、手榴弹、信号弹、特种枪弹等的仓库;储存底火、曳光弹、传火具等火工品及引信、发火件等的仓库。

⑤C₁级建筑物

发射药在制造储存过程中爆炸危险性较大,且发生爆炸时破坏能力也较大的工序或仓库。

⑥C₂级建筑物

除 C₁ 级建筑物以外的发射药制造工序或厂房;装填发射药的药筒、装填推进剂的火箭发动机的装药装配厂房,装填发射药的发射药管及发射药包的装药厂房;储存发射药、装填发射药的药管及药筒、装填推进剂的火箭发动机等的仓库。

⑦D级建筑物

制造过程中作业的危险性较低者,如硝化纤维素生产;火药、炸药、弹药及火工品生产中使用的氧化剂加工厂房和仓库;导火索生产中危险性较低的厂房和储存导火索的仓库;火药、炸药、烟火药、起爆药等的理化试验室。

3.药量的控制要求

(1)火药、炸药、起爆药、烟火药、推进剂及其制品的性能测定、分析实验室的配方、合成实验室,各测试间使用的药量不应大于20 g,实验室的总药量宜小于400 g,实验室内的暂存间的药量应小于300 g,并应存放在抗爆容器之内。此类分析实验室可按有关的国家标准中甲类火灾危险性建筑物进行设计。

(2)火药、炸药、起爆药、烟火药、推进剂的配方、合成及应用研究实验室,其试验间使用的药量宜小于200 g,实验室的总药量应小于3 kg。单间药量大于20 g的试验间应设有防护设施。实验室的暂存间的药量应小于600 g,并应存放在抗爆容器之内。

(3)炸药、起爆药、烟火药、火药、推进剂研制及应用研究的工房和生产工房,其炸药、起爆药和烟火药操作单间使用的药量宜为3 kg以下,存放间宜为10 kg以下,火药、推进剂单间使用的药量宜为10 kg以下,工房的总药量应小于50 kg。各间应依据工序要求设计为抗爆间室或抑爆间室。

(4)炸药的注装、塑装、螺装、压装、压药、切割、钻孔、机械清理和拆分等操作的研制工房,各工序不论药量多少,均应在抗爆间室内进行。进行上述操作的单间药量,对研究所宜小于10 kg,对生产工房应小于50 kg。上述研制工房的总药量对研究所应小于50 kg。

(5)弹药准备(发射药装药和全弹装配)间或工房的总药量,对研究所宜小于50 kg。

(6)在究所内进行危险品的起爆性能试验、威力试验和安全性检验等爆炸试验,凡药量大于20 kg的爆炸试验,均宜在抗爆结构或专用抗爆装置内进行,对研究所其一次最大试验量应小于3 kg,对弹药研究所的试验药量应小于10 kg,对研究所和工厂危险品的销毁,其一次最大销毁的药量宜小于1 kg,产品本身装药量大于1 kg的除外。

(7)研究所和工厂的危险品存放间(库),单间药量不宜超过50kg。

(8)研制实验室或Ax,Bx,Cx级工房没有单独设危险区,而科研区建筑物混合布置时,爆炸危险品的运输应在非科研时间进行,否则应放在抗爆容器内运输。

(9)Dx级建筑物内炸药总药量应小于3 kg,火药总药量宜小于10 kg。

4. 药量的计算原则

(1)Ax,Bx,Cx级工房的计算药量应将生产设备、运输设备、运输工具中的药量,工房内周转的药量,在制品、半成品和成品中的药量均计算在内。当采取隔爆、抑爆等有效的隔离措施,使部分工作间或暂存间的危险品不会同时爆炸或燃烧时,则可按一次同时爆炸或燃烧的最大药量计算。

(2)在Ax,Bx,Cx级工房内同时或部分有炸药(起爆药、黑火药、烟火药)、发射药及其制品时,应分别计算炸药和火药药量之和。

(3)当存放间(库)存放的品种较多时,应分别计算炸药和火药药量之和。

(4)存药量是危险性建筑物内生产、使用或储存的能爆炸或燃烧的危险品实际总药量。以计算药量核准内外部安全距离后,危险性建筑物内的存药量(或确定定员定量时)只能等于或小于计算药量,否则就构成超量存放,按不符合考评要求。

5. 火药、炸药的梯恩梯当量换算系数

火药、炸药的梯恩当量换算系数如表6.6所示。

表6.6　火药、炸药的梯恩梯当量换算系数

火药、炸药名称	TNT当量系数
梯恩梯	1.00
黑索今	1.20
太安	1.28
特屈儿	1.20
8321炸药	1.14
4号炸药	1.10
二硝基萘	0.43
黑火药	0.40
粉状铵梯炸药	0.70
2号炭石炸药	0.78
乳化炸药	0.76
水胶炸药	0.70
单基火药	0.65
双基火药	0.70

注：①未列入本表的火药、炸药的梯恩梯当量系数应由试验确定；

②表中所列炸药有的已被淘汰，但目前仍有库存放仍列入；

③本表引自GB 50154。

6. 内部距离

（1）以建筑物为单位进行考评，有第三方评价结论的按结论考评，无第三方评价结论的，按评审确认结论考评；

（2）内部距离按危险性建筑物的危险等级和计算药量以其外墙轴线距目标建筑物外墙轴线之间的距离考评；

（3）符合《小规范》的按照本考核评分细则考评；符合《大规范》的参照《大规范》相关条款考评。危险性建（构）筑物的等级与存药量及其内、外部距离一览表如表6.7和表6.8所示，便于自查和考评。

表 6.7　危险性建(构)筑物名称、危险等级与存药量及其内部距离一览表

序号	评定建筑物名称	危险等级	危险品名称	药量	防护屏障	目标建筑物名称	危险等级	存药量	防护屏障	距离 规定	距离 实际	符合结论	实得分	备注
1						前								
						后								
						左								
						右								
						侧								
2						前								
						后								
						左								
						右								
						侧								
标准分			得分率(Σ各建筑物实得分合计/建筑物个数)			各建筑物实得分合计							实得分	

表6.8 危险性建（构）筑物的等级与存药量及其外部距离一览表

序号	建筑物名称	危险等级	危险品名称	计算药量	存药量	距城镇距离 规定	距城镇距离 实际	居民点距离 规定	居民点距离 实际	本厂及其他距离 规定	本厂及其他距离 实际	距运输线路距离 规定	距运输线路距离 实际	距供电距离 规定	距供电距离 实际	实得分	扣分记录	备注
1																		
2																		
3																		
4																		
5																		
6																		
7																		
8																		
9																		
10																		
11																		
12																		
13																		
14																		
15																		
16																		
17																		
18																		
标准分	无项分			实际标准分		得分率（∑各建筑物实得分合计/建筑物个数）				建筑物实得分合计						实得分		

7. 外部距离

（1）以建筑物为单位进行考评，有第三方评价结论的按结论考评，无第三方评价结论的，按评审确认结论考评。外部距离按危险性建筑物的危险等级和计算药量以其外墙轴线距目标建筑物外墙轴线之间的距离考评。符合《小规范》的按照本细则考评；符合《大规范》参照《大规范》的相关条款考评。

（2）外部距离核查时，应从建筑物的外墙轴线至目标建筑物的外墙轴线测量。如目标建筑物也属于危险性建筑时，外部距离应分别按建（构）筑物的危险等级和计算药量计算后，取最大值。

（3）外部距离核查表中的外部距离适用于平坦地形，遇天然屏障、人工防护设施等有利地形可适当折减，遇峡谷、不稳定地表等不利地形宜适当增加，折减和增加的幅度宜控制在 20% 以内。

（4）本单位靶场区、销毁场、危险品转运站台、调车站或线路都应按危险性建筑物进行外部安全距离的考核、评分。危险品生产区、危险品总仓库区、靶场区、销毁场、危险品转运站台、调车站或线路所之间的距离属外部距离，应按危险性建筑物进行各分区之间的外部距离考评，考评时应按各分区的要求分别计算，取最大值。

（5）仓库中存放危险品出现混放情况，且不能及时整改时，按不符合判定。

（6）建设项目"三同时"的监管和审批，考评时应进行可研、评价、初设、评审机构的资质和形式核查，可直接采信符合资质条件和《安全评价导则》编制的技术文件的结论。有争议的应在评审报告中注明，较早期的建设项目可以根据具体的历史客观原因，依据"三同时"审批文件或现状评价进行确认。对产品、工艺、环境条件、建筑物等发生变更（包括改变危险性建筑物功能用途），应核查其外部安全距离的符合性。

8. 总平面布置

（1）考评时，应依据危险性建筑与非危险性建筑分开布置的原则，危险性建筑宜相对集中，并布置在有利于安全的地带。

（2）当危险性建筑具有抗爆间室时，其泄压面不宜面向主要干道和主要建筑物。

（3）道路系统布局，除应满足生产运输和消防通道要求外，非危险部分的人流、物流不宜通过危险品研制、加工和储存区。

（4）在总平面和道路系统布置中，宜避免危险品的往返和交叉运输。

（5）未经铺砌的场地，均应进行绿化，并以种植阔叶树为主。在 A_x、B_x、C_x 级建筑周围 15 m 范围内，不应种植针叶树或竹林。

（6）相对集中布置的危险性建（构）筑物周围，根据具体情况宜单独设置围墙，围墙与危险性建筑的距离不宜小于 15 m，当围墙为界墙时，应密砌。

9. 危险品仓库

（1）危险品仓库应为单层建筑。

（2）危险品仓库的屋盖应为钢筋混凝土屋盖。

（3）危险品仓库当采用履土式建筑时,应符合下列要求:

①建筑物三面墙的外侧和屋盖应覆土,墙的顶部外侧和屋盖的覆土厚度不小于 0.5 m;

②覆土的墙与屋盖应采用钢筋混凝土结构。

（4）危险品仓库的门应向外开,不应采用吊门、侧拉门、弹簧门,不应设置门槛。

（5）当危险品以包装箱方式存放并不在库内开箱时可采用一般地面。

（6）当危险品仓库采用其他特殊结构形式时,如覆土拱形库、钢板夹砂库等,尚应符合有关的规定与要求。

10. 接地要求和接地电阻

建（构）筑物内不同用途和不同电压等级用电设备的接地,宜共用接地装置,接地电阻一般为 4 Ω,对接地电阻有特殊要求的设备,应按有关规范或标准确定。

当建（构）筑物防雷电感应、防雷电波引入、重复接地、防静电接地、电子电讯设备接地等,构成共用的综合接地系统时,接地电阻不应大于其中规定的最小值。

11. 危危险性建（构）筑物消防设施配备情况

险性建（构）筑物消防设施配备情况一览表如表6.9所示,便于自查和考评。

表 6.9 危险性建（构）筑物消防设施配备情况一览表

序号	建筑物名称	消防通道回车场	消防水源符合程度	室外栓符合程度	消防水池符合程度	消防车符合程度	扣分原因与所扣分值	实得分	备注
1									
2									
3									
4									
5									
6									
7									
8									
9									
10									
标准分	无项分		实际标准分	得分率（∑单个建筑物实得分/检查场所总数）		实得分		实得分合计	

（五）常见问题

（1）危险建筑物的防护土堤上和建筑物周边存在较多干杂草；

（2）部分危险建筑物防护土堤的顶宽或土堤本身损毁严重；

（3）危险品总仓库缺失金属网、铁栅和可开启的窗扇；

（4）危险性建筑物防直击雷的保护范围不足；

（5）在易燃易爆场所使用临时用电线路；

（6）易燃易爆作业场所的电气设备线路不符合安全规范要求；

（7）室外消防栓设置位置不符合与道路边线小于2 m的规定要求；

（8）火工工库房周围规定范围内种植针叶树和竹林；

（9）由于市政规划等原因,内、外部距离不满足原设计要求；

（10）工房内无定置管理图；

（11）工房无定员定量标识和相应的安全警示标识；

（12）危险性工房的金属门窗没有静电接地；

（13）工作台没有防静电接地。

（六）适用的法规标准

总体安全条件适用的法规标准如表6.10所示。

表6.10　总体安全条件适用的法规标准

序号	法规标准
1	GB 50016　建筑设计防火规范
2	GB 50057　建筑物防雷设计规范
3	GB 50058　爆炸危险环境电力装置设计规范
4	GB 50084　自动喷水灭火系统设计规范
5	GB 50140　建筑灭火器配置设计规范
6	GB 50187　工业企业总平面设计规范
7	GB 50348　安全防范工程技术规范
8	WJ 2470　小量火药、炸药及其制品危险性建筑设计安全规范（简称《小规范》）
9	兵总质〔1990〕2 号　火药、炸药、弹药、引信及火工品工厂设计安全规范（简称《大规范》）
10	兵器工业出版社　兵器工业安全生产标准化培训辅导教材

四、采购

（一）适用范围

本项目适用于涉及火工业务的舰船设备研制单位科研生产中的各类火炸药及其制品的采购安全管理。

（二）资料备查清单

（1）采购安全管理制度；

（2）采购申请单；

（3）申请手续审批资料；

（4）供方资质照明材料和供方资质确认材料；

（5）产品安全技术说明书（MSDS）。

（三）考评内容及考评办法

各类火炸药及其制品采购安全管理考评内容及考评办法如表6.11所示。

表6.11　各类火炸药及其制品采购安全管理考评内容及考评办法

考评内容	分值	考核办法
采购安全要求 （1）应办理采购审批手续，进行供方资质确认。 （2）采购火炸药及其制品时应索取安全技术说明书（MSDS），并传递到使用单位参照执行；包装上应标有安全标签，标明物品的危险特性和处置方法	10分	①无采购审批手续扣10分。 ②缺少一个MSDS扣5分，MSDS内容不完善扣2分

（四）考评要点

（1）查看各部门在科研试验过程中购买火炸药及其制品填写的《火炸药及其制品采购申请表》及相关过程资料；

（2）查看提供火炸药及其制品厂家所提供的合法生产资质、火炸药及其制品检验合格证书和安全技术说明书等出厂材料；

（3）应建立火炸药及其制品采购安全管理规定，明确采购程序和相关职责。

（五）常见问题

（1）购买时未向第三方索取安全技术说明书（MSDS）；

（2）采购供方资质材料不齐全。

（六）适用的法规标准

各类火炸药及其制品采购安全管理适用的法规标准如表6.12所示。

表6.12　各类火炸药及其制品采购安全管理适用的法规标准

序号	法规标准
1	GJB 2001　火工品包装、运输、贮存安全要求
2	兵器工业出版社　兵器工业安全生产标准化培训辅导教材

五、运输

(一)适用范围

本项目适用于涉及火工业务的舰船设备研制单位对火炸药及其制品运输相关要素的考评。

(二)资料备查清单

(1)运输工具台账;

(2)危险品运输安全管理制度;

(3)危险品运输审批手续;

(4)驾驶员定期接受安全教育记录;

(5)危险品押运人员有效押运证件;

(6)其他证明危险品运输的有效文件、记录和资料。

(三)考评内容及考评办法

火炸药及其制品运输考评内容及考评办法如表6.13所示。

表6.13　火炸药及其制品运输考评内容及考评办法

序号	考评内容	分值	考评办法
1	基本要求 (1)危险区的道路宜采用沥青路面或混凝土路面。路面应坚固、平坦;运输危险品的道路干线的纵坡不宜大于6%(山区不应大于8%);手推车运输黑火药和烟火药的道路纵坡,不宜大于2%。 (2)禁止使用翻斗车、汽车拖斗车、三轮车运输危险品。 (3)火工品运应使用防爆机动车,不防爆的机动车不应直接进入各级危险性建筑物内,宜在门前2.5 m处进行装卸作业;当建筑物内有药尘或散发易燃液体蒸汽时,宜在门前5 m处进行装卸作业	10分	①以每辆运输工具为单位进行考评,一处不合格扣该运输工具2分。 实得分＝∑单个运输工具实得分/检查运输工具总数。 ②其他条款发现一处不合格扣2分
2	汽车运输安全要求 (1)拉运危险品的汽车制动器、转向器、喇叭、灯光、后视镜应齐全完好。 (2)排气管应安装在车厢前下侧或安装防火罩。 (3)车厢底板应垫导电胶板,不应有黑色金属外露。 (4)车辆厢体应安装导电带。 (5)运载量不超过额定负载的3/4,装高不超过车厢高度。 (6)装卸产品应轻搬轻放,放置稳固。 (7)厂内运输速度速度小于15 km/h		

表6.13(续)

序号	考评内容	分值	考评办法
3	电瓶车运输安全要求 (1)应使用符合防爆要求的电瓶车装载易燃易爆物品。 (2)车辆应定期进行厂内机动车检测,并在有效期内运行。 (3)车辆制动有效、转向灵活、可靠。 (4)电气部分绝缘应良好,不得漏电,照明、警笛应完好有效,具有导静电装置或措施。 (5)载重量不应超过额定负荷,高度不应超过规定,物品捆绑牢固,行驶速度应符合要求	10分	
4	手推车运输安全要求 (1)工序转运应使用胶轮手推车,坚固可靠,易摩擦部位应有防止产生火花措施。 (2)车面应铺设导静电胶板,不应有黑色金属外露,具有导静电措施。 (3)装卸应轻拿轻放,放置稳固,防止碰撞、跌落。 (4)物品应摆放整齐、牢固		

（四）考评要点

本项目的考评重点是危险品运输资质、运输设备、装卸、行驶的规范性和频繁转运危险品的厂内道路路况。

1. 运输管理规定

考评过程主要查看相关制度及资质证明材料,包括火炸药及其制品运输管理制度、运输车辆和驾驶员的资质、运输手续、驾驶员的培训教育情况及押运人员资质及培训等情况。

2. 汽车运输

（1）现场查看危险品运输车辆和装卸车作业过程,并对车辆驾驶人员的行车安全要求进行询问;

（2）如运输委托第三方,应对承担运输任务单位的资质、车辆和驾驶员的资格证进行核查和备案。承包运输任务的车辆和人员在被考评单位区域内现场作业的,应按照标准进行考评。

3. 电瓶车运输

在生产作业现场或厂内运输路线对危险品运输的装卸操作、厂内道路路况及行驶规范性进行随机检查考评。

如运输委托第三方,应对承担运输任务单位的资质、车辆和驾驶员的资格证进行核查和备案。承包运输任务的车辆和人员在被考评单位区域内现场作业的,应按照标准进行考评。

4. 手推车运输

现场查看手推车和装卸车作业过程。如现场考评时,企业未开展装卸作业,评审员应对生产现场的人工运载工具和转运路线进行检查。局部路段坡度超标,可采取加装车闸等有效措施。手推工具加装金属拖链在不发火和导静电地面行驶,按导静电措施判定。现场发现超载、转运路线坡度较大、运载工具有缺陷应按评分方法扣分。

(五)常见问题

(1)进入火工作业区域的车辆排气管未安装防火罩;

(2)车辆未安装静电泄放装置;

(3)运输危险品的汽车在所区行驶超过 15 km/h;

(4)手推车未设置防静电措施或设置的措施不符合要求;

(5)运输路面不平整或坡度不符合要求;

(6)运输危险品的车辆搭乘无关人员;

(7)用翻斗车、拖斗车、三轮车、摩托车、自行车、畜力车运输危险品;

(8)机动车辆未经批准驶入危险品科研生产区域;

(9)车面未铺设导静电胶板,有黑色金属外露;

(10)装卸、搬运危险品时,野蛮操作使危险品受到摩擦撞击。

(六)适用的法规标准

火炸药及其制品运输管理适用的法规标准如表6.14所示。

表6.14　火炸药及其制品运输适用的法规标准

序号	法规标准
1	GJB 5120　废火药、炸药、弹药、引信及火工品处理、销毁与贮运安全技术要求
2	GJB 2001　火工品包装、运输、贮存安全要求
3	WJ 1912　电火工品生产防静电安全规程
4	兵器工业出版社　兵器工业安全生产标准化培训辅导教材

六、储存

(一)适用范围

本项目适用于涉及火工业务的舰船设备研制单位科研生产中的各类火炸药及其制品的储存(包括临时存储)安全管理。

(二)资料备查清单

(1)危险品储存安全管理制度等;

(2)储存危险品危害辨识、风险评价和风险控制相关资料;

(3)储存作业场所定置管理图;

(4)危险品存储过程的规范性引用文件及安全操作规程;

(5)危险品库区应急救援预案;

(6)危险品储存出入库手续清单;

(7)危险品储存台账;

(8)库房内温、湿度检查记录完整有效;

(9)各级(岗位)检查责任人巡查记录。

(三)考评内容及考评办法

各类火炸药及其制品储存考评内容及考评办法如表6.15所示。

表6.15 各类火炸药及其制品储存考评内容及考评办法

序号	考评内容	分值	考评办法
1	产品出入库安全要求 (1)入库产品应有合格证。 (2)雷电、大雨天气和强磁场环境,爆炸危险品不应出入库。 (3)出库后返回的产品应有验收手续方可入库,拆包的产品应另库存放		一处不合格扣该场所5分。 实得分=∑单个场所实得分/检查场所总数
2	开封拆包安全要求 严禁在火工仓库内开箱。需取出产品时,应在仓库管理人员监督下,将产品箱移至开箱库或防护屏障外指定地点进行开箱,所使用的工具应采用摩擦撞击不产生火花并与产品不起化学反应的材料制造	30分	
3	产品存放安全要求 (1)火炸药及其制品应储存在专用仓库、专用场地或专用储存室;存放量应符合库房安全定量要求,不应超过仓库最大允许存量。 (2)各种危险品宜单独品种专库存放,当条件限制时,同库存放应按照《小规范》和《大规范》中危险品分组存放的规定执行。 (3)在生产区、靶场区当存药量较小时,可将不同组的危险品同存放在一个库内,但应当有隔墙将不同危险品分开。 (4)火工仓库应环境整洁、通风良好,仓库内产品的堆放应整齐、稳固、标识清晰、利于行走、搬运方便。弹药堆放高度不应超过2 m,堆垛与堆垛、堆垛与墙距不小于0.6 m,主要通道的宽度不小于2 m;引信、火工品包装件的堆垛总高度不应大于1.5 m,堆垛与墙距不应小于0.6 m,主要通道宽度不应小于1.5 m		

表 6.15(续)

序号	考评内容	分值	考评办法
4	废品存放安全要求 (1)仓库内严禁储存无关物品,废品或未进行安定性试验的新产品应指定区域单独存放。 (2)废品定期或定量处理、销毁		
5	库房安全管理 (1)应设置仓库负责人,并配备相应的仓库管理人员和安防人员,安防人员应设置固定岗哨和流动岗哨,并按公安部门规定配备必要的警用器具。 (2)仓库管理人员应了解仓库所储存产品的安全性能,掌握防火、防爆等知识,熟悉仓库的各项安全规定并经培训且考试合格后持证上岗。 (3)外来人员进入火工仓库应经本单位审查批准,由仓库管理人员带领进入库区。 (4)库房应实行双人双锁管理制度,内层门和外层门各设置一把锁,分别由一名保管员管理,不得将两把钥匙交由一名保管员管理。 (5)火工库房账目应清晰,账、卡、物应一致。 (6)火工库区应设置安全防范电子监控装置,并确保监控装置完好。 (7)火工库应设置相应的警示标识		
6	暂存间安全管理 (1)暂存间应沿工房外墙布置成凸出的房间或布置在工房的端部,其危险品存量不致危及其他工作间,且不宜靠近出入口和更衣间。 (2)暂存间危险品存量一般不应超过 4 h 生产需要量,并应有制度规定和定量标识。 (3)暂存间危险品分组存放应符合《小规范》和《大规范》的规定,账、物、卡相符。 (4)各类实验室暂存间的药量要求应符合《小规范》的规定。 (5)在试验间较多而且试验间内存药量又较小的情况下,允许实验室周转的药暂存在抗爆容器内,其药量不宜超过试验间的使用药量。 (6)炮弹、战术导弹和制导炮弹研制装配工房,在采取防护隔离措施的情况下,允许设置暂存间		

（四）考评要点

库房的总体布局和结构形式纳入总体安全条件部分考评。

1. 产品出入库安全要求

火炸药及其制品出入库要严格执行出入库的有关规定,出入库应根据气候情况提前做好相应的计划和准备工作,遇到雷电、大雨、大风(六级以上)等恶劣气候及强磁场环境时严禁进行出入库作业。火炸药及其制品存放、领取账目(账、物、卡三者应相符),报废火炸药及其制品回收、销毁登记。

火炸药及其制品入库前,库房保管员(双人)凭批准的入库单上的名称、数量和质量等进行核对、验收,同时,要检查产品合格证,安全技术说明书,包装盒(箱)的安全标签是否齐全并收集归档,不符合入库单的名称、数量和质量的不能入库,没有产品合格证、安全技术说明书、安全标签的不能入库,入库的同时必须建好台账,相关人员必须签字确认。

火炸药及其制品出库后,未使用完的爆炸物品需要及时回库,回库时,库房管理人员需凭入库单方可办理入库手续,入库前需对入库的爆炸物品进行物品名称、规格、数量和包装的完好性进行认真检查、核对,确定无误后在入库单上相关人员签字确认,退库的爆炸物品应单独建账、单独存放;包装拆封的应当另库存放并做好标识(标明物品的名称、规格、数量)。

考评人员现场检查产品出入库安全要求,重点以出入库材料和相关规则制度为主:

(1)查库房存储情况,各类火炸药及其制品是否有合格证和安全标签;

(2)查出入库记录,出入库是否涉及标准限制作业的气候、环境;

(3)查出入库台账记录和相关验收资料,出库后返回的产品是否有验收手续方,拆包的产品是否另库存放。

2. 开封拆包安全要求

查库区现场,是否按照标准要求设有专门的开封拆包区域,制度中是否明确相关规定。

3. 产品存放安全要求

(1)查库房总体安全条件;

(2)查库房是否符合定量、定员管理;

(3)多种爆炸物品同库存放,是否符合《小规范》和《大规范》中危险品分组存放的规定,每种物品是否有清晰明显的标志牌(名称、特性、数量),两种不同物品之间是否有明显的分隔线(或其他措施),其垛距是否符合相应爆炸物品的储存要求;

(4)对照标准要求查现场作业环境等其他方面的符合性;

(5)查库房的废品储存量与标准要求或制度规定的符合性。

4.库房安全管理要求

（1）查相关文件，是否明确设有仓库负责人，查仓库管理人员和安防人员的配备情况和相关标准的符合性（应当有佐证材料）；

（2）询问仓库管理人员对库房内储存的火炸药及其制品的有关知识和管理规定，并查持证情况；

（3）查库区、库房出入的登记台账，外来人员是否按规定办理登记手续；

（4）查库房门的符合性、双锁钥匙的保管情况；

（5）查火工库双本台账，抽查账、卡、物是否一致、签名情况、出入库审批的佐证资料；

（6）查火工库区安全防范电子监控装置的设置情况和完好性；

（7）查是否设有危险点的标识牌、是否设有与爆炸物品相对应的各类警示标识和告知牌等。

5.暂存间安全管理

（1）查暂存间的布置情况与标准要求的符合性；

（2）查暂存间的存储管理制度和定员定量规定，查现场的定员定量标识和存储量实际情况；

（3）查暂存间危险品分组存放的账、物、卡与《小规范》或《大规范》规定的符合情况；

（4）查各类实验室暂存间的存储药量，是否符合《小规范》规定。

6.《小规范》危险品分组存放规定和存放间（库）的危险等级划分

（1）仓库危险品分组存放规定

存药量较小，分组划分跨度较大，各种危险品均应分组存放、当条件限制时，下述不同分组的危险品允许同放在一栋库房内，但应有隔墙将不同分组的危险品分开。危险品分组如下。

①第1组：黑索今、奥克托今、特屈儿、太安、含黑索今的混合炸药及上述炸药的药柱（块）、塑性炸药、胶质炸药、地恩梯、硝基胍、铵梯炸药、梯恩梯及其药柱（块）、苦味酸、导爆索；

②第2组：硝化纤维素、发射药、推进剂、装发射药的发射药包、装发射药的发射药管、装填发射药的药筒、装填推进剂的火箭发动机、可燃药筒、半可燃药筒、黑火药及其制品、装黑火药的发射药包、装黑火药的发射药管、导火索；

③第3组：普通枪弹、迫击炮弹、杀伤爆破榴弹、火箭弹、战术导弹、穿甲弹、子母弹、破甲弹、碎甲弹、反坦克导弹、末制导炮弹、手榴弹、爆破筒、地雷、航空炸弹、航空子母弹、制导炮弹；

④第4组：特种枪弹、特种手榴弹、特种炮弹和迫击炮弹（如燃烧、照明、发烟弹、消光弹等）、特种航空炸弹（如燃烧、照明、标志、烟幕、照相弹等）、信号弹、烟火剂制品及其信号剂、照明剂、燃烧剂、曳光剂等；

⑤第5组：火帽、底火、雷管、拉火管、曳光管、电爆管、传火管、点火具、扩爆管、导爆管、引信、发火件等；

⑥第6组：雷汞、二硝基重氮酚、氮化铅、三硝基间苯二酚铅、四氮烯、击发药、拉火药、针刺药、氮化钠等；

⑦第7组：硝酸铵、硝酸钾、氯酸钾、硝酸锶、硝酸钡、硝酸钠、过氧化钡、高氯酸铵等氧化剂；

⑧第8组：锆粉、镁粉、铝粉。

（2）危险品仓库危险等级

危险品存放间（库）的危险等级可按所储存的危险品确定，并应符合表6.16的要求。当单间（库）存放的品种较多时，应按存放危险品的最高危险等级确定。

表6.16　危险品存放间（库）危险等级

危险等级	存放的危险品名称
Ax	奥克托今、特屈儿、太安、黑索今、太梯、黑梯及黑铝混合炸药及其制品； 胶质炸药及其捏和药； 干雷汞、干二硝基重氮酚、氮化铅、三硝基间苯二酚铅、四氮烯、共晶氮化铅； 击发药、拉火药、针刺药； 梯恩梯及其制品，梯萘炸药、铵梯炸药、硝基胍、苦味酸； 按重量含水量（或酒精）低于25%的硝化纤维素； 口径大于37 mm的榴弹、杀伤爆破迫击炮弹、装填炸药的穿甲弹、火箭弹、导弹战斗部、反坦克导弹、破甲弹、碎甲弹、扫雷火箭、爆破筒、地雷、航空炸弹； 主动装甲装药； 战术导弹、制导炮弹； 末敏炮弹； 火帽、枪弹底火、雷管、导爆索、传爆管、扩爆管； 黑火药及其制品； 烟火药及其制品
Bx	地恩梯； 口径37 mm及小于37 mm的炮弹； 手榴弹； 特种枪弹； 特种炮弹及特种迫击炮弹； 特种航空炸弹； 信号弹； 引信、发火件； 底火、拉火管、曳光管、传火具、点火具、电爆管； 水中雷汞、湿态的二硝基重氮酚、湿态的三硝基间苯二酚铅

表 6.16(续)

危险等级	存放的危险品名称
C*x*	单基火药、双基火药、三基火药、液体火药、双基推进剂、复合推进剂、可燃药筒、半可燃药筒、装填发射药的药筒; 按重量含水量不低于 25% 的硝化纤维素及按重量含水量不低于 20% 的吸收药; 硝化棉软片及其制品; 装填推进剂的火箭发动机; 不装填炸药的炮弹和战术导弹; 普通枪弹; 发射药管及药包
D*x*	二硝基萘; 导火索; 硝酸盐、氯酸盐、草酸盐、碳酸盐及高氯酸盐等氧化剂

注:转手库、组(编)批库和废品库等的危险等级均按本表确定。

7.《大规范》危险品分组存放规定和存放间(库)的危险等级划分

(1)仓库危险品分组存放规定

各种危险品均宜单独品种专库存放,但当条件限制时,可参照下列分组存放。

①第 1 组:含水不少于 25% 的硝化纤维素;

②第 2 组:发射药,推进剂,装发射药的发射药包,装发射药的发射药管,装填发射药的药筒,装填推进剂的火箭发动机,可燃药筒,半可燃药筒;

③第 3 组:黑索今、奥克托今、特屈儿、太安、含黑索今的混合炸药及以上炸药的药柱(块);

④第 4 组:胶质炸药;

⑤第 5 组:梯恩梯及其药柱(块),梯萘炸药,铵梯炸药,地恩梯,二硝基萘,硝基胍;

⑥第 6 组:苦味酸;

⑦第 7 组:黑火药及其制品,装黑火药的发射药包,装黑火药的发射药管,导火索;

⑧第 8 组:枪弹;

⑨第 9 组:杀伤爆破榴弹,迫弹,火箭弹,战术导弹;

⑩第 10 组:穿甲弹,破甲弹,碎甲弹,反坦克导弹;

⑪第 11 组:手榴弹,爆破筒,地雷;

⑫第 12 组:航空炸弹;

⑬第 13 组:特种手榴弹、特种炮弹(如燃烧、照明、发烟弹等)、特种航弹(如燃烧、照明、标志、烟幕、照相航弹等)、信号弹、烟火药制品;

⑭第 14 组:装填黄磷的手榴弹、炮弹、航弹;

⑮第 15 组:火工品(如火帽、底火、雷管、拉火管、曳光管、电爆管、传火具、点火具等);

⑯第 16 组:扩(传)爆管、导爆索;

⑰第 17 组:引信,发火件;

⑱第 18 组:雷汞,击发药,拉火药;

⑲第 19 组:氮化铅,三硝基间苯二酚铅,四氮烯,针刺药;

⑳第 20 组:二硝基重氮酚;

㉑第 21 组:三硝基间苯二酚;

㉒第 22 组:氮化钠;

㉓第 23 组:信号剂、照明剂、燃烧剂、曳光剂等(应按品种光色不同分间存放);

㉔第 24 组:硝酸铵、硝酸钾、氯酸钾、硝酸锶、硝酸钡、硝酸钠、过氧化钡、高氯酸铵等氧化剂。

注:① 在生产区靶场区当存药量较小时,可将不同组的危险品同放在一个库内,但应有隔墙将不同组的危险品分开;

② 第 18～24 组所列危险品库房均设在生产区。

(2)危险品仓库危险等级

危险品仓库危险等级表如表 6.17 所示。

表 6.17 危险品仓库危险等级表

序号	危险等级	储存危险品名称
1	A_1	奥克托今、特屈儿、太安、黑索今、含黑索今的混合炸药及以上炸药的药柱(块);胶质炸药,胶质炸药生产中的捏合药;干雷汞,干二硝基重氮粉,氮化铅,三硝基间苯二酚铅,四氮烯,针刺药,击发药,拉火药
2	A_3	梯恩梯及其药柱(块),硝基胍,苦味酸,梯萘炸药,铵梯炸弹;大于 37 mm 的榴弹,迫弹,装填炸药的穿甲弹,火箭弹,火箭弹战斗部,战术导弹,破甲弹,碎甲弹,反坦克导弹,爆破筒,地雷,航空炸弹;火帽,枪弹底火,雷管,带雷管的发火件,导爆索,扩(传)爆管
3	A_2	黑火药粉,黑火药及其制品;烟火药及其制品
4	B	地恩梯;特种枪弹(如穿甲燃烧弹、穿甲燃烧曳光弹、曳光弹);37 mm 及小于 37 mm 的炮弹;手榴弹;特种手榴弹,特种炮弹(如燃烧、照明、发烟弹等);特种航弹(如燃烧、照明、烟幕、标志、照相航弹等);信号弹;底火,拉火管,曳光管,传火具,点火具,电爆管;引信,发火件;水中雷汞,湿态的二硝基重氮酚,湿态的三硝基间苯二酚
5	C_1	储存在储罐内的单基小品号(如 2/1,3/1 品号)火药
6	C_2	含水量不少于 25% 的硝化纤维素,螺旋除水后的吸收药,离心除水后含水量不少于 20% 的吸收药,单基火药,双基火药,双基推进剂,复合推进剂,三基火药,装填发射药的药筒;可燃药筒,半可燃药筒;装填推进剂的火箭发动机;不装填炸药的穿甲弹;普通枪弹;装填发射药的发射药管或药包;硝化棉软片及其制品

表 6.17（续）

序号	危险等级	储存危险品名称
7	D	胶质炸药生产中的混合药；二硝基萘；导火索；硝酸铵，硝酸钾，硝酸钡，硝酸锶，硝酸钠，氯酸钾，过氧化钡，高氯酸铵等氧化剂；氮化钠

注：① 工序转手库、车间转手库、组（编）批库、工厂总仓库、返工品库、废品库等的危险等级均应按本表确定。

② 胶质炸药生产中的混合药系指尚未混入硝化甘油的半成品。

（五）常见问题

（1）在易燃易爆工（库）房使用易产生火花的工具、工装；

（2）在相对湿度不符合要求的炸药干燥、包装工房进行装、出料作业；

（3）在易燃易爆工（库）房周围 30 m 之内堆放可燃物品；

（4）将化学性质相抵触的火炸药及其制品混存；

（5）原材料、半成品、成品周转未按规定在指定地点存放；

（6）库房单开门和双开门没有采取有效的防静电接地措施；

（7）库房内许多堆垛与堆垛、堆垛与墙距不满足标准要求；

（8）库房无定员定量标识和相应的安全警识。

（六）适用的法规标准

各类火炸药及其制品储存安全管理适用的法规标准如表 6.18 所示。

表 6.18　各类火炸药及其制品储存安全管理适用的法规标准

序号	法规标准
1	GJB 2001　火工品包装、运输、贮存安全要求
2	WJ 2470　小量火药、炸药及其制品危险性建筑设计安全规范
3	兵总质〔1990〕2 号　火药、炸药、弹药、引信及火工品工厂设计安全规范
4	兵器工业出版社　兵器工业安全生产标准化培训辅导教材

七、使用

（一）适用范围

本项目适用于涉及火工业务的舰船设备研制单位科研试验过程的安全考评。

（二）资料备查清单

（1）各类设备设施台账；

（2）设备管理制度（设备寿命全周期管理）；

（3）设备操作规程；

（4）设备技术档案（含采购、安装、调试、验收、移交、大修、检测、封存、报废、废弃处置等资料以及设备出厂合格证、使用说明书、装配图、原理图等）。

（三）考评内容及考评办法

火工业务科研试验过程安全考评内容及考评办法如表6.19所示。

表6.19　火工业务科研试验过程安全考评内容及考评办法

序号	考评内容	分值	考评办法
1	基本要求 （1）火工作业时应设置相应的警示标识且必须有人在岗，严禁酒后上岗。 （2）作业前操作者及有关责任人员应按规定对设备、仪器、设施等的安全防护情况逐一进行检查，符合要求后，方可进行作业。 （3）生产中各级安全责任人应随时检查，重点工序的安全员应全程监督，及时发现隐患，及时整改。 （4）在有特殊要求的场所，作业前，操作者对防静电接地电阻进行检测，符合要求后，方可进行作业。 （5）作业过程中，各类人员应按照安全标准、管理制度和安全操作规程的规定进行作业，并做到工具、物料摆放位置、堆放高度等符合现场管理的有关要求	8分	发现一处不合格扣2分
2	称量安全要求 （1）原材料称量必须按照相关作业文件进行。 （2）在每天工作之前，首先校准天平，用牛皮纸、牛角勺称药，不允许用托盘直接称药。 （3）氧化剂与可燃物应隔开存放。氧化剂和可燃物称量布置在一个工作间时，相互间应隔离。 （4）天平、称量用具应明显标识，专药专用，分开放置。 （5）操作者采用湿布或纱布蘸溶剂清擦工作台面，保证无浮药；清擦工具应用湿布，不应用干布、毛刷。 （6）擦拭产品用的酒精等易燃、易爆溶剂应装到可靠容器内，不应大量存放到工作现场，做到随用随领，在生产现场不超过每班用量。 （7）工作结束后，现场应清理彻底无浮药	6分	发现一处不合格扣1分

表 6.19（续 1）

序号	考评内容	分值	考评办法
3	加热烘干安全要求 （1）干燥设备和倒药设备必须遥控操作；将装有混合物的托盘运料车送入干燥室后，必须锁定车轮，连接接地导线。关闭干燥室门之后，立即启动通风装置。 （2）干燥设备工作时，干燥室禁止人员通行，应设有明显标识。药剂干燥时，干燥室内不允许存放其他物品。 （3）禁止在同一烘箱内同时干燥不同种类的药剂，并严格遵守所烘药料的定量工艺要求，不得超量。 （4）从烘干箱取出后的药剂，应使用有色金属材料制成的工具将混合物转移到有色金属材料制成的桶内。在此过程中，勺、桶都必须接地，要轻拿轻放	6分	发现一处不合格扣1分
4	切断和钻孔安全要求 （1）对药柱进行机械切削时，应对药量、转速、进给量、走刀速度及环境温度等条件进行检查，严格定员定量，并采取相应的安全防护措施。 （2）设备操作必须遥控进行。在断切和钻孔过程中，必须使用冷却水。冷却水出口始终对准刀具切削位置。 （3）机械室内仅允许有一根在加工的药条。加工后的药柱立即用压缩空气吹干，送入储存室。 （4）钻头、车刀应由专业人员磨制，并根据切削情况及时更换。 （5）加工好的半成品或成品应及时转运，定点存放。边料、角料和废旧物品应指定专人及时清理、销毁	6分	发现一处不合格扣2分
5	涂覆安全要求 （1）药剂涂覆操作必须在防护仓内进行。 （2）防护仓内只允许有一发药柱，药柱涂覆之后立即送干燥室。 （3）清理设备上残留的废涂覆药剂必须使用棉布浸丙酮轻轻擦拭，严禁使用硬物刮擦。 （4）干燥室内干燥柱数量应根据相关管理制度进行定量。 （5）干燥之后的药柱及时包覆铝箔，送到储存室存放	6分	发现一处不合格扣1分
6	装配安全要求 （1）领取要求 ①火炸药及其制品领取必须使用符合安全要求的专用运输工具。手提箱运输时应有明显标识，不应两种产品同时运送。 ②进入装配间的产品应登记上账，妥善管理。 ③托盘摆放有序，生产现场带火帽的零、部件存放数量不允许超过工艺规定，装配工房产品存放量符合安全定量要求。	6分	发现一处不合格扣2分

表 6.19（续 2）

序号	考评内容	分值	考评办法
	（2）工艺要求 ①火工品及其部件的装配、剥线、焊接、点铆、压合、返修及其检验等工序，应有防护装置，采用隔离操作，保证安全。 ②火炸药及其制品的装配、焊接、点铆、测电阻、返修及其检验等工序，应穿防静电工作服、防静电鞋。对静电敏感的特殊工序，操作人员要戴防静电手镯。 ③防护装置内存放火炸药及其制品的数量应严格执行工艺规定。 ④电烙铁焊接火炸药及其制品时应严格遵守工艺规程及电烙铁安全操作规程。 ⑤工作中不应撞击和擦伤火工品，并绝对禁止冲击和剧烈震动，绝对禁止将针刺型的物品、火柴和非工艺规定的易燃品带入工作地点。 ⑥工装、卡具、辅具应采用有色金属材料制造，且不应带尖刺。 ⑦严禁在通电状态下焊接电火工品及其部件，电火工品两极或脚线必须短路可靠，操作中需开路的工序，应在规定的场所，并在防护板后进行，操作完成后，应立即恢复短路。 （3）操作要求 ①操作应严格执行现行有效的工艺规程；工艺规程应先进、科学，并有完善的安全要求或安全规定。 ②人工装配宜在防护装置后进行，操作时不应有敲击、强行装配、剧烈摩擦等现象。 ③材料、半成品和成品等应按现场管理的规定放置，不应占用、堵塞安全通道。 ④工作现场保持整洁，各种物品、零部件等均应分别存放，放置整齐。 ⑤装好的火炸药及其制品应及时进场或进库，现场未用的应及时回收与处理		
7	试验安全要求 （1）试验仪器装置安全要求 ①工作间入口处应设人体电阻测试仪，测试合格后方可进入。 ②现场使用的设备、工具、计量仪器除应符合《考核评分细则》设备设施专业中规定的有关要求外，还应符合防爆、防静电等安全要求。危险品研制、加工、试验、拆分使用的金属设备、金属管道和装置等均应有导除静电荷措施。 ——直接接地：将金属设备外露可导电部分或设备外部可导电部分、金属管道、金属支架（座）等，直接用金属导体接地，接地电阻值应不大于 100 Ω；	12 分	①试验（实验）用的设备、工具、计量仪器等不符合防爆、防静电安全要求，发现一处不合格扣 2 分。 ②其他条款不符合，发现一处不合格扣 1 分

表 6.19（续 3）

序号	考评内容	分值	考评办法
	——间接接地：将不能或不宜直接接地的金属装置、外壳为金属的产品、人体等，通过导静电材料或制品接地，接地电阻值应不大于 $10^8\ \Omega$。 ③危险场所应铺设防（导）静电地板和防（导）静电工作台面，其静电泄漏电阻值为：$1.0\times10^4 \sim 1.0\times10^8\ \Omega$。 ④试验操作人员每次试验前，要对各种设备、仪器、仪表及安全防护、消防等设施进行全面检查，并有记录。发现隐患及时报告和采取安全措施。 ⑤外场试验前后方通信设施和器材应完好，同步联系畅通。 ⑥外场试验所用测试仪器、摄像装置均应放在指定位置，并根据需要采取防护措施。 （2）试验操作安全要求 ①试验过程中，发现不正常现象时，必须立即中止试验。查明原因，采取措施后，方可继续进行。 ②试验现场有明确的危险区域划分和安全警戒标识，如炮位、弹药准备区、落弹区等。落弹区警戒人员应明确清场警戒范围，并按规定清场。 ③试验操作人员必须按规定穿戴防护用品，严格按操作规程进行操作。 ④试验现场指挥在发出发射指令前必须与试验各有关作业点同步联系，确认所有作业点准备工作就位后，方能以规定的方式下达发射指令。 （3）试验故障处理 ①试验中发生迟发火或异常弹需排除故障时，必须由总指挥会同技术人员研究处置技术方法，技术方法必须坚持"安全第一"的原则，再由专人进行处理。处置时必须采取相应的安全技术措施。落弹区发现瞎火弹时应及时标识并警戒。 ②对引信解脱保险未作用的故障实弹，严禁翻动、挖掘、移动、拆卸，应严格按规定的技术措施，就地销毁		

（四）考评要点

1. 称药

（1）检查作业现场，称药工序应采取措施与其他工序进行有效隔离。装满的药盒应及时转移到抗爆隔挡内，严格按照定量控制称药岗位的存药量。称药结束后应及时清理天平和工作台面的药尘，确保无残留药剂；

（2）为了控制称药岗位的药量，在称药前通常需要对包装盒内的药剂进行分份。对于机械感度较高的起爆药、针刺药等药剂必须在专用分药装置内进行分药，严禁在无防护措施的情况下手工直接分药。

2. 装药

（1）检查作业现场，人工装药应在护胸板内进行，装药时应单发操作，放置冲头时应轻、稳，装药中的撒药应及时用浸酒精的药棉清擦干净，产生的废药棉应妥善保管及时销毁；

（2）检查是否有手机存放设施、人体静电泄放设施、人体静电检测仪且检定合格；

（3）检查作业现场，自动装药的装药机应安装在抗爆间内，装药机与抗爆间应实行门机联锁，装药机各机构应灵活可靠，防静电接地措施应可靠有效；

（4）检查作业现场或查工艺记录验证装配作业期间严格执行定员定量要求，产品及时转运的执行情况，必要时可调阅视频监控录像。

3. 压药

（1）检查作业现场，压机防险门应灵活，如是自动压药机应确保门机联锁装置可靠有效；

（2）模具放入或取出应轻稳操作，防止碰撞和摩擦，启动压机前应确保防险门已完全关闭，压药模具和压机施压部件未完全分离前，严禁开启防险门；

（3）退模时应在护胸板内进行，如遇模具啃咬等难以正常退模时，应使用专用退模机，严禁手工强行退模；

（4）压药过程应及时清擦辅助工具及设备各部位药尘，含药废棉纱应妥善保管及时销毁。

4. 索类火工品拉拔

（1）检查作业现场设备设施，拉拔机、轧尖机各机构润滑到位、作用正常，应进行电气接地，接地措施可靠；轧尖机的滚轮应光洁，拉拔使用的磨具内孔应光洁，无裂纹，无污垢；

（2）拉拔时应在防护板后操作，动作协调配合，避免夹、撞；轧尖长度不宜太长，控制 8~10 cm 长度为宜，多次少量；工作完毕及时清理现场，危险品应定期销毁。

5. 索类火工品挤塑

（1）检查作业现场设备设施，挤塑机电气接地或接零系统、温度控制系统可靠；过热自动保护装置工作正常；

（2）挤塑过程应严密观察并控制挤塑温度，严禁身体接触发热器件或手直接拉拔熔化的塑料，遇到意外或故障停车，应及时剪断芯线并从机头中抽出，以防过热爆炸。

6. 密封处理

（1）电火工品涂胶前应处于短路状态，盛装各种溶剂、胶体的容器应盖严；

（2）激光焊接法进行密封处理：现场检查激光焊机状态及布置位置是否符合安全要

求;焊接危险品时应严格按照安全操作规程进行。

7. 检验

电火工品外观检验时必须确保处于短路状态,电性能检验时必须在防护装置内单发操作,电阻检验仪表的输出电流应符合安全要求(具体见 GJB 736.7 的规定)。

8. 包装

包装应严格按照工艺规定和安全要求执行,严禁多人围集一处操作,严格控制岗位定量。

9. 烘干

(1)应先切断烘箱电源,再将待烘干药剂放入烘箱;

(2)严格按照工艺要求控制烘干温度,按规定时间检查烘箱温度并做好记录;

(3)药剂烘干后应按照工艺要求冷却至常温状态,操作人员应强制泄放静电后,方可取放药剂;

(4)及时清理干净烘箱、工作台面等处的浮药。

(五)常见问题

(1)不按规定穿戴个人防护用品和劳保护具进入工作岗位;

(2)穿带钉子的鞋和化纤服装进入易燃易爆危险岗位;

(3)携带烟火进入禁火区;

(4)未经安全教育培训,无证上岗;

(5)在禁烟火区内不按动火安全管理规定私自进行动火作业;

(6)将易燃易爆、有毒有害物直接冲入下水道;

(7)将易燃易爆、有毒有害物品带出科研生产区;

(8)从事易燃易爆危险工作的人员,未经安全技术教育培训、考核上岗;

(9)火工研制生产不按规定使用防护装置和私自拆卸、改装安全防护装置、设施;

(10)在危险品库房内从事生产、装配、拆封、检验、试验、测验和返修等工作;

(11)危险品岗位作业人员私自脱岗、离岗、串岗;

(12)在不符合防静电要求的场所内从事弹药、引信、火工品生产、研制、试验工作;

(13)不按动火安全管理规定擅自在禁火区动火;

(14)随意携带除研制生产所需之外的危险品出入工库房。

(六)适用的法规标准

火工业务科研试验过程安全适用的法规标准如表6.20所示。

表 6.20　火工业务科研试验过程安全适用的法规标准

序号	法规标准
1	GB 50034　建筑照明设计标准
2	GB 50187　工业企业总平面设计规范
3	GBZ 1　工业企业设计卫生标准
4	WJ 2177　火药、炸药、弹药、引信及火工品生产安全技术管理规程
5	WJ 2470　小量火药、炸药及其制品危险性建筑设计安全规范
6	兵器工业出版社　兵器工业安全生产标准化培训辅导教材
7	科工安密〔2015〕1250 号　武器装备科研试验安全管理九条规定

八、作业环境

(一)适用范围

本项目适用于涉及火工业务的舰船设备研制单位火工区作业环境的考评。

(二)资料备查清单

(1)危险点布置图;

(2)火工区定置图;

(3)重点防火部位分布图;

(4)十人以上危险作业场所台账。

(三)考评内容及考评办法

火工区作业环境考评内容及考评办法如表 6.21 所示。

表 6.21　火工区作业环境考评内容及考评办法

序号	考评内容	分值	考评办法
1	环境安全要求 (1)作业现场应设有安全告示牌,标明该作业区火炸药及其制品的特性、操作安全要点、应急处置措施。 (2)现场应根据危险化学品特性设置相应的通风设施及应急处理设施,配备相应的应急防护用品、物资和装备,定期维护检查并有记录。 (3)工作间应卫生清洁,设备、仪器无灰尘。 (4)工作间温度、湿度应符合工艺规定。 (5)有毒有害气体、粉尘及其接触限制应符合国家有关职业卫生要求。 (6)易燃易爆工房、库房周围不准堆放可燃物品,并按规定进行绿化,定期清除树叶杂草	20 分	发现一处不合格扣 1 分

表 6.21（续）

序号	考评内容	分值	考评办法
2	定员、定量、定置管理 （1）各级火工工房、实验室、库房及操作岗位均应实行定员定量管理。定员定量表张贴或悬挂在显著位置、内容确切，无损坏、脏污现象。 （2）各危险岗位操作人员、工序间转运人员，应熟记岗位工序和应急处置措施。 （3）上下道工序的定员定量要求，控制产品流转速度及数量，严格执行定员定量规定。 （4）定量不应超过设计药量，并应根据生产实际尽可能减少。 （5）工艺流向顺畅，不应有交叉和逆行，生产工位的布置不能形成疏散死角。 （6）工房内通道畅通，标识明显，通道上不应摆放任何物品。 （7）各类工位器具，专用工、模、夹具摆放应稳固可靠，符合要求。 （8）各种半成品、成品、待处理品、废品和其他辅助用品应严格按定置定量规定存放，摆放应整齐稳固，不超高、不跨界、不混放，且不占用应急疏散通道		

（四）考评要点

1. 危险作业场所定员定量

（1）各级危险性实验室、工房、储存库及操作岗位均应实行安全定员定量管理。安全定员定量表张挂明显、内容确切、签章齐全，无损坏、脏污和过期失效现象；

（2）应有下发的正式文件，确定每个危险操作工序、危险品暂存间和危险品生产工房的定员、定量；

（3）厂房计算药量是厂房内一次同时爆炸（或燃烧）最大药量。通过查阅企业上级主管部门批准的确定的生产纲领、生产能力；或按生产能力计算每天的最大存药量，或按设计单位确定的定量；

（4）定量不应超过设计的药量，并应根据生产实际尽可能减少；

（5）除工艺需要连续生产外，火炸药及其制品的生产不容许超过夜间 12 时；工房存量不超 3 h 生产需用量；库房不超 5 天生产量；

（6）检查现场是否有定员、定量标识牌，是否有超员、超量现象，如表 6.22 所示。

表6.22 定员定量审批表(样式)

场所:	作业名称:	
危险品总定量:	工(库)房总定量:	
危险工序(岗位)名称	定员	定量
编制: 日期:	审核: 日期:	
单位主管领导 审批意见		

2. 作业场所安全标志

(1)检查火工作业工房内是否有如下标识:

①消防设施标志,如消防栓、火警电话、雨淋手动阀标识;

②人员安全疏散出口标识;

③火工作业区警示线的标识;

④火工作业防止误操作的提示标识等。

3. 作业场所温、湿度控制记录及现场温湿度情况

(1)现场查看温、湿度是否有记录,数值是否符合要求;

(2)温、湿度应符合工艺要求,并设有控制温湿度的措施;

(3)工库房温度不应超过工艺规定的上限温度。在生产人员经常直接接触易经皮肤吸收而引起中毒的物质(如梯恩梯等)的生产间内,室内温度不宜高于30℃;

(4)在产品技术条件无特殊要求的情况下,需采用空气增湿方法导除静电的生产间,其室内空气的相对湿度不宜小于65%;

(5)若达不到上述要求,该场所应采取可靠有效的防静电措施,并采取适当增湿措施(如,洒水、拖地、雨幕、缓慢蒸发等)。

4. 作业场所视频监控安装及使用情况

(1)现场查看视频监控系统的设置情况,视频监控系统应按《国防科工委关于印发

〈国防科技工业易燃易爆危险点视频监控系统通用技术规程〉的通知》（科工安〔2008〕560号）有关规定装设，视频监控系统正常使用；

（2）根据电气危险场所类别，视频监控系统应符合相应的防爆性能要求。摄像机安装在室内正常环境时采用普通型，安装在室外时采用IP65防护罩；

（3）记录信息保存时间不应低于90天。

5. 地沟、地坑、沉淀池设置要求

（1）现场查看地沟、地坑、沉淀池的设置情况。严禁地沟穿过抗爆间室的墙与抗爆间室相通；也严禁抗爆间室之间有地沟相通；严禁有爆炸危险品的管道通过抗爆间室，或在没有隔爆措施的情况下进入抗爆间室。

（2）一般性管道如水管、蒸汽管、压空管、穿电线的钢管等必须进入抗爆间室时，应在通过墙上的部位采取密封措施。

（3）热管道入口装置和换热装置不应设在有危险品的房间内，采暖管道不应敷设在地沟内。必须敷设在地沟内时，应采用有密闭措施的暗沟。

（4）敷设电气线路的沟道、电缆或钢管在穿过不同场所的墙或楼板时，其洞孔应用非燃烧性材料严密堵塞；尽量不要将电缆敷在电缆沟内，如必须敷设在电缆沟内时，应能防止水或危险物质进入沟内。在过墙处应设隔板并以洞孔严密堵塞。

（5）几种能相互发生化学反应而生成易爆物质的废水，在进行处理消除上述可能性之前，严禁入同一管网。

（6）含有硝化甘油、起爆药等的废水，在排入厂区排水系统之前，必须采取有效方法消除其爆炸危险性。

6. 地沟、地坑、沉淀池检查要求

（1）地沟、地坑及沉淀池内的污物、废火炸药应定期清理，并及时做销毁处置，现场无堆积废物。应有日常管理要求，明确清理周期。检查近两年的清理记录，责任人、操作人员应签字。

（2）地沟、地坑、沉淀池的盖板或护栏应完好，牢固可靠，无绊脚障碍，周围环境清洁、无废药等盖板的材质应有防止摩擦发火的措施，不应采用黑色金属。

（3）严禁地沟、孔洞、穿线管在未采取隔爆措施情况下穿过抗爆间室或与抗爆间室相通，必须敷设时应在过墙处严密封堵。

7. 工艺布置

（1）查火炸药及其制品加工、试验、拆分工序按工艺流程布置，不应倒流和交叉作业，研制工房和改建工房除外。危险工作间通向走道的门，不应相对开启。

（2）查操作业场所，其中作人员较多而操作又相对的比较安全的作业场所不宜与易发生事故的作业场所组合在一个工房内。

（3）查危险品研制、加工、拆分作业线，各工序宜采取防护隔离措施或分别布置在单独的工作间内；研制、加工、拆分中易发生事故的工序应根据危险品可能发生事故的危害情况，分别布置在单独的钢筋混凝土抗爆间室内或采用装甲防护板、透明防护板、抗爆、抑爆结构等防护措施;生产中易发生事故的工序应根据情况分别布置在单独的钢筋混凝土或钢制抗爆间室内,或采用设备装甲防护、防护板、护胸板、抑爆结构等防护措施;有泄爆要求的工艺设备和抗爆间室泄爆面不应直对建筑物和主干道;弹体装药研制和加工过程中,炸药的准备、加工、压制、熔化、注装、压装、螺装、挖药解剖拆卸和倒药等工序均应在抗爆间室内进行。

(4)查火炸药及其制品研制、加工和拆分工房内的设备、管道和运输装置的布置、疏散口的位置等,应确保任何地点的操作人员能够迅速疏散。

(5)查危险品研制、加工和拆分工房,工房内与其无直接联系的辅助间和生活间,如通风间、配电室、空调机室、控制室、水泵房、更衣室、淋浴室、厕所等,应与研制、加工工作间隔开,出入口宜单独设置。

(6)查试验间存药,在试验间较多而且试验间内存药量又较小的情况下,允许实验室周转的药暂存在抗爆容器内,其药量不宜超过试验间的使用药量。

(五)常见问题

(1)携带烟火和移动电话等进入易燃易爆场所;

(2)火工区内坑、池、吊装口等部位没有围栏或盖板;

(3)物料或产品占用安全疏散通道或危险品科研生产工房中安全疏散门、窗未打开或上锁;

(4)易燃易爆危险工房超员超量。

(六)适用的法规标准

火工区作业环境适用的法规标准如表6.23所示。

表6.23　火工区作业环境适用的法规标准

序号	法规标准
1	GB 50034　建筑照明设计标准
2	GB 50187　工业企业总平面设计规范
3	GBZ 1　工业企业设计卫生标准
4	WJ 2177　火药、炸药、弹药、引信及火工品生产安全技术管理规程
5	WJ 2470　小量火药、炸药及其制品危险性建筑设计安全规范
6	兵器工业出版社　兵器工业安全生产标准化培训辅导教材

九、清退与销毁

(一)适用范围

本项目适用于涉及火工业务的舰船设备研制单位在科研试验过程产生的废旧过期火炸药及其制品的清退与销毁考评。

（二）资料备查清单

（1）火炸药及其制品销毁安全管理制度；

（2）火炸药及其制品销毁审批手续；

（3）火炸药及其制品销毁记录；

（4）委托销毁的合同、协议、相关方资质、销毁审批、相关过程记录；

（5）火炸药及其制品清查清理情况报告表、销毁记录和台账。

（三）考评内容及考评办法

火炸药及其制品销毁安全管理考评内容及考评办法如表6.24所示。

表6.24 火炸药及其制品销毁安全管理考评内容及考评办法

序号	考评内容	分值	考评办法
1	清退安全要求 试验完成后，必须及时清理试验现场，消除安全隐患，有序撤收设备和撤离人员；对洒落在工作台、晾干架、地面上的药剂应及时清理，并统一收存，按时销毁；对剩余弹药、火工品应按要求分开装箱运回，并按规定入库；对未燃弹及残留物应及时清理和销毁	10分	①凡涉及销毁场所、销毁设备、销毁过程控制等内容的，参照《小规范》和《大规范》执行。 ②发现一处不合格扣2分
2	销毁安全要求 (1)弹药销毁应符合 GJB 5120 和《大规范》有关条款的规定。 (2)废旧过期火炸药及其制品销毁处理严格执行许可和审批规定，审批记录应表明销毁品种、名称、数量和责任人等内容，未经有关部门批准不应随意销毁。 (3)下列危险物品必须及时销毁：仓库中变质、过期失效的火炸药、火工品等；科研、生产及试验过程中出现的残、废、次品及剩余无用的火炸药、火工品等；跌落、撞击试验的弹药。 (4)销毁品必须严格按销毁制度或规定办理出入库交接手续，做到账、物、卡相符。 (5)委托外单位进行销毁的，应选择具有资质的单位（相关方）负责销毁，签订并保存安全协议，明确双方安全责任和安全管理要求，单位应对其在现场的活动进行监督管理。 (6)单位应对委托销毁单位运输销毁品的车辆、驾驶员、押运人员等资格证或合格证进行严格审查。 (7)单位开展废药销毁必须有专用的销毁场地或销毁塔，应设明显警示标识和销毁定量标识，安全距离以外设警戒线；废药销毁每天只允许销毁一次，再次销毁前必须等地面冷却并无余烬，方可进行烧毁；不准将火药与猛炸药、火药与引信及火工品混烧		

（四）考评要点

1. 销毁程序及注意事项

（1）单位应依据《废火药、炸药、弹药、引信及火工品处理、销毁与贮运安全技术要求》（GJB 5120—2002）制定废旧火炸药及其制品销毁处理管理制度,制度中应明确销毁处理的范围、销毁方式、销毁量、职责、权限和审批程序。

（2）外购弹药、部件的废旧危险品应委托有资质的单位进行销毁,并签订销毁协议,明确双方安全职责。

（3）销毁方法应合理选择,不同性质危险品不应同时销毁;火炸药的销毁应采用烧毁法;弹药的销毁应采用炸毁法;传爆药量小于 35 g 的引信可采用烧毁法销毁;火工品及起爆药、导爆索的销毁,宜采用炸毁法销毁,若设有专用销毁塔,可在销毁塔内进行。

（4）各工序应设废品箱。废品箱可采用的铜、铝或木质材料。清理废品不得使用发火工具,废品应及时清理销毁。

（5）销毁有安全管理人员监督且有销毁登记和审批记录;销毁危险品运输工具符合安全要求。

（6）销毁危险品不超过销毁制度规定的定量。烧毁法销毁时按照规范进行铺设,应确保销毁时不发生爆轰。

（7）销毁人员不宜过多,但不得少于两人。销毁作业人员必须经过专门的安全技术培训,并考核合格。

（8）销毁后应严格检查现场,对销毁不完全的危险品要细心清理回收,继续销毁,直到销毁彻底。销毁完毕后,用水撒湿地面,销毁人员方可离开现场。

（9）遇雷雨、大风、大雪、大雾及夜间不应销毁。

2. 内部销毁场

（1）内部销毁场应布置在有利于安全的偏僻地带。销毁场地面应为平坦的土质地,且为单独场地;销毁场内无石块、枯草、废纸、金属物品等。销毁场出入口处应背向销毁作业场地。

（2）销毁场有明显的警示标识、联络信号、通信设施和报警装置。

（3）销毁场不应设危险品储存库,允许设点火器、点火药包等暂存间,但暂存间与作业场地应保持安全距离。

（4）销毁场应配有水源、水管及不发火铺设工具;销毁场外应配备有效的消防器材或消防水并处于完好状态。

（五）常见问题

（1）无废旧过期火炸药及其制品的存贮库房;

（2）对研制、生产过程中产生的浮药、残药清理不及时;

（3）对易燃易爆残留物清理不彻底;

（4）夜间、大风、雷雨天气时进行废旧火炸、弹药销毁作业。

(六)适用法规标准

火炸药及其制品销毁安全管理适用的法规标准如表 6.25 所示。

表 6.25　火炸药及其制品销毁安全管理适用的法规标准

序号	法规标准
1	GJB 5120　废火药、炸药、弹药、引信及火工品处理、销毁与贮运安全技术要求
2	WJ 2470　小量火药、炸药及其制品危险性建筑设计安全规范
3	WJ 2638　弹药拆分与销毁安全管理规程
4	兵器工业出版社　兵器工业安全生产标准化培训辅导教材